"十二五"国家重点图书

27

财政政治学译丛

刘守刚 魏陆 主编

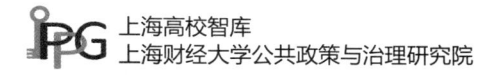

上海高校智库
上海财经大学公共政策与治理研究院

Studies in the History of Public Economics

# 公共经济学历史研究

吉尔伯特·法卡雷罗（Gilbert Faccarello）
理查德·斯特恩（Richard Sturn） 编

沈国华 译

上海财经大学出版社

# 图书在版编目(CIP)数据

公共经济学历史研究/(法)吉尔伯特·法卡雷罗,(奥)理查德·斯特恩编;沈国华译.
—上海:上海财经大学出版社,2023.2
(财政政治学译丛/刘守刚,魏陆主编)
书名原文:Studies in the History of Public Economics
ISBN 978-7-5642-3940-4/F·3940

Ⅰ.①公··· Ⅱ.①吉···②理···③沈··· Ⅲ.①公共经济学-经济思想史-研究
Ⅳ.①F062.6

中国版本图书馆 CIP 数据核字(2022)第 004873 号

□ 责任编辑　刘　兵
□ 封面设计　张克瑶

## 公 共 经 济 学 历 史 研 究

吉尔伯特·法卡雷罗
(Gilbert Faccarello)　编
理查德·斯特恩
(Richard Sturn)
沈国华　译

上海财经大学出版社出版发行
(上海市中山北一路 369 号　邮编 200083)
网　　址:http://www.sufep.com
电子邮箱:webmaster @ sufep.com
全国新华书店经销
上海叶大印务发展有限公司印刷装订
2023 年 2 月第 1 版　2023 年 2 月第 1 次印刷

710mm×1000mm　1/16　34.75 印张(插页:2)　532 千字
定价:158.00 元

图字：09－2022－1059 号
*Studies in the History of Public Economics*
Gilbert Faccarello, Richard Sturn
ISBN：9780415695145

© 2012 Taylor & Francis

All rights reserved. Authorised translation from the English language edition published by **Routledge**, **a member of Informa UK Limited**, **trading as Taylor & Francis Group**, originally published in *The European Journal of the History of Economic Thought*, Volume 17, Issue 4 (2010). 本书原版由 Taylor & Francis 出版集团旗下 Routledge 出版公司出版，并经其授权翻译出版。

Shanghai University of Finance & Economics Press is authorized to publish and distribute exclusively the Chinese (Simplified Characters) language edition. This edition is authorized for sale throughout Mainland of China. No part of the publication may be reproduced or distributed by any means, or stored in a database or retrieval system, without the prior written permission of the publisher. 本书中文简体翻译版授权由上海财经大学出版社独家出版并限在中国大陆地区销售。未经出版者书面许可，不得以任何方式复制或发行本书的任何部分。

Copies of this book sold without a Taylor & Francis sticker on the cover are unauthorized and illegal. 本书封面贴有 Taylor & Francis 公司防伪标签，无标签者不得销售。

2023 年中文版专有出版权属上海财经大学出版社
版权所有　翻版必究

# 总　序

　　成立于 2013 年 9 月的上海财经大学公共政策与治理研究院,是由上海市教委重点建设的十大高校智库之一。通过建立多学科融合、协同研究、机制创新的科研平台,围绕财政、税收、医疗、教育、土地、社会保障、行政管理等领域,组织专家开展政策咨询和决策研究,致力于以问题为导向,破解中国经济社会发展中的难题,服务政府决策和社会需求,为政府提供公共政策与治理咨询报告,向社会传播公共政策与治理知识,在中国经济改革与社会发展中发挥"资政启民"的"思想库"作用。

　　作为公共政策与治理研究的智库,在开展政策咨询和决策研究的同时,我们也关注公共政策与治理领域基础理论的深化与学科的拓展研究。特别地,我们支持从政治视角研究作为国家治理基础和重要支柱的财政制度,鼓励对财政制度构建和现实运行背后体现出来的政治意义及历史智慧进行深度探索。著名财政学家马斯格雷夫早在其经典教材《财政理论与实践》中就将这样一种研究命名为"财政政治学"。但在当前的中国财政学界,遵循马斯格雷夫指出的这一路径,突破经济学视野而从政治学角度研究财政问题,还比较少见。由此既局限了财政学科自身的发展,又不能满足社会对运用财税工具实现公平正义的要求。因此,有必要在中国财政学界呼吁拓展研究的范围,努力构建财政政治学学科。

　　"财政政治学"虽然尚不是我国学术界的正式名称,但在国外的教学和研究中却有丰富的内容。要在中国构建财政政治学学科,在坚持以"我"为主研究中国问题的同时,应该大量翻译西方学者在该领域的内容,以便为国内财政学者从政治维度研究财政问题提供借鉴。呈现在大家面前的丛书,正是在上海财经大学公共政策与治理研究院资助下形成的"财政政治学译丛"。

"财政政治学译丛"中的文本,主要从美英学者著作中精心选择而来,大致分为理论基础、现实制度与历史经验等几方面。译丛第一辑推出 10 本译著,未来根据需要和可能,将陆续选择其他相关文本翻译出版。

推进财政政治学译丛出版是公共政策与治理研究院的一项重点工程,我们将以努力促进政策研究和深化理论基础为己任,提升和推进政策和理论研究水平,引领学科发展,服务国家治理。

**胡怡建**
2015 年 5 月 15 日

# 目 录

**第一部分　导论**/001

公共经济学历史研究面临的挑战　吉尔伯特·法卡雷罗　理查德·斯特恩/003

公共经济学与经济思想史:个人亲身经历回忆　艾伦·皮考克/009

两篇20世纪50年代完成但从未发表的文章　艾伦·皮考克　杰克·怀斯曼/022

**第二部分　英国**/042

杰里米·边沁、法国大革命与代议制政治经济学分析(1788—1789年)　马尔科·E. L. 吉迪/043

边沁的幸福计算中的集体利益与个人利益——对福利主义和公平的质疑　安托瓦内特·博雅德/067

帕累托、庇古与第三方消费:福利理论的不同研究方法及其对财政研究的影响　迈克尔·麦格罗/089

**第三部分:法国**/107

法国18世纪的累进间接税收与社会正义:福尔包奈和格拉斯兰的财政思想体系　阿诺·奥莱恩/109

公共经济学史:法国的公共经济学历史学派　塞尔日-克里斯托弗·科尔姆/133

大胆的想法——法国自由主义经济学家与国家:从萨伊到博利厄　吉尔伯特·法卡雷罗/161

001

功利与正义:法国19世纪的自由主义经济学家　娜塔莉·西格/199
朱尔斯·杜普伊思想中的正义基础　菲利普·普安索/226
论古斯塔夫·佛沃对财政理论的贡献　克莱尔·西勒万/243
发展中的非福利主义:阿尔弗雷德·富耶的正义政治经济学　洛朗·多布詹斯基斯/262

**第四部分:德国、意大利/287**
自然法——阿道夫·瓦格纳公共干预理论的灵感来源　达尼埃莱·克拉多斯特凡诺·索拉里/289
意大利财政传统中的国家思想　阿梅德罗·佛萨迪/301
意大利财政理论中的公共支出　多美尼坎托尼奥·福斯托/324
公共福利与私营企业精神:1880—1930年意大利的市有化经验　皮耶罗·比尼　丹妮拉·帕里西/342

**第五部分:第二次世界大战以后的公共经济学/363**
论外部性的剩余特点　莫里斯·拉甘/365
试论科斯定理在科斯著述中的三个作用　埃洛迪·贝特兰/381
约翰·罗尔斯的正义论及其与有益品概念的关系　拉基普·埃格　赫拉德·伊格尔斯海姆/404
依靠朋友的帮助来应对:经济学理论中的慈善组织近代史　阿拉斯代尔·卢瑟福/432
政府与公共产品供应:从一般均衡模型到机制设计　莫尼克·弗洛伦萨诺/447
新自由主义之后的公共经济学:一种理论—历史视角　叶海亚·M.马德拉菲克雷特·安达曼/472

**参考文献/493**

**译丛主编后记/544**

# 第一部分

# 导　论

第一部分

总论

# 公共经济学历史研究面临的挑战

吉尔伯特·法卡雷罗(Gilbert Faccarello)
理查德·斯特恩(Richard Sturn)

公共经济学历史研究是一个颇具挑战性的研究课题,没有任何能够融合经济学和公共经济理论共同演化的简单叙事。结集出版有关这个问题的已有论文,提供了大量的证据表明:对于公共经济学的理解并非一帆风顺——这个经济学分支学科发展的动力是对更加复杂、尖端的经济学理论的运用。虽然这种观点初看起来颇有道理,但并不能反映公共部门理论和模型研究取得的发展和突破以及经历的兴衰的重要特点。

当然,上述发展逻辑确实反映了现代公共经济学发展的主要方面。例如,一般均衡环境下的纯形式理论发展所产生的影响[请参阅弗洛伦萨诺(Florenzano)论述公共经济学在20世纪50年代后取得的发展的论文以及安达曼(Adaman)和马达拉(Madra)阐述考尔斯委员会(Cowles Commission)对经济学产生的影响的节录];或者一些典型的公共财政问题领域,如税收归宿或者公共债务。由于一些明显的原因,这些领域研究的发展非常直接地取决于有关不同市场经济体在经济上相互依存的洞见。在这些公共财政问题领域,一般经济学模型确实被"用来"解决具体的相关问题。然而,公共经济学的历史远要比这复杂,很多关于这个问题的论文明确阐述了公共经济学历史复杂性的两个重要特征。

其中的第一个特征就是,在公共经济学的发展过程中,一些基础性和概念性的问题起到了重要作用,即使对于公共经济学最近取得的发展也是如此。

这样的发展并不仅仅是由技术工具和建模技术的尖端化发展驱动的。20世纪50和60年代——现代国际公共经济学诞生时期——完成的主要著作几乎无一例外地表明，它们的作者都已经认识到概念问题的重要性："只有拓宽政府行为这个公共经济学研究起点的概念，而不是深入分析逻辑上清楚但实际上空洞的'福利'问题——就如皮考克和怀斯曼（Peacock and Wiseman）于1956年完成在本书首次公开发表的论文中系统阐述的那样，才能推动公共经济学研究的发展。"这方面的例子包括萨缪尔森（Samuelson）提出的公共产品理论基本问题（促使皮考克和怀斯曼写下了我们在上面提到的论文）、关于科斯定理（1960）的初步讨论[在伯特兰（Bertrand）的论文中占据重要的地位]，以及以新霍布斯和契约论趋势为特点的维吉尼亚公共选择学派、"政治就像市场交易"的推广型模型。安达曼和马德拉以及弗洛伦萨诺论述了这些及其相关发展的影响，具体介绍了发展成果，并且贡献了公共部门建模的基本框架。他们还论述了像"权力下放"或者"分散化"（decentralization）这样的重要概念和像"无处不在的机会主义行为"（ubiquitous opportunism）这样的假设对于不同学派理论发展的深远影响。基于阿罗定理的社会选择理论（Arrowian Axiomatic Social Choice Theory）的自身发展以及随后对像功利主义、福利主义这样的规范原则、罗尔斯（Rawls）的最大最小规则及新福利经济学问题和影响的批判性论述，为明确现代公共经济学核心领域的基本规范内涵提供了进一步的证据。贝贾德和多布詹斯基斯（Baujard and Dobuzinskis）明确提出了为把19世纪的相关论文放在现代规范经济学[尤其是亚马蒂亚·森（Amartya Sen）提出的"福利主义"概念]语境下透视而进行概念化的问题。此外，有关外部性（externality）[在拉甘（Lagueux）论述"外部性的剩余特点"]和有益品（merit good, Ege and Igersheim）重要地位的讨论表明，概念和方法论基础对于公共经济学（一般而言）关键问题和规范经济学（具体来说）作用研究的重要意义。概念问题和跨学科维度重要性的其他例子还有（皮考克和怀斯曼在1956年的论文中谈到的）"高压政治在社会中的作用"与（半）公共机构经济学和超国家机制。后一类例子还包括埃莉诺·奥斯特罗姆（Elinor Ostrom）为主要贡献者的共有财产制度（common property institution）经济学研究以及卢瑟福（Rutherford）有关这个问题的慈善机构经济学研究。

后来的国际化是公共经济学发展的第二个重要特征。虽然在边际革命以后,各种流派的新古典经济学理论之间的相互影响促成了新范式的蓬勃发展,但是,以英语国家为主的公共经济学直到第二次世界大战以后才开始大规模国际化。就如本书反复指出的那样,英语国家的公共经济学虽然包括根据马歇尔经济学构建公共财政和市场失灵最一般概念框架的理论(Pigou,1932),但几乎完全忽视了欧洲大陆经济学家所作出的相关贡献。① 具体而言,奥地利、意大利和瑞典学者早期对公共经济学做出的边际理论贡献,在很大程度上被忽略了,就连维克塞尔(Wicksell,1896)——英语国家的学者比较熟悉他对经济学论证做出的一般贡献——也未能幸免。正如马斯格雷夫和皮考克(Musgrave and Peacock,1958:vii)所指出的那样,对欧洲大陆经济学理论的忽视,"结果就意味着英语国家的经济学也深受其害"。至于法国经济学界,尽管很多法国经济学家论述了不少相关问题,并且提出了不少重要思想[请参阅多布詹斯基斯、法卡雷罗、科尔姆(Kolm)、奥兰(Orain)、普安索(Poinsot)、西格(Sigot)、西勒万(Silvant)的论文],但直到最近才被重新发现。总的来说,虽然从20世纪50年代起,威廉·鲍莫尔(William Baumol)、詹姆斯·布坎南(James Buchanan)、曼瑟尔·奥尔森(Mancur Olson)、艾伦·皮考克和保罗·萨缪尔森(Paul Samuelson)等作者(在理查德·马斯格雷夫等移民学者的著述的帮助下)开始承认并且引用欧洲大陆公共经济学发展取得的重要成果,但公平地说,欧洲大陆公共经济学研究关于这些和其他重大发展值得关注的方面、事件和作者直到最近仍大多遭到忽视。

对于最近的公共经济学国际化,有一种简单、初步的解释:公共预算流程中国家特有的制度特点往往会扩大过去不清楚的地方,并且使得它们变得更加模糊不清。但是,这种解释并没有说明事情的原委,它把公共财政作为一种技术学科来处理,因袭德国官房学派(Kameralistik)的做法,主要聚焦于公共部门核算和关于公共预算流程的技术问题。公共财政观太过狭隘:一方面,公共经济学某些核心要素(如税收归宿)的发展直接导致它们成为经济学不可分割的组成部分,对于税收和公共债务问题的任何深入研究,显然要进行基于市

---

① 关于这些欧洲大陆理论引进的早期论文,请参阅 Buchanan(1952)、Baumol(1965)、Musgrave 和 Peacock(1958)、Musgrave(1959)以及 Olson(1965)。

场相互依存关系的一般经济学分析;另一方面,公共财政技术观由于一些截然不同的原因而难以令人满意,熊彼特(Schumpeter)曾提到过这个问题:"公共财政从来就不是一个特殊领域……但……总是国家的全部社会、政治、文化、经济以及对外关系和条件的集中表现"(1926—1927:827)。换句话说,不应该把公共财政作为官僚下属手中掌握的技术工具来对待:这种财政是世界上最无聊的主题,用熊彼特的话来说,就是"Referentenstumperei"(德语,意思是"政府部门所做的拙劣工作"。——译者注)。此外,熊彼特十分强调由典型的财政问题所涉及的相互依存范围,这就意味着公共财政学并不只是应用经济学的一个分支学科。只有完全忽略解释和证明公共支出、集体选择政治机制合理性和公共部门在现代市场经济动态变化条件下演化的公共财政学,才可能被认为是应用经济学的一个分支学科。

  熊彼特所考虑的核心财政问题不可能只通过运用一般经济学提供的理论、方法和模型来解决。这些问题有时需要自主的概念开发(autonomous conceptual development)——如公共产品和有益品等概念;有时会促成与——皮考克在论述公共财政、实证理论和福利经济学问题(1954年完成、收入本书首次发表)的论文中所举的光和果实研究例子的——基本问题有关的直接关系;有时会促进但又需要与显然包括实证政治学(公共选择可被视为这个学科的一个分支)和财政社会学(帕累托和熊彼特等著名经济学家极力主张)在内的其他学科互动。总而言之,所有这一切都出现在早期版本的著名"位移效应"假设中。皮考克和怀斯曼曾在他俩1956年完成的论文中提到过"位移效应"假设,而我们在这里则把"位移效应"假设作为说明公共支出一般经济学理论局限性的简单例子,并且强调历史、环境和"态度",更一般地,还强调研究对象在政治学和社会学中的重要性。跨学科的视野还应该包括政治哲学。在这里,我们可能会想到像社会选择这样的问题[如吉迪(Guidi)的论文所证明的那样],或者税收正义和产权——税收正义和产权虽然因科斯而重新名声鹊起,但拥有包括19世纪受自然法思想影响的各种公共经济学思想在内的悠久传统[如请参阅克拉多和索拉里(Corrado and Solari)论述 A. 瓦格纳(A. Wagner)理论著作之自然法基础的论文]。

  考虑到理论发展可能有不同的起因,特定制度传统的影响仅仅是促成最近公共经济学同质化和国际化发展的多种因素中的一种因素。有些导致（看似"国家"）特征挥之不去的原因就更加根深蒂固，因为它们很可能是理论体系结构存在差异的结果，未必与制度传统有关。关于这个问题以及与国家传统有关的论文并没有作为现代公共经济学综合理论史前事件的系列论文受到特别的关注。在其中的有些论文中，制度环境和问题起到了重要作用[如比尼和帕里西（Bini and Parisi）论述意大利市有化问题的论文]；而在其他论文中，传统和争论的影响更加重要。这后一类论文可以与更加广泛地理解包括本书考察期内国家的历史任务范围在内的国家的作用和职能（如行政管理本身与国家的发展和建构①）联系在一起，或者与政治哲学和方法论的基本问题联系在一起。

  以上这一点也适用于佛萨迪（Fossati）论述意大利传统国家观的论文，但特别适用于那几篇论述法国公共经济学理论的论文。这些论文主要论述了一些基本问题，包括一些具体的争议，如功利主义与自然权利说。自然权利说在西格、普安索和多布詹斯基斯（Sigot，Poinsot and Dobuzinskis）的论文中开始崭露头角。科尔姆描绘了一幅内容更加丰富的全景图，不但展示了法国工程师经济学家（ingénieurs économistes）在公共部门中的作用，这种公共部门由几个世纪以来对国家地位的理解所框定，同时还反映了距今较近的启蒙理性主义的个人主义愿望为问题的规范方面所设定的议程。法卡雷罗强调了一些替代性方法和建议的多样性——虽然它们是值得关注的并以多样化的方式与规范性问题有关，但主要作用还在于实证。麦克卢尔（Mclure）对帕累托（Pareto）和庇古（Pigou）的比较也强调了一些反映不同方法论立场和对规范经济学体系结构不同看法的基本差异——国家特有的框架效应（意大利和英国语境）在这种语境下并没有起到任何明确的作用。就如麦克卢尔提到的那样，帕累托认为财政社会学在研究公共部门工作效率方面可以发挥重要的作用，并且严厉批评了一个重要的意大利公共财政学传统理论。这个意大利传统理论（与德语国家的边际学派一起）发明了一种公共产品供应和公共部门决策边际

---

  ① "晚期民族国家"的公共部门曾试图控制协调问题和相应的重大制度设计问题。相比之下，就如拉甘（Lagueux）在他的论文中讨论的那样，庇古（如1935年）明确假设了合理、有序的公共机构和组织，并且为解决被诊断为外部性的剩余低效率问题奠定了进行渐进式增量改革的观念基础。

效用分析法［关于意大利公共支出理论的综述，请参阅福斯托（Fausto）的论文］。

总而言之，导致经济学均质化和国际化发展以及20世纪下半叶公共经济学演化的基本因素的多样性表明，公共经济学的发展历史对于当代公共经济学研究，是一种大有使用前途的资源（皮考克收入本集子的论文讨论了这个问题）。

本书收入的论述20世纪后期问题的论文（以及本引言脚注1所提到的同期著作）显示，主要是英语国家的公共经济学接受其他（尤其是欧洲大陆）国家经济学研究影响的过程受到了公共经济学研究现状和学科内外部发展的制约。对公共经济学历史的研究也许能促使我们去重新思考基本概念在新组合或者发生变化后的理论背景下可能发挥的潜在作用。随着行为经济学研究的繁荣，有益品研究似乎就出现了这样的情况［埃格和伊格尔斯海姆（Ege and Igersheim）的论文就讨论了有益品概念在规范经济学研究中可能具有的潜在作用］。

# 公共经济学与经济思想史：个人亲身经历回忆

艾伦·皮考克（Alan Peacock）

## 一、引言："急于行善"[①]

当时有一件事令伦敦政治经济学院的年轻同事们感到遗憾：这个学院的一名高级讲师（或者副教授）获得了升迁，1952年决定动身去（美国纽约州）布法罗大学（University of Buffalo）接受一份全职教授的工作。我们设宴为他饯行。席间，他讲述了他怎么会成为经济学者的故事。他出身贫寒，只能勤奋学习。他在13岁时获得了一家语法学校的奖学金，但由于没有古典文学基础，就学习了"现代"中等教育课程。在寻求上大学深造的机会时，他没有通过数学资格考试，所以没有获得攻读理学学位的资格，只能选修商科学士学位课程。说到这里，他停顿了一会儿，然后微笑着提高嗓音继续说道："可以说，是亚当·斯密在冥冥之中召唤我当一名经济学家！"他是谁呢？他就是罗纳德·科斯（Ronald Coase）——当然就是后来的诺贝尔经济学奖获得者！

在这之前，詹姆斯·米德（James Meade）和罗伊·哈罗德（Roy Harrod）——分别以年级最优秀的成绩从牛津大学历史和古典文学专业毕业——收到了学院请他俩留校教政治经济学的聘约。他俩获准到剑桥大学凯恩斯开设的研讨班学习这门尚未定型的学科的基本原理。这个故事的剩余部分与思想史有关。作为后来退役学生中的一员，我真要感谢亲身经历了第二次世界

---

[①] 请参阅 Peacock(2010)。

大战并且能够幸存下来；在广为宣传的凯恩斯思想以及现在被视为福利国家根源的贝弗里奇（Beveridge）报告的鼓舞下，我深信，我们肩负着改造世界的使命。

凯恩斯留下的忠告值得我们大家关注：

"经济学研究好像并不需要任何非常高级的特别天赋。从所需的智力来看，经济学与哲学或者纯科学的更高级分支学科相比，难道不是一个可被视为非常简单的学科？但是，优秀甚至称职的经济学家也算是非常稀缺的'人才'。经济学是一个很少有人出类拔萃的简单学科！对这一悖论的解释或许是：大师级的经济学家必须拥有罕见的天赋组合，他们必须在多个不同方面达到高标准，并且必须把不常集合在一起的才华组合在一起；他们必须是——达到一定水平的——数学家、历史学家、哲学家；他们必须理解符号，并且能用语言说话；他们必须能运用一般原理解决具体问题，并且以同样的思维方式去接触抽象和具体的东西；他们必须抚今追昔，必须关注人类的任何本性或者制度；他们必须意志坚强，同时又要不受情绪的影响；他们要像艺术家那样超然、廉洁，但有时又要像政治家那样去接触世界。"（Keynes，1972b：173—174）

在笔者刚开始自己的经济学职业生涯时，幸好并不知道这个近乎要求完美的忠告，否则很可能已经改用其他比较简单的方式为人类效力，而不是当一名经济学者——当然，今天也就不会坐在这里！

凯恩斯的这份"经济学者职业规范"为详细说明经济学者职业认知业已发生的深刻变化提供了一个基准。笔者清楚，我本人的观点存在两个方面的不足。我们也可以，譬如说，把柏林、洛桑、斯德哥尔摩或者维也纳，而不是剑桥，作为研究的起点。尽管，作为个人对这个变化过程的看法，我自己的观点看起来既片面又自私，但我还是认为，这是由我所肩负的职责所决定的。

**二、财政政策经济学的历史沿革**

无论是在我完成学业并留校教过一年书的圣安德鲁斯大学（University of St. Andrews），还是在我先任（1948~1951年）讲师后来又任（1951~1956

年)高级经济学讲师的伦敦政治经济学院,我都没有负责教授宏观经济学理论。但不管怎样,由于凯恩斯主义经济学对于经济政策的影响越来越大,因此有必要关注一下凯恩斯主义经济学。我在伦敦政治经济学院获得了双倍的幸运:伦敦政治经济学院不是凯恩斯学派的大本营,因此,对斯德哥尔摩学派的宏观经济思想以及更加直接受到哈耶克(Hayek,在1950年之前一直在伦敦政治经济学院任教)和罗宾斯(Robbins)——而不是米德和佩什(Paish)——关注的欧洲大陆的批评意见比较开放。哈耶克、罗宾斯、米德和佩什都是思想开明、平易近人的学者。我也不应该忘记自己的同龄人,特别是我与威廉·鲍莫尔、乔治·莫顿(George Morton)、劳顿·瑞安(Louden Ryan)、拉尔夫·特维(Ralph Turvey)以及特别是与杰克·怀斯曼的关系。当时的教育处在这样一种氛围中:年轻人的观点有人倾听,并且能得到重视,肯定能得到比他们应得的更多的重视!

到我负责教公共财政学时,我已经采用自己的方法来接受凯恩斯学派的分析框架,但在构建人类行为模型时没有采纳凯恩斯学派的假设。第二次世界大战期间,凯恩斯已经开始朝着这个方向发展,他的模型被用来定义反通胀政策的维度。他在1947年的早逝,不管怎样,导致他不能继续信仰"萧条经济学"。詹姆斯·杜埃森贝里(James Duessenberry)说"凯恩斯是凯恩斯革命的克伦斯基(Kerensky,即亚历山大·克伦斯基。俄国社会革命党人,1917年俄国二月革命以后,任利沃夫临时政府的司法和军事部长。利沃夫垮台后出任总理。十月革命期间,布尔什维克推翻了他的政府。后流亡巴黎,1940年移居美国,以教书和写作为生,直到去世。——译者注)",真是既恰当又合时宜。

在关于凯恩斯主义的激烈讨论中涌现出了一种复杂性可变的财政模式,而这种财政模式的问世在很大程度上多亏了荷兰和斯堪的纳维亚经济学家关于经济政策合理性的著述。用相当枯燥的现代经济学术语来讲,某个被称为"政府"的实体追求福利函数最大化。在这个福利函数中,代表政策目标的"参数"可以交替换位,而经济稳定则是财政政策的主要关切。最大化过程受制于各种源自于反映为收入流和支出流的市场经济交易者行为的约束。政府为了通过税收和支出这些自变量来实现经济稳定,就会对市场交易者的行为进行管控。

所有这一切都是你们大家所熟悉的,并且在图 1 中进行了简单的图示。例如,这个迭代模型并没有显示把它作为递归系统的现代表示法的重要特点。

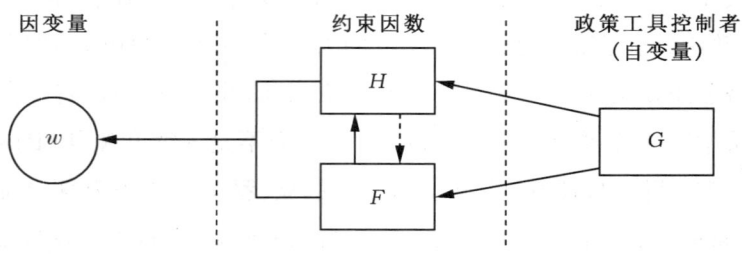

```
因变量        约束因数        政策工具控制者
                              （自变量）
                 ┌───┐
                 │ H │←──┐
  w  ←────       └───┘   │  ┌───┐
                   ↕     ├──│ G │
                 ┌───┐   │  └───┘
                 │ F │←──┘
                 └───┘
```

w＝政府的福利函数
G＝政府（集体福利最大化者）
F＝企业（利润最大化者）
H＝家庭（效用最大化者）

资料来源:Alan Peacock, Public Choice Analysis in Historical Perspective, (Raffaele Mattioli Lectures) © Alan Peacock, 1992, Exclusive licensee 1992－1995 Banca Commerciale Italiana, Milano, Italy, published 1992, 1997, Cambridge University Press.

**图 1　政策范式**

关于这种表示方法,宏观经济学家已经写下了很多著述。这个模型可以优雅地用简单的数学术语来表示,但也遵循了凯恩斯的格言,因为它同样可以方便地用语言来表示。我们并不受限于无论是关于政策取舍性质还是关于受到管控的经济主体行为特征的特定假设。这个模型最值得关注的条件,就是在没有规定什么是"好"或者"坏"政策的情况下迫使政府这个福利最大化者遵守"纪律"。拉格纳·弗里希(Ragnar Frisch)甚至走得更远,他要求政府的经济顾问能够教育政治家如何达到政策"组合"的最佳选择。

无论把什么样的错误归责于凯恩斯,政治现实中的无邪行为不会是其中的一个。凯恩斯也许希望政府能够像他的导师庇古设想的那样行事,也就是像一个"单一的存在",根据像他那样聪明的官员的建议采取行动,但是,政府稳定、持续的福利函数只能代表一个主要采取一致通过方式或者绝对独裁的内阁做出的决策。

这样就产生了两种不同的反应。像冯·米塞斯(von Mises)这样的经济学家不但谴责了凯恩斯主义,而且坚持认为,采用像国民收入这样的"国家"总量,就相当于采行"国家社会主义"①。

其他经济学家强调凯恩斯主义对政府的管理流程,特别是需要民主制度支持的政策决定流程缺少现实主义的态度。表示政府福利函数的宏观经济模型确实十分优雅,但就是这种模型的优雅播下了遭遇拒绝的隐患。

### 三、公共选择范式

我本人对这个模型并不满意,主要是因为财政不只是一个保护稳定的问题,而且还要确定公共部门在它自身与私人部门之间配置资源的责任分担方面应该发挥的作用。这就成了努力给财政的核心问题恢复其应有地位的出发点,并且需要在大多不熟悉欧洲大陆相关文献的英语国家的经济学家中间开展一定程度的"再教育"工作。② 与此同时,随着国民收入与社会核算的发展,发达国家公共部门的发展也越来越受到关注。③ 鉴于现代公共选择分析起源于通过运用与消费者主权密切相关的福利经济学解决公共产品问题的方案,因此,有关公共部门成长和发展的信息提供了一种经验性补充。坦率地说,在

---

① 这对于我来说实在是太过分了。1958 年,在奥斯本举行的一次经济政策会议上,我打断了这位大人物的说话表示,斯密的《国富论》是以给国民收入定义开始的,不应该受到为纳粹式信仰辩护的指控。冯·米塞斯没有屈尊回答! 在弗莱堡学派成员建议德国政府接受之前,对国民收入与社会核算的这种质疑一直是战后德国历届政府接受它们的绊脚石。

② 这就成了长期的行业协会以及我与迪克·马斯格雷夫(Dick Masgrave)之间私人友谊的开端。1953 年,迪克正忙于撰写他的财政学杰作,我到密歇根拜访了他。就在这个时候,我们开始筹划出《财政理论史上的经典文献》(Classics in the Theory of Public Finance, Peacock, 1958)。就是在我这次访问美国期间,美国国家经济研究局(NBER)通过所罗门·法布里坎特(Solomon Fabricant)与我接触,请我写一本类似于摩西·阿布拉莫维茨和维拉·埃利亚斯贝格(Moses Abramovitz and Vera Eliasberg)的《英国公共就业增长》(Growth in Public Employment in Great Britain)的书,因为我曾替美国国家经济研究局审读过这本书的手稿。就这样,我与杰克·怀斯曼合作撰写了《英国公共支出增长》(The Growth of Public Expenditure in the United Kingdom, Peacock and Wiseman, 1961)。我认为,此书促进了剖析公共部门增长原因的文献的蓬勃发展,并且一直持续至今。

③ 我的前任伦敦政治经济学院财政学讲师鲁尼·特雷斯(Runnie Tress)给我留下了一门国民收入与社会核算的讲座课程,这门课程特别重视公共部门在社会核算中的地位。为了熟悉这个主题,我答以低资历作者的身份编写一本哈钦森(Hutchison)大学图书馆委托的教材,并且说好然后由后来获得诺贝尔经济学奖的迪克·斯通(Dick Stone)定稿。迪克因故没能践约,而我发现自己成了这本书的唯一作者。我很幸运,说服了伦敦政治经济学院会计系讲师(后来的教授)哈罗德·艾迪(Harold Edey)做这本书的合著者。这本书于 1954 年出版,书名就是上述讲座的名称,接连出了三版,第四版译成了其他语言,最后(令我惊讶地)在 2007 年又被劳特里奇(Routledge)出版公司收入《福利与经济政策》的图书馆收藏版重印。我不能确定,是否有人打算把这本书放在经济思想史的某个壁龛里供起来。

设计了旨在使个人选择最大化以确定公共服务需求的投票表决制度和宪法制衡以后,似乎有必要探讨一下政府是如何实际表现的,公共支出的实际增长和结构在多大程度上能够反映选民的选择。

因此,我在试图发展一种公共选择分析类型学(typology)时发现自己正在进步,并且远远超越了"处方"式公共选择所设定的限制。我是维克塞尔传统的崇拜者。就像有人可能会认为的那样,维克塞尔传统导致了投票制度的设计,而且就像先是在他的同胞艾瑞克·林达尔(Erik Lindahl)的著述,后来在布坎南和在很大程度上默默无闻的苏格兰人邓肯·布莱克(Duncan Black)的著述中可以看到的那样。邓肯·布莱克现在被查尔斯·罗利(Charles Rowley)和其他学者奉为真正的"公共选择之父"。[①]

但不管怎样,我始终没有弄明白公共选择分析为什么只能局限在开处方或者仅与选民行为密切相关的实证研究上——也即所谓的"政治市场"。不然的话,我们就必须把政策执行看作是某种不同等级的东西,如只看作是局限于公共行政管理专家的范畴。然而,不但对于公共产品的分配效率,而且对于公共产品供应的技术效率,经济学家肯定有话要说。早在大学读书时,我看过《国富论》第四卷以后就明白了这一点。斯密就像我们一样,提出了"市场失灵"是否可能不会伴随"政府失灵"的问题。他指出,问题的根源是,非市场供给的政府供应物品和服务对从法官到门卫等不受市场力量约束的公务员行为的影响。[②]

这样就为发展如图 2 所示的公共选择分析范式提供了线索。除了纯公共选择分析以外,我还把注意力放在了介绍对经济学分析所做的一些延伸上。

---

[①] 请参阅《公共选择百科》(*The Encyclopedia of Public Choice*, Rowley and Schneider, 2004)。我本人为这部百科的第二卷写了一篇关于公共支出增加的短文。我与布坎南和罗利之间建立的长期合作关系历时已有 30 多年。当时,布坎南准备把维克塞尔的著作译成英文,收入《财政理论史上的经典文献》出版,而我和罗利合著了《福利经济学:一种自由主义的重述》(*Welfare Economics: A Liberal Re-Statement*, Rowley and Peacock, 1975)。《福利经济学:一种自由主义的重述》介绍了许多反对传统福利经济学的自由主义论点。

[②] 我从未见过发表在出版物上的相反观点,但在某些场合有人批评说,经济学家可能不但要就确定怎样的公共产品供应政策在某种程度上才能算适当,而且还要就供应公共产品的经济组织等问题发表一些看法。从某种程度上说,考虑哪种经济手段能够改善公共产品供应,就意味着确定应该由哪个"行政管理机构"来履行这份职责。如果这种论点被用来考察私人部门的生产活动,那么,经济学家就不会因试图衡量制造业的生产率而招致反感。

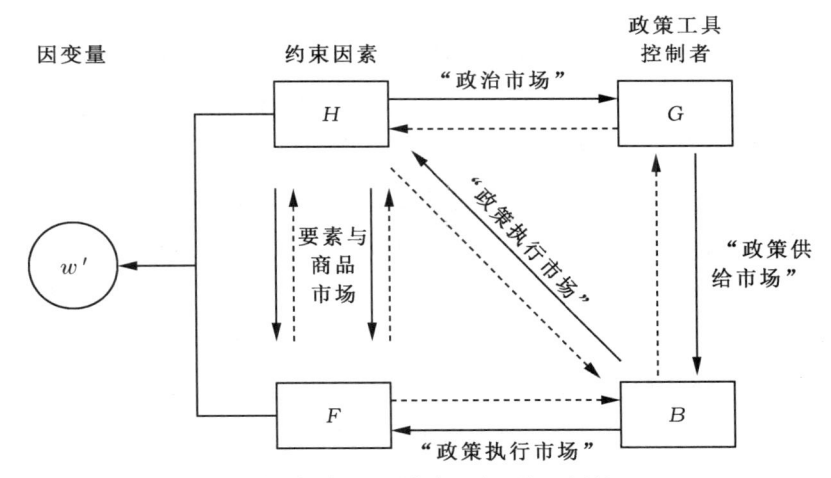

```
                              政策工具
因变量      约束因素           控制者
              ┌───┐  "政治市场"  ┌───┐
              │ H │←-----------→│ G │
              └───┘             └───┘
               ↑ ↑  ╲           ↑
   ╭──╮        │ │   ╲"政        │
   │w'│←───    │ │    策         │"政策供
   ╰──╯   要素与│ │    执         │给市场"
          商品  │ │    行         │
          市场  │ │    市         │
               │ │    场         │
               ↓ ↓     ╲"        ↓
              ┌───┐     ╲       ┌───┐
              │ F │←------------│ B │
              └───┘  "政策执行市场" └───┘
```

w'=政策结果(体现在目标中,如通货膨胀率、就业率等)
G=政府(选票最大化者)
B=行政部门(产出最大化者?预算最大化者?)
H=家庭/选民(效用最大化者)
F=企业(效用最大化者)

资料来源:同图1。

**图2 公共选择分析框架**

以下就是可以认定的经济学分析所做的延伸:

1. 更加明确地认识政府不同级别和部门——政府机构全貌——以及政府各级别和部门之间经济学家最感兴趣的财政交易方面的相互关系。

2. 为经济学分析——社会核算框架——确定不同政府部门之间的相互关系。

3. 一并恢复各政府部门——分析框架——下的个体或者群体行为研究。明显的候选分析框架是微观经济学分析框架,但掺杂了大剂量的讨价还价理论。[①]

---

① 这种把公共选择研究分析框架延伸涵盖政府各不同部门的做法得到了普遍认同,但这一延伸的很多内容主要集中在立法和行政部门之间的关系上。请参阅 Rowley 和 Schneider(2004, vol. 1: preface)。尼斯坎南(Niskanen)在他的《行政部门与公共经济》(*Bureaucracy and Public Economics*, 1994)中全面考察了这种关系。我个人对这种关系的认识更多地受到了早期古典学派和意大利学者相关文献以及本人作为英国工贸部首席经济咨询顾问(1973—1976年)和随后(主要是1981—1986年间)在几个政府委员会任职的个人经历的影响。请参阅《对政府的经济学分析》(*Economic Analysis of Government*, Peacock, 1979a: Parts III and IV)和《经济自由政治经济学》(*The Political Economy of Economic Freedom*, Peacock, 1979b: Chapter 15 and Part III)。这一点在我早期从历史的角度考察公共选择理论的尝试中也同样显而易见:请参阅《历史视角下的公共选择分析》(*Public Choice Analysis in Historical Perspective*, Peacock, 1992; 1997a)。

我不准备详细讲解图2已经给出的一些比较清晰的分析思路。尽管最近花了那么多时间探讨政府行为与艺术品和遗产经济学研究之间的关系——这个研究主题越来越引人关注,但对于经济学家来说相当深奥,但我觉得这个分析框架十分有用,并且相信其他学者也有或者也会有这种感觉。[①]

图2存在明显的缺陷,其中最大的缺陷就是没有反映监管这种政策工具重要性的内容,从而导致了另一个政策协调的问题,进而又提出了经济政策不同替代性工具之间兼容性的问题。在政策方面,尤其值得注意的是,试图把私有化作为手段,让更大比例的经济活动服从于竞争规则的尝试。这种尝试有可能导致政府商品和服务支出的减少以及政府商品和服务支出占国内生产总值百分比的下降。然而,"竞争规则"的实施有可能要求监管措施只能作为一种行政管理成本记入政府账册。

**四、公共经济学与经济思想史**

现在,我们来看看公共经济学与经济思想史之间的关系。为任何讨论所必需的背景条件都可以概述为:

1. 对经济学家提供的服务的需求在过去的半个世纪里有所增加,而经济学研究也因此而变成了一种"职业"。我本人对这个问题的经济思想史观特别感兴趣。[②] 我说这话特别是要强调,经济思想史专家认为,他们的研究范围远远超越了经济思想并且已经扩展到了经济行动。

2. 职业专业化的相关发展。职业专业化对经济学家选择成为政府经济学家所需要的技术产生了影响,因此与公共经济学具有特殊的相关性。

3. 公共部门增长对以上两点的基本影响。对经济学家需求量以及对规定经济学家职责的职业规范因时而变的影响显而易见。我总是认为,经济思想史研究应该继续特别关注公共部门增长的原因和结果,特别是在我们必须

---

① 如可参阅 Bruno Frey 特具原创性的著作《艺术品与经济学》(Arts and Economics,2002)。在这部著作中,他把自己的思想运用到一个反映非营利机构"经理人"行为的扩展型效用函数。关于这种被应用于遗产政策的方法的详细考察,请参阅《遗产继承博弈:经济学、政策和实践》(The Heritage Game: Economics, Policy and Practice,Peacock and Rizzo,2008)。关于艺术品经济学的一般论述,请参阅 Peacock(2006)。

② 请参阅《1945年以来的西欧经济学发展》(The Development of Economics in Western Europe since 1945,Coats,undated)。

牢记切忌把注意力局限于经济思想史研究在经济学家专业"装备"中扮演的角色，而忘却经济思想史知识对于经济学其他学科的重要意义。[1]

当然，经济思想史专家的研究活动必然也会受到对他们服务的需求的影响，这个问题即使在我们的职业以及目前仍在继续的关于经济思想史在培养经济学家方面占据的地位的辩论中也是一个重大的研究主题。经济思想史是我作为学生学习的一门政治经济学主课。即使在1957年成为全职教授以后，我仍认为情况依然是这样。[2] 说到培养职业经济学家的第一学历教育，学生应该有机会把经济思想史作为选修课程。这对于理解经济学家的洞察力在公开的政策问题辩论中能够发挥的作用非常有价值。[3] 但是，我必须很不情愿地承认，经济思想史并不是培养职业经济学家的必要知识构成，但也不能像很多英语国家大学的经济学教育那样几乎已经取消了全部的经济思想史课程。研究生学习和研究的情况就不同，在公共经济学专业，对经济思想史的重视要胜过其他经济学专业，因为"乔装打扮"成福利经济学的政治哲学对政府干预经济的"合法性"产生了持续的影响。

这最后一点让我想起了一个我认为经济思想史能在公共经济学研究中扮演重要角色的领域。这是我在阅读了唐纳德·温奇（Donald Winch）最近的著作[请参阅 Winch(2009)]以后意欲提出的一个警告：如果经济学家忽略对本学科历史的传承，那么就会造成经济思想史及其传播的真空，而其他没有受过经济思想史培训甚至敌视经济思想史的学者就可能乘虚而入填补这个真

---

[1] 我甚至根据我们的前辈在公共部门增长计量、原因和结果研究方面做出的贡献以及他们对控制公共部门增长的方法的影响来建构我本人对经济思想史专业需求的看法。请参阅《历史视角下的公共选择分析》(*Public Choice Analysis in Historical Perspective*, Mattioli Lectures, 1989, 1992)。我本人必须向6名意大利专家（他们的评论文章也被收入了本论文集，并且含有很多值得关注的内容）致谢，还要向评论拙作的唯一一个英国经济学家彼得·杰克逊(Peter Jackson)致谢。

[2] 在我到爱丁堡以后，有一位苏格兰资深经济学教师向我打听我的研究兴趣："你对哪个时期感兴趣?"我很惊讶，但也很感激。他向我推荐了一个就职演说的主题——无法效仿亚当·斯密，只想成为研究亚当·斯密的权威。我感兴趣的时期是"未来十年"。这是一个年轻人不知轻重的回答——我希望自己现在已经得到了原谅！我本应有充分的理由只回答说，经济学家正忙着解释可能有助于预测的经济事件。那时，我并没有读过有关这个主题主要著作——即布劳格(1980, esp. Part IV)——的优势。

[3] 特别提到经济学家社会作用这个重要方面的经济学思想史很有启蒙价值。在唐纳德·温奇(Donald Winch)论述英国19世纪政治经济学思想史的深奥论文中没有比这更能说明经济思想史重要的内容。请参阅 Winch(2009)。

空。我总是为我们在反对经济思想史上花费越来越多的时间感到震惊,而且我们反对经济思想史的依据通常就是"已经过时的经济学家"(凯恩斯语)对于公议和政治行动的错误解释,而这些"已经过时的经济学家"因为他们的情感感染力和据说的实际吸引力而赢得了影响力。

当然,沟通障碍并不完全是由那些被经济学家们的"方言"所异化的人构筑的,而且还有一些自然科学家的宣传努力也起到了推波助澜的作用。这些自然科学家认为他们的学科比其他学科更有优势,甚至应该在经济政策制定和实施的过程中占据重要位置。但是,实际情况并非总是如此。① 但有必要指出,著名经济学家,如萨克斯(Sachs)、森(Sen)、斯特恩(Stern)、斯蒂格利茨(Stiglitz)和萨默斯(Summers),完全赞同"科学共识"。他们都是一些有可能意味着政府大规模扩张的国际合作措施的坚定支持者,而这些国际合作措施可能就意味着政府的大肆扩张,但却也意味着对个人经济选择的广泛限制。② 在完全缴械接受无视经济现实的科学模型之前,哪怕是向经济思想史"点头示意",也能使这些模型暂时停下前进的步伐。

但无论如何,我绝不应该给人留下这样的印象:必须采用某种咄咄逼人的推销术来评价经济思想史,才能把它的产品兜售给其他学科乃至整个世界。如果经济思想史的研究方法必然会受到需求的影响,那么肯定要考虑其同侪群体的标准这个质量保证的终极来源。不过,我已经指出,经济学家即使获准就他们认为我们在哪些方面存在只能用经济思想史来弥补的知识缺口这个问题发表意见,也应该更倾向于赋予经济思想史更加重要的维持乃至改善其自身标准的角色。

---

① 当前的气候变化问题讨论见证了自然科学家成功地向政府兜售他们的预测结果:全球变暖不可避免,并且还可能造成灾难性的经济后果,甚至必须规定在全球范围内采取的适当政策措施。经济思想史研究已经充分证明,经济学家已经设法并且成功地在反驳自然科学家比世界末日理论更加夸张的观点——皮考克在他2003年的论文中已经讨论了其中的一些观点——方面施加了自己的影响。关于针对目前主要基于经济学分析的气候变化政策的有力批评,请参阅Colin Robinson(2008),尤其是David Henderson和Ian Byatt的论文,他们两位原来都是英国财政部的资深经济学家。

② 斯蒂格利茨给一本名为《新财政学》(The New Public Finance, Stiglitz, 2002)的专题论文集写了一篇推荐性序,大肆宣传了一些著名的财政专家,包括由于这本论文集的研究质量而推荐它的马斯格雷夫(Musgrave)、桑德姆(Sandmo)和科诺森(Cnossen)。对这本论文集的仔细研究表明,虽然应该越来越重视国际经济交往,但是,新的问题并不能预设分析方法的变化。斯蒂格利茨似乎并没有意识到这一点。

(1)经济思想史和公共部门的"代理问题"。经济学家对与政府和私人部门——企业和个人纳税人——签约相关的监督问题进行了广泛的研究,但却没有研究直接向私人部门提供服务的公共部门内部代理的监督问题。这两种情况之间的差别可能至关重要,因为,在第一种情况下,私人部门的"代理人"是利润追逐者,而公共部门的代理人——如大学、国家剧院、博物馆、美术馆和遗产管理机构等——则不得追逐利润。[1] 此外,如果服务的资金来源包括非政府来源,那么情况就比较复杂,涉及要与效用函数截然不同的资金提供者签约的代理人(请参阅 Frey,2000;Peacock,2006;Peacock and Rizzo,2008)。

(2)公共产品的私人供应。经常有人指出,"公共产品"这个术语具有误导性,因为它意味着这种具有不可分割性和非竞争性特点的产品只能由政府提供。这不但意味着,即便有技术可能性,个人也不会设法创造条件去私人供应这种产品;而且还意味着公共服务不受产品创新支持,因为产品创新有可能会把公共服务转化为"私人产品"。[2] 我承认,这方面的话语权应该属于经济史学家,但我们因为没有采纳严格的学科划分而在知识上获益。我们似乎有必要去探究与导致公共产品私人供应事件同时代的经济学家在多大程度上提前采用了现在的方法。[3]

(3)最后一个例子是要表明,最近人们对经济学家在政府中地位的关注度有所提升(请参阅第 16 页脚注②)。这就提出了所谓的"经济资讯市场"有哪些特点以及这个市场如何因时而变的问题。不可否认,这种趋势虽然不会阻止经济思想史学界去研究年代比较久远的问题,但却导致经济思想史学界倾

---

[1] 读者可以参阅蒂莫西·贝斯利(Timothy Besleys)在林达尔(Lindahl)讲座中对代理问题进行的极好分析。请参阅 Besleys(2006)。

[2] 最著名的例子就是灯塔,直到 1970 年才被萨缪尔森在他的国际知名教科书中作为公共产品的典型例子。科斯(Coase,1974)采用他那典型的详尽历史研究法描述了一个英格兰和威尔斯私人供应灯塔服务的反例。我试图通过强调"私人供应并不能保证创造以竞争为特征的最佳市场安排"以及"开发无线电技术的创新已经在很大程度上使得把灯塔作为助航设备已经过时"来拓展这项分析。请参阅 Peacock(1979b)。我还必须大力推荐我在伦敦政治经济学院的同事和朋友拉尔夫·特维(Ralph Turvey)论述街道清洁使用创新的文章(2000)。

[3] 据我推测,意大利财政学者一定是想到了公共产品问题的自发解决方案。我通过杂乱无章的阅读已经在乔凡尼·蒙特马尔蒂尼(Giovanni Montemartmi)一篇不同凡响的文章(2001[1901])中发现了一个相当接近标准的例子。我们不应该忘记主持公道以及民事法院是否可以按照自愿仲裁的规定进行私有化的问题。亚当·斯密在《国富论》第五卷中就这些问题做过一些值得关注的评论。

向于关注不远的过去。关于政策本身的终极内容以及政策内容如何受到不断变化的所需咨询意见格局的影响,我考虑的不是很多。我在这方面考虑较多的是,在经济思想的传播过程中,有些经济思想如何并通过怎样的选择过程在政府政策的制定和执行过程中存续了下来,而另一些经济思想却没能存续下来(尽管有可能得到重现)。① 对以下问题应该进行适当的研究:(a)根据待售经济思想的可供给量调整滞后的需求以及经济思想是否因时而变;(b)待售的经济思想在多大程度上失去了它们的相关性,因为经济思想关于政策措施目标和约束因素的预设变化远快于经济思想本身的变化。这些研究结果不但其本身值得关注,而且对于培养为政府服务的经济学家也具有实际意义。

### 五、凯恩斯下了结论,但没能一锤定音

在一篇著名的文章中,②凯恩斯对经济学家在未来可能扮演的角色进行了有趣的推测。如果——这是一个很重要的假设——主要国家之间不再发生战事,并且增长潜力得到利用,那么,"经济学就会因为有像牙医这样的专家而成为问题。如果经济学家能够成功地让自己被认为是谦逊、能力堪比牙医的人,那将是非常了不起的事!"

乍一看,这个观点似乎与凯恩斯之前的观点截然不同。解决这个矛盾的方法有很多。首先,凯恩斯是在开玩笑,把经济学家在他那个时代对焦虑的公众所讲的警世恒言束之高阁。他擅长"贬低"别人,但却不能用它来进行反抗。其次,他对未来的推测是一种对希望的表达,而不是对实际会发生的事情的承诺。

第三种解释对我更有吸引力。《马歇尔传》中对经济学家工作的描述适用于那些像他本人一样与社会上有影响的人物为伍、咨询意见为身居高位者或者在"知识"生活中占据重要地位的人所追求的经济学家。但是,这未必就能阻止接受过经济学教育、职位低微的小人物进行独立思考。

---

① 我和伊尔迪·利索(Ilde Rizzo)对这些问题进行了一些思考,其他更擅长历史发掘工作的学者可以对这些问题进行更加深入的思考!请参阅"经济思想扩散:里格纳诺的例子"(the diffusion of Economic ideas:The Rignano Example,无名氏,2002)。意大利学者很快就会发现,这是意大利在一个世纪前制定的改革方案!

② "我们子孙后代的经济可能性"(The Economic Possibilities for our Grandchildren)一文最早于1930年发表在《国家》(The Nation)杂志上,因此在时间上接近于他对阿尔弗雷德·马歇尔的文章的论述(Keynes,1972a)。

然而,无论凯恩斯对于经济学家的看法是否过于傲慢、理想化或者霸道,不一定就会导致任何人失眠。他实际阐述了一个我们大家都很熟悉的论题,即作为经济学家就意味着要承担更多的责任。

经济思想史常被认为是一个避免世俗地方主义的手段,这时刻警醒着我们,正如埃奇沃思(Edgeworth)所说:"追溯一门学科发展的思想脉络,就是为了不断纠正我们的权威观点。"这句话不仅仅是一种崇高情怀的表达,而且还有重要的实际意义——保持宣传新的经济思想的传播渠道畅通无阻,政策不能受制于政府长期墨守成规形成的固定不变的常规。对于经济思想之间的竞争(the competition between economic ideas)的认识是保护大国经济活力的一个重要因素,也是专业化于公共经济学的经济学家的必要"装备"之一。这样的竞争必须对过去的经济思想与我们当代的经济思想一样开放。

所以,"最后的吼声"(le dernier cri)不一定就是"正义的吼声"(le cri juste),对于公共经济学来说尤其是如此。因为,在公共经济学领域,经济学家的技能现在已经远远超过宏观预测的范畴,并且发展到了详细评价公共部门对其自身业务配置和技术效率的影响。把凯恩斯主义经济学作为公共经济学历史研究的起点,是一个有趣但失之于片面的故事,一个只受制于我本人特殊经历的故事。为了重复我在本文开头以不同方式说过的话:我们也完全可以从追溯斯密和休谟、杜普特(Depuit)、维克塞尔、帕累托、瓦格纳或者最后(但同样重要)从门格尔(Menger)和冯·米塞斯在知识上影响当代经济学的发展脉络开始。

# 两篇 20 世纪 50 年代完成但从未发表的文章

艾伦·皮考克（Alan Peacock） 杰克·怀斯曼（Jack Wiseman）

## 序[①]

艾伦·皮考克

  这里介绍的两篇文章是 20 世纪 50 年代在以下情况下完成的。我和杰克·怀斯曼当时都是伦敦政治经济学院的讲师。我刚获得升迁，成为财政学讲师；而杰克除了讲授微观经济学理论外，还要承担公共企业经济学研究课题。

  因为当时我对公共支出经济学的兴趣越来越浓厚，我举办了一个公共支出经济学的研讨会。结果就是我要在莱昂纳多·罗宾斯（Lionel Robbins）主持的研讨会上面对挑剔的教职员和经过挑选的研究生的提问。这是我这篇从未发表过的文章第一次与读者见面。

  我和杰克都参加了一个有研究生参加的财政研讨会，我们讨论了萨缪尔森构建的公共产品模型，一起严厉批评了"公共性"的存在自动要求国家供应公共产品的假设。我们是在第二篇论文中进行批评的。这篇文章没有发表，在没有收到审稿人意见的情况下就被《经济学与统计学评论》(*Review of E-*

---

[①] 2008 年 12 月。

conomics and Statistics)退稿。我俩一直没有找到时间来研究这两篇文章,而是把精力集中在政府支出增长问题的研究上;但我相信这是一个很好的决定。

我不想说,这两篇文章一定更值得现在发表还是刚完稿时发表,但它们是对我俩50年前思维过程的记录。50年前,公共经济学,就像我今天所知道的那样,在英语国家几乎不为人知,而我俩是少数对欧洲大陆学者用他们母语写的著作有点兴趣并具有专业知识的英国人中的两个。其间,国际交流障碍迅速减少,大大改善了不同国家经济学家之间的专业联系。在这个过程中,采用英语(和数学表示法)来表达经济思想是重要的因素。那些以英语为母语的经济学者应该记得,我们是多么幸运!

# 公共经济理论[①]

艾伦·皮考克

## 一、福利经济学与公共财政

当前的福利经济学辩论一直在关心不同经济学家提出的不同标准的有效性问题,这些标准允许我们对不同的经济状态进行比较和排序。在本研究中,我们假定补偿理论(the compensation theory)及其变体以及针对它们的一些批评意见都是众所周知。本文旨在把本研究拓展延伸到社会选择无法在像福利经济学假设的竞争性市场体系中得到反映的例子。也就是说,本文关心的是关于公共经济和公共财政体制的基本原理。

现代福利经济学已经认识到,个人边际活动的个人边际成本与社会边际成本之间可能存在差别,有可能对社会其他群体产生不良影响,庇古所举的烟尘例子就是经典的案例。为了将两者等同起来,学者们提出了不同的措施建议,其中一些措施与涉及发放补贴和征税的财政体系直接相关。同样,有关成本递减产业的问题也得到了广泛的研究,而学者们所提出的措施也要求无论

---

[①] 完稿于1954年1月21日。

是否存在公共垄断事业都应该推行税收和补贴制度。但是，这两种偏离竞争规范的做法都要求国家除了购买为实施补偿计划所必需的商品和服务以外，还应该作为集体消费者购买商品和服务。因此，集体消费的基本原理不同于根据转移支付制度实施集体补偿的基本原理，必须运用其他理由来证明它的合理性。现代国家政府有商品和服务需求的事实不是显示福利经济学与政策没有什么关系，就是表明这些案例比福利经济学所显示的更加重要。

本研究1.2中陈述的一个例外就是鲍莫尔的著作（Baumol，1952；esp. Part II）。鲍莫尔在考察对竞争规范的偏离时特地提到并分析了同一产品存在群体需求可能性的情况，或者换句话说，从相关产品中获得的收益不能分割分配给特定个人的情况。在这里，为满足群体需求的自愿安排可能不起作用。在评价了过去一个世纪把这个问题作为财政问题来考察的文献（Baumol，1952：chapter 12）以后，鲍莫尔就专注于在早期的文献中寻找为政府干预辩护的证据，但在我看来，他没有充分考虑用任何社会都应该认真思考的公共支出水平来衡量的这些干预行动的规模和公共支出在社会成员之间分摊这个更加微妙的问题。

因此，公共支出水平和税负分摊的问题可以被看作是现代福利经济学中偏离竞争规范的一个特殊问题。这并不是说，这是最近才发现的一个问题。关于"正确"的支出水平和税负"最佳"分担水平的讨论是与关于财政本身的系统讨论一样历史悠久的讨论，而支出水平和税负分担问题在有关经济稳定的文献增加之前被认为是财政理论中的核心问题。但不管怎样，福利经济学中精确的公式化表达有助于把这个问题置于它适当的背景下来解决。因此，我们来关心以下问题：在自愿安排公共产品供应被证明不可能的情况下，我们能从什么意义（如果有的话）上谈论"最佳"公共支出水平？下面先比较详细地考察这个问题，然后给出有关这个问题的一些答案。

**二、问题陈述**

市场经济理论的精髓就是产品能以可分的量来供应，消费者个人能够按照自己可用的收入和准备的花销来评估自己能从商品中获得多大的增量收益。只要个人能直接通过自己的购买获得自己估计的收益，那么市场就能解决所有的问题。如果从商品中获得的收益不能直接分配给个人,那么,为了满足社会需要,就要采纳另一种机制。按照鲍莫尔的做法,我们可以用人工降雨技术来说明这个问题。采用把干冰撒在某些类型的云层中进行人工降雨的方法,似乎没有办法把降水限制在预先确定的面积很小的区域里。如果能够通过受益农民之间达成某种形式的协议来分摊人工降雨成本,那么,这种实验只能通过自愿的方式进行。通过自愿缴费,签订人工降水协议的农民使自己和没有签订协议的其他人同时受益。有些受益人虽然没有缴费或者只缴纳很少的费用,但照样能够享受同样多的收益。他们不用表达自己的真实偏好,就能得益于所提供的服务。我们没有理由认为,有人可能会想反正受益农民值得为整个人工降雨方案买单。其实,这种情况远非孤例。

从福利经济学的角度看,这个问题,从某种意义上讲,就是确定社会会因为引入不可分割的服务而变好还是变坏。通过市场体系来表达选择的本质就是有选择的自由。那么,在集体需求的商品不可分割的情况下,选择自由又意味着什么呢?一种可能的解决方案也许是集体一致同意对这项服务收费。我们将会看到有些作者会试图提出一个接近于这个方案的解决方案;其他作者可能会设计与个人和集体福利有关的规则,这些规则会毫不含糊地告诉我们一种收费制度从某种意义上说是否比另一种根据与心理学和社会学观察结果相符的某种受益观或者牺牲观制定的制度可取。我们在下文将要考察的功利主义牺牲理论就是这种观点的一个例子。

在以下分析中,除另有说明以外,我们采纳了福利经济学的一般假设,其中最重要的假设就是:(a)收入分配既定;(b)资源得到充分利用。

### 三、早期的解决方案

早期的解决方案——包括两个历史悠久的方案[请参阅 Seligman(1908:Part II);Myrdal(1953:chapter 7)]——都与受益和牺牲理论相关。这两种理论通常被视为税收理论,但实际上是非常狭义地定义国家职能的公共经济理论。因此,最优公共支出水平就是确保法律得到执行、社会秩序得到维护和国家不受外来侵犯的最低支出水平。受益理论试图在政府支出最小化的情况下,通过根据某种"受益"标准武断分配利益的方式来解决成本分摊问题。因此，我们花钱购买的是保护，而从保护中可获得的利益可以根据收入或者所有权分布来分配(或者持有)。所以，对直接比例税的支持始于斯密，而德·维提·德·马尔科(De Viti de Marco,1936)令人信服地阐释了支持直接比例税的理由。牺牲理论并没有试图分摊负担，而是试图使"牺牲"最小化。牺牲理论主要聚焦于牺牲的意义和发展一种使我们能够确定如何使牺牲最小化的心理状态。

从早期的牺牲理论阐释中可以很清楚地看到，问题的解决方案都被视为是规范性的。这种理论的魅力在于"所有理性的人"都能接受这种理论。这种理论的政治理念非常明确，主要的问题并非是所有的人能自愿接受什么，而是他们应该接受什么。这一点在牺牲理论中显而易见。受益理论至少还描述了缴税与享受服务之间的某种联系；而牺牲理论则根本就没有表达缴税与受益之间的任何关系，因而根本无法确定支出总水平。

**四、类比解法**

这种解决方法基于国家或者社会与个人之间收入支出的类比。这些年，这种解决方法的主要支持者有庇古(1947:Part I,chapter V)和道尔顿(Dalton,1923:chapter 2)，但在德国的财政学文献中，这种类比法十分常见。我们将集中关注庇古的相关论述。

庇古的第一个命题是："如果一个社会真的像一个以政府为中枢的统一有机体，那么，社会用在各个方面的支出应该达到花费最后一个先令获得的满足等于把最后一个先令花在政府服务上而损失的满足的程度。"(Pigou,1947)

第二个命题是：国民收入越多，从人数给定的个人那里取走 $n$ 个先令造成的边际牺牲就越小。也就是说，公共服务需求的收入弹性应该是(将是?)正值。

第三个命题是：在国民收入和人口既定的情况下，"(1)收入分配越少……(2)政府决定实施的增收计划越具累进性……"政府"就可以花费越多的支出"(Pigou,1947)。这最后一个命题显然是承认了收入边际效用递减规律的正确性。

虽然这些命题存在一定的语义混淆，但很明显，庇古表达的是福利主张，而没有分析如果政府真是一个统一有机体的中枢,那么实际或者可能发生什么情况。但是,为了得出具有意义的结论,我们必须知道这个统一的整体是谁或者是什么。庇古承认,类比实际上是一种解释手法,而公共支出最终取决于那些因为产品不可分割问题而不愿缴费的个人的威慑力。但是,他只字未提偏好的表达方式,这倒允许我们去确定可获得的边际利益或者须做出的边际牺牲的性质以及可获得边际利益或者须做出边际牺牲的程度。他很危险地在接近一种国家有机观。还请读者参见道尔顿(1923)。

即使假定确实存在这个统一的生命体(譬如说独裁者),即便收入的边际效用递减假设能够成立,公共服务需求收入弹性为正的假设也是一种任意假设。这种假设假定从政府追加服务中获得的边际利益为正,但具体取决于表示在不同收入水平上如何在公共用途与私人用途之间配置资源的选择的扩张曲线形状。

功利主义观的一个一般性难题在以上几个命题中也得到了证明。如果政策是根据集体偏好制定的,那么,所表达的偏好为什么又必须符合收入的边际效用这个命题呢?最后,功利主义者不得不辩称,不接受收入边际效用命题就意味着"非理性行为"。只有通过剥夺非功利主义者的投票权,才能采取一种"自愿"的解决方案。

庇古法最有价值的特点是采用了边际分析法。我们可以从边际社会收益的角度非常宽泛地说明特定公共支出分布的影响。但是,就确定最优公共支出水平而言,庇古理论提出的问题比它解决的还要多。

**五、"正解"或者"中性解"**

这种理论试图得出一个"正解"或者"伦理中性解",并且与萨克斯(Sax 1887:Part I;paras 29—32)、维克塞尔(1896:Part II)和林达尔(1919;1924)、伊诺第和本汉姆(Einaud and Benham,1934)等 10 名学者有关。除政治主权决定的结果以外,它还从经济分析的角度考察了为达到公共支出的目的所必需的政治协商方式,并且在政治哲学方面与社会契约论有着明显的相似之处。

我们将集中考察林达尔的解决方案。① "已经通过财政或非财政手段实现了'正确'的收入分配"是这个理论的重要假设前提。

我们来考察两个需要一种不可分割的公共服务（如国防）的个体甲和乙。这里的个体甲和乙可代表两个政党。我们要解决的问题是决定这项公共服务消费量及其成本分摊。我们可以与双边垄断例子中的情形进行类比。我可以合理地假设，甲想要消费较多的公共服务，分担较小比例的服务总成本；而乙希望自己能消费较多的公共服务，甲能承担较多的服务成本。这种情形可采用图示法来表示。当双方的缴费之和等于给定量服务的总成本时，双方就达成了协议。在双方"势均力敌"的情况下，均衡出现在边际效用和价格曲线的交点上，因为双方的边际效用和价格在这个点上都相等。

我无法对这种解法提出的一些实际问题进行类似的讨论。由于"公共支出"通常并不是一个均匀量，而是一个不同单项支出的集合（大概就像维克塞尔所说的那样），因此，每个个案都要重复这个过程。我们必须了解税收归宿和税收的影响效应。如果某种给定的收入分配方案一开始并不是最优方案，那么，在能够确定怎样的"社会—政治"税收应该先于"财政"税收之前，我们应该先弄明白在没有现行财政制度的情况下会出现怎样的收入分配格局（cf. Myrdal, 1953: 183）。

一旦考察了各种假设以后，我们就会发现，由于一些非常特殊的情况，我们只能得出一个近似有竞争力的解。首先，为公共服务缴费的诱因越强，参加缴费的人就越少，因为服务供应机构并不依赖任何个人的缴费。因此，林达尔避开了涉及很多人会遇到的难题。除了在这种情况下有可能出现意见分歧外，事实上，在别人缴费既定的情况下，如果个人知道无论自己是否缴费都将受益，那么就可能低估自己的偏好。由于公共支出水平并不取决于任何个人的缴费，因此，如果有一个人逃避不缴，那么，所有人都会逃避不缴，而强制就是唯一能够保证相关公共服务项目确立的手段。值得注意的是，这个结论独立于"讨价还价能力均等"（equal bargaining strength）的假设，因为这个假设可被定义为"收入分布均等"（equal income distribution）。然而，有些作者仍

---

① 马斯格雷夫（1939）用英语对林达尔的理论进行了绝好的综述和批评。

想争辩,那些拒绝缴费的人"有病"(Benham,1934);可能还假定在收入分布均等的情况下,人们的品味应该也相似。

假定关于公共支出水平的决定可能并不是一致通过的,因此,强制也许为执行支出决定所必需,那么,"讨价还价能力均等"的假设就是一个非常特别的假设。为了使决策具有法律效力,就必须推行像投票表决这样的约定,因此,譬如说,就有必要推行多数决原则。一旦出现这种情况,代价(税收额)就不等于全体成员的边际成本,除了非常特别的一致决定以外,是不可能得出完全竞争解的。因此,社会成员之间的成本分摊可以通过投票来决定,我们没有理由认为,事先规定的成本分摊规则会与个人对公共支出边际效用的评价相一致。许多作者在领悟到这些困难以后便接受了接近自愿解决方案的立法安排。因此,维克塞尔(1896:115)主张赋予少数群体以否决权,并且用定期组织选举作为保障。事实上,在维克塞尔那里,公共经济理论变成了一种民主理论。巴罗纳(Barone,1912)把"自愿的解决方案"称为"边际效用理论的严重倒错"(a major perversion of the theory of marginal utility)。他认为,事实上,多数派暴政导致他们的财政目的都以失败而告终,因为被压迫的少数派通过逃税、转移资本和移民,甚至在对立情况下通过革命来寻找慰藉。另一个克服困难的方法就是接受人际效用比较,并且认为:如果多数派批准某个特定水平的支出和财政,那么必然就意味着福利的"改善"。

### 六、若干更深层次的问题

显然,一种完整的公共经济理论必须考虑福利研究提到的可以通过财政体系来实现的其他目标,一个著名的例子就是稳定经济目标。传统的公共经济理论认为,公共支出与私人支出呈相互竞争的关系,也就是假定实际收入是既定的。但是,资源利用不充分可能就意味着,对于社会来说,追加公共支出的边际成本可能为零,因为公共支出水平的提高有可能增加总收入,从而有可能增加私人实际支出。[①] 在这里,短期和长期问题都很重要。我们只需提及其他可能与公共支出变化一样有效的稳定化方法就够了。

---

[①] 不久前发表在《应用经济学》(*Economie Appliqée*)上的"论公共支出理论"(Sur la Théorie des Dépenses Publiques)一文中,我曾试图与传统的凯恩斯主义观和解。

虽然在供应不可分配产品和服务(non-allocable goods and services)的情况下是不可能遵循竞争规范的,但我几乎无法找到有可能发生的更加严重偏离竞争规范的情形。公共支出水平决策的结果,极有可能是国家成为某些产品和服务的独家卖方垄断者。这种情况与公用事业的情况有相似之处。支付竞争性费率对社会造成的边际成本可用需追加征收的税收来衡量,就如同允许公用事业按边际规则处理亏损对社会造成的边际成本可用弥补亏损所需税收的影响效应来衡量。

除了利益至少按照通常的福利标准不可分割的情况以外,上文根本就没有对产品和服务的集体需求进行理论阐释。至少从理论上讲,虽然我们有充分的理由促进能产生消费外部经济性的产品的消费,但这未必就是主张集体提供服务的理由。因此,通过补贴来降低教育或者医疗价格,并不一定意味着这些服务应该公营。要想证明服务公营的合理性,就必须求助于其他论据。

### 七、结束语

茹弗内尔(Jouvenel,1952)曾尖锐地指出,福利经济学家之所以能够取代比他们年长的政治哲学家,主要是因为他们发现了集体福利可以度量。把福利经济学应用于解决财政问题,有助于我们阐明假设、提出命题,但政治哲学家更加熟悉"归根结底,强制手段为执行集体决策所必需"的结论。集体福利问题与决定由谁来动用强制力的问题不可分离。

如果我们准备同意福利假设说到底都是一些任意假设,那么,研究财政问题的经济学家可以考虑三种行动方案。首先,在分析公共政策标准的技术可行性之前先要承认和明确个人的公共政策标准判断权。其次,遵循经济学其他分支的程序,试着预测国家政治主权机构的行为表现以便能够判断什么样的财政体制源自什么样的行为表现。这很可能是一个不可完成的任务。我们可以合理假设企业或家庭是在给定环境下行为的"人",而国家却不是。经济学家可能要证明他们对于群体行为的了解要多于其他社会科学家。最可靠的方法就是允许采用经济学家的程序,也就是把政策目标视为既定并考察它们的相容性。财政研究文献中之所以存在很多混淆不清的东西,是因为公共经济学家没有认识到这些程序上的区别。

# 论公共经济理论[①]

艾伦·T. 皮考克  杰克·怀斯曼

> 那些因觉得这种微积分难懂而感到烦恼的学者应该用下面这句古希腊谚语来安慰自己"不是易事,而是难事才是美丽的"(it is not the easy things, but the difficult things, which are beautiful),而且没有捷径可走。
>
> 道尔顿(Dalton,1923)

## 一

本文是作者看到萨缪尔森教授和其他学者最近在《经济学和统计学评论》上发文讨论公共支出理论后有感而发。[②] 不过,我们的目的并不只是对萨缪尔森教授提出的模型的技术问题进行评论。萨缪尔森教授对公共支出问题的讨论引发了对更加广泛的公共部门经济问题一般研究方法的议论。在我们看来,公共部门的经济问题都是一些重要的问题,而且也是我们感兴趣的问题。我们希望自己也能介入这些问题的讨论。[③]

## 二

萨缪尔森教授在他最早发表的一篇相关文章(1954)中似乎提出了一种公共支出的一般理论。但在后来一篇用几何公式表达他之前所做的数学运算的文章中,他提出了一个模型,对"可追溯到过去75年的意大利、奥地利和斯堪的纳维亚国家作者提出的公共支出理论进行了数学表述"(Samuelson,1955:350)。

萨缪尔森教授的这两篇文章实际上是对财政学中的"自愿交换"理论进行

---

[①] 本文完成于1956年。
[②] Samuelson(1954;1955), Enke(1955), and Margolis(1955).
[③] 马格里斯(Margolis 1955)博士讨论了其中的一些问题,但我们并不能接受他的观点。

了批判性评论,他的目的是要证明"任何分散的市场或者投票机制都注定不能实现或者推断出"这种理论"逻辑上完整的最优条件"(Samuelson,1955:350)。

从技术层面看,萨缪尔森教授的这两篇文章至少做出了两方面的有益贡献。首先,他的数学表述提供了一种新的令人满意的严谨的批评自愿交换理论的表达方法。当然,就如萨缪尔森教授本人承认的那样,这些批评意见本身早已在熟悉这个主题著述的学者中间得到了认可。例如,我们可能会提到恩里克·巴罗纳(Enrico Barone)的研究。巴罗纳在一篇论述一系列财政理论问题但没有引起重视的论文(Barone,1912)中把试图发展自愿交换理论的尝试说成是"对边际效用理论的严重歪曲"[①]。

萨缪尔森教授的贡献充其量可以表述为以一种即使对最缺乏数学素养的读者来说也必定是可以理解的方式介绍了这些批评意见。

萨缪尔森教授这两篇文章有益贡献的第二个方面,可能也是他本人比较不喜欢的一个方面。他的这两篇文章表明,试图用简单的福利经济学概念来说明政府的经济活动,可以说是徒劳无益的。这两篇文章清楚地表明哪些问题不能用这种方法来表述。

萨缪尔森教授笔下的社会是一个其成员都追寻"可达到的最佳极乐点"(best obtainable bliss point)的社会。这里的"极乐"(bliss)并不是指这个词平时所说的那么回事,但好像是指个人通过对经济事项的选择获得的满足感。他采用社会福利函数这个"可用来进行人际评判"的陈旧、语义含糊的概念来描述个人行为,而这样做的目的是想发现一种"在伦理上更可取的"(ethically-preferred,原文如此。——译者注)世界终极状态或者"理想状态"。为了进一步简化这个问题,萨缪尔森教授把自己的分析局限于考察一个所谓的"政府极端例子模型"(polar-case model of government):除了私人消费品以外,社会只提供一种特殊类型的公共产品供消费,每个社会成员可随意享用或者不用这种公共产品。这种公共产品似乎具有不会产生任何消费机会成本的重要特点,也就是说,甲增加消费这种公共产品,并不会影响乙的消费可能性。显然,

---

[①] 由于篇幅有限,我们没有在这里援引这篇文章。我们希望这篇文章的相关段落能被收入马斯格雷夫和皮考克教授将为国际经济学会主编的论文集《外国公共支出理论著述译丛篇》中。

这个"强极端例子"(strong polar case, Samuelson, 1955：350)只不过提供了一个现实社会被阉割的虚弱突变体。然而，萨缪尔森教授通过分析这个例子得出了否定的结论：即使在这样一种社会的假设下，一种公共支出的"自愿"理论无法解释政府的支出活动，或者(从某种意义上说)无法为政府的支出活动辩护。

有人也许会认为，这样的否定结论可能会导致作者质疑福利经济学方法有助于理解任何社会公共经济问题的价值，但事实并非如此。虽然我们还不完全清楚萨缪尔森对其分析的重要意义有什么看法，但很明显，他的结论并没有使他对自己所采用的方法提出质疑。没错，他本人也表示，他已经证明"维克塞尔担心让人们披露偏好所固有的政治困难有多么正确……"(Samuelson, 1955：335)。他还觉得有必要拒绝马格里斯(Margolis)要求他接受一种幼稚的经济自由主义的建议，并且列出了一长串明确不适合他的模型的"支持政府活动的基本条件"。[1] 但他认为，他的方法比有些作者所使用的"群体心理"概念要"稍微复杂一点"，而且(还不怎么有理地)认为，两者都为进一步的发展奠定了基础，(显然)证明了政策主张本身的合理性。我们认为这后一种观点是不可信的。

关于公共支出理论的进一步发展，萨缪尔森认为，"谨慎的经验主义者会认识到，许多——虽然不是全部——政府活动的现实案例可以富有成效地被作为他的极端例子的某种混合来分析"。正如某些批评者所指出的那样，事实上，"公共"产品有可能对消费造成机会成本，但"说一件物品不在南极并不能符合逻辑地说它位于北极"(Samuelson, 1955：356)。不过，这并不是最根本的问题。重要的问题是：是否有必要对试图仅从经济选择影响的角度去发现政府活动动因的模型进行更加深入的分析和分类。列出政府经济活动的其他条件，而不先解释政府经济活动如何被纳入"混合"模型，是不会有任何结果的。事实上，政府行为的动机要(而且肯定)比被萨缪尔森纳入模型的动机多，而且复杂许多，以至于在如此狭窄的基础上进一步扩大模型也必然是徒劳的。

---

[1] Samuelson(1955：335—56)。这一长串支持政府活动的基本条件"还可以进一步扩展，甚至包括从任何人的观点出发政府都不应该涉足的领域"。那么，萨缪尔森是在他的"福利"模型的帮助下得出了这个结论，还是这个结论只不过是一个无法解释的价值判断呢？

就如萨缪尔森本人在他开出的政府活动"其他条件"的清单中所表示的那样，如果"个人的经济利益偏离了社会的经济利益，那么显然需要政府采取行动"。那么，由谁来决定何为社会利益呢？它们是否（或者应该）只与个体或者群体的经济选择条件有关？萨缪尔森式的"混合"模型如何来解释（比方说）英国政府为外国来的未婚妈妈提供免费分娩服务或给法国（或者美国）游客报销购买假牙的花费？这些问题不可能得到令人满意的回答，因为更加细致的分析可能会证明这些政府活动的愚蠢性。只有当分析基于对动机和目的或者政府和社会的客观描述时——但这是不可能的——，似乎才可能进行更加细致的分析。辩称这些问题已经纳入"社会福利函数"也无济于事，因为"社会福利函数"表达的是"社会目标"。这样做只是为了逃避或者抛弃真正值得关注的有关政府的全部问题。只有拓宽作为研究起点的政府行为概念，而不是深入分析逻辑清晰但实际内容空洞的"福利"状况，我们的研究才能获得发展。

除了这些发展问题以外，萨缪尔森教授似乎相信他已经比他本人的研究更多地证明了现实世界中的政府活动。用他自己的话来说：

> "有人竟敢斗胆怀疑，政府的任何职能都不具有任何明确的公益痕迹（而且没有一个早期介绍的相关特点），我们应该谨慎对待这种怀疑，以便确定公益职能是否真是政府的一个合法职能。"（Samuelson, 1955: 356）

这一点就像一些早期被萨缪尔森批评过的著述，多少有点模糊。如果"早期介绍的特点"（最可能）是指前面提到的萨缪尔森开出的政府活动条件清单，那么，相关表述可以理解，但内容空洞，因为任何一种政府活动都可以在所列条件下进行。但是，如果有理由认为这更多是有意为之，那么，萨缪尔森就必须相信（或怀疑），他的模型不仅表明哪些活动不属于政府职能的范畴，而且还有助于我们确定哪些活动其实应该属于政府职能的范畴。不过，萨缪尔森并没有为他的这种观点进行任何辩护。

我们抱怨用"社会福利函数""极乐点"等进行的分析，并不是抱怨把数学方法应用于这类问题的研究。不过，我们要斗胆建议，如果建立一个适合数学表述的明确"最大化过程"，是要鼓励使用过于简单的定义、概念和关系，从而对重要的问题进行过度简单化，进而导致无法对这些问题进行令人满意的讨论,那么就必须谨慎行事。本文的以下部分将尝试对公共经济理论做出更加积极的贡献,我们只能希望对这门学科颇有兴趣的人能够说服萨缪尔森教授去思考这样一种方法的发展潜力。

## 三

有三个可能的问题可用公共支出理论来回答。其中,第一个可能的问题就是萨缪尔森教授关心的问题,也就是公共支出的"最佳可能"水平和分布的问题。根据"福利"或者"自愿交换"理论,这个问题就变成了给一种赋予个人选择"最佳"表达方式的公共支出模式设定条件。萨缪尔森教授本人已经明确表示,这个问题不可能在一个帕累托理论体系的框架内得到解决;在正统的福利经济学那里找不到任何"市场"或者"自愿"的解决方案。①

于是,萨缪尔森教授不得不表示,更加深入的探讨可能会把我们带入"福利政治"的"数学领域"(1954:389)。更明显的是,我们要指出的是,那些采取这种方法的学者必须明确承认集体社会行动可能要求助于强制手段。这并不是一种那些坚持选择逻辑的经济学家乐意接受的观点,但却是一个政治哲学家十分熟悉的命题。在早期的著名公共经济理论学家中,庇古和维克塞尔②被迫承认接受某种形式的强制手段也是在所难免。然而,一旦承认了这一点,就没有必要再去寻找一般"规则"来决定政府"应该"从事哪些经济活动。例如,似乎不太可能发现既顾及强制手段的作用又同时适用于苏联和美国的一般规则。

这个结论还没有获得普遍认同,就连在那些认识到诉诸强制力在所难免的学者中间也有人没有认同,尤其是维克塞尔。维克塞尔坚持试图先通过承认强制力,然后通过检查按照政治流程批准动用强制力的方式是否能够尽可能符合"自愿"状态来挽救"自愿"的解决方案。这个论证方法值得关注,因为

---

① 有必要指出,有很多由政府以外的社会群体供应"可分割"产品的例子。举例来说,我们常能见到若干业主共同出资修路,每个"俱乐部"成员都同意支付一定数额的费用。因此,这种协议意味着一种"自愿"的收入再分配(cf. Wiseman,1956)。这些例子是在对采用福利分析法解释政府支出的批评中经常援引的"不可分割"的政府服务的反例,也难以符合帕累托理论体系的要求。

② 请参阅 Pigou(1947:33)和 Wicksell(1896:110—124)。

它对于仔细研究投票表决制度具有重要的意义。① 但是,这种论证方法在一些重要方面存在缺陷,这些缺陷可用来说明这类方法的不足。那么,一旦有意识地承认强制力(因而承认政治进程),把讨论限制在政策目标上就有用吗? 鉴于维克塞尔的论点具有明显的"自由主义"倾向,那么,先从把在私人和公共用途之间"适当"分配产品作为政府支出活动的唯一目标着手,因此而完全忽略所有其他"自由主义"的目标,是否就真能富有成效呢?当然,比较明智的做法肯定是,先列出主要目标,然后再通过一个特定的政府支出模式来考察它们彼此之间以及它们与"自愿原则"之间的相容性。

更重要的是,为什么要完全接受从维克塞尔开始提出的"自由主义"假设呢?② 强制力在社会中的作用太过复杂,因此,不能把它作为社会组织不可或缺的"瑕疵"来处理。在任何组织程度高到足以拥有政府的社会里,行使某种形式的强制力在所难免,因为任何政府都不可能取悦于全体公民。但不管怎样,一个政府如何行使它手中掌握的强制力,其实必然取决于很多复杂的因素。政府权力的来源和行使权力的便利或者困难程度、政府相信比其公民"更明事理"和公民对此的接受程度、除政府以外特定社会群体的态度和力量以及因社会不同阶层对有关政策表达不同意见而造成的"非理性"问题③等因素都将影响到政府的权力、政府对权力的行使,从而影响到政府经济活动的性质和规模。但是,对这些问题的更深入研究必须交给政治学家,因为这超越了经济学家的专业能力范畴。我们关心的,首先就是确定政府想要做什么或者公民会允许它们做什么,但不管怎样,公民绝不会任由政府政策对"经济选择"——就像经济学家所说的那样——的影响摆布;其次(而且更重要的)就是确定,无

---

① Wicksell(1896)。但还请参阅 Duncan Black(1931—1955)对维克塞尔提出的解决方案的批评。

② 我们同情维克塞尔的政治态度,但在涉及分析这类问题时,我们的个人同情与主题无关。

③ 社会态度是历史和环境的产物。在正常情况下,社会态度变化缓慢,政府的政策随社会态度缓慢变化。因此,名义上激励政治党派和其他群体的抽象的"一般原则"可能与他们的实际政策大相径庭。所以,第二次世界大战前后英国政府支出规模之所以出现惊人的差别,是因为战争扰乱了之前的预算审批模式。否则,没有哪位财政大臣能够用当时流行的"可容忍"税收负担的观念来协调英国各重要社会阶层增加"社会支出"的明显愿望。战争和类似的剧变破坏了已有体制,允许政府转向新的更高水平的收支活动,从而导致战时熟悉的新税负变得可以接受。这样的干扰因素在当时社会态度的复杂情况下使得政府推行之前无力强加于社会的政策成为可能。这些事实如何可能与像"自愿交换"理论这样的任何"一般"公共支出理论调和呢?

论如何,有多少政治价值体系,就有多少(福利意义上的)公共支出理论。也就是说,在我们看来,根据过于简单的政策目标陈述(如社会福利函数)或者随意选择的价值体系寻找"一般"规则是毫无意义的。如果我们想表达任何有用的东西,那么就需要一种比较狭义或者说更加明确的方法。

## 四

第二种解决公共支出问题的可用理论可被称为"实证"或者"预测"理论,这种理论试图回答"在任何给定情况下政府的实际支出水平是多少"的问题。这个问题含有两层直接的意思。首先,它必须以某个特定的社会为参照,因此可以避免在寻找一般"理想"条件的过程中可能会遇到的困难;其次,如果这个理论是要对政府支出(主要用途)进行准确或有用的预测,那么就必须以存在一种令人满意的政府行为理论为前提。

只要从这第二层直接意思看,这种实证或者预测理论是一种不适当的理论。我们并没有任何令人满意的对政府行为的现成解释,之前的讨论已经在很大程度上阐明了其中的原因。当然,也已经有人试图对政府行为做出适当的解释。采用与标准的价格理论进行类比的方法,就可以发展一种政府行为理论。虽然认为单个企业家在市场环境下追求利润最大化,也许并不是在对商业决策过程进行不可能的过度简化,但是,把政府定义为"统一有机体"[①]的类似概念为发展一种具有可操作性的政府行为理论设定了一个难以令人满意的起点。其他理论把这个问题作为政府"满意度"最大化问题(从某种意义上)来处理,但是,这种处理方法只能成功地重申这个问题,但必然是缺乏关于政府"令人满意"的任何有意义的指标。林达尔(1919:85—98)这个评价中某些难题的先驱者,通过采用图示法对政治讨价还价与双边卖方垄断进行类比的方式开辟了另一条可能路径。这种方法在某些方面更加复杂,但是,由于政治和社会关系复杂,不论运用投票表决理论或者运用博弈论来详细阐释这种方法是否可能赋予我们更加深刻地观察政府决策过程的洞察力,这种方法仍可

---

① 关于对庇古这一发明的更全面论述,请参阅 Peacock(1953)。

能受到质疑。

在缺乏任何适当的政府行为理论的情况下,采取实证方法的经济学家只能把自己的预测建立在非常一般的政府行为假设上,如(比方说)已有政策(社会服务供给标准、现行税率和征税方法等)保持不变或者以某种任意规定的方式发生变化。① 在这种情况下,预测的准确性必然被视为主要是运气好或者对某个特定政府"心理感觉"的结果,而不是运用一致、充分的经济理论的结果。就是因为认识到了这个问题,所以,马格里斯博士(1955:348—349)才建议经济学家要研究社会群体的行为。尽管我们注意到了马格里斯博士提出这一建议的原因,但我们确信,对于群体态度研究,其他社会科学家应该可以比经济学家做出更大的贡献,而且,不管怎样,我们都会怀疑是否能把群体行为理论富有成效地运用到具体的政府支出问题。在我们看来,经济学家最好把他们的研究活动局限在一个他们的技术能力不那么受到挑战的领域,可以通过采用第三种(在我们看来是最有效的)方法来解决公共支出问题。

## 五

第三种方法自然是为了弥补实证理论的不足而采用的,这种方法要求经济学家明确把自己的问题与特定政策——在有待解决的问题需要尽可能多的详细信息而可用数据存在缺陷的环境下执行的政策——的影响联系在一起。采用这种方法的经济学家可能会先承认并明确表示个人对公共政策的判断,然后着手从技术上分析如何实现政策目标;或者像其他领域严谨的应用经济学家那样把政策目标视为既定(或者,如有必要的话,从一开始就设定可能的或者可能是真实的政策目标),然后着手从技术的角度考察它们的可实现性。这种方法比一种寻求对政府行为进行一般化或者试图预测某个政府支出变化趋势的方法局限性更大,因此,对于那些被这种性质的活动所吸引的人来说缺乏吸引力,但具有某些补偿性优势。

这种方法能够合理地把经济学家作为技术专家做出的贡献和他们作为社

---

① 关于这个问题,请参阅 Peacock(1955)。

会群体或者不同社会群体成员对美好社会的看法与他们自己关于美好社会的看法区分来开。考虑到社会研究的性质,不能忽视这后一类需要考虑的问题。因此,这些需要考虑的问题最好具体地明确说明,而不是被那些所谓的经济行为"一般"理论或者被有关社会群体难以令人满意的假设所掩盖。因此,如果经济学家能够明确阐述他们的贡献与他们研究的问题(的接受)之间的关系,而不是假定这种关系已经明确,那么,他们的贡献似乎更有可能得到其他社会科学家的重视。

# 第二部分

## 英　国

# 杰里米·边沁、法国大革命与代议制政治经济学分析(1788—1789年)

马尔科·E. L. 吉迪(Marco E. L. Guidi)

## 一、引言

1788年,从巴黎传来了消息:法国全国三级会议召开会议鼓动杰里米·边沁(Jeremy Bentham)写下了许多有关新的代议制度安排和最紧迫政策措施的议案。[①]

本研究根据边沁运用政治经济学的方法考察了法国宪政改革的问题。边沁在这个时期的著述中多次提到了政治代议制与政治经济学之间的密切关系。一方面,边沁相信,新议会需要做出的很多重要决议与市场政策和公共财政有关。尽管边沁在某些问题上——如高利贷法——与亚当·斯密意见相左,但在分析这些问题时大量援引了斯密的观点。

在这篇文章中,笔者将聚焦于政治代议制与政治经济学关系的背面(reverse side):边沁在分析中运用经济学方法论来研究代议制度特点的那部分内容。

边沁在他关于惩罚和奖赏以及民法和刑法原则的手稿——埃蒂安·杜蒙(Etienne Dumont)为了把《民法和刑法立法论文集》(*Traités de Législation civile et pénale*, Bentham, 1829[1802])和《惩罚和奖赏理论》(*Théorie des*

---

[①] 多亏了边沁项目的编辑,现在可以获得这些原著——大部分仍是手稿——的评述版(Bentham, 2002)。

*Peines et des Récompenses*,Bentham,1830[1811])①合并在一起而编纂的材料——中发展了一种精确的激励、惩罚、规范和制度"经济学",这种经济学是建立在他的享乐主义标准的基础上的,并且被作为功利主义法律变革的基础(Hume,1981;Lieberman,1989;Guidi,2002)。1788 和 1789 年,边沁很自然地把他在以上著述中提出的原则应用于法国的宪政改革。这样一种"经济学"方法允许边沁系统分析代议机制并论述大量的相关问题。这些问题可被分为两大类:一类是真正的宪政选择(constitutional choice)问题。如果我们以布坎南和图洛克(Buchanan and Tullock,1990[1962]:223)所列的各种"变量"为指导,那么就能发现边沁考察了以下问题:

- 立法议会议员的产生规则(选举范围和限制);
- 代议制的基础(被选举权、选区划分);
- 代议程度(议会的最佳规模以及每届议会和每次会议的最佳持续时间)。

边沁讨论的另一个一般范畴是确保代议机构平稳运行的激励机制;边沁讨论了议会发言的时间安排、缺席原因、游说现象、互投赞成票、贿选以及舆论对于控制议会运行的作用等问题。

边沁关于法国大革命的著述并不是一种旨在把经济学分析应用于政治制度研究的孤立尝试;在他论述议会程序(Bentham,1999[1788—1789];Guidi,2004)[用边沁的话来说,就是"政治策略"(political tactics)]、圆形监狱(Panopticon prison,Bentham,1838—1843[1791];Guidi,2004)和管理不善(Poor management,Bentham,2001;2009)的著作中可以找到进一步的证据。显然,所有这些并不意味着,边沁的这些著作只能从经济学的视角去解读。这是一些出现在(例如)分析投票权以及(在边沁看来,不合理的)自然法和自然权利分析中出现的真正的法律和政治规范问题。本文的涵盖面比较狭窄:笔者认为,有一个独立并可识别的经济参数集合与边沁的政治理论混合在一起,并且又为边沁提出他的政治理论做出了贡献。

支持本文的一个论点——虽然由于篇幅有限,没有在这里展开讨论——

---

① 这些原著的撰写年代直到最近才由布莱密尔(Blamires,2008)重新确定。

### 杰里米·边沁、法国大革命与代议制政治经济学分析(1788—1789年)

是,边沁对政治现象"经济学"的兴趣源自一种对内涵比 19 世纪"财富科学"(the science of wealth)概念宽泛的政治经济学的性质和范围的看法。边沁与斯密、埃德蒙·伯克(Edmund Burke)和许多其他同时代的学者分享了这种看法,但边沁又以一种特殊的方式阐述了这种看法:政治经济学是一门同时关心商业和财政政策以及有效组织和管理社会和政治机构的立法者的"艺术与科学"(art-and-science)。边沁提出的改革这部分知识的建议与其说是要划定它的范围,还不如说是要从功利主义的角度重申这部分知识的用途,主要是关注惩罚、奖励、动机、信息和资源的经济理性,以实现"绝大多数人的最大幸福"。①

为了简明起见,本文集中考察两个问题:在快速浏览边沁在法国大革命时期的政治思想文献(本文第二部分)后,本文将把边沁的最佳议会规模思想作为宪政选择的一个经济分析例子来研究(第三部分),并且把边沁对贿选的特殊看法作为思考代议机构正确运行激励机制的例子来研究(第四部分)。

### 二、论边沁在法国大革命时期的政治态度

边沁有关法国的手稿的发表澄清了在解读其政治思想方面最有争议的一个问题,有关这个问题的争议始于法国历史学家艾丽·哈列维(Elie Halévy)对边沁手稿删节本论文"论代议制"(Essai sur la Représentation)整理后作为《哲学激进主义的形成》(La Formation du Radicalisme Philosophique)第一卷的附录(Halévy,1995[1901—1903]:314—321)出版以后。孤立地看,边沁的这篇原著似乎表明,早在 1788 年,边沁就已经接受一些民主思想。然而,哈列维谨慎地认为,这只能算是一个前因:边沁"皈依"激进主义的关键年份是 1808~1809 年,在他遇到了詹姆斯·密尔(James Mill),并且开始撰写论述议会改革的论著以后。1962 年,玛丽·麦克(Mary Mack)出了"论代议制"的英译本(Mark,1962),并且表示,边沁并不像哈列维认为的那样,而是在 1788 和 1789 年已经明确皈依了代议民主(representative democracy)。在 1792 年 9 月的大屠杀之后,他明显恢复了比较保守的观点,这可以被解释为"策略性撤

---

① 想了解边沁有关这方面经济思想的更详细内容,请参阅 Guidi(1990;2002)。

退"或"边沁式撤退"。约翰·丁威迪(John Dinwiddy,2004[1975]:123)对认为边沁早期皈依"普选派"的观点表示赞同,但相信边沁在18世纪90年代确实已经变得保守,而并不是策略性的"撤退"(Burns,1966)。后来,詹姆斯·伯恩斯(James Burns,1984)指出,边沁在1788和1789年只是把代议民主和普选(universal suffrage)作为解决法国政治危机的手段,但在法国整个大革命时期里,他从未怀疑英国宪政的优点。

边沁有关法国的论著新出的评述本披露了一个不同的故事,在这个故事中肯定没有任何边沁在1788年"皈依"代议民主的情节。虽然"思考"(Considerations)中有一个关于普选原则的抽象构想,但"思考"建议的选民财产资格实际剥夺了绝大多数法国人的选举权。只有在一份题为"法兰西宪法典草案"(Projet of a Constitutional Code for France)的手稿(Bentham,2002[1789b])中,边沁甚至把无财产者也包括在选举人中(Schofield,2006:89—91)。对于英国,边沁的态度在很大程度上受到了辉格党(Whig)政治原则的影响。在一篇名叫"一个英国人就提交1788年名人会议审议的问题致 le C. de M 先生的信"(Lettre d'un Anglois à M. le C. de M. sur l'objet soumis aux Notables de 1788)的文章(以下简称"信")(Bentham,2002[1788a]:7)中,他表示,英国"已经做了几乎全部为确保宪政自由所必需的事情,而且都做得很好"[①]。他总结道:"最后,尽管我非常希望能在贵国看到一种完全平等的代议制度的建立,但我必须承认,我还没有找到充分的理由对法国表达与对我自己的祖国所表达的同样的愿望。"尽管如此,在1789年的短暂间歇期里,边沁在他的手稿注释中明确阐述了英国选举改革的原因。但在1791年,远在法国政坛发生最戏剧性的变化之前,他已经对推行激进变革的机遇产生了怀疑(Schofield,2006:94—100)。

最近的研究也表明,边沁"朝着政治激进主义的转向"是一个出现在19世纪头十年的逐渐发展过程,而不是密尔所说的突然"皈依"的结果,这个转变过程的起点是1803年。那年,边沁为"圆形监狱"计划的失败深感失望(Semple,1993;Blamires,2008:84—94;Schofield,2009:11)。然后,他在1804年

---

① 这些法语原文都由本文作者翻成英文。

杰里米·边沁、法国大革命与代议制政治经济学分析(1788—1789年)

又发现了"邪恶的利益"(sinister interest)(Dinwiddy,2004[1975]:115—116; Schofield,2006:110—111,137—140)。就如菲利普·斯科菲尔德(Philip Schofield)注意到的那样,英国在18世纪90年代就已经形成的反激进政治气氛阻碍了:

"功利主义民主主张的提出和传播。边沁一直在逐渐朝着一种功利主义的民主政治发展,直到法国大革命的过度暴力导致他改弦易辙,并且转而为英国政体已有的制度辩护。"(2006:108)

### 三、最佳代议程度

在边沁对宪政选择进行经济学分析的手稿中,有一个方面的内容涉及一个非常关键的问题,那就是"代议程度"(degree of representation,Buchanan and Tullock,1990[1962]:213—214),也就是参议会议员人数占人口的比例。边沁在报纸上了解到法国全国三级会议召集令把全国三级会议的代表定在了1 200人,但他本人公开表示对这个数字持怀疑态度:①

"我们如何同时接待1 200个代表参加会议?怎样来维护会议秩序?如何达成决议?甚至很难以一种恰当的方式来倾听这么多代表的意见。"(Bentham,2002[1788a]:31)

为了证明他的困惑的合理性,边沁发明了一种独创的理论分析方法,并且把注意力集中在了议会是否存在最佳规模的问题上。他在"信"中写道:

"可以肯定的是,做出明智决策而不是不当决策的概率会随着决策次数的增加而提高。达不成任何决策的概率也同样如此,而且,即使能够达成决策,达成决策的速度也会随着决策次数的增加而下降。"(Bentham,2002[1788a]:35)

这段文字展现了两个令人吃惊的特点:

1. 它定义了一个域(domain)(投票者人数)与不同余域(co-domains)(决策概率和速度)之间的函数关系;

2. 三个因变量中的两个因变量是随机变量。

---

① 想了解更详细的内容,请参阅Schofield(2006:277—278)。

我们来逐一考察以上两个特点。首先,边沁用公式表示了三种不同的函数关系:

1. 做出明智决策的概率与它的余概率——不作出不当决策的概率——是决策参与人数的正函数(positive function);

2. 实际做出一项"明智"或者"不当"决策的概率与决策参与人数负相关;

3. 决策过程持续时间与决策参与人数正相关。

显然,"明智决策"的概念不可检验。但不管怎样,它的意思很容易理解,并且使人联想到:边沁在他 1780 年就完成但直到 1789 年才出版的《道德与立法原理导论》(An Introduction to the Principles of Morals and Legislation)中表示,"应该、正确、错误和其他这类词"的唯一意思就是所规定行动应该"符合效用原则"(本论文集中的许多作者使用了"utility"一词,按理说,在谈到边沁的功利主义思想时应该把"utility"翻成"功利"。但本书中,"utility"在许多地方显然是指"效用",所以,我们统一把"utility"译成"效用"。——译者注),"当所规定行动增加的社会幸福超过它减少的社会幸福时,就说明它符合效用原则(Bentham,1970[1789a]:12—13)。因此,"明智决策"就是"有用决策",也就是能使"社会"总效用——在代表大会的例子中,就是被代表者的效用——最大化的决策。①

在边沁采用的基数效用法中,效用是一个评价议会决策效度的明确标准。第一种关系意味着:假设人口等于 $n$,那么,代表程度越高,也就是代表人数越是从 $1/n$ 增加到 $n/n$,所做出的决策使总效用最大化的概率就越大。最重要的是应该注意,一项能使总效用最大化的决策本身并不是任何由简单多数 $(n/2+1)/n$ 做出的决策。② 边沁对自己最初采用的"最大多数人的最大幸福"越来越感到不满,并且在《道德与立法原理导论》中用"效用原则"取代了最大幸福原则。后来,他在 1822 年版的《道德与立法原理导论》增加了一个注释,并且在这个注释中宣称他本人更加喜欢"最大幸福或者最大快乐"(grea-

---

① 请参阅 Bentham(2002[1788c]:161):"效用,最大可能的享受量(the greatest possible amount of enjoyment)或者最小可能的受苦量(the least possible amount of sufferings),它是衡量和检验任何政府是否实现了善政的指标;这个指标虽然并非没有争议,但至少我愿意把它看作是这样一个指标"。

② 请注意,到目前为止,我们只考察了代表程度,而没有考察决策规则。我们将在后文更多地谈论这个问题。

test felicity)原则(Bentham,1970[1789a]:Ⅱ,note a),[①]因为,就像他在论述功利主义的文章中所解释的那样,如果我们把一个社会分为两个不等的部分,并且使多数人的利益最大化,那么,结果就会因为牺牲少数人的全部利益而导致幸福损失(Bentham,1983[1829]:309—310)。在我们的例子中,当代表人数接近总人数时,就有改善决策效果的余地,也就是说议会所代表的不同利益和潜在不同利益的数量就越多。

至于第二和第三种关系,边沁的推理令人想起了布坎南和图洛克(1990[1962]:45)提出的"决策成本"的概念。然而,边沁考虑的是管理一个大议会的技术问题,而不是在不同利益之间达成妥协的客观困难:当议员人数增加时,协商就会变得困难,而大议会甚至连保持会场秩序都不可能做到。决策的关键障碍是投票表决前的发言人数:"真正有威胁的障碍不是发言人数,而是投票表决的人数。"(Bentham,2002[1788a]:37)

在决议的包容性与效率之间必须有所取舍,而问题就是在两者之间找到最佳的折中。为了解决这个问题,我们应该注意以上列出的三种关系是相互独立的。考虑到"有用"决议的数量从事后看是实际已做决议总数的一个子集,而已做决议总数的另一个子集则是"无用"决议或者"不当"决议,因此,第一和第二个关系并非完全独立。

我们也可以事前在做出单个(有用或者有害)决议的概率 $P_D$ 与同一决议(假设将要做出)是有用决议的概率 $P_U$ ——两者都被看作是议员人数 $n$ 的函数——之间建立一种类似的关系。虽然边沁没有规定它们的变异规则,但我们可以假设:随着议员人数的增加,做出决议的概率就会下降,而且是超比例的下降;而做出有用决议的概率会上涨,但以递减的比例上涨。因此:

$p_D = p_D(n)$,而且,$p'_D < 0$

$p_U = p_U(n)$,而且,$p'_U > 0$,并且 $p''_U < 0$

如果立法者想要有用决议的数量最大化,那么应该如何决定议会当选议员的最佳人数呢?上述两个概率的乘积($p_D p_U$)可以提供所需要的标准,它表达了这样一种思想:对于任何有待做出的决议,是有用决议的概率是这个决议

---

[①] 请参阅 Shackleton(1988[1972])以及 Burns(2005)对 Shackleton 这篇论文的结论的评论。

实际做出的概率的一个子集。当议员人数较少时，$p_D$ 就高；而有用决议的比例则很低，因为 $p_U$ 处于低水平。然后，这个比例会在不断上涨的 $p_U$ 的影响下提高，直到达到最大值；此后在 $p_D$ 的显著影响下减小。当 $p_D=0$ 时，$p_D p_U$ 的值收敛于 $p_D$。因此，在 $p_D p_U$ 达到最大值时，议会就能达到最佳规模。图 1 对这些关系进行了图示。

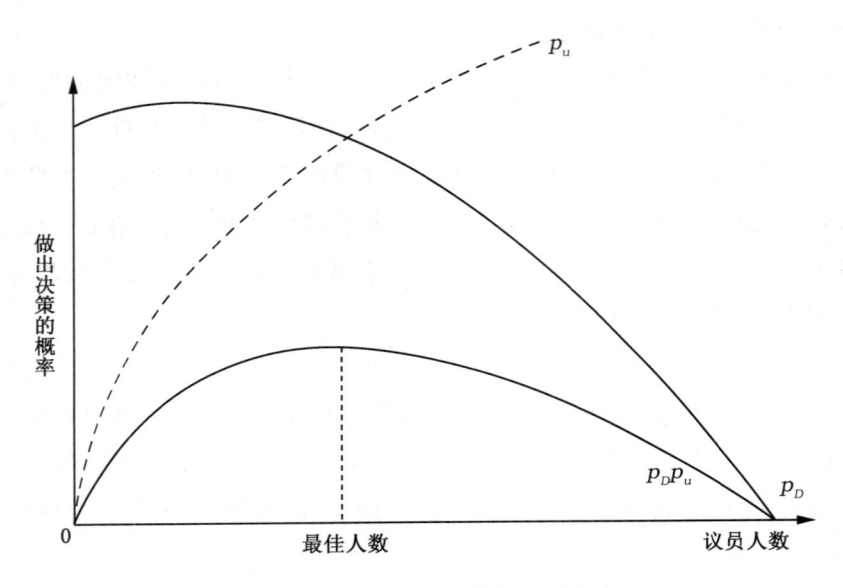

**图 1 作为议员人数函数的决议概率**

虽然我们对边沁的观点进行了合理的重构，但这种解法与他的假设完全一致，并且抓住了这两个变量之间此消彼长的本质关系。①

至于议员人数与做出决议的速度（"缓慢程度"）之间的关系，我们重新把它表示为决议过程持续时间与参与者人数之间的正相关关系。假设这个关系是线性关系，我们就能把变量从 3 个减少到 2 个：做出有用决议的概率和决议

---

① 尽管我们选择了不同的变量，但我们的分析与布坎南和图洛克（1990[1962]:71）的解法之间的同构性显而易见，包括对预期外部成本和预期决议成本总和的最小化。外部成本是指由其他个人强加给某个人的成本（包括立法机构本身的决议成本），而决议成本则是指协商成本。由于一些类似于边沁为解释有用决议概率曲线向上倾斜的形状而引证的原因，因此，外部成本随着参与者人数和比例提高（1990[1962]:106-109）而下降。决议成本随着参与者人数的增加而上涨，而做出决议的概率则随着参与者人数的增加而下降。请注意，我们把布坎南和图洛克选择只用成本，而不是用成本和收益来解这个问题的做法作为一种简化分析的方法来介绍（1990[1962]:44-45）。

# 杰里米·边沁、法国大革命与代议制政治经济学分析(1788—1789年)

过程持续时间,两者都是参与者人数的函数。因此,我们就可以通过用决议过程持续时间取代横轴上参与者(议员)人数(其他条件都保持不变)来重新绘制图1。这样,协商持续时间是反映做出决议的概率为什么随着参与者人数增加而下降的原因的指标(或者现象)。

然而,边沁谨慎地下结论表示,这个理论只提供了一个评估议会最佳规模的框架。只有通过比较不同议会议员人数的大量经验数据才能确定实际当选议员的人数。但是,在边沁生活的那个时代,议会的经验非常有限,因此,不可能做出任何肯定的结论。[1]

如上所述,本分析中的关键变量是不同的决议概率这一事实提出了边沁的研究与孔多塞(Condorcet)的著名研究《论概率分析在多数决中的应用》(*Essai sur l'Application de l'Analyse à la Probabilité des Décisions Rendues à la Pluralité des Voix*, Condorcet 1785)之间是否有联系的问题。边沁是否暗中参考了孔多塞的著名研究成果?边沁是想以一种他认为更具符合最大幸福原则的方式来重新表述孔多塞的结论?相对于孔多塞的贡献而言,边沁的贡献是否具有独创性?[2]

边沁在讨论法国全国三级会议的规模时并没有提到孔多塞这个法国哲学家的观点,但在"思考"中的一份法国议会议员理想的专家候选人名单中提到了孔多塞、皮埃尔·让-巴普蒂斯特·热尔比耶(Pierre Jean-Baptiste Gerbier)、居伊-让-巴普蒂斯特·塔尔日埃(Gui-Jean-Baptiste Target)、皮埃尔-路易·拉克雷泰勒(Pierre-Louis Lacretelle)和米拉波(Mirabeau)伯爵(2002[1788b]:95)。[3] 孔多塞虽然与边沁没有书信往来,但边沁在写给安德烈·莫

---

[1] "从某种意义上说,我们没有足够的经验做出决断。现代政治并没有为我们提供那么多一个机构保持其行政管理恒定不变的例子"(Bentham, 2002[1788a]:35)。边沁在他后来论述议会改革的著作中建议议会设立相当多的席位,从600到658个。请参阅 Schofield(2006:167)。Granger(1989:99)认为,孔多塞(Condorcet)对边沁"模型"的经验证明也表示了同样的担心。

[2] 一个初步问题是边沁的概率概念问题。虽然限于篇幅,我们不能讨论这个问题,但有边沁的著作为证,边沁在他的著作中大量讨论了概率的性质,这显然是受到了大卫·休谟(David Hume)和理查德·普莱斯(Richard Price)的影响[因此也受到了托马斯·贝叶斯(Thomas Bayes)的影响]。请参阅 Bentham(1838—1843[1808—1810 ca.]:45—47;1838—1843[1827],VI:243 and VII:4—5)。但是,在边沁的《道德与立法原理导论》第四章考察的效用计算中,概率也是一个"机缘"或者"规模"问题。请参阅 Bentham(1970[1789a]:38—39)。

[3] 但孔多塞没有当选。请参阅 Badinter 和 Badinter(1988:263—273)。

雷莱(André Morellet,28 April 1789)的一封信的草稿中提到了孔多塞。这封信的内容是关于莫雷莱作为《政治策略》(Political Tactics)潜在感兴趣的读者翻译这本书的法译本的(Bentham,1981:50,note 10);而在1790年7月初写给亚当·斯密的一封信中,边沁提到了孔多塞的《杜尔哥的人生》(Vie de Turgot,1786)。在边沁那些年的书信中还有几次提到过孔多塞或者援引过他的著述,但没有提到或援引过孔多塞的《论概率分析在多数决中的应用》。具有讽刺意义的是,是孔多塞援引了边沁论述代议制的著作。他在成为法国立法议会(法国大革命期间1791年10月1日到1792年9月。——译者注)议员后,亲身经历了主要由议员开会的杜伊勒里宫驯马场这个不适当的会议场所造成的议会活动混乱场面(Badinter and Badinter,1988:394—396)。在"第一届立法议会文献修正案"(Révision des Travaux de la Première Législature,Condorcet,1874[1792])中,他表示,混乱引发了派系斗争、冲突和蛊惑人心,并且反复援引了边沁的《政治策略》(Baker,1975:307)。

虽然只有这么一些少得可怜的证据,但我们还是能够看到边沁和孔多塞的著述中有一些相似的内容。这位法国哲学家基于数学概率论的复杂研究是围绕一组非常相似的问题展开的。他想研究的就是以下四个"要点":

1. 议会不会做出错误决议的事前概率。
2. 议会做出正确决议的事前概率。
3. 议会做出正确或者错误决议的事前概率。
4. a. 由未知多数实际做出决议的事后概率;b. 由已知多数做出正确而不是错误决议的事后概率(Condorcet,1785:xviii—xix;Baker,1975:235)。

孔多塞研究的前三个要点与边沁研究的几个变量之间有着惊人的相似之处,从而证明了他们两人有直接的灵感联系的观点。但是,他们两人的研究仍有一些重要的区别。孔多塞在研究中同时论述了由立法议会做出的决议和法院做出的裁决。其实,《论概率分析在多数决中的应用》的真正起源与孔多塞、贝卡利亚(Beccaria)和杜尔哥三人关于1771年莫普(Maupeou)宣布的法国刑法改革的讨论有关(Baker,1975:231—233)。正如基斯·贝克尔(Keith Baker)所写的那样,孔多塞写《论概率分析在多数决中的应用》的目的就是要弄清"在什么条件下,议会或者法院多数决正确的概率高到足以证明社会其他成员有义务接受他们做出的决议(或裁决)"(Baker,1975:228)。孔多塞的这个目的也能说明他为什么用"正确"决议和"错误"决议,而没有用"有用"决议和"有害"决议。不过,还有一个更具说服力的理由:孔多塞相信,合理运用概率论可以把根据基于激情、偏见和社团利益的程序做出政治决议的做法改变为采用一种集体发现真理的方法来进行政治决议。所谓的"正确"政治决议,也就是基于理性并采用科学方法做出的决议。他从不认为政坛是一个讨论和有效调整个人或者群体利益的地方。在他看来,"古人推行宪政"都有一个缺点:他们"更多地试图平衡参与宪政的不同集团的利益和诉求,而不是通过不同团体的决议来获得符合真理的结果"(Condorcet,1785:iii;Granger,1989:95—97)。

那么,对于政治——也就是规范性——决议来说,何为"正确"呢?在孔多塞看来,"正确"就是符合理性和自然法则。他抛弃了功利主义,而是赞同一种深深根植于自然法传统的人权理论(Baker,1975:214—25)。边沁反对这种方法,并且在法国大革命的头几年里写了一篇抨击人权宣言的檄文(Bentham,2002[1795]),隐含地对孔多塞的观点提出了质疑。对于边沁来说,"正确"的政治决议,尤其是如果"正确"就意味着"尊重自然权利",那么就是"胡言乱语",一种——应该加以区别的——公然挑衅休谟观点的主张(Schofield,2006:51—77)。边沁的政治启蒙策略是与孔多塞的政治启蒙策略相对立的:是激情和偏见与效用最大化的区别,而不是自然法的胜利。

边沁与孔多塞之间的第二个区别与分析能达成"正确"或者"有效"决议的手段有关。在孔多塞所举的例子中,重要的标准是多数的程度。由于每个人都有一个发现真理的主观概率,这个概率可以高于或者低于 0.5,因此,简单多数也许不能做出相当正确的决议。粗略地讲,多数条件必然会随着个人投票的平均概率的下降而提高。议会规模尤其应该与这个问题联系起来考虑。参与者人数越多,平均开明水平就越低(Granger,1989:116—117)。因此,多数条件必须随着议会规模的扩大而提高,这样才能补偿参与者不断降低的开明水平和保持做出正确决议的概率不变(Condorcet,1785:xxxiii and 53—54)。在一个著名的例子中,孔多塞表示,同样是多 15 票的多数,一个由 425 个议员组成的议会 220 人投赞成票、205 人投反对票做出正确决策的概率要小于一个只有 25 名议员的议会 20 人投赞成票、5 人投反对票做出正确决策的概率(Condorcet,1785:cxxix and 242)。类似地,决策所需的时间也会随着所需多数的增加而增加(Condorcet,1785:cxv)。

边沁并没有表现出对多数条件的关注,他以英国议会的运行模式为例,把简单多数作为准则。他没有根据有关个人投票概率的任何特定假设,更没有根据这种概率的人际差别来分析议员人数。从某种程度上说,在边沁看来,没有任何理由认为存在这种差别,因为,在"思考"中——就如同在《为高利息辩护》(Defence of Usury,Bentham,1952[1787]:129)和其他许多原著中,边沁明确提出了每个人都是自己利益最佳评判者的原则。议会代表的就是这种利益,而不是任何抽象的公共利益;因此,议员人数越多,代议就越真实。在这一点上,边沁的结论是与孔多塞相对立的。后者深信,扩大议会规模会降低议员的平均开明水平,因此,在其他条件不变的情况下,议会发现公共利益的能力也会下降。因此,与直接或者"纯粹"的民主相比,孔多塞更加偏好代议民主。他在《论概率分析在多数决中的应用》(Condorcet,1785)和《论宪政与省议会的职能》(*Essai sur La Constitution et les Fonctions des Assemblées Provinciales*,Condorcet,1788)中建议的复杂的议员选举机制旨在把普通公民的作用限制在行使选举权上,而把议会决议的责任交给最开明的公民承担。边沁偏好代议民主仅仅是出于对效率的考虑,并且是权衡协商成本与忠实代表个人利益的好处的结果。就是因为这个原因,代表程度的问题,而不是决策规则,对于他来说是那么的重要。在他认为"明智的概率随着成员人数的增加而提高;成员越多,开明的来源就越多"(Bentham,2002[1788b]:122)时,好像是在直接批评孔多塞。

最后,在边沁的著述中有孔多塞的最优投票法的痕迹,这种最优投票法依靠的就是对候选人、对策、主张等配对比较进行众所周知的排序(取决于选票的自然状态)。在有三个或者更多的选项选择的例子中,这种机制可以避免"博尔达悖论"(Borda's paradox),也就是一种只有少数人支持的选项由于获得了相对多数的选票而可能胜出的情况(Baker,1975:237—240;Granger,

1989:118—124)。①

所有以上比较仍没有回答边沁是否援引过孔多塞的问题。总的来说,我们在比较中观察到了一些重要的区别,似乎反映了一种独立但平行——并且有可能两人都知情——的思考。它们同样也揭示了边沁著述中一些值得注意的独创元素,这些独创元素足以证明应该重新考虑边沁在宪政经济学(the economics of constitutional politics)早期历史中的地位。②

边沁贡献的独到之处在"思考"中体现得更加淋漓尽致。在这部著作中,代表程度的问题与代表基础——也就是选择选民的标准问题(Buchanan and Tullock,1990[1962]:218—19)——的问题混杂在了一起。在这部著作中,边沁考察了两个呈此消彼长关系的变量选区规模和代表人数(作用方向相反的"需要考虑的因素")——很不幸,两个都是不能确定的变量(2002[1788b]:119)。

一方面,边沁认为,代表人数"不应该少到在选区规模和每个选区选民人数既定的情况下,每张选票的影响力降低到微不足道的程度(2002[1788b]:119)。选区规模应该小到足以让每个选民对立法机构产生有意义的影响。边沁的这种主张也许对于一个大国来说就是一种乌托邦,因为大国单张选票的边际影响近似零。③ 不过,边沁很可能是比较广义地使用"影响"这个词,包括集体操纵公众舆论以及议员及其代表的选民之间的沟通渠道。从这个角度看,选区规模小肯定能增加选民对被选举者的影响。

另一方面,边沁又表示,代表人数"不应多到足以使那些看似难以处理的事宜消失"(Bentham 2002[1788b]:119)。此外,代表人数应该充分地少,以便使做出决议的概率最大化,进而使做出有用决议的概率最大化。

下面,我们试图从最优规模问题的角度来重新表述这种此消彼长关系。

---

① 然而,边沁在1788—1789年完成的论著与孔多塞在《论概率分析在多数决中的应用》提出的抽象观点不同,也比较实用。就连孔多塞也在他1788—1793年的著作和演讲中舍弃了这种"方法",赞同简单多数和更加长期有效的投票机制。请参阅Granger(1989:141—142)。

② 边沁的手稿在大学图书馆埋没了两个多世纪这一事实部分说明了布坎南和图洛克虽然非常关注宪政经济学理论的创始人,但在他们的著作(1990[1962])中没有提到这名作者的原因。

③ 值得关注的是,边沁在1792—1793年这个他"隐退"的时期里写下的某些反对共和的文章草稿中,正是运用了这种反对普选的论点,并且坚持认为,选民人数越多,每张选票的价值就越小。请参阅Schofield(2006:102)和James(1982)。

055

以下论点都能成立：

1. 选票的价值随着选区的扩大而减小；
2. 在单选区简单多数制下，选区规模与代表人数呈反比关系——因此，选票的价值随代表人数的增加而增加；
3. 如果延伸边沁的意思，那么，选票价值就可用有用决议概率这个我们熟悉的变量来表示。正如我们所知道的那样，做出有用决议的概率随着代表人数的增加而增大——顺便说一下，这个论点可用来进一步解释这后一种关系，因为，当选区规模很小时，每个代表就能更好地了解其选民的利益。

现在，我们能够把最佳选区规模和做出有用决议的概率合并在一起考察，并且认为选取规模要想达到最优，就应该使 $p_D p_U$ 值最大化。$p_D p_U$ 值最大化的结果如图2所示。选区最优规模取决于能使做出有用决议的概率最大化的代表人数。

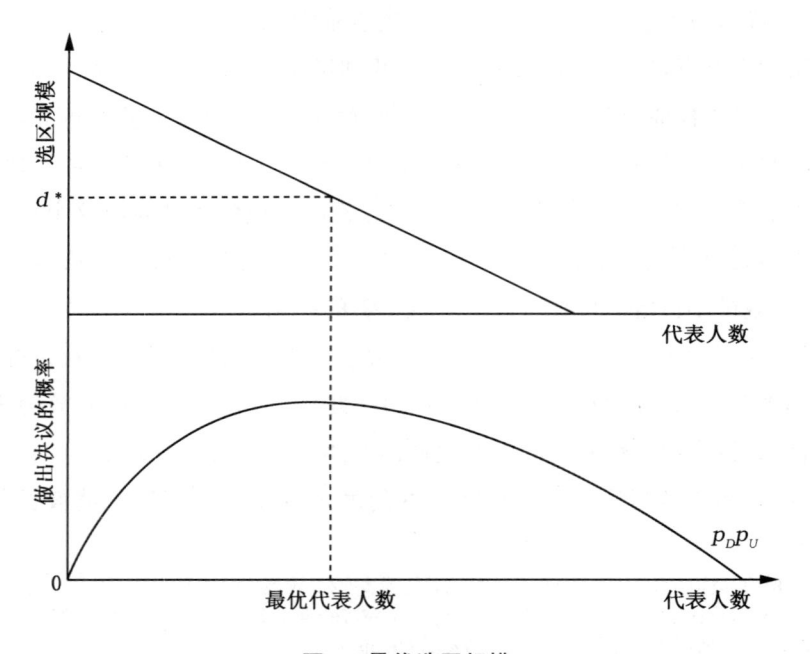

图 2　最优选区规模

边沁采用一种常见的论证方式考察了各种支持代表人数多的论点，并且逐一加以驳斥。

## 杰里米·边沁、法国大革命与代议制政治经济学分析(1788—1789年)

以下这个论点值得关注:"廉洁概率……随着代表人数的增加而提高。需贿赂的人数越多,可用于贿赂的资金就越可能不足。"(Bentham,2002[1788b]:121)边沁认为,这种论点只适用于"来自上层"的行贿,即王廷的影响,①但不适用于"代表一个或者更多阶级自命不凡的议会议员中间常见的推诿搪塞"(2002[1788b]:121)。边沁很可能是暗指贵族和僧侣阶级的险恶用心。不过,边沁的这句话也适用于任何其他阶级或者利益集团。阶级腐败又取决于互投赞成票的作用:"对此,绝对人数没有任何影响力;一切都取决于阶级间的相对比例。"(2002[1788b]:121)因此,必须抵制等级代议制。此外,缺乏资金而去贿赂很多人并不是有利于他们的有效论点:"忽视大众,所有的一切都依靠购买不同派系的头儿来解决。行贿不是对人,而是针对派系的。"(2002[1788b]:122)

以上最后一句话反映了另一种值得关注的关系:

"……每张选票的重要性越小,选民对选举就越不关心;而旨在说服选民克服懒散惰性的激励因素作用力越小,选民就可能自愿服从那些支配他们思想并且主动替他们承担思考之苦的人。"(Bentham,2002[1788b]:122)

从以上这段文字可以看出,边沁认为,某个普通代表选票的主观价值会随着代表人数的增加而减小,直到小于投票成本。因此,政治领袖的作用就是,通过他们的追随者控制很多代表来增加选票的"客观"价值,然后与追随者分享"租金"(rent)。

至于投票成本,由两个元素组成:平常的辛苦和麻烦(ordinary toil and trouble)以及"思考之苦"(peine de penser)或者思考的成本(cost of deliberating),也就是评价替代议案的成本。在一个代表的选票被某个政治领袖"收买"以后,这个代表的思考成本就转嫁给了这个政治领袖,而这个政治领袖得益于明显的规模经济(见图3)。

我们用 $R$ 表示普通代表,用 $L$ 表示政治领袖,用 $a$ 表示包括思考成本的投票成本,并且用 $b$ 表示平常的辛苦和麻烦成本。于是,$(a-b)$ 是思考成本。

---

① 他在努力实施圆形监狱计划以后并没有感到强烈的失望这一点可用他的以下评论来证明:他把王廷的行贿看作是"当时反对先天腐败的快乐提供的解药"(2002[1788b]:121)。

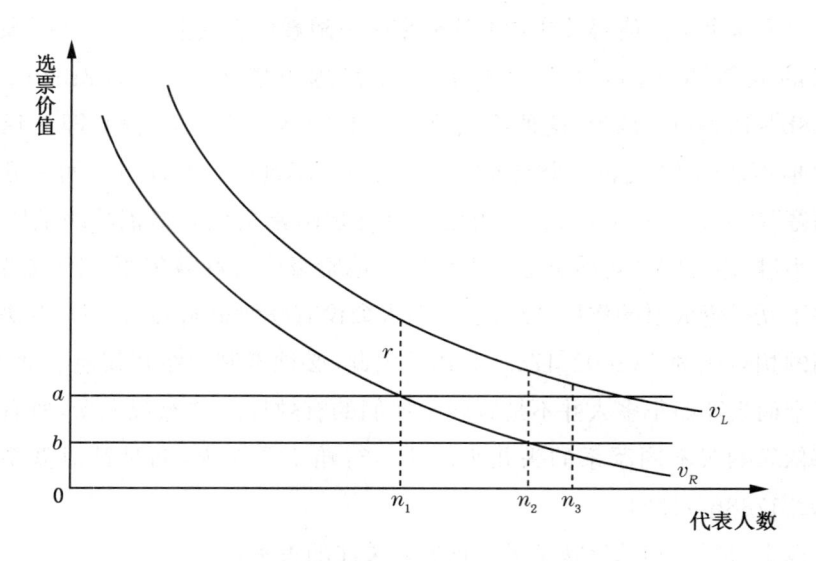

图 3　代表手中选票的价值

假设 $R$ 和 $L$ 的 $a$ 和 $b$ 相同。然后,我们用 $v_R(n)$ 表示 $R$ 的选票价值的函数,用 $v_L(n)$ 表示 $L$ 的选票价值函数。因此而产生的两条曲线之间的距离表示聚合(aggregation)收益。[①] 如果我们假设代表人数等于 $n_1$,那么,$R$ 在不参加联盟的情况下就无法从他个人的选票中获取任何价值。如果他把自己的选票"卖给"$L$,那么就能把自己的投票成本降低到 $b$。从他的角度看,$L$ 通过聚合或者"收买"选票获取了等于 $r$ 的额外价值。那么,是谁占有了 $a-b$ 的差值呢?由于 $R$ 不在乎是否投票,因此,$L$ 可以要求 $R$ 因节省了思考成本而支付一笔等于 $a-b$ 之差的费用。所以,政治领袖获得的租金是 $r-b$,而普通代表的租金等于 0。[②] 然而,$n_1$ 并不是他们投票能使 $L$ 受益的最大普通代表人数。越是往 $n_1$ 的右边移动,$L$ 就不得不放弃越来越多的收费以补偿 $R$ 损失的收益,直到普通代表的人数等于 $n_2$。一旦普通代表的人数超过了 $n_2$,如果投票仍有收益,那么,政治领袖就得向普通代表支付一笔酬金,因为,现在普通代表投票的价值小于"平常辛苦和麻烦的成本"。但不管怎样,政治领袖在他的收益等于支付给普通代表 $R(n_3)$ 的酬金之前仍有兴趣收买选票。

---

[①] 同样通过假设来获得。
[②] 更实际一点,给向普通代表收取的费用打一个很小的折扣,就足以诱使普通代表参加联盟。

这种关系有一个性质,那就是:无论普通代表人数是多是少,他们都有兴趣把自己的选票卖给政治领袖,因为,不管怎样,普通代表通过出卖选票都能把自己的投票成本从 $a$ 减少到 $b$。无论如何,普通代表的选票价值越是大于 $a$,那么,其选票的保留价格就越高。因此,政治领袖必须把部分至少等于他从普通代表独立投票中可获取的收益 $[v_R(n)-a]$ 的"结盟租金" $[v_L(n)-b]$ 分给普通代表。边沁并没有完全理解这种关系的这个性质的含义,他很可能会指出,普通代表出卖自己选票的动机会随着其投票价值趋同于其投票成本而变得越来越强烈。

最后,边沁考察了一种因投票价值递减、做出有用决议的概率递增而新出现的此消彼长关系(2002[1788b]:122)。智慧和开明水平随着参与人数的增加而提高,但由于个人选票的价值趋于减小,因此,"提高开明水平所需动机的强度则趋于下降"。但是,边沁补充指出,在现代,"明智"的议案是根据公众舆论提出的,因为这个原因,没有任何理由增加代表人数(2002[1788b]:122—123)。不可思议的是,孔多塞对代表开明的迷恋被这样一种观点所取代:一个由"受过训练的猴子"组成的议会也能聪明地执行开明的公众舆论下达的命令。

### 四、"糟糕的反贿赂法"

贿选是在边沁 1788 年的手稿中发现的最令人震惊的论据之一。令人惊讶的是,在边沁后来关于宪政的论著中,贿赂被认为成了"少数统治者"手中牟取他们"邪恶利益"的手段,而无记名投票则被说成是制止这种邪恶的一种解决方案(Schofield,2006:346—347)。但在"思考"中,边沁宣称自己反对这些所谓的"反贿赂法"。英国在 1728 年通过了一项反贿选法案(2 Geo. 2. c. 24)。根据这项法案,无论何时,任何人在任何选举中声称享有投票权的人以收礼、借贷或其他方式索要、收取或攫取任何金钱或其他奖励;任何同意或者签约以自己的选票或以放弃自己的选票换取金钱、礼物、职位、就业机会或其他奖励的人;或者如果有人通过自己或者自己雇用的人以任何送礼或奖励的方式,或者以任何许诺、同意或者保证送礼或奖励的方式贿赂或者拉拢任何人或者任何多的人给自己投票,那么都必须支付 500 英镑的罚金,而他的选票则被宣布无效(无名氏,1826:9)。

这种做法在《1832年改革法案》(Reform Bill of 1832)通过以前,特别是在选民人数受到限制的"腐败选区"十分常见。经济思想史学者都知道大卫·李嘉图在詹姆斯·密尔的支持下,正是通过这种方式在1819年当上了波塔灵顿(Portarlington)议会议员的。

然而,如果不是受到经济自由主义思潮的影响,按照边沁的一贯做法,他是不会明确反对"反贿赂法"的。用边沁的话来说,"这些法律带来的好处值得怀疑,但它们造成的邪恶却无可争议"(2002[1788b]:97)。把边沁的分析与布坎南和图洛克(1990[1962]:171)的"选票交易"和"单边支付"理论(theory of "vote-trading" and "side payments")结合起来,也许很有意思。两者都强调作为"贿赂"结果的效率。但是,布坎南和图洛克把"单边支付"作为减轻非一致投票通过"浪费资源问题"的手段,而边沁则从代理的角度进行了论证,[①]并且认为贿赂允许最积极、最恰当的代表参加选举：

"那些愿意为这个位置付出如此多的人表现出了他们对获得这个位置的强烈愿望;现在,这种愿望并不是很好地履行职责的最重要条件之一。因为,虽然也有可能想谋得职位而不能尽职,但至少,如果不喜欢这个职位,就很难很好地履行职责。"(Bentham,2002[1788b]:97)

边沁显然是援引了《政治策略》,他补充说,有些激励勤奋的措施能轻而易举地鼓励那些出钱购买职位的人努力工作。

认为"准备出钱购买某个公职是喜欢其职能的表现"的观点是与边沁的思想一脉相承的。就如我们能从杜蒙(Dumont)在1811年以《奖励理论》(*Théories des Récompenses*)的书名出版的校订本中看到的那样,边沁在18世纪80年代论述奖励的手稿中已经表达了这一观点。

这本书用一整章的篇幅(第二编第九章)论述卖官问题。卖官已经是法兰西君主国多个世纪以来形成的特点。从1522年开始,法国基本上就是为了给财政筹款而出售司法、军事和商业部门的官职,而出售的官职以指数方式增

---

[①] 关于边沁论证的代理理论基础,请参阅Ross(1973)和Arrow(1985)。

## 杰里米·边沁、法国大革命与代议制政治经济学分析(1788—1789年)

长,这种情况一直持续到法国大革命爆发。这种做法创设了一个由"荒唐的官职"(ridiculous offices,Voltaire,1830[1752]:285)、复制、特权、豁免权、租金、任意收费、受爵机会和继承权等构成的疯狂、难以改革的制度,而那些一心想跻身上流社会的人因为公共财政的短期利益而被卷入了这个制度。在启蒙运动的知识辩论中,只有孟德斯鸠(Montesquieu)为这种制度辩护,把它说成是一种特别适合君主政体的制度,并且认为这种制度鼓励受家族威望而不是公民美德驱使的人们承担他们的责任。此外,如果没有卖官制度,那么有人就会在官员选择的问题上机关算尽(Montesquieu,1748,V:19)。但是,伏尔泰(Voltaire)、德霍尔巴赫(d'Holbach)、孔狄亚克(Condillac)、内克尔(Necker)以及像米拉波和弗波奈(Forbonnais)这样的敌对经济学家都严厉地抨击了这种卖官制度,他们认为,卖官制度影响了生产性投资,并且加重了纳税人的负担。《选民陈情书》(Cahiers de Doléance)也对这种卖官制度进行了抨击,而这种制度连同贵族特权和司法收费制度一起在著名的1789年8月4日之夜被国民代表大会废除。①

很难理解边沁怎么会支持这样一种制度,他肯定想到了一些非常不同于在他之前已经存在的东西。这一难题又因为我们不知道杜蒙出版边沁原著是否忠实于边沁(法国大革命之前)的手稿或者收入了1789年以后的手稿而加大了解决的难度。可以肯定的是,边沁知道他的建议有一种理智的大胆。他对卖官制度的辩护是建立在他特有的对"声音专制"(tyranny of sounds)的厌恶(Schofield,2009:ch. 5)——他写道:

"目前……公众舆论厌恶卖官制度,尤其谴责出卖军事、司法和宗教三大部门官职的行为。这种偏见可能源自有时候'卖官'这个词被用在不适当的场合,但无论情况是否这样,'卖官'这个词除了从讨厌和责难的意义上使用外,几乎从来不会被用来为这种行为辩护。"(Bentham,1838—43[1825]:247)②

他的观点在某种程度上更加接近那些主张改革而不是取消卖官制度的观点。举例来说,孔狄亚克(1776:457—458)——与伏尔泰一

---

① 根据 Doyle(1996)和 Nagle(2008)的文献重述。
② 我们援引了1825年出版的英译本。

样——抨击了大肆增设无用官职的行径,但他仍把卖官看作是政府的一个可能财政来源。但是,边沁更多地强调卖官制度所允许的选择效率:

"如果说我们要求公务员满足于低薪,那么更应该希望他们愿意无偿提供服务,而且最应该希望他们愿意出钱购买提供服务的自由,而不是领薪提供服务。"(Bentham,1838—1843[1825]:246)

边沁运用"精神病理学原理"——"根据人的本性和体质,总体而言,从所得中感觉到的享受绝不会等于因所失而感觉到的痛苦"(Bentham,1954[1800—1804]:348)①——指出,损失一份由公众支付的薪水,只不过是停止享受那么多的所得;而"损失一个花钱买来的官职,是个人实际拥有的那么多资本的实际损失",因为"停止享受所得的感觉通常远没有遭遇等量损失的感受那么严重"(1838—1843[1825]:246)。因此,那些捐班者自然会爱惜自己花钱买来的官职,并且必定会努力不让它丢失。但是,这种策略只有在官位是纯荣誉性质的或者该官位的薪水是固定的情况下才可能有效:在这种情况下,"捐官与购买永久公债就没有什么区别"(1838—1843[1825]:247)。在相反的情况下,即在捐官的收益变动不定的情况下,卖官对于国家来说是"糟糕的买卖"(bad economy),因为"捐官的不确定收益不可能卖出好价钱,即有人愿意支付的等于平均收益的薪水那么高的价格"(1838—1843[1825]:247)。换言之,只有那些回报超过投资的官位才会有人买:边沁想到了那些允许收费的出售官位(如法官和检察官的职位),这种官位捐班者的利益是与司法公正格格不入的,并且会导致社会歧视。

边沁这方面思想的连续性有《宪法典》(*Constitutional Code*,1983[1830]:338)为证。在《宪法典》中,他再次建议把一种"爱国拍卖"(patriotic auction)作为挑选公务员的有效机制(Schofield,2006:299—300)。边沁建议称,那些在公开招聘考试初试中名列前茅证明了本人"知识"和"活动"能力的应聘者还应该参加接受最低薪水甚或捐钱换取职位的竞赛。在边沁看来,愿意捐钱是一种体现"道德能力"的证据,也就是体现无私和献身公益的证据。

---

① 关于这个原理的讨论,请参阅 Lapidus 和 Sigot(2000)以及 Guidi(2007)。

他的公开招聘观完全是一种个人主义的观点,但他从未想过这种招聘方法有可能被支持自己候选人的垄断集团和势力强大的游说团体所滥用。不过,边沁并没有那么幼稚:他只相信,一个导致腐败并加剧不平等的制度只有在适当的机制和激励手段结合以后才可能转化为一种防止腐败和低效的强大武器。

边沁在1788年完成的几篇文章中对贿选进行了类似的分析。他的分析起点是"声音专制":"从卖官已经衍生出卖头衔。相反的结论可能更加合理"(2002[1788b]:97)。后来,他指出,"反捐班者的政策与经济政策是完全背道而驰的"(2002[1788b]:97):如果拥有一定的财富还必须心中有防腐的美德,那么,为什么财富在被用来买官时却没有被作为一种能力的证据接受呢?贿赂比固定的经济条件更加需要个案处理:

"有人有2 000英镑的租金收入觉得很富有,但也有人有20万英镑却觉得很穷:根据财富拥有量做出的推定只是基于财富类别;而根据花费额做出的推定则是基于人。"(Bentham,2002[1788b]:97—98)

边沁几乎自相矛盾地利用这些论据来回击另一种认为"那些贿赂选民的人都是追逐个人利益的寻租者"的不同意见。愿意花钱购买职位的候补者"表明他至少在一段时间内——甚至在很多年里——收不回这笔钱"。此外,在某个特定时点上具备经济条件的个人"可能就在自己刚刚当选后发现自己相对于自身的需要处于极端的需要状态"(2002[1788b]:98)。

边沁几乎教条地下结论称,行贿也许有助于做出有利的选择。只有那些才能出众、抱负远大的人才会抱有谋取一官半职的希望,所谋得官位的价值可用来补偿捐班所花的费用(2002[1788b]:98)。显然,他在这里所说的价值是荣誉和自我实现,而不是经济收入。否则,这个论点就可能自相矛盾。

与在《为高利息辩护》(*Defence of Usury*,Bentham,1952[1787]:147—150)中相同,他声称,这种做法难以制止,而禁令则容易被规避:"当有那么多人想要购买,而且还有那么多其他人有同样的意愿销售时,那么还有什么比阻止他们买卖更加困难的呢?"(2002[1788b]:98)就如同对待高利贷法,边沁认为这些无用的规范只会不适当地鼓励违背并削弱社会契约关系(2002[1788b]:99)。

只有两种方式可用来减少与卖官有关的偶然"糟糕买卖":惩治腐败和加强监管,以不断增加行贿的成本(Bentham,2002[1788b]:99)。

与这个主题相关的是,边沁关于贵族代表选举的论述。虽然有些党派要求只有最古老的佩剑贵族(Noblesses d'épée)才能投票,但边沁却青睐历史较短的贵族:

> "可以肯定的是,(最近被封为贵族的人)都是有产者,而且是相当富有的有产者。虽然他们是花钱购买了贵族封号,但他们绝不会把钱花在对他们来说无足轻重的东西上。"(Bentham,2002[1788b]:103)

不管怎样,边沁对贵族的看法很具批评性。他对贵族的看法负面反映了一心想跻身上流社会的中产阶级成员愿意花钱购买议会席位的意愿。"贵族封号带来的区别具有明显的多重缺陷,而且没有一点好处"(Bentham,2002[1788b]:104)。

首先,贵族"是侵吞公款的贪污根源"(2002[1788b]:104),由于贵族阶级成员要求政府资助,因为他们认为"自己太过显赫,不能参加劳动"——而且政府的资助必须与他们的高贵相称——结果就是导致这个阶级面临败德风险:

> "贫困潦倒的贵族就是把挪用公款作为养老金的来源。不难证明,他们的这种挥霍行为收到了适得其反的效果——非但没有消除邪恶,反而助长了邪恶;而且,资助越多,需要资助的就越多。"(Bentham,2002[1788b]:104)

其次是经济后果:这种损害行径导致"大量的国民财富被侵吞"。

第三是社会后果——导致社会不同阶级之间的冲突和嫉妒(2002[1788b]:104)。最后,这种习惯做法降低了奖励的效力:它是"自然和人为回报价值减少的根源,因而会阻碍人们凭真本事来赢得奖励。一个人越是不用费力就能享受报酬,那么,他们就越没有动机去努力"(Bentham,2002[1788b]:104—105)。

边沁也对孟德斯鸠偏袒贵族的原因进行了评论。对于这个阶级"为削弱君主权力起到了推波助澜的作用的论点",边沁回击称,这种观点是一种"错觉",而且有很多更加有效的手段可用来反对暴政。针对孟德斯鸠关于贵族是

"支持君主的有用力量"的论点,边沁回答称,法国与英国一样,政府会"通过劝导民众相信它的作用"来得到支持。最后,针对认为这个阶级"能够激励荣誉精神"的观点,边沁做出了以下具有讽刺意味的回答:"是的,就像垄断刺激商业那样。"(Bentham,2002[1788b]:105)

边沁主张,代议制政府应该根据功绩和自由竞争原则来构建。

**五、结束语**

以上讨论的各个主题仅仅是边沁运用经济学方法研究政治问题的部分例子。因此,把边沁这个功利主义哲学家视为那个时代运用经济学方法研究政治问题的先驱,还是很有诱惑力的。事实上,边沁对于奠定这种研究方法做出的贡献似乎值得用心重构。虽然笔者偶尔也曾试图对边沁的贡献进行理性重构,但我还是希望能够证明这种研究政治问题的经济学方法起源于一些完全根植于边沁理论框架的原因,因此不需要做回顾性解释。

支撑边沁代议制度研究的功利主义理论框架要求把政治关系——如果设计正确的话——作为能够改善一般福利的(物质和人力)资源节约手段和监管手段。边沁常用"经济"这个术语来描述这种研究社会和政治现象的半实证、半规范方法。这种经济维度可被视为以物质、社会和制度条件为一方与以个人绩效为另一方两者之间的一种函数关系,而且,这种关系采取一种典型主观形式的个人行为激励机制。

边沁在1788和1789年撰写的关于政治代议制的论文对这种激励机制进行了多样化的分析。首先,以时间、空间和人数为一方与以不同利益集团间的有效沟通和代表为另一方,再加上集体协商机制的有序、有效运行之间的关系。因变量是做出有用或者有害决策的概率,但隐藏在这些概率背后的是个人价值观和动机,就如选票价值分析所显示的那样。边沁的研究表明,存在一个政治进程能使一般效用最大化的最优规模,在这个规模上,政治进程能够正确地激励个人行为。

其次,边沁的代议制研究显示,有很多例子表明委托人(选民)和代理人(议员)之间存在信息不对称的问题,而且这种信息不对称性有可能被机会主义地用来追逐与公共利益背道而驰的利益。但不管怎样,问题在于要甄别能使机会主义、逆向选择和道德风险最小化的激励机制：对于边沁来说，就是协调利益和责任的问题。惩罚和奖励被认为是能使个人以功利主义立法者认为适当的方式做出反应并改变现有行为的激励机制。

第三，边沁对这些关系进行了系统的论述。更重要的是，他非常认真地进行了陈述，而这些陈述可用经验证据来检验。

这并不意味着立法者必须制定以强制和严格管制为基础的专制政策。福柯（Foucoult）提倡的全景敞视主义（panopticism）并不是功利主义政治的理想：恰恰相反，把市场竞争作为最优选择机制来强调，才能赋予边沁的代议制经济学分析一种独特的自由主义风格。

### 致 谢

本文在最终定稿前曾提交 2008 年 12 月 10—12 日在巴黎举行的公共经济学史研讨会、2009 年 6 月 4—5 日在法国雷恩（Rennes）举行的纪念功利主义诞生 200 周年的研讨会以及 2009 年 6 月 26—29 日在美国丹佛（Denver）举行的经济学史年会。本文作者要感谢所有给本文提出评论意见的与会者，尤其要感谢 André Lapidus、Alain Marciano、Carlo Marletti、Alan Peacock、Fred Rosen、Philip Schofield 以及两位匿名审稿人，感谢他们提出了有益的建议，但一般免责声明仍适用本文。

# 边沁的幸福计算中的集体利益与个人利益
## ——对福利主义和公平的质疑

安托瓦内特·博雅德(Antoinette Baujard)

## 一、引言

"在不明白什么是个人利益的情况下奢谈社会利益,简直就是白费口舌",边沁在《道德与立法原理引论》(*Introduction to the Principles of Morals and Legislation*)[①]的第一章里如是写道。现在,一般都把集体利益只能来自个人效用的观点称为"福利主义"观。[②] 边沁把个人效用之和作为集体福利评判标准的做法可能会引起争议,但我们不能怀疑边沁本人是一个福利主义者。[③] 这个问题明确以后又出现了一些新的问题:这种与社会利益联系在一起的个人利益又是什么样的利益呢?是个人利益引导个人的行为?利益的实证和规范两个方面是不是存在直接的联系?边沁的福利主义的确切定义是什么?

所有这些问题的症结都在于个人利益与集体利益之间的对立以及"是"与"应该是"之间的区别。笔者认为,考察这两对对立的概念将会提高我们理解边沁的"幸福计算"的能力;重新用公式来表示边沁的幸福计算,能帮助我们理

---

[①] Bentham(1988[1789]:3)。

[②] 这个术语最初是阿玛蒂亚·森(Amartya Sen)在他的两篇文章——一篇(Sen 1979a)发表在《经济学杂志》(*Economic journal*)上,而另一篇(Sen 1979b)则发表在《哲学杂志》(*Journal of Philosophy*)上——中使用以后才流行起来。

[③] 下面这句话只是几段相似文字中的一段:"总幸福如果不是由个人效用构成,那么由什么构成?"(De quoi se compose le bonheur total si ce n'est des utilités individuelles? Bentham,1834[1831],1:26)(本文中所有的法语引语都引自法语原著。)

解个体与集体利益之间伦理和分析层面的关系。

本文安排如下:第一和第二节介绍一些对边沁的"是"和"应该是"观点进行的标准解读,并且讨论一些我们能够超越简单反映它们之间区别的相关方法。笔者建议,通过规定个人利益或者集体利益的规范或者实证表达公式来重新表述这个问题。第三节说明,个人"应该是"的二元性源自以下分析:在个人"应该是"的两个概念中,一个与个人层面有关,另一个与集体层面有关。第四节将说明这个结果与边沁的研究和当时的福利经济学辩论有关。笔者要特别指出,这种观点在大多数情况下要求对福利主义的形式定义(在理论层面)与伦理定义(在哲学层面)进行必要的区分。[①] 由此得出了一个令人不安的结论:对边沁的标准解读误解了个体与集体利益之间的关系,这个发现也适用于一般功利主义。这是一个没有矛盾并且也是不可避免的结果:在边沁提倡的功利主义中公平应该优先于善。

**二、功利的规范和实证分析**

2.1 边沁著述中的"是"和"应该是"标准观

(1)大自然把人类置于痛苦和快乐这两个至高无上的主宰因素的支配之下,只有这两个主宰因素才能告诉我们应该做什么,并且决定我们将来做什么……

(2)……功利原则是指认可或者不认可任何行为的准则……因而不但是个人每种行为的评判准则,而且也是政府每种措施的评判准则(Bentham 1988[1789]:1—2)。

在边沁的著作中,功利是实证和规范原则的一根主线。[②] 前者与"是"有关:寻乐避苦支配个人的行为,心理法则或者心理享乐主义已危在旦夕,我们可以说"感官愉悦的度量";[③] 后者与"应该是"有关,社会的目标就是为最大多

---

① 本文采纳博雅德(Baujard,2009)在他题为"从道德福利主义到技术非福利主义,回归边沁的幸福计算法(一)"(A Return to Bentham's Felicific Calculus I. From Moral Welfarism to Technical Non-welfarism)的文章中采用的方法。在这篇文章中,博雅德通过介绍幸福计算法考察了技术福利主义(应用层面)与伦理福利主义(哲学层面)之间的区别。

② 请参阅 Mougin(1995)以及 Mongin 和 Sigot(1999)。

③ Cot(2000:290)。

## 边沁的幸福计算中的集体利益与个人利益——对福利主义和公平的质疑

数的人争取最大的幸福,[①]普遍享乐主义已危在旦夕。我们可以谈论"善政的衡量"问题。[②] 有两个元素可用来确定功利原则,对于个人和集体两个层次都有效。[③]

在某些作者看来,古典和当代功利主义的特点就是功利的实证和规范两方面之间有争议的冲突(Halévy,1901a,1901b,1904;Harrison,1983;Audard,1999)。蒙金(Mongin,1995:385)博士特别惋惜地表示,"这两种观点相互排斥"。[④] 把同一原则一方面应用于实证和规范两个方面,另一方面应用于个体和集体两个层次,被认为是有问题的,并且需要做一些澄清。虽然功利是"是"和"应该是"的基础,但"是"和"应该是"两者并不总是同时发生。这种区别甚至可能被认为是两者相互矛盾的证据。[⑤] 我们并不支持这些有关功利主义的极端观点,但一些功利主义学者和他们著述的评论者对功利主义实证和规范层面之间的关系从以下不同的视角提出了质疑:从区分心理享乐主义(psychological hedonism)与普遍享乐主义(universal hedonism)的视角(Sidgwick,1874;Guidi,2007);从利己主义或者自利作用的视角(Vergara,1998;Mongin and Sigot,1999);从个体谨慎或者个体外谨慎(extra-individual prudence)的视角(Halévy,1904);从区分经济和政治领域的视角(Halévy,1901a;Sigot,2001);从功利原则的个体和集体层面视角(Sigot,1993,2001);从区分道德效用函数与个人效用函数的视角(Harsanyi,1955,1992);从清洗偏好(laundering preferences)问题的视角(Goodin,1986),或者更一般地,从选择适合伦理计划的效用模式的视角(Haslett,1990;Broome,1994)。然而,尽管所有这些观点都承认——或者否认——矛盾的存在性,但没有一种观点

---

[①] 或者,确切地说,是最大幸福原则。请参阅 Burner(1949)。

[②] Cot(2000:290)。

[③] "功利原则是指认可或者不认可任何行为的准则。根据这种倾向,功利原则似乎必然会增进或者降低利益相关方的幸福;或者换句话说,就是促进或者阻碍这种幸福。我说的是任何一种行为,因此,不但是指个人的每一种行为,而且还指政府的每一项措施。"(Bentham,1967[1789]:5)

[④] "据我们所知,当代作者没人关心功利主义内部'是'与'应该是'两种观点之间的关系"(翻译自法语)。

[⑤] 如请参阅 Harrison(1977:654):"帕瑞克(Parekh,116)先生也相当模糊地表示,边沁没有理由认为'个人和政治这两种生活受同一原则的约束'。"还请参阅弗里德曼(Friedman,1953)的观点,弗里德曼指出,边沁"拒绝承认个人利益与社会利益之间存在冲突的现实"。

会正视这种矛盾的持续存在性。除了只承认两者之间的矛盾或者区别之外，对"是"与"应该是"进行正式的区分被认为为提出两者之间有争议的联系这个问题所必需。在这里，我们要做的是，根据功利主义的正义理论，并且把边沁的功利主义思想作为基本参照系来展示这场有关"是"与"应该是"之间矛盾和分析关系的辩论的发展状况。现在，我们先介绍我们为解决这个问题采用的方法，并且证明我们的方法还需要考虑个体与集体层面的关系。

区分"是"与"应该是"，就是承认一种确实存在但不应该允许它持续存在的界限。说它确实存在，是因为根据自己的幸福采取行动的个人并不总是以一种能使集体利益[①]最大化的方式采取行动。因此，"是"与"应该是"有可能发生冲突，[②]但这并不意味着边沁的功利主义思想中存在矛盾的东西（Guidi，2004）。因此，如果能设计出一组不同的激励机制，使得每个成员最终都采取一种能够实现更大利益的行为方式，那么，整个社会的利益就可能处于比现状高的水平。[③]

## 2.2 边沁著作中的个人利益与集体利益

因此，区分"是"与"应该是"的问题变成了如何调和个人利益与社会利益。只有在这两种利益一致时，两者之间的分歧才能得到弥合。根据哈勒维（Halévy）对功利主义的解读，有三种识别个人利益和集体利益的方法。第一种方法就是利益和谐融合法（sympathetic fusion）。这种方法假设个人利益并不是一种自利性利益（selfish interest）。第二种方法是利益自然识别法（natural identification）：如果人人都能自发——未必是自觉——地采取符合道德的行为方式，那么，个人利益与集体利益其实就不会发生冲突。这个看似无关紧要的主张源自边沁的经济哲学。由此而产生的自发秩序在自由主义理

---

[①] 笔者不准备在这里讨论在实际情况下确定什么是"利益"会遇到的困难。请参阅 Laval（1993）。笔者将采用一个极简主义的"利益"定义，即对个人和社会都有好处的东西。

[②] "但是，道德论者并不认为自己一定有责任解决这个愚蠢的问题：在一个每个成员都必然自利的社会里，怎样才能使每个成员变得无私？"（Halévy，1904，III：197）

[③] "经济人一般没有动机做出从总体的角度看是正确的选择。由于大部分选择都具有外部性，因此，对于个人是最优的决策常常对于整个社会来说是次优决策。边沁在他的著作中把很多篇幅用在了'政治制裁'（political sanctions）手段的设计上，这些手段旨在通过国家的管制权（police power）来改变经济主体的苦乐平衡，但他也承认'道德制裁'（moral sanctions）具有内化外部性并且诱使个人做出促进总体幸福的正确选择的补充作用。"（Warke，200a：374）

## 边沁的幸福计算中的集体利益与个人利益——对福利主义和公平的质疑

论中产生了共鸣:根据自由主义理论,政府的干预既无必要也没人期待。然而光有这两种方法还不够,边沁在他的著作中把主要的篇幅用于阐述根植于法哲学的第三种方法:利益的人为识别法(artificial identification)。如果集体利益和个人利益需要兼容,那么就有必要进行外力干预。[①] 这种干预既可采取外部干预的形式——民法或者刑法、城镇或城市法律—行政监管(legal-administrative supervision)或者适当的立法(Bentham,1830[1802],1843[1827],1872[1843]),也可采取求助于道义论者的内部干预(Bentham,1834[1831])。

边沁在他的著作中提到了两种解决利益认同问题的方式。第一种就是考虑认同方法的多样性。有些作者已经注意到了边沁的经济和政治态度之间的对立,并且主张在经济领域采用自然识别法,而在政治领域采用人为识别法。[②] 但是,要在经济与立法两个领域维持这种分立关系可不是件容易的事;另一些作者最近发现,边沁也支持国家对经济领域的干预。[③] 这样划分的一个例外削弱了这种观点的效度。

考察个人利益与集体利益之间差别的第二种方式就是去关注利益人为识别的情况。因此,笔者就聚焦于那些人为识别法是识别利益交叉点的唯一可靠方法的情况。我们也可以得出同样的结论:根据效用原则,无论是经济还是政治领域可能都需要——或者不可能都需要——某种程度的国家干预。[④] 事

---

① "如果人都向往幸福,但又不可能获得幸福,这难道不是由于个人为达到这个目的而采用的手段相互抵触造成的?……由于这种情况会降低快乐的吸引力,因此有必要威胁施加至少强度相当于个人希望获得的快乐的痛苦。这样的威胁会把个人追求快乐的行为转变为犯罪。恐吓'科学'(即立法)、一般效用,这些都是刺激因素,而痛苦是立法加强的义务制裁。在社会上,立法者是快乐和痛苦的分配者。是立法者创立道德秩序和利益均衡,而社会是立法者巧妙构建的产物。我们在这里找到了我们所说的利益人为识别原则的用途。"(Halévy,1904,III:216—217)

② "但不管怎样,边沁的法哲学和经济哲学据以建立的两个原则相互矛盾。这个矛盾完全打破了我们所熟悉的边沁主义的清规戒律。那么,是不是我们必须说这两个原则都能在不同的领域找到自己的用途,人为识别原则是适用于法学的正确原则,而自然识别原则则是适用于经济学的正确原则,这样就能解决这个矛盾? 很显然,边沁借助于两个相互矛盾的来源创建了自己的思想体系。"(Halévy,1904,III:209)

③ 请参阅 Sigot(1993)等。

④ 关于这一点,请参阅 Sigot(1993,2001)。

实上,边沁引入了一种经济手段来处理司法、政治和非市场问题。① "是"与"应该是"之间的紧张关系不仅仅是一个可裁定的问题,边沁提出了一种解决这个问题的经济手段。因此,更加深刻地理解利益人为识别法的特点是最适合分析"是"与"应该是"之间关系问题的方法。

我们将集中关注那些需要采用利益人为识别法的特定情况:如何确保起因于个人决策的个人行为能够遵守集体层面确定的效用原则。应该记住,实证原则被认为适用于个体层次,而规范原则则被认为适用于集体层面。因此,我们必须解决两个问题:一是实证与规范的问题,另一是个人利益与集体利益的问题。我们认为,简单地说明这种区别有可能只会令人困惑,而且有必要阐明两个层次之间的关系。

虽然规范原则想要具有意义,就需要一个聚合步骤,但是,无论实证原则和规范原则都离不开个人利益,因而要依托导致这种利益的事物或者行为效用。如果享乐主义原则与伦理原则之间以及个人利益与集体利益之间存在矛盾,那么就应该通过确定个人效用的过程来充分明确地揭示这个矛盾。

### 2.3 对"是"与"应该是"型问题的公式化重述

从"是"到"应该是"、从个人层面到集体层面的变化始终贯穿于边沁论述"幸福计算"的原著中。② 为了阐明笔者的观点,下面先介绍一些符号(见表1)以便在下文讨论中使用。

表1　　　　边沁效用计算中的行为与支配行为的利益

|  | 实证原则个人行为描述 | 规范原则情景评价 |
| --- | --- | --- |
| 个体层次 | $\alpha_i$ | $\dfrac{U_i}{V_i}$ |
| 集体层次 | $\alpha=(\alpha_1,\cdots,\alpha_i,\cdots,\alpha_n)$ | $W$ |

我们先来介绍实证部分。个体层次通过识别个人 $i$ 的行为 $\alpha_i$ 来描述。因此,在集体层次,实证分析包括 $n$ 个个人的全部行为组合 $(\alpha_1,\cdots,\alpha_i,\cdots,$

---

① "我们不应忘记,对于边沁来说,政治经济学是立法学的一个分支。"(Guidi 2004:176)从这个角度看,边沁开创了福利经济学的"史前史"和法的经济学分析。

② 请参阅 Mitchell(1918:164)中关于效用计算不同处理方法的参考文献。还请参阅 Guidi(2007)。

## 边沁的幸福计算中的集体利益与个人利益——对福利主义和公平的质疑

$\alpha_n$)。这个组合可被看作只是对社会状况的描述。在任何情况下,行为或者社会状况都可用一些规范原则来证明它们的合理性,或者由一些规范原则促成。在个体层次,每个个人追求下文用函数 $U_i$ 或 $V_i$ 表示的自身利益[①]或者幸福。个人的行为动机是希望获得更多的快乐并遭受较少的痛苦。效用就是事物或者行为带来更多快乐和减少痛苦的属性;效用就是个人行为的指导准则。个人 $i$ 的动机和从社会获得利益之间的这种关系促成了实证层面对行为 $\alpha_i$(按照我们的描述)的选择。[②] 所以,随着 $\alpha_i$ 使 $i$ 的利益不断最大化,个人的选择列表($\alpha_1,\cdots,\alpha_i,\cdots,\alpha_n$)被认为能使每个个人的利益最大化。在集体层面,所谓的"应该是"就是(最大多数人的)最大幸福。效用原则定义如下:应该用来评价每种行为的原则,也就是说,一种行为如果能给社会带来较多的快乐、造成较少的痛苦,那么就应该为之;如果情况相反,那么就不应该为之。我们把这个目标 $W$ 称为社会福利。

现在,我们来深入分析个人效用与社会福利之间的关系。仍然采用表 1 中的变量符号($\alpha_1,\cdots,\alpha_i,\cdots,\alpha_n$),而 $W$ 则可被看作是由此而产生的个人效用水平或者集体福利水平。以下讨论应该有助于详细描述向量函数,特别是显示个人效用函数定义域所涉及的利益关系。效用原则把社会福利定义为个人利益或者幸福的一个函数。我们在边沁的原著中发现了一些——尽管很少——作者用来捍卫赋予相同权重的个人利益总和这种思想的证据。边沁的原话是:

> "社会利益是道德学用语中可能出现的最一般利益:难怪它的含义常被遗忘。如果说它有含义的话,那么就是这个含义:社会是一种由被认为是其成员的个人组成的虚构体。那么,社会利益是什么呢?社会利益就是若干构成社会的成员的利益之总和。"(Bentham,1967[1789]:5)

更一般地说,边沁提倡的功利主义要求社会福利应该完全建立在个人效用的基础上:请注意,这就是福利主义的定义。然而,边沁在原著中并没有明

---

[①] 请参阅 Mongin 和 Sigot(1999)以及这篇文献所引用的参考文献。
[②] 请注意,可由不同的动机来解释同一行为,因此,$\alpha_i$ 是某个快乐或痛苦感觉或者预期——并且很可能是多维(请参阅 Warke 2000b)——的复杂组合的一个函数的结果。

确表示,个人行为最终是否应该在个人层面或者集体层面用效用原则来证明其合理性。根据第一种解释,个人 $i$ 可以证明他的行为 $a_i$ 是合理的,因为他的行为在不做深入考虑的情况下就能使他的效用 $U_i$ 最大化。根据第二种解释,同一行为 $a_i$ 可以被证明是合理的,因为它有利于社会福利 $W$ 最大化。有人可能会说,这很可能原理相同:由于社会福利 $W$ 是建立在其中包括 $U_i$ 并且 $a_i$ 使 $U_i$ 最大化的全体个人效用的基础上的,因此,每种行为最终都有利于社会福利 $W$ 的增加。在某些场合,情况就是如此。如果我们假设个人之间完全独立,那么,情况就尤其如此。[①] 但是,这种神奇的巧合显然不可能真的出现在需要人为聚合利益的具体例子中,也就是说,一旦我们考虑个人行为之间的相互影响和时间流逝的影响,那么,在个人和集体层面确定的原则就不会相同。

因此,个人的规范原则可能不同,具体取决于我们是关注个人利益还是集体利益。在关注个人利益的情况下,真正重要的是个人利益($U_i$)本身;[②]在注重集体利益的情况下,重要的是个人 $i$ 的利益($V_i$)最终如何促进最大多数人的最大幸福。本文的剩余部分旨在确定这两个版本的个人目标——在边沁的学说中被称为($U_i$)和($V_i$)——是否存在什么区别;如果两者有区别,下文就考察这种区别的意义和影响。为了能够确定实证与规范之间有什么分析方面的关系,有必要证明($a_1,\cdots,a_i,\cdots,a_n$)、$W$、$U_i$ 和 $V_i$ 之间存在的已有或者预期关系。

### 三、两种个人利益概念

#### 3.1 为不同的个人利益设计不同的激励机制

行为 $a_i$ 可以根据规范标准,而不是解释这种行为的动机来评判。[③] 自利

---

① 如果个人 $i$ 一旦决定自己的行为并且绝不改变,那么,他的行为就独立于个人 $j$。如果个人 $i$ 善于社交,于是,譬如说,他想换一种颜色的外套穿,因此,他穿上了与个人 $j$ 颜色相同的外套。本研究没有排斥这种偏好。

② "3. 如果某种行为(或者事件、事物状态)就——由于它的发生(或者存在)而被认为——由某个个人采取比由其他个人采取能产生更大的价值这一点而言应该采取(或者发生或存在)的话,那么就可以说,这就是这个个人的利益所在。在个人的情况下,利益在善与恶的关系中对应于其中的一个方面;而在集体情况下,利益就是相当于善的平衡。"(Bentham,1843[1817]:208)

③ "没有任何不良动机这样的东西(也没有像任何良好动机这样的东西)。"(Bentham,1843[1817]:215)

## 边沁的幸福计算中的集体利益与个人利益——对福利主义和公平的质疑

是一种基本的行为准则,它得到了福利主义行为准则定义的支持。因此,我们假设每个个人行为 $a_i$ 的适当选择都是为了使自身 $U_i$ 的最大化——至少在正确计算的情况下。在集体层次,$(a_1,\cdots,a_i,\cdots,a_n)$ 表示全部的个人行为,$W$ 应该用来评估全部的个人行为,因而也包括个人行为之间复杂互动的结果。边沁也承认,确实存在一些分散化的个人基本行为组合 $(a_1,\cdots,a_i,\cdots,a_n)$ 并没有自发引致最佳社会最优 $W$。[1] 如果社会最优——最大的 $W$——不可能自发实现,那么就应该设计不同的激励机制,以便能诱使个人采取正确方向的行动 $(a\neq i)$ 来追逐个人利益,也就是以便 $(a\neq 1,\cdots a\neq i,\cdots,a\neq n)$ 使 $W$ 最大化。

现在,我们的目的是要获得一个与之前行为序列 $(a_1,\cdots,a_i,\cdots,a_n)$ 不同并且有可能使 $W$ 最大化的特定行为序列 $(a\neq 1,\cdots,a\neq i,\cdots,a\neq n)$。在这个序列中各种行为并没有任何内在的矛盾。不过,这一推理只适用于集体层面的分析:我们谈论的是集体利益 $(W)$,评价的是全部个人行为合在一起的结果。但是,现在要在个体层面执行政策:在假定个人持续追求个人利益的情况下设计一种新的个人激励机制,以使新的个人行为 $a\neq 1$ 不同于 $a_i$。这样就意味着,在设计这种激励机制时已经重新估算了某个实际不同于 $U_i$ 的效用集合 $V_i$ 中的实际个人利益。

现在对以上内容做一总结。只要全体个人都追求自身的个人利益 $(U_i)_{i\in n}$,那么,他们必然不会追求最大集体利益 $W$。如果一种新的激励机制成功地把个人利益重新定位为 $(V_i)_{i\in n}$,而且这个 $(V_i)_{i\in n}$ 不同于之前的 $(U_i)_{i\in n}$,那么,追求自身新利益 $(V_i)_{i\in n}$ 的个人最终将会使 $W$ 最大化。也就是说,边沁认为存在两种个人利益。我们现在把 $U_i$ 称为个人 $i$ 自己定义的利益,而把 $V_i$ 称为集体为个人 $i$ 定义的利益。个人自定义的利益意味着严格自利,但也意味着为定义自身个人利益能获得的相关信息也是有限的。集体定义的个人利益并不意味着利他,但意味着把定义个人利益所需的可获得信息扩展到集体状态。

我们可以下初步结论认为,如果在一般意义上的"是"与"应该是"之间没

---

[1] 个人行为可根据它促成的好的或者坏的社会结果来评价,我们也希望改变社会结果,但根据边沁的理论,只要个人行为的动机是希望增加个人效用,那么,我们就不应该根据个人行为会导致的社会结果来评价个人行为的动机。

075

有任何矛盾,那么,关键的问题就在于个人"应该(做什么)"模糊不清。在把个体层面与集体层面的分析合并在一起以后,这两个层面的分析之间就应该存在一种分析连续性。在它们不能自发合并时,分析的连续性只能靠集体定义的个人利益 $V_i$ 来补救。因此,$V_i$ 的定义和重要性应该得到证明,因为它最终来源于个人行为之间的一种技术关系。如果说在边沁的理论中,个人利益与集体利益之间明显存在道德规范关系,那么,边沁的整个理论只有在个人利益与集体利益之间的实证关系也得到明确以后才能算是一种内在一致的理论。

### 3.2　个人利益与集体利益之间的道德标准关系

边沁按照以下两个标准确定了个人利益与集体利益之间的道德规范关系:个人评价自身个人利益的原则以及抛弃自然法和基本权利(Cot,1993)。首先,这种关系建立在以下条件的基础上:个人利益是集体福利的唯一构成元素——可用它来定义边沁的"福利主义"。[①] 边沁认为,凡是对于个人是利益的东西,应该必然也是构成社会利益的元素。如果某种行为有可能增加某人的利益,那么,它应该也能增加整个社会的利益。这基本上就相当于作为社会福利函数基础的弱帕累托标准。当(尤其是)某人的利益增加与社会某些其他成员的利益减少相关时,就会出现问题。如果我们要避免种种不可能性或者不完备性,那么就必须阐明取舍的公平基础。

其次,集体利益其实是由个人利益的某种特定组合构成的。集体利益可能是个人利益的简单加总,[②]但这种说法有时会引起争议(Shackleton,1972;Goldworth,1979)。集体利益也可以是任何形式的个人利益的可能聚合。[③] 我们可以说,求助于总和,就意味着接受(甚或认为)个体层次个人利益的减少是有道理的,因为它允许集体利益的整体改善。乍一看,这与福利主义的基本原则相矛盾,因为它意味着某些个人为了社会而牺牲自身的利益,而不是根据对个人利益的评价来定义与个人利益评价有关的社会利益。

---

[①] "在不了解个人利益是什么的情况下谈论社会利益,也是白费口舌。"(Bentham,1967[1789]:3)关于功利主义和福利主义,请参阅 Sen(1979b)。

[②] 例如,"普遍利益可被理解为这些相同利益的总和"(Bentham,1843[1823]:269);"那么,社会利益是什么呢?——社会若干成员利益的集合"(Bentham,1967[1789]:4)。

[③] 关于对大多数人的简单考察,请参阅 Ayer,Keeton and Schwartzenberger(1948)中表达,Mundle(1949:120)讨论过的观点。

这一质疑又引出了第三种评论意见。个人利益的相容性问题就变成了如何权衡某些人的痛苦与他人快乐的问题,而个人利益与集体利益性质不同则不易用个人利益聚合的简单假设来弥合。福利主义认为,虽然也许为了实现更高水平的集体福利要牺牲某些个人利益,但个人利益在集体层面上必然处于危险境地。因此,关于相关个人利益的识别问题引起了争议,我们将考察这个问题如何引发相关个人利益用 $U_i$ 或者 $V_i$ 来定义何者更好的讨论。

### 3.3 实证关系

米达尔(Myrdal,1990[1932]:51)曾经表示,认为实证层面与规范层面之间存在关系,就需要假设利益之间的自然和谐:"利益和谐说完全隐含在从心理学理论向伦理学理论的逻辑转变"、从个人目的向集体目的的逻辑转变中(Hume,1969:299)。在米达尔看来,这种自然和谐论是非常有争议的——而且与边沁抛弃自然法则的愿望相矛盾(Cot,1993)。

那么,为了获得最大 $U_i$ 采取的行为 $a_i$ 为什么不能自发促成最大的 $W$ ——意味着这种行为无法使与 $W$ 最大化相对应的 $V_i$ 最大化——呢?有三种原因也许能够解释为什么个人行为未必有助于增加个人自身的利益。首先,个人可能会误解自己的利益所在,因为他们没有充分的信息。其次,个人正确计算的能力有限:虽然个人希望追求自己的利益,并且追求集体利益,但在做出尽可能好的选择时可能会犯错。至于第三种原因,那就是存在"外部效应"。边沁在"幸福计算"中通过生产性、纯洁性和扩展性标准考虑到了外部效应问题。① 边沁还认识到个体间的相互影响对于集体幸福的作用。② 换句话说,无论在什么环境下,只要个人的成本—效益不同于集体的成本—效益,那么个体间的相互影响事实上都有可能引致次优结果。

### 3.4 加强实证关系的机制

没有理由要求 $U_i$ 和 $V_i$ 相同,但它们的结果应该相同。边沁为他自己设定的全部任务就是寻找能够加强这两个不同的个人利益概念之间的实证关系

---

① 请参阅 Bentham(1967[1789]:30)。关于对"幸福计算"的重构,请参阅 Batuard(2009)。
② "个人的很大一部分快乐受到他人意志的影响,而这样的快乐可以通过人际协商和合作来获得。我们不可能在不拿自己的幸福冒险的情况下忽视他人的幸福。我们无法避免那种不符合我们的意愿但别人有能力强加给我们的痛苦。我们每个人与人类保持着最紧密的联系——靠个人利益维系的联系。"(Bentham,1834[1831]Ⅱ:158)

的途径。

在基督教社会里,有人可能会考虑增强个人责任感。但是,责任感并非有用,甚至未必有效。① 它们传递的意图提不起人们的兴趣。② 最重要的是实际效果,而所有由趋乐避苦的欲望驱动的个人行为都应该会产生最终获得最大幸福的最优社会效果。说明 $a_i$,或者说明个人 $i$ 追求自身的利益 $U_i$,实际上就等于说明与边沁著述公理性基础相同的东西;③我们不能指望通过简单的手段——如法律或者责任感——来强制执行规范性目标,因为对效用的实证性描述始终更有说服力!因此,重新引导个人沿着正确的路线采取行动的唯一方法,就是改变个人对个人利益从 $U_i$ 转变为 $V_i$ 的感知。新的感知可以通过披露更多的相关信息或者改变实际计算个人利益的背景来获得。

在任何情况下,个人都不是怎么做对自己有利的最佳评判者:个人常会在自己的幸福计算中犯错误。求助于道义论者,④也许能够帮助个人解释上文在幸福计算中给出的三个原因。然而,道义论者不但能在这方面告诉我们如何进行正确的计算,而且在把信息从某人传递给其他人,从而对其他人的行为做出依据充分的预期方面也有作用可以发挥。⑤

公众舆论⑥以及(更一般地)普遍惩罚⑦也同样能加强个人利益与集体利益之间的关系,因为最终的目的就是要取得把集体利益 $W$ 视为个人自身目标 $V_i$ 的效果。圆形监狱⑧是极端的解决方案:动用普遍惩罚权把集体利益融入每个人的心中。

最后但并非最不重要的一点是,政府改变效用机制:在某种惩罚和奖励制

---

① "一个男人,一个道德家,夸张地坐在他的扶手椅里,用华丽的辞藻浮夸地大谈特谈责任和义务。为什么没人听他的呢?因为当他在谈责任的时候,每个人都在考虑自己的利益。人类的天性就是凡事先考虑自己的利益。而且,每个开明的道德家都会认为——不管说得多好、做得多好——最好先谈利益,责任总要让位于利益。"(Bentham,1834[1831],1:17)
② 请参阅 Bentham(1843[1817]:215—18)。
③ "它是否会受到任何证据的影响?它似乎应该不受任何证据的影响:对于用来证明其他所有事物的事物来说,它本身不可能得到证明:一连串的证据必然在某个地方有它们的初始证据。给出这样的证据既不可能又无必要。"(Bentham,1967[1789]:4)
④ 请参阅 Bentham(1834[1831])。
⑤ 这一点在协调博弈的例子中尤为明显。
⑥ 请参阅 Bentham(1834[1831],1:30)。
⑦ 请参阅 Bentham(1834[1831],1:119)。
⑧ 请参阅 Bentham(1872[1843],vol 4)。

度①的作用下,个人现在要做一些应该做的事,而不是自己自发做的事。②

在每种协调个人利益与集体利益的解决方案中,边沁都要对个人利益的定义施加一些影响,以使它更加适用。存在于自发的 $U_i$ 与期望的 $V_i$ 之间的矛盾在边沁的理论中提出了一个严重的问题。

**四、概念区分后的结果**

4.1 边沁理论中的两个福利主义概念

边沁把自己描绘成一个我们在森(Sen)发表1979年的论文以后所说的福利主义者:"凡是对个人有益的东西也有益于社会。"③由于把个人利益区分为 $U_i$ 与 $V_i$ 两个不同的概念,我们现在能够说明,这个看似简单的福利主义原则有两种不同的解释。根据其中的一种解释,计算社会福利所需的基本信息是个人效用,从现在起,我们把这种解释称作福利主义的形式定义;根据第二种解释,当且只有当个人效用达到最大化时,社会福利才可能实现最大化:这就是为功利主义辩解的理由。从现在起,我们把这种解释称作福利主义的伦理定义。

福利主义的形式定义描述的是功利主义起作用的方式:凡是有益于个人的东西(前提)也有益于社会(结论)。如上所述,个人利益的聚合足以得出这个结果。

有时,还真需要道义论者来帮助个人明白他们真正的利益是什么。④ 那么,我们应该如何对照"个人利益"来定义"真正的个人利益"呢?按照集体利

---

① 请参阅 Bentham(1872[1843],esp. vols 1 and 2)。
② "功利主义者的伦理学就是被他们奉为命令(imperative)的经济心理学。两个世纪以前,霍布斯(Hobbes)根据功利主义学说建立了一整套社会专制制度。实际上,边沁借以创立其法学理论的利益人为识别原则证明了以下功利主义解释的合理性:是君主实施惩罚的威胁使得个人把利益与义务联系在一起。"(Halévy,1904,Ⅲ:206)
③ "有关社会全部若干成员合在一起的最大幸福,就是我希望在对它进行描绘时能够看到的全部安排的目的所在。……如果有人要问,为什么你希望有关社会全部若干成员的最大幸福应该是在描述治理该社会的政府形式时所使用的全部安排的目的所在,那么,我的回答就是——因为在这种场合,就是这种形式才是在最大程度上有助于获得我所说的最大幸福的形式。"(Bentham,1843[1827]:7)
④ "开明的道德家的任务是要证明不道德的行为代表对个人利益的错误计算,而邪恶的人会对快乐和痛苦的错误估计产生影响。"(Bentham,1834[1831],1:19—20)

益与个人利益不趋同的第一和第二个原因,每当个人遇到信息问题或者缺乏计算能力时,道义论者就会帮助个人认识自己的利益。上文强调的第三个问题就是外部效应问题:其他个人有时在某个个人获取给定个人利益的过程中也起到一定的作用。我们来设想一种情况:某男士乙对某女士甲的私利产生一定的影响。他的行为是由他自身的个人动机驱动的:目的就是获得最大的快乐和遭受最小的痛苦。同样,由于女士乙自身行为的影响,她可能会发现,对于她的自身利益来说,最佳行为应该有所不同。这个序列需要采用更多的信息,考虑他人行为的明确、可靠的预期,重新进行更加精确的计算。[①] 在这个例子中,道义论者也许能帮助个人变得更加理性,去追求自身的最大利益,而社会也因此而获得更大的 $W$。这前两种造成个人行为并不总能促成个人利益或者集体利益的原因并没有提出任何有可能动摇功利主义根基的理论问题。因此,福利主义的命题是安全的,只不过是一个信息和计算问题。但是,这么说对于第三个原因也许并不总是正确。

因此,我们现在着手考察外部效应,或者更加一般地说,个人间的相互影响对于区分两种不同的福利主义解释——形式福利主义和伦理福利主义——的影响。我们来设想女士乙的行为的极坏后果绝不会影响她个人利益的情况。边沁举了这样一个的例子:

"如果人类的生存条件是没有人的幸福会与他人的幸福呈竞争态势——也就是说,如果每个人或者任何人的幸福都能获得无限的增量,而不会产生减少任何其他人幸福的影响,那么,以上的表达可以在不加限制或者说明的情况下起作用。但在不同场合,每个人的幸福都可能与每个他人的幸福呈竞争关系。譬如说,如果在一间能够容纳两人的房子里,有够 1 个月生活的食品,那么,不仅仅是住在这间房子里的每个人的幸福,而且还有他们的生存,都呈竞争态势,一个人的生存与另一个人的生存互不相容。"[②]

---

[①] 这就涉及可进行博弈论形式化的策略性行为问题。协调博弈,或者更加一般地,任何非零和博弈,都能解决这个具体的情况。无论采用这两种中的哪种博弈来解,这个例子都需要更加具体的描述,但总体思路相同。

[②] Bentham(1843[1827]:6).

边沁的幸福计算中的集体利益与个人利益——对福利主义和公平的质疑

这种外部性不能通过改进计算来内化。我们没有理由认为，个人应该把这作为一个目标。如果我们保留第一种解释，那么，道义论者就没有任何理由对严格意义上的福利主义理论进行干预。但在集体层面上，某些个人利益应该为了另一些个人利益而舍弃。因此，对于社会来说，有一个目的或者目标可用来为可能做出这种舍弃的方式辩护。聚合原则为超越利益冲突所需要，但并不是福利主义原则的组成部分（Sen，1979a，1979b）。这个社会目标一旦确定，就应该成为每个社会成员个人的权威性间接目标。因此，对于边沁的理论来说，规范性个人利益应该在重构以后得到更好的表示。即使个人没有感觉到这种必要性，我们也应该在上文分析的各种情况中引入某种把外部效应整合进来的个人利益概念。[①]这最终就意味着要对个人利益的定义进行修改。社会层面上的个人"应该做"应该不同于个人层面上的个人"应该做"，并且必须在社会层面完成。因此，我们已经说明了 $U_i$ 和 $V_i$ 之间的实际区别，并且还进一步证明了 $V_i$ 比 $U_i$ 重要。

从现在起，我们认为边沁坚持了以下原则，"凡是有益于社会的东西（前提）都有益于个人（结论）"，而不是说"凡是有益于个人的东西（前提）都有益于社会（结论）"。这就相当于福利主义的伦理定义（而不是福利主义的形式定义）：如果社会福利达到了最大化，那么，个人效用也同样达到了最大化。个人利益与集体利益之间因果关系的这种颠倒表明，第一步是 $V_i$ 的最大化，而不是 $U_i$ 的最大化。为符合集体福利理论，对边沁的功利主义的这种公式化表示需要另一个个人效用聚合和取舍的标准，或者要求对个人利益进行重构。

---

[①] "如果情况就像上面所说的那样，那么，在有一个统治者统治的情景下，无论这种情景具体是怎样的，任何人的行为都不能被合理地预期为受到任何与本人心目中的个人利益相对立的利益支配。于是，由于任何行为都是朝着服从普遍利益的方向发展，因此，这种情况的性质，除了迫使统治者的特殊利益符合普遍利益以外，不适用任何其他方法。""除了以上介绍的两个原则外，我们还有第三个一级原则，可把它称为'处方性手段原则'（means-prescribing principle）或者'利益—处方连接原则'（junction-of interests-prescribing principle）。第一个原则表示'应该是什么'，第二个原则表示'是什么'，而最后一个原则则表示按照'应该是什么'行事必须采取的手段。那么，与利益的连接如何才会受到影响呢？除了方法的性质，也就是消除任何有害利益影响和后果的性质以外，这种情况的性质容许个人的处境会导致本人受到其谋求有害利益行为的影响。这样一来，个人就会因此而被实际剥夺一切有害的利益，剩下的唯一利益就是个人自身行为能够决定的正确并适当的利益（right and proper interest），这种利益就是包含在普遍利益中的那部分个人利益，也就是总体而言符合普遍利益的个人利益。"（Bentham，1843[1827]：6—7）

现在，我们通过考察另一种情况来证明福利主义的两个定义有可能相互冲突。男士乙的行为会对女士甲的私利产生一些影响。考虑到男士乙的行为对女士甲的行为有影响，男士乙也许会发现对于他本人的利益，最优行为应该有所不同。事实上，我们可以通过把现在已经耳熟能详的囚徒困境应用于边沁的理论框架来详细说明这种情况。如果他俩中的某人知道对方的行为，那么应该有兴趣选择自己的占优策略。如果这两个人在对方选择既定的情况下都认真比较了所有可选行为的效用，那么两人都会选择自己的最优策略，即在对方行为既定的情况下争取获得更多的快乐并遭受更少的痛苦。从囚徒困境的角度看，他俩最终都达成了帕累托上策均衡：一种不同于理性分散决策状态的状态可能对两人都比较好。边沁显然不会对这种实际均衡提出异议。为了避免集体利益损失，他提出了立法、立宪①、国家干预等建议，而且还考虑到了国家干预②或者任何引导个人把集体利益作为个人自己利益的措施③会导致的负效用。只要政府干预能比不干预总体产生较多的快乐和较少的痛苦，那么，政府的干预就变得可以接受。边沁曾设法诱使每个个人采取能实现最大幸福的不同行为。④ 在囚徒困境中，只考虑 $N$ 种不同的自定义利益 $U_i$，就能得到一种次优的社会结果，所有的个人效用都必须明确从 $(U_i)_{i\in N}$ 转化为

---

① "这部宪法的终极一般目的就是为最大多数人，也即为这个政治国家的全体成员，谋取最大的幸福；换句话说，促进或者提升他们的利益。我们可以把这些相同利益的总和理解为普遍利益（universal interest）。这是一种无所不包的结果，在随后设想的宪法典中谈到的几种安排都是为了取得这个结果。"在一个注释中："如果这种情况的性质能接受这种结果的可能性，那么，这部宪法的规定——在任何场合——可能都是为了使每个人的幸福最大化，普遍利益是由每个人的个人利益构成的。根据普遍利益假设，全体个人的最大幸福，而不只是最大多数人的最大幸福，可能才是要达到的目的。但是，这种普遍性是不可能做到的。因为我们既不能把全部相关个人包括在幸福总量的增量中，也不能让全体相关个人平均承担由费用造成的不幸福；举例来说，由惩罚造成的痛苦构成的这部分费用。因此，为最大多数人谋取最大的幸福，就是最大限度地实现全体国民幸福的最大化，而这就要依靠政府。"（Bentham, 1843[1823]: 269）

② "政府不可能不动用强制力；凡是强制力必然会导致不幸福。在政府造就的幸福中要做一些扣除，净幸福是减去扣除后的剩余幸福。"（Bentham, 1843[1823]: 269）

③ 如圆形监狱。

④ 当我说全社会的最大幸福应该是在法律——政治行为准则特别是宪法——的每个分支中追求的终极目的时，是想表达什么意思呢？——我只是想说，我的愿望，我的心愿，就是看到相关社会那些实际掌握政府权力的人也这么认为，他们在为行使权力进行安排的任何场合都能这么认为，从而使他们的努力有助于取得相同的结果。在我的心目中，就是这种能力状态才配得上叫意志。这就是那些被称为"愿望"或者"心愿"的特殊行为或者能力改变的状况。它们在相应的感受中，在相应的苦和乐中有自己的直接有效原因，例如，在以上这种场合，想象力就能发挥作用。

$(V_i)_{i\in N}$，这样，社会福利才能达到最大值。这也再次表明，福利主义的第二个定义（伦理定义）与两个个人利益概念区别之间具有直接的联系。此外，福利主义的第一个定义（形式定义）并不总是与个人效用最大化的目的一致。换句话说，形式福利主义与伦理福利主义之间有可能发生冲突。

福利主义似乎是一个可以用来描述功利主义藉以创立的简单概念的绝佳术语。通过对与促成福利主义形式定义的个人效用相关的信息水平和基于导致福利主义伦理定义的$(V_i)_{i\in N}$的结果水平进行明确的区分，[①]更加深入的分析能迅速改变这种状况。我们不应该为了按照伦理福利主义计算社会集体福利而把个人效用用于把$U_i$转化为$V_i$。作为功利主义之父，边沁显然是福利主义者，但他并不是福利主义形式定义意义上的福利主义者（福利主义的形式定义是当代福利经济学的一个普通属性），而是福利主义伦理定义意义上的福利主义者。

## 4.2 边沁学说中的善与公平

下面，在进行任何伦理评判之前，先让我们来认真考虑重构个人效用的关键所在。功利主义并不是一种我们一旦掌握了个人效用的信息以后就能把它直接应用于重构个人效用的理论。首先，必须重构有关个人效用的准确信息。

请回忆一下，个人效用$(U_i)_{i\in N}$在包括边沁的功利主义理论在内的任何功利主义理论中代表善的本原。整个功利主义的理论体系被认为就是要诱发有待融合的善和公平。如果我们保留福利主义的标准形式定义，那么，这种融合就会由下而上——从个体层次向集体层次——完成。从这以后，善优先于公平，这与标准的功利主义观相一致。

但是，$(V_i)_{i\in N}$是并且应该不同于$(U_i)_{i\in N}$。$(V_i)$是采用一种由上往下——即从集体层次到个体层次——的方式定义的，确定集体层次的伦理标准，引出了公平而不是个人道德的问题。这实际上并不是《鲁滨逊漂流记》（*Robinson Crusoe*）中岛屿上至少在仆人星期五出现以前存在的公平问题。然而，当我们试图解决若干人类的分配问题，尤其是要纠正负外部性的时候，显然就存在公平的问题——例如，就像把个人效用重新表示为需要考虑囚徒

---

[①] 请注意，这种更加微妙的公式化表达接近于对幸福（eudemonia）与福利主义的区分。请参阅 Sen(1979b:472) 或者 Kolm(2005)。

困境中相互影响结构的 $V_i$。一旦考虑 $(V_i)_{i\in N}$ 序列,而不是考虑不计个人间相互影响的个人利益本身,公平就优先于善。公平优先于善则难免令人想起罗尔斯(Rawls)的政治自由主义定义。[1] 不可思议的是,罗尔斯的正义即公平理论特别在这方面是有意反对功利主义的。

在这里,我们需要区分边沁理论与功利主义理论的论述。我们将证明这个令人讨厌的悖论对于边沁的学说来说至关重要,而其他学者则回避了这一事实。融合个人利益和集体利益,其实是一切功利主义理论的核心所在。其他当代功利主义者明确解决了这个问题。例如,哈萨尼(Harsany,1955,1992)对主观效用与道德效用(moral utilities)进行了正式的区分。那些现在使用效用偏好模型的学者引入了许多构建社会效用所需的相关偏好条件:偏好应该基于知情、真信和理性。[2] 有些学者甚至承认清洗偏好的必要性。[3] 特别是拒绝干涉、利他和肆虐性偏好。这个清洗偏好的过程,或者说,构建独立于实际偏好的设计巧妙的道德效用,是朝着绝对福利主义的倒退。为了设计所谓的道德效用或者进行适当的清洗,需要一种本体价值论。[4] 无论何时,重构个人效用都要基于善的实体论,就如上文所考察的各种情况,由此而产生的功利主义理论体系就优先考虑善,而不是公平。我们应该强调,这种善的实体论外生于个人效用。换句话说,这些功利主义理论不但需要福利主义和聚合这两个标准元素[就如森(1979b)指出的那样],而且还需要一个"第三元素"——某种关于本质上对个体有益(善)的思想。在这种第三元素被引入到善的实体论以后,善就会毫无困难地优先于公平。

然而,这个第三元素必然是迈向自然法则或者基本权利的一步。边沁可能不会接受这种观点,他会明确而又坚决地反对这样一种观点。我们应该还记得,他认为法国的《人权宣言》(Declaration of the Rights of Man)是"胡言乱语"。[5] 但是,如果没有第三元素,那么就无法外生地证明使用不同个人效用

---

[1] 请参阅 Rawls(1997[1971],1985[1988],1995[1993],2001)。
[2] 想了解更多的相关参考文献,请参阅 Haslett(1990)。
[3] 请参阅 Goodin(1986)。
[4] 请参阅 Nussbaum(2001)。值得注意的是,清洗过程观有可能像能力观一样被说成家长作风太严重。
[5] 请参阅边沁在 1789 年 8 月中旬写给 Jacques Pierre Brissot De Warville 的信。关于这封信,请参阅 CoL(1993)。

概念的合理性。把个人利益从 $U_i$ 到 $V_i$ 的必要重构是基于对——由个人利益聚合决定——集体福利 $W$ 的考量,而不是基于个人层次的规范考量,①就如我们在上文指出的那样,是借助于评价公平(正义)而不是善的手段。结论并不明确:对于边沁来说,公平优先于善。

那么,边沁是否意识到他的功利主义理论在经过忠实原意的重构以后就会优先考虑公平,而不是优先考虑善呢?首先,边沁无意把优先性给予公平或者善,他的目的就是要融合两者,因此把大部分的精力用于讨论公平和善之间不存在差别的情况。边沁想降低国家的重要性,而提高道义论者的重要性。②理想的社会应该让任何人为的强制执行都成为多余,全体成员都把集体利益作为自己的利益。换句话说,边沁不希望有这样的问题存在。③ 这就是在没有外部性的情况下,甚或在存在某种形式的外部性的情况下不会出现这个问题的原因。关于这个问题的任何结论都要求关注一些利益的人为结合能够解决这个问题的具体情况。

其次,有迹象表明,边沁并不完全否定这样的结论。在他通常使用"好"或"坏"的地方,他小心翼翼地使用了诸如"正确和错误"④"完全正确""公平"⑤这样的字眼。具体来说,让我们来看看以下这段文字(Bentham,1843[1827]:6):

"在每一个公正的仲裁者的眼里,在立法者的文件中,对社会每个成员的幸福完全一视同仁。至于所有其他成员的幸福,也就是社会其他大多数成员的最大幸福,只能以政府正确、适当且是唯一正确、适当的目的或者说追求的目标的名义得到承认。为了确定'正确、适当'的反义词,'有害'(sinister)这个词,考虑到它与'正确、适

---

① 当然,在这样的考量与关于牺牲少数人利益和功利主义集权问题的不标准批评之间存在直接的联系。请参阅 Foucault(1975)和 Baujard(2003:67—72)。
② 请参阅 Bentham(1834[1831],1:37)。
③ "在良好的道德状况下,一个人的职责绝不应该与他的利益没有关系。道德告诉他要正确估计自己的利益和责任。通过观察,他会觉察到责任与利益的一致性。有人常说,一个人即使牺牲自己的利益,也要履行自己的职责。我们也常听说,某某做出了多大的牺牲。出现这种情况,也不乏赞美之声。但从更宽广的视角去考虑利益和职责问题,我们就会发现,在日常生活中,为履行职责而牺牲利益是不切实际的,甚至是不可取的;这样的牺牲是不可能的;即使有人做出这样的牺牲,对人类的幸福也毫无益处。"(Bentham,1834[1831],1:17—18)
④ Bentham(1967[1789]:4)。
⑤ Bentham(1967[1789]:xxxvii)。

当'的关系并且采用它们原始的释义,也许可用来做'正确、适当'的反义词。"

他又补充说:

"这被当作了一个目标,所有的立法安排都正确、适当地瞄准了这个目标,我的看法是,从目前的情况看,下面要介绍的已建议的安排要比一部著作能够建议的任何其他安排更有针对性。要知道,这部著作并不是特别针对某个国家的具体情况,当然也不排斥任何其他国家。"(Bentham,1843[1827]:7)

边沁还坚持认为,每个社会成员的目标最终都是社会全体成员的利益,[①]而不是他们自己的个人利益。以上这些疑问本身支持了边沁在把优先性赋予被定义为最大多数人的普遍幸福的公平而不是个人利益的论点。

总而言之,个人层面重要的并不是某个定义善是什么的个人利益概念,而是一个为个人利益重构的被认为与最公平的情形相关甚至会促成最公平情形的代理变量。"公平"一词是绝对必需的,因为社会目标也是这样定义的,而且也被以下事实证明是合理的:在为个人利益重构代理变量之初就考虑到了不同利益个人之间的相互影响问题。因此,"凡是对社会有利的东西对个人也有益"。笔者并不认为,边沁有明确或者自觉的意图优先考虑公平——这甚至可能并不是很有说服力。不过,笔者已经证明,这样一种优先性对于边沁的理论极为重要,因为它为内在一致的边沁理论实现公平与善之间的预期融合所必需。

## 五、结束语

笔者已经讨论了边沁著述中被广泛接受的"是"与"应该是"的观点。效用应该用来决定"是"与"应该是",但效用与"应该是"有冲突。应该说,这并不是要——至少在这个时候——揭示边沁理论中的一个内在矛盾,而恰恰是证明个人利益与集体利益关系的复杂性。笔者已经集中考察了个人利益与集体利

---

[①] "因此,要适用于所有场合,而不是所有人的最大幸福,就有必要使用最大多数人的最大幸福这个词组。然而,如果不是用'幸福',而是用'利益',那么,'普遍利益'就可以无区别地作为'最大多数人的利益'或者'大家的利益'来使用。"(Bentham 1843[1827]:6)

# 边沁的幸福计算中的集体利益与个人利益——对福利主义和公平的质疑

益之间存在差别的情形,进而检验边沁的"幸福计算"。对个人利益与集体利益的重构,要求在实证与规范之间建立联系。由于在实证层面并非总能自然而然地达成个人利益与集体利益之间的一致,因此,效用要经过修正才能用来诱使人们采取方向正确的行为,所谓的"方向正确"是用功利主义的伦理标准来定义的。笔者重新对个人利益和集体利益的实证和规范分析进行了公式化表述,并且着重考察了个人行为与集体最优之间分析层面上的关系。然后,笔者从分析层面——个人或者集体,或者从伦理层面——善或者公平——的角度证明了区分个人利益两个概念的合理性。由上可得出两个主要结论。

首先,我们已经证明,边沁的福利主义在伦理学的定义下已经得到了证实,但在形式定义下并不能得到这样的证实。个人层面的相关信息从方法论上讲不可能被个人垄断;对于边沁来说,如果要认真对待外部性问题,就必须考虑其他替代性方案和其他人。把个人利益区分为 $U_i$ 和 $V_i$,明显对认为形式福利主义是用数学和经济学形式表达伦理福利主义的一种可靠方法的一般直觉认识提出了质疑。因此,我们已经一般证明:福利主义的伦理定义与形式定义之间并不存在一一对应的关系。

其次,我们提出的论点改变了我们对边沁理论的看法。"善"的个人利益使个人私利最大化,而"公平"的个人利益在使个人私利最大化的同时——间接地——也使集体利益最大化。个人利益的后一个定义从道德上看优于前一个定义。换句话说,我们认为,边沁这个功利主义之父把优先性赋予公平,而不是善;公平并非仅仅是从善推导而来。我们的这个论点改变了对边沁的功利主义的看法,甚至有可能颠覆我们自己对一般功利主义的看法。就如海萨尼(Harsanyi)在他的理论中所阐述的那样,功利主义者接受了一种关于善的实体理论,如自然权利传统;或者,就如边沁的理论明确拒绝了与任何自然权利理论的任何瓜葛。在前一种情况下,为创建充分的个人信息,需要一种关于善的外部性理论——就如海萨尼的理论;而在后一种情况下,首先需要一种公平或者正义理论——就如边沁的理论。因此,个人利益的第一性受到了质疑,而集体利益则成了最重要的问题。造成功利主义臭名昭著和大获成功的基本原因在于,简单地认为功利主义主要并且基本上就是一种旨在关注民众福利、充当"何为善"的唯一评判者的理论。本文对这种观点提出了质疑,并且证明功利主义的理论基础——无论明确还是隐含——就是一种关于善或者公平的实体理论。那么,这是不是就意味着功利主义的丧钟已经敲响?本文试图更加深入地探讨边沁的理论可能存在的前后矛盾的地方。

第三,这个结论有助于当前的福利经济学讨论。在福利经济学文献中,确定公共目标的大部分社会福利函数确实(至少在形式上)都是福利主义的,结果就是社会福利函数(只能)注定要用个人效用函数来构建。这就有可能提出一些具体的问题:我们应该采用哪类效用函数来构建这种社会福利函数呢?是否应该采用理性消费者的效用函数?如果对后一个问题的回答是肯定的,那么必然要涉及理性选择理论与规范理论之间的关系,也就是"是"与"应该是"之间的关系。不过,这并不意味着"应该是"与"是"被假定为非常接近或者相同,而是意味着"应该是"应当建立在对"是"重构的基础上。这就是我们在这里所要说明的,由于这种伦理关系,还有个人之间在所难免的相互影响所产生的"技术"联系,我们在个人利益与集体利益之间构建了一种更深层次的伦理关系:与集体目的相关的个人利益不同于与个人目的相关的个人利益。如果我们有意通过社会福利函数来重新阐释边沁的观点,那么,我们的结论可能就意味着需要采用不同于消费者效用函数的效用函数。这反过来可能又意味着需要对当代福利经济学模型所采用的效用函数或者偏好关系的形式定义进行重大修改。

**致 谢**

本文的前几稿都得益于欧洲经济思想史学会2006年年会(2006年4月,波尔图)、3LB研讨会(2006年11月,斯特拉斯堡)、纪念夏尔·纪德(Charles Gide)的研讨会(2006年12月,普罗旺斯艾克斯)、公共经济学史PGPPE2008年冬季会议(2008年12月,巴黎)和第三届JFFoS专题讨论会(2009年1月,日本昭南村)与会者提出的修改意见。本文所依托的研究项目得到了ANR和3LB计划的资助。本文作者要在这里感谢André Lapidus、Herrade Igersheim、Keith Tribe和两位匿名审稿人提出了宝贵的评论意见。毋庸赘言,本文仍存在的不足和本文所表达的观点责任由作者自负。

# 帕累托、庇古与第三方消费：福利理论的不同研究方法及其对财政研究的影响

迈克尔·麦格罗（Michael McLure）

## 一、引言

新古典经济思想作为一种一脉相承的知识传统，已经持续发展了一个多世纪。在 19 世纪末、20 世纪初新古典经济思想的初创时期，洛桑学派的大师莱昂·瓦尔拉斯（Leon Walras，1834—1910 年）和由他亲自培养的接班人维尔弗雷多·帕累托（Vilfredo Pareto，1848—1923 年）以及剑桥学派的大师阿尔弗雷德·马歇尔（Alfred Marshall，1842—1924 年）和他亲自培养的接班人亚瑟·塞西尔·庇古（Arthur Cecil Pigou，1877—1959 年）做出的贡献表明，这些贡献对于他们根据经济现象来构建新古典经济理论起到了很重要的作用。后人对洛桑学派和剑桥学派[①]留下的经济思想遗产中的很多元素进行了全面的研究，而最近米歇尔·德·弗洛埃（Michel de Vroey，2003，2008）和弗

---

[①] 经济思想史学家现在已经完成了许多关于洛桑学派一般经济思想（Busino and Bridel，1987；Walker，1997；Bridel and Tatti，1999）以及莱昂·瓦尔拉斯（Wood，1993；Walker，2006）、维尔弗雷多·帕累托（Busino，1974，1999，2006；Wood and McLure，1999）个人学术思想和遗产的卓越研究。同样，也有很多关于剑桥学派和阿尔弗雷德·马歇尔经济思想的重要研究问世，其中包括阿尔弗雷德·马歇尔传记（Groenewegen，1995）和马歇尔学术遗产评论（Wood，1982，1995；更近的 Raffaelli et al，2006）。虽然对庇古的研究没有对马歇尔、瓦尔拉斯和帕累托的研究那样丰富，但都很重要：在庇古去世后，一些纪念庇古的著述相继发表或者出版（Qohnson，1960；Saltmarsh and Wilkinson，1960）。在过去的几十年里，又有一些学者（Aslanbeigui，1990，1992；Collard，1983，1996a 1996b，2006）对庇古的著述进行了有益的解读性研究。

朗哥·邓泽利(Franco Donzelli,2008)分别在自己的著作中对这两大学派的经济思想进行了比较研究。然而,这些研究主要是关于这两个学派的伟大创始人瓦尔拉斯和马歇尔的,而埃里希·施耐德(Erich Schneider,1961[1999])和路易吉诺·布鲁尼(Luigino Bruni,2002)分别在自己的著作中以较低程度研究了帕累托和马歇尔。

迄今为止,关于洛桑学派和剑桥学派的任何重要研究都不是针对帕累托和庇古这两个学派第二代领军人物的。本文试图填补与福利研究相关的需求和价值问题的研究空白。为了方便这种比较研究,有必要回忆一下庇古在他的《财富与福利》(*Wealth and Welfare*)中定义经济福利增长所用的三个参考标准:国民所得(national dividend)规模扩大;穷人占国民所得的绝对份额增长;国民所得变异性下降,尤其是穷人占国民所得的份额变异性下降(Pigou,1912:66)。但在庇古后来的著作中,这第三个参考标准就"变成了工业浮动"(Industrial Fluctuations,1927)(Collard,1996b:586)。由于帕累托没有在福利理论的背景下考察国民所得变异问题,因此,本研究的比较范围仅限于价值理论以及与庇古的经济福利增长第一基准指标——国民收入变化——和第二基准指标——穷人占有的经济物品的变化——有关的福利问题。在这个过程中,我们将考察:帕累托的一般经济和社会福利理论概念、庇古在他早期福利经济学著作中概述的研究方法和这种研究方法对财政学理论研究的影响。

本文第二部分将考察福利在商品被第三方通过特定的市场交易消费时对购买者的影响。庇古在1910年研究这个问题时用帕累托创造的新词"满足度"(ophelimity)取代了"效用"这个词。有证据表明,在为了说明第三方对估价的影响而采用"满足度"概念来区别个体与集体边际市场价格时,庇古赋予消费者对满足度概念的感觉一个外部或者社会元素。结果,虽然庇古的福利经济学范围远大于帕累托的福利经济学范围,但第三方消费在庇古而不是帕累托的需求理论中起到了重要作用。

第三部分扩大第三方消费问题的研究范围,去考察为出于改善福利的目的改变经济品分配的市场干预。我们再次揭示了这两个经济理论家之间存在的一个实质性差别:帕累托采用他研究社会福利最大化的社会学方法来分析处理经济品再分配的问题,而庇古明显是在他研究福利的经济学方法的语境

帕累托、庇古与第三方消费：福利理论的不同研究方法及其对财政研究的影响

下解决经济物品再分配的问题。

第四部分把注意力从第三方消费转向出于福利研究目的测量满足度和效用的具体问题。有人认为，虽然帕累托和庇古是在不同的情况下进行基数和序数效用分析的，但两人都采纳了这两种分析的一些元素。对于"经济福利"问题，帕累托采用了两种测量方法（通常是均衡分析采用序数，而福利分析则采用基数），而庇古采用基数来测量福利。但对于更加广泛的"社会福利"问题，帕累托运用他的社会学研究方法对效用进行基数测量；而在没有相反证据的情况下，庇古把经济福利作为社会福利的一个序数指标。

本文在第五部分总结了庇古和帕累托研究福利的方法对财政研究的一些启示。在庇古的研究中明显出现了研究财政经济学的基础，而在帕累托的研究中，虽然涉及财政经济学的内容不多，但有不少内容涉及"财政社会学"（sociology of public finance or fiscal sociology）。

**二、第三方消费：对经济福利的影响**

帕累托正式区分了两种主要类型的福利研究：一是面向最大"满足度"研究的集体经济福利研究（Pareto，1896/97[1971]，1902[1982]，1906[2006]）；二是面向最大集体效用社会学研究的社会效用理论研究（Pareto，1913[1980]）。[①] 庇古（1912:3-13;1932:3-22）虽然没有帕累托那么正式，但也对"经济福利"与"社会福利"（但被称为一般意义上的"总福利"或者干脆就简单地被称为"福利"）进行了区分。[②] 在帕累托的理论体系中，造成经济福利与社会福利间区别的原因在于他对"满足度"与"效用"的区分。

在这一部分，我们将利用满足度与效用之间的区别来说明帕累托和庇古这两位大师之间，尤其在经济福利和社会福利相对范畴方面的相似和不同的

---

① 在他的《一般社会学专论》（*Trattato di Sociologia Generale*，1916[1935]）中，帕累托也把他的最大化社会学研究分为两类：一是集体效用最大值（maximum of utility of the collective）研究。在这类研究中，社会被作为一个实体来处理，因为最大值并不受制于任何成员不受社会状态变化伤害这个条件的约束。二是求对集体来说最大的效用值（maximum of utility for the collective）的研究，在这类研究中，最大值受制于任何成员不受社会状态变化伤害这个条件的约束。

② 在本文中，我们约定即使庇古使用了更加广义的"总福利"或者"福利"，我们也使用"社会福利"。

091

地方。从庇古对帕累托著作①的引用和他本人在自己的文章"生产者剩余与消费者剩余"(Producers and Consumers Surplus, Pigou,1910)中使用"满足度"这一事实中就能明确地看到这种方法的合理性。庇古的这篇文章为《财富与福利》(Wealth and Welfare, Pigou,1912)提供了一些关键的观点和分析框架。② 值得注意的是,库特和拉波波尔(Cooter and Rappoport,1984)之前虽然没有援引"生产者剩余与消费者剩余"(Pigou,1910),因而也没有说明庇古在他自己的著作中使用了"满足度",但已经利用满足度与效用之间的区别阐明了与庇古(和其他一些英国经济学家)③有关的福利"物质"观的适用范围。

帕累托早期的效用和均衡观反映了与威廉·斯坦利·杰文斯和马费奥·潘塔莱奥尼(William Stanley Jevons and Maffeo Pantaleoni)的研究渊源颇深的享乐主义观点。然而,即使在那个时候,帕累托也已经认识到享乐主义对人类行为的复杂影响,但他选择了强调社会现象研究需要多元化的必然性(Pareto,1894a[1980]:105),而他对"满足度"与"效用"的区分为他研究经济和社会现象的方法多元化奠定了重要基础。帕累托在他的《政治经济学教程》(Cours d'Economie Politique)中通过区分"效用"或者某种有益(useful)于福利的东西或"有害(harmful)的反义词"(1896/1897[1971]:126)与满足度——

---

① 庇古在《财富与福利》(1912:25,29n,65n,71—77,168,180 and 239)中援引了帕累托的《政治经济学教程》(Cours d'Economie Politique,1896/1897)、《社会主义体制》(Systemes,1901/1902)和《政治经济学讲义》(Manuale di Economia Politica,1906),其中的很多引语编入了《福利经济学》(The Economics of Welfare,1932:74,121n,128,321 and 647—655)。

② 《财富与福利》和第一版《福利经济学》中一些有关生产者剩余、企业税收/奖励政策以及回报递增/递减的重要内容直接来自于"生产者剩余与消费者剩余"(Pigou,1910),包括一些受到众多批评性评价,主要是由阿林·杨(Allyn Young,1913)和弗兰克·奈特(Frank Knight,1924)做出的批评性评价的内容,马歇尔也在他读过的那本《财富与福利》上做了批注。克里希那·巴拉德瓦杰(Krishna Bharadwaj,1972)对马歇尔的批注做了比较详细的论述。

③ 帕累托与庇古两人关于经济福利物质维度的观点有一个明显相同之处,但这一点通常不为人知。帕累托强调指出,经济福利的形式定理也必须从"经济的角度"去看待(1909[2006]:510),因为个人经济福利的变化实际表现为用经济品 A 表示的消费。因此,与庇古一样,帕累托的经济福利方程的经济学意义明显就是一个关于福利的物质概念。但与庇古不同的是,帕累托始终把"经济学意义"这个概念与福利的数学或者抽象表达联系在一起。这一点可用来强调经济品 A 并不是一个满足度单位,而是一个与主观满足度正相关的客观单位。之所以会出现这种关系,是因为包括经济品 A 在内的各种经济品的基本满足度(或者边际效用)被假设为正,并且有助于调和经济福利的经济学和数学表达。帕累托在他最初的经济福利研究(1894b[1982])中已经清晰地描述了这种调和的基础。奥尔多·蒙特萨诺(Aldo Montesano,1991,1997)已经深入考察了帕累托著作尤其是《政治经济学讲义》中物质方面的问题。

## 帕累托、庇古与第三方消费：福利理论的不同研究方法及其对财政研究的影响

一种不考虑合理性的欲望或者需求得到满足的感受（1896/1897［1971］：1086）——的方式，系统论述了享乐主义的复杂影响。帕累托还在最一般的层面上考察了许多类别的满足度和效用：

> "根据人性保证发展和进步的不同方面，我们可以把效用分成不同的类别。经济效用可能就是保证物质福利的效用，道德效用可能就是促进更加完美的道德发展的效用，等等。对满足度也可做类似的区分，因为它可用来测量物质、道德或者宗教等需要和欲望得到满足的程度。"（Pareto，1896/1897［1971］：129）

他在阐述自己的经济理论时，把分析的焦点放在了只对基本满足度（边际效用）做出反应的抽象经济人（homo oeconomicus）上。从这个意义上讲，他进行的是个体（原子）层次的分析，个人的满足度是一个由一些正元素（如相关个人可获得的消费品束）和负元素（如相关个人提供的生产性服务）的函数。由于帕累托笔下的经济人在不受他人消费影响的情况下满足自己的欲望，因此，他既不关心集体其他成员的物质、道德或者宗教"欲望"以及他们的欲望会对福利（即满足度维度）产生的影响，也不考虑集体其他成员的物质、道德或者宗教"福利"（即效用维度）。虽然接受道德满足度、宗教满足度等概念，就意味着能顺理成章地对利他、慈善等进行研究，但帕累托经过深思熟虑后构建经济人概念只是为了回应经济满足强度，[1]而这里的经济满足是指通过独立于第三方消费的个人直接消费来满足欲望。他运用纯经济学理论描述了一些一般均衡条件下的关系，但却谨慎地把与个人主观动机有关的社会维度留给社会科学的其他学科去研究。帕累托甚至在他后来撰写的《政治经济学讲义》（*Manuale di Economia Politica*）中建议，经济人研究可以用道德人（homo ethicus）和宗教人（homo religiosus）研究来补充完善（Pareto，1906［2006］：20）。[2]

---

[1] 从现在开始，"满足"（或"满足度"）这个术语用来指"经济满足"（或"经济满足度"），因为：在《政治经济学教程》中，帕累托在明确讨论经济问题时去掉了形容词"经济"；帕累托的分析框架得到了发展，到了20世纪初，已经被简化为一个二元体系。在这个二元体系中，"满足"被作为逻辑行为的一个外生性主观诱因（从手段—目的的关系的角度看），而"效用"则在很大程度上被作为一种与非逻辑行为联系在一起的内生性诱因。

[2] 虽然帕累托从未在自己的经济学著作中具体落实这个建议，但他的一般社会学研究提出了一种总体思想可在许多领域的人类行为研究中运用的理论。

庞古认真思考了帕累托对效用与满足的区分,在他的"生产者剩余与消费者剩余"(Pigou,1910)中实际用"满足"取代了效用,并且还承认了这个术语的来源:"'ophelimity'这个术语是由帕累托教授引入的,这个术语没有我们常用的英语术语'utility'的某些歧义。"(Pigou,1910:359)在之前发表的一篇文章中,庞古已经弃用了"心理享乐主义"(psychological hedonism)的效用观,因为这种效用观是一种"站不住脚并且已经被驳倒的观点"(1903:67)。但不管怎样,庞古与帕累托一样,也没有弃用"快乐"这个词,而是弃用了"快乐是影响效用的唯一因素"的观点:"我们不但渴望快乐,而且还需要许多其他东西。"(Pigou,1903:67)毫无疑问,庞古被帕累托这个新词吸引的主要原因是,这个新词似乎为阐明这个复杂问题奠定了基础。帕累托对满足和效用的区分可能也对庞古区分一般意义上的福利——某种只基于"感觉状态"(states of consciousness,Pigou,1912:3)的东西——与有助于社会福利实现但被视为与用"货币标尺"(measuring rod of money)表示的物质收益(1912:3)有关的具体经济福利产生了一定的影响。他指出:

> "很明显,我们不可能做从对经济福利的影响到对总福利的影响进行刻板推断这样的事。这两种影响之间的区别在某些情况下微不足道;而在另一些情况下则非常大,但我认为,在缺乏特定知识的情况下还是可以进行概率判断的。"(Pigou,1912:11)

然而,在这一点上需要谨慎,因为在帕累托和庞古的著作中,经济福利概念有着微妙但又重要的差别。造成这些差别的根本原因就是处理第三方消费的方式不同。

在"生产者剩余与消费者剩余"(1910)中,庞古在考察市场时对个人边际需求价格与集体边际需求价格进行了区分,前者是某个消费者个体从某种特定经济品消费增量增加中获得的满足的货币表达,而后者则是某个市场全体消费者从某种特定经济品总消费增量增加中获得的总体满足的货币表达。在每个个体对从双边自愿交换所产生的消费中获得的满足的货币估值不受其他个体消费变化的影响时,个体和集体的需求价格是相同的。用本文所采用的术语来说,个体和集体需求价格是否相同,取决于在消费者意识状态中是否存在外部社会元素;某个消费者从消费中获得的满足完全独立于第三方在双边

## 帕累托、庇古与第三方消费:福利理论的不同研究方法及其对财政研究的影响

自愿交换过程中的消费。

在这个问题上,庇古相对于帕累托而言显然有两个明显且著名的差别,即:庇古聚焦于局部均衡,并且采用满足的货币表示法。然而,如果暂且把这些差别及其造成的后果搁置一边不问,那么,对于庇护和帕累托来说,上述条件下的满足范围是相同的。但是,考虑到本研究的目的,我们的重点是要识别在两位大师的著作中,满足范围在什么情况下会出现不同。如下文所述,在个人从消费中获得的满足用货币表示的价值因为第三方消费而增加或者减少的情况下,集体边际需求价格就会不同于个人边际需求价格,而在集体边际需求价格不同于个人边际需求价格的情况下满足范围就会不同。

在这一点上,"如果一个消费者增加消费会降低与其他消费者既定消费相关的满足程度,那么,个人边际需求价格曲线就位于集体边际需求价格曲线之上……如果一个消费者增加消费会提高与其他消费者既定消费相关的满足程度,那么,个人边际需求价格曲线就位于集体边际需求价格之下"(Pigou,1910:361)。

在以上情况下,个人和集体边际需求价格是否不相等,取决于个人感觉状态中的一个社会元素,因为某种特定产品的某些或者全体消费者,能从他们对这种产品的直接消费中以及从第三方对这种产品的消费中获得满足。庇古为了阐明自己在这个问题上的立场,向读者提到了他之前发表的论文"关于效用的一些看法"(Some Remarks on Utility,Pigou,1903)。这篇文章虽然是在他在本人著作中引用帕累托的"满足"概念之前完成的,但已经明确地赋予他在这本书中提到的"效用"和在"生产者剩余与消费者剩余"的文章中提到的"满足"以社会元素。[①] 在这篇发表较早的文章中,庇古把自变量 $K\{a,b\}$ 作为一个元素纳入了个人满足函数。更加具体地说,

$U=f(\cdots,K\{a,b\})$,式中,$K\{a,b\}$ 是一个由 $a,b$ 构成的"复杂表达式":

$a_1$ 表示个人第一个邻居的产品 $A$ 拥有量;

$a_2$ 表示个人第二个邻居的产品 $A$ 拥有量;

$a_n$ 表示个人第 $n$ 个邻居的产品 $A$ 拥有量;

---

[①] 为了保持一致,本文在讨论"关于效用的一些看法"(Pigou,1903)和"生产者剩余与消费者剩余"(Pigou,1910)共有的价值论问题时都使用"满足"这个术语。

$b_1$ 表示个人与其第一个邻居相隔的"距离";

$b_2$ 表示个人与其第二个邻居相隔的"距离";

$b_n$ 表示个人与其第 $n$ 个邻居相隔的"距离"。

如果某人的邻居对产品 $A$ 的消费不会对他从消费产品 $A$ 中感受到的满足产生任何影响,那么,他与每个邻居 $b$ 的距离就可以使这个复杂表达式的值等于零;而如果邻居对产品 $A$ 的消费会影响这个人从消费产品 $A$ 中感受到的满足,那么,他与每个邻居的距离就可以使这个复杂表达式的值非零。庇古特别引入这个"复杂表达式"(complex expression)以方便他对亨利·克宁汉姆(Henry Cunynghame)在"论处理交换价值、垄断和租金的简单几何方法的若干改进"(Some Improvements in Simple Geometric Methods of Treating Exchange Value, Monopoly, and Rent, Cunynghame, 1892)中提出的"那些喜欢无品味炫耀方式的人在变得更'普通'时就会从消费一些商品中获得已经减损的乐趣"这个命题的思考。[①] 庇古通过观察以下两种商品总结出了这个关系式:一种是能反映个人"不寻常"欲望的商品(钻石);另一种是反映个人"平常"欲望的商品(在某个阶层中十分流行的大礼帽)。这种对消费的社会影响涉及现在所说的"显示地位的商品"(positional good, Schneider, 2007),而庇古本人是把这类商品置于阶层结盟和分离的背景下来论述的,因为它们与以下这种力量有关:

"它的作用是促使我接近那些我希望与之结盟的阶层消费的商品,并且远离那些在我希望自己与之分离的阶层中常见的商品。"

(Pigou, 1903:61)

如果这个复杂关系式 $K\{a,b\}$ 对满足的影响并非微不足道,那么难免会影响市场需求。根据"'使用率'(util)可以作为不同个人欲望的测量单位"的假设(Pigou, 1903:64n),庇古以一个两人例子来说明如何享用好茶来获得满足——而由此产生的市场需求关系可能取决于这种商品在市场消费者之间的不同分布。

"按照[商品]A 所能给任何个人产生的效用的大小顺序连续不

---

[①] 在克宁汉姆的图解中,"有一条位于商品需求曲线之下的消费者剩余曲线,但这条曲线会随着商品供给量的减少而上行"(Schneider, 2007:68)。

断地增加商品 A 的供给。[个人]A 要了一杯茶,因为这是唯一一杯有人要的茶,所以是 $a_1$。[个人]B 也要一杯茶,由于 A 已经要过一杯茶,因此,B 要的这杯茶是 $a_2$。A 又要了第二杯茶,由于 A 已要过一杯茶,B 也要过一杯茶,因此,A 要的第二杯茶是 $a_2$[原文如此]。C 也要了一杯茶,由于 A 要过两杯茶,B 已要过一杯茶,因此,C 要的这杯茶应该是 $a_3$[原文如此]。其余以此类推。"(Pigou,1903:64)

最初,庇古选择通过限制消费者剩余研究的可行范围来处理第三方消费的影响。

"我们是否能够安全地把边际效用曲线作为某一特定效用曲线的精确近似来对待呢?答案似乎是:只有在市场消费发生巨大变化的情况下,这个必要的假设才是不合理的。非常不可思议的是,市场消费的微小变化都会对之前增加的效用产生明显的影响,因为巨大的消费变化为我们感觉到'共性'(commonness)已经发生变化所必需。"(Pigou,1903:65)

如果消费发生小幅变化(在庇古自己的例子中是 10%),那么,市场边际效用曲线围成的面积可用来考察消费者剩余或者总满足度变化。

但到了 1910 年,庇古通过区分个人和集体边际需求价格发现了一种比较正式的解决方案。当个人和集体边际需求价格相同时,个人通过消费某种商品感受到的满足度独立于第三方消费;当个体与集体边际需求价格不同时,市场某些或者全体消费者感受到的满足度不受第三方消费的影响。在后一种情况下,个人感觉中的社会元素会影响他们对消费收益的估值。

庇古把"满足度"这个术语引入他自己的研究,这明显受到了帕累托的影响。然而,庇古采用满足度这个概念来区分集体和个人边际需求价格的目的不同于帕累托区分效用和满足度的目的。帕累托笔下的经济人被剥夺了社会意识,而满足度则是有意被作为一种与个人从自己直接消费中体验到的偏好得到满足相关的强度。就此而言,个人满足度函数中的各元素并不能扩展到第三方消费,但允许帕累托对他的"逻辑行为"定义规定严格的限制条件。例如,在个人情况保持不变的情况下,不断重复的行为被看作是主观意图与有逻辑基础的手段—目的关系相结合的产物——客观结果——的经验证据。在社会意识元素对经济行为产生影响时,帕累托纯经济理论所要求的行为一致性不大有可能达到。一旦个人偏好受到第三方的行为和思想的影响,那么,效用,而不是满足度,就是行为的重要主观激励因素。帕累托把这种行为归入非逻辑行为——不是因为存在任何与这种行为有关的非逻辑,而是因为主观意图和客观结果通常呈相互依存关系,从而排斥了手段与目的之间的严格逻辑关系。①

在帕累托在《经济学人萌芽》(Giomale degli Economisti)杂志上发表的最后一篇论文"实验经济学"(Economia Sperimentale,Pareto,1918)中,已经明显把方法的多元化扩展到了经济现象研究:帕累托认为,当经济现象的"经济学内容"居于主导地位时,分析应该主要基于经济学理论;当经济现象的"社会学内容"占据主导地位时,分析就应该以社会学为主。在帕累托的一般体系中,与显示地位的商品——不管是常见的显示地位的商品还是不常见的显示地位的商品——有关的人类行为都应该属于"社会学内容"的经济现象,因为个人的主观意图(获得显示地位的商品)与第三方行为呈相互依存和路径依赖关系。② 在确定是否运用基于满足观的经济学理论还是运用基于效用观的社会学理论来考察经济现象时,社会意识对个人行为影响的变异性是一个需要考虑的基本因素。

庇古对经济福利与社会福利的区分表明,他也接受经济现象研究的多元化。但是,庇古选择运用经济理论思想和观念研究的经济现象范围要明显比帕累托宽阔。对于庇古来说,影响需求的社会因素,如导致集体和个人边际需求价格出现差异的因素,是经济现象的一个方面,也是经济理论的主要内容。而对于帕累托来说,他对满足与效用的区分提供了一种可用经济理论来检验由个人感觉中的社会元素所促成的经济结果的机制,而且通过这种机制可以

---

① 我(McLure,2001)之前已经说过,在帕累托的经济体系中,由商品空间定义的满足场域通常是路径独立的,而与社会意识相关的主观意图与客观结果之间的相互作用则确保了商品空间内部的效用场域的路径依赖性。虽然这不是帕累托本人说的,但很明显,满足研究关注的是基于手段—目的逻辑关系——在这种关系下达成完全均衡——的路径独立性行为。但是,当效用是路径依赖性时,个人的经济行为是不符合逻辑的,因为,无论是个人的社会意识与社会状态客观形态变化之间的相互作用导致个人偏好发生变化,还是个人偏好在社会状态客观形态保持不变的情况下发生变化,都是与基于严格的手段—目的逻辑关系都是格格不入的。

② 但应该注意,帕累托并没有考察"显示地位的商品"本身。

对这些经济结果进行社会学考察。

### 三、再分配与穷人

第三方消费与福利研究的相关性并不局限于基于市场的自愿决策,具有自愿市场交易干预作用的他人消费也是帕累托和庇古在他们论述福利问题的著作中讨论的一个重要问题。具体而言,他俩都考察了政府干预经济品在不同阶层间再分配的问题。我们在这一节里对他俩研究这个问题的方法进行比较分析。

庇古的基本主张是,对穷人的再分配可被作为经济学的先验福利标准:这是他第二个衡量"经济福利"增长的基准指标的基础。庇古在他的《财富与福利》中表示再分配最好通过维持国家最低工资计划来实施,而且还表示支持设立最低工资标准的"讲究实效的慈善家"(practical philanthropist)政策"是由研究证明了它的合理性的……即使我们相信有极端欲望的人会导致无限大的痛苦,消除极端欲望所产生的善也不能与任何由国民所得减少造成的恶相提并论……我们不但要问通过设立国家最低工资标准是否能够促进经济福利,而且还要问制定什么样的国家最低工资标准才能有效促进经济福利……对于我们提出的这个问题,正确的正式回答应该是:最好通过把国家的最低工资标准规定在这样的水平上来促进经济福利,即由转移给穷人的边际英镑创造的直接善正好抵消国民所得因此而减少造成的间接恶的水平"(Pigou,1912:395—396)。

庇古在他后来写成的《福利经济学》(*Economics of Welfare*)中意味深长地表达了他对一般最低工资的支持,并且把注意力转向了不同行业的不同最低工资标准问题,而且还考虑到了工作调动成本、市场缺陷和存在剥削性工资的可能性。[①] 尽管有这么多的限制条件,但再分配问题在福利的背景下仍然是那么的突出。因此,毫不奇怪,庇古在他的《财富与福利》和后来出版的《福利经济学》中用了一章的篇幅来批评帕累托法则以及根据这个法则做出的任何可能表示政府没有能力改变收入分配的推论。由于庇古有意要驳斥收入再

---

[①] Takami(2009)和Flatau(1997)历史地、批评性地评价了庇古在他的《福利经济学》中发表的关于公平和最低工资的观点。

分配的不可能性论,因此,他好像没能全面领会帕累托相关著述的重要意义。就像庇古指出的那样,帕累托在他的《政治经济学教程》中高估了收入分配的均匀性,并且措辞草率。[①] 但很明显,他也没有排斥有限改变收入分配的可能性。[②] 在再分配问题上,帕累托和庇古出现了很大分歧。

帕累托在福利背景下考虑再分配问题时,[③]只是从经济学[④]的角度考察了再分配的程度,然后就把这个问题交给了社会学去解决。他没有接受改变生产系数以达到再分配目的这个选项,[⑤]也没有开出旨在增加福利的再分配"处方"。在"社会学中的集体效用最大化"（Il massimo di utilità per una collettività in sociologia, Pareto, 1913)中,帕累托没有假借福利经济学开出具体的收入分配处方,而是运用社会学的效用概念提出了"……视具体情况而定"的适当的收入再分配政策(Pareto, 1916[1935]: 1578)。

在社会福利方面,帕累托认为,"感觉"(consciousness)或者他所说的"sentiment"(感觉)要通过一些善待他人、支持有利于穷人的再分配的社会成员或者通过一些不能善待他人、支持有利于自己的再分配的社会成员这两种方式来发挥作用。帕累托关于效用最大化的社会学研究表明,社会每个成员对本人和其他成员消费的相对收益都有自己的量化评价,并且注意到了社会成员个人社会觉悟的影响作用。为了使社会意义上的效用最大化,帕累托提出了一种两步福利构建过程。第一步,社会每个成员通过主观衡量自身和每个其他成员的福利来构建自己的社会效用函数。

---

① 最近,泰伦齐奥·马基雅弗利(Terenzio Maccabelli, 2009)指出了帕累托解释与不公平问题有关的收入分配问题上存在的歧义性。

② 就如文森特·塔巴斯科(Vincent Tarascio, 1973)指出的那样,帕累托在他的《政治经济学教程》中论述收入不公平、最低收入和人均收入之间关系的内容时正式提到了收入分配系数变异的问题。

③ 帕累托并没有把他关于再分配的思考局限在社会学中的社会效用最大化上。他的两本重要的社会学著作大量讨论了再分配问题,并且把再分配作为管理精英和经济精英之间广泛存在的恩庇侍从(Patron-Client, 一种国家机关和市民社会互动的模式。——译者注)关系在没有受到集体效用最大化制约的情况下的一个问题来探讨。

④ 帕累托在经济学范畴内考察再分配问题时都是考察一些供给侧的技术问题,如在通过一次性转移支付进行再分配以后,生产部(Ministry for Production)应该如何确定生产系数。然而,关于再分配的重要意义,即使有的话,也超出了经济学的范畴。

⑤ 帕累托认为,在有效推行再分配时,生产部应该确定生产效率系数,也就是相当于在竞争条件下能够确定并且达到司法部希望达到的产品再分配程度的生产系数(Pareto, 1894b[1982]: 51—52)。

帕累托、庇古与第三方消费:福利理论的不同研究方法及其对财政研究的影响

"'完人'(superman)的崇拜者将赋予下层阶级效用一个近似于0的系数,获得一个非常接近于严重不公平的均衡点。平等爱好者会赋予下层阶级的效用很高的系数,并获得一个非常接近平等条件的均衡点。没有任何标准能够保护在两者之间进行选择的感觉(sentiment)。"(Pareto,1916[1935]:1472)

第二步,政府对社会每个成员的社会效用评估做出评价以构建一个效用是基数齐次量的社会福利函数。实际上,在那个一般社会和政治状态持续稳定的时期,旨在识别个人内生偏好的社会努力应该配之以旨在使社会效用划一并使社会福利最大化的政治努力(通过权衡选择来保持社会偏好不变)。在不稳定导致政府更迭的情况下,这个福利构建过程可能会从确定一个新的不同的社会统一的效用测量标准重新开始。

从比较研究的角度看,重要的一点是,帕累托为解决通过政府政策重新分配经济产品这个问题提出了一种基于分析——虽然是暂时(因为分析基于社会状态和管理精英)——的方案。帕累托的解决方案与庇古当然是在《财富与福利》中强行规定的解决方案形成了鲜明的对照。

**四、基数与序数测量法**

由于帕累托的选择理论给予了序数"新福利"经济学(the ordinal "new welfare" economics)以启示,而序数"新福利"经济学经常被认为替代了庇古的基数"旧福利"经济学(the cardinal 'old welfare' economics),因此,我们最好用一点篇幅来讨论这两位学者在福利研究中使用的基数和序数测量法。任何关于庇古是基数论者,而帕累托是序数论者的说法都应该被认为是严重的具有误导性的过度简单化。

庇古在他的著作中谈到经济福利与社会福利之间的关系时表示,"利用率"可用作测量不同个人欲望的单位。对这句话必须结合它以下结论一起来考虑:

"在我们确定了任何原因对经济福利的影响以后,当然,除非有相反的证据,否则我们可能会认为这种影响在方向而不是大小上也许相当于对总福利的影响。"(Pigou,1912:11)

一单位的"满足"在庇古的著作中是一个基数概念,而在以上这段引文中也意味着他认为一单位的"满足"既可用货币来计量,又是一个社会福利的序数指标:①在没有相反证据的情况下,$W \approx F(Y)$;式中,$W$ 表示社会福利,$Y$ 表示实际人均国民收入,而 $F$ 是一个任意的转换函数。以下是一个更加全面的社会福利函数:$W=G(Y,X)$,式中,$G$ 表示社会福利函数,而 $X$ 则表示除实际人均国民收入以外的所有其他影响社会福利的变量集合。然而,庇古隐含地通过概率期望来限制这个函数:在任何时期,$\Delta Y$ 和 $\Delta X$ 都会对社会福利产生反向影响,$W$ 由于 $\Delta Y$ 而出现的增加(减少)的绝对值大于 $W$ 因为 $\Delta X$ 而出现的减少(增加)。如果对这个社会福利函数附加一个适度的"局部"条件"公共部门通过减少国民收入来花钱购买福利促进型社会改进(如减税为实现社会目标提供资金)",那么,就有一个简化型"序数策略"原则,即 $W \approx F(Y)$。

因此,庇古考虑了福利的基数和序数测量问题,在考察经济福利时采用基数测量法,而在考察社会福利时则采用序数测量法(从概率和策略导向的意义上讲)。此外,就如他的第二个福利指标以及关于穷人因收到 1"边际英镑"而获得的收益要大于其他人因为丧失 1"边际英镑"而遭受的伤害的论点所证明的那样,庇古的"满足"概念可在福利方面做人际比较,但个人测量满足程度的客观单位(即货币)并不是一个适用于收入和财产不同的个人的福利标准测量手段。

不管怎样,帕累托并没有考虑满足的人际可比性,在他坚持纯基数传统的研究中以及在他通过选择理论把序数分析引入经济学以后仍在他更加成熟的著作中保持了这种立场。② 帕累托最重要的经济学遗产也许就是他在选择理论领域做出的贡献。在帕累托的选择理论中,满足度的序数指标由选择事实或者二元选择实践来确定。帕累托主要是在纯均衡研究中运用了选择理论,但没有在偏离均衡的福利结果研究中应用这种理论。帕累托在考察纯假设的商品空间虚拟运动问题时认为,采取一种基于所观察到的"选择事实"没有什么好处,并且倾向于采用一种基数法。

---

① 但应该注意的是,庇古并没有(像帕累托那样)试图构建一种正式的社会福利理论。
② 也许,更加确切地说,帕累托始终拒绝在他第一部分著作发表后完成的著述中进行满足度的人际比较(1894b)。

帕累托、庇古与第三方消费：福利理论的不同研究方法及其对财政研究的影响

也就是从 1900 年开始，帕累托在研究均衡问题时更加喜欢采用基于一种序数满足度思想的推理方法，其中的无差异曲线派生于对事实的直接观察或者实验。在经济福利问题上，运动是"虚拟"的，他倾向于依靠采用满足度基数思想的数学分析。这方面的最重要例子就是"论数理经济学理论解释方面的一个新错误"(Pareto,1902[1982])。[①] 就是在这篇论文中，帕累托提出了福利经济学第一法则的一阶条件[以回应盖塔诺·斯科尔扎（Gaetano Scorza）对福利经济学的批评]。帕累托在他在"社会学中的集体效用最大值"(Pareto,1913[1980])和《论一般社会学》(*Trattato di Sociologia Generate*)中粗略介绍了他的社会福利研究方法。在这种方法中，他采用了基数"效用"概念，但只限于构建社会学研究框架："确定和评价这种效用是一种定量而不是定性问题。"[②](Pareto,1916[1935]:1578)

总的来说，庇古采用基数法来测量经济福利的大小，帕累托也有相同的倾向（当然，他也采用一种序数法来研究均衡问题）。而在社会福利问题上，这两位理论家在福利测量问题上的立场正好与通常认为的相反：庇古采用一种概率驱动序数近似(probabilistically motivated ordinal approximation)，而帕累托则采纳一种基数法。虽然这些相似性和差异性都值得注意，但它们不能说明造成帕累托和庇古福利研究方法存在巨大差异的原因，至少不能像对他俩基于不同"满足"概念的（无论是通过市场交换的自愿还是通过政府实施的定向再分配的非自愿）第三方消费研究进行的反思那样清楚地说明造成他俩研究方法差异的原因。

**五、科学、福利与对财政研究的基本影响**

帕累托在《政治经济学讲义》中表示，他的目的就是要"完全科学化，也就是认识和了解，仅此而已"(Pareto,1906[2006]:10)。因此，他没有去深入研究"经济学原理"，而是探索可观察到的经济规律。帕累托的全部重大经济学

---

[①] 这项研究成果是在帕累托正式把选择理论运用于他的论文"Sunto di Alcuni Capitoli di un Nuovo Trattato di Economia Pura"中的 2 年以后发表的(Pareto,1900[1982])。

[②] 帕累托通常在说明基数测量法时用"量"(quantity)这个词，而在表示序数测量时用"偏好"(preference)或者"选择"(choice)。

103

贡献具有很大的实证元素。庇古的目的不同,因为他超越了严格的实证观,旨在发展一种能为"实践提供强有力的指导"的经济科学(Pigou,1912:11)。关于经济学研究方法,庇古采用了两个比喻"光"和"果实":光代表知识本身,而果实则代表从知识中获得的好处(Pigou,1932:3)。因此,帕累托与庇古在福利经济学上的一个差别,就是强调的问题不同:庇古注重"果实"远超过帕累托。

"我认为,有关人类社会的各种科学将会达成一种普遍的共识,那就是它们作为光的载体的魅力从来没有这样大,然而,主要是收获果实的希望,而不是光本身,值得我们关注。"(Pigou,1935:4)

但是,造成这两名伟大学者研究方法不同的更深层次的原因是"光"的特性。庇古表示,"形而上学"的学者也许"因为缺少灵魂而想创造有价值的东西",但他们只关心光,而不是果实。而对于帕累托来说,从科学的意义上讲,形而上学没有任何价值。从形而上学的观念会影响人类行为的角度看,帕累托认为,形而上学应该是一个社会科学应该注意的问题,因为人类思想与行为都会影响物质世界。但是,他并没有把形而上学或者与它有关的思想当作"科学",或者用庇古的比喻来说,看作是"光"。在帕累托的学术体系中,逻辑学在理论发展中的应用必须与现实保持联系,"在我看来,逻辑学就像其他科学,是一门实验科学"(Pareto,1918:185)。[①] 由于这些不同的纯科学观点,因此,关于福利理论的很多元素或者福利理论与公共财政的相关性,帕累托和庇古观点相左。庇古的定位就是推导出"原理",无论是福利的经济学原理还是财政学原理,所有这些原理都具有或然正确性,并且有助于为社会行善这个目的的实现;而对于帕累托来说,"原理"和"科学"并不会合力促进科学知识的完善:

"……只要随机翻阅几本政治经济学的书籍,就能很快发现书中阐述的理论并不完全是实验性的。首先,作者极少只有纯学术目的,几乎总是希望有益于人类、国家、自己的祖国、穷人阶级、正义、道德、爱国主义……

逻辑—实验领域[的外部人]希望找到一种能够预见事实的理

---

[①] 帕累托接着又说,"不要从争论开始。毕竟,这对于实现我的目的毫无帮助。我认为逻辑与经验截然不同"(1918:185)。帕累托的基本观点是,逻辑学的方法是建立在实证科学基础上的,因为,历史地看,它们通常是为了回应对具体现象的科学探索和应用研究而应运而生的。

## 帕累托、庇古与第三方消费:福利理论的不同研究方法及其对财政研究的影响

论,并且通过宣讲来改变他们认为不好的东西。这些人几乎总是一事无成。"(Pareto,1918:186,196)

19世纪末、20世纪初意大利的财政学传统具有重要的历史意义。现在,这个意大利财政学传统被公认为:为公共产品的财政学研究以及自愿交换财政理论、国家在经济活动中的作用、财政决策的强制特性与收入和支出综合预算发展的经验教训做出了贡献。帕累托(McLure,2007:120—130)以完全不屑一顾的态度提到过这个福斯托和德·博尼斯(Fausto and de Bonis,2003)认真回顾的财政学传统:"公共需要"的公共特性被作为"衍生物"(旨在影响政府追求某个目标的准逻辑合理化)而没有受到重视,而从科学的意义上讲,财政方法论十分薄弱,因为它缺乏实验基础,并且无力区分合理和不合理的财政活动。

对于庇古来说,纯经济学由演绎假设前提推导而来,但与"现实"(realistic)经济学的描述性特征形成了鲜明的对照。但是,无论是纯经济学的理论还是现实经济学的描述都不能满足庇古福利经济学的需要,因为庇古的福利经济学需要"艺术"元素,这样才能结合两者通过"思想来迫使事实讲话"。帕累托没有研究过庇古的著作,但他认为,英国人"如此舒适地受到了他们的功利主义庇护,因而没有必要去品尝智慧树结的果实"(Hicks,1961[1999]:134)。考虑到庇古比较强调"果实",而不那么看重"光"的实验定义,庇古的福利经济学的范畴远远超越了帕累托福利经济学的范畴,因为庇古运用经济学理论来考虑与个人对他人行为和幸福看法有关的问题;而帕累托则是从社会学理论的角度来考虑这些问题,而且是明确联系不同利益集团的政治和社会活动来考虑第三方问题。因此,帕累托对意大利财政研究传统的关心能够轻而易举地扩展到庇古的福利经济学研究方法以及衍生于福利经济学研究方法的财政研究。如果帕累托已经研究过庇古的著作,那么,庇古作为福利标准开出的再分配处方,有可能被归入"人道主义者"开出的处方。帕累托贬义地用"人道主义者"来称呼那些他认为他们试图使自己的态度在科学研究中扮演重要角色的学者。

简而言之,帕累托并不认为财政现象主要是经济方面的现象,而是认为财政现象属于他对满足与效用的区分以及由此界定的经济学和社会学研究范畴,并且还认为财政现象——以及涉及第三方利益的一般现象——就其特性

而言首先是属于社会学研究的现象。帕累托的直接追随者研究了帕累托这种观点的寓意,并且于20世纪20和30年代在意大利发展了帕累托财政社会学(McLure,2007;Magnani,2008)。财政社会学考察在政治精英与经济精英恩庇侍从关系背景下的财政决策问题,并且集中关注由财政启动的再分配(通常以牺牲"食利者"的利益为代价来让"投机者"受益)对于"社会均衡"状态和物质繁荣的影响。而庇古这位相对比较年轻的学者在创建他的福利经济学时利用他对自己的福利经济学规定的更宽泛的研究范畴亲自发展了财政经济学。考虑到本文提出的问题,我们没有在庇古的《一项关于财政的研究》(*A Study in Public Finance*,1928)中发现庇古提到帕累托,就不足为奇了。

关于培养把福利和财政研究作为科学思想体系来发展的创造力,帕累托和庇古的经验可能表明,当有大师级学者引领不同且在一定程度上相互对立的学术传统时,更大的学术共同体就能得益于溢出效应。相反,采用一种达成一致的方法论可能会限制开展学术活动的创造力。如果没有帕累托和后来的实证主义者专注于逻辑性很强的实验法,那么就不可能以严谨、可定义和持续的方式取得像福利经济学第一和第二定理那样的进步。但是,持续专注于经济学和财政学研究的实验,一面有可能不利于发现具有直接政策相关性的真正科学原理,如"经济失调"概念以及与此有关的关于外部性、纠正性税收和奖励等的文献。如果没有庇古坚信经济学应该是一门向公共政策制定者提供"果实"的科学,那么,关于外部性及其在财政领域应用的重要文献可能就不会如此脱颖而出。类似地,后来关于经济收缩与政府纠正市场失灵的辩论对于经济科学也许并没有那么具有建设性。思想史学者可以很好地思考,这两位伟大学者的不同研究方法是否有助于我们现在从深度和广度两个方面来加深对福利理论和公共经济学的理解。

**致　谢**

本文作者要感谢 Francesco Forte、Amedeo Fossati、Aldo Montesano 和两名审稿人对这篇提交给2008年12月举行的 ERMES 公共经济学史研讨会的论文初稿提出了有益的评论意见,并且还要感谢 Karen Knight 与本文作者一起探讨了一些使本研究受益匪浅的福利问题。

# 第三部分

## 法　国

# 法国 18 世纪的累进间接税收与社会正义：
# 福尔包奈和格拉斯兰的财政思想体系

阿诺·奥莱恩（Arnaud Orain）

## 一、引言

  法国在旧制度崩溃前夕经历的严峻财政磨难和做出的巨大财政努力，对于君主政体的衰落发挥了至关重要的作用(Doyle,1988 and Furet,1988)。虽然法国在整个 18 世纪主要依靠间接税收[①]增加了财政收入(Hincker,1971：40—41;Mathias and O'Brien,1976)，但总不足以应付财政支出。在法国之前，荷兰在 17 世纪末、英国在 18 世纪的头十年里已经开始增加间接税收入(Mathias and O'Brien,1976;Ashworth,2003：15—34)。在路易十四发动战争期间，英国和荷兰显示了自己的商业和海军优势。在路易十五统治的头几年里，随着伏尔泰（Voltaire,1964［1734］），尤其是孟德斯鸠（Montesquieu,1949—1951［1748］）著作的问世，法国掀起了一场英国热运动。这两位作者及其传承人赞扬了英国政治制度的优点以及英国和荷兰良好的贸易管理。时任法国商业总监的雅克-克洛德-马里·万尚、古尔奈侯爵(Jacques-Claude-Marie Vincent,marquess of Gournay,1712——1759 年)一心想促进"商业学"(science of commerce,Charles,2008：184)在法国的发展，一批聚集在他周围、胸怀大志的青年文人在 18 世纪 50 年对英国和荷兰的贸易管理进行了大量的

---

  [①] 间接税是在总包税制下征收的。关于总包税制和包税人，请参阅 Durand(1996［1971］)和 Matthrws(1958)。

研究。他们翻译英国学者的著作①以及博览群书和聆听古尔奈的教诲受启发撰写的著作,在重农学派诞生之前就在法国引发了最早的关于利率、粮食贸易、垄断的辩论,最后还导致了关于公共收入的辩论。就在关于公共收入的辩论中,有一位学者脱颖而出,他就是弗朗索瓦·范龙·杜维尔热·德·福尔包奈(François Véron Duverger de Forbonnais,1722—1800 年)。

福尔包奈出了两本主要是谈论税收的书《关于西班牙财政的思考》(*Considérations sur les Finances d'Espagne*,Forbonnais,1755[1753])和《关于法国财政的研究与思考》(*Recherches et Considérations sur les Finances de France*,Forbonnais,1758)。在这两本著作中,作者赞成对消费品征收累进间接税。福尔包奈与王权保持着紧密的关系,因此在他于 1759 年(Orain,2010)当上财政总监(Contrôleur général)埃蒂安·德·西卢埃特(Etienne de Silhouette,1709—1767 年)的首席顾问后有机会把自己的思想付诸实施。福尔包奈和西卢埃特两人招致了很多人的反对,后来又同时失宠(Clement and Lemoine,1872)。18 世纪 60 年代初,在被短时期圈禁在他自己的庄园以后,福尔包奈决定退出"文学共和国"(Ripublique des Lettres),直到 1767 年才重新加入。其间,他在《农业杂志》(*Journal d'Agriculture*)社担任联合主任(co-director),并且发表了他那部反对重农主义的巨著《经济学原理与经济观察》(*Principes et Obseroations Economiques*,Forbonnais,1847[1767])。同年(1787 年),南特(Nantes)的总包税人让-约瑟夫-路易·格拉斯兰(Jean-Joseph-Louis Graslin,1727—1790 年)的一名雇员发表了《财富与税收剖析》(*Essai Analytique sur la Richesse et sur l'Impôt*)。这位作者并不是古尔奈圈子②里的人,但他与古尔奈圈子里的一些成员,特别是福尔包奈持相同的立场。他的书被认为是另一部反对重农主义的力作(Schumpeter,1954:175),他在书中提出了一种非常接近福尔包奈税收建议的税制,以至于不可能不把他俩建议的税制放在一起讨论。虽然在他们之前,另有作者已经提出过推行累进间接税制的建议,但他俩最早提出最全面、综合的累进间接税收思想。更难得的是,只有他俩全面分析了这种税制可能产生的全部经济和社会影响。

---

① 关于这些非常特别的"译本",请参阅 Charles(2008:184—187)。
② 关于"古尔奈圈子"这个概念,请参阅 Charles(1999,2006)和 Skornicki(2006)。

## 法国18世纪的累进间接税收与社会正义:福尔包奈和格拉斯兰的财政思想体系

令人奇怪的是,至今仍没人对这个共同的理论体系进行过全面的研究。一方面,有些学者,如梅索尼埃(Meysonnier,1989)、拉雷热(Larrère,1992)和查尔斯(Charles,1999),在评论他俩的著作时,把他俩的思想联系在了一起,但却把他俩的财政理论完全搁在了一边;另一方面,累进税制历史学家要么是忽略他们俩中的某一人[福尔尼埃·德·福莱(Fournier de Flaix,1885)和格罗斯(Gross,1993)]且没有提到福尔包奈的财政思想,要么就是没有把他俩的思想脉络联系起来,如塞利格曼(Seligman,1893,1908)只是非常简单地回顾了他俩的财政理论。同样的批评也可适用于其他几位作者——弗勒里(Fleury,1907,1915)并没有提到格拉斯兰的财政思想。利什唐贝热(Lichtenberger,1895)研究过格拉斯兰的财政理论,瓦特维勒(Vatteville,1971)和法卡雷罗(Faccarello,2009)只是简单地介绍过格拉斯兰的财政理论,这三位作者也同样把福尔包奈给忽略了。20世纪70年代以来,只有莫里松(Morrisson,1967)和阿拉因(Arain,2006,2008)介绍了他们思想中的相似之处,并且对他们的思想进行了比较详细的研究。莫里松主要致力于对福尔包奈的研究,并且回顾了他的一些影响,但没有提供文献证据,也没有对格拉斯兰和福尔包奈的主张进行全面的解读。而阿拉因在他的著作中呼吁对格拉斯兰和福尔包奈的财政思想进行更加全面的研究,这就是本文的目的所在。

本文的第一部分将把福尔包奈和格拉斯兰的财政理论作为一个共同的理论体系做详细介绍。这可是第一个明确提出与商品需要成反比关系的累进商品税制的共同财政理论体系。第二部分旨在剖析福尔包奈和格拉斯兰的财政理论,并且特别侧重于引用文献证据。由于利用他俩的藏书和大学背景对他俩的著作进行了梳理,因此,我们得以体现他俩的真正影响力。虽然他俩的著作无疑受到了孟德斯鸠(Montesquieu,1949—1951[1748])这位思想权威的影响,但我们发现了其他学术权威尤其是达夫南特(Davenant,1771[1698])和休谟(Hume,1754[1752])的重要影响以及他俩的算术技能所发挥的作用。本文的最后一部分用于总结这个财政理论体系的影响。总而言之,他俩提出的税制主要旨在对生活在城市的地主征税,从而减轻农村和不同产业的税负,以满足民众的需要。虽然方法不同,但目的与重农学派并不相差很远。

## 二、一种共同的财政思想体系

福尔包奈主要在他的以下三本书中表达了他的财政思想：后来产生巨大影响的《关于西班牙财政的思考》(Forbonnais 1755[1753])、《关于法国财政的研究与思考》(Forbonnais,1758)和《经济学原理与经济观察》(Forbonnais,1847[1767])。令人奇怪的是，他的早期著作《商业的基本原理》(*Elément du Commerce*,Forbonnais,1754)并没有很多涉及税收的内容，也没有引用他翻译的外国作者著述的内容(Forbonnais,1753a,1753b)。在那几十年里，他的立场几乎没有发生变化，只是澄清了一些观点。至于格拉斯兰，只给我们留下来一本论述财政理论的著作《财富与税收分析》(Graslin,1911[1767])。他俩的财政思想体系可归纳为以下七点：

(1)这两位作者先是重申税收的必要性。国家有钱才能维护法律和秩序、保护自己的权利、防御外敌侵犯并保持君主政体的辉煌(Forbonnais,1847[1767]:203;Graslin,1911[1767]:25)。在直接批评了米拉波(Milabeau)(和魁奈[Qusnay])的《税收理论》(*Théories de l'Impôt*,1760)后，他俩强调指出，荣誉和受到尊敬都不是公务员的薪酬，公务员必须获得实物或者货币报酬(Forbonnais,1847[1767]:204;Graslin,1911[1767]:127-128)。

(2)每个人是否能从国家的保护中获得相同的利益呢？这两位作者明确指出，富人能从中获得更多的利益，因此，他们必须多缴钱："拥有受国家保护的财产最多的人应该就他们从国家保护中获得的利益缴纳比例税"(Forbonnais,1755[1753]:53;Forbonnais,1847[1767]:204)。格拉斯兰表达了相同的思想，"富人比不富裕的公民有更多的有形财产需要国家保护，因此，严格地讲，对国家保护有更大的需求"(1911[1767]:150)。在他俩的思想中并没有受益原则与支付能力原则之间的冲突，两者明显相互关联：收入较高的个人有义务多缴税，因为他们使用了较多的政府服务；而对于这两位作者来说，一切都很完美，因为他们同样是有能力多缴税的人。

(3)那么，如何把这部分的税收负担强加给富人呢？通过规定累进捐税(progressive contribution)。不过，我们必须停下来考虑一下这个概念。福尔包奈和格拉斯兰从未使用过"累进税收"(progressive taxation)或者"累进性"

(progressiveness)。事实上,"Progressif"这个词条直到在1878年版的《法兰西学院词典》(Dictionnaire de l'Academie Française)中才有了"累进的"意思。在18世纪,这本大词典只提到了这个词条逐步增长(step-by-step increase)的意思。对于"progression"这个词条,这部词典①从1718年到1798年给出了与词条"progressif"的相同定义:

"我们几乎就在教学中使用它,从意思上看,'progression'就是'前进'(Forward movement)。在数学中,当第一项与第二项、第二项与第三项,等等,总是保持相同的比率——无论是算术还是几何比率——时,我们就称它们为级数比例,算术级数比例或者几何级数比例。"②

这两位作者在他们的著作中只用过几次名词"progression"、副词"progressively"、形容词"progressive"或者——这是至关重要的——"几何级数"和"递增比率"的数学概念。在第二版的《关于西班牙财政的思考》中,福尔包奈第一次谈到了一种"对消费品课征的比例税"(un impôt propotionné)(Forbonnais,1755[1753]:52),这是一种含糊其词的表达,因为它并不是指单一税率税。在几行字之后,他对自己的想法进行了解释。立法者必须在不同阶层之间分配财富,因此必须要对必需品征税(Forbonnais,1755[1753]:53),因此:

"分级增加对其他类别消费的征税,直到它们配得上被称为讨人喜欢的非必需品这个名称为止。这种税收只有对奢侈品实行更高的几何级数(geometric progression),才可能放弃对必需品实行几何级数。"(Forbonnais,1755[1753]:53—54)

几年以后,福尔包奈毫不含糊地坚定了自己的这种想法:

"日常用品的共同税率是每里弗尔(livre,法国古斤,巴黎为489克,外省在380~550克之间;与当时的货币单位里弗尔同名,1里弗尔就是1法国古斤的白银。——译者注)6德尼埃(denier,法国旧时辅币,1德尼尔等于1/240里弗尔。——译者注)。对于更一般的必

---

① 《特累武词典》(Dictionnaire de Trévoux,1752年版)给出了相同的定义,并且也是指算术级数和几何级数。
② 《法兰西学院词典》——1694、1718、1740、1762、1798、1835、1878和1932~1935年8个正式版本,雷东(Redon)版只读光盘。

113

需品课征每里弗尔 1 苏(sol 或者 sou,法国旧时辅币,1 苏等于 1/20 里弗尔。——译者注)就能出产可观的收入。对于实际上的非必需品按每里弗尔 2 苏的税率征税并不会伤害消费。对于富人消费的非必需品按每里弗尔 3 苏的税率征税,以此按奢侈品的奢侈程度累进征税。"(Forbonnais,1758,Ⅰ:520)

法国旧时货币 20 苏或者 240 德尼埃折合 1 里弗尔,因此,以上各税率分别是 2.5%、5%、10% 和 15%。福尔包奈没有遵守他自己在 1753 年建议的规则,而是采用了几何级数,然后是算术级数。但不管怎样,这里的税率明显具有累进性。格拉斯兰丢弃了比例税收原则(Graslin,1911[1767]:154),改用"比例"和"比率"等数学概念,因此提出了同样的观点:"税法"应该根据财富规定不断递增的比例(Graslin,1911[1767]:160),或者,税收应该按照"递增的比率"(raison)征收(Graslin,1911[1767]:164 and 199)。更确切地说,他说的是"累进捐税率"(un quotité de contribution progressive,Graslin,1911[1767]:205)。他的观点有惊人的现代性。我们确实看到,虽然有其他作者与福尔包奈和格拉斯兰同时甚至在他俩之前提出过税收"累进"思想,但很少能够用"累进""累进率"或者"几何级数"来加以说明。事实上,那时只有谢瓦利埃·德·若库尔(Chevalier de Jaucourt,1765:602)——在百科全书项目中出现的继达朗贝尔(D'alembert)之后的又一天才数学家——有能力这样做。

(4)如何推行累进税?福尔包奈和格拉斯兰明确建议开征消费品间接税(Forbonnais,1755[1753]:52—55;1847[1767]:204—207;Graslin,1911[1767]:159—160,164)。正如我们已经在上文关于福尔包奈的(3)中看到的那样(1758,Ⅰ:520),税率应该与商品的必需程度呈反比关系。格拉斯兰也有相同的想法:税收"总应该是对距离第一必需越远的需求对象就越重,因此必须按照递增的比率在纳税人之间分摊税收"(Graslin,1911[1767]:164)。[①] 最后,他俩指出了他们推荐的税制的优点,主要有:

①"与生俱来"的无痛苦性:福尔包奈谈到过"感觉不到"(imperceptible)的税收(Forbonnais,1755[1753]:44);而格拉斯兰则补充称,如果税率适度,

---

[①] 这种税收显然与旧制度下具有累退性的贡金、盐税和其他间接税正好"背道而驰"。因为,在旧制度下,必需品承担了这些税收的最高税率。

税收就能避开公众耳目(Graslin,1911[1767]:168),因为"缴税的纳税人感觉不到"(Graslin,1911[1767]:168)。

②"与生俱来"的公平:由于伤害民众少,因此,这种税收符合"分配正义"原则(Forbonnais,1755[1753]:52)。格拉斯兰也曾经在相同的意义上使用过"分配正义"这个词组(1911[1767]:142)。关于消费税,这两位作者坚持认为"税收应该步步紧跟纳税人的财富"(Graslin,1911[1767]:128)。

(5)是否所有的商品都应该承担税负?18世纪50年,福尔包奈赞成征收一种不放过任何消费品的税收(Forbonnais,1755[1753]:52)。但后来,他在《经济学原理与经济观察》(1874[1767])中显然又改变了自己的想法。说到消费税,这时福尔包奈又支持一种不同的观点:

"如果它[税收]课征于必需或者基本消费,那么显然是有害、难以忍受的,因为这样的税收会造成与消费率相关的税收负担,而不考虑个人的经济状况。如果税收课征于满足第二、第三、第四等层次需要的消费,[……]那么,我们将会发现最公平的分配。"(Forbonnais 1847[1767]:207)

通过这些税收原则,福尔包奈最终与格拉斯兰保持了观点一致,"这种税收的第一法则就是满足第一层次需要的消费免税的原则"(Graslin,1911[1767]:164)。

(6)城乡税收是否应该一视同仁?他俩再次一致认为,城市应该比农村承担更多的税收负担。减轻工匠、小土地主和勤劳的农民的税负,始终应该是重中之重,"重要的是,城市的税负应该终于城市……因为税收主要应该由富人来承担"(Forbonnais,1758,1:513)。在这一点上,格拉斯兰的态度更加明确:应该设立两种消费税:第一种消费税在全王国征收,而第二种只在城市征收(Graslin,1911[1767]:186)。

(7)福尔包奈和格拉斯兰明确反对对人税。他俩认为,这种税收随意性大、适用性小,而且又不公平,因为家庭的实际收入根本就不可能知道。所以,负责征税的人永远也"无法获得足够详细的信息——披露纳税人实际经济状况的详细信息,因此必然会造成不公平"(Graslin,1911[1767]:158)。福尔包奈补充表示,"结果,必然是随意估计(收入)。法官有时也是力不从心,只能对强者和弱者各打五十大板"(Forbonnais,1847[1767]:207)。我们这两位作者还批评了对物税。福尔包奈在讨论了卡斯提利亚的比例定率平民税(taille tarifée proportionelle)①时表示,这种做法并没有什么决定性意义:一般税收就像对人税那样随心所欲,而且就像这种税收一样打击了人们的进取心(Forbonnais,1755[1753] 185—188)。② 在谈到另一种皇家直接税"廿一税"(vingtième)时,格拉斯兰表示,法国的税收既随心所欲又不公平,③"我不怕说,这种税……与平民人头税甚至对物平民税一样,仍然会造成分摊不公平"(Graslin,1911[1767]:142)。然而,在发现消费税收入还不够支付征税开销时,④并且就像我们将要看到的那样,明显受到了英国作者⑤的启发以后,福尔包奈和格拉斯兰又建议征收一种混合税:一种主要课征于消费,少部分课征于土地的税收(Forbonnais,1755[1753]:154—157;1847[1767]:211—212;Graslin,1911[1767]:202—205)。这种少部分课征于土地的税收,唯一有可能被接受——但也只是勉强被接受——的对物税,应该基于公平的土地登记制度,而且还应该考虑土地生产力,随着时间的推移而不断调整,从而严格限制了享受特权的免税者(Forbonnais,1755[1753]:154—157;1847[1767]:211—212;Graslin,1911[1767]:202—205)。⑥

---

① 18世纪,法兰西和卡斯提利亚王国曾在本国一些地方以较不随意的方式征收过平民人头税。这种税收用对每种申报商品或者收入规定的税率,而不是用全面评估纳税人的纳税能力来代替税务官随心所欲地估计纳税人不同收入来源的做法。事实上,这些所得税的前身总的来说以失败而告终,也许除了巴黎周边地区以外,在旧制度临近结束时,横征暴敛实际上在所难免(Touzery,1994)。

② "有人认为,不做事就没有利益损失。在扣除预支款之前,家畜和谷物的增加先被估算为利润"(Forbonnais 1755[1753]:186)。

③ 在谈到对窗户或者壁炉征税的计划时,他表示,在我两个关于在巴黎有房产的业主的假设中,其中一个业主房屋中的壁炉要比另一个多4倍,净收入倒是比较少,但却要多缴4倍的税收(Graslin,1911[1767]:142)。

④ 沃邦(Vauban,1707:8)在他的《皇家什一税》(*Dixme Royale*)——我们的两位作者阅读并讨论过的书——中明确提出了"只征消费税是不够的,因为这种税收无法满足国家2/3需要"的观点,他还毫不留情地批评了所谓的"定率平民税"(Vauban,1707:6—7)。

⑤ 主要是福尔包奈受到了英国混合税的影响(请参阅本文3.1)。

⑥ 直接税不属于本文的讨论范围,但我们可以补充说,我们的两位作者毫不留情地批评了土地税。而且,他俩对土地税的批评显然只能算是格拉斯兰(1911[1767]:202)对土地税的批评的补充。福尔包奈还表示,征收土地税必须谨慎,非常准确。如果有很多特权者享受免税待遇——就如法国的平民税,哪怕是实物平民税,那么,消费税就必然是一种主要税种(Forbonnais,1847[1767]:212)。关于福尔包奈的土地税思想和实践,请参阅 Fleury(1907)。

法国18世纪的累进间接税收与社会正义:福尔包奈和格拉斯兰的财政思想体系

在一个问题——税收征收的问题——上,福尔包奈和格拉斯兰似乎采取了不同的立场,但严格地讲,我们也不能说他俩有观点分歧。福尔包奈多次指出,对于消费税,我们真正能够指责的唯一地方,就是消费税是一种昂贵的税收,"这种税制由于需要监管与纳税有关的元素,因此有可能要建立一个昂贵的税收体系。征税成本高的结果不是多征税,就是减少政府的收入"(Forbonnais 1847[1767]:207)。格拉斯兰表达了相同的看法,"我赞同对消费对象征税……的费用终将高于征收对人税的费用"(Graslin,1911[1767]:200)。1753年,福尔包奈建议,为了控制成本,征税工作应该置于国家的监督之下,但他在1767年只字未提这个问题。格拉斯兰虽然直接参与了间接税的征收工作,但他对这个问题保持沉默,因此很能说明问题:相反,他无疑是希望推行这种新税制的。不过,格拉斯兰从来没有提到过这个问题:这个问题"与(他关心的)主题无关"(Graslin,1911[1767]:184)。

如果我们撇开他俩一个这么小的观点分歧不谈,那么,如何解释1767年的这两种财政思想体系会如此接近以及福尔包奈的财政思想体系后来的演化呢?我们可以从剖析他俩的财政思想体系的产生背景入手。

### 三、产生背景相同?福尔包奈和格拉斯兰财政理论渊源探析

#### 3.1 英国学者的影响

就如查尔斯(Charles,2006)和斯科尔尼基(Skornicki,2006)所强调的那样,古尔奈的圈子通过他们研究和翻译英国学者的著作,为英、法两国的文化交流做出了广泛的贡献。实际上,古尔奈圈子里的一些成员在18世纪50年代翻译了英国多个作者的重要著作,[①]但其中只有两部著作明确支持课征消费税。这两部著作是由古尔奈和布代尔-杜蒙(Butel-Dumont)翻译的乔司塔·柴尔德(Jostah Child)的《论商业与减息的好处》(*Traités sur le Commerce et sur les Avantages qui résultent de la Réduction de l'Intérêt de l'Argent*,1754[1668])以及由阿贝·勒布朗(Abbé Le Blanc)翻译的大卫·休谟(David Hume)的《政治语篇》(*Political Discourses*,1754[1752])。[②] 我们注意到,古

---

[①] 请参阅Charles(1999,2006)和Skornicki(2006)。
[②] 关于这个译本对欧洲大陆思想的影响,请参阅Charles(2008)。

尔奈和他的追随者们没有翻译配第(Petty)的著作。考虑到他们的英语知识和《经济学杂志》(*Journal Economique*)从 1754 年开始介绍配第的一些译作(Charles 1999:196,note 5),这个学术团体不太可能没有讨论过这位著名英国算术家的思想。

格拉斯兰——并不属于古尔奈这个学术团体——从未援引过任何外国作者的著述,而他的藏书中既没有英文书也没有英语词典。格拉斯兰本人(实际上,在他的藏书中,除了拉丁语书籍外,没有任何其他外文资料)并不懂英语。① 然而,由古尔奈圈子完成的英国文化译解对他的思想产生了一定的影响,不过是一种间接影响。他的藏书中有 J.-P. 加·德·马尔弗(J.-P. Gua de Malves)翻译的柴尔德的《贸易论》(*Traités du Commerce*, Child, 1754 [1668])和 M. 德克尔(M. Decker)的《论英国对外贸易衰退的原因》(*Essai sur les Causes du Déclin du Commerce Etranger de la Grande-Bretagne*, 1757)。此外,他的藏书中还有几本他们那个学术团体的成员的著作,尤其是普鲁马·德·唐杰勒(Plumard de Dangeul)的《法国与英国优势和劣势评论》(*Remarques sur les Avantages et les Désavantages de la France et de la Grande-Bretagne*, 1754)。唐杰勒在这本书里支持那种主张征收一种税率与对商品的需要程度成反比的消费税的观点,②当然也支持福尔包奈 1753 和 1758 年发表的关于这个主题的著述。③ 此外,福尔包奈年轻时经常旅行,不但能够用英语阅读,而且还能翻译英语(Fleury, 1915:34-35)。他的藏书中有很多外文书,还有许多英法词典④。关于我们所关心的主题,有必要提一些主

---

① *Inventaires des Meubles*...(1790)。

② 但不管怎样,普鲁马·德·唐杰勒可能也想强调这种税收可能造成的一些麻烦(Plumard de Dangeul, 1754:390-391)。

③ 关于间接税收,格拉斯兰显然通过古尔奈圈子的著作和译作间接受到了英国学者的影响。但是,这些引用了配第、吉(Gee)、达夫南特(Davenant)、坦普尔(Temple)、德克尔等英国作者观点的著作,对于——除了柴尔德和德克尔著作译本以及普鲁马·德·唐杰勒和福尔包奈著作以外,还藏有克利科·德·布尔瓦什(Clicquot de Blervache)、奥赫盖蒂·葛勇·德·拉普隆巴尼(O'Heguerty Goyon de la Plombanie)、杜哈梅尔·德·勒蒙索(Duhamel du Monceau)等著作——格拉斯兰本人思想的形成产生了至关重要的作用。事实上,他藏书中的大部分经济学著作都与这个学术圈的成员有关。笔者也认为,即使没有与他们直接接触的证据,格拉斯兰与福尔包奈之间也有家族、朋友和学术关系(通过杜兰(Touraine)皇家农业学会)(Orain, 2008:59-60)。

④ *Catalogue des Livres Composantt*...(《……藏书目录》,未注明日期)。

法国 18 世纪的累进间接税收与社会正义:福尔包奈和格拉斯兰的财政思想体系

要元素。

在福尔包奈的藏书中,我们没有发现由布代勒-杜蒙和古尔奈翻译的柴尔德著作的译本。然而,有证据表明,他知道这本著作——甚至详细了解书中的内容。我们的确知道,在布代勒-杜蒙 1754 年发表他的这个译本之前,古尔奈已经翻译了这部著作的部分章节,并且对这部著作做过评注(Child and Gournay,2008[1754])。古尔奈对这部著作的评注已经在他领衔的学术团体中流传。古尔奈的《柴尔德评注》(Remarques sur Child)甚至可被看作是他的合作者们研究柴尔德的"起点",我们知道福尔包奈本人也对古尔奈的《柴尔德评注》做过评注。① 更一般地说,如果我们仍继续关注政治算术学派的著作,那么,笔者想强调,在福尔包奈的藏书中只有一本政治算术学派的著作,那就是查尔斯·达夫南特英文版二卷本的《论英国的公共收入与贸易》(Discourses on the Public Revenues and on Trade,1771[1698])。福尔包奈在他的《关于西班牙财政的思考》中多处引用了达夫南特的这部著作(Forbonnais,1755[1753])。② 首先,福尔包奈在他的《关于法国财政的研究与思考》第二卷中全文翻译了达夫南特《论英国的公共收入与贸易》中名为"论公共债务与承诺"(On the Public Debts and Engagements)的第五篇章(the fifth discourse)。此外,福尔包奈在他的这部著作中谈到了"达夫南特先生的这本好书"(Forbonnais,1758,II:336),并且称赞达夫南特是"一位有判断力、有深度的作者"(Forbonnais,1755[1753]:68)。配第的著作也没有出现在福尔包奈的藏书中,而且也从未被他引用。虽然福尔包奈可能很熟悉配第的部分著作,但我们将会看到,他既不引用又不收藏配第的著作倒是很能说明问题,因为福尔包奈的很多财政思想更多是受到了达夫南特,而不是配第的启发。

在考察英国四位重要经济学家(柴尔德、配第、达夫南特和休谟)之前,有必要先来看看霍布斯(Hobbes)对我们这位法国作者的影响。我们在福尔包奈的藏书中发现了霍布斯的《公民论》(De cive)。现在,我们都知道,这位作者是提出"财富不同对国家保护需要也不同"观点的第一人,"虽然人人都能平

---

① 这些对《古尔奈评注》的评注源自收藏在圣布里厄(Saint-Brieuc)图书馆的古尔奈《柴尔德评注》的手稿 M 81。S. Meyssonnierzai 在 2008 年发表了这些评注(Child and Gournay,2008[1754])。
② 尤其是第三篇章。

119

等享受和平,但从中获得的利益并非人人相同,因为有些人拥有更多的财产,另一些人则财产较少;同样,有些人消费较多,而另一些人则消费较少"(Hobbes,2004[1651]:104)。就如我们在上文已经看到的那样,我们能在福尔包奈和格拉斯兰的著作中发现相同的东西。①

那么,我们这两位法国学者与所谓的"英国政治算术"学派和英国18世纪像休谟这样的经济学家到底有什么关系呢?托马斯·蒙(Thomas Mun)、柴尔德、坦普尔、达夫南特和配第都想证明荷兰的财政优势和荷兰发动战争的能力来源于消费品税收。② 先让我们把似乎只对格拉斯兰和福尔包奈思想的发展产生很小影响的蒙和坦普尔搁置一边。

柴尔德的《贸易论》——我们的两位作者的藏书中都有这部著作的译本——只用很小的篇幅讨论了税收问题,但有关税收的引述重申了有关间接消费税收及其"无痛"和公平性质的重要思想。在谈到荷兰时,柴尔德指出,"他们的高消费税是所有税收中最公平的税收,也是一种纳税人感觉最少并且对他们伤害最小的税收"(Child,1754[1668]:64)。与霍布斯一样,配第也谈到了社会正义问题,并且表示"一般来说,男人都要承担公共义务,但具体应该按照他们从治安中获得的利益,也就是根据他们的财产或者财富来确定应承担的义务份额"(Petty,1769[1662]:83)。③ 根据配第的思想,税收应该尽可能接近消费环节(Petty,1769[1662]:83),以确保税收课征于最终产品的附加值。但是,配第又提出了一种新的观点:商品越容易腐烂,就应该课以越重的税。因此,国家必须确保税收课征于消费品,而不是生产品(Morrisson,1967:37),从而迫使那些把钱全部挥霍掉的人缴税,并且减轻那些勤俭节约和改良土地的人的税负(Petty,1755[1690]:125—126)。

---

① 但在这方面,霍布斯的直接影响有所减少。我们可以在福尔包奈和格拉斯兰之前配第和达夫南特的著作(Ashworth,2003:55—56)中或者在几年后发表的杜尔哥和孔多塞(Turgot and Condorcet)的著作(Faccarello,2006:15)中看到这种"受益观"。但是,笔者没能在布阿吉尔贝尔(Boisguilbert,1695[1843];1707[1843])、沃邦(Vauban,1701)和孟德斯鸠(Montesquieu,1949—1951[1748])的著作中发现这种观点。

② 如请参阅达夫南特:"这是一件非常令人羡慕的事情,像荷兰这种领土那么小的国家,每年应该能够征到600万的税收,就像在这场战争中实际征到的那样。但是,这个国家还能增加它的财富。除了在保护贸易和对家庭消费征税方面总能表现出来的智慧以外,国家没有其他任何办法增加自己的财富"(Davenant,1771[1698]:271)。

③ 因此,"消费税"对于"那些想要满足自然需要的人来说负担很轻"(Petty,1769[1662]:87)。

## 法国18世纪的累进间接税收与社会正义:福尔包奈和格拉斯兰的财政思想体系

临近18世纪结束时,达夫南特一直都在进行关于"消费税"——即课征于某些大宗商品尤其是啤酒生产商的税收——的论述(1771[1698])。达夫南特在结束学业以后当过消费税专员(Ogborn,1998:292),曾经积极主张在法国开征英国式的消费税(Ashworth,2003:55)。他曾表示,消费税"能够公平地落在全体消费者身上,并且能够产生与公众巨大消费成比例的巨大收入"(Davenant,1771[1695]:62);只有消费税能"让土地'休养生息'"(Davenant,1771[1695]:62)。我们在达夫南特那里重新发现了我们曾在配第那里发现的思想,这种思想用配第的话来说就是,税收应该在生产过程结束后、在商品消费之前征收,这样就能免除农民承受压在生产成本上的沉重税负(Davenant,1771[1698]:224)。税收不应该像法国发生的情况那样,而是必须不重,但又应该课征于大量的消费品。在实行这种税收策略的国家,"如英国,那里人口众多、生活安逸"(Davenant,1771[1698]:242)。更加确切地说,这些税收的征收应该与商品的必需程度来确定:

"对于不可或缺或者必须使用的商品课征高税收,有可能会伤害制造业并损害国家,因此,也许有必要通过法律来降低税收……但是,在税收很轻或者可以承受并且课征于奢侈品的情况下,就不能认为会给国王陛下的子民造成苦难,国王应该依法采取措施来减轻子民的苦难。"(Davenant,1771[1698]:227—228)

以上这段引语反映了一种与配第有关的新的重要思想:达夫南特没有考虑商品的易腐性,但想到了商品对人们产生的效用。因此,达夫南特——含蓄地——提出了累进性的概念:奢侈品距离"必需"遥远,应该课以最重的税。

然而,福尔包奈这方面的观点比我们想象的还要更加接近达夫南特的有关思想。事实上,达夫南特曾呼吁征收混合税,因为消费税收入不足以应付国家支出,有必要开征一种课征于土地产出的附加税(Davenant,1771[1698]:276)。① 虽然达夫南特非常明确地支持对消费品征税,并且粗略描述了累进性概念,但并没有真正说明这种税收的优点。半个世纪以后,大卫·休谟的著

---

① 关于达夫南特税收思想中高消费税应由土地税补充的想法,请参阅 Ashworth(2003:55—8)。

作就不同了。①

我们再回过头来看看由古尔奈学术圈子成员翻译的英国学者著作的译本。我们并没有在福尔包奈的藏书中发现由阿贝·勒布朗克翻译的大卫·休谟《政治语篇》的译本,但在他的藏书目录中找到了这部著作1752年版的英文原著。福尔包奈在休谟的著作中发现的最重要思想,无疑就是这种税收的心理无痛和社会正义特性,尤其是在把这种税收主要课征于奢侈品时。

"最好的税收就是那些课征于消费尤其是奢侈品消费的税收,因为纳税人对这样的税收感觉最小。从某种意义上说,他们是在自愿缴税,因为消费者可以选择自己在多大程度上消费被税商品;他们是在不知不觉中逐步缴纳消费税的;这种税收如果课征得当,自然有助于节制和节俭;由于这种税收与商品的自然价格混在一起,因此几乎不会被消费者察觉。"(Hume,1994[1752]:162—163)

"最后,休谟在他那篇内容非常深奥的短文中强调指出了一个我们都已经知道、福尔包奈和格拉斯兰重新论述过的问题,那就是这种税收的唯一不足——征收成本高。"(Humes,1994[1752]:163)

至此,虽然达夫南特和休谟已经指出了这种税收的社会和心理优势,但没有真正详细介绍过这些优势。更加具体地说,没人明确建议采用累进税率。那么,在有可能影响福尔包奈和格拉斯兰的法国学者的著作中是否出现过有关采用累进税率的想法呢?

### 3.2 法国作者

在福尔包奈和格拉斯兰的著作发表之前,只有两个法国学者明确表示赞成征收消费税,②他们是孟德斯鸠(Montesqieu,1949—1951[1748])和卢梭(1755)。我们的两位法国理论家在他们的藏书中自然有孟德斯鸠的名著《论

---

① 阿贝·勒布朗克曾强调指出过休谟与福尔包奈观点的相同地方(Charles,2008:189)。查尔斯(Charles,2008:192—195)也指出过其中的部分相同地方,但没有指出他俩对税收的相似看法。

② 有些评论者提到了梅隆(Melon)。如果能够仔细阅读梅隆著作中有关税收的章节,那么,结论就再清楚不过的了:作者似乎先是支持黎塞留(Richelieu)和他的盐税单一税率计划(Melon,1843[1734]:823),后来又建议征收一种真正的谷物税(Melon,1843[1734]:824)。最后,他又承认自己没有个人意见(Melon,1843[1734]:824)。

## 法国18世纪的累进间接税收与社会正义：福尔包奈和格拉斯兰的财政思想体系

法的精神》(*De l'Esprit des Lois*,1949－1951[1748])①,而我们必须强调福尔包奈曾就这本书写过一些评论文章,他在这些评论文章中赞扬了孟德斯鸠这位著名哲学家的财政思想(Forbonnais,1750:70－73)。格拉斯兰和福尔包奈一样,也多次引用孟德斯鸠的观点,并且明确提出了累进性的概念(Forbonnais,1847[1767]:204,note 2;Graslin,1911[1767]:168 and 204)。但在这里,有必要特别注意我们所讲的问题。

就像一些英国作者那样,孟德斯鸠曾建议开征一种"消费税",这种税收首先就是由于同样的心理原因使人难以感觉到：

> "最不易感觉的税收就是那些课征于商品的税收,它们并没有形式要求。它们可能会得到非常谨慎的管理,以至于人们几乎感觉不到自己在为它们付钱。因此,最可能的结果就是由商品的卖主缴纳这种税收。卖主非常清楚他并不是在为自己缴税,而缴纳消费税的消费者基本上都会混淆消费税与商品价格。"(Montesquieu,1949－51[1748]:Book 13,Chapter 7)

在说过这些赞成"消费税"的话以后,孟德斯鸠非常明确地对比例性与累进性——但没有使用这两个术语——进行了区分,并且明确表示累进性比较公平：

> "在对人征税的情况下,完全按照财产的比例是不公平的。在雅典,把人分为四等。那些能从自己的地产收获500单位鲜果或者干果的人要缴纳1个塔兰特(talent)的税收；收获300单位鲜果或者干果的人缴纳半个塔兰特的税收；收获200单位鲜果或者干果的人缴纳10迈纳(mina)的税收；第四等人分文不缴。这种税收虽然不按收成比例征收,但是一种公平的税收。"(Montesquieu,1949－1951[1748]:Book 13,Chapter 7)

不管怎样,有必要注意这样一个事实,而且第十三卷全书都是如此：这种对累进性的支持适用于不同的对人税,而不是消费税。对于商品,必须征收比例税,而不是累进税(Spector,2006:390)。事实上,孟德斯鸠同时表达了两种

---

① Catalogue des livres composant(未注明日期)和 lnventaire des meubles...(1790)。

123

思想:他从未建议采用与商品必需程度成反比的累进税率。但不管怎样,以上就是孟德斯鸠著作中有关商品税和累进性的元素,它们只需要我们的作者把它们聚合在一起。

几年以后,卢梭在狄德罗和达朗贝尔(Diderot and D'Alembert)的《百科全书》(Encyclopédie)收入了"政治经济学"(Political Economy,1755)词条。在这个词条中,卢梭指出,对物税和对人税都不是公平和适当的税收,并且公开宣称赞成征收消费税(Rousseau,1755:349)。虽然他自己并非完全清楚,但仍表示这种税收应该累进,因为富人从社会索取的财富比穷人多:

"为了采用一种真正公平和适当的方法征税,税收不应该按照纳税人财产的简单比例,而是应该按纳税人财产状况差别和财产多余程度的复合比例(raison composée)来征收。"(Rousseau,1755:347)

据我们所知,格拉斯兰深受卢梭思想的影响(Faccarello,2009),并且收藏了卢梭这个伟大哲学家的全部主要著作。[①] 但在这个问题上,卢梭也许只是跟随了福尔包奈(1755[1753]),而不是福尔包奈跟随了罗素;而累进性这个在福尔包奈和格拉斯兰著作中出现的最新概念甚至更有可能来自于他俩的数学背景,而不是卢梭和他的复合比例[②]——关于这一点,我们可回过头来看《百科全书》。

### 3.3 福尔包奈和格拉斯兰的数学背景

在1759年路易十五下令查禁百科全书大词典以后,谢瓦利埃·德·若库尔(Chevalier de Jaucourt)取代数学家达朗贝尔成了狄德罗的主要合作者。在"税收"条目中(1765),若库尔称赞了福尔包奈1758年发表的关于财政的文章(Qaucourt,1765:603)。[③] 在这篇文章中,他做了明确的说明:

"虽然全体子民平等享受了政府的保护和政府提供给他们的安全,但是,他们财富不均等以及由此造成的受益不均等都要求课征与这些不均等相关的税收,并且还要求按照2、4、8、16这样的几何级数

---

[①] 相反,关于法卡雷罗(Faccarello,2009)详细讨论的影响问题,莫佩尔蒂(Maupertuis)和孔狄亚克(Condillac)在1767年之前都没有写过有关税收的文字。

[②] 关于这个概念,请参阅 Gross(1993:93)。

[③] 我们还知道,《百科全书》中至少另一个条目"货币"(Monnaie)的作者也受到了福尔包奈的启发(Faccarello,1992:148)。

(geometric progression)对富人征税。"(Jaucourt,1765:602)

在若库尔的思想中,几何级数原则同样可应用于消费品税和对人税。很可能,福尔包奈和格拉斯兰知道《百科全书》中的这个词条,[①]而若库尔只是在这个词条中更加确切地解释了福尔包奈和格拉斯兰的思想。事实上,据我们所知,我们的这两位作者经常出入巴黎的多尔曼-博韦学院(Dormans-Beauvais College),并且在那里给他俩的哲学老师多米尼克·弗朗索瓦·里瓦尔(Dominique François Rivard,1697—1778 年)留下了深刻的印象(Orain,2008:58)。里瓦尔是最早在巴黎大学开设数学课的法国学者之一(Chapotin,1870:444—445;Alfonsi,2008:4—5)。在结束学业以后,他俩保持了自己在这个领域的能力,因为他俩的藏书中有许多几何和算术书籍,其中当然有里瓦尔的《几何学原理》(*Eléments de Géomitrie*,1739[1732])和《数学原理》(*Eléments de Mathématiques*,1752[1739])。[②]

多米尼克·弗朗索瓦·里瓦尔在这两本内容几乎相同的书——也就是他教的课程的讲义——中的确解释了"比例"(raison)。就像我们所理解的那样,他把"比例"解释为"两个数值之间的关系或者比较"(Rivard,1752[1739]:127)。[③] 于是:

"两个相等的比率(raison)构成一个至多使这两个比率相等的比例或者两个相等比率的比较;由于它们分属两种比率,因此有两种比例——几何和算术比例。"(Rivard,1752[1739]:135)

现在:

"有时,同一个项是根据我的第一个比和第二个比的前项构建的,这个项被我称为'比例中项'(moyen proportionnel):如在这个几何比例中,5.10:10.20;或者在算术比例 5.10:10.15 中,10 就是比例中项,而这个比例则被称为连续(continue)比例。通常用 5,10,20 这种表示法来表示几何比例……当我们在某个连续比例中有 3

---

[①] 福尔包奈的藏书中有包含这个条目的那卷《百科全书》。虽然格拉斯兰的藏书中没有这卷《百科全书》,但我们知道格拉斯兰经常去南特的公共图书馆,他可以在那里查阅这卷《百科全书》。

[②] Catalogue des livres composant(未注明日期) and Inventaire des meubles...(1790)。

[③] 如 60 与 20 的比(raison)可写作 60/20,也就是把后项置于前项之下,并且用一根短线条把两者分开(Rivard,1752[1739]:132)。

个以上的项,我们就称它为级数。5,10,20,40,80,160 等就是一个几何级数……"(Rivard,1752[1739]:136)[①]

实际上,关于税收,福尔包奈和格拉斯兰总是采用比率(raison)方式来表示:每里弗尔缴纳一定数量的苏($x/y$)。但就像里瓦尔指出的那样,当我们进行比率比较时都要计算比例。如果要比较的比率相等,那么就是几何比例。现在,很容易想象我们的这两位作者的推理:譬如说,当我们有比率 0.5/20, 1/20,2/20,4/20 等时,比率就逐步递增,这就是一个"连续几何比例"或者"几何级数"(即 0.025,0.05,0.1,0.2 等)。福尔包奈采用了最后一种表示方法;虽然格拉斯兰没有这样做,但对采用"比率"这个概念进行了完美的解释。所以说,若库尔并没有在我们的两位作者之前提出新的想法,但他的迂回思维方式为福尔包奈和格拉斯兰培养自己的数学技能以及把数学技能应用于经济学理论的能力提供了帮助。若库尔确实是一个很有才华的算术老师,当时只有很少几个经济学家具有福尔包奈和格拉斯兰在这方面表现出来的技巧! 虽然重农学派的学者——譬如说——在他们的著作中只运用了非常简单的算术,但我们知道,魁奈(Quesnay)特别是米拉波(Mirabeau)实际上不会计算(或者只有很低程度的计算能力);他俩主要得到了查尔斯·布特雷(Charles Butré,2004:264)的帮助。相反,我们在福尔包奈和格拉斯兰的著作中发现:一方面,他俩(特别是福尔包奈)广泛运用了比率和方程;另一方面还大量使用了数学概念。在这方面,他俩的学院背景产生了作用。他俩凭借自己的数学知识,能够解释如何运用"累进的"(progressive)、"累进"(progression)和"累进地"(progressively)这些词,以一种在当时被认为是非正统的方式(即算术方式)来征收他俩建议的特殊形式的税收。

## 四、基于税收的经济改革

相同的思想体系得出相同的结论。就此而言,福尔包奈和格拉斯兰的以下思想非常重要:对于他俩来说,税收改革是对法兰西君主政体进行全面改革的主要手段。

---

[①] 请参阅(1752[1739]:135—149);还请参阅 Rallier des Ourmes(1765:13,466,468)。

## 法国 18 世纪的累进间接税收与社会正义:福尔包奈和格拉斯兰的财政思想体系

首先,我们的作者想要谴责大量放弃自己的土地搬进城市生活的土地所有者,他俩指出了一些造成这种局面的客观原因,特别是主要发生在农村的税收问题:"成千上万的土地所有者、富人和中产阶级(*bourgeois aisés*)倘若不是因为平民人头税而背井离乡,那么就会致力于有益于我们和国家的土地开发利用"(Forbonnais,1847[1767]:190,note 2)。不过,这是我们的作者提出的唯一一个理由。其次,他俩确实谴责了土地所有者行为中的一个弱点,那就是只想一劳永逸地过上闲散的生活。就像孔迪亚克(Condillac)在几年以后所说的那样(Orain,2003),这是一种邪恶和疯狂:①在层出不穷的新欲望和变幻莫测的时尚的影响下,土地所有者们"贪图享受;而对于他们来说,享受就是消费"(Forbonnais,1847[1767]:189)。土地所有者懒散这个话题经常有人提起:地主阶级只会向社会提出他们堕落的需要,而没有为生产做出贡献:

> "老实说,很多这样的土地所有者只是把他们的土地看作是私人收入的来源:他们对自己的土地就像他们对自己的国家那样陌生,他们把自己的懒散带到了城市,他们只是国家的负担而已。"(Graslin,1911[1767]:81)

由上可见,我们的作者对土地所有者的批评转向了他们的奢侈(Forbonnais,1847[1767]:190-191;Graslin,1911[1767]:100)。但是,从他俩的著作可以看出,他俩对土地所有者奢侈生活的批评并没有超出经济学的范畴。土地所有者通过集中在城市,特别是通过奢侈品消费,把劳动力和资本从农业和必要的商业转移到了奢侈品生产上:

> "随着特权阶层权利的扩大,奢侈品和高价商品需求不断增加,劳动者不再从事普通工作,很多人改行从事奢侈品生产。"(Graslin,1911[1767]:100)

> "如果少数公民的巨大剩余是通过剥夺其他公民的剩余取得的,那么,这是一种由所有权导致的强制性转移(déplacememt forcé de la propriété),从而导致堕落的奢侈。"(Forbonnais,1847

---

① 福尔包奈在谈到土地所有者的花销时写道:"疯狂会导致挥霍甚至挥霍无度,而不是驱使他们去种地,去创造财富"(1847[1767]:189)。在格拉斯兰看来,是懒散导致了这种疯狂(1911[1767]:100)。

[1767]:187)

由于"缺少用途"(un défaut d'utilité),很多土地没有开垦(Forbonnais,1847[1767]:198)。就这样,土地所有者由于废弃了自己的地产,而不是用它来供养农民,甚至由于使农民贫困化,因此导致农业生产退化,进而导致农村变得贫穷:

> "所以,任何迫使有钱人去城市追求更加舒适生活的规定和政府当局的行为,都不利于农业生产发展和人口增长。这是一个没有例外的小数法则,因而运用起来十分容易。"(Forbonnais,1847[1767]:190)

通过导致下层阶级消费上层阶级消费的商品的模仿和传播现象,奢侈风气会传遍各个城市的各个阶层。我们可以抱怨,也可以列数古代各种共和国的种种美德,还可以专门颁布禁奢法律,但奢侈会以其他形式出现:所有这一切都是徒劳的。格拉斯兰在援引马布里(Mably)1761 年出版的《福基翁访谈录》(Entretiens de Phocion)时解释称,救助于社会公德也许是"唯一真正可行的策略",但他又立刻强调了"思索与实践之间存在种种不可逾越的障碍",并且最后谴责了"哲学家们毫无结果的思考"(Graslin,1911[1767]:198;Orain,2006:978)。福尔包奈的批评甚至更加尖刻:"哲学家们不但会谈论人类,而且还会抱怨人类;他们对人类所剩下的全部热情,也就是他们的质朴;他们的口才讨人喜欢,但却无法赢得人心"(Forbonnais,1847[1767]:190)。福尔包奈和格拉斯兰呼吁采取务实的策略:虽然不可能改变人们的行为,但我们能够说明如何更好地引导他们的行为(Forbonnais,1847[1767]:190;Graslin,1911[1767]:198)。有必要通过对消费品征收累进税来限制奢侈风的可怕影响。[①]

事实上,这种税收应该会导致奢侈品价格上涨、销售量减少。在格拉斯兰看来,这种税收导致奢侈品销售减少的优点可是具有决定性意义的。"奢侈品"部门需求下降,为裁减奢侈品生产工人提供了可能。但是,奢侈品生产:

---

① 这两个作者简直就是乌托邦,但显然又是务实的思想家,他们相信施政应该考虑特殊性、例外情况和相关者的动机。就像笔者很快就要说明的那样,在福尔包奈担任西卢埃特(Silhouette)的首席顾问时,情况尤其如此(Orain,2010);而格拉斯兰,就像笔者在格拉斯兰传记中所说的那样,他在南特城则以自己的方式来做(Orain,2008)。

## 法国18世纪的累进间接税收与社会正义：福尔包奈和格拉斯兰的财政思想体系

"会转向其他有需求的商品，这种商品受税收影响较小，但距离必需较近。这样通过大量增加这样的商品来降低它们的相对价值从而抚慰那些不那么富裕的群体，并且方便这类商品的出口，从而增加国家财富。"(Graslin,1911[1767]:181)

对消费品征税，会导致有利于大多数人的有用艺术品和必需品的重新配置(Graslin,1911[1767]:104)。因此，富有的资产所有者至少要在两个方面违背他们的意愿去为公益做出贡献。他们是那些通过花钱消费来为较大部分的保护买单的人，因为，他们即便不是逸品和奢侈品的唯一买主，也至少是这类商品的主要消费者。更妙的是，不对必需品征税，尤其是不对农产品征税，有利于必需品和农产品的流通，或许还能促使土地所有者进行有益的投资，并且不再把他们的土地看作是租金的来源，而是把它们看作是在某种程度上可以得到改善的收入来源。这最后一点非常重要。福尔包奈并没有坚持通过提高奢侈品价格来重新配置生产资料的观点，但他也指出，"如果课征累进消费税，富人不会减少奢侈品的消费，中产阶级会减少他们的奢侈品消费，而正是中产阶级不应该使用奢侈品"(Forbonnais,1754:71)。福尔包奈多次谈到了依靠新的税收制度来补贴农业的问题(Forbonnais,1754,I:58—60;1847[1767]:210—212)。从1753年开始，他就写道：

"过分奢侈会导致对土地和有益交易的忽视，而文化和不太常用的艺术的重要性就可能变得更加明显。立法者总能通过纠偏来抑制过度行为，始终明白如何保持本国民众在不同活动之间的平衡，并且通过赋予免税权和其他特权来减轻奢侈品消费者需要承担但又不堪承担的那部分负担。"(Forbonnais,1754,I:59—60)

关于大土地所有者重回他们庄园的假设，福尔包奈没有格拉斯兰那么乐观，而是把他自己的全部希望都寄托在"中等土地所有者"身上，因为他们再也感觉不到税收负担：

"我们可能会徒劳地盼望大土地所有者土地物产的增加，我们只能把唯一的希望寄托在中等土地所有者(les propriétaires médiocres)的需要和自然倾向上。过程会很慢，但如果不会因为构筑阻止中等土地所有者背井离乡的障碍而对他们的倾向造成伤害，

那么肯定能收到效果。"(Forbonnais,1847[1767]:190)

与福尔包奈一样,格拉斯兰也想充当中、小耕农的辩护人,并且反对无所事事的土地所有者。这两位作者思想体系的规范性就是在这方面得到了体现。

从帕累托最优的角度看,课征消费税是不公平的。一部分人口的福利即使获得了最大的增长,也是以牺牲另一部分人口的福利为代价的。虽然生产方面的变化很可能导致大部分国民(基本)需要的满足程度有所提高,而某些上层阶级的另一些(奢侈)需要不再能够得到满足,但是,这对福尔包奈和格拉斯兰来说并不是一个问题。食利阶层的利益"直接与一般大众的利益相抵触,因此,应该在公共利益计算中被作为一个负项来处理"(Graslin,2008[1768]:316)。如果立法者能够在一定程度上降低食利阶层的幸福感,那么,这对于国家来说并不是坏事,而是好事:

"土地所有者只有能更加愉悦地挥霍自己的剩余或者当官,才会被吸引到城里生活。在前一种情况下,他们自然会离开自己的故乡,他们当然有这么做的自由[……]。但是,难道社会就没有权利对这种自由规定条件?"(Forbonnais,1847[1767]:211)

最后——而且也是我们这两位作者共同研究的关键问题,需要与生产并不相等,"重要的是,生产消费量巨大的基本必需品,而不是生产需求量小、价格昂贵的奢侈品"(Forbonnais,1754,I:260;还请参阅 1847[1767]:200)。格拉斯兰还补充说,一项好的政策"应该以一种始终令人向往的方式来配置国家的财富,我是想说,配置于必需品。这种商品的丰裕才具有普遍重要性"(Graslin 1911[1767]:188)。在这两位作者看来,需要有等级之分,而唯一真正有效的政策就是减少不平等,以确保社会全体成员的基本需要都能得到满足。首先,只有累进间接税才能产生这种效果。[①] 笔者已经在其他场合(Orain,2006:978)指出,格拉斯兰的这些想法与我们的两名作者多次使用的概念"分配正义"有关。也就是说,他俩揭示了一种社会有机体观。根据这种

---

① 但也只能间接产生这种效果,因为,就如法卡雷罗(2009)强调指出的那样,格拉斯兰写道"税收的目的不可能是给国民的财富带来某些平等"(1911[1767]:180)。

观点,有些需要(besoins factices①)有损于社会秩序的维护,因此必须服从于社会维护社会秩序的能力。当他把经济世界的两极分化描绘成必需或者基本消费与自愿消费(Forbonnais,1847[1767]:207)——也就是基本需要和人为需要——时,福尔包奈也是基于相同的文化背景来进行论证的。有时,他甚至谈到了富人的"虚假需要"(fictitious needs)(Forbonnais,1911[1767]:178):他们可以尽情地享受,直到他们的欲望导致普遍的贫困化。此时,社会应该对这些欲望和表达这些欲望的阶层进行审核,并且决定是否可以接受这些欲望和表达它们的阶层。

**五、结束语**

虽然这种方法——间接税收——不同,但是,福尔包奈和格拉斯兰主张的税收制度的结果(主要是富裕土地所有者的负担)和结论(加强农业和必需品生产)并不会非常不同于对土地净产品课征的单一税(impôt unique)。② 把福尔包奈和格拉斯兰说成是反对重农学派重农立场、支持工商业的拥护者,可能是绝对错误的。③ 他俩都主张促进农业发展,甚至赋予农业第一重要性(如请参阅 Forbonnais,1754:1,107;Graslin,1911[1767]:60)。但是,这种主张促进农业发展的观点在18世纪的法国几乎可以说司空见惯,我们必须提请注意福尔包奈和格拉斯兰以及重农学派之间的一个重大分歧:土地所有者的地位。

食利阶层作为一个特权阶层,按照约定只不过是农产品的共同所有者,因为,确切地说,他们没有拿任何东西去进行交换。格拉斯兰强调了租金观的脆弱性,或许还有临时性。他基本上认为收租权是非法的,"这种特权只能在一定程度上得到尊重,也就是在不过分加重目前承受这个负担的公民的负担的前提下"(Graslin,1911[1767]:82)。④ 福尔包奈谈到了那些游手好闲的土地

---

① "人为需要"Graslin(1911[1767]:62—3,note)。
② 据我们所知,单一税为抵制奢侈风而课征,并且通过让农民免税来促进农业活动(Charles,1999:270)。
③ 例如,像福柯(Foucault,1970:200)所做的那样。
④ 格拉斯兰在他的短文"圣彼得堡"(St-Petersbourg)中对收租阶层的批评比在他的《财富与税收剖析》(Essai analytique)中更加犀利。他说他们"这些人寄生在这个国家,但不属于这个国家……"(Graslin,2008[1768]:315—316)。

所有者的物质和精神腐败以及他们对国家毫无用处的特性(Forbonnais,1847[1767]:212)。虽然魁奈也谴责了土地所有者"无知的贪婪"(Steiner,1998:72),但是,他赋予他们的社会地位——有害——与福尔包奈和格拉斯兰赋予他们的社会地位——不稳定——之间存在着天壤之别。福尔包奈和格拉斯兰对土地所有者——尤其是上层土地所有者和收租阶层——表现出了强烈的敌意。[①] 他们有两种选择:要么改变自己的习惯,并且逐渐成为农业资本家,要么等到他们获取收入的权利迟早受到质疑的那一天。更一般地说,这两位作者都强调了无论哪个部门的资本持有人的这股不可抗拒的新生力量。资本持有人作为社会新价值观的承载者,被要求以某种并不明确的方式对社会进行改造,但有一点是明确的,那就是这股新生力量终将打破旧有的支出逻辑以及与之相关的封建残余势力。

**致 谢**

笔者要感谢本文的两名审稿人,他们对本文初稿提出了非常有益的评论和修改意见。本文作者还要感谢杰罗姆·德·博伊尔·得罗什(Jérôme de Boyer des Roches)、吉尔贝特·法卡雷罗、克莱尔·西勒万(Claire Silvant)以及2008年12月10~12日巴黎第二大学举行的公共经济学会议的全体与会者,感谢他们对本文初稿提出了有益的评论意见和修改建议。文中谬误在所难免,责任由作者自负。

---

① 这些特权阶层成员率先起来反对福尔包奈和西卢埃特1759年发起的改革。

# 公共经济学史:法国的公共经济学历史学派

塞尔日-克里斯托弗·科尔姆(Serge-Christophe Kolm)

## 一、引言

数学家亨利·普安卡雷(Henri Poincaré)在他的《科学与假设》(*La Science et l'Hypothèse*)中写道:"一种无视历史的科学就像是一艘没有舵盘的轮船:它可以行驶得很快,但没有方向。"

在回顾了20世纪60年代现代公共经济学(及其称谓)的起源以后,本文将介绍法国技术公务员在长达几个世纪的时间里对公共经济学及其应用所做的贡献。本文虽然将聚焦于剩余理论、公共边际成本定价和次优或者混合或中间公共产品与私人产品理论等概念的意思和应用,但也将同样关注伦理学、社会学和经济学历史,因为只有这样,才能说明相关贡献。具体而言,本文将阐明公共部门经济研究中一些规范性概念相关性的热点问题。我们还将根据普安卡雷的建议,以总结历史经验教训来为当前的公共服务、规制和"自然垄断"的组织和政策提供借鉴的方式来结束本文。

## 二、现代公共经济学

1963—1964年,我第一次去美国,在哈佛大学和麻省理工学院经常有人问我"你在研究什么?"当我回答说"公共经济学"时,居然没人能够听懂,其中包括我的两个最稳定的对话者保罗·萨缪尔森(Paul Smuelson)和理查德·马斯格雷夫(Richard Musgrave)。他俩当然知道公共经济学,萨缪尔森已经写过他第一篇关于公共产品的文章,而马斯格雷夫已经发表了他的《公共财政理论》(The Theory of Public Finance)。

  我习惯用"经济学"来强调对这个主题的学术研究。这种表达方式很快就流行了起来。1963年,我以《公共经济学基础》(The Foundations of Public Economics)为书名发表了我的教学笔记。① 1965年,我曾遇见过的雷夫·约翰森(Leif Johansen)出了一本名叫《公共经济学》(Public Economics)的书。② 因此,1966年,在法国国家科研中心(National Center of Scientific Research)和国际经济学会(International Economic Association)的共同赞助下,萨缪尔森和马斯格雷夫在法国西南部的比亚里茨(Biarritz)参加了第一个取名"公共经济学"的会议。这次会议开辟了或者说恢复了对公共产品、规划、最优分配、不平等、公用事业等的研究,萨缪尔森、马斯格雷夫、林德贝克(Lindbeck)、伦德伯格(Lundberg)、森(Sen)、多尔夫曼(Dorfman)、马林沃、谢辛斯基(Sheshinski)、马格里斯(Margolis)、马格林(Marglin)、波斯纳(Posner)、特维(Turvey)、罗宾逊(Robinson)、佩斯顿(Peston)、吉顿(Guitton)和詹姆斯(James)[马斯格雷夫告诉我,萨缪尔森只是忘了邀请吉姆·布坎南(Jim Buchanan)]都参加了这次会议。③ 1968年,这次会议收到的论文在法国以论文集的形式由国家科研中心(CNRS)出版。这本论文集取名为《公共经济学》

---

  ① 在许多问题(包括公开为公共产品买单的意愿的过程)上,这项研究有几何作图的内容——其中的一小部分是关于各种不同形式的"公共产品三角形"(public good triangle)(相当于公共产品的埃奇沃思盒状图)。这些表示三个圆柱体族交集和对偶空间中相应结构交集的方法是巴黎综合理工学院(Ecole Polytechnique de Paris)加斯帕尔·蒙日(Gaspard Monge)传统[最初用于修筑防御工事。到了我们这个时代由莫里斯·道卡尼(Maurice d'Ocagne)和加斯顿·汝哈(Gaston Juha)讲授]所强调的空间与微分几何教学的应用。埃德蒙·马林沃(Edmond Malinvaud)在他被译成英文的《微观经济学讲义》(lecture in Microeconomics)中采用了其中的一张图和三角形。关于这张具体简图多得令人惊讶的应用,请参阅William Thomson(1999)所做的漂亮综述。完整的几何内容也复制在我的《公共经济学讲义》中。

  ② 我被告知这本书挪威语原文版的书名叫《行政经济学》(administrative economics)。

  ③ 我在这次会议上负责点评森的论文。在我的评论意见(收入了会议论文集)中包括两条后来使他成名的意见。一条意见是阿罗(Arrow)的"社会福利效用"是个人效用函数的反函数(或者偏好排序)。另一条意见就是我本人提交会议的论文末尾提出的不等式理论(森也来告诉我他对我这篇论文这部分内容的兴趣)。在以后的文章和书中都没有再提到这一点。具体来说,接受不等式理论可能会引起专家们的注意。马斯格雷夫对此很感兴趣,但并不理解,而马林沃(Mahnvaud)虽然理解,但对此并不是很感兴趣(好像是这样)。萨缪尔森不知所措,而埃里克·伦德伯格(Erik Lundberg)则指责说这是"数学神学"(mathematical theology)。

(*Economie Publique*),论文集英文版《公共经济学》(*Public Economics*)于1969年由麦克米伦(Macmillan)公司出版。有趣的是,这本英文版的论文集在法国居然用《公共经济分析》(*Analysis of the Public Economy*)这个书名发布出版消息,最终书名有个副标题"公共生产和消费及其与私人部门关系的分析"(*An Analysis of Public Production and Consumption and their Relations to the Private Sector*)。这也说明,"公共经济学"这一名称在当时还没有完全确立自己的地位。

大约就在那个时候,我做了许多关于公共经济学的讲座,讲稿分五卷,以《公共经济学》的书名出版。在理查德·马斯格雷夫的倡议下,一个名叫"公共经济学国际研讨会"(International Seminar in Public Economics)的常设机构在巴黎(计划总署)成立。后来这个机构筹划召开一系列关于公共经济学的会议。笔者在巴黎附近的罗伊奥蒙特修道院(Abbey of Royaumont)组织了首届公共经济学研讨会——布坎南参加了那次会议,还有乔·斯蒂格利茨(Joe Stiglitz),但萨缪尔森没有参加,第二届公共经济学研讨会是在锡耶纳(Siena)召开的。几年后,托尼·阿特金森(Tony Atkinson)[在埃塞克斯(Essex)、都灵(Torino)]另外组织了几次同一主题的会议,并且创办了《公共经济学杂志》(*Journal of Publzc Economzcs*)。马赛(Marseilles)成立了一所公共经济学院,创办了一本刊物,并且多次举行大型年会。接下来的一个重大步骤很可能是默娜·伍德斯(Myrna Wooders)、约翰·康利(John Conley)和弗兰克·佩杰(Frank Page)创办的《公共经济学理论杂志》(*Journal of Public Economic Theory*)以及有很多学者参加的相关年会。[1] 现在的公共经济学网络和系列会议都是传承这个传统的结果。

### 三、法国的公共经济学历史学派

#### 3.1 基本问题:是道德而不是政治

在公共经济学不同流派和学术机构问世之前,早已有从理论上研究公共部门经济作用的公共经济学。

---

[1] 用所谓的"科尔姆三角形"(Kolm triangle)作为正式标识。

路易·阿曼德(Louis Armand)[①]曾经说过:"当我看到蓝、白、红电子时,就会说是法国物理学。"然而,关于公共经济学的历史贡献,还是可以很好地分为属于不同文化的学派和传统的贡献。例如,简单地说,公共经济学有一个意大利学派、一个斯堪的纳维亚学派,可能还有一个德国学派,或许还有美国学派和法国学派。法国学派有几个明显的特点:历史悠久(已有几个世纪);与应用直接有关,包括提出问题和运用所获得的解决方法解决问题。法国公共经济学派这两个方面的特点与以下这个事实直接有关:这个学派并不是传统意义上的学术流派,而是由一些在公共服务技术部门(包括美国人所说的"公用事业"部门)工作的专业公务员发展起来的。

在这里,笔者的话题就是所谓的"公共经济学"。公共经济学不同于"公共财政学",因为它是在学术和行政圈子里发展起来,它最重要的内容远要比经济学家(和工程师)通常在基本的道德维度的认识更微妙、深刻。笔者将把重点放在学术贡献上,包括许多主题,如公共选择标准和发展不同"剩余"理论的原因;最优税收和公用事业定价;在不同场合既是公共产品又是私人产品的例子,特别是一般"拥堵"理论的普遍相关性;次优"价值约束"理论;分配正义遭遇的各种干扰;等等。当然,由于篇幅有限,我们不可能详细论述或者介绍这些必然存在的问题。我们必须借助于基本的经济学知识,并且进行充分简洁的解释。[②] 更加确切地说,我们将把重点放在探讨造成这些问题和解决方法的社会原因上,尽管这样做的人并不多。因此,本文既要介绍伦理和制度历史,更要介绍专业经济思想史。毕竟,专业经济思想史是我们最关心的问题。

我们先来讨论公共部门行为选择这个问题。这样的选择涉及两个方面:了解相关的技术和经济现实——公共产品消费结构或者定价机制的影响,以及选择标准或者原则——特别是政治或者道德目标。这后一方面取决于做出选择的社会环境。在我们考察的例子中,关键的问题就是:公共选择必须由这样的一群人做出,他们不会被保住政权、获取个人收入或权力这样的目的所左右。因此,他们必须发现或者发明公共选择的标准。也就是说,他们必须先做

---

[①] 法国铁路公司前总裁、铁路抵抗运动组织的创始人。

[②] 并且依靠已经发表的有关技术性话题的综述,包括笔者编纂的法文和英文论文集。在讲述历史的文章中似乎运用原始技术工具比较好。

出这种社会伦理方面具有道德性质的元选择。譬如说,这要涉及剩余标准、公共投资选择、边际成本定价及其应用、最优税收或者外部性和拥堵管理等不同概念及其应用,因此驱使我们去考虑福利、自由行动的范围、分配、公平、社会效率及其意义等问题,还要考虑像民族独立或者"伟大"这样的非个人——或者非直接的个人——目的。① 这样的公共选择与由吉姆·布坎南和他创立的公共选择学派根据纯粹自利的个人选择构建的公共选择模型是格格不入的。顺便说一下,布坎南本人也清楚这一点。有一次,他曾对我说,他的模型并不适合像法国和英国这样有悠久公共服务传统的国家。

### 3.2 社会原因和社会环境

我们先来看看造成法国这种特殊的公共选择状况的原因。法国这种特殊的公共选择状况是由它完全不同于其他即便是其他方面可比的国家的社会和历史背景所造成的。两个不相关的现实情况至关重要:一个是体制方面的,也就是长期而又稳定的中央集权制;另一是历史方面的,即(1789 年)大革命。前者造就了一个永久性的、实际大权在握的公共管理者群体。而后者提出了怎样的[以一种突如其来(甚至暴力)、横扫一切但又经过深思熟虑、精心准备的方式采取的]公共行动对于民众(的幸福、自由或者公平待遇)来说才算是正确行动的问题。

法国现在是但据说特别是从 15 世纪开始就是一个非常集权化的国家(并且在 17 世纪又进一步加剧)。② 此外,对于一个市场经济体来说,法国经济公营部分占比很大。具体来说,国家深度介入经济发展,除了基础设施以外,还参与创新和制造,如在 17 世纪,而在 19 世纪则采取了不同的方式。③ 公共服务部门就是美国人所说的公用事业部门,也是一个集中化程度很高的部门。

---

① 这后几种标准在不同的政治制度下有不同的表现形式。不过,我们来回忆一下戴高乐在现代史上很有影响力的观点,戴高乐认为"法兰西的伟大"(la grandeur de la France)就是公共选择的一个标准——根据这个标准做出的重大技术选择除了一项选择(当然是与英国合造的协和式飞机,其他行动涉及城市规划、能源、交通运输、组建国际性产业集团)外,确切地说都取得了经济上的成功。不过,笔者在这里只考虑按照福利学派和自由学派(基于自由主义)规范经济学的传统个人主义标准做出的选择。

② 大约从路易十一、弗朗索瓦一世开始,后来在宗教战争以后又重新开始。

③ 20 世纪,法国公共部门的范围又由于 1936 年("人民阵线"赢得选举)和 1945 年的政治事件而大大扩大,而国家觉得(并且仍然觉得)自己对经济发展负有重大责任。

公共部门性质这个概念本身在法国就不同于美国等其他国家流行的概念。这一点在法国人常用的词汇中也能体现出来,说到机构的一般作用,其他国家的人会用"政府"(government)这个词,而法国人却用"国家"(Etat),而且第一个字母要大写。"国家"这个词对于法国人来说有它规范性内涵。

这种公共行动由一个非常重要、常常是大权在握的公共行政管理机构来执行,而"公共服务"的道德规范在公共行政机构的行为动机中占据显著或者重要的地位。[①] 这样的动机通常由大多数代理人共享,而动机与权力之间的联系就是高级公共管理机构(或者说官员)的一个特点。在公共管理机构的最高层,可能有一个受到高度赞扬的权威人物,常被称为"国家的高级公务员"(Grand commis de l'Etat,直译就是"国家的大管家")。

这些公务员有终身职位,他们通常终身任职,不会被解雇(除非行为不端)。即使执政党变化,他们也不会被撤换——法国不存在像美国那样的高级公共管理官员"分肥制度"。他们要比政府成员更加稳定,加薪和晋升基本上就是按照资历(而不是或者很少根据业绩),公务员要通过竞考才能录用。对于我们在这里唯一关心的高级公共管理人员来说,(整个除名和晋升)过程故意设计得极具淘汰性。这些管理人员在专门的高等院校接受过专业教育,其中有些院校历史非常悠久(那些土木工程、装备和交通运输学院创建于16世纪)。不过,大部分院校是在大革命以后创建的。其他学生,也就是将来到私人部门服务的学生,也来这类学院就读,而这类声誉不一、不同于大学但与大学平行的学院仍然是法国高等教育体系(其社会功能类似于其他国家不同层次的大学)的特点。[②]

### 3.3 道德选择的不可避免性

公共经济学的一个特点就是它经常具有的规范维度。如果公共行为理论被作为社会伦理学理论来运用,那么就应该把公共行为理论归入"公共经济学";而如果公共行为理论只被用来考察自利的代理人,那么,这种理论可被作为"公共选择"理论,这样做即使在道理上也是说得通的,而且也忠实于经济思

---

[①] 法国专业高等学院毕业典礼演说通常都以"你们应该把自己毕生的时间和精力都贡献给公共服务事业"这句话结束。

[②] 包括"复制"伪装成精英的资产阶级和创建权重位高的校友"圈子"。

想史。然而,有这样一种情况:负责公共行为选择的人必须做出具有社会伦理维度的选择,并且为此找到了选择的标准。具体来说,我们设想一下,有一个人说他需要决策,譬如说,阿希尔-尼古拉·伊斯纳尔(Achille-Nicolas Isnard)要做关于建立交通运输或者通信网络的决策,朱尔斯·杜普伊(Jules Dupuit)要做疏通航道的决策,奥古斯丁·菲涅尔(Augustin Fresnel)要做架设灯塔(经典的公共产品)的决策,克劳德·纳维耶(Claude Navier)要做造桥的决策,埃米尔·切松(Emile Cheysson)要做修路的决策,克莱蒙·科尔森(Clément Colson)要做修铁路的决策,皮埃尔·马塞(Pierre Massé)要做筑水坝的决策,马塞尔·布瓦特(Marcel Boiteux)要做卖电的决策,弗朗索瓦·迪威西亚(François Divisia)或者雷内·罗伊(Rene Roy)被要求做土地用途或者不动产政策的决策,克洛德·亚伯拉罕(Claude Abraham)或者雅克·泰迪埃(Jacques Thédié)要做公共安全的决策,或者莫里斯·阿莱(Maurice Allais,法国著名经济学家,1988年诺贝尔经济学奖获得者。——译者注)或雅克·勒索尔恩(Jacques Lesourne)要做产业政策的决策。① 那么,他们都应该根据什么标准来做出选择呢?

  由于他们都是公务员,因此必须服从他们的政客上司。但是,有很多问题政客们并不知道怎么解决,他们的短期政治利益也不允许他们找到问题的全部解决方法。以上提到的公共选择大多涉及长期政策。他们在参选过程中可能想承诺推行从社会—道德的角度看是最优的政策。他们的选民可能也很看重他们推行这样的政策。事实上,他们也经常自问,他们领导的政府应该做些什么。此外,政治家们选择的政治体制对于社会来说是不是最优的选择?市场存在缺陷,但与市场相比,他们选择的政治体制常常暴露出更大的缺陷。不过,这么说可能太过分、太悲观。市场最被看重的特性(除了交换自由以外)就是通过适当的方式(完全竞争、完全歧视性垄断、有效的串谋或者达成默契)来实现帕累托效率。但是,竞争性的选举民主具有同样的优点。事实上,如果一个政权不能实现帕累托效率,那么,竞争性政党就会提出有可能以获得全部选票的方式赢得选举的替代性纲领,但信息问题会影响这个法则的适用性,让

---

① 我们还可以继续列举受过类似教育、更加年轻的经济学家,但不管怎样,他们现在也从事标准的学术研究。

雅克·卢梭(Jean-Jacques Rousseau)曾经说过"英国人每七年才有一天自由，这一天就是选举日"，但帕累托效率没法解决分配和分配正义的问题。所以，政治体制肯定存在缺陷，而公务员的职责可能首先就是把政治选择和政治家的选择作为他们自己选择不可回避的约束，其次是把政治选择和政治家的选择作为主要是民众偏好的信息来源，并且在既定约束和信息条件下做出最优选择。就如我们已经指出的那样，这种约束常常会留下很大的选择空间，尤其是在长期和基础设施政策方面。至于信息，它的一个缺点就是"一人一票"这个民主选举原则没有考虑民众偏好的强烈程度（根据用支付意愿或者货币等价物衡量的偏好强度对选票进行加权，把多数决原则改变成剩余原则，而这个结果与实际投票结果只有在一个特殊且不常见的个人支付意愿对称分布的结构下才可能同时出现）。那么，应该采用怎样的选择原则呢？

### 3.4 有哪些公共原则？

在法国的历史上，国王就是想实现他本人（或者王朝）的利益，很少有例外（著名的有亨利四世）；国王的谋士们只考虑这个问题，包括"大管家"[如柯尔贝尔(Colbert)]在内，很少有例外[如军事工程师沃邦(Vauban)，关于税收问题]。关注民众福利的例子少之又少。不可思议的是，18世纪后期接连发生了启蒙运动和大革命。在18世纪的最后几十年里，"功效成了公共工程"的执行标准，关于功利主义、自由、平等和民众主权的公开辩论、短论和哲学著作像雨后春笋似的同时大量涌现。然而，在民众成为最高统治者以后，我们怎样才能知道民众的意志呢？那个时代的精神领袖是让-雅克·卢梭。他从学术的角度把一个由自由、平等的个人构成的社会的问题看作是一个为公共利益做贡献的问题：人人为大家做贡献，并且受益于大家的努力。相应的集体选择源自通过一种自由但假设的"社会契约"达成的集体协议。这些成为公民以后的个人都愿意接受体现社会"共同意志"(general will)的社会契约条款，因此都不再采取"搭便车"的行为。实际上，这种美德源自卢梭在《爱弥儿》(*L'Emile*)中阐述的道德教育——"社会契约"(Social Contract)只是道德教育的一个附属部分。那么，怎样才能把这种共同意志应用于公共选择呢？解决的思路是这样的：在一个很大的社会里，民众选举代表委托他们专门负责这项任务。他们的意见分歧被认为能反映他们没有全面掌握有关被认为是柏拉图提出的共同意志的信息。然后,他们在议会投票的作用就是把出错的概率降低到最低限度。孔塞多曾计算过这个概率。然而,议会很快就变了样:它的作用就是聚合投票人利益,而不是在我们所知的政治体制下聚合关于社会公益的信息。然而,除了这种集体选择以外,主要的革命是个人主义的幸福观[在圣茹斯特(Saint-just)看来,是欧洲的一种新思想]和自由价值观以及幸福和自由根据相关平等分布的出现。这两种幸福观和自由观也被有些人[如伊斯纳尔(Isnard)]看作是以名副其实的个人主义取代了卢梭共同意志观的无能为力和危险性。这种自由其实并不仅仅是公民或者共和分子参与政治决策的自由[本杰明·贡斯当(Benjamin Constant)所说的"古代人的自由"(liberty of the ancients)]——而卢梭则认为,这种自由就是要求"被迫自由"的公民放弃自己的意志去接受共同意志,而且也是享有包括交换自由和所有权在内的个人自由的现代人的自由。保护权利被认为是最基本的权利,但是,他们在人权宣言(序)中表示,他们在1789年是为了"大家的幸福",而1793年的文本与幸福要求很有深的渊源。幸福也不能免俗,同样要依靠物质基础:福利。不管怎样,我们仍然要把这些个人主义的价值观转化为有意义、可操作的公共选择原则。

## 四、剩余

### 4.1 杜普伊的剩余原则

进入19世纪以后,法国对公共工程建设的基础设施需要不断增加,于是就出现了一个重要的公共选择检验标准。水路疏通成了第一大挑战,水路疏通的高潮出现在1820年前后的"水路联网"时期。但10年以后,这些工程表明用途很小,但法国已经开始它的工业化进程。于是,有人开始寻找工程项目的效用标准,法国也掀起了一场有关这个问题的激烈辩论。朱尔斯·杜普伊(Jules Dupuit)不赞成理论经济学家让-巴蒂斯特·萨伊(Jean-Baptiste Say)否定斯密的使用价值以及把效用等同于交换价值或者成本的思想,也反对公共工程师克劳德-亨利·纳维耶(Claude-Henri Navier)把萨伊的这种思想付诸实施。杜普伊提出了今天仍是到处都在使用的以成本效益分析的基本(且

141

不可规避的)原理的剩余标准。① 剩余是指使用者的支付意愿或者使用获得的货币等价超过成本的部分。同样,从理论上讲,项目成本归根到底就是个人对这个项目的支付意愿的代数和(对于所要求的补偿用负号)或者货币等价的代数和(使用支付意愿和货币等价有所区别,我们将在下文讨论两者之间的区别)。在他 1844 年发表的文章"关于公共工程项目效用的测量"(On the Measurement of the Utility of Public Works)中,杜普伊建议用剩余来测量公共工程项目的效用。在他 1849 年发表的另一篇文章中,他研究了"为估计工程项目的效用,发现使用者支付意愿来计算项目剩余或者求得为服务或者设备筹资所需的收费"的问题。这两篇文章都发表在杜普伊供职的行政部门办的刊物《道路与桥梁年报》(Annales des Ponts et Chaussées, Dupuit, 1844, 1849a)。②

剩余可用需求曲线以下的面积来表示,而事实上,(受过相邻专业教育的)奥古斯丁·库尔诺(Augustin Cournot)几乎同时,也就是在 1838 年为了确定佩里埃(Périer)矿泉水的垄断供应价格发现了需求曲线。由于"公共工程项目"具有公共产品的特点,而且有时就是纯粹的公共产品,因此,私人产品和公共产品的需求曲线几乎是同时发现的。③

剩余原则的应用就是通过使剩余最大化来选择要付诸实施的项目(先是只保留有正剩余的项目)。我们将在下文介绍许多限制性条件。

4.2 剩余的含义与剩余的成因

几个社会伦理原因的合并也许可以证明剩余原则的合理性。

1. 实用的功利主义。在杜普伊看来,一项公共工程的剩余就是工程的社会效用。由于公共工程项目的社会效用就是社会成员个体愿意为相关工程支

---

① 就如杜普伊所说的那样,大卫·李嘉图曾在写给萨伊的一封信(萨伊引用过)中向萨伊本人指出过他的这种思想的局限性。当然,在市场背景下理解这种思想,至少隐含地要求对边际学派有所了解(相对于边际单位而言,这两种价值其实是相等的)。

② 我们可以在不同的出版物中找到这两篇文章:这类专业刊物,理论经济学刊物[19 世纪的《经济学家杂志》(Le Journal des Economistes)和几种后来继续存世的刊物]以及不同行政和服务部门的内部文献。

③ 库尔诺和杜普伊无相关地分别发现了标准垄断和歧视性垄断理论。实际上,杜普伊在论述服务价格或者服务收费时作为案例讨论过标准的单一价格垄断问题。尽管他们两人同时生活在巴黎,并且在知识渊源方面也有相似之处,但他俩似乎没有什么关系。几十年以后,在同一领域和同一地点也发生过同样的事情:帕累托与普安卡雷各自为回答瓦尔拉斯同时发现了序数效用。

付的货币价值的总和,因此,每个成员愿意支付的货币价值可以用来测量社会成员的个体效用。如果把功利主义定义为使个体效用最大化,那么,16世纪几位(都受到斯多葛学派哲学启发的)作者提出的一项著名原则[1]就具有功利主义的色彩,也是对社会全体成员对幸福的革命性需求的标准阐述。边沁(Bentham)曾经说过,由于缺乏更好的可用替代方案,我们应该用金钱表示的效用和(utilitarian sum。按理,"utilitarian sum"在这里应该译为"功利和"。但考虑到本文作者使用"utility"一词取"效用"的释义,所以,本文统一把"utility"译为"效用"。——译者注)来测量个人效用,"或者放弃道德标准"。事实上,很难想象像快乐或者痛苦这样的纯心理因素可以像数字那样"添加"(尽管有时我们也比较不同个体之间的幸福或者痛苦差别)。

2. 加权多数原则。公共项目可以通过多数决的方式来选择。有时,它们确实采用这种方式来选择。但是,孔多塞发现,这种方式常常不允许人们表示某种可能的选择优于任何其他选择。博尔达和拉普拉斯(Borda and Laplace)曾建议过一些能弥补这一缺陷的选择标准,但是,这些标准对那些几乎不在乎两个替代方案差别的人与很在乎两个替代方案差别的人不加任何区别。此外,多数决也有相同的缺点。一种简单的解决方法就是用个体的支付意愿或者货币等价来对他们的选票进行加权。然后,拿赞成票数减去反对票数,就可得出剩余。负的支付意愿或者货币等价就是成本或者所需的补偿,并且用负号表示。

3. 自由交换或者推定交换(一种局部社会契约)。除了幸福或者福利以外,另一种个人主义价值观就是用基本权利表示的自由,也包括交换自由。如果能够无成本地限制相关设施的使用权,那么就可以对使用权定价收费;如果人们能够知道并且要求收取这样的价格,即全体用户或者那些支付最低价格的用户准备支付的价格中的最高价,那么,利润最大化的选择就能使剩余最大化(Dupuit,1849a)。

无论如何,如果全体相关人员(all people concerned)能与支付项目成本的受益人沟通并且达成协议,那么,这样的高效协议就能使项目剩余最大化。

---

[1] 请参阅 Rosen(2003)。

但是,譬如说,由于相关人员人数不够并且分散,或者由于相关人员并不同时存在,因此,或许不可能做出如此明确的集体决策。如果这些障碍都不存在,那么就会有人试图估算这种协议可能会产生怎样的结果。因此,通过实施用税收——金额相当于自愿融资的金额——融资的项目,在某种程度上也能取得这样的结果,但人们的自由受到了上述实际障碍的影响。这种道德标准是非常现实的,因为它只是一种社会契约而已,也即一种推定的假设自由协议,但是一种严格局限于公共项目以及与公共项目相关的人口(这就是所谓的"自由社会契约","基于自由的公共经济学"的基本原理)。[①] 除了估计误差以外,结果是有效的。因为,根据定义,推定集体协议消除了一切阻碍效率的障碍(无论如何必然包含博弈论中的一些策略)。最大的剩余应该还是来源于此。

4. 后来隐含剩余的社会道德原则的直接影响。功利主义—福利主义、政治—民主和基于自由(实际或者作为社会契约)这三种促成剩余原则的基本原因直接催生了后来持续数十年的不同圈子讨论的其他社会道德标准,尤其是以下一些标准:

(1)"补偿原则",也就是:凡是得益于公共项目的人应该补偿因公共项目而受损的人。

(2)最大社会总收益原则,也就是用项目总收入或者总成本货币等价计算的最大社会收益。

(3)与偏好、品味或者效用心理强度有关的个人道德责任。这种责任能证明用支付意愿或者货币等价来取代用"效用和"表示的效用的合理性,因为支付意愿或者货币等价并不是作为一种令人遗憾但又不可废弃的近似(边沁语),而是作为一个由明确的道德原因支持的原则(支付意愿或者货币等价仅仅源自序数偏好,而不考虑派生于商品束的满足程度)来取代用"效用和"表示的效用的。

(4)关于著名的马歇尔剩余,阿尔弗雷德·马歇尔(Alfred Marshall,1920[1890])只是把它归功于杜普伊(1844)。杜普伊"公开发表了一种精确计量消费者租金的方法"(马歇尔在使用"剩余"这个术语之前原先用的就是"消费者

---

[①] 如请参阅 Kolm(1985,1987)。

租金")。①

5.公共产品的效率条件。剩余原则被普遍应用于公共产品。例如,交通系统(桥梁、道路、水路、铁路、港口)的改进可缩短的行驶距离或者节省的时间、可载连续用户的重量或者人数、灯塔的可视范围和功率、设备安全性等。相应的个人(货币)总效用或者边际效用曲线沿着效用轴上行。这些都被用于对同一项目不同方案的选择,因此也适用于增量分析:只要追加生产除去成本后仍有剩余,那么就应该生产更多的"产品"。所以,项目最终选定的数量、规模和位置应该能使项目的边际支付意愿等于项目的边际成本。这就是公共产品的帕累托效率条件。这个条件虽然因保罗·萨缪尔森而出名,但早就有人应用[维克塞尔和林达尔(Wicksell and Lindahl)后来作为使用者也预见到了这个条件]。

请注意,经济学边际论证方法并不像通常介绍的那样是由瓦尔拉斯、杰文(Jevon)或者门格尔(Menger)在19世纪70年代发明的。19世纪30年代的欧洲工程师已经普遍应用这种方法,他们在自己负责的工程、力学和物理学(材料耐力、流体动力学、摩擦力、光学等)研究以及项目选择和管理(成本最小化、缩短距离或节省时间、维持或者优化预算拨款等)中不断使用优化、最大化和求导等方法。他们中间不乏大工程师或者大科学家,如纳维耶(杜普伊对他的批评成就了剩余原则,但纳维耶不但通过在巴黎修建桥梁,而且还通过运用著名的纳维耶-斯托克斯微分方程②为理性力学、材料耐力和流体动力学研究奠定了科学基础,弥补了他平庸的经济学论证的不足)、菲涅尔(Fresnel,法国

---

① 熊彼特(Schumpeter,1954)怀疑马歇尔想隐瞒他欠杜普伊的这份情,因为他没有在《政治经济学原理》有关这个主题的章节中提到杜普伊。

② 美国航空航天局建造了世界上最大的电子计算机来解这些在巴黎桥梁——更加确切地说,其中最漂亮的"艺术散步桥"(passerelle des arts,杜普伊从剩余观的角度讨论并批评了这座桥的收费问题)——建筑工地上立出的方程组,乔治·斯托克斯(Georges Stokes)20年以后也立出了这些方程组。克莱数学研究所(Clay Mathematics Institute)拨款100万美元用于推进对纳维耶方程组的理解(作为"七个21世纪的数学问题")。然而,这些方程组并没能阻止纳维耶设计的另一座桥梁(位于巴黎荣军院正面的一座具有技术创新性吊桥,那时候过桥的流量并不大)因为过分节省造桥成本、追求正剩余而倒塌。为了在吊桥坍塌的地方造一座坚固的桥梁,最后决定:只有当相对于充分高的造桥成本而言交通服务不足造成的负剩余因为桥的美学价值(如果它产生的效用可计算并加总)高到足以产生正的剩余而得到补偿时,在这里造桥才可能被证明是合理的(结果就是建造了亚历山大三世桥,这座桥从美学的角度被认为创造了一项世界纪录)。

光学家,发明了菲涅尔透镜)、普罗尼(Prony,发明了普罗尼制动动力计)、柯西(Cauchy)、盖-吕萨克(Gay-Lussac)以及后来的贝克雷尔(Becquerel)和杜普伊本人。①

6. 相互依存的剩余与瓦尔拉斯。如果在两座由水路相连的城市之间修建铁路,很显然,水运和铁路运输任何一种方式的运价都要受到另一种方式运价的影响。这种不同运输方式(还包括道路运输)之间的"竞争"是一个很典型的问题,而相应的相互依存剩余(interdependent surpluses)和联合剩余(joint surpluses)问题则都是经典问题。② 关于不同工程项目之间价格、需求和剩余方面相互依存的最明确讨论,无疑是杜普伊(1849)关于巴黎桥梁及其收费问题的讨论。杜普伊(在他著述的很多例子中)已经想到了所有项目对其他相关项目收费以及供给量和需求量的影响。更宽泛地说,对于那些会引发产业变革的大型结构性基础设施项目,应该考虑更加一般的相互依存效应,而很多关于公路、水路、铁路和港口的研究都考虑了相互依存效应。此外,很显然,由于其他项目的价格变化不大,因此,一个项目能在多少属于局部分析的分析中得到合理的研究。遇到这种情况,是可以做这样的简化的。

因此,莱昂·瓦尔拉斯(Léon Walras)不妥协的批评起到了反对他们使用局部分析法的作用,并且使得剩余学派的学者相当紧张。其实,瓦尔拉斯本人也相当紧张,因为他非常渴望赶在前面,而且有人多次提醒他注意杜普伊的效用研究。他的回答包括杜普伊错把需求曲线当作了效用曲线。这是对杜普伊的误解或者明显误读,因为杜普伊把效用定义为用户聚合的需求函数的积分——因此,需求函数是效用函数的导数,即用货币计量的边际效用。请参阅瓦尔拉斯(1965)书信集。实际上,杜普伊提出了一个关于一直到四阶效用导数的假设,也就是说,对于效用函数 $u(q)$,如果 $q$ 是产品数量,$u>0, u'>0, u''<0, u'''>0$ 以及 $u^{IV}<0$(请参阅他用炮弹进行的类比)。然而,瓦尔拉斯与剩余学派之间的摩擦是有实际内容的。瓦尔拉斯可能接受了局部分析法,并且非常重视非竞争模型,就如他写给奥古斯丁·库尔诺[莱昂·瓦尔拉斯的父亲经济学家奥古斯特·瓦尔拉斯(Auguste Walras)的同学]表示感激和妥协的

---

① 其中的许多工程师获得了姓名被镌刻在埃菲尔铁塔外墙上的荣誉。
② 如请参阅杜普伊(1844)答纳维耶。所涉及的问题是已经有公路再修建水路。

信中所显示的那样。但是,他好像从未想到某种公共产品或者联合消费结构。不同观点之间确实存在对立。瓦尔拉斯是一个社会主义者,他拿帕累托用来为自由市场进行标准的福利主义辩护的东西来构建基础(瓦尔拉斯想对自然资源进行国有化,而他的梦想就是找到一个能够证明公共预算最优规模等于自然资源租金的定理)。在另一端,为共同利益服务的政府官员经常会遇到涉及"公共产品"维度的问题,但有些政府官员在其他问题上都是一些主张自由市场的古典自由主义者(在很大程度上也包括杜普伊本人)。此外,瓦尔拉斯曾在巴黎的一所工程学院[巴黎矿业学院(School Mines of Paris)]学习过,但没能进入巴黎综合理工学院(Ecole Polytechnique)深造,并且也没有当过享受终身职务的公务员。① 事实上,瓦尔拉斯甚至没有在法国找到过工作。

### 4.3 剩余的特别应用

1. 负的偏差剩余(negative deviational surplus)。剩余原则有一个问题,这个问题就是:某个要做的项目减去所需的补偿后可能仍有支付意愿的正和;而且,项目在实施过程中,无论是取消项目还是在项目完成之前都有相同的支付意愿正和。同样,剩余可能会给出相反的结果,具体取决于这个剩余是减去补偿后的支付意愿和还是货币等价的代数和。造成这些实际情况的原因在于:货币估价是在项目已经付诸实施(如设备已经建造)以及项目还没有付诸实施的情况下进行的。事实上,货币等价是收到或者拨付的货币额,而不是项目造价,而支付意愿或者所需的补偿是根据项目的施工进度拨付或者收到的款项。某个项目的货币等价情况相同,但正好与项目已经立项但还没有付诸实施时的支付意愿符号相反。这一点适用于每个单值,因而也适用于各相应单值的和。这种"收入效应"意味着有可能出现一些已被注意到的"矛盾"。②

---

① 没能通过这个学院的数学考试,也不是什么不光彩的事:埃瓦利斯特·伽罗瓦(Evariste Galois,法国数学家。——译者注)也有过这样的遭遇。

② 在英语的理论经济学文献中,这种效应通常与蒂伯·西托夫斯基(Tibor Scitovsky,1941)的论述有关。此外,剩余的符号可能要取决于计算剩余的计价标准的选择。蒂伯·西托夫斯基可能已经成为最了解我们所考察的这个学派的思想的英语经济学家[保罗·萨缪尔森的信息也非常令人印象深刻——例如,他曾问我其中的有些思想出自克莱蒙·科尔森(Clément Colson)七卷本著作的哪一卷——更重要的是,他没有读过法语原著]。无论如何,他们没有见过各种形成这些思想的行政公文——更不用说听说过各种口传信息。最近,美国其他研究剩余的学者甚至都不知道在一些专著或者学术刊物上提出过的观点。

其实，在实际应用中用可用信息进行的估计很少能够充分反映足以导致这种矛盾出现的收入效应。然而，对于少数几种可能出现这种矛盾的情况，作为一种能避免歧义的一般理论主张，"负偏差剩余"原则才算得上完美的理论主张。也就是，选择一种状态（如设备和融资），使得减去过渡到任何其他状态所需的补偿后的支付意愿和为非正，而减去从任何其他状态过渡到这种状态所需补偿后的支付意愿和为非负。同样，在这样一种状态下，无论是过渡到另一种状态（减去所需补偿后）的支付意愿和还是货币等价和都为非正。在某些场合，这两个条件可充当最大化的一阶和二阶条件。[①]

2. 罗伊（Roy）的双重边际剩余（dual marginal surplus）。公共管理的经济作用不但包括公共产品供应管理，而且还包括在需要时对私人产品价格进行优化，其中包括对垄断的监管、出于不同原因（投机、人为制造稀缺、资产泡沫、必需品、生活费用、通货膨胀、最低或最高工资或者生产者价格）实施的价格管制以及在发生严重的总危机特别是爆发大规模战争的情况下对价格进行直接管制。杜普伊的一个教职继任者雷内·罗伊（René Roy）阐述了有关这个问题的理论。一种私人产品的价格，对于全体买卖这种产品的人来说，就是一种公共产品。某种商品的买主因为这种商品价格下跌一小单位而愿意支付的价格，显然是他购买这种商品的价格，也就是说，这个价格就是这种商品价格的林达尔价格。因此，根据公共产品优化公式，在最优价格上，这些带负号（因为价格上涨）的支付意愿和等于这种产品的销售总量（倘若这种产品的数量给定），或者等于0（倘若我们把这种产品的卖方包括在有关的行为主体中），当然，价格的公共产品特性在效用函数用罗伊——把支付意愿作为替代率——建议的间接表示法（作为价格和收入函数）来表示时就会暴露得淋漓尽致。

### 4.4 剩余与分配公平

1. 剩余与融资。剩余法有几种关于分配公平或者分配正义的意思和用途。如果一个项目可以通过收费或者叫受益人付费或向受益人征税来融资，那么，人人都可以从这个项目中受益，并且可能仍有总剩余分配给受益人——

---

[①] 请参阅 Kolm(1966)。

通过减少或打折收费——或者分配给其他行为主体。然而,这种收费想必并且通常必须区别对待受益人对每单位效用的支付意愿。杜普伊(1849a,b)初步研究过信息问题,他的研究暗示:非歧视性垄断和歧视性垄断理论(库尔诺认同前一种垄断理论)当时大约也就才问世十来年。想要估计剩余,就得估计货币等价或者支付意愿。不过,对需求曲线进行统计估计,就可以在无法获得每个特定用户信息的情况下计算总剩余。具体地说,杜普伊强调指出,在其他条件不变的情况下,支付意愿通常会随着财富的增加而增加(如果收费与财富联系起来,在信息公开的情况下,戴礼帽的人应该比戴便帽的人多缴费……)。但是,这样很快就引发道德辩论:对实际接受相同服务的人收取不同的费用是否公平?不是向所有的人收取相同的单位价格是否公平?或者是否应该像具有宪法性质的《人权宣言》对公共预算所要求的那样,对每个人"根据他们的财产"来收费?这也许是因为支付意愿可能会随着财产的增加而提升,或者是出于公平分配剩余可支配财产的原因。如是后一种情况,为什么不进一步降低穷人的工资呢?然而,具体的公共服务是否应该考虑这样的分配正义问题呢?这个问题难道不应该是只有中央政府政策关心的问题?如是这样,那么,什么才是具体服务的"中性"收费呢?如果中央政府的政策不足以解决这方面的问题,那么又该怎么办呢?公共行政管理部门从政治和社会觉悟两个方面,并且从19世纪中期到现今都遇到了这样的问题。① 具体而言,这种情况推动了一些分别关于局部公平、总体分配正义以及分配和道德剩余理论的研究的发展。

2. 非累加剩余原则或者平均剩余(egalitarian surplus)原则。在包括项目融资在内的项目选择中,个人的货币等价是个人对项目(序数)效用的具体表示。由于这种表示具有同一商品量的度量标准(逻辑属性),因此,这种原则可能是这些商品量(古典剩余)总和在逻辑上有意义的最大化。不管怎样,求这些同一商品量的任何递增函数的最大值也都能得出有效的结果,但它们的分配意义却通常不同。求得的解能使个人的货币等价(个人剩余)相等,或者使个人货币等价的不公平厌恶函数(inequality-averse function)达到极大值或

---

① 这种情况是由各种不同的社会哲学思潮促成的,尤其是第二共和、圣西门主义、法兰西第二帝国民粹主义、社会天主教思潮、第三共和温和的"激进社会主义""社会连带主义"以及各种社会主义理想促成的。

者是个人货币等价的最大最小值。这就是非线性或者非累加剩余原则,尤其是平均剩余原则。这种非累加剩余原则如果被应用到具体项目或者项目组,那么就能实现局部公平。①

3. 总体分配整合。无论如何,相关公平可能要比局部公平本身涉及面更广。总体收入分配可能要考虑每个项目或者每次行动局部决策的分配效应,并在必要时予以补偿。每个项目的融资可能是这个问题的关键。地方公共项目及其融资也可能只是私人支出的翻版,因此可被作为私人支出问题来处理。由于不同的原因,如政治障碍或者由信息困难造成的传统反激励效应,因此总体分配也可能存在缺陷,从而导致在计算剩余时应该根据不同的分配系数对不同个体的货币单位或者不同类别的个体加权。②

4. 分配或者道德剩余。这些方法把公平纳入了剩余的定义。但是,我们必须对公平进行定义,而剩余的另一个用途必须适用这个原则来定义由人们对这个问题的看法决定的分配。的确,人们对收入的总体分配有自己的看法,特别是对公平问题有自己的看法。因此,收入的总体分配是一种道德公共产品。具体而言,这种公共产品可能有一些特点或者分配参数。这方面的一个主要问题就是把人们的道德偏好与他们对自身收入的自利性偏好区分开来,尤其是因为人们可能有首先看重本人收入的习惯性偏好。直接分配法或者道德剩余法可直接用来解决这个问题。事实上,在两人对于由一人拿1美元转移给另一人的支付意愿的总和中,这两个人对于这个转移支付方案的支付意愿如果是自利性支付意愿,由于两人的支付意愿正好都是1美元,但符号相反,因此相互抵消。结果就只剩下道德性支付意愿,两人的这种支付意愿可能小于他们的自利性支付意愿(但我们可以推定,有很多人,因此,他们的道德性支付意愿可以累加)。根据剩余理论,如果支付意愿总和为正值,那么进行这种转移;如果支付意愿总和为负值,那么就应该进行反向转移。在由此达成的均衡中,任何转移的边际道德剩余都为零,也就是说,全部的个人收入都有相同的边际道德剩余(累加得到的边际总道德剩余也等于零)。这种分配由人们

---

① 关于这项原则的完整理论,请参阅 Kolm(2004)。
② 关于这个问题的完整理论及其应用,请参阅 Kolm(1968,1968—1970,1974)。

对分配的看法所决定(这只是对剩余理论的基础、发展和应用的粗略概述)。①

### 4.5 在剩余辩论中的位置

也许没有必要说明,经济学文献中有关剩余原则的常见批评几乎都不适合本文考察的这个学术传统的实践。② 剩余原则可用来评价从帕累托无效状态到帕累托有效状态的转变过程(在考虑了各种约束以后)。把剩余原则应用于公共项目选择的目的就是要弥补某些市场缺陷,因此,完全竞争假设并不适用。通常至少要有某一方面的公共产品性质才能适用剩余原则。价格变化的非局部分析可用于适用完全竞争假设的情况。分配和公平都是重要问题,有几种不同的解决方法。货币价值可以累加或者比较。相比之下,如果今天意义上的"效用"或者效用评价可进行个体间比较或者累加,那么,它们的实际意义就是对像幸福、快乐或者满足这样的抽象概念进行比较或者累加。虽然有一些例外的情况,但在大多数情况下,我们无法做到这一点,而且也不能给出充分明确的解释,这就是边沁的观点。正如我们已经指出的那样,边沁曾经说过,除了对货币值进行累加以外,我们别无其他选择。他还补充说,即使我们知道不同个人的快乐,但对它们进行累加,充其量也就是对苹果和梨子进行累加。③ 在任何情况下,个人的特定偏好或特殊享受能力或者偏好和享受能力上的差别,常被大家认为不适用于很多公共选择。

### 五、社会福利函数

不管怎样,剩余原则最终都会被用来比较个人的财富,而不是像边沁认为的那样比较他们的快乐或者幸福。如果快乐被认为是私事,而不是公众关心的问题的话,那么,情况就是完全如此。不过,目前比较经典的社会福利函数也已经使用了很长时间——如莫里斯·阿莱斯(Maurice Allais)的"国民幸

---

① 请参阅 Kolm(1966)。1965 年,笔者向当时在哈佛大学做理查德·马斯格雷夫助手的莱斯特·瑟罗(Lester Thurow)指出了分配的公共产品属性(顺便说一下,他后来运用这一观点撰写文章发表,但并没有做任何说明)。

② 作为例子,请参阅 Blackorby 和 Donaldson(1990)。

③ 肯尼斯·阿罗(Kenneth Arrow)在《社会选择与个人价值》(*Social Choice and Individual Values*,1963[1951])一书的开篇中援引了边沁的这一观点。阿罗曾经对我说,苹果和梨子毕竟还有十分相似的单位。"幸福"的人际比较当然更加不靠谱,因为任何基数效用都是指变化不小的幸福或者满足度[请参阅 kpl(1996:360—366)]。

福"(national happiness)函数或者弗朗索瓦·迪威西亚(François Divisia)提出的社会福利函数。① 弗朗索瓦·迪威西亚的社会福利函数特别值得关注,因为他继承了他的老师维尔弗雷多·帕累托(Vilfredo Pareto)的思想。我还记得他在巴黎综合理工学院开讲座的情景:"个人有效用和满足两个函数"。满足是指狭义的福利,而帕累托的个人效用函数是个人满足函数。此外,帕累托(和迪威西亚)还考虑了一个依赖个人这样的效用的社会函数。

也许有必要提醒一下,社会福利函数是由艾布拉姆·博格森(Abram Bergson)在评论帕累托著作时引入英语经济学文献的。然而,博格森所介绍的社会福利函数只是帕累托笔下的个人效用函数——个人对每个人的福利的评估。

所以,帕累托、迪威西亚及其追随者们的这种社会福利观还包括人们的社会情绪(如利他主义或者正义感)的表达(尽管仅限于评价人们的"满足度"),因而包括他们的偏好和享受能力的影响效应,并且把人们从他人快乐中获得快乐的评价排斥在外[所以,既由于前一方面而与后来的约翰·罗尔斯(John Rawls)不合拍,又由于后一方面与之前的边沁不相容]。但他们在后来的著作中纠正了这些曲线,而且还考察了各种可能性。②

### 六、边际成本定价法、赤字、价值约束和最优税制③

#### 6.1 有效定价与预算平衡

自然垄断行业不但需要优化自身的投资,而且还要优化自身的定价策略。帕累托证明[而杰拉德·德布鲁(Gérard Debreu)很快就证实]了完全竞争市场具有帕累托效率。这就是"无论需求量是多少,模仿完全竞争市场以最低成

---

① 弗朗索瓦·迪威西亚与格拉纳·弗里西(Ragnar Frisch)和简·丁伯根[Jan Tinbergen,在他俩因为这个领域的著作而共同获得第一个诺贝尔经济学奖之前(丁伯根由于阿尔及利亚离开法国宣布独立过度悲伤而去世)是经济计量学会的共同创始人和《计量经济学》《Econometrica》杂志的共同创刊人]。

② Kolm(1966)。埃奇沃思(Edgeworth,1881)考察了两个效用—福利函数为 $u_1$ 和 $u_2$,分别使 $u_1+\lambda u_2$ 和 $u_2+\mu u_1$ 最大化的个体。式中,$\lambda>0,\mu>0$。但是对于帕累托和迪威西亚来说,这种外部性是人类社会的一般现象,有时就像亚当·斯密《道德情操论》(Theory of Moral Sentiments)中的移情。

③ 关于本文第六和第七部分的问题,请参阅 Kolm(1968—1970)。

本生产并按边际成本销售"的原因。哈德罗·霍特林（Harold Hotelling,1938）正确地认为,这种观点是由朱尔斯·杜普伊提出的。但是,这类活动通常是规模报酬递增,这就是它们缺乏基本的完全竞争的一般原因。这种市场结构表明,这类生产具有一种公共产品的属性,因此,边际成本定价会导致预算赤字。那么,应该怎样来弥补这种赤字呢？是否应该通过一般预算来弥补,从而承担税收造成的政治和社会后果以及税负过重造成的经济缺陷？霍特林用法语的"权宜之计"（pis aller）来表示后来所说的"次优"。在大多数情况下,政治权力不会为了公用事业而选择求助于赤字（尽管财政管理机构喜欢部门赤字,因为它在这些公营企业建立了自己的势力）。法国电力公司（Electricité de France）这家公共电力垄断企业的总裁皮埃尔·马塞（Pierre Massé）和他的研究部经理马塞尔·布瓦特（Maecel Boiteux）（以及后来的继任者）显然是碰到过这样的问题。法国电力公司曾推行过两部收费制（two-part tariffs）,但布瓦特认为这样做不合理（笔者并不赞同）。

以上问题可考虑三种解决方法：一种就是根据长期边际成本制定价格。但是,这种方法并不完全合理。先验地推断,当产能超过短期需求时,有效价格应该是短期低边际成本。另外两种解决方法被证明是公共经济学取得重大进展的起因：价值约束理论以及个人偏好不确定条件下的最优非线性税收。

## 6.2 价值约束

一种解决方法就是通过预算平衡约束下的社会优化来确定价格。这是一个以分析和形式（而不是历史和实际影响）为基础、关于拉姆塞（Ramsey,1927）、布瓦特（1956）和一般价值约束理论的三阶段递增一般化故事。[①]

价值约束就是一种比较影响价格的预算不同部分的约束。有许多现成的例子,预算平衡就是其中的一个例子,但还可以有占总值最小的赤字或者利润、不同支出或者收入组别之间的推定关系、某些价格的上限或者下限、给定价格比率或者指数化价格,等等。价值约束被证明可被描述为商品数量空间中的这样一个"焦点"：价格发生与它超过边际成本或者生产率的部分成比例的小幅变化,就会导致供给或者需求商品向量顺着焦点的方向发生变化（焦点

---

① 请参阅 Kolm（1968—1970）。

在价格约束方向的无穷远处)。如果有几个价值约束,那么,这些约束的集合就有一个具有相同属性的焦点,而这个属性是约束焦点的引力中心。

这种方法可用来解决很多问题,这种方法有些应用与公共财政或者特定公共服务部门或公用事业如何编制最佳预算有关,但也可用来为受国际收支约束的国家确定最优海关税率(每种商品的最优关税就是分别与商品和国家有关的两个数值的乘积)。这种方法已经为欧洲联盟(一个没有实行货币一体化的关税联盟)所采用。

### 6.3 最优非线性费率或者税收

另一种解决方法就是采用非线性费率和按较高费率收取的超边际单位,而不是边际单位(这还是杜普伊遇到的问题)。然而,我们远远没有充分了解消费者对商品和收入的偏好,因此仍存在一种风险,那就是排斥那些已经准备支付高于成本的费率的需求——因此是一种浪费。于是,有人提出了在政策制定者不完全了解买方偏好情况下的最优非线性费率理论。对于每个商品量,边际费率的上涨会导致本来选择这个商品量的用户选择减少购买——如果这个边际费率超过了商品的边际成本,那么就造成了社会浪费,但可从选择购买更多商品的人那里收取高费率——预算收入增加,也可能是公共预算拨付的补贴减少。这两种影响效应的差额决定费率曲线。这两种效应对于不确定的需求可能会产生影响。需求量越大,大额消费数量越少,第二种效应就越小。这种情况趋向于导致边际费率递减,而费率曲线随着边际费率趋向于边际成本而呈现为凹形。从形式上看,最优非线性费率与一般税率表下的最优所得税相同。不管怎样,这种解决方案由于两个相关原因而比吉姆·米尔利斯(Jim Mirrlees)几年后提出的模型和后来的文献中讨论的模型更加精炼:个人没有被假设为偏好相同;政策制定者也并不完全了解个人偏好,而只是估计个人偏好的概率分布。

## 七、公私混合产品

这些早期的研究也为解决公共经济学的一个基本问题——介于纯公共与纯私人之间的产品或者服务的性质——做出了很多贡献,更加确切地说,是提出了关于不同产品公共性和私人性不同实际组合的理论。这是一个很一般的问题(对于消费者来说,私人产品的全部非数量特点就是公共产品,消费者消费每种产品都需要其他种类的产品作为必要的补充),但一些重要的机构在公共服务管理方面走在了前面,而一些法国工程师经济学家对这些重要机构的技术和经济特性及其最优性进行了分析,并且总结了它们实施的投资融资和监管政策。

标准的消费结构应该是双重分层消费:有些商品被私下里分为不同的部分,每个部分由某个(如地方)群体的成员集体消费;而另一些商品则由不同的群体共同消费,每个群体的成员一起分享这些产品。后一种情况,如有些设备为不同群体先后使用,但每个群体使用都能提供可供用户分享的便利。这样的双重消费结构还可以进一步分层。

不确定性和时间导致了影响最优投资和定价的不同私人性—公共性构成和程度。如果使用产能的随机需求彼此相关,那么,它们就会私下里分享设备;如果它们之间彼此负相关,那么就能享受设备在无竞争状态下提供的便利。因此,相关性表示私人性程度。设备的最大负荷要求私人在相应的私人价格和投资政策的影响下在时间上分享可利用的产能,而在低需求时段使用设备可共同得益于设备提供的便利。在任何情况下,需求和使用设备可以是同一行为主体的行为。

消费者之间私下对立的后果可能没有像完全排斥那么严重,或许会造成某种不便或者负外部性——包括,譬如说,推迟使用(排队等候)、空间狭小、拥挤造成的各种不便、导致免费资源("公共资源")耗竭、污染、环境恶化、缺乏交易流动性,等等;也有可能造成一种可被定义为用户群体对自己产生外部性的"普遍拥堵"(general congestion)状况。这种状况的消费结构、经济意义和最优政策是早期公共经济学研究的对象和公共行政管理部门尤其是公共装备与交通运输部门的管理对象,而且也成了尤其是交通运输、城市政策制定部门以及后来的污染和流域管理部门许多投资、融资、收费、价格和税收政策的应用场所。外部性可通过有效的价格、收费、税收和质量(如速度、舒适、实用等)来加以控制,也可以通过增加设备或者资源投入来进行改进。提高价格能够增加收入,而改进设备需要花钱,这个问题涉及最优设备和价格以及财务结果。解决这个问题的方法就在于质性规模报酬(qualitative returns on scale)的基本结构。质性规模报酬保持不变、递减还是递增，具体取决于产能和需求的相应增加导致质量保持不变、恶化还是提高（在质性规模报酬不变的情况下，质量是服务量和产能的一个零阶齐次函数，而这个函数的外形呈螺旋形）。在最优（设备和价格）政策下，总体财务结果是收支平衡、盈余还是亏损，具体取决于质性规模报酬保持不变、递减还是递增。这个理论得到了很多应用，而且最终在其他国家（英国）也为人熟知并得到了应用。后来的"俱乐部产品"理论（theory of "club goods"）（如布坎南）是一种不同的理论，但关注相同的问题。

**八、其他贡献**

以上只是在技术管理和公共服务部门文献中发现的一些法国工程师经济学家对公共经济学做出贡献的例子，实际上还有其他各种不同的例子。许多其他例子涉及公共经济学的风险或者不确定性研究领域，其中包括不确定需求的影响效应，不确定需求对最优费率和税收以及因相关性而异的对私人性—公共性程度的影响。公共安全及其对投资和监管的影响也成了一些重要著作的研究对象，这些著作不是基于意外事件厌恶就是基于灾难社会成本评价（基本研究动机是拯救一个生命的费用因不同活动而异，研究似乎表明为了做这种基本"善事"存在资源配置严重不当的问题）研究了公共安全及其对投资和监管的影响。具体来说，公共设备安全常常取决于投资管理和维护以及用户面对风险时选择的行为（如道路、保护和应急服务、医疗卫生等）。最优公共成本，譬如说，拯救生命（按概率计）的最优公共成本取决于拯救生命的私人替代成本（如行驶较慢与远离水坝附近危险区域行驶之间的成本差异表明：与修路相比，值得为修水坝花费较高的安全成本——这项研究成果后来被用于核电厂建设）。[①] 因此，最优公共成本取决于所涉及的活动。但在相应的公共投资和政策成本效益分析中，用户的责任遭到忽视。这些高风险、低概率例子[帕斯卡尔（Pascal，法国数学家、物理学家。——译者注）赌局]的用户行为模型模拟了实际行为[而不是伯努利（Bernouilli，瑞士数学家、物理学家。——译者注）研究的行为]。莫里斯·阿莱（Maurice Allais）因此而受到了质疑，从

---

[①] 法国特有的大型核电厂建设项目有时会引起一些争议，但也使得解决成本效益分析方面的新问题在 20 世纪取得了一些进展，如环境和安全问题。

而促使他去进行他的著名实验,最优公共成本的另一重要应用成果就是皮埃尔·马塞把指导性计划作为弥补市场缺陷和期货市场不完全性的不确定性减缓器的理论(和实践)。

在另一个研究领域,弗朗索瓦·迪威西亚的经济学网络理论——主要涉及外部性、公共产品、规制和最优定价等问题——在许多交通基础设施、电力、煤气、电信、邮政等公共服务部门和货币流通理论中找到了重要的用途。

为了解决由公共经济管理人员提出的问题而做出的许多贡献都涉及经济学、应用数学和后来所说的运筹学等学科的交叉领域。在一定约束条件下求最大值是工程师们[其中最早的几个工程师是拉格朗日(Lagrange)的学生]遇到的标准问题,解决这个问题的方法主要被用来在新投资和维护性投资各自惯常效用既定的情况下最优地把有限的公共预算配置于这两种投资。本文前面提到的价值约束也属于这个范畴。电力生产和修建水坝的投资导致皮埃尔·马塞很早就开始探索线性规划和随机动态规划问题。雅克·勒苏恩(Jacques Lesourne)在加里·贝克尔(Gary Becker)重新发现之前已经把时间约束添加到预算约束,而其他学者又把由此而产生的时间成本应用到公共交通网络优化。

最后,一个公共部门庞大、政治左派、极端势力大又长期受到革命意识形态和"平等热情"强烈影响的国家,要比大多数西方社会和市场经济体遇到了更加尖锐的公平特别是社会正义问题。具体来说,这样的问题有可能涉及各种公共政策和措施。然而,实际的公共选择要求把这些道德观念具体规定为具有可操作性的因而是精确的公平和正义概念。以上提到的平均剩余和道德剩余原则就属于这个范畴。现代不平等测度理论最初就是在20世纪50年代初由其中的一个流派发展起来的。此外,这些公共服务部门热衷于帕累托效率,并且主要关注把所有权与社会和政治系统提出的各种公平问题联系在一起。

**九、结束语:历史教训**

如果我们重新回到亨利·普安卡雷的比喻,以上对公共经济学历史的简单回顾能赋予我们某种像舵盘那样的东西,那么,我们应该选择哪个航向呢?

我们可以做出许多不同研究专业方向的具体回答,但是,其中有一个重要的基本问题是关于这个被称为"公共经济学"的研究领域的性质和存在性的。在"公共选择"研究的创始人看来,公共经济学不同于"公共选择"研究,基本上是一个规范学科。如果公共经济学就像它本身所做的那样,要想成为一门有用的应用学科,那么就应该依靠一些行为规范的、拥有一定权力的行为主体。本文从历史社会学的角度介绍了法国学者和工程师为公共经济学做出的贡献。历史上,法国就拥有庞大的公共部门和一个技术水平很高的公务员群体。这个公务员群体接受过专业教育以及励志和道德教育,并且传承了一种促成强烈的"公共服务""意识形态"或者伦理的传统。最近,这些因素由于波澜壮阔的私有化运动和公共部门责任范围的缩小而有所变化。这些变化非但没有限制法国,反而使法国受到了以下几个相关因素的影响:逻辑、意识形态、私人利益和"金权"(power of money)以及旨在各部门强制推行竞争和国际准入制的欧盟——有市场,但没有政府——框架内的欧洲建设。从这个过程中可以总结出许多结论,而私人理性与公共理性之间的关系类型和界限至今仍未确定。

  逻辑在标准竞争部门有它的话语权。对于雷诺(Renault)公司、法国航空公司(Air France)或者道达尔(Total)公司[主要是前埃尔夫—阿奎坦(Elf-Aquitaine)公司]来说,没有理由保持公共性质(除非可能是有限的部分)。[①]为大众服务并处于自然垄断地位的行业情况就不同。在自然垄断行业,竞争可能性由于种种原因而受到限制,或者会产生特殊的外部效应,如区位或者风险诱致的外部效应。私有化后的大公司通常会成为成功的国际性公司,常常是它们所在行业的龙头企业。[②] 然而,服务的基本消费价格一直在上涨——与希望背道而驰,而服务质量则常常趋于恶化。自来水公司大多已经私有化,而且还发生了很多有关价格和政治关系的丑闻。巴黎市政府现在正考虑把巴黎的自来水公司重新收为市有。在基础设施管理与交通运营分离以后,铁路运输的服务质量因为一些具有一定竞争力的公司加入而已经开始恶化(延误、

---

  ① 雷诺公司因在第二次世界大战时期勾结德国占领军而在1945年被收为国有。但是,公共部门有一定的理由保留一些特大公司的股份——有时情况就是这样,目的是要对这类公司的行为可能造成的各种外部性掌握一定的控制权。

  ② 例如,法国电力公司现在是继俄罗斯天然气公司(Gazprom)之后的世界第二大能源公司。法国航空公司是客运量最大的公司,并且正在吞并其他欧洲国家的公司。

意外事故）。邮政也许正处在私有化的过程中，但有些服务的质量已经有所下降（因此招致公众的强烈抗议）。我们绝不应该认为，让存款银行——其中四家主要存款银行是公营银行——成为现在这样的成功的国际全能银行，对于普通公众（和对于金融稳定）来说是一件好事。英吉利海峡隧道是由一家私人公司建造的……这家私人公司通过牵头银行掠夺了小股东的全部股权。电信公司也取得了成功，但靠的是它的员工不辞辛劳地投身于公共服务。欧洲委员会经常谴责经营不好的部门缺乏竞争企业，因为这些部门企业数量太少，或者是因为基础设施网络由之前的垄断企业管理。例如，手机供应经营权已经判给三家最近因为价格串谋而被罚款的公司（但它们仍在进行价格串谋）。法国电力公司受到了阻止竞争的谴责。我当然更加愿意由马塞尔·布瓦特按边际成本卖电给我，而不是由他的继任者为了收购英国能源公司（British Energy）或者美国联合能源公司（American Constellation Energy）以获得核能领域的世界主导地位而提高他的垄断价格。[①] 如此等等，不一而足。[②]

　　如何选择私人与公共标准和动机之间的社会选择权配置，是公共经济学要解决的一个重大问题，或许是最重要的问题——并且也是一个还没有引起科学研究重视的问题。我们最近和现在的经历应该能够很好地补充历史记录。私人部门与公共部门之间相互作用的方式，尤其是公共部门监管私人部门的作用和可能性是问题的重要组成部分。各种决策既有成功的，也有失败的。与常见的偏见相反，公共部门管理层在创新方面已经取得了显著的成绩（例如，在能源、交通运输或者电信领域）。有一个关键的问题关系到各种动机的可能性。虽然公共部门也有不少令人印象深刻的忠于职守的低级别代理人，但关键的问题涉及公共部门这个层级机制的顶层。在这个层级机制的顶层，通常不缺高官厚禄（如果公共部门的薪水提高 2～3 倍，那么，这个部门代理人就不会改变他们的工作方式）。因此，我们肯定可以通过为了社会的利益而不是股东的股利工作来获得高满足感和社会地位。当然，历来就有人指责公共部门的非经济理性倾向，这并不什么新的东西。这种观点在 19 世纪已经

---

　　① 在美国联合能源公司的案例中，由于沃伦·巴菲特（Warren Buffet）目的明确的竞争力很强的报价，因此要以 2 倍于该公司股价的价格购买它的股票才得以收购这家公司。
　　② Flasher 等（2009）对欧洲委员会引致的私有化效应进行了批判性评价。

很有市场。具体来说,持这种观点的学者对法国和英国公共工程组织工作进行了比较,并且因为前者取得了过于辉煌的成就而提出了批评。事实上,就是这种(譬如说)由萨伊(Say)转述的批评意见促使杜普伊去寻找公共工程效率的科学测量手段的。那么,目前的问题是否能够促成相似领域的科学进步呢?①

**致谢**

本文作者非常感谢两位匿名审稿人,他俩提出了非常有益于完善本文的评论意见和修改建议。文章仍存在不足之处,全部由作者负责。

---

① 当然,这些公共管理部门成员没有变成只受执行科学社会伦理激励的圣人。我们仍然没有解决2个多世纪前就已经存在的问题。以我本人为例,我从学校毕业以后就加入了这个公共部门管理人员群体,我接受的第一项任务就是"证明X水坝项目是否有益"(确切地说"是否能够赢利"。"是否能够赢利"包含更多种类的有效的经济因素)。也就是说,需解决的问题是寻找必须包含先验指定结论的标准这样一个更加值得关注的逆问题——而不是执行标准,或者寻找好的标准这个更加值得关注的道德问题。激励这些公共部门管理人员的是职业兴趣,或许还有学术(工程)和社会名望。这里所说的X水坝是建在非洲萨赫勒地区三条主要河流中一条河流上的大型水坝[阿斯旺(Aswan)水坝(建在埃及阿斯旺市附近尼罗河上的水坝,1971年建成。——译者注),在美国与苏联的竞争中刚刚建成]。我要做的完全是另一回事。我想说的是,我的工作就是组织一项涉及百万人生活各个方面的大型研究,因为水坝和灌溉项目将彻底颠覆和改变他们的传统生活方式(这样的研究只需花费这个技术项目研究可用资金的一小部分)。这样的问题远远超越了经济剩余的范畴。研究得出的结论是,暂时先修建很多小型无破坏性的水利和农业改进项目;然后,可能的话,几十年后再在适当的地方兴建一系列水坝(后来,有些水坝修在了我认为合适的地方,而另一些水坝则建在了我觉得不合适的地方。结果造成了之前预见到的后果——如导致河流三角洲盐化)。

# 大胆的想法——法国自由主义经济学家与国家：从萨伊到博利厄

吉尔伯特·法卡雷罗（Gilbert Faccarello）

## 一、开场白

19世纪的法国，在各种关心公共领域的思潮中间掀起了一场关于国家性质和经济作用问题的大辩论。在这个动荡时期，由于很多突发性事件经常导致政治制度发生变化，因此并不缺少讨论经济和政治问题的机会。请别忘记，在1789年大革命动乱和第一帝国之后发生了两次波旁王朝复辟（1814和1815年），第二次波旁王朝复辟一直持续到1830年的7月革命；接着就是路易·菲利普（Louis Philippe）的7月王政、1848年的2月革命、第二共和国、路易-拿破仑·波拿巴（Louis-Napoleon Bonaparte）政变和第二帝国（1852～1870年）、第二帝国倒台以后出现过一个混乱的过渡政权（1870～1879年），最后第三共和国于1879年正式成立。

在那个时期，国家问题在法国经常被提上议事日程。当时的争论非常激烈，并不只局限于对立的政治阵营［即简单地说，自由主义阵营与"合作社会主义"（associationniste）或者社会主义阵营之间］，而且还在每个阵营内部展开。譬如说，在合作社会主义阵营内部，圣西门（Saint-Simon）、约瑟夫·傅立叶（Joseph Fourrier）、皮埃尔·勒鲁（Pierre Leroux）、皮埃尔-约瑟夫·蒲鲁东（Pierre-Joseph Proudhon）或者康斯但丁·佩克尔（Constantin Pecqueur）思想之间几乎没有什么一致的东西。自由主义阵营内部的辩论也同样激烈，比方说,个人主义的自由主义①在国家这个问题上的立场绝对不一致,而且与比较温和的"空想理论家"肯定相左。② 自由主义者的观点分歧是我们这个研究主题观察到的第一个事实。

不过,我们在分析19世纪公共经济学在法国的发展时观察到了第二个重要的事实。伴随着经济学理论众所周知的巨大发展,18世纪下半叶,法国见证了公共经济学的一些重要进步。但是,公共经济学的这些进步在19世纪几乎完全被忽视。与英国的古典经济学不同,法国的感受经验论(sensationist)经济学家——如杜尔哥(Turgot)、孔多塞(Condorcet)和罗德尔(Roederer),甚至还有格拉斯兰(Faccarello,2006,2009)——提出的经济学理论直到一个世纪以后才被意大利和瑞典经济学家重新发现。简而言之,我们能够在他们的著述中发现:(1)考察了公共财政性质与政治制度类型之间的紧密联系,并且认为一种正确的公共财政理论只能适合一个现代民主国家;(2)深入思考了公共产品本质、外部性———一般地说,搭便车问题——以及后来"市场失灵"学派所说的有益品(merit goods);(3)提出了不能只分析预算收入端而不顾支出端的思想;(4)提出了税收交换说;(5)宏观层面确定公共支出和税收最优数量,以及在这种背景下确定第一边际均衡。在18世纪和19世纪的世纪之交,公共经济学沿着这些方向的发展已经明显停滞。除了一些工程师经济学家取得的发展以外,法国的大多数自由主义经济学家似乎都很容易满足于模糊地引用公共产品或者有益品概念,而没有对这个概念做更加确切的阐述。③

---

① 让-巴蒂斯特·萨伊(Jean-Baptiste Say)及其追随者:首先是查尔斯·孔泰(Charles Comte)——萨伊的女婿——和瑟贡扎克的巴泰勒米-查尔斯·杜努瓦耶(Barthelemy-Charles Dunoyer de Segonzac),然后大部分是聚集在《经济学家杂志》(Journal des Economistes)和政治经济学会(Socieété d Economie Politique)周围的经济学家。这个思想流派还包括像斯泰艾乐夫人(Madame de Taël)和本明杰·贡斯当(Benjamin Constant)这样的政治思想家(Faccarello and Steiner,2008)。

② "空谈理论家"在当时形成了另一种自由主义思潮,并且在7月王政时期占据支配地位。他们承认国家和一些受过教育的精英分子对于社会组织和进化产生积极的主导影响。当时最著名的"空谈理论家"有弗朗索瓦·基佐(François Guizot)和佩莱格里诺·罗西(Pellegrino Rossi)。萨伊经常向他们发起论战。在他的《实用政治学》(Politique Pratique)中,有些地方全是抨击他们立场的,并且把他们等同于英国的辉格党人(cf., for example,Say,n. d.:362—363)。我们在他的《实用政治经济学完整教程》(Course Complète)中领教了他的批判风格:"社会体就其本意和性质来说就是一种生命体[……]它不会依靠外力——即政府——来获得动力。"(Say,1828—1829,II:536)

③ 《国富论》在法国的传播[请参阅 Faccarello 和 Steiner(2002)以及 Béraud 等(2004)]可能也对这一演化起到了一定的作用——这个问题超出了本文的研究范围。

大胆的想法——法国自由主义经济学家与国家：从萨伊到博利厄

为了说明我们观察到的事实，出于两个原因，有必要特别关注一下当时政治经济学会内部辩论的一些情况。首先，这些辩论就发生在1848年革命之后第二共和国的动乱岁月里：当时发生的重大事件提醒法国的经济学家，他们必须在国家问题上表述并阐明自己的立场；其次，19世纪法国两位重要的自由主义者发表了颇具煽动性的著述，弗雷德里克·巴斯蒂亚（Frédéric Bastiat）发表了题为"国家"（Etat）的短论（Bastiat，1848），古斯塔夫·德·莫利那里（Gustave de Molinari）①发表了题为"论安全的产生"（De la Production de Sécurité）的论文和他的名作《圣拉扎尔街的夜晚》（*Les Soirées de la Rue Saint-Lazare*，Molinari，1849a，1849b）。虽然巴斯蒂亚的言论明显过激，②但莫利那里（见本文第三节）重新提到了国家性质的问题，而政治经济学会的一些著名会员觉得被迫要做出反应。莫利那里在《经济学家杂志》（*Journal des Economistes*，November 1849：362—372）上发表了一篇广泛评论莫利那里那本书的文章，编者在这篇文章中加了一个脚注——把这篇文章说成是"乌托邦"，但同时又承认讨论这个问题的必要性：

"虽然这篇论文的结论有乌托邦之嫌，但我们认为有必要发表这篇文章，以提请大家注意一个到目前为止只是被附带提起但现在应该认真讨论的问题。"（Molinari，1849a：277）

政治经济学会组织有关这个问题的讨论，《经济学家杂志》照例在"专栏"中报道了讨论内容。

"萨伊先生③[……]建议讨论[……]国家职能与个人作用界限的问题，并且弄清这些界限是否有明确界定[……]。萨伊先生表示，他是在读了莫利那里刚出的书以后才想到这个问题的。"（*Journal des Economistes*，October 1849：315）

关于"我们能够考虑的最微妙问题之一"（*Journal des Economistes*，January，1850：202）的讨论仍在继续，1850年1月和2月的《经济学家杂志》报道

---

① 一名年轻的比利时经济学家，几年前参与了巴斯蒂亚为争取自由贸易而发起的论战……而且在1911年还发表了相关论述！

② 例如，"国家就是一个伟大的幻想，我们每个人都要依靠它来以牺牲每个人的利益为代价苟且偷生"（Bastiat，1848：332）。

③ 贺拉斯·埃米勒·萨伊（Horace Emile），让-巴蒂斯特·萨伊的儿子。

了有关这个问题的讨论内容。安布罗瓦茨·克莱芒(Ambroise Clément)的一篇题为"论政府当局的合理权限"(Des Attributions Rationnelles de l'Autorité, February 1850)的文章被认为暂时中止了这场辩论。[①] 所有这些争论都没有产生积极的结果。自由主义经济学家们的唯一共同之处,似乎就是敌视形形色色的社会主义——但是,不同社会主义的定义大相径庭。自由主义经济学家们表达了相当模糊的观点,也没有取得与公共经济学问题有关的理论发展,最后只是重新表达了自由主义的基本立场。在这些辩论中,安东尼-埃里舍·谢尔布里埃(Antoine-Elisée Cherbuliez)最终试图提醒他的同事们注意提出一种合符逻辑的理论观点的必要性,并试图发现通用的、更高级的、领先的原则,这些原则可用于确定给定职能由政府履行还是留给私营企业。(Chronique, *Journal d'Economistes*, January 1850:204)。不过,他本人主要也是采取了一些修辞手法(Chronique, *Journal d'Economistes*, January 1850:204)。

尽管如此,法国那个时代的自由主义经济学家在论述国家存在的理由这个问题上不应该被指责缺乏独创性——这就是笔者要在这里集中关注的问题。笔者认为:他们中的一些人提出的思想值得高度关注;撇开最著名的作者[②](除了让-巴蒂斯特·萨伊)和分析评论员不谈,而是关注一些所谓的"小人物",就能发现一些有可能构成法国自由主义经济学家解决这个问题的基本方法的大胆想法。

本研究(第二节)难免要从(18世纪和19世纪的)世纪之交萨伊发表开创性的著作说起。但另一位作者在当时同样很重要,也必须把他考虑在内,这位作者就是安东尼·路易·克洛德·德斯蒂·德·特拉西(Antoine Louis

---

① 在伦理学与政治学学院任职的查尔斯·杜努瓦耶(Charles Dunoyer)看到他为科奎林和纪尧曼(Coquelin and Guillaumin)主编的《政治经济学词典》(*Dictiionnaire de l'Economie Politique*)写的词条"政府"后没几个月,这场辩论又重燃战火。尤其是由于哲学家维克托·库赞(Victor Cousin)这个空谈理论家以及前圣西门学派经济学家米歇尔·舍瓦利耶(Michel Chevalier),辩论的内容可以在杜努瓦耶写的两篇由约瑟夫·加尼埃(Joseph Garnier)作序的关于"政治经济学的极限"(Les limites de l'Economie politique)中找到(Dunoyer, 1852a, 1853a)。

② 如杜普伊、古诺、瓦尔拉斯,他们的立场众所周知。

大胆的想法——法国自由主义经济学家与国家:从萨伊到博利厄

Claude Destutt de Tracy)。① 他的著作是对上个世纪感受经验论(sensationism)最直接、最明确的继承,萨伊和德斯蒂象征着王政复辟时期的第一代自由主义思想家,他们试图以一种连贯的方式,从政治经济学的视角,运用一种主观价值论来论述国家问题。在这个时期,他们从不同层面对公共经济学进行了反思。此外,把他们放在一起分析评论,可允许我们更加清晰地展示萨伊提出的比较复杂的思想及其多样性。萨伊和德斯蒂与当时自由主义阵营的大多数成员共有的一种主要观点,就是国家虽然是一个有用的机构,但是个非生产性实体。佢是,他们的立场都涉及一些严重并且没有得到解决的歧义问题。

然后,笔者将考察他们一些涉及歧义问题的立场。本文的第三节将讨论19世纪上半叶出现的两种思想。首先,一些自由主义者在回应斯密、萨伊和德斯蒂的指控时非常有说服力地提出了国家活动具有生产性特点的思想。这种思想是由实业家查尔斯·杜努瓦耶和空谈理论家维克多·德·布罗利(Victor de Broglie)在综合分析了不同观点以后提出来的。② 其次,古斯塔夫·德·莫利那里和埃米尔·德·吉拉尔丹(Emile de Girardin)也是在综合分析了不同观点以后建议把政治权力改造成商业公司。他俩这种乌托邦思想把市场的自由逻辑推向了极致,并且提出了两个回应萨伊"无传统国家的社会"的梦想的方案。

最后,笔者将在第四节里介绍19世纪临近结束时——当时,民主议会制度(democratic parliamentary regime)似乎已经稳定下来——提出的第三种观点:也就是保罗·勒罗伊-博利厄(Paul Leroy-Beaulieu)对任何有关国家及其职能的理想化做出的强烈反应。勒罗伊-博利厄在解释国家在现实中应该如何运行——主要关注政治家和公务员的实际决策过程——时详细阐述了一些与萨伊非常相似的看法,并且强调了现代选举国家不容改变的逻辑。勒罗伊-博利厄的分析和萨伊关于这个主题的看法都是最早合乎逻辑地进行公共

---

① 奥古斯特·瓦尔拉斯(Auguste Walras)在写到德·特拉西先生时说他具有"令人如此印象深刻的权威"(1850:566),并且强调指出,经济学在很大程度上还真"多亏了魁奈、杜尔哥、亚当·斯密、李嘉图、J-B. 萨伊和德斯蒂·德·特拉西的贡献"(Walras,1849b:537)。
② 维克多·德·布罗利——斯泰艾乐夫人的女婿——在七月王政时期当过大臣和宰相。

165

选择分析的表述。①

## 二、最初出现的一些歧义：萨伊与德斯蒂·德·特拉西

1803 年，萨伊的第一版《政治经济学概论》(*Traité d'Economie Politique*)出版。由于法兰西帝国实行新闻检查，第二版《政治经济学概论》(1814年)一直等到拿破仑垮台以后才与读者见面。头两版和后来几版(1817 年、1819 年、1826 年和萨伊去世——后 1841 年出的第六版)《政治经济学概论》以及像《实用政治经济学完整教程》(*Cours Complet d'Economie Politique Pratique*, 1828/1829)这样的其他著作在法国、欧洲大陆乃至美国——托马斯·杰斐逊(Thomas Jefferson)和詹姆斯·麦迪逊(James Madison)高度评价了萨伊的《政治经济学概论》——精神文化生活中发挥了重要作用。② 德斯蒂·德·特拉西由于他的《意识形态精要》(*Eléments d'Idéologie*)前三篇的出版(1801~1805 年)而成为了著名哲学家。也是拿破仑执政时期推行的新闻检查制度在 1815 年之前一直阻止《意识形态精要》第四和第五篇[即论述经济问题的《意志及其影响概论》(*Traité de la Volonté et de ses Effets*)]出版。值得关注的还有德斯蒂在 1819 年出版前 10 多年、《意志及其影响概论》出版之前就已经完成的《对孟德斯鸠〈论法的精神〉的评论》(*Commentaire de l'Esprit des Lois de Montesqieu*)。多亏了杰斐逊，德斯蒂的这两本书很快就在美

---

① 在下文中，"政府"和"国家"通常被作为同义词。这些作者使用的词汇并非一成不变。在这个时期之初，萨伊还区别"政府"(国家的政治机构和政治机构中任职的人)与"公众"(public)和"国民"(nation，代表一般利益)。他经常把"国家"(State)当作"政府"(government)来用，而且有时也作为"国民"(nation)来用。在这个时期临近结束时，勒罗伊-博利厄谈得最多的是国家(State)。在《政治经济学词典》中，"政府"(Dunoyer, 1852b)是一个很重要的词条，而"国家"(Coquelin, 1852)这个词条解释相当简单。科奎林在"国家"词条中表示"国家是政治机构，而国家的首要机构就是政府。关于国家的定义和特点，我们可以参考词条'政府'。在'政府'词条中对国家的自然和立法属性做了明确的定义"(1852:733—734)。后来，《新政治经济学词典》(*Nouveau Dictionnaire d'Economie Politique*)只收入了"国家"一个词条(Leroy-Beaulieu, 1890)，而没有收入词条"政府"。

② 关于萨伊不同版本的《政治经济学概论》及其译本，请参阅 Steiner(2006)和 Potier(2006)。

国出版。①

2.1 国家的基本职能

在萨伊和德斯蒂看来,国家性质及其对经济影响的问题就如同任何其他政治经济学问题,都应该运用政治经济学这门新学科的基本原理来进行论述。单单运用这些基本原理,就能进行正确的分析。因此,对于我们这两位作者来说,主要的问题就是确定国家在一个自由市场社会里是否必不可少或者有用;如果国家确实必不可少或者有用,那么,是否具有生产性,有多大的生产性。

关于第一个问题,萨伊和德斯蒂做出了肯定的回答。国家的有用性就表现为治安、司法和防卫等国家的基本传统职能:"我们组建政府谋求的好处[……]可归纳为一个:安全"(Say, n. d. :331)。安全意味着对私人财产的保护,而且还更加基本地意味着自由的实现。

> "由于财产是社会状态的第一条件,因为只有财产才能促进生产,而生产则是我们生存的前提条件。对财产的任何侵犯就是对整个社会的侵犯[……]因此,保护财产不但包括保护物品,而且还包含保护包括自由在内的人身和才能。我的意思是政府的主要职能,正如我所定义的那样,就是保护公民的财产。"(Say, 1819:106)

德斯蒂当然持相同的观点(Destutt, 1815:196)。除了这项基本任务以外,还有一个问题,那就是政府是否能够从事其他活动,如教育,一些精心设计的公共救济,鼓励艺术和科学,当然还有为修路、造桥和开挖运河等公共工程筹集资金。根据从杜尔哥和斯密那里继承来的一种规则,国家不应该从事任何私人企业家能够从事的活动。从某种意义上说,德斯蒂和萨伊都同意:国家由于要处置不属于它的钱,并且还要依靠那些不同于企业家的人,因此对企业的成功不能有直接的利益;事实上,国家相对于企业家而言是一个太大、太不负责任的竞争对手(Say, 1828/1829, II:323 *et seq.*; 1841a:382 *et seq.*, 932)。

---

① 1817年,《意志及其影响概论》的英译本以"*A Treatise on Political Economy*"为书名出版,杰斐逊曾亲自对这个译本做过修改。美国的《对孟德斯鸠〈论法的精神〉的评论》英译本由杰斐逊亲自执笔翻译,比法语原著早出版很长时间,这个英译本的书名为"*A Commentary and Review of Montesquieu's Spirit of the Laws*"(1811)。还有一点值得注意,那就是 1817 年法国出了一本未经授权的匿名法语《对孟德斯鸠〈论法的精神〉的评论》;这本书在《欧洲新闻检察官》(*Le Censeur Européen*)中得到了好评(Thierry, 1818)。

负外部性会被强加给私人部门,而公共支出必然会被浪费。就如萨伊反复强调的那样,"政府本身是一个蹩脚的生产者"(1841a:385),"私人个人的生产费用少于政府"(1841a:382)。德斯蒂和当时的大多数自由主义者都把萨伊的这句话奉为至理名言。

然而,有时情况并没有这么明朗,仍有讨论的余地。那么,以上罗列的国家可能从事的其他公共活动就不是国家使命的重要组成部分?德斯蒂在这个问题上的立场相当激进,并且接近于法国人对斯密相关思想的一般理解。例如,关于公共工程,他认为,只要能够在市场上把它们(公共工程部门)提供的服务卖给用户,因此而扣除生产中发生的费用还有利润,那么,它们也必须留给私人部门,因为私人能"更加智慧、节约地"经营这些工程(Destutt,1815:234):

>"[……]如果就像经常发生的那样,政府承担建筑费用,并且通过收费来获利;但在除去维修费用以后,也只够支付资金利息,因此,就等于白费力气。私人如果可以做这样的工程,就不会在这样的条件下有同样的资金去做这样的事。可以这么说,私人几乎总能以较少的费用达到相同的目的。"(Destutt,1811:265)

德斯蒂还怀疑政府资助艺术和科学事业的功效。虽然政府用于资助艺术和科学事业的资金不多,但它们的有效性值得怀疑。

>"因为可以肯定的是,对于任何一个行业,最大的支持就是让它独立行动,而不是干涉它的行动。人的心智只要不受约束,就能快速发展;但任何时候在事物的作用下会去关注最基本的东西。人为地让人的心智去关注某个方面,通常起不到引导作用,只会导致误入歧途。"(Destutt,1815:234)

萨伊的观点比较平和。例如,萨伊认为,国家应该——采取非垄断方式——拨款支持教育和科学发展,但只能支持教育系统的两端。政府应该重视基础教育,因为基础教育是一种为培养每个公民都必需的有益品。政府还应该资助某些高等教育和研究(科学院、资助艺术和科学事业),因为高等教育和研究对生产和福利的有益影响虽然是确定的,并且具有基本重要性,[①]但不是直接的,所以会被私人企业所忽略。政府干预对于中等教育来说无关紧要:公民不需要掌握广博的知识,但应该掌握与自己职业有关的科学知识。公民都有兴趣自己去掌握这后一种知识。

至于公共工程,萨伊是非常支持的。从某种程度上说,一直到德斯蒂,他延续了法国从前一世纪继承下来的传统。为了确保管理有方,有些规则无论如何都要遵守。首先,就如杜尔哥肯定的那样,要实施任何这样的公共工程,除了需要国家拨款(无论是中央还是地方)以外,还必须把它们委托给私人部门。萨伊不但坚决反对创建公营企业,而且还反对设立像著名的法国道路与桥梁工程师协会(Corps des Ingénieurs des Ponts et Chaussées)这样的公共土木工程部门(Say,1828/1829,II:318—319)。

其次,对于任何生产,公共工程产生的收益必须至少等于成本。萨伊写道:

> "以牺牲公共利益为代价兴建的设施必须为公众创造利益,而且所创造的利益应该相当于为了这些设施而迫使公众做出的牺牲。虽然新建项目的成本更多是投资,而不是费用,但公众仍有权要求那些迫使他们作出强制牺牲的人给予他们的利益至少相当于不然他们能够获得的收入。"(1828/1829,II:298)

不管怎样,萨伊仍对这条准则做了详细说明。在比较公共干预的成本和利益时,国家还必须考虑因实施干预在整个社会不同层面产生的各种外部性。

> "全社会都必须为那些产生利益的设施买单,然后分割利益让每个消费者能够估价并且付费;与此同时,这样的设施会快速成倍增加,以至于对于公众来讲,能够享用这样的设施就是最大的受益。"
> (Say,1828/1829,II:319—320)

那么,上面这段引文是什么意思呢?简而言之,就是考虑了两种工程。第一种也是最重要的一种工程与水陆交通有关,居民可从中获得生产和福利方面的巨大好处。

---

[①] 请记住科学家与企业家和工人在萨伊理论中所扮演的角色。

"[……]虽然政府本身是一个蹩脚的生产者,但不管怎样,政府可以通过精心规划、管理、维护的公共工程,特别是道路、桥梁、运河和港口工程来有力地激励私人生产。"(Say,1841a:385)

那么,国家为什么要去操这份心呢?这样的工程就像斯密和德斯蒂认为的那样,难道不能由私人来发起完成?萨伊因为两个原因而不同意这类工程由私人发起完成。首先是因为,如上所述,私人个人有时太过短视,看不到工程能够收益超过成本。之所以会出现这种情况,不是因为他们不能正确地评价像道路这样的工程的未来收益,就是因为他们只考虑项目可能实现的货币收益,并且忽视项目的潜在正外部性。

"在我看来,英国人很容易想到公共建筑、桥梁、运河[……]产出的收益还不够支付投资和维修成本的利息。"(Say,1828/1829,II:304)

"但至少在很多情况下,我们不应该把水陆交通列入那种斯密所说的虽然非常有益于社会(一般而言)但没人(具体来说)认为自己有足够的兴趣用一生的时间来为它们买单的项目。"(Say,1828/1829,II:305n)

第二种观点支持国家出资承担这样的公共工程。即使这种工程能够产生利润,并且由私人来做,但也不是很好的解决方案,因为很多可能曾经使用过交通线路的人也会由于不愿或者无力支付通行费而停止使用收费道路。这就是萨伊通常反对收取通行费的原因:它们剥夺了很多人使用交通线路的权利,并且妨碍了重要的正外部性的实现。

"如果——由于公共设施的投资和维护成本必须由用户来承担,或者通过收费来收回[……]——许多人不愿使用公共设施,那么,他们被剥夺了大量可享受的间接利益;而如果所涉及的是经久耐用的公共设施,那么,他们被剥夺的间接利益在几个世纪里就会成倍增加,多到无法计算。整个国家就丧失了这个公共设施的主要价值。"(1828/1829,II:305)

萨伊还考察了第二类公共工程。这类公共工程涉及一些与某些财富——源自文明程度提高和总福利增加的财富——再分配有关的费用。举例来说,出于体面的考虑不收通行费或者门票的桥梁、城镇公园,或者修建地下排水管道清排街面污水——这样一种不可能要求直接付费的工程。这里还有一个让付不起钱的人享用的问题:

"[……]我们必须把这种享用的增加看作是全国最不富裕阶层收入的增加。因此,公用设施是一种根据公民能力强加于公民的强制性财富积累,并且不按照能力而是根据需要把所积累财富施舍给最不富裕阶层享用。"(Say,1828/1829,II:298)

### 2.2 作为非生产性消费者的国家

虽然我们的这两位作者之间存在着这样——或者那样——的意见分歧,但是,即使不考虑有益品和外部性,仍有一个重要的问题没有得到解决,"这个问题就是要弄清有哪些因素会影响[国家的]收入和支出,怎样才能创造公共财富,促进国家繁荣"(Destutt,1815:196)。这是一个关系到公共支出使用效率的重要问题。当然,这首先涉及萨伊学说的一个基本方面:赋予生产的意义。就如德斯蒂提醒他的读者注意的那样:

"[……]在政治经济学中有一点非常重要,那就是知道应该怎样来理解'生产'[……]。这个问题[……]有许多学者考虑过这个问题,首先提出的应该是杜尔哥和斯密。但是,[……]没人能像萨伊先生那么明确地阐述这个问题。据我所知,他是论述这些问题的最好的书的作者。"①(Destutt,1815:19)

据我们所知——这是萨伊和德斯蒂再三强调的一个问题,"生产"是指效用生产。"从这个意义上讲,'生产'这个词必须从政治经济学的角度去理解[……]。这里的生产并不是指'创造物质',而是指'创造效用'。"(Say,1841a:81)"这就是我们应该理解的'生产'的意思。生产就是赋予事物以它们本来没有的效用。无论我们从事怎样的劳动,如果没有效用,那么就没有成果。如果我们的劳动能产生成果的话,那么,它就是生产性劳动。"(Destutt,1815:20)

---

① 英译本中还有:"虽然他[萨伊]留下了一些有待改进的东西。"无论哪个版本的法语原著中都没有这句话。是否可以认为这句话是杰斐逊添加的呢?还有一点需要指出,德斯蒂引用了萨伊第一版的《政治经济学概论》,因为德斯蒂自己的这些原著在萨伊的《政治经济学概论》1814 年出第二版前已经写成。

"[……]由于我们所有劳动的成果永远都是效用,[……],因此,我们都是生产者[……]因为绝不可能有从未做过有用的事情这样不幸的人。"(Destutt,1815:35)

不过,生产这个概念还有另一个重要方面。虽然"具有生产性"就能产生一定的效用,但是,不管这个效用是什么——"一般地,我们可以说,只要能带来好处,哪怕是能带来微不足道的乐趣的东西,都是有效用的"(Destutt,1815:27),但不一定都表现为实物。虽然市场上的大多数产品都有物质形态,但许多产品并没有这个特性:萨伊称这种产品为"非物质产品"(produits immatériels)。尽管非物质产品在被生产出来的那一刻就被消费了,而且无法积累(请见下文第三节),但它们的生产者显然被认为具有生产性——这里需要强调指出,在这个问题上,萨伊与斯密观点不同。

除了生产和非物质产品定义以外,这里还有一个相关概念,那就是"消费"。[①] 消费正好是生产的反义词,消费某个产品意思就是破坏它的效用。但是,破坏效用本身可以是"再生产性的",也可以是"非生产性的"。萨伊强调,由消费造成的效用丧失总能找到某种补偿(即快乐):

"这种快乐可能有两种,它可以是对一种需要的即刻满足——这是一种由非生产性消费产生的快乐,也可以是对另一种产品的再生产——可被视为对需要的延迟满足,这是一种'再生产性消费'。"(Say,1841a:863)

所以,我们在萨伊的《政治经济学基本原理概要》(*Epitomé des Principes Fondamentaux de l'Economie Politique*)中找到的这些定义都作为一个附录出现在了萨伊第二版和以后各版的《政治经济学概论》中:

"因此,有两种消费:一种是为了用另一价值取代而破坏某一价值的再生产性消费;二是无替代地破坏被消费价值的非生产性消费。第一种消费是一种价值破坏,但能产生在量上小于、等于或者大于被破坏价值的价值[……];而非生产性消费则是一种除了赋予消费者

---

[①] "消费"(consumption)和"支出"(expense)在很多场合被作为近义词来使用。萨伊已经认识到它们可能具有不同的含义:请参阅萨伊(Say,1841a:seventh part,Chapter Ⅲ)"关于'支出'与'消费'",但他也承认,他可能采用一般习惯,混用这两个词(Say,184la:206;还请参阅第 249 页)。

快乐之外没有任何其他结果的价值破坏。"(Say,1841b:1100)

现在,有了以上介绍的这些基本定义,应该如何来描述国家活动的特点呢?应该把国家看作是非生产性消费者。这一点在德斯蒂·德·特拉西的著作中显而易见:"在任何社会,政府是最大的消费者"(Destutt,1815:195)。"政府的支出在它的手里不会像那些勤劳的人那样实现再生产[……]。政府的消费真实、明确,它付出的劳动不产生任何剩余"(Destutt,1815:233)。

> "我的结论是,全部的公共支出都应该归入被恰当地称为'无产出和非生产性'的支出类别;因此,凡是付给国家的钱都是之前执行生产性劳动取得的结果,并且应该被视为在缴入国库那天就已经花费并且已经化为乌有。"(Destutt,1815:234—235)

让-巴蒂斯特·萨伊也是那么认为的。他在《政治经济学概论》第三卷第四章"论非生产性消费的一般影响"中表示:

> "我们将在这一章和以下各章中只把消费作为满足某种需要或者享受某种快乐的感觉,是在没有其他明显的目的或者目标的情况下完成的——消费被称为非生产性或者无产出消费。"(Say,1841a:881)

在"以下几章"中,正好就有专门论述公共消费或者支出的内容。①

> "如果我在第三卷开篇中能够让自己明白的话,那么,我的读者就不难理解,公共消费[……]就好比满足许多个人或者家庭需要的消费。无论在哪种情况下,都存在价值破坏和财富损失。"(Say,1841a:921)

### 2.3 一个基本歧义

这里似乎有一个矛盾:一方面,产生任何效用的任何活动都被说成是生产性活动;另一方面,虽然可被描述为"非物质产品"的国家活动结果能产生社会

---

① 第六章"论公共消费的性质与一般影响"(Of the Nature and general Effect of Public Consumption)和第七章"国民支出的主要对象"(Of the principal Objects of National Expenditure)。直到并包括1819年出的第四版《政治经济学概论》,这两章并为一章,章名为"论公共消费"(On Public Consumption),分为两节。也就是说,是在1826年出的第五版中分为两章的。但英文版和美文版从1821年开始采用原著第四版、查尔斯·罗伯特·普林塞普(Charles Robert Prinsep)的译本,因此,这两章与之前的原著一样是分开的。

效用,但国家活动却没有被归入生产性消费。萨伊(1841a:921;还请参见第930和937页)承认,公共消费是"为了公共效用"(common utility)而进行的消费。虽然社会从这种消费中获得的利益不仅仅是因为没有市场(1841a:971)而无法正确评估,但"必然会抵消"(Say,1841a:920)这种消费导致的价值损失。在谈到国家活动时,德斯蒂表示,"所有这些活动无疑都非常有用[……],但却都是非生产性的"(Destutt,1815:233)。那么,这样一种观点有什么论据呢?我们可以提出两种假设来修改生产性概念或者提出特殊的"公共"(public)和国家概念。

我们先来看看"生产性"的定义。如果国家虽然生产有用的非物质服务,但仍被视为非生产性消费者,那可能是因为某种效用的生产虽然是被说成生产性的必要条件,但不再是充分条件。在德斯蒂·德·特拉西那里,情况就是如此,有两个互补的主要论点。第一个论点是:

"(国家的)几乎全部支出,全部用于雇用陆军士兵、水兵、法官、公共行政管理人员、牧师和部长的支出完全是损失,因为这些人没有生产任何产品可替代他们所消费的东西。"(Destutt,1811:264)

以上这段引语隐含地强调了公共非物质产品的非市场性质:它们不在市场上出售,因此,用于生产非物质产品的公共支出无法得到补偿,而税收也不是从补偿的角度来设计的。

这个论点得到了以下事实的证明:这个论点走得更远,它强调国家的活动不会像私人商业活动那样创造任何货币利润。因此:

"政府不能被归入勤勉一族的消费者。政府花费的支出不会随着价值的增加重新回到政府手里,政府不会支持自己去创造利润。我的结论是,政府的消费非常真实和明确,政府付出的劳动不产生任何剩余。"(Destutt,1815:196—197)

萨伊忘了自己曾经说过"再生产性消费[……]是一种价值破坏,但能产生在量上小于、等于或者大于被破坏价值的价值"(请参见前文),他也强调这个正利润标准:

"有两种节俭,最多就是两种诚信或者美德。如果政府或者个人以一种价值生产大于价值消费的方式消费,那么,他们都是在从事生

产性活动。"(1841a:925)

最后,在萨伊最后的著作《实用政治经济学完整教程》中能够找到另一个"生产性"概念。萨伊在讨论公共支出时提出了一个新的生产性标准:资本生产。

> "再生产性公共支出就相当于为了创建资本或者维持资本的完整性而积累的收入。非再生产性公共支出用于满足社会的一些普通需要,而为此使用的价值只能使用一次[……]。因此,用于修建华丽的道路、桥梁的支出具有再生产性,因为价值没有立刻被消耗。"(1828/1829,II:251)

所有这些生产性定义——如果一种活动只能产生一些效用,或者能让生产者收回费用,或者能够创造货币利润或形成资本,那么就是生产性的——说明了德斯蒂和萨伊的分析为什么存在歧义和他俩有时在分类上犹豫不决的原因。我们以德斯蒂关于公共工程的观点为例,在《政治经济学概论评注》中,公共工程被认为应该是"为了增加土地价值、方便货物运输和促进工业发展。可以肯定的是,这类支出能够直接增加国家财富,因而实际上就是生产性的"(Destutt,1811:265)。因此,虽然"几乎所有的公共支出"都是非生产性的(Destutt,1811:265—266),但也有一些并不是非生产性的。然而,在《意志及其影响概论》中,他又表达了不同的观点。他写道,这些支出虽然"有力地为公共繁荣做出了贡献","但也不能被视为在政府手中具有直接生产性,因为它们不能为政府创造利润,而且也不能为政府创造相当于支出的利息收入"(Destutt,1815:233—234)——否则,它们就不应该由国家来承担。因此,"全部的公共支出"现在都被视为非生产性的(Destutt,1815:234)。萨伊的观点朝着相反的方向变化。在《政治经济学概论》中,萨伊隐含地表示,公共工程是非生产性的。但是,萨伊在他的《实用政治经济学完整教程》中改变了自己的观点(Say,1828/1829,II:251,就如以上引文)。①

---

① 事实上,《政治经济学概论》包括以下这样的论断:"国民总消费可分为公共消费和私人消费两大类。前者由政府或者公共部门完成,而后者由个人或者家庭完成。这两类消费都可以是生产性的,也可以是非生产性的"(Say,1841a:860)。但在这本书中,公共工程被放在专门论述非生产性公共支出的几章中讨论的。因此,公共消费的可能生产性也许是指国家从事真正的市场性生产活动——如哥白林(Gobelin)挂毯或者塞夫勒(Sèvres)瓷器生产——的可能性,但不应该允许国家这么做。

除了生产性定义变化不定以外,把公共支出通常定性为非生产性支出的另一个可能原因关系到所谓的"公共"或者国家的含义。公共消费被说成是为了满足"一个城镇、一个省、一个国家的集体需要"(Say,1821:399)。公共消费是"为公众"消费的,就如私人消费是"由"或者"为"私人个人消费的。

> "公众自身是否在消费公务员的服务呢?这种服务是公众在消费,或者至少是为了公众的利益在消费。"(Say,1821:408)

那么,所有这些意味着什么呢?在这个问题上,我们还是要正视萨伊原著中出现的一些歧义。一种可能的解释就是把"公众"设想为一个同时在市场上购买物质产品和非物质产品的集体,并且自己消费自己提供的服务。

> "除了个人和家庭的需要以外[……],私人个人集合作为社会也有自己会导致公共消费的需要:购买并消费行政管理者[……]、士兵[……]、民事或者刑事法官提供的服务。"(Say,1841a:921)

私人个人在购买衣服和食品以后就能享受对它们的消费。如果这些商品是军队采购的,那么,"就是国家在享受对它们的消费。我们可以轻而易举地把同样的推理应用于各类公共消费"(Say,1841a:923)。从这个角度看,"公共"或者国家必然是非生产性的。

### 2.4 "世界自己前行"

除了对公共支出和国家作用的一般描述以外,在萨伊的著作中还能找到一些值得关注的其他洞见,为这些主题提供新的观察视角——后来,例如,莫利那里或者勒罗伊-博利厄对萨伊的这些洞见进行了发展。在萨伊的手稿——无论是他在雅典娜(Athénée)或者法兰西学院授课的讲稿还是他的《实用政治经济学完整教程》书稿——中可以发现很多这样的洞见。这些手稿显示了一个比他已发表著作的读者能够想象的更加激进和乌托邦的萨伊,也揭示了几乎19世纪所有的经济学家和政治哲学家都这么认为的一个问题——思考法国大革命这种重大事件的基本重要意义。关于我们关心的主题,有三个问题值得注意。萨伊认为:(1)政府虽然有用,但并不是一个必不可少的机构;(2)应该在劳动分工的背景下来理解政府的活动;(3)关于公共经济学的任何思考都不能绕开对政治权力或者行政管理层面实际决策过程的调查和研究。

大胆的想法——法国自由主义经济学家与国家:从萨伊到博利厄

意大利的格言"世界自己前行"非常好地表达了萨伊的基本思想,而萨伊也用意大利语(Il mondo va da se)和法语(Le monde va tout seul)两次援引了这句格言。他强调指出,公民之间的基本连接纽带不是政治纽带,而是经济纽带,因为"社会成员之间的主要联系就是各生产阶层之间的相互需要"(Say,1819:106)。这就是可以想象没有政府的社会的原因所在:

> "政府并不是社会组织的重要组成部分。请注意,我不是说政府毫无用处。我是想说政府并非必不可少;社会没有政府也行——只要合伙做生意的人能做好他们的生意,每个人能处理好自己的事情,那么,社会没有政府照样也能运行。"(Say,1819:101)[①]。

之所以有政府存在,那只是因为人类愚蠢、不讲道义,无法阻止侵犯彼此的权利——从而导致了安全问题。政府虽然是一种"必要"的邪恶(Say,n.d.:348),但只是一种"意外事件"而已(Say,1819:101),而它的有用性其实"与我们的愚蠢成正比"(Say,n.d.:329)。世界自己前行,"我们从来没有比没有政府的时候管理得更好"(Say,n.d.:325)。

萨伊解释了当时发生的一些历史事件,用来证明他的观点——或者梦想。在法国大革命期间,他在三四个场合表示,政治权威已不复存在,政府也失去了踪影。"在其他时期,政府也没有履行好自己的基本职责。一切如常,甚至比往常更好。我们要忍受的最大邪恶就出现在我们被统治,受到过度统治的时候。"(Say,1819:101)政治权力的主要任务是保证安全的情况也是如此(Say,n.d.:331):"犯罪行为绝不会比在被警察发现自行终止受到更加严厉的惩罚:每个人管好自己,秩序就会变好"(n.d.:327-8)。只要"把治安管理交给社会":

> "请想象一下,当一个男人动手打了一个女人,当一个小偷闯入一家商店,小镇的街头会出现什么情况;人人都会参与捉拿违法者。请想想,当两个商人发生利益争执时会出现什么状况:他们会求助于

---

[①] 萨伊在他最后的著作《实用政治经济学完整教程》中(慎重地)多次重复这句话。在这本书的一个附录"社会经济总表"(Tableau général de l'Economie des Sociétés)中,萨伊总结了他的研究的最重要结论。这张表分两部分:第一部分列出了社会"必不可少的机构",而第二部分则列出了社会"可有可无的机构",政府被列入了这张表格的第二部分(Say,1828/1829,II:528;还请参阅第267页)

仲裁人,仲裁人会做出裁决解决纠纷。"(Say,n.d.:324)①

保卫国家不受外敌侵犯也应该是人民的事情:没有必要建立人数众多的常备军。萨伊知道他对这个问题的看法可能在他的受众看来有点荒谬。"我建议你们注意我对这个问题的看法。我表达自己看法的方式也不够委婉。"(Say,1819:108)但他又坚持认为:

> "危险只会威胁自找危险的人;对于一个国家来说,没有比设立常备军更加危险的事情;一个不是为了扰乱其他国家和平而建立的大国绝不会受到攻击。"(Say,1819:108)

最好的防卫就是公民的意志和勇气,政府在这个问题上的职责——"如果它是真正的国民政府,政府的利益完全与国民的利益一致"——就是协调公民的行动(Say,1819:108)。在《实用政治经济学完整教程》(1828/1829,II:278—293)中,萨伊展开论述了反对设立常备军、赞成建立以民兵为基础的防卫体系的思想。

安全的例子更加值得关注,因为,在一个段落里,萨伊让他的读者明白国家的职能可以由私人企业家来履行。从这个角度看,这些职能被看作是劳动分工背景下的专业化活动。格拉斯兰(Graslin)早在1768年在圣彼得堡的主题演讲(Dissertation of Saint Petersburg)中就提出过这种想法。在格拉斯兰看来,国家的活动是劳动分工过程的结果,因此应该像考虑任何其他生产部门的活动那样考虑国家的活动。所以,他当然不会接受国家是追求大众或者公共利益的中性实体的想法。

> "保护权虽然是为了全体人民的安全和和平设立的,但也有它自己的私利[……]。这种私利与全体人民的利益密切相关,而且从这个意义上讲,对于人民来讲,这种权力必须处于一种随时可以行使的状态。但是,这也可以说是任何阶级的利益。因为,同样地,对于任何其他阶级来说,每个阶级都应该能够确定自己要负责实现的目标。"(Graslin,1768:142)

萨伊提出了相同的主张:

---

① 在《实用政治经济学完整教程》中,萨伊建议推广仲裁人制度,让它覆盖全部的民事案件审理(1828/1829,II:273 *el seq*)。

"世界自己前行,社会有不同的有用职业,不同的职业都有不同的职能。每一种职能都要保护社会成员、他们的安全和权利,如有人生病时负责恢复健康的职业。"(Say,n. d. ;327;1828/1829,II:254)

以安全为例,这就意味着,在前述集体自行维护治安不能保证公民安全时,公民的国内保护可委托给私人企业。"把你不能完成的自卫任务委托给私人企业,如果私人企业不能保护你免受攻击或者至少抓不到攻击你的人,那么,你就取消委托合同。"(Say,n.d. ;325)

现在,我们来看看也能部分解释萨伊敌视政府——"政府必须是长期不受信任的对象"(n. d. ;634)——态度的最后一点。我们来看看实际存在的国家。有哪些人掌权?由谁来当公务员?公务员是怎么工作的?如果我们想了解公共决策是如何并由谁制定的,那么这些问题很重要。法国的启蒙运动给出了回答:在国家的不同层面,事情应该由政治家或者公务员来决定,他们的唯一目的就是要实现一般利益。当然,18世纪的理论家们并没有那么幼稚,他们并不认为情况总是如此,而是相信这种行为是可能的;经济学和政治学的发展有助于改进认识和决策过程。因此,譬如说,孔多塞一直致力于发现既民主又高效地做出"真正"决策的投票方法。在大多数人看来,法国大革命这种经历毁灭了这样的希望:公共决策问题必须采用完全不同的方式来解决。

就像其他行业的从业人员,政治家与公务员也有并不总是与一般利益相一致的私人利益。统治者与其他人一样,也有七情六欲和偏见,并且接受过往往"比无知糟糕百倍的教育"(Say,189;104)。此外,他们是某个特定阶层或者种姓和家族的成员。"由于利益的诱惑力再大也是有限,因此有人担心,统治者会为了谋取种姓或者家族的利益而牺牲国家的利益。"(Say,n. d. ;635)这就是"在不认真区分政府利益与国家利益的情况下就不可能有确切的公共财政概念"(Say,n.d. ;635)的原因。这就是《实用政治经济学完整教程》的中心思想。① "公众利益就是常说的为最大多数的人实现最大的利益,而令人沮丧

---

① 例如,"国家利益和统治者的利益总是不同的,而且几乎始终是相互冲突的"(Say,n. d. ;634)。"统治者的利益与被统治者的利益相同的思想反复被滥用。"(Say,n. d. ;635;还请参阅第637页)"必须寄信任于统治者只是无稽之谈,而信任私人企业则会遭到嘲笑。"(Say n. d;640)

的利益则是掌权者的利益。"[1](Say,n. d. :637—638)。

此外,政府有一种自然倾向:扩大自己的特权和行动领域;公务员也同样如此,也就是倾向于扩大自己的权力和势力范围,但在大多数时候,"他们对这种揽权行为毫无顾忌,因为他们通常有正当的意图,并且想把事情做好。他们并不认为把好事做砸也是罪孽"(Say,1819:114)——这简直就是孔多塞以下这句格言的和声:"光做好事是不够的,还必须把好事做好"(Il ne suffit pas de faire le bien, il faut le bien faire)(Condorcet,1779:373)。因此,"行政癌"(administrative cancer)(Say,1819:117)会继续恶化。

尽管如此,萨伊是一名实用主义者。[2] 他相信,社会科学的发展在未来能够打开人们的眼睛,随着代议制政府的发展(Say, n. d. :408)不断缩小国家的职能,严格确保国家只以最低的成本履行绝对必要的职能。统治者和公务员的私人利益虽然在所难免,但最终也会变得不那么令人担忧:毕竟,它们也应该被视为像其他职业那样的利益。因此,我们又回到了格拉斯兰的理想信念:

> "利益的对立并不是分裂,也不是争执,更不会破坏秩序。那么,一个国家经常处于利益对立的公民难道不会陷入战争?[……]每次我们去商店购物,我们的利益不也与商家的利益呈对立态势吗?[……]难道执政者与被统治者之间必然会开战?绝对不是。这些都是应该友好协商解决的利益问题,就像两个合伙做生意并同意分担成本和分享利润的商人之间的利益。"(Say, n. d. :644—645)

### 三、从消除歧义到为乌托邦思想辩护:从杜努瓦耶到吉拉尔丹

#### 3.1 "政府是最有用的生产者"(Le gouvemement est le plus utile des producteurs')

萨伊在把生产行为定义为效用生产,并提出非物质产品的概念时就打开

---

[1] 萨伊也提到了德斯蒂·德·特拉西。特拉西解释为什么特殊利益总是压倒一般利益,在有游说活动时就能取得特别成功的原因(Say,n. d. :640;Destutt,1815:41—43)。

[2] 关于其他一些有关政治的观点以及对萨伊有关政治的观点的分析,请参阅 Steiner(1989,1997)和 Whatmore(2000)。

## 大胆的想法——法国自由主义经济学家与国家:从萨伊到博利厄

一种潘多拉盒子。这些创新虽然确实解决了一些理论难题,但①也提出了一些新的理论问题,因为萨伊似乎不愿意总结他提出的那些原理的重要意义。这就是查尔斯·杜努瓦耶(Charles Dunoyer)的看法。他和查尔斯·孔泰(Charles Comte)一起在争取工业主义和自由的斗争中扮演了重要角色,尤其是在像《新闻审查官》(*Le Censeur*,1814/1815)和《欧洲新闻审查官》(*Censeur Europeen*,1817—1819)这样的杂志的创刊以及后来名为《从工业和道德与自由关系的角度看工业与道德问题》(*L'Industrie et la Morale Considerées dans leurs Rapports avec la Liberté*,Dunoyer,1830)及其姐妹篇《社会经济学新论》(*Nouveau Traité d'Economie Sociale*,Dunoyer,1830)和《论劳动自由》(*De la Liberté du Travail*,Dunoyer,1845)的出版以后。杜努瓦耶是萨伊政治经济学的一个有力支持者。而且,他总是在《新闻审查官》和《欧洲新闻审查官》上用很大的篇幅转载萨伊的著作。在他看来,萨伊的著作对于在现代工业社会背景下发现新的思考政治问题的唯一适当方式具有极其重要的意义。但是,随着时间的推移,杜努瓦耶越来越多地批评萨伊的基本经济学观点。他在一篇发表在《百科全书杂志》(*Revue Encyclopédique*)上的评论萨伊第五版《政治经济学概论》的长文中表达了反对意见。他在指出了萨伊研究中存在的许多缺点和矛盾的地方以后,又顺着萨伊的观点得出了合乎逻辑的结论。他在后来的不同著述中,尤其是在他为《政治经济学词典》写的"政府"和"生产"词条(Dunoyer,1852b,1853b)中多次重复了这种观点。

关于我们的主题所关涉的问题,杜努瓦耶做了以下批评。他首先提醒萨伊及其追随者注意把生产定为效用生产的重要意义。接着,他又对萨伊把"生产原动力"(agent of production)分为劳动力、资本和土地的三分法提出了质疑,并且断言只有一种生产原动力——劳动力(Dunoyer,1827:75—78;1853b:445—446,449—450)。生产中的唯一原动力就是劳动力以及劳动力的数量、质量、分工和自由。"劳动力"以及被称为"资本"的物品集合确实可应用于各种不同的行业(即活动),但它们的效用并非自然有之。资本并不是作为原始物存在的,而是由劳动力在以前创造的。因此,杜努瓦耶极其重视一切

---

① 不过,杜尔哥早已提出过这些创新的某些元素,还有亚历山大·范德蒙德(Alexandre Vandermonde)在法国大革命时期也提出过其中的某些元素(Faccarello,1989)。

有可能在生理和智力上影响人类的环境。

接着,杜努瓦耶对萨伊的物质产品与非物质产品的著名区分提出了质疑,并且认为这样的区分不合适并且具有误导性。事实上,他强调指出,如果生产只是效用生产,那么,人类能够创造的唯一产品必然是非物质的。萨伊本人也曾指出"我们从未创造过任何物质的东西"。我们的劳动确实能够对两种东西产生作用,不是对物质就是对人类本身。但无论在什么情况下,这种劳动只有一个目的,那就是改变物质的东西和人类自身,赋予他们原先没有的功效。产品——效用——是非物质的。忽视了这一点,也会导致政治经济学把注意力聚焦于物质生产,并且不顾人类的基本重要性而忽视作用于人类的劳动。

然而,这并不是萨伊思想中存在的唯一矛盾。他的生产性定义有存在歧义的缺陷。杜努瓦耶曾强调指出,"我可以批评萨伊先生只把作用于物理对象和某种物质产品的劳动视为具有实际生产性"(1827:68)。杜努瓦耶当然知道,在萨伊看来,非物质产品生产者——医生、律师、公务员等——也是在从事生产性活动。但他又设问,这是一种什么样的生产性呢?难道不是萨伊认为,这种产品不能积累,也不能给国民财富增加任何东西,而且为生产这种产品发生的费用是非生产性的,如公共支出?

"现在,我想知道哪些产品对于增加国民财富没有任何意义[……],而且也不会赋予为获得它们所必需的支出以非生产性消费的特点呢?那么,与《国富论》的作者一起说这些财富的创造者是非生产性的,难道不是更好吗?事实是,萨伊先生已经意识到斯密所犯的错误,但没能成功地纠正斯密的错误。他没有成功地明确表示,那些生产他所说的'非物质产品'的阶层实际上是怎么具有生产性的。"
(Dunoyer,1827:68)

萨伊曾表示,非物质产品的显著特点就是在生产过程中它的价值就已经遭到破坏。在杜努瓦耶看来,这种说法是错误的。在生产过程中遭到"破坏"的是劳动力,而这种情况在任何生产活动中都会发生。劳动的产品是效用,而且这种效用在生产时完全没有消失,而是保存了下来。

"斯密和他的追随者们是因为没有区分劳动和劳动成果才犯下上述错误的。所有有用的职业[……]都要使用在使用过程中会消失的劳动力,而且都能创造一定的在获得以后可积累的效用。我们不能对斯密说财富积累了劳动力,但可以说财富积累了效用。"(Dunoyer,1827:68—69;1853b:442)

就像任何其他产品一样,所谓的非物质产品也可以不断增加和积累,如体现在人类身上:"我们能够具有一些优点或者掌握一些知识,就像我们能够积累一些谷物、布、钱以及所有这些我们能够固着在物品上的效用。"(Dunoyer,1827:69)此外,这些"非物质"产品甚至比所谓的物质产品更加耐用、可积累,"这些物质产品不能在不被破坏的情况使用,也不能在不丢失的情况下交还给所有人;而思想和情操通过使用会得到改善,并且通过交流来获得增进"(Dunoyer,1872:72)。

由于以上这些原因,因此,一个国家的所谓"非物质"资本与它的物质生产手段的"物质"积累一样重要——甚至更加重要(Dunoyer,1852b:838)。那些通过自己的勤勉提供这种资本不同元素的人实际上就是在生产一定的效用,而且是生产了多于自己消费的效用——虽然有时在市场缺失的情况下无法确切评估这种效用,但他们是具有生产性的。

"由知识或者良好习惯构成的资本价值不会小于由金钱构成的资本[……]。一个国家想要生产物质财富,光有作坊、工具、机器、食品或者资金是不够的。国家需要安全、健康、科学、品味、想象力、良好的道德习惯,而那些致力于创造或者改进这些产品的人可被正确地认为具有物质财富生产性,就如同那些直接并实际为创造物质财富做出贡献的人。"(Dunoyer,1827:71)

现在,国家也是这样的生产者,甚至是这类生产者中最重要的一员,因为国家的作用就是生产一种没有它一切皆不可能的基本效用——安全。这就是萨伊在这方面不得不承认"政府只要能让民众养成尊重财产和人的习惯,那么就是全体生产者中最有用的生产者"的原因(Dunoyer,1827:72)。

"政府本质上就是一种作用于人的'艺术'[……],它的具体任务[……]就是教人们如何好好生活在一起,并且让人们在处理人际关系时注意分寸和正义[……]。政府是社交活动、良好公民习惯的生产者。[……]政府通过把正义这个良好关系的宝贵元素引入社会这个巨大的实验室来促进一般生产。没有正义,一切皆不可能,一切都将立刻停止;有了正义,生产正义的艺术很可能就会变成社会经济中最重要的因素。"(Dunoyer,1825b:837)

如果萨伊能够认识到他的理论的基本原理的重要意义,那么就不会认为公共支出是非生产性或者无产出的支出:"他只会把这种消费以及所有再生产性消费中花费的未必能获得产品的支出称为无产出的支出。"(Dunoyer,1827:73)

因此,杜努瓦耶对萨伊的批评意义深远(Augello,1979)。但是,有一点并不非常公平。这很可能是以前的论述,其实,萨伊的非物质产品思想多少有点随着时间的推移而变化。在杜努瓦耶评论的萨伊第五版的《政治经济学概论》中,就有一个值得注意的变化。在这一版的《政治经济学精义》中,萨伊声称:

"虽然非物质产品由于在生产时必然已经被消费而似乎无法积累,但它们在能被再生产性地消费并且产生新的价值的情况下是可以积累的。"(1841b:1087)

萨伊举的典型例子是一堂由医学院学生参加的讲座:这堂讲座本身就是一种非物质产品,但它的消费却能增加人力资本,从而在未来创造利润。后来,他在法兰西学院讲课时又提出了一种新的观点(Say,1831/1832:419)。应当承认,杜努瓦耶有充分的理由忽视这一变化。首先,这一变化是以一种很不明显的方式出现的,而且并没有对他的《政治经济学概论》产生任何实际的影响:事实上,这一变化仅局限于职业培训领域。但还有第二个更有说服力的理由:虽然《政治经济学精义》中某些命题有所变化,但《政治经济学概论》令人奇怪地一字未改(Say,1841a:215)。

### 3.2 作为生产要素的国家

因此,在杜努瓦耶看来,公共支出具有生产性,因为它们是为了满足公民的一个基本终极需要——安全——而花费的。他认为,社会越是按照工业模式发展,公民对这个基本需要的感觉就越明显,那么,国家就会更加关注它的真正使命。但值得注意的是,这个使命经常是如何表述的。用现代术语来说,杜努瓦耶也聚焦于国家作为生产要素的作用。当然,生产要素这个术语用在这里似乎并不恰当,因为杜努瓦耶并不承认劳动力以外的任何其他"生产手段";但是,国家作为生产者的行为被认为为实施生产和实现国家财富提供了基本要素。

> "萨伊先生[……]必须把所有同时用于满足人们需要以及维持或提高人们能力的私人和公共支出视为生产性消费,并且只把那些未必花在有用对象上或者以完全无用的方式花掉的私人和公共支出看作是非生产性消费。"(Dunoyer,1827:89)

从另一个角度看,国家作为生产要素的作用无疑是由空谈理论家维克托·德·布罗利(Victor de Broglie)提出。1848年革命以后,在国民议会讨论税收问题(具体来说,就是要否决由希波吕忒·帕西(Hippolyte Passy)提出的开征一种所得税的议案)期间,德·布罗利写了一篇题为"税收与借款"(Les Impôts et les Emprunts,Broglie,1849)的长文,但这篇文章直到1879年在他死后才由他的儿子公开发表。这是一篇主题非常明确的文章,它单从生产的角度聚焦于成本来论述国家的经济职能。

萨伊在论述像水、陆交通这样的公共工程时已经为这种分析开辟了道路。尽管萨伊对这种工程生产性特点的论述存在一些严重的歧义,但他指出,这种工程具有与机器一样的有利于降低生产成本的效果。

> "它是一种以较低的成本生产相同产品的方式,它与以相同的成本生产更多的产品具有完全相同的效果。如果我们能够做这种计算(如果我们考虑到在一个富裕、人口众多的帝国的道路上运送着大量的商品,从每天运进市场的最常见蔬菜到从世界各地运到这个帝国港口然后被运往整个欧洲大陆市场的产品),那么,我们就能轻松感觉到生产成本实现了难以估量的节约。"(Say,1841a:385—387)

佩莱格里诺·罗西(Pellegrino Rossi)[①]在他在法兰西学院演讲时谈到了国家作为"间接生产手段"开展的活动。

> "设想一下,如果取消政府、社会公平和警察,那么就能看到公民[②]社会的劳动力会变成什么样子。[……]因此,所有把自己的劳动力、时间和努力都用于行使公共权力或者社会公平管理的人都为

---

[①] 多亏布罗利和基佐(Guizot),罗西被提名为法兰西学院院士。
[②] Civil Society,本书译为公民社会,不包含政治倾向或意识形态属性。——译者注

国民产值做出了贡献。"(Rossi,18136—1838,I:214)

布罗利继续写道,假如政府不复存在,那么就没人为国家提供任何保护或者修建道路。由于安全对于生产至关重要,企业主必须自己克服困难,要么通过组织自己的保护措施,要么通过求助于专业公司的服务来解决问题:企业主无论采取哪种方式来解决保护问题,生产成本都会上涨(Broglie,1849:14—15)。修建道路的情况也是如此(Broglie,1849:15—16)。因此,第一个结论就是公共支出是生产性的。"生产所必需的全部费用,所有直接或间接有助于生产的费用[……],凡是没有它们任何生产都无法启动、进行和完成的费用都是生产性费用"(Broglie,1849:13)。根据费用是国家还是企业主花费来确定它们是生产性还是非生产性费用,也许不合逻辑。

但不管怎样,公共支出不仅是生产性的:它们是生产过程中发生的全部费用中最具生产性的费用。布罗利表示,企业有两种成本或者费用:具体的生产成本和管理费用,随着生产的增加,成本会相应上涨;社会的情况也是如此,具体的生产成本由生产者承担,而管理费用则由国家负担,但全体企业主受益,因为这些管理费用从由私人承担转为由社会负担,能产生递增的规模报酬。

"在任何企业,管理费用占生产成本的比例随着企业规模的扩大而下降。类似地,在社会这个巨大的'企业'里,管理费用与生产成本之间的差别很大:因此,国家花费的给定费用[……]对全社会生产的贡献要比私人生产者花费的费用总额[……]大十倍、百倍甚至千倍。"(Broglie,1849:17)

取消国家,当然就能取消税收,但会导致生产成本大幅度上涨,而且生产成本的上涨远远超过税收的减少。

"国家所做的全部工作,国家为全社会的利益花费的全部支出,不但是生产性的工作和支出,而且是全部工作和支出中生产性最高的工作和支出。因为,确切地说,国家花费的支出是社会生产的管理费用。"(Broglie,1849:16)

### 3.3 "我需要自由的政府"(Je demande des gouvernements libres)

但与此同时,在二月革命引发的激烈辩论中,一些自由主义经济学家变得更加大胆,并且提出了一些被政治经济学学会(Société d'Economie Politique)大多数成员视为纯粹的乌托邦梦想的思想体系。古斯塔夫·德·莫利那里在上面提到的他的著述(Mohnan,1849a,1849b)中就提出了一些这样的思想体系。企业家、法国有影响力的现代新闻出版机构——尤其是《新闻报》(La Presse)——创始人埃米尔·德·吉拉尔丹(Emile de Girardin)也提出了类似的思想体系。吉拉尔丹在第二共和时期参加了税收大辩论,并且把他在自己办的报纸上发表的有关税收的文章收入了《社会主义与税收》(Le Socialisme et l'Impôt,Girardin)结集出版。① 莫利那里和吉拉尔丹提出了完全不同的理论;但是,他俩都是根据必须取消国家或者把国家改造成一个按照私人公司模式设计的新型组织——从而把自由市场活动的逻辑扩展到政治层面——的思想提出了自己的建议。

在自由主义传统中,早已有人提出了一些这个方向的想法。关于劳动分工的有利影响的论述,很自然地促使一些经济学家认为,政府活动和其他任何活动都应该遵循相同的模式。上文已经提到过格拉斯兰和萨伊多少有点歧义的话语,而在杜努瓦耶那里也能发现类似的情况。在工业主导下,国家实际上只是一家由社会提供资金的商业公司,目的就是维护法律尊严和社会秩序(Dunoyer,1825:358)。但是,这些陈述在某种程度上只是一种比喻,只是一种我们这几位作者都知道不可能实现的自由主义梦想的表达。萨伊认为政府对社会不重要的观点可以说也是如此——一种在杜努瓦耶那里可以找到的观点(Dunoyer,1818:91—92)。莫利那里和吉拉尔丹完全接受了这种观点。

莫利那里试图弥合这几位作者之间的观点分歧。他写道:"在很长一段时间里,经济学家们不但拒绝与政府打交道,而且还纠缠于政府所有的纯非物质职能。让-巴蒂斯特·萨伊是把政府的这种服务纳入政治经济学研究的第一人"(Molinari,1849b:303)。结果,"他赋予这门学科远比通常认为的多得多的服务",因为现在我们能够理性地理解和对待国家的职能。与杜努瓦耶一样,莫利那里也认为,经济学最终允许以一种新的方式——一种唯一适合自由市场社会的方式——来理解政治。

---

① 在奥古斯特·瓦尔拉斯看来,吉拉尔丹"聪明过人。他虽然不是经济学家,首先是一名政治家,任喜欢新思想,而且好像经常在寻找新思想。[……]一个总喜欢与死抱最陈旧偏见不放的人斗争的人'(Auguste to Léon Walras,31 July 1859;in A. Walras,1821—1866:355)。

在这种私人企业有效地满足了任何需要的社会里,破例对待对安全的需要,并且认为安全需要只能靠垄断组织或者更糟糕地只能靠政治上左倾的组织来满足,是完全不合乎逻辑的。在这个问题上,就连杜努瓦耶也应该受到批评。在那些极大地扩展应用自由原则的经济学家中间,杜努瓦耶先生认为,"政府的职能不应该交给私人履行"。为什么"自由竞争的原则要有这么清楚、明确的例外呢?"(Molinan,1849a:279),这并没有合理的理由。莫利那里认为,经济理论已经证明垄断是多么低效、危险,而且历史证据也支持政治经济学:任何负责安全的垄断或者特权组织往往总会玩忽职守、争权夺利、扩大势力——从而导致战争和叛乱连绵不断。"就如战争是垄断的结果,和平自然来源于自由。"(Molinari,1849a:290)即使以效率、自由和和平为由,也有必要接受"自由竞争原则的严峻结果"(Molinari,1849a:279),并且把"安全生产"交给私人决断。

"'安全生产'任由自由竞争法则支配,这就是安全这种非物质产品的消费者的利益所在。[……]任何政府都不应该阻止其他政府与自己竞争,也不应该迫使安全的消费者只能从自己那里获取产品。"(Molinari,1849a:279)

"在所有权原则的名义下,以权利为由,我必须保证自己的安全,或者从我认为合适的人那里购买安全。于是,我就求助于自由政府。"(Molinari,1849b:304)

这种相互竞争的"政府"——"自由政府"(即摆脱任何"政治奴役"的消费者自由选择的政府)①就是私人公司,在《圣拉扎尔街的夜晚》(Les Soirées de la Rue Saint-Lazare)中也被说成是"保险公司",它们的任务就是保护财产(如 Molinari,1849b:331)。② 在与一家公司签约之前,消费者必须了解这家公司是否有足够的能力保护他们,这家公司不会动用自己的权力来对付他们,是否还有其他公司能以更好的条件来提供相同的服务。而任何安全保障的提

---

① 关于存在"政治奴役"的原因和"政治奴役"的终止,如可参阅莫利那里(1884:377—82)。
② 3年前,在一篇发表在1846年7月23日《法兰西邮报》(Le Courrier Français)上的文章中,莫利那里写道,"人们聚集在一个社会里,就是为了获得人身和财产安全保障。国家就是一家互助保险的大公司"。

供者则必须有能力保护消费者的人身和财产安全;必要时还要给予与消费者蒙受的任何损害相称的赔偿:

"1. 保险公司必须对危害被保险人人身和财产安全的人规定某种形式的惩罚;而且,如果被保险人自己对人身和财产造成了任何危害,也必须接受所规定的惩罚。2. 保险公司应该能够给被保险人制造一些麻烦,目的是要发现危害肇事者。3. 保险公司应该定期收到因被保险人情况,具体活动以及需保护财产的性质、范围和价值而异的事先规定好的保费。"(Molinari,1849b:334)

只要消费者觉得这些条件适合,"就会达成交易;否则,消费者就可能自己提供安全保障或者寻找其他保险公司"(Molinari,1849b:334);而"安全生产公司"则不能无限膨胀:就像任何其他公司一样,这种公司的规模受制于必要成本的上、下限:超过了上限或者下限,成本就会增加,从而导致利润减少。

这个问题的其他一些方面以及这种特许经营方法和国家概念的影响(比方说),①在这里可以忽略不计:它们没有改变莫利那里的基本观点。此外,莫利那里也不认为能够细谈预先不能解决的问题。

"政治经济学可能认为:如果有既定的需要存在,那么在一种完全自由的制度下要比在任何其他制度下得到更好的满足。这个规律没有任何例外!那么,这个行业如何自行组织?它有哪些技术流程?政治经济学无法回答这个问题。"(Molinari,1849b:328—329)

不过,在以后的许多著述(Molinari,1854,1884,1887,1899)②中,莫利那里还是想详细阐明自己的观点,但结论总是相同:

"正如共产主义者和集体主义者所宣称的那样,未来不会像无政府主义者和虚无主义者们所想象的那样,既不会是社会被国家吞并,也不会是国家受到压制,而是国家向社会扩散。这就是[……]自由社会中的自由国家。"(Molinari,1884:393—394)

---

① 如请参阅莫利那里(1884:394 et seq):"个人主权与政治主权"(Individual Sovereignty and Political Sovereignty)和"民族性与爱国主义"(Nationality and Patriotism)。

② 早在1854年,他在他的《政治经济学教程》(Cours d'Economie Politique)中向读者介绍了不同历史阶段关于政府的性质和不断变化的属性的大量哲学思考。

可以理解，这些观点在政治经济学学会内部的讨论中受到了质疑和反对。就连巴斯蒂亚（Bastiat）也宣称自己赞同"国家垄断'安全生产'"。就如《经济学家杂志》为介绍其中的一场辩论所报道的那样，政府的权力被认为为保证自由竞争的效率所必需。

"科奎林（Coquelin）先生指出，德·莫利那里先生忽略了这样一个事实：如果没有任何最高权威，那么，公平就无法实现，而竞争——唯一的反欺诈和暴力的补救措施——倘若没有这个最高权威，没有国家，就无法推行。竞争只有被置于国家掌控之下才能成为可能，并且取得成功；竞争倘若凌驾于国家之上，那么就不能成功，甚至不可想象。巴斯蒂亚先生的观点与科奎林先生的相同。"（Journal des Economistes, Chronique, Octocer, 1849:315）

### 3.4 作为保险公司的国家

莫利那里并不是唯一一把国家比作保险公司的经济学家，阿道夫·梯也尔（Adolphe Thiers）在他的《论财产》（*De la Propriété*, Thiers, 1848）一书做了这种相同的比较。但梯也尔把国家比作保险公司，只是为了确定税率，[①]并没有谈及国家的组织形式。此外，经济学家中间非常流行在国家提供的保护与保险法案之间进行不明确的比较。把国家完全比作保险公司的思想是由吉拉尔丹提出的，结果增加了国家的保险属性。"国家必须只是一家担保一切可预见风险的国民互助保险公司。"（Girardin, 1849:230）

"税收只是并且必然只是被称为'国民'的全体社会成员缴纳的保险费，国民纳税是为了确保充分享受自己的权利、利益得到高效的保护和自由发挥自己的才能。"（Girardin, 1849:229）

这个税收方案先是发表在《新闻报》（*La Presse*）上，后来成书出了很多版。《经济学家杂志》（October 1849:319）在"专栏"栏目中以下列（令人困惑和杂乱无章的）方式介绍了这个方案。

"德·吉拉尔丹先生在《新闻报》上发表了一篇谈论税收的长篇大论。在批判了所有各种税收制度以后，他采纳了一种税率为1‰

---

[①] 梯也尔的这一比较当然获得了莫利那里的赞同。梯也尔的计算后来受到了古斯塔夫·佛沃（Gustave Fauveau）的批评（Fauveau, 1864; Silvant, 2010）。

的资本税——作为回报,纳税人将因此而获得以下各种好处:防卫,司法,宗教信仰,教育,信贷,疾病医治和养老;在遭遇火灾、洪水、冰雹、动物流行病、破产、沉船等灾难时得到赔偿;纳税人还将免除兵役,受到不陷入贫困的保护。所有这一切好处全都列明在一张可作为记录簿、护照、投票卡等使用的保险单上。"

不过,与莫利那里不同,吉拉尔丹没有主张开放这个领域让私人公司来竞争,而只是建议把国家改造成一个像一家真正的保险公司那样运行的机构。因此,《经济学家杂志》发表了以下评论,"这个方案相当独特,但基本上是社会主义的,并且太过复杂而无法作为当前形势的补救措施"(October 1849:319)。吉拉尔丹的方案得到了广泛的讨论。虽然有些小册子确实把这个方案视为社会主义(Duverne,1851),但有些作者,如奥古斯特·瓦尔拉斯(1849a,1850),认真分析了吉拉尔丹方案和这些小册子的评论意见,并且表示"这种税收制度远优于任何现有税制。这是一种非常自由的税收观"(A. Walras,1849a:495)。

简而言之,必须废除已有税收制度,取而代之的是一种单一税——"保险费"。这种单一税作为"保险费"当然应该"按照风险的严重程度和发生概率来收取"(Girardin,1849:299)。计算这种保险费的一个很好依据就是每个公民拥有的"资本",这种保险费应该是一种"资本税"——实际上是一种财产税。税率统一为1%(1852年版的建议方案又改为0.5%)。国家应该以保险公司的身份为公民提供各种保险,以防范包括战争险在内的一切风险。至于传统上包括在公共领域的其他活动,如教育或者宗教,[①]它们必须由自由决定提供这些服务的专门私人协会赞助。

"[……]公共教育和宗教支出将再次成为绝不应该短缺的东西,并且就像英国和美国那样依靠由社团或者协会集中管理的收入支持的纯个人支出。"(Girardin,1849:247)

与传统的税收相比,这种保险费有一个显著的特点,那就是自愿缴纳,而税收具有强制性。在一次典型的乌托邦式演讲中,吉拉尔丹声称,对于这个全

---

[①] 1849年,教育仍被包括在公共活动中,但在1852年又合乎逻辑地被排除在公共活动之外,但不用缴纳"保险费"。

新的国家来说,这不是一个问题。由于这样一种保险机制具有巨大的优势——如公民申报的财产和受到的保护,是申请贷款和求职的可靠依据,因此,每个公民都会立即相信有必要投保。①

"只有单一税应该存在,而且到处一样。所以,确切地说,这种税收虽然从法律上讲是自愿的,但实际上是强制性的。"(Girardin, 1849:161)

由于这种税收是一种保险费,因此,搭便车问题多少有点缓解。当然,公民申报的财产价值所涉及的保费除外。吉拉尔丹表示,他相信绝大多数公民不会被诱使去作弊,但在谈到防止可能逃费者的防范措施时,他表示,国家应该享有按照投保人申报价值优先购买他们财产的权利。

最后但并非最不重要的一点是,除了纳税人能从这种税制中获得个人利益外,这种所谓的"单一资本税"还被认为具有巨大的宏观经济正效应——而这其实就是吉拉尔丹的主要目的。由于这种"税收"课征于各种财产,但没有触及人们从财产中赚到的任何收入,因此,吉拉尔丹相信,有一种一般激励方法可用来富有成效地利用并尽可能好地开发各种财产,更好地管理流动资本以创造尽可能多的收益,并且富有成效地利用任何迄今闲置的资本。这样就能使闲置资本消失,并且完成法国大革命未竟的事业。②

"我们第一场革命的口号是:法律面前,公民平等;统一法律。我们最后一场革命的口号是:税收面前,资本平等;统一税收。"(Girardin,1849:220)

### 四、从乌托邦梦想回归现实:勒罗伊-博利厄

一些法国自由主义经济学家提出了乌托邦式的国家转型模式,其实并不意味着他们不知道现实中国家的实际运行方式。就像之前的萨伊(请参阅本

---

① 此外,其他国家很快就会效仿法国,并且会按照相同的思路对他们的国家机构进行改革。莫利那里有时也赞同这种相信任何所谓的利好改革都有不可抗拒的力量的典型乌托邦观点。

② 拿破仑三世倒台以后,另一位企业家埃米尔-贾斯丁·梅尼耶(Emile Justin Ménier,1871, 1872,1873,1874a,1874b)继承了吉拉尔丹的思想,但逐渐放弃了吉拉尔丹建议方案的保险内容,并且最终只盯住了"资本"税——在政治经济学会内部引发了激烈的争论。1874 年,他的观点变得非常接近布罗利:税收代表了"利用全国资本的管理费用"(Ménier,1874a:10)。

文第二部分),他们中的有些人指出了现代国家不可改变的实践逻辑。例如,在1849~1850年法国政治经济学会内部的辩论中,杜努瓦耶发表了值得关注的讲话。《经济学家杂志》的"专栏"栏目撰文表示:"杜努瓦耶先生就像科奎林先生和巴斯蒂亚先生那样认为,德·莫利那里先生迷失了方向[……];政府'公司'之间的竞争不切实际,因为这种竞争会导致暴力斗争,而这样的斗争只有诉诸武力才会结束;在文明驱逐走暴力的地方,最好还是让国家来管束武装力量。"(October 1849:316)

但是,杜努瓦耶已经认识到,即使在现代选举国家也仍存在一种形式的竞争——政党之间的竞争。

"杜努瓦耶先生相信[……],实际上,竞争是通过代议机构之间的相互影响渗透进政府的。例如,在法国,所有的政党都在进行名副其实的竞争,每个政党都在向公众提供自己的服务,而公众则在每次投票选举时实际做出自己的选择。"(*Journal des Economistes*, Croniques, October 1849:316)

从某种角度看,莫利那里也承认这一事实,他强调了这种竞争对国家的实际行为产生的负面影响。在法国大革命以后,政府不是通过选举产生,就是干脆由政变产生,从而引发了"政治联盟"之间的权力更迭。对此,莫利那里回答说:

"国家的利用权交给一个只享有临时占有权的联盟,这个联盟关心的就是在有限的时间里通过国家牟取最大的利益和好处——甚至不惜牺牲未来,因为未来不属于这个只拥有当下的联盟。因此,国家属性发展的不可阻挡趋势就是一种牟取与利用国家属性联系在一起的利益的趋势,一种由为了征服国家或者占有国家的利用权而结成的联盟之间竞争必然加剧的趋势。此外,无论政府犯什么错误、有什么过失甚至犯下罪行,临时行政官员都不需要担责;他们要承担的风险就是在他们任期结束时眼看着国家落入他人之手。"(Molinari 1884:361—362,388)

保罗·勒罗伊-博利厄继承并有力地发展了这一思想。这位作者常因他1876年首次出版的著作《财政学概论》(*Traité de la Science des Finances*)

(Musgrave and Peacock,1958)而在公共经济学界为人们铭记。与在德国和意大利发生的情况不同,"财政学"这个名称的应用在法国也算是一种创新。在法国,这个称谓名声非常不好,可能是因为"finance"这个术语在国家层面使人想起了君主专制时期财政管理不善的可怕情景。由于不同的原因,像舍尔比利埃(Cherbuliez)和莱昂·瓦尔拉斯(Léon Walras)这样的不同作者——他俩都根据词形引用了德语术语"Finanzwissenschaft"(财政学)——做出了否定的最终评判。[1] 此外,勒罗伊-博利厄的《财政学概论》取得的成功也使"财政学"这个术语在法学系站稳了脚跟。[2] "财政学"得到了明确定义,研究范畴也得到了精确界定。财政学只关心确定各类公共收入的最优管理准则——这个定义可以说与卡尔·海里因希·劳(Karl Heinrich Rau)、阿道夫·瓦格纳(Adolf Wagner)或者洛伦茨·冯·施泰因的财政学定义是格格不入的。

"财政学可以说是谈论国家主要和次要属性、国家要履行的职能以及必须留给公民和自由联盟履行的职能的学科。但在我们看来,这类研究并不属于财政学研究的范畴,而是属于政治经济学甚或政治学研究的范畴。"(Leroy-Beaulieu,1876,I:2)

因此,有关公共支出的各个方面构成了一个截然不同的研究领域:它涉及国家的职能,并被认为政治经济学应该用专门的章节来加以论述。但是,勒罗伊-博利厄取得成功的《政治经济学理论与实践概论》(*Traité Théorique et Pratique d'Economie Politique*,first edition:Leroy-Beaulieu,1896)令人感到失望。他的国家及其职能观基本上都是传统的观点,没有任何创新。事实上,勒罗伊-博利厄认为,先验地罗列国家的职能几乎就是一项不可能完成的任务,因为没有什么国家能做而私人联盟不能做的事情。反对观点源自于这样

---

[1] 在德语文献中,我们在"财政学"(science des finances)的标题下只找到了"一种不能运用政治经济学方法和严谨术语的行政管理经验主义"(Cherbuliez,1848:387n)。"Finanzwissenschaft"只是"一种将被陈列在教规法旁边的将来的社会考古博物馆中一起展出的财政法"(L. Walras,1896:408)。

[2] 此前,只有很少的专著以"财政学"命名:查尔斯·加尼尔(Charles Ganilh,1825)的《论财政学与魏莱勒公爵先生的内阁》(*De la Science des Finances et du Ministère de M. le Comté de Viltèle,*)和雷内·冈迪奥(Réne Gandillot,一名律师)的《论财政学》(*Essai sur la Science des Finances*,Gandillot,1840)和《财政学原理》(*Principes de la Science des Finances*,Gandillot,1875)。1841年,路德维希·赖辛巴赫·冯·雅各布(Ludwig Heinrich von Jacob)的《国家财政》(*Staatsfinanzwissenschaft*,Hacob,1837)的法译本《财政学理论与实务评介》(*Science des Finances,Exposée Théoriquement et Pratiquement*)在法国出版。

一个错误的认识:除了国家以外,"就没有不是受以经济利益的形式表现出来的自利启示创造的东西"(Leroy-Beaulieu,1890:946);因此,任何严格意义上的非营利事业都不能由任何私人个人或组织来完成。

"[……]在有些国家,在某个给定时期,这其中的每一种职能都是由私人和国家同时履行的。例如,据我们所知,西班牙的一个私人联盟圣赫曼达(Santa Hermandad)就是为了维护法律和秩序组建的;在今天的英格兰,特别警察——即志愿、临时、无薪警察(voluntary, temporary an non-paid policemen)——协会并没有完全销声匿迹。"(Leroy-Beaulieu,1876,1:3;1890:948—949)

事实上,"财政学"这个称谓的普及应该是取得了非常糟糕的成就,要不是因为一个——很遗憾迄今被人忽视的——原因,勒罗伊-博利厄的姓氏也不值得记住。1889年,勒罗伊-博利厄发表了一项重要的研究成果《现代国家及其职能》(L'Etat Modeme et ses Fonctions)——他于1883~1884年在法兰西学院开设讲座的成果——;1年后,收入他写的词条"国家"、由约瑟夫·夏伊耶(Joseph Chailley)和莱昂·萨伊(Leon Say)主编的《新政治经济学词典》出版。他在他写的"国家"词条中没有抱任何理论"梦想",而是精准地描述了现代选举国家的逻辑和意思。

他真正感兴趣的并不是国家应该是怎样的以及国家应该如何根据政治经济学原理来表现自己,而是国家实际是怎样的。没有任何像"理想国家"或者某个"国家本身"这样的东西,就如同没有任何像某个"人本人"这样的东西。"有些问题不能局限于绝对方面,必然还需要相对和视条件而定的方面"(Leroy-Beaulieu,1889:4)。"在我看来,哲学家们并没有完全重返地球"(Leroy-Beaulieu,1889:2)。勒罗伊-博利厄从这个视角严厉批评了那些试图发展一种理想国家理论但只搞成了"国家偶像崇拜"的德国学者(Rau, Stein, Wagner, Schäffle, Bluntschli)(Leroy-Beaulieu,1889:14)。

"我们不但没有跪倒在神像面前,而且还要分析铸造神像的金属材料以及神像身上存在的结构缺陷。这么做也许会减少崇拜者的人数,并且使西方文明免受新的奴役的威胁。"(Leroy-Beaulieu,1889:x)

细看我们崇拜的神像,不难发现这是一尊用廉价合金铸造的人造物。"现代国家"实际上就是一个具有以下两个基本特点的政治机构(Leroy-Beaulieu,1889:v—vi):一是基于常规选举的民主国家;二是由于取消了公民与国家之间几乎全部传统中间联系的环节——如贵族、教会等——而赋予政府很大的权力。更加具体地说,通过《现代国家及其职能》,勒罗伊-博利厄强调了四个重要的一般性结果。

首先,国家——并非是抽象的实体——自己不会思考或者说话:是掌握国家政权的人在替国家思考和说话。那么,谁是掌握国家政权的人呢?就是萨伊曾经强调过的普通人。与社会上其他普通人相比,他们并没有表现出任何特殊的差别或者过人的能力。

"经验证明,国家是一个交给某些人掌管的机构;国家[……]只是通过掌管它的人的思想和意志来思考问题和表达自己的愿望。[……]那些以或快或慢的速度相互接替或者淘汰的人[……]与所有其他人相比并没有任何不同的生理或者心理构造。他们并不享有任何天然优势,无论是天生还是职业赋予的优势。国家的职能并不必然会启迪他们的心灵,也不会优化他们的大脑。教会可以让一个软弱的人在担任祭司以后得到改造,并且获得上帝的恩典。民主社会不能宣称自己能让掌权的人得益于任何一种特殊的恩典,也不敢保证神灵降临到他们身上。"(Leroy-Beaulieu,1889:29)

第二,国家并不公正。政府总是掌握在最近选举中获胜的政党手中。现代选举国家并不是不带感情的理性或者意志的表达,而是在选举时会放大社会上流行的各种激情和时尚。勒罗伊-博利厄强调,任何民主"都不能达成一种普遍、永久的利益观,也无法让这种利益高于私人的暂时利益"(Leroy-Beaulieu,1889:vii,426)。此外,一届政府的任期很短——通常只有四五年。因此,政治家们试图运用法律、法规,当然还要运用财政,以尽可能快的速度来实现他们藉以赢得选举的政治纲领。

"在理论层面,财政学是一门独立的学科,但不幸的是,实际上,它只是卑微的'仆人',简直就是一个专制主人——政治——的奴隶。"(Leroy-Beaulieu,1876:xx)

第三,政治家和公务员并没有承受竞争压力——这一点可以说与杜努瓦耶的观点相对立,杜努瓦耶认为,政治选举可被视为一种竞争,因此通常缺乏效率。此外,他们倾向于扩大自己的行动范围——就如萨伊指出的那样,而且经常会选择推行最昂贵的政策,因为这样做有可能为他们自己赢得尊敬和选民的选票。

最后,勒罗伊-博利厄宣称,民主选举国家在很多时候是反对任何新政策的。政治家们处于各种游说团体的压力之下,不得不保护旧有的既得利益,反对创新。一个这样的国家只能是一个保守因素(Leroy-Beaulieu,1889:431—432;1890:951—953)。同样,这样的国家处于没有受过教育的选民和自私自利的游说团体的压力之下,有强烈的动机推行贸易保护主义和沙文主义,明显敌视外国劳动者,甚至会因此而表现出反犹太主义倾向(Leroy-Beaulieu,1889:424 et seq)。

以上四个结果只是现代国家宪法造成的部分结果。勒罗伊-博利厄在《现代国家及其职能》中认真分析了现代国家推行的各种政策——从公共工程和殖民化干预政策到公共救济、教育和宗教政策。毫无疑问,这本书值得我们为它做更加详细的分析。不用说,我们对法国19世纪自由主义经济学家态度的概述是不完整的,但在反映了自18世纪和19世纪之交让-巴斯蒂特·萨伊以来的法语经济学文献中已经存在的思想趋势的延续和有力发展的同时,还揭示了一种与当时公共经济学主流思想传统截然不同的传统。

虽然本文介绍的文献并不总是非常严谨,并且也未必前后一致,但是,那个时代有谁能声称自己能避免这些缺点呢?萨伊的著作成了法国许多19世纪政治经济学著作的模板,就像本文试图证明的那样,公共经济学领域的情况也是如此。本文介绍的自由主义经济学家——德斯蒂·德·特拉西、杜努瓦耶、布罗利、莫利那里、吉拉尔丹、勒罗伊-博利厄——每人都以非常不同有时甚至是互不相容的方式发展了萨伊的某些思想,并且得出了值得关注的结论:关于国家性质和职能的不同理论观点——从最乌托邦到比较现实主义——现在大多已经成了当前各种不同公共经济学理论不可或缺的组成部分。

**致 谢**

本文的前两稿曾提交2006年7月31日~8月2日在河内召开的(第六

届)公共经济学理论研讨会和 2008 年 12 月 10 日～12 日在巴黎举行的公共经济学史国际会议讨论。笔者要感谢参加论文讨论的与会者,特别要感谢提出评论意见的阿兰·勃劳德(Alain Beraud)、蒂埃里·德玛尔斯(Thierry Demals)、海因茨·德·库尔兹(Heinz D. Kurz)、安德烈·拉皮杜斯(André Lapidus)、曼努埃拉·莫斯卡(Manuela Mosca)、菲利普·斯坦纳(Philippe Steiner)、理查德·斯特恩(Richard Sturn)、基斯·特赖布(Keith Tribe)和两位匿名审稿人。

# 功利与正义:法国 19 世纪的自由主义经济学家

娜塔莉·西格(Nathalie Sigot)

## 一、引言

19 世纪,在经济学领域,法国的自由主义[①]经济学家与他们的英国同行有着相同的首要关切:捍卫政治经济学,驳斥对政治经济学只关注物质、对大众疾苦无同情心和无动于衷等的指控(De Marchi,1974:123—135)。[②] 其中的很多经济学家担心凯尔恩施(Cairnes)所说的工人阶级"厌恶甚至暴力反对"政治经济学思想(White,1996:115)。这种担心在社会主义运动波澜壮阔、风起云涌的法国表现得更加强烈。他们捍卫自己思想的意愿在寻找一种支撑经济学的哲学的过程中表现得淋漓尽致,他们特别希望能够找到一种可以证明政治经济学既注重功利又关心正义,并且最终能使功利"始终与所谓的正义相协调"的哲学(Molinari,1863:31)。为此,绝大多数法国自由主义经济学家从布朗基(Blanqui)开始,为了发展"法国学派"的政治经济学而拒绝了"英国学派"的政治经济学。他们觉得法国学派的政治经济学体现了更多的人道主义,因为法国学派更加关心财富分配问题。因此,在大多数 19 世纪法国自由主义经济学家的著作中能够发现哈勒维(Halevy,1901—1904:6)在法国的"人权

---

[①] "自由主义经济学家"在本文与在法国一样被用来指那些反对国家干预经济的经济学家,这些经济学家相信国家干预经济的结果不如在自由市场条件下取得的结果。

[②] 关于法国的有关情况,如可参阅舍尔比利埃(Cherbuliez,1852:166)、勒罗伊-博利厄(Leroy-Beaulieu,181:4—5)和福维尔(Foville,1890:222)。

的法和精神哲学"(legal and spiritual philosophy of human rights)与英国的"个人利益功利主义哲学"(utilitarian philosophy of personal interests)之间所作的传统区别。事实上,法国的自由主义经济学家拒绝了他们认为成为英国学派特点的功利主义,因为他们认为功利主义无法提供正确的正义观。由于这个原因,他们把自然法视为他们的经济学理论的基础,并且认为他们的经济学理论是道德哲学的一个分支。

本文旨在考察19世纪法国自由主义经济学家是如何在政治经济学和道德哲学之间建立和编织联系,以展示他们这样做如何影响他们关于利益协调问题的经济学研究——并且不仅仅影响他们的意识形态立场。虽然本文重点研究了19世纪的法国自由主义经济学家,但没有把让-巴蒂斯特·萨伊包括在内,而是只考察萨伊去世后那个标志着勒范·莱斯梅尔(Le Van Lesmelle, 2004:79 and f.)所说的"自由主义游说团体"开启的时期。至少在19世纪后2/3的时间里,这个游说团体依靠一些非常出色地捍卫静止不变的思想的作者,在法国政治生活中占据了支配地位[1]:就如布雷顿(Breton, 1985:251)指出的那样,"这些经济学家由于缺乏分析精神,并且不了解其他天才的经济学家提出的理论,于是就致力于纯粹的宣传和真正的普及工作,并且把法国的政治经济学引上了过于制度化的道路。在这些经济学家那里……科学努力都已经无影无踪,政治经济学已经与他们一起变得停滞不前"。他们无视所谓的"边际革命"(Breton, 1998),继续与已日趋衰退的古典学派斗争[2]:他们的立场在很大程度上是由对社会主义的恐惧所决定的。他们不但恐惧社会主义,而且还反对"保守党派"要求政府进行有利于"那些觉得自己十分富有的人"的干预(Clement, 1853:xii),这两者又导致这些经济学家致力于传播"经济学真

---

[1] 在布雷顿看来(1998:410),从1881年起,"老牌自由主义者[……]受到越来越多的质疑。他们的法国反对者其实已经遣责他们以'险恶的用心和卑劣的手段来对付那些在他们面前不屈服的人'(Walras[Letter to Gide, April 25, 1886]),并且还遣责了他们企图利用手中控制的机构来完全控制法国经济学家的欲望"。

[2] 更何况,他们的立场受到了重农学派的影响,因为他们经常以赞许的口吻提到这个学派:例如,对于博德里亚(Baudrillart, 1888:iv)来说,重农学派心目中的"经济系统可归纳为财产和自由的思想,重农学派把这作为社会秩序的基础和个人权利的表达"。他们后来之所以赞赏斯密的理论,是因为在他们看来,斯密的理论是重农学派思想的延续:具体来说,斯密承认自然法则的存在性,同时又纠正了重农学派的某些错误,如相信土地是财富的唯一来源(Baudrillart, 1888:vi)。

理"(1853:xvi),并且认为"经济学知识传播越广,就有越多的人觉得提升精神面貌的最有力辅助手段就是政治经济学"(Droz,1846:3)。以上就是吉约曼(Guillaumin)在1835年创立出版公司、在1841年创办《经济学家杂志》(*Journal des Economistes*)并且在1852年出版《政治经济学词典》(*Dictionnaire d'Economie Politique*)的原因。本文将主要介绍这些不同出版物以及吉约曼出版公司出版的出版物的作者。然而,这些自由主义学者并没有形成一个边界清晰的同质学术团体,因此,他们所捍卫的思想因人而异,甚至因同一作者的不同著述而异。然而,就如布雷顿和卢特法拉(Breton and Lutfalla,1991:590—591)所指出的那样,这些19世纪的作者也有一些共同的立场。具体来说,他们都认同"良好的制度环境的必要性",并且一致拒绝"抽象推理"[1]。就如我们在本文中将要看到的那样,他们在这两点上的共同立场对于理解他们在正义和功利问题上的立场至关重要,并且促成了他们的功利主义观点。法国的自由主义经济学家虽然也存在分歧(并不总是容易确定),但在以下两个问题上观点一致:一方面,他们强调了他们从事的学科的人性特点:政治经济学不能与道德相分离。因此,英国的经济学家受到了把经济活动简约为商品之间物质关系的谴责,而他们得出的结论也因被认为是错误的而遭到唾弃,因为他们过分强调自利,并且忽略了个人责任(见本文第二部分)。另一方面,法国的自由主义经济学家一直纠缠于财产的合法化问题,在他们看来,财产的合法化不应该根植于受国家专断独行摆布的实在法,而应该根植于无可辩驳的自然权利。在这方面,他们通常拒绝接受社会主义学说,因为这些学说宣称要谋求集体利益的实现,其实是专断独行的伪装(见本文第三部分)。

本文的第一部分表明,在这些作者那里能够发现一种真正的经济实在观,这种经济实在观基于一种不同的分析方法,并且根植于道德哲学;而第二部分提出了这样一种怀疑:这种经济观仅仅反映了法国自由主义经济学家对社会混乱的政治恐惧。他们的论证证明了他们对社会秩序受到挑战的担心,并且影响了他们对社会主义崛起的看法:有人认为,英国学派的政治经济学不考虑

---

[1] 并非法国所有的自由主义经济学家都拒绝抽象推理:杜普伊(Dupuit)也许就是一个反例。布雷顿和卢特法拉(1991:592)也指出了罗西(Rossi)和科奎林(Coquelin)在这个问题上的特殊立场。

所谓的社会问题,刺激了社会主义的崛起;[①]而在另一些人——尤其是那些捍卫基于自然法的财产权思想的作者——看来,应该拒绝任何会导致社会主义运动发展的对"自然法"的任何引用。

## 二、对自利的强调何时导致了过失

虽然对英国和法国政治经济学进行上述区分的做法最初似乎出现在西斯蒙第(Sismondi)的著作(Arena,2001)中,但在阿道尔夫·布朗基(Adolphe Blanqui)1837年发表他的《从古代到当代的欧洲政治经济学历史》(*Histoire de l'Economie Politique en Europe depuis les Anciens jusqu'à nos Jours*)以后就在法国自由主义经济学家中间流传开来。实际上,"布朗基是第一个撰写'名副其实的经济思想史专著'的作者(Arena,1991a:176),因此在法国自由主义经济学家中间占据着特殊的地位。法国的自由主义经济学家越来越寻求与布朗基的立场保持距离,因为他们认为布朗基太过接近社会主义者"(Arena,1991a:183)。但是,布朗基区分英国和法国政治经济学的做法是在当时大部分经济学著作中反复出现的话题,[②]并且在1854年成了政治经济学学会(Société d'Economie Politique)辩论的主题(1854:436—441)。[③] 这种区分背后还隐藏着两个主题:第一个主题与经济学和道德哲学之间的关系有关,英国

---

[①] 请参阅Blanqui(1837:227)。布朗基认为,英国经济学家不是"闭上了自己的耳朵,结果让自己饱受被文明的威望所蒙蔽之苦",就是不问问"自己这辉煌的大厦难道不是依靠'哭泣和眼泪'建造起来的,它的基础是否坚固到不用担心任何震动的地步"。

[②] 这种区分并非自由主义经济学家专有。譬如说,在历史学家布歇兹(Buchez,1842)的著作中事实上也能看到这种区分。在布歇兹看来,英国学派自由主义政治经济学的灵魂就是"个人与重商"。此外,虽然加尼尔(Garnier)本人是一位自由主义经济学家,但他(1873:663)拒不接受这种区分:"那些自称属于法国自由学派的作者主张更加接近工人阶级,把精神注入了政治经济学,以便更好地突出经济事实的道德性以及不同阶级和不同国家之间的利益协调和休戚与共。必须要说的是,政治经济学很幸运,能够置身于有关精神性和唯物论的讨论;从一开始,各国经济学家和经济学都希望看到最贫困和人数最多的阶级的生存条件可以通过由人人接受教育并养成良好的道德习惯促成的普遍成功而获得改善"。阿里纳(Arena,1991b:116—117)解释了加尼尔拒不接受这种区分的原因,加尼尔担心这么做有可能"导致把'寻找新[……]社会制度'(即社会主义乌托邦)的尝试"也包括在政治经济学中。

[③] 政治经济学学会由E. 戴尔(E. Daire)、U. 吉约曼、J. 加尼尔(J. Garnier)、A. 布莱斯(A. Blaise)和P. 奥斯(P. Hos)在1842年创建,当时每月举行一次会议。这个学会的宗旨在其成员1886年制定学会章程时被定为:"促进政治经济学的普及与发展"(Société d'Economie Politique,1886:21),其实际意义是捍卫自由贸易。

学派被指控忽略了这种关系(见本文 2.1);另一个与个人责任有关(见本文 2.2)。

2.1 经济学与道德哲学

19 世纪,法国的自由主义经济学家一致认为,经济学就是一门"道德科学",甚至达到了有关这个主题的讨论似乎是他们著作中必不可少的一个章节的地步。当时,政治经济学学会也就这个主题组织过多次会议讨论,并且在《经济学家杂志》上发表过不同的文章。此外,在道德与社会科学院组织的评比中,博德里亚、隆德莱(Rondelet)和达姆斯(Dameth)的著作得了奖。19 世纪法国自由学派从三重视角来审视经济学与道德学(即推断正义责任的科学)之间的关系。①

首先,这些自由主义经济学家并不同意,追求财富就会导致行为人道德水平下降。恰恰相反,他们认为,只有在行为人养成了符合道德准则的行为习惯以后,才能积累更多的财富。因此,按照克拉维(Clavet,1868:239)的说法,"财富远非造成道德败坏(即堕落)的原因,因为我们只有以杜绝恶癖、放弃爱好为代价才能创造财富"。按照帕西(Passy,1845a:50)的说法,其实,"智力和道德力不足才是人们遭受苦难的主要原因"。因此,在政治经济学学会组织的一次有关爱尔兰的讨论会上,与会者几乎一致认为,造成爱尔兰不幸的"主要原因[……]在于爱尔兰人的品质,他们普遍不够勤劳;更糟糕的是,他们懒惰,而且还铺张浪费"(Garnier, in *Société d'Economie Polttique*,1866a:130)。更一般地,由于一个国家的经济发展意味着个人之间的交往增加,因此,人际信任必不可少。按照舍瓦利耶(Chevalier,1868:13)的说法:

> "社会和个人即使是为了谋取财富的行为只要是为了国家的延续和发展,仍被认为是一种令人满意的道德状况;[……]导致社会丧失诚信和商业信用的行为本身就会造成交易困难,导致交易不能,从而危及生产这个财富的首要来源。"

当时,社会关系的缓和不但在国家层面,而且在国际层面都可以感觉到。

---

① 这里,笔者并不是指道德学与政治经济学间关系的性质。对于其中的某些经济学家来说,经济学从属于道德学(如博德里亚),而其他经济学家则认为经济学与道德学没有任何从属关系[如丰特奈(Fontenay)]。

对于自由学派来说,政治经济学理论证明了"通过强调国家间仇恨和对抗的荒谬[……]可以增进国家间的休戚与共,从而把世界不同地区的利益联系在一起"(Clément,1853:xxiii),而经济学被证明可以"通过提供用于鉴别被有成见的人错误地归类的情感、行为和习俗"(Clément,1853:xxiii)的可靠依据来成为"道德学的最佳辅助学科"(Baudrillart,1857:23;Droz,1846:3;Garnier,1878:273)。经济学理论被认为能为"正确鉴别财富可能的不同用途的相对优点提供手段"(Clément,1853:xxiii)。例如,19世纪法国自由主义经济学家按照他们的经济观念反对奢侈性消费,并且证明奢侈性消费就是浪费资源——一种会导致社会贫困化的非生产性消费。① 他们批评了"合法慈善",因为这种慈善效仿英国对待穷人的法律"鼓励懒惰和不负责任,并且[……]导致穷人灰心丧气"(Garnier,1846:311)。他们还为继承权辩护,因为继承权有助于"预防思想以及慈爱和奉献等情操"的扩散(Cournelle-Seneuil,1842:778;Baudrillart,1857b:10—11)。②

随后,法国自由主义经济学家试图证明,财富反过来倒是有助于道德行为的发展,从而改善个人福祉:"在懂得了个人生活的改善是本人行为的结果的道理以后,有了合法收入的个人就会觉得自己更有价值,并且对自己的能力有更加明确的认识"(Renouard,1862:330)。结果,他们自然就变得"更加仁爱"(Dunoyer,1843:249),并且发展一种"热爱科学和诗歌的情趣",一种对利他主义的偏爱,或者更一般地说,一种对"更高级的快乐"的偏爱(Dunoyer,

---

① 奢侈是法国经济学家很多辩论的主题,因为他们很难区分奢侈性消费与只是最富有阶层生活方式组成部分的消费。德罗兹(Droz,1846:312)建议把反映难以区别的"不道德消费"称为奢侈性消费。"如果一个劳动者对自己的工作称心如意,在家里举行一个小型乡村聚会享受一下天伦之乐,那么,我会表示赞同;但如果他把钱全用在了泡酒吧上,那么,他就是在进行奢侈性消费。一个富人送给妻子一条价值3 000法郎的披巾,这笔与他财富相称的花销并不算过分;如果这个富人买这条披巾送给他的情妇,那么,这就是一笔奢侈性花销。"政治经济学学会在1859年专门举行会议讨论了这个问题。这次会议的报告显示,参加这次会议的经济学家一致认为支大于出[Garnier,in *Société d'Economu Politque*,1859a:302;还请参阅 Baudrillart(1880—1881,I:82—83)]有害健康(Garnier,in *Société d'Economu Politque*,1859a:302),"伤害别人的自尊心和道德心"(Lavergne,in *Société d'Economu Politque*,1859a:302),并且有违"宗教和传统的道德品行"(Dunoyer,in *Société d'Economu Politque*,1859a:302),所有这些都属于"不道德消费"。他们一致认为,这个问题离开相关环境"是无法解决的"(Baudrillart,in *Société d'Economu Politque*,1859a:303;Baudrillart,1880—1881,IV:3—4)。

② 斯坦纳(Steiner,2008:90—91)展开论述了法国经济学家关于遗产继承影响个人道德情操的观点。

1843:247)。但是,这样一种结果在"导致堕落的保护和过度垄断制度下"是不可能取得的:

> "这些恶行(贪婪、炫耀、张扬)在某些体制下特别容易死灰复燃,因为这些体制就是恶行作祟的产物。在这样的体制下,凡事都会滋生并助长恶行。例如,凡是某些阶层承揽有超额利润可赚的工程或者被赋予了服务垄断权的地方,凡是不公平的偏袒允许在短时间内赚到巨额利润的地方,自然有人会表现出追逐利润的极端热情。不难理解,少数人赚到超额利润会燃起所有人的贪欲;很快就会没人满足于正常的盈利;人人都渴望快速发财;慢慢地,一切赚钱的手段最终都会显得来钱太慢。结果,也很自然,凡是利润过高的地方,费用也会变得奇高[……]最后,非常自然的是[……],追逐利润的热情使人们关闭了向往正义的心扉,不再非常欢迎行善的情怀。"(Dunoyer,1843:245—246)

最后,法国自由主义经济学家从政治经济学基本宗旨的角度肯定了这个学科的道德特点:经济学把人类的官能作为研究的起点,把人类的自由权作为一项"基本原则[……],因为,如果人类没有自由,就不能对自己的行为负责"①(Clavet,1868:228;Chevalier,1850b:213;Dameth,1859:167)。因此,对于法国自由学派来说,经济学与道德学[被定义为"责任科学"(science of duty)]有相同的基础:人类如果没有自由权,就不可能承认自己的责任。因此,19世纪许多法国自由主义经济学家认为,当时经济学理论获得的发展导致重新把"人类置于他本该处的位置——适当的位置"(Baudrillart,1864:32):"人类[……]同时是[物质财富的]创造者和终极者;是人类创造了物质财富,使用了物质财富,并且消费了物质财富"(Passy,1863:viii;Wolow,1866:283)。此外,正如科奎林(1852:660)所指出的那样,"人类的行为总有一定的道德性"。如果布洛克(Block,1890:82)的观点可信,那么,法国经济学家全都明白这一点,因为他们拒绝接受"财富比人重要"的观点。就像巴斯蒂亚,库塞尔-塞内

---

① 原文译者注:19世纪的语言肯定有性别歧视之嫌,把"Man"(男人)和"he"(他)作为"humanity"(人类)来使用。译者选择使用作者原来使用的词。这一选择有时意味着,为了忠实原文,在译文中也要使用有性别歧视之嫌的语言。译者因此为对敏感的读者造成的任何冒犯表示歉意。

205

伊(Courcelle-Seneuil)甚至约瑟夫·加尼尔都把人类的需要作为自己研究的起点。

与此同时,英国的经济学家都被指责把政治经济学看作是"财富学"(science of wealth),或者说是把政治经济学看作是一门"物质科学(material science),而不是道德科学"(Coquelin 1852:659),因此就变成了一种"忘记人类,只重视产品的科学"(a science of "forget[ing] Man and only tak[ing] products into account")(Villeneuve-Bargemont,1834,I:274;Droz,1846:59;Baudrillart,1860:2)。因此,德罗兹断言,李嘉图认为,"在一个有1 000万人口的国家里,如果500万人工作就能养活1 000万人口,那么,这个国家相对于有1 200万人口但需要700万人口工作才能获得相同结果的国家,就没有任何优势可言。因此,如果产出相同,[李嘉图]并不在乎那200万人口是否存在"。

这种批评意见与布朗基的观点遥相呼应,布朗基指责英国经济学家"只把劳动者作为简单的生产工具"(1837:227),并且忘记了"常与生产相伴的痛苦"(1837:311)。因此,许多法国经济学家,像布朗基那样,拿英国基于大型庄园的发展模式与法国由于允许大量小土地所有者存在而更加适合解决正义问题的发展模式比较。① 德罗兹就进行了这样比较,并且强调:虽然大型农庄无疑促进了"公共繁荣"(public prosperity,1846:72),但"道德因素可能会导致偏好"小农庄":

"我承认,如果把20个这样的小农庄合并成一个农庄,那么就能造成小农庄所有者在合并之前是为自己劳作,但合并后就要为他人劳作。因此,合并以后,他们会感到幸福吗?"(Droz,1846:76;Passy,1845b:82;Reybaud,1859:iv②;Legoyt,1864:456 f.)

---

① 根据麦卡洛奇(MacCulloch)的著作,埃斯基洛·德·帕里厄(Esquirou de Parieu,1852:674)表示,法国的地块面积平均为13公顷,而英格兰地块的面积平均为75公顷。还请参阅 Legoyt(1864:434),据他估计,1851年,法国地块的平均面积是11公顷7公亩。

② 雷博(Reybaud)的研究涉及工业,而不是农业。土地分割问题是自由主义经济学家众多讨论的主题。这些经济学家质疑有这种现象存在[土地分割常被作为民法规定每个孩子均分地产的结果来研究——请参阅 Fonteyraud(1853:205)和 Esquirou de Parieu(1852)],但是,他们也质疑这种做法的经济和道德后果。因此,虽然菲克斯(Fix,1864:313)强调指出了"土地分割"对申请贷款的负面影响,但博德里亚(1867:49)认为,"从小农庄促进劳作动机的角度看,小农庄的生产率是很高的"[请参阅 Passy(1846:16 f.)]。

法国学派可能与"勤勉"的英国学派形成鲜明的对照：不但他们的研究出发点不同,甚至连研究的宗旨也相左。增加财富被认为是斯密以后全体英国经济学家进行经济学研究的目的,[①]而法国经济学家的目的是提高人们的幸福感。布朗基试图重新定义财富概念以便把社会关切包括进去,这很能说明英国经济学家与法国经济学家之间存在以下分歧的原因：

> "现在不再是像斯密生活的那个时代那样要加快生产速度的问题,而是必须控制生产速度并且把它维持在合理的范围以内；现在不再是绝对财富问题,而是相对财富问题；人类要求我们停止为了提高公共富裕水平而牺牲几乎不能从中受益的广大民众"的行为(Blanqui 1837:351)。

其实,法国自由主义经济学派坚持要对财富概念与幸福概念加以区分。因此,就像拉佩特(Rapet,1850:324)认为的那样,"在艺术和工业进步促成幸福之前,幸福是不存在的。[……]之前,有财富,有奢侈,但就是没有幸福"。不管怎样,法国的这些自由主义经济学家并没有试图对幸福概念进行精确的定义。他们对幸福所下的定义似乎很像维勒纳夫-巴日蒙(Villeneuve-Bargemont,1834:83)对"有道德的富人"的描述：在某些作者看来,幸福就是美德；而在另一些作者看来,幸福就是基督教的价值观(Villeneuve-Bargemont,1834:83)；一般来说,幸福被认为就是"遵守秩序、勤勉[和]节俭的习惯"(Baudrillart,1860:42)。

由于法国自由主义经济学家认为,幸福才是人们追求的目的,因此,他们必须超越简单地参照个人利益。虽然我们不能否定"利益说"的重要性——因为它似乎最符合[经济学家的]研究性质,但是,就如博德里亚所说的那样,利益说并不能构成政治经济学的基础：按照雷博(Reybaud,1849:178)的说法,"这种基于算计的现代道德观"其实"多少有点令人遗憾,因为它既证明了公共道德的堕落,又证实了支配我们人类世世代代的道德准则在降低"。雷博的这

---

[①] 总的来说,法国自由主义经济学家认同斯密,但同时又批判斯密的继承人,特别是李嘉图和麦卡洛奇(MacCulloch)。因此,博莱(Paulet,1866:92)明确表示,经济学是"国民福利科学"(bien-être des nations),并且又补充说,这是亚当·斯密著名论作的标题,他从来没有说过"国民财富"(richesse des nations)。

句话似乎说明,政治经济学家"不能满足于一个被博德里亚称为边沁主义的思想体系"(Baudrillart,1860:54),但还必须考虑只被作为人类行为决定因素的情感和情操:"人类是在自利的作用下从事生产的。即使家庭成员,也是在同情心和责任心的驱使下才去工作并存钱"(Baudrillart,1860:48)。当然,19世纪法国经济学家也经常提到个人私利,但他们的私利概念相当宽泛,并且超越了"自身利益"或者"经济利益"的范畴(Leroy-Beaulieu,1890:35 f.)。因此,丰特奈(Fontenay)肯定地表示:

> "个人的私利意识要通过启蒙来培养和教化。这种意识喜欢秩序,[……]迷恋重要的一般结果,[……]习惯把人类作为自己的载体,最终通过自发的冲动而不是等待外部压力来实现人人幸福的目标。"

相反,功利主义通常与自私自利联系在一起:因此,雷博(1849:244)在他书中论述边沁的章节中指出,功利"忘记了别人,并且只关心自我,[……],搞自我和个人利益崇拜,换句话说,就是崇尚利己主义"。①

这种经济观对法国经济学家认为经济学家应该采取的方法产生了影响。对于绝大多数法国自由主义经济学家来说,持这种经济观的结果就是拒绝接受数学方法,②并且再次导致他们把这种方法与英国学派联系在一起。他们觉得数学方法把个人动机简约为简单地追逐个人私利,并认为:基于这样一种抽象的方法忽略了"语言、习俗、偏见[和]距离",创造了一个人类失去了其"道德"一面,只留下其"经济"一面的"虚拟世界"(Baudrillart,1866:14—15)。因此,他们确定政治经济学的研究范畴受到了这种方法的限制,因为这种方法把经济活动对幸福的影响排斥在外:"在整个政治经济学研究领域,哪个方面是在考虑生产者的幸福?[……]工人[已经被简约为]生产能力低于真机器的机器"(Baudrillart,1866:15)。不过,高罗德(Gouraud,1852:275)已经强调指出

---

① 虽然不是每个法国学派的经济学家都赞同这种功利主义观[如伯努瓦(Benoist,1900:184)],但它已经成为整个法国传统的一个标志。不管怎样,这种功利主义观既不是边沁的功利主义观,也不是约翰·斯图亚特·密尔的功利主义观。

② 李嘉图的研究方法被认为是一个运用数学方法研究政治经济学的很好例子,因此最早遭到了法国很多自由主义经济学家的批评。不过,到了19世纪末已经能够感觉到法国自由主义经济学家对待这种数学方法的态度有所变化,这肯定是因为德国历史学派这种日后必须要反对的经济思想的崛起[如请参阅 Beauregard(1888:xxii)]。

了滥用这种抽象可能产生的最严重后果,并且已经在社会主义思潮中看到了"这种不幸支配经济学研究差不多30年的投机精神的必然结果":①

> "现在的问题并不是观察政治经济真相,如达到第一种空想的精神状态,而是进行理论推导,而且是根据个人和全体人民获得尽可能大的幸福的假设来进行推导,并且排除由永恒或者既有的自然法则和道德法则在最迅速实现和最绝对占有这种幸福的道路上设置的各种障碍。[……]最不靠谱的乌托邦、最具欺骗性的计划、最荒谬的想法都是在理想的幌子下制造出来的。然后,有那么不幸的一天——在一场本身微不足道的政治骚动的刺激下——,爆发一场可怕的社会大骚乱,整个欧洲大陆因此而颤抖。"(Gouraud,1852:275—276)

### 2.2 个人责任

法国经济学家批评英国学派经济思想的第二个主题也与幸福问题有关,因为这个主题与经济主体的个人行为特别是个人责任有关。这个批评主题清楚地显示了法国经济学家极力反对他们所说的"李嘉图定律"(即李嘉图地租理论②)的原因,但法国经济学家对他们认为标志着英国学派政治经济学特点的另一个定律——马尔萨斯(Malthus)的人口增长定律的立场则要微妙得多。

如果可以相信巴特比(Batbie,1861:250),那么,李嘉图的"独创性"地租理论"一直毫无争议地被大家接受,直到暗淡的社会主义之光揭露了这个理论的危险性"。就如勒罗伊-博利厄(1881:vi)指出的那样,"著名的李嘉图地租定律目前并没有任何应用,而蒲鲁东(Proudhon)从这个定律推导出来的结论——'财产被偷'(Property is theft)③——连同这个定律都是站不住脚的"。

---

① 这一点与为了解释法国自由学派拒不接受数学方法而提出的各种原因中的一个原因有关系:他们害怕这种方法被自由贸易的反对者所用[请参阅 Breton(1992:31)]。

② 法国经济学家普遍排斥李嘉图的地租理论,但罗西(Rossi,1836—1837:80)是一个例外。在罗西看来,李嘉图的地租理论仍然是"现代政治经济学的荣耀"。

③ 关于蒲鲁东,如可参阅他的《何为财产》(*Qu'est-ce que la propriété*? 1849:123):"按照李嘉图、麦卡洛奇(MacCulloch)和詹姆斯·密尔的说法,确切地说,地租就是最肥沃的土地超过贫瘠土地的那部分产出,因此,在人口增长使得需要耕种贫瘠的土地之前,不应该对肥沃的土地收租。在地租这个问题上,很难看出什么道理。土地的不同品质怎么能产生分享土地产出的权利呢?不同的土壤怎么会产生立法和政治原则呢?"

因此,这个理论似乎在有人认为"对人类产生了非常不利的影响"(Leroy-Beaulieu,1896,Ⅰ:731—732)的时候招致了法国自由主义经济学家几乎一致的唾弃。李嘉图的地租理论把地租与土地的肥沃程度差别联系在一起,并且表示商品的价格取决于由地租造成的生产成本,因此得出了两个法国自由主义经济学家不能接受的结论。第一个结论与地租本身的概念以及地租与财产权的关系有关。在《政治经济学会》(*Société d'Economie Politique*,1852:107)上,丰特奈(Fontenay)撰文设问"如果地租来自土地所有人没有做出贡献的土地肥沃或者区位优势,那么,如何使地租财产权合法化呢?"[①]。第二个结论与以下这个事实有关:李嘉图的地租理论导致"食品价格逐步持续上涨,[并且]导致土地收入不断上涨,从而损害了其他生产主体"(Molinari,1863:384)。换句话说,李嘉图的地租理论承认,土地所有者的利益是与社会利益相对立的,因为"土地所有者越富有,社会其他成员的生活就会变得越艰难"(Batbie,1861:251;Beauregard,1888:xxii)。相反,法国自由主义经济学家都认为,这种"宿命论者的"理论[②]应该遭到驳斥,因为"如果[被卷入]工商业发展、使用机器简化劳动、通过积累资本来提高劳动效率这个发展过程的人们变得越来越贫穷和不幸福,那么,工商业发展、使用机器简化劳动、通过积累资本来提高劳动效率又有什么用呢?"(Faucher,1852:572)。对"李嘉图定律"悲观和宿命特点的批判主要基于两个论点。

第一个论点是基于李嘉图定律缺乏合理性证明获得的观察结论。根据勒罗伊-博利厄(1896,Ⅰ:744)[③]的观察,人类超越自然力的任何发展都会阻碍"李嘉图定律"发挥作用。勒罗伊-博利厄对自己的分析方法很有信心,所以试图阐明阻碍地租增长趋势的因素,并且下结论称:这个定律可能"只有有限的用

---

① 库塞尔-塞纳伊(Courcelle-Seneuil,1854:413)在评述丰特奈的《地租》(*La Rente Foncière*.)时对这一观点提出了质疑。在库塞尔-塞纳伊看来,我们不能认为李嘉图的地租理论"削弱"[了]财产权,除非认为这些财产权是"完全的个人权利"。他还认为,"财产权基于完全不同的因素,起源并且有利于公共和社会福利"(public and social utility)。请参阅本文 3.1。

② 然而,库塞尔-塞纳伊(1854:416)讨论并驳斥了李嘉图地租理论的这种宿命论特性。他对李嘉图的地租理论产生了怀疑,"这是一种宿命论者的理论?可能不是吧,因为它承认那些导致地租下降的原因的作用,而地租的主要来源是农业技艺的发展"。

③ 勒罗伊-博利厄认为,他所说的"李嘉图定律"就其趋势而言是正确的,但并没有得到应用——一种他的法国同时代人几乎没人认同的观点。

途"(1896,I:739)。在他批评李嘉图地租理论时最常提到的一个细节,就是在法国实际观察到的法国人的幸福感有所改善。事实上,如果丰特奈可以相信的话,那么,工人的工资在过去的那个世纪里已经增加了 2 倍[转引自 Molinari(1863:328 n 1)],但据博勒加德(Beauregard,1888:xxiii)估计,即使在扣除了生活必需品价格上涨因素之后,工人的工资也——譬如说——"至少要增加了 40%～50%"[请参阅 Fix（1844:12)、Faucher（1848:9）和 Dameth（1859:400)]。①

  第二个论点与如何确定分配变量有关。总的来说,在 19 世纪的法国自由主义经济学家看来,问题就在于要证明社会的发展允许每个阶层改善自己的地位。因此,有必要把地租作为提高土地质量的报酬,这有助于提高土地生产率。根据富谢的观点(Faucher,1852:572),"随着科学的进步和工业的发展,等量劳动现在可以生产更多的产品;而产量的增加导致产品价格下降,受益最多的是劳动者"。事实上,必须重新定义地租概念。这样,地租不再是"土地所有者把利润分配给自己"的自然馈赠(Molinari,1863:346 n1)。② 此外,布洛克(1890:148)坚持认为,"大自然免费馈赠"的想法是"错误的":"我们必须掌控大自然,迫使它像奴隶一样劳作,对自然力进行管理,密切监督大自然。总而言之,我们自己也应该埋头苦干"。但是,法国的自由主义经济学家们并没有就重新定义地租概念达成共识。在他们中的某些人看来,租金只是"结果不确定的危险、艰辛劳作的报酬",这就意味着"土地占有并不会伤害非土地所有者,而且也不会剥夺任何人的合法权利"[Le Hardy de Beaulieu,1861:347;还请参阅 Passy(*Sociéé d´Economie Politique*,1866b:453)];但另一些人却认为,租金是源自于资本的收入[Fonteyraud,1847:liv;还请参阅 Dameth(1859:

---

  ① 在其他一些引发批评李嘉图地租理论的细节中有土地耕种的次序。例如,博勒加德(1888:89)——援引了凯雷(Carey)的《过去、现在与未来》(*The past, the Present and the future*, 1848)——辩称,最肥沃的庄园最先耕种(还请参阅 Fontenay, 1854:53 f.;Chevaher, 1850a:71-72;du Puynode, 1830:113;Le Hardy de Beaulieu, 1861:280;Leroy-Beaulieu, 1881:21,81;Guyot, 1895:229)。相反,如布洛克(Block, 1890:214)批评了质疑李嘉图租金理论的方式。

  ② 莫利那里并不认为这个地租概念是李嘉图的地租概念,而是认为"李嘉图毫不留情地驳斥了这种非常错误、危险的观点,并且证明了凡是生产主体都受惠于上帝与自然的合作,而且享受这种合作始终是免费的"。

391)]。① 但是，在以上两种情况中都可以认为租金是支付给某种服务的报酬，从而应该排除给土地占有支付报酬的可能性，进而导致杜·布伊诺德(du Puynode,1866:20)写道:"尽管李嘉图或者安德森(Andersen)认为土地所有者即使有那么一点特权，也会同意耕种自己的土地[继承的土地]，或者在不索要任何净收入的情况下租给别人耕种，但我不会相信。"不过，重新定义租金，并不足以质疑土地所有者与雇农之间的利益冲突；因此，还有必要证明工资水平并不取决于生活必需品的价格，而是取决于劳动力的供给和需求[请参阅 Droz(1846:242)、Dameth(1859:309)、Fonteyraud(1853:205)和 Leroy-Beaulieu(1900:779)]。加尼尔(Garnier,1846:43)认为，这个新的租金概念有一个优点：工资的减少"独立于企业主(masters of enterprise)的意志。加尼尔由此推断，工资和利润这两种生产要素成本之间并不存在敌对(hostility)和反感(antipathy)的问题"。

　　法国自由主义经济学家讨论的第二种经济学理论就是一种被称为"马尔萨斯定律"(Malthus's Law)的理论。帕西(Société d'Economie Politique,1863:333)相当简单地把这个定律概述为"人口增长快于生活必需[品]增长"。虽然法国经济学家几乎一致声讨李嘉图的地租理论，但关于马尔萨斯定律表达了很多分歧较大的观点。当然，许多法国经济学家比较关注根据马尔萨斯定律自然可推导出的悲观结论(Droz,1846:282—283;Passy,1857:224 n.1)，但都坚持认为，这些结论可通过个人行动来规避："多亏了有关个人承担生物责任的论点，因此，马尔萨斯的理论遗产允许我们驳倒社会主义乌托邦"(Charbit,1981:288;还请参阅 Spengler,1836:585②)。事实上，这是法国自由主义思想的一个主导主题。虽然他们认为李嘉图的地租理论有"宿命论"的色彩，并且把工资水平的下降说成是一个人类没有任何发言权而是由土地稀缺造成的不可避免的结果，③但马尔萨斯"表示，采取什么补救措施取决于我们

---

① 加尼尔批评了这种辩护思路，他强调指出"共产主义者并不承认占有劳动果实的合法性"(Société d'Economie Politique 1866b:449)。他赞成把租金定义为"自然垄断"收入。

② "事实上，每一个为马尔萨斯辩护的法国经济学家都属于自由学派。在他们那里，马尔萨斯主义成了一种广义个人责任说不可分割的一部分"。

③ 例如，布雷(Buret,1840:177)写道，工资水平的下降"正在成为一种必然的物质秩序中的一个事实"。

的自由意志——自愿的自我克制"(Batbie,1862:108)。沃洛夫斯基(Wolowski,1848:3)写道,马尔萨斯"已经唤醒[了]人类独有的这种对未来的担心,而这就是马尔萨斯的智慧最高贵的属性"。因此,在莫利那里看来,马尔萨斯理论的"主要优点"或许就是它包含"对个人责任的很高要求"(1884a:9)。马尔萨斯表示,我们不应该在社会和制度环境中,在"社会的丑恶现象"中寻找贫困的原因(Depuit,1863:115),而是应该在劳动阶级短浅的目光中寻找,因为劳动阶级目光短浅才是"他们精神和肉体受苦的首要原因"(Levasseur,1867:226)。①

不管怎样,如果说 19 世纪上半叶"马尔萨斯主义在法国非常受欢迎"的话(Breton and Klotz,2006:339),那么,1862—1863 年政治经济学会内部的辩论见证了反马尔萨斯主义高潮的涌现(2006:347)。据丰特奈 1863 年估计,接近 3/4 甚至多达 9/10 的政治经济学学会成员认为,马尔萨斯的理论是错误的。有这么多的法国经济学家反对马尔萨斯的理论这一事实可用一些几乎与政治经济状况没有关系的因素来解释。事实上,造成这么多法国经济学家反对马尔萨斯理论的最主要原因是:1862 年,法国公布了 1861 年的人口普查结果——反映了法国很低的人口增长率;还有法国社会风气的恶化以及国际形势的变化(Charbit,1981)。但是,为了证明自己拒绝马尔萨斯定律的合理性,丰特奈强调指出了他认为的马尔萨斯理论中"最令人反感的一个方面":"恶行有它最大的功效"(vice was the supreme utility),因为,"人类之所以没有毫无节制地大量繁殖,是因为人类的繁殖能力被战争、暴政、弑婴、奴役、多配偶制[和]卖淫所削弱"(Fontenay,1863:452—453)。最后,由于马尔萨斯的理论认为不道德行为能产生正面影响,因此,看起来幸运的是,可以宣布人口增长法则是"错误"的。

即使在这种极端形式下,法国自由学派对英国经济理论的评价似乎是他们对政治经济学总体看法的反映:这些作者就觉得,通过摒弃对物质决定因素

---

① 尽管如此,雷博(Reybaud,1849:181—182)仍把马尔萨斯称为功利主义者,并且批评他把自己全部的论证都建立在"除他本人以外其他人看来高度可疑的计算"上,认为"上帝会给予人类全部的补偿","人类的道德只不过是一种可以确定人类行为准则和规范人类行为举止的精致机制而已"。相反,蒙简(MonJean,1846:xiii)则认为马尔萨斯驳斥了"边沁的功利主义学说"。

213

和(他们认为是李嘉图提出的)私利的排他性关注,并且把经济活动建立在个人责任心上,就可以抛弃他们认为是在没有考虑有道德心的个人生产力的情况下得出的分析结论。

法国自由主义经济学家摒弃英国经济学家的经济理论还有另一个原因,而且这个原因与他们的研究方法毫无关系:他们非常担心社会秩序受到挑战。英国经济学家发展的经济理论采用从经济关系中剥离掉任何道德意义,以加紧追逐私利的方式来消除社会动荡,并且促进了社会主义思想的发展,因此,有必要抵制这些理论提倡或者主张的定律、法则、原则和方法。对于法国自由主义经济学家来说,有必要证明政治经济学不能只关注功利,还必须关心正义。由于法国自由主义经济学家已经认识到这个实际问题,因此自视优于英国学派,就如布朗基的以下观点所证明的那样:

"幸运的是,法国保留了捍卫人权的一贯传统;而英国虽然在工业上取得了巨大的进步,但我们的作者却提醒英国人不要忘记公平分配劳动利润的神圣原则。"(1837:227—228)

这个"功利与正义"双重主题也是本文要考察的第二个问题的核心所在。

### 三、质疑自然权利的危险

在1848年革命后的那个时期里,法国见证了一场声势浩大的财产权辩论的发展。财产权虽然遭到了社会主义者们,尤其是把财产视同为赃物的蒲鲁东的质疑,但仍是1858年专门讨论知识产权问题的布鲁塞尔会议(Brussels Congress)大会辩论的主题。因此,自由主义经济学家们试图证明财产权基础以及不同种类财产占有方式的正当性,他们的目的就是要使财产合法化:他们认为让工人相信"财产权不可置疑,因为这是一种自然权利"是他们的"职责"所在。因此,大多数自由主义经济学家反对财产权法律观,而财产权法律观可是"帕斯卡尔(Pascal)、孟德斯鸠(Montesquieu)、边沁、米拉波(Mirabeau)、图利埃(Toullier)和旧时的法学家"(Dupuit,1861a:322)留下的知识遗产,它的危险特性再次受到了关注。这些自由主义经济学家把这种财产权法律观视同社会主义观。因为,譬如说,在巴斯蒂亚(Bastiat,1848b:310)看来,社会主义观:

> "认同[……]整个社会秩序是由法律规定的。[……]社会主义者们必然从'社会是人类的产物、法律的产物'的思想出发推断:社会上不存在不是由立法者下令安排的东西。"

然而,法国自由主义经济学家觉得,一旦立法者赋予自己"任意安排、组合和操纵人和物的"权利(Bastiat,1848a:182),结果可能就是社会主义乌托邦、社会动荡以及"非理性和专制的[政府]干预"的问世(Garnier,1873:113)。关于财产权基础的辩论仅仅是内容更加广泛的关于经济中是否存在自然权利的讨论的一个方面。在莫利那里(1884b:371)看来,"经济学家"的特点可能就是相信存在自然法,而"形形色色的社会主义者[……]都否定存在自然法,并且认为国家应该承担[通过制定]人为法(artificial laws)来弥补[这个空白]的使命,而他们有责任要求国家依法治国"。

对于法国自由主义经济学家来说,把一般效用(general utility)标准作为社会的唯一目标来接受,最终可能会导致为了社会而牺牲个人、个人自由权和财产权[如请参阅 Say(1886:144)]。因此,博德里亚(Baudrillart,1864:33)曾设问:

> "譬如说,你是否会因为这些——完全消除人类(归根结底是被称为'工业'的这个世界伟大变化的唯一行为人)自由和主导行为的——混乱首先制造了一个狭义、不精确、不规则的财产概念,[……]一种远非根据任何自由权[和]个性[并且]直到后来才被一般利益合法化的思想构造的财产概念[……]而感到惊讶?"

法国自由主义经济学家几乎不能同意这样一种标准,并且仍然坚持他们赋予经济学理论中的个人及其需要研究第一性的传统,从而导致克拉维(Clavet,1868:247)在他的伦理学者和功利主义者研究中认为,功利主义者"把社会看作是一种有其适当存在性的特殊实体,在毫不担心社会构成元素的情况下寻求这种道德抽象存在的利益"。此外,正义感天赋假设使得法国自由主义经济学家强调应该优先引用自然法,因为"正义之光"更容易引起大家的注意"(Passy,in *Société d'Economie Politique*,1862:152),而"一般利益的概念甚至会导致最善于辨别它的人产生分歧"(Clavet,1868:235)。就如帕西(in *Société d'Economie Politique*,1862:152)评论指出的那样:

"如果你对穷人说,共同利益(common interest)要求把财富让给富人;财产权和继承权(hérédité)必不可少,因为它们有用,那么,他们就会问你:他们怎么就应该关心损害他们个人利益的共同利益呢。"

因此,大多数法国自由主义经济学家觉得,如果不能就社会效用(social utility)观到底是什么这个问题达成任何共识,只根据这种观念使相关制度合法化,那么就可能导致社会动荡。

但不管怎样,19世纪法国自由主义经济学家未必都相信有自然法则存在,库塞尔-塞纳伊和杜普伊就不相信有自然法则存在。这两位经济学家试图证明社会效用是财产权的唯一合理依据,因为它能够解释立法在时间和空间上的差异;这种观点(即不认为有自然法则存在的观点)并不会引发社会"陷入混乱"的风险(Courcelle-Seneuil,1866:169)。① 杜普伊的观点无疑比库塞尔-塞纳伊的观点更加明确,但遭到了他的同时代人的批评。当然,这也不是第一次杜普伊与法国其他自由主义经济学家观点相左。但是,这一次,问题实在是太敏感,以至于杜普伊的立场招致了强烈抗议:在一个罕见的场合——他的两篇关于财产权的文章第一篇在1861年1月发表,这篇文章的"编者按"是这样说的:

"《经济学家杂志》是经济学家的一个集体发表园地,通过这篇由与本杂志长期合作的一名学者执笔的编者按,把[这篇文章的]责任交给作者本人[杜普伊]承担,因为本文的作者在文章中为一种本集子大部分文章[的作者]反对的观点辩护。"

显然,这些辩论(见3.1)证明了辩论的参与者旨在捍卫财产权不可侵害的共同愿望。对于他们中的大多数人来讲,确定财产权的自然属性似乎就是防止政府随意干预经济的有效保证,特别是在考虑再分配或者继承问题(见3.2)时。

### 3.1 关于财产权本质的辩论

如果法国自由主义经济学家想要避免一切关于财产权的争议,那么,首先

---

① 库塞尔-塞纳伊(1990:643)在他为《新政治经济学词典》写的"财产权"词条中表示,社会主义并非基于对财产权的法律解释,而是基于"财产源于战争"的理论,从而导致"舆论把财产状态视为暴力状态"。

必须证明财产权是一种公平的权利。那么,从哪里去寻找公平的依据呢?对于大多数法国自由主义经济学家来说,公平(正义)与实在法没有任何关系。他们认为,大自然造就正义,因为个人有自己的良心;在法律面前,良心会告诉个人何为正义、何为不义。因此,克拉维(1868:233)写道"我们心里都有善恶观念,虽然不是非常成熟,但至少已经初步形成"。因此,在法国自由主义经济学家看来,正义观念与生俱来。就如博德里亚(1869:87)指出的那样,"杀人、打人、偷盗或者以欺骗的方式没有归还答应归还的东西,都是不义之举"。他又继续说:"即使没有制定成文法加以制止,你难道不会从内心表示反对?"因此,他们认为,"即使智力最不发达的人也有正义观念"(Clavet,1868:235)。历史也已经证明,正义观念的存在先于实在法,因为,就如克拉维指出的那样,"也有[……]恶法"(1868:235),这表明正义并不能来源于世俗立法。因此,虽然法律反映了在某个时候或者某个时期有用的东西,"正义观念比并且永远比功利观念更加重要"(Fontenay, in *Société d'Economie Politique*,1855:152)。

为了确定财产权是公平权利,有必要证明财产权是一种自然权利,或者说,财产权先于社会已经存在。事实上,虽然法国自由主义经济学家赞同财产来源于劳动的观点,但他们还认为,人只有在事前确定自己享有占有劳动果实的权利的情况下才会参加劳动。因此,对于巴斯蒂亚(1848a:178)来说,"人生来就是财产权所有者",只有在"确定自己能把自己的劳动果实用来满足自己的需要"的情况下,我们才会从事劳动(1848a:178)。也就是说,财产权概念"完全是因[人类]才有,而且[……]从某种意义上讲就是人类存在的释放物"(Wolowski and Levasseur,1884:711),就是"人类自身在空间上的一种延伸"(1884:716)。法国自由主义经济学家再次利用历史来证明财产权的先在性:"即使没有任何法律或至少没有成文法的野蛮人也承认财产权[……]"(Wolowski and Levasseur,1884:716)。

显然,如果财产的概念源自自然法则,那么,它就是不可变的,因为所有的自然法则根据定义"都是在时间上永恒,并且在空间上无处不在,就如同所有的科学规律"(Liesse,1892:131)。这是导致自然主义(或自然法派)财产权观与实证主义(实在法派)财产权观相对立的关键所在。对于法国自由主义经济学家来说,第二种财产权观显然是把基本的财产权建立在一个"非常易变的"

的基础上(Baudrillart,1869:88),从而就播下了专制的种子。由于这种财产权观把随意改变财产分配的决定权交给了国家,因此,它的公正与否"取决于立法者的想法"(Baudrillart,1869:88)。从逻辑上讲,这会导致很大的不确定性,因而有可能不利于经济发展。就如巴斯蒂亚(1848a:186)评论指出的那样,"资本[……]会隐匿,会逃跑,会消亡。工人怎么办?[……]税收向谁去征收?财政怎么来恢复?拿什么来支付军饷?"[还请参阅 Puynode(185:89)]。

这种对随意性的担心是法国反对实证主义财产权观的自由主义经济学家反复谈论的话题之一[如请参阅 Faucher(1852:463)和 Molinari(1889:336)],而那些为实证主义财产权观辩护的学者继续在为证明这种担心没有道理而进行着努力。因此,库塞尔-塞纳伊(1866:177)认为,"如果[财产的概念]基于功利原则,那么就有一个无可动摇的基础,各种不同管理财产的传统明确表明这是一个无争议余地的原则"。在实在法派看来,只有在援引自然法则的情况下,人们才会那么担心这种随意性:鉴于不同国家的立法差别,根据自然法则来确定财产概念,就相当于求助于一种"迷失在永无休止的例外和不可避免的惯例中的没有约束力的原则"[1866:177;还请参阅 Dupuit, in *Société d' Economie Politique*(1855:146)]。更一般地说,对于实在法派来说,倘若——比方说——可以证明,用公共财产权来取代个人占有,"就有可能导致生产减少一半或者 3/4,进而导致现有人口死掉一半或者 3/4,而幸存下来的人则陷入贫困,并回归野蛮"(Dupuit,1861a:346—347),那么,只有援引公共效用原则,才能使财产权站得住脚。①

把财产权建立在社会效用的基础上,同样也会消除任何赋予社会需求的合法性。因此,虽然杜普伊非常清楚这场辩论的利害关系所在,因为他认为根据自然法则来保护财产是"不妥当地恐惧共产主义"的结果(1861b:52),但还是怀疑实在法派财产权观的危险。在他看来,法律是为了使社会成员福祉最大化而制定的,因此,根据社会效用原则,个人无权要求改变财产分配,因为所采用的分配方法是一种最大限度地提高整个社会富裕程度的方法:"[个人]不能为了[个人]致富要求社会贫困化"(1861b:53)。

---

① 请注意,援引公共效用原则也可以解释公共征用。否则,公共征用必然被视为"违背财产不可侵犯原则这个一切良序社会的基本原则"(Fontaine,1889—1894:203)。

## 3.2 自然法派财产权观的影响

一旦财产权被认定为天赋,这种权利的影响就无可争议。其中的三种影响比较重要,因此应该加以说明。

第一种影响是这种权利造成的条件不平等。在富谢(1856:466)看来,这种不平等"本身只是大自然在不同人之间造成的差别的反映"[请参阅 Dameth(1859:384)]。因此,这种不平等也可被视为"天赋":财产只是"使它们变得持久,并且赋予它们载体"(Faucher,1856:421)。杜努瓦耶(1845:457)运用有关个人责任的论据来证实不平等是"社会进步的一个构成元素"。他认为,用加尼尔的话(Garnier,1850:19)来说,"在绝大多数情况下,每个人按劳占有财产",他又补充说,"表现糟糕的家庭理应处于社会下层;不改变自己的行为,这样的家庭就不能改善自己的社会地位。贫穷是可怕的地狱"。达姆斯(Dameth,1872:79)甚至认为,不平等让最贫穷者受益:不平等"往往会加强人际团结互助,因为它能让弱者得益于强者的优势(superiority)"。

第二种影响与财产继承权利有关。就如富谢(1852:466)所写的那样,"财产权就意味着继承";而反过来,"继承为财产权所必需,就如财产权本身为社会秩序所必需"[1852:467;还请参阅 Fonteyraud(1853:201)]。因此,博德里亚(1872:55)把遗产看作是馈赠:"不能把自己拥有的东西送给别人的[人]不能真正算所有人"。对于法国自由主义经济学家来说,继承权就如同财产权,也有一种绝对的特性:"财产所有人有权在生前对[自己的]财产作有利于他喜欢的人的处置;同理,他也有权处置自己身后的财产"(Comte,1852:859)。但是,法国很多自由主义经济学家反对无限制的遗赠自由,并且从这个角度为一种"规制权"(right of regulation)辩护,而这种规制权则被认为是一个潜在的"专制统治来源"(Baudrillart,1857b:16);例如,帕西(1866:453—454)用父亲抚养孩子的责任来替《拿破仑法典》(*Napoleonic Code*)中的相关法律辩护。

"父亲对自己的孩子负有不可推卸的责任。他们被要求养育自己的孩子,保护他们免受可避免的痛苦,这些义务法律本身都已经提到并且有规定。现在,[我们]怎么[能够]接受法律赋予父亲生前要履行的义务;而在他们死后,由于他们离开了曾一直陪伴他们的继续工作手段而免除他们要承担的义务呢?"(Passy,1866:453—554)

兼顾财产所有者的自由权与对其继承人的保护,是立法者必须解决的"难题"(Esquirou de Parieu,185:670)。就如杜普伊(1865:196)在强调自然法派财产权观的局限性时指出的那样,"子女的自然权利"与"父亲的自然权利或者[……]义务"是相对立的。

此外,如果说财产权是依法规定的话,那么,"遗赠权只是社会为了它自身的利益而给予的宽容,一种纯粹的法定权利。社会能够毫无不公平地剥夺我自己获得的权利"[Baudrillart,1860:115;请参阅 Chevalier(162:367—368)]。博德里亚认为,这种影响的证据可以在边沁的著作中找到。边沁在他的《无负担供给》(*Supply without Burden*)中表示他赞同限制遗赠权。博德里亚(1857b:20)同样认为,约翰·斯图亚特·密尔(John Stuart Mill,1848:225)支持限制每个人能通过继承获得的财产数量的立场"反映[了]社会主义的平均化思想"。在萨伊(1886:161)看来,这种思想是密尔把继承权看作是"法律发明"(invention of law)的观点的直接产物。

最后,第三种影响与税收有关。许多持略微不同论点的自由主义经济学家认为,税收必须是按比例税率征收的非累进税。事实上,他们觉得,税收切不可用于改变社会财富分配(Esquirou de Parieu,1857:322;Royer,1862a:268;Dameth,1872:180),因为社会财富分配是个人之间自然差别的结果。因此,罗耶(Royer,1862a:268)表示,从长期看,累进税制"很快就会变得有害。因为,如果社会不平等是由自然原因造成的,或者说,只要经济能力不平等正好与智力和道德能力不平等成正比,那么,累进税制就趋向于消灭对社会有益的不平等"。[①]

莱昂·萨伊在1884年政治经济学会组织的一场辩论中反映了以下这种观念:辩论的问题——"财政学的目的就是通过税收来改变财富的自然分布?"(*Société d'Economie Politique*,1884:108)——表明,对于萨伊来说,税收应

---

① 有必要说明罗耶的观点,因为她在她的《社会税收或者社会什一税理论》(*Théorie de l'Impôt ou la Dime Sociale*)中表示,只有累进税才是公平的税种(1862a:53)。但她认为,这种税收应该只是一种权宜之计,因为"这种税收实际上在长期内不可能不影响公平和社会繁荣"(Royer,1862b:48;还请参阅第63页);"如果最终全体公民都拥有[财产]——尽管这种可能性很小,并且由于这种[……]占有方式,他们摆脱了无产者固有的经济厄运,那么,所得税就应该再次严格按比例税率课征,因为所有增长都不会落在遗产上,而是落在了资本上,因此会阻止储蓄。"(Royer,1862b:54)

该被看作是一种简单的财政工具,而不应该被用作再分配的手段[还请参阅 *Société d'Economie Politique*(1891)]。① 如果情况正好相反,那么,"公民平等"就不再重要;这样一种财政体制可能"根据那些主张财富平均化的学派的观点构建的,这些学派主张把税收作为财富状况均等化的人造工具"(Baudnllart,1866:339)。但不管怎样,有些自由主义经济学家仍为低收入免税原则辩护,②,并且把这种原则作为"恢复税制比例性的一种手段"(Delatour,1894:366)。他们指出,其实,间接税已经重创了低收入者③(Passy,1852:273;Dameth,1859:427;Le Hardy de Beaulieu,1861:318;Leroy-Beauheu,1879:163;Stourm,1893:236)。但是,他们注意到这样一种措施不能与累进性相容,④往往只是要纠正一种"难以避免的不平等"(inevitable inequality)[Leroy-Beaulieu,1879:163;还请参阅 Chailley-Bert(1884:420)]。

这种税收中性是建立在这样一种税收观上的;这种税收观认为,税收就是一种服务收费或者保险费,甚或是一种"政府要求公民为其支出提供资金而募集的捐赠"(Leroy-Beaulieu,1879:105)。有些学者认为,应该从保险的角度去分析税收:

"[税收是]并且应该仅仅是一种由被称为国民的社会全体成员支付的保险费,它的作用就是充分满足国民行使自己权利和自由发挥自己才能的需要,并且有效保护国民的利益。"(Girardin,1582:229)

因此,那些为这种税收保险观辩护的学者认为,税收必须像收取保险费,

---

① 莱昂·萨伊在1891年又组织了一次相关的辩论;这次辩论的话题是"税收是在公民中间均分财富的手段吗?"

② 参考了"最低收入理论"(Chailley-Bert,1884:417)或者"最低需要或者最低生存标准"(Leroy-Beaulieu,1879:163)。正如勒罗伊-博利厄指出的那样,这种免税有随意性成分,因为它要以确定"最低需要"为先决条件。

③ 然而,这个观察结果并不是一个在自由学派内部达成共识的主题。例如,隆德莱(Rondelet,1860:309—310)认为,富人"被要求自愿多缴间接税",并且是"[他们]过上奢侈生活的一个条件和拥有[他们]财富要承担的一种义务"。

④ 萨伊虽然认为,"低收入免税[……]是一种累进方式",但他(1886:178)仍为"财政立法不利于低收入——[如]间接税课征于生活必需品——的国家"实行低收入免税政策辩护。还请参阅帕西(1852:273)。

或者说像按照受保财产的一定比例收取保费那样来征收。[1] 关于这个问题，杜·布伊诺德（du Puynode,1853:91）曾经设问"200 法郎由一个人获得难道比由两个人——是两个人而不是三个人——获得更难看护，并且需要更有力的保护？"其他学者坚持认为，这种税收代表国家向个人提供保护服务收取的费用。因此，还是杜·布伊诺德认为，税收就是"每个人为了保证自己能够安全地享用自己的财产和人身受到保护而支付给公共金库的费用"[还请参阅 Rondelet(1860:306); Le Hardy de Beaulieu(1861:307); Baeudrillart(1866:133); Chailley-Bert(1884:408 n. 1); Delatour(1894:366)]。

从这个角度看，累进税制就好比"要求人们为相同的东西支付不同的价格"(Thiers,1848:312)；相反，"比例征税是一种原则[……]。[如果]社会保护成本占总收入的1/10，那么，社会成员就应该均摊这1/10的成本"(Thiers,1848:319)。最后，勒罗伊-博利厄的税收观除了国家提供的服务以外，另外还考虑了也要通过税收筹款来偿还公共债务(Leroy-Beaulieu,1879:138)。在这样的条件下，他的观点与那些把税收视为服务收费的经济学家的观点几乎没有什么不同：其实，这就是一个"向每个[个人]收取公平的服务费用以及仅够公债还本付息的资金"的问题(Leroy-Beaulieu,1879:139)。但不管怎样，勒罗伊-博利厄注意到了累进税必须假设"国家提供给大庄园或者大庄园主的好处成比例地大于国家提供给中小庄园或者中小庄园主的好处"。这样的假设在他看来，是完全不可能成立的。他认为，实际上，"情况正好相反"(Leroy-Beaulieu,1879:139)。

不管怎样，法国自由主义经济学家对税收制度进行了定义，并且试图把公平原则纳入他们的辩论；因此，一般来说，他们把比例征收原则视同正义或者公正的原则(Passy,1852 and 260; Le Hardy de Beaulieu,1861:308; Baudrillart,1864:48)。这一点也从他们反对税收随意性再次得到了证明，他们把累

---

[1] 税收保险观与比例征收原则之间的关系远非显而易见。因此，加尼尔虽然赞同税收保险观，但又(1862)声称支持"适度"累进原则。他把适度累进税称为"理性累进税"（rational progressive tax），以与那些被他认为反对财产权、希望"财富状况均等"的人主张的"愚蠢累进税"（absurd progressive tax）相区别(1862:82)。他用个人缴纳的税收与"[社会]为个人提供的安全价值"等价的思想来为自己的观点辩护(Garnier,1862:84)。佛沃(Fauveau,1864)——认为富人的受损风险（即被偷风险）比穷人大——也同样为累进税制辩护。关于这些问题，请参阅西勒万(Silvant,2007)。

进税制视同随意规定的产物(Say,1886:168—70)。一方面,他们觉得累进原则是一种政治选择,一种由立法者做出的政治选择,因而取决于具体情境。杜·布伊诺德(1853:89)想知道"应该怎样来确定税收累进度[。]有些人发现的,正是在任何情况下累进度也都是随意确定的,而这种被认为符合实际情况的税收制度[因此也]缺乏任何[真实的]基础"。杜·布伊诺德在继续他的分析时,不但强调了累进税对劳方的负面影响——因为"[累进税]随着财富的积累而增加,惩罚成功,[而且]似乎还奖励懒惰和挥霍",而且特别强调了累进税对社会道德的负面影响,因为累进税会引起嫉妒,并且助长欺骗(Passy,1848:307;Leroy-Beaulieu,1879:149)。另一方面。牺牲均等观证明税收累进原则的合理性(Chailley-Bert,1884:408)。不过,这种观点认为,可以对必要的牺牲与不必要牺牲进行区分,但这样的区分"高度依赖于个人的性格、爱好和习惯"(Royer,1862a:266),而且还取决于个人的健康状况和要赡养的人数(Bonnet,1877:441;Passy,1895:53)。换句话说,"如果[……]要实现的理想是牺牲均等,那么,[理想]就会因为个人情况的随意性而丢失殆尽"(Baudrillart,1866:323)。

相反,实在法派财产观被认为会导致把税收本身看作约定俗成的东西,当然要遵守各种服从效用需要的财政原则:"这种需要被认为在某些时候可被某些人用来创造一些不公平的特权[……]或者一些无限累进的税收"(Baudrillart,1866:352)。博德里亚又是在边沁的著作中找到了这种用途的证据:实际上,"边沁就是根据这种使他认为国家应该履行财富状况均等化职责的观点才决定赞成课征累进税的"。① 不过,政治经济学会组织的一场关于烟草税的辩论会表明,法国自由主义经济学家难以为自己的税收正义观辩护:虽然杜普伊(in Societe d Economie Politique,1859b:470)认为,大量征收烟草税,而不是糖税、咖啡税或者葡萄酒税,由于公益的原因而被证明是合理的,因课征烟草

---

① 虽然边沁的观点被用来证明一种财产权的重法观(legalisitic conception of property right)如何促成了税收累进原则,但法国自由主义经济学家经常援引密尔的观点来为他们自己的税收累进观辩护(如请参阅 Leroy-Beaulieu,1879:136;Stourm,1893:233—234)。

税而减少的烟草消费"对居民健康来说是利大于弊",[1]但是,那些捍卫自然法派财产权观的经济学家不得不承认这样的税收是公平的税收,因为它是一种"自愿税"。[2] 因此,他们不得不另外增加一个公平标准,因为援引自然法则并不能证明课征较重的烟草税的正当性。不过,有关烟草税缴纳具有自愿性的论点只有在做出以下隐含假设的情况下才可能被接受:烟草消费是一种可以免除的不必要消费。只有在这种情况下,那些选择消费烟草的人也可选择缴纳烟草税,这显然不同于譬如说像糖这样的必需消费品的情况。但是,这一隐含假设提出了区分非必要与必要消费的随意性问题。

虽然19世纪法国自由主义经济学家认为,正义先于功利存在,但这并不意味着他们把正义与功利对立起来。在现代时期,就财产而言,法国自由主义经济学家认为,与财产联系在一起的权利从社会的角度看,不但是正当的,而且也是有用的,从而驱使富谢(1852:465)评论称:"财产增加越多,财产权越是巩固并且越是受到重视,社会就会变得越是繁荣"。但是,对于他们来说,同样重要的是,要证明功利并非是财产权的一个适当基础。在他们看来,基于功利思想的实在法只是为了保障自然财产权而进行干预:"一项严谨的研究证明,法律并没有创造任何权利。法律只是承认了权利,规定了权利,并且批准了权利。法律调整了权利,特别是规定了权利用途以及与其他权利的关系"(Leroy-Beaulieu,1890:109)。

### 四、结束语

19世纪法国的自由主义经济学家拒绝把功利主义作为政治经济学的立身之本,从而促成了他们对功利主义哲学的双重解释。一方面,功利作为人类行为的动机是与一种唯物主义政治经济学联系在一起的,并且说明了造成"这种对利润的过度渴望折磨着当前几代人"的原因(Reybaud,1849:247)。因

---

[1] 这里应该指出,边沁也赞同这种观点:边沁在他的《政治经济学讲义》(*Manuel d'Economie Politique*)中也曾为一种旨在"提高[含酒精饮料和烈酒]价格,从而以高价格来限制消费的财政政策辩护。

[2] 实际上,这场辩论导致参与者提出了一些在某些情况下接近杜普伊观点的论点。事实上,只有库尔图瓦(Courtois in *Societe d Economie Politique*,1859b:472)反对对烟草课征重税,他把这说成"明显的不公正"。

此,这种哲学只能招致批评,并且有助于不同社会主义思潮的发展。另一方面,功利主义也与社会公德有关。就社会而言,功利就是指集体利益(collective interest)。如果这样理解功利主义,法国自由主义经济学家是无法接受它的,因为他们认为这样援用集体利益有随意之嫌,可用来为包括社会主义分配制度在内的任何分配制度辩护。

概括地说,有两名英国作者明确表示了他们对功利主义的排斥:李嘉图忽略了除自利以外的任何人类行为动机,而边沁则为由集体利益驱动的国家干预辩解。

我们必须开展更加深入的研究,才能确定他们对某个层次利益处置方式的批评是否导致法国自由主义经济学家内部产生观点分歧,以及如何阐明法国自由主义经济学家与他们那个时代法国和外国其他学派经济学家之间的关系;本文只是想用印象学派的笔触来介绍法国自由主义经济学家审视功利主义的观点。由此,我们已经可以强调指出,反对功利主义,无论反对者如何解释功利主义,都产生了重要的影响,也决定了法国自由主义经济学家对所得税、财富分配和财产权的立场,但首先导致他们采用漫画的手法讽刺了这种长期以来深深影响法国人思想的哲学。他们维护社会秩序的意愿以及对社会主义的恐惧,在很大程度上使得他们无法理解边沁的哲学,[①]并且导致这种哲学退出了法国的思想界,从而也排除了法国自由主义经济学家接近新生的英国福利经济学的可能性,因为英国新生的福利经济学恰恰是根植于功利主义的集体功利观。

**致 谢**

本文作者要感谢 Ghislain Deleplace、François Fourquet、Philippe Poinsot、Nicolas Rieucau、Philippe Steiner 和两位匿名审稿人给本文提出了大量的有益评论意见。

---

[①] 同样,就如布雷顿(Breton,1985:251)引用李嘉图的理论强调的那样,"一些有意拯救受到威胁的社会秩序的[自由主义经济学家](Dunoyer,Bastiat)错误地批判了李嘉图的价值和地租理论,原因很简单,就是这两种理论怀疑他们的'自然和谐'和被神圣化的私人财产"。

# 朱尔斯·杜普伊思想中的正义基础

菲利普·普安索(Philippe Poinsot)

## 一、引言

在19世纪的法国,正义是一个备受争议的问题。在1848年革命、社会学说发展以及当时更一般的政治形势的背景下(Sagot-Duvauroux,2002a,2002b),有关正义问题的争论主要聚焦于财产权据以设定的基础。

杜普伊(Dupuit)和法国自由主义经济学家[①]的观点并非一致。法国自由学派的很多成员——如巴斯蒂亚(Bastiat)、弗雷德里克·帕西(Frederic Passy)或者博德里亚(Baudrillart)——认定,法律必须遵循自然权利原则,但杜普伊效法杜尔哥(Turgot)和孔多塞(Condorcet)认为[②],财产权并非源自自然法则,而是源自公共效用(public utility)。他的这种观点导致他被法国自由学派所孤立,并且导致某些评论家认为,杜普伊以功利主义者自居。因此,瓦

---

[①] 本文按照法语习惯使用"自由主义"这个词。这里所说的"自由主义经济学家"是指19世纪那些认为自由市场条件比国家干预经济更加有效的经济学家。笔者采用狭义的法国自由学派定义,米歇尔·雷特(Michel Leter,2006)把这个学派称为"巴黎学派"。此外,为了限制援引巴黎学派作者的人数,笔者在这里只援引在财产权基础这个问题上与杜普伊展开辩论的巴黎学派作者。这就是本文没有研究让-巴蒂斯特·萨伊(Jean-Baptiste Say)和佩莱格里诺·罗西(Pellegrino Rossi)等重要学者的原因,尽管他们对法国自由学派和朱尔斯·杜普伊都产生了影响。

[②] 在杜尔哥和孔多塞看来,即使财产权是一种自然权利,也可以根据公共效用来加以调整。请参阅Faccarello(2006:10—12)。

廷(Vatin,2002:106)表示,"杜普伊是个'确定无疑'的功利主义者"。[1]

与通常的解释相反,笔者认为,杜普伊与法国自由学派大多数成员之间的观点对立并不是公共效用与自然权利之间的简单对立。就如笔者已经提到的那样,大多数法国自由主义经济学家相信立法应该尊重自然权利,以便使社会福利最大化;因此,正义应该基于自然权利,因而应该被称为"自然正义"(natural justice)(Baudrillart,1867:15);而杜普伊则认为,自然权利有可能相互冲突,因此,立法不能完全建立在这种权利的基础上,而应该基于另一个所谓的"一般利益"(general interest)或者"公共利益"(public interest)[2]标准(见本文第二部分)。但不管怎样,自然权利并没有被排斥在杜普伊的思想体系之外(见本文第三部分)。无论何时,自然自由权(natural liberty)为增加财富所必需,因而也为增加国家财富所必需,但是,法律也许免不了会限制自然自由权——自然权利的一种。不管怎样,法律还要保护其他自然权利——自我所有(self-ownership)权、自卫(self-defense)权、契约遵守(respect of contracts)权。我们将证明,这两种论点都源自公共利益,而前一种论点基于一个不同的概念——即公共效用。

因此,杜普伊的分析框架基于以下三个具体的概念:

(1)社会——或者社会契约——的目标就是通过尽可能限制自然自由权和保护其他自然权利来使国民福利最大化。就如我们将要看到的那样,国民福利用平均寿命来衡量,而在杜普伊看来,国民收入取决于道德责任和财富—人口比这两个因素。

(2)一般利益或者公共利益包括社会契约目标的实现。

(3)公共效用是一个定量概念,政治经济学把它作为测度立法者增加财富的指标。

---

[1] 埃克隆和赫伯特(Ekelund and Hebert)较为谨慎。他俩表示,"从广义上讲,杜普伊是个功利主义者,他的思想体现了边沁(Bentham)、帕斯卡尔(Pascal)、孟德斯鸠(Montesquieu)和米拉波(Mirabeau)的传统"(Ekelund and Hebert,1999:307)。只有萨戈-杜沃洛(Sagot-Duvauroux,2002a,2002b)在论述杜普伊的财产权观时提到了功利主义。

[2] 与杜普伊一样,笔者也把"一般利益"(general interest)和"公共利益"(public interest)视同同义词。杜普伊采用"一般利益"肯定是因为他在巴黎综合理工学院和道路与桥梁学院接受的教育。综合理工学院和道路与桥梁学院所教的工程学概念中肯定有这个概念,但这两所学院也经常提到"公共利益"。关于这一点,请参阅 Etner(1987)、Grall(2004:31)、Mosca(1998)和 Smith(1990)。

以上这三个概念是理解杜普伊思想和发现他不同于他的同时代学者的特点的关键所在。

## 二、从自然权利到公共效用

法国自由学派的所有作者——库塞尔-塞纳伊除外（Sigot,2010）——都认为,个人在进入社会之前享有所谓的"自然权利"。这些权利不是神赋（Bastiat,1848/1854—1855:277—278）就是天赋,而且存在于人类的意识中（Stigot,2010:12—13）。人类生来就知道这些自然权利（Sigot,2010）。因此,法国自由学派断言,对人性的体验和观察能够证明它们的存在:

> "杀人、打人、偷盗或者以欺骗的方式没有归还答应归还的东西,都是不义之举。即使没有制定成文法加以制止,你难道不会从内心表示反对? 肯定会! 这就是我们称它们自然权利的原因。"[①]（Baudrillart,186 :14;还请参阅 1857:33—34）

同样,杜普伊也认为,自然权利存在于人的意识中（Société d'Economie Politique[SEP],1862:153）。杜普伊通过观察人类行为证明了自然权利的存在性:

> "自然权利的本质在任何地方和任何时候都应该是相同的。如果我受到了攻击,如果有人想杀我,那么,我不用查阅[民]法典就能知道我有自我防卫的权利。无论我在哪里,是在法国、英国、西班牙还是在中国,我肯定不会因为抵抗不是由我挑起的攻击行为,甚或在没有其他防卫手段的情况下杀死了想杀我的人而违反法律,因为自卫权是一种每个有理智的人都认可的自然权利。"（Depuit,1861a:330）

但在这一共识中,我们仍能在杜普伊与法国自由学派之间发现两个重大分歧:第一个重大分歧与自然权利的范畴有关（见本文 2.1）;而第二个重大分歧则与自然权利的正义作用有关（见本文 2.2）。

### 2.1 自然权利的范畴:财产权问题上的对立

在法国自由学派看来,自然权利可归纳为五种:(1)自我所有权（身体、机

---

[①] 本文中所有的原著引文全由笔者自己翻译。

能和劳动力);(2)自卫权;(3)自然自由权;(4)自由签约和约定遵守(守约)权;(5)物品所有权。

法国自由主义经济学家都接受这种认为各种自然权利之间存在等级和逻辑关系的观点:最重要的自然权利是自我所有权,因为其他各种自然权利都源于这种自然权利。事实上,只要我们接受人是其人身的所有人(以上第一项权利)这个观点,那么必然会接受保护自己的人身不受外来攻击的权利(第二项权利),签约自由是自然自由权(第三项权利)的一部分,并且尊重这些权利(第四项权利)。

关于财产权,法国自由学派提出了一种现在可在自由主义思想中找到的论点。根据第一项自然权利,我们知道,个人是自己身体机能和自己劳动能力的所有人;个人通过自己的劳动生产出来的物品就是个人的财产(第五项权利)(Bastiat,1847/2002:39,468;Faucher,1852:464;Garnier,1875:97)。例如,博德里亚认为,在人类劳动之前,土地并不属于人类。他还肯定地表示,因此,第一个通过自己的劳动耕种某块土地的人就成了这块土地的所有人。

> "原野(bare land)!你知道什么是原野吗?原野就是黑莓灌木丛生,爬行动物横行,就是要命的沼泽地;在原野上行走弄不好就会摔跤,就会引起疼痛……在可怕的物质匮乏和疾病慢慢地消耗了耕种和文明的英勇拓荒者的生命以后常常就是死亡……在种地的过程中……还必须做很多与土地难解难分的准备工作。自然状态下的土地未经某种形式的劳作并不是什么贵重的东西,只不过是一种手段,而不是先进的手段……土地的价值是土地所有者用自己的劳动和属于自己的资本增加的……"[①](1867:34,39)

法国自由学派在表示土地的自然状态不适合人类生活时并没有认为土地数量不足(Bastiat,1847[2002]:41),而是仅仅认为土地的质量很差。这可是理解他们的土地分配正义观的要点。事实上,土地分配是人类本质上存在差异的结果,因为人生来就能力不同(Garnier,1873:62 and 491)。[②]

虽然杜普伊接受其他自然权利有高低之分和彼此存在逻辑关系的思想,

---

① 还请参阅博德里亚(Baudrillart,1857:34—35)和加尼尔(Garnier,1846:179,318)。
② 关于这一点,请参阅 Sigot(2010:770)。

但他的财产权观与法国自由学派的财产权观截然不同：他认为，财产权并不是一种自然权利，而是一种人类发明。① 他由于以下两个原因而拒不认同财产权天赋观。

首先，杜普伊质疑博德里亚和法国自由学派描述土地自然状态的方式：

> "人类没有创造任何东西……[在自然的自然状态下]有很多树和植物的根、茎、花或者果实直接就可作为食物食用。我们可以认同这[一点]……因为，如果不是这样的话，我们所拥有的动物物种，包括人类，都会灭绝……"(Dupuit,1861a:325)

杜普伊认为，自我所有权与个人的土地财产权之间并没有逻辑关系。他甚至表示，从他自己的角度看，引用自然权利和自然状态，就是赞同社会主义立场。如果在自然状态下，土地是整个人类的财产，并且独立于人类的意志和劳动就能产出大量的产品，那么，产品就不是像法国自由学派认为的那样是个人劳动的产物。② 因此，个人的土地所有权就如法国当时的社会主义者主张的那样，只不过是暴力的产物(SEP,1855:146—147;Dupuit,1861a:326—328,338—339)。此外，杜普伊又补充说，即使我们承认巴黎学派的财产观是正确的，他们的观点也只能使原始土地而不是现在土地所有者的地位合法化(1861a:329—330)。

其次，第二种观点与不同的财富占有方式的存在性有关，并且认为不同的财富占有方式具体取决于国家和时期。因此，个人的财产权不可能是天赋的，因为自然权利在任何地方和时间都应该基本相同(Dupuit,1861a:330)，但财产权不是。

> "杜普伊先生完全承认有自然权利存在，但否认财产权是一种自然权利。自然权利原则要比我们通常想象的有限：我们也许只能考虑人类意识中的自然权利和各国认可的自然权利。在不违反自然权

---

① 从杜普伊的财产权观看，他受到了帕斯卡尔、孟德斯鸠和米拉波等作者的影响。关于这一点，请参阅 Ekelund 和 Hebert(1999:307)、Vatin(2002)以及 Sagot-Duvauroux(2002b)。

② 由于知识产权具有公益性，因此，这种观点也适用于知识产权(Dupuit,1861b)。这一观点与土地产权和知识产权有关，但并非与所有的产权有关。例如，工业生产领域的产权源于人类劳动。为了支持杜普伊的观点，有一点必须指出，杜普伊是在当时法国正在进行的完全关于土地和脑力劳动的辩论中提出这个观点的。

利的情况下,人类已经并且还会做出很多有关财产权的约定。"(SEP 1862:153)

由于——无论是集体财富还是个人财富都——存在不同的占有方式,因此,杜普伊对"自然权利"与"自然情感"(natural sentiments)进行了区分,[①]并且认为财产权是一种自然情感。他详细表述道:

"自然情感会促成善行或者恶行、正义行动或者不义之举,而自然权利只是把正义作为自己的目的和动机。如果我们说自然情感促使人类去占有一切能为人类带来幸福的东西,因此促进社会设立财产权,并且加快了设立财产权的速度,那么,我本人不会否认这种说法;但如果我们说自然情感创造了权利,那么,我们就错了。"(Dupuit 1861a:328—329)

这样区分自然权利与自然情感,并不好理解。杜普伊的这个观点可以按下列方式来理解:财产权因时间和空间而异,因此不可能是自然权利。但不管怎样,它是一种自然情感:

(1)财产权是一种情感,因为任何情感都是易变的,具体取决于个人修养(请参阅 SEP,1855:145)。

(2)它是一种自然情感,因为个人为了满足自己的需要,会自发地(无论以集体或者个人的方式)去占有财产。

(3)因此,这种自然情感不会创造权利。

为了证明财产权不是一种自然权利,杜普伊辩称,不同国家有不同的财产占有方式。笔者觉得这是一个有争议的观点,因为杜普伊实际上把两个不同的主题——事实和权利——合并在了一起。虽然事实并没有证明财产权是一种自然权利,但是,这并不意味着这种权利就不是自然权利——譬如说,虽然我们没有行使自卫权,但并不妨碍自卫权仍是一种自然权利。[②] 此外,这种方法甚至可以用来反对自我所有权。只要有奴隶制立法存在,我们就可以下结

---

[①] 法国自由学派没有区分自然情感和自然权利,并且把这两个词作为同义词来使用。如请参阅加尼尔(1875:96)。

[②] 不管怎样,只要巴黎学派是用观察结果作为有自然权利存在的证据,那么,国家之间存在的财富占有方式差异就是对法国自由学派的财产自然权利观的批判。

论说,自我所有权并不是一种自然权利。这是一个至关重要的问题:如果自我所有权不是一种自然权利,那么就根本不存在任何自然权利。然而,杜普伊并没有提出任何论点来证明自我所有权是一种自然权利。他只是表示,"奴隶制践踏了道德和自然权利原则"(SEP,1863b:473;SEP,1862:149)。

对于杜普伊来说,适当的财富占有方式只能根据公共效用来定义:就是这个标准使得立法者能够判断在某种具体情况下私人占有是否比集体占有更加适当。事实上,公共功利提供了一个计算哪种占有方式能更快地增加产量的基准:这是唯一重要的条件。杜普伊认为,从增加农业产出的角度看,土地的个人占有优于集体占有,因为个人占有能够促进私利。此外,私人占有方式在提高财产所有人的知识满意度(intellectual satisfaction)和责任感的同时,还能增加全体国民的福利。① 杜普伊断言:

"这种占有方式[……]因为两个原因而适合土地所有人和非土地所有人:说这种占有方式适合土地所有人,是因为土地所有人在这种占有方式中找到了自己特别的快乐,促使他们偏爱这种占有方式,而不是其他占有方式;而说它适合非土地所有人,是因为这种[占有方式]能以最低价格提供最多的产品。"(Dupuit,1861a:347)

2.2 自然权利之间的潜在不相容性

如上所述,法国自由学派认为,自然权利是唯一的正义源泉;自然权利无可争议,而且不能受到立法者的限制。

杜普伊批判了这种观点,因为不同的自然权利之间有可能存在互不相容的问题。更确切地说,自我所有权与自然自由权之间存在不相容性,因此,自然权利不可能是唯一的正义源泉。例如,请设想一下:

"你需要一笔钱保全自己的荣誉……你找到一个有钱人,并且对他说:'你如果能给我这笔钱,就能获得我的所有权利,就像你对你的马所拥有的全部权利。'总之,你就做他的奴隶。"(Dupuit,1816b:42)

你有自然自由权,意味着你有签约的自由,也就是说你可以在任何情况下出卖你的人身,而且任何人不能阻止你这么做。然而,这么做就意味着你将放

---

① 福利的定义将在本文的3.1中给出。

弃你的自我所有权。这是杜普伊所举的唯一一个证明自然权利之间有可能存在不相容性的例子。

值得注意的是,杜普伊隐含地表示,在这场自然权利冲突中——在我们的例子中就是自我所有权与自然自由权之间的冲突——没有任何选择标准可循。这就是杜普伊引入一个更高标准——公共利益——的原因。立法者要通过自然自由权来保护自我所有权,因为就如笔者已经讲述的那样,自我所有权是最重要的自然权利(参见本文2.1):

"只要涉及公共利益,法律就会介入限制个人的[天赋]权利[……]法律就不会认可[你出卖自己人身的契约]。你可以出卖你的地产,但不能出卖你的人身;你有权处置你的地产的权利,但就是无权处置你自己的人身。"(Dupuit,1861b:42)

杜普伊还进行了引申:即使立法者原则上必须对公共征用进行补偿,他们也拒绝对奴隶主进行任何补偿(SEP,1863b:473)。①

然而,杜普伊的批评并没有实际相关性,因为他使用了一个不同于法国自由学派界定自然自由权边界的概念。他们双方都认为,自然自由权意味着自由意志以及个人行为和个人签约自由不受干涉或者约束——也就是艾萨克·柏林(Isaac Berlin)所说的"消极自由权"(negative liberty)。但是,双方在自然自由权的边界问题存在分歧。法国自由学派认为,自然自由权受到他人权利的限制(Bastiat,1848/1854—1855:282;Molinari,1861:VI—VII;Garnier,1864:274),而杜普伊隐含地区分了两种自由权:

(1)自然自由权,意味着个人自由不受限制(Dupuit,1861b:51),并且只涉及自然状态。

(2)个人在社会中的自由权,也就是说,法律认可的自由权(见本文3.2)。

因此,法国自由学派所界定的自然自由权定义使得自然权利不相容问题失去了实际意义,因为人类只能占有物品,但不能占有他人;相反,如果把自然自由权定义为不受限制,那么倒是提出了自然权利不相容的问题。

因此,要想消除自然权利之间的这种冲突,就有必要引入公共利益概念。

---

① 笔者将在本文的3.2中说明杜普伊的公共征用观点。

笔者现在来阐明这个概念以及它与杜普伊定义的正义概念之间的关系,同时,笔者还要说明福利概念在杜普伊思想中的地位。

### 三、杜普伊思想中的两个道德正义来源:福利与自然权利

在杜普伊看来,自然权利不可能是立法者的唯一决策工具。就如他所说的那样,立法者的目的是要实现增加国家福利和保护某些自然权利这个社会契约目标。这个目标源自社会全体成员达成的协议或者签订的契约。由于福利与财富以及财富与公共功利之间存在一种正相关关系,因此,公共效用是增加福利的优先级决策工具。他继续假设,公共效用是公共决策的一个标准:它能显示法律是否公正。这就出现了另一个正义概念,就其性质而言,是一个道德正义(ethical justice),而不是法律正义概念(见本文 3.1)。除了公共效用以外,某些自然权利也是道德正义的来源(见本文 3.2)。这种道德正义的双重来源有助于更好地理解杜普伊的经济观点,特别是关于为公共产品筹款问题的观点(见本文 3.3)。

#### 3.1 正义与公共效用

社会的目标就是要使全体成员的福利最大化(Dupuit,1861a:334)。在这个目标框架下,一般利益是一个本身没有任何实质性内容的形式概念,实现社会契约的目标只是其中的一个构成方面。① 强制执行法律就是为了实现这个目标。因此,有必要阐明福利这个概念。

1. 社会目标:全体成员的福利。"社会的目标就是为其成员谋取福利"(Dupuit,1861b:53)。② 那么,什么是福利呢?③ 杜普伊也没有给出福利这个概念的确切定义,④但却明晰地解释了福利的成因(经济和道德)以及对于全

---

① 由于一般利益是一个纯粹的形式概念,因此,在不参考任何社会目标的情况下,就想对它进行定义是愚蠢之举。

② 本文并没有讨论杜普伊所说的"其成员"是指什么的问题,因为它不属于我们这个阐明道德正义来源问题的范畴。此外,在这句话中,杜普伊隐含地假设,除了自然自由权以外,自然权利不可能与增加福利有冲突。保护某些自然权利也是社会目标的一部分。请参阅本文 3.2。

③ 本文没有解释为什么社会契约的目标是全体国民的福利。这可能要介绍这个目标的出现过程,因而要介绍人性观在杜普伊思想中出现的整个过程。但是,这就超越了本文的论述范畴。同样,笔者也不会解释全体国民的福利是不是个人福利的加总。

④ 杜普伊只是用了一些意思不太明确的词语,如"富裕"(aisance)(Dupuit,1865:6),或者"享乐"(jouissance)(Dupuit,186Ib:49),但没有给出它们的定义。

体社会成员的影响。

杜普伊确定了两个福利的成因,一个是经济的,另一个是道德的。一方面,增加社会财富,就会增加社会全体成员的福利(Dupuit,1865:28)。[①] 一个国家的财富除了由财富量—人口比率测度的个人财富以外,似乎由它的公共财富——"港口、运河、道路、河流、博物馆、监狱、医院,等等"(Dupuit,1853:17)——所决定(Dupuit,1853:28)。另一方面,当且仅当个人采取良好的道德行为时,福利才会增加。由于福利取决于人口水平,因此,杜普伊进行了关于个人良好行为和不良行为的价值判断。采取良好的行为就等于是承担了道德责任——根据个人财富限制家庭孩子的人数以及限制烟酒的消费(SEP,1859:470)。这种道德责任源自个人根据自己意愿行为的能力。事实上,如果个人有行为自由,那么就会对自己的行为及其后果负责。

这两个福利成因(财富与责任)之间的关系是一种累积过程的关系:个人越是负责任,就会变得越富有;而个人越是富有,就会变得更加负责任(Dupuit,1865;SEP,1862:472—475;1863a:344—348)。[②]

在杜普伊看来,这个累积过程证明一个国家的福利水平可以用平均预期寿命来衡量:"人类在长期居住的地方,肯定生活得比较舒适,而人类的需求也会得到较好的满足。"(Dupuit,1865:6)他还补充说:"平均预期寿命也许可被视为反映全体居民福利的可靠晴雨表。"(Dupuit,1865:7)

因此,一个国家福利的增加要以全体国民的道德状况改善和/或财富增加为条件。在前一种条件下,无须立法者直接介入干预。更确切地说,杜普伊认为,立法者的使命并不是强迫个人采取适当的道德行为——只有激励机制才能帮助实现这个目标。

激励——在个人负责任的情况下——可以是自发的,也可能是人为的。在前一种情况下,譬如说,不符合道德的行为会导致无力满足自己需要的个人死亡;在后一种情况下,法律鼓励个人改变自己的行为,而这也是杜普伊为什

---

[①] 在这个问题上,杜普伊肯定了法国自由学派的观点,但并没有考虑社会成员之间的财富分布对福利的影响。本文不准备解决这个没有解决的问题,因为它偏离了本文的主题。

[②] 关于这一点,杜普伊运用了与法国自由学派相同的观点。

么会为对私人产品征税辩解的原因。①

杜普伊替国家为了增加财富而进行干预的行为辩护,并且详细阐述了国家干预的指导原则:因此,把"公共效用"概念引入了自己的分析,并且在分析中提到了一种正义道德观。②

2. 效用要符合道德正义。杜普伊表示,立法者没有决定财富增长方式的自由。因此,他把另一个正义概念引入自己分析,一个不是法律意义上,而是公共政策评判标准意义上的正义概念。

由于政治经济学是一门研究财富的学科,因此,立法者必须听从政治经济学家关于公共效用③的建议(Dupuit,1844/1995:128)。一些相关的二次文献已经深入考察了这个问题[如请参阅 Etner(1987)、Mosca(1998)以及 Ekelund 和 Hebert(1999)]。然而,与这些二次文献的作者不同的是,笔者认为福利、一般利益和公共效用是不同的概念。

首先,一般利益(general interest)涵盖面要比福利(welfare)大。公共利益(public interest)是一个为了使公共决策与社会目标——通过尽可能少地限制自然自由权和保护其他自然权利来使福利最大化——相符而使用的概念(见本文 3.2)。因此,凡是旨在增加福利并保护除自然自由权以外的所有其他自然权利的法律都是符合一般利益的。

其次,福利不同于公共效用。就如我们已经看到的那样,公共效用与财富

---

① 对于私人产品来说,税收应该是国家福利的函数。例如,为了改善国民的健康状况,税收必须鼓励国民消费"好的"产品,而不是消费"坏的"产品。实际上,在政治经济学会报告中,杜普伊表示,"糖税、咖啡税和葡萄酒税会对有利于国民福利[和]健康的商品消费产生不利的影响。烟草税不但能够减少烟草消费,而且对公共健康[因而对公共福利]也是利大于弊"(SEP,1859:470)。

② 立法者决策指导原则是一个重要的问题,因为它们被用来回击法国自由学派对一般利益概念的攻击。法国自由学派认为,为了防止随意做出与一般利益有关的决策,立法者必须根据自然权利来做出自己的决策[请参阅 Sigot(2010:768)]。

③ 杜普伊把公共效用或者"'集体'绝对效用"定义为全体消费者"相对效用"与全体生产者利润的总和。个人的相对效用可用消费者个人愿意支付的最高价格(为了区别于"集体"绝对效用,笔者称它为"个人"绝对效用)与生产者所要价格集合之差来表示(Dupuit,1844/1995,1849/1933,1853)。应该注意的是,个人绝对效用概念不同于基数效用。事实上,杜普伊是从个人购买或者不购买某一物品的偏好,而不是个人满意度测量指标意义上来理解个人绝对效用的[1844/1995:65;还请参阅 Allais(1989:192)和 Poinsot(2007:43)]。笔者没有使用当今微观经济学的术语——"消费者剩余",因为使用这个术语有可能导致与阿尔弗雷德·马歇尔(Alfred Marshall)提出的这个概念相混淆。杜普伊使用的这些范畴截然不同于马歇尔使用的范畴[请参阅 Béraud(2005);Poinsot(2007)]。

有关,而财富本身则与福利有关。因此,公共效用是一个评价增加福利的目标是否完全实现的标准。就如我们已经说明的那样,除了是"每个财富占有问题的唯一解决方法"以外,公共效用标准还是"很多其他经济问题"的解决方法(Dupuit,1861b:53)。这些问题包括:

"税收——如果不损害[国家]财富,我们就能更好地设定并且分摊[……]——问题[或另外]某些利益集团结盟或者结社的问题只能根据不损害公共利益这个条件来决定是否批准。"(Dupuit,1861b:53,footnote 1)

因此,为了增加财富——公共效用——而精心选择的手段必须与社会目标——福利——区分开来。

当然,公共效用与福利有关,但前者只是通过国家财富与社会全体成员的福利发生间接的关系。

杜普伊论述的最显著结果是公共效用必须符合所谓的"伦理"或者"道德"正义。

他表示,社会成员必须遵守法律。因为,"[实在]法制定以后,不守法是不义之举"[Pascal,转引自 Dupuit(1861a:333)]。法国自由学派强烈反对这种观点,并且辩称也有恶法存在。杜普伊也承认这一点,但他认为:即使恶法,社会成员也必须遵守;而且,不是根据公共效用制定的法律就是恶法(Dupuit,1861b:49—50)。因此,公共效用就成了公共决策的一个规范。依笔者之见,我们能够理解杜普伊的意思:国民福利是社会目标,而每一部旨在增加国民福利的法律都必须符合道德正义原则。由于国民福利水平随着财富的增加而提高,而且,公共效用是一个衡量财富是否增加的标准,因此,公共效用必然符合道德正义原则。所以,任何法律只要不符合公共效用,那么就是恶法。我们可以在杜普伊对法国自由学派研究的批判中观察到这一点。在杜普伊看来,法国自由学派只是替私人利益辩护:

"我们只要采取一种不同于我所尊敬的对手的视角,也就是把注意力从私人利益转向公共利益,那么就能发现[公共]效用[是否符合道德]正义[原则]。如果我们听信某些评论者,那么就能发现,只有个人享有各种不同的权利,而社会则只有一种保护个人不同权利的

权利。"(Dupuit,1861b:37)

因此,公共效用是道德正义的一个来源。那么,杜普伊是否把自然权利全部排斥在他的道德正义之外呢?

3.2 纯粹的结果论?对自然权利观的坚持

乍一看,杜普伊采取了一种自相矛盾的立场。一方面,他认为,为了增加福利而限制自然权利,这符合道德正义原则:

"[社会]只有制定一些[实在]法或者公约来调整其成员的相互关系和某些物品的用途,并且约束个人的自由权和其他自然权利,社会本身才可能存续下去。

社会公约的一般原则就是:在社会目标允许的情况下尊重社会成员的个人自由权和其他自然权利——本身就属于最宝贵的财富——的同时,向社会全体成员提供尽可能大的总福利。"(Dupuit,1861b:53)

另一方面,杜普伊还表示,立法者必须尊重自然权利。这就是——譬如说——他对公共征用的立场。他虽然认为财产权并非基于自然权利,但又表示:在发生征用的情况下,立法者必须给予补偿。这是杜普伊"遵守契约要像尊重自然权利(以上说的第四项权利)那样"的观点的一个直接结果,"只要有[实在法先例],并且支付等价的[赔偿]",那么就可以征用任何所有人任何形式的财产。这是一种形式的自然权利(Dupuit,1861b:48)。在同一篇文章中,杜普伊还表示:

"认为一部法律可以废除另一部法律确定的东西,那是一种严重的错误。如果法律确定的东西具有契约特性,而财产法就属于这种情况,那么,也许只能在征得缔约各方同意以后才能改变之前确定的东西[……]一个收入10万法郎的工人无论是购买一块土地还是购置一处物业[……]就拥有了自己体面的财产[……]同样的道理,我们也不能在不侵犯自然权利的情况下剥夺他的财产[……],而只有

在支付赔偿的情况下才能征用他的财产。"(Dupuit,1861a:333—334)①

这个关于公共征用的观点提出了一个重要的问题:杜普伊通过把自己的分析建立在自然权利的基础上,甚至在没有提到痛苦和快乐的情况下就明确告别了边沁的功利主义。②

那么,杜普伊和边沁这两种观点如何相容呢?杜普伊是通过表述只有自然自由权可以受到约束来解决这个矛盾:"我们只能要求符合公共利益的自由权"(Dupuit,1861b:51)。

杜普伊研究中提出的这种自然权利(特别是自然自由权)与福利关系观,与法国自由学派的观点相比显得非常新颖。法国自由学派认为,福利与捍卫自然权利正相关:对个人自由和财产保护的力度越大,福利就增加越多(Molinari,1861:VI;Garnier,1875:111)。因此,自然权利既不与福利也不与效用对立:法国自由学派觉得,符合效用原则的行为会增加财富,因而会增加福利,所以,政府必须保护自然权利(Sigot,2010:759)。

相反,杜普伊则认为,旨在通过增加财富来增加福利的立法者,为了社会应该会限制自然自由权,因为立法者无法对另外一个福利来源(即道德责任)采取直接行动。更加确切地说,政府的目的就是在尽可能保护自然自由权的同时最大限度地提高国民的福利水平,"最理想的社会就是立法者在尽可能少地约束个人自然自由权的同时赋予社会每个成员最大的社会利益"(Dupuit,1861b:53)。杜普伊的福利比较观也值得关注:如果有两种福利水平相同的情形,那么就应该选择比较尊重自然自由权的那种情形。

不管怎样,杜普伊的这种观点至少提出了两个问题:

---

① 关于国际自由贸易的问题,杜普伊提出了同样的主张。事实上,在《贸易自由》(La liberté commerciale,1861c)中,杜普伊表达了支持自由贸易的观点,因为自由贸易会增加国民财富和福利。但是,自由贸易有损国民的某些经济利益。因此,杜普伊主张,出于公平的考虑,应该规定一个过渡期。事实上,"凡是阻碍自由贸易的东西注定会导致全体国民多工作,少获得[……],从而减弱国家的工业实力,而且还会削弱国家政权。那么,这是否就意味着,一个国家在实施多年的贸易限制政策以后就应该在不经过任何形式过渡的情况下立刻就执行完全的自由贸易政策呢? 很可能不是。出于对于某些利益集团公平或者公正的考虑,这种过渡[……]不可或缺"(Dupuit,1861c:2)。

② 与杜普伊不同,边沁把重点放在了没有补偿造成的痛苦上。事实上,这种补偿的缺失就会导致个人重新考虑积极的财产权(positive right of property)。由此而在社会上造成的恐惧[即边沁所说的"惊恐"(alarm)]意味着"希望破灭的痛苦"。

239

首先，他要解释为什么不对除了自然自由权以外的其他自然权利——自我所有权、自卫权和守约权——进行约束。他的观点是：社会契约的本质就是迫使社会成员只同意放弃自然自由权，"要求一种绝对、基本[和]完全的自由权，就等于是在要求自然状态。为了公共利益，[我们必须]接受对法律的需要"(Dupuit，1861b：51)。

其次，社会目标的两个方面——福利与保护立法者无法约束的自然自由权除外的其他自然权利——之间有可能发生冲突。但杜普伊没有具体说明，遇到这种情况，立法者如何做出决定，甚至隐含地认为立法者不可能这么做。

简而言之，杜普伊坚持认为：

(1) 财产所有权并不是一种自然权利，而是一种自然情感；

(2) 为了使福利最大化，立法者可以对自然自由权进行限制；

(3) 其他三种自然权利——自我所有权、自卫权和守约权——仍然需要立法者保护。这也反映了杜普伊关于道德正义的观点，而道德正义源自于公共效用和自然权利。他的这个观点可用来解决为公共产品筹款的问题。

### 3.3 为公共产品生产筹款的问题

杜普伊把产品分为私人产品和公共产品。产品生产有利于增加国家财富，而国家生产和管理公共产品比私人企业更有效率，"如果国家把交通设施垄断权转让给私人企业，那么就意味着立刻就会导致交通设施失去廉价交通工具的经济特点，而成为一部巨额利润的生产机器"[Dupuit 1854d：853；还请参阅 Dupuit(1854a：341)]。杜普伊坚持认为，"我们都承认兴建和维护某些交通设施属于政府或者政府部门的职责"(1854b：380)。

关于公共产品，有两个问题，第一个问题与要采取的筹款原则有关，而第二个问题则与税率有关。换句话说，第一个问题就是"谁为公共产品买单"，而第二个问题就是"税率该定多高"。笔者在这里只考察第一个问题，因为这是杜普伊所说的道德正义两个来源最明确的一个来源。

关于给公共产品生产筹款的原则，杜普伊似乎把公共产品分为排他性公共产品(桥梁、船舶、运河等)与非排他性公共产品(街道、法院大楼等)。前一种公共产品必须由使用者付钱，而后一种公共产品必须由社会全体成员为它们筹款。依笔者之见,①我们可以从限制自然自由权的角度去理解杜普伊对公共产品的这种区分。就如我们已经指出的那样,对于某一给定的福利水平,自然自由权受较少约束的状态要好于自然自由权受较多约束的状态。

他以对待私人产品的方式来对待排他性公共产品。这种公共产品只有在用户付费使用的情况下才符合道德正义原则。② 实际上,用户"是否购买公共产品服务完全是自由的"(Dupuit,1844/1995:59)。③ 因此,杜普伊表示:

"没有人会质疑[由公共产品受益人缴纳]税收的公正性,就连那些为公共产品买单的人自己也不会质疑。事实上,如果他们付费使用公共产品无利可图的话,他们就不会使用公共产品。要求没有使用交通设施的人缴费,没有任何道理[……]"[Dupuit,1854c:556;还请参阅 SEP(1865:132)]。

在非排他性公共产品的情况下,任何合同都不能排斥对这类公共产品的任何使用。因此,为了替这类公共产品供应筹款,立法者就不得不通过强迫社会成员(即使他们不用这类公共产品)缴税和使用这类公共产品的方式来限制他们的自然自由权:"任何形式的社会都不可能免除一定成分的共产主义。由于不同形式的财富有不同的内在特性或者固有用途,因此,有些形式的财富必须由个人占有,而另一些形式的财富则必须由集体占有"(Dupuit,1863:118)。政府可以通过税收或者借款的方式强迫社会成员做出贡献。

实际上,"有[……]很多公共产品是可以共同和持续使用的。对于这类公共产品,政府、省或市镇议会……可以合理地通过借贷来组织生产。公路、街道、广场、市场、港口、法院、监狱等都需要花钱来建造,这些负担可转嫁给后代,而他们却无权抱怨"(SEP,1860:484)。

因此,在杜普伊看来,凡是有些个人可能不会使用的公共产品都必须采取用户付费的方式来筹款,因为这种"税收"方式不会限制自然自由权;而在不能

---

① 这种处理公共产品筹款问题的方式是由本文的一位审稿人告诉笔者的,笔者在此向他表示衷心的感谢。

② 杜普伊只建议为像道路这样的排他性公共产品向社会全体成员(用户与非用户)征税,因为国家只有在公平和紧急的情况下才会直接向自己提供的服务收费[SEP,1865:132;还请参阅 Dupuit(1854b:556)]。但是,他又补充说:"从理论上讲,对道路通行收费是公平公正的"(SEP,1865:132)。

③ 这句话引出了这样一个结论:受益于排他性公共产品的非用户不应该为这类公共产品付费。但实际上,即使个人得益于这种公共产品的存在,这种得益也独立于个人意志。

排斥个人使用的情况下,立法者可能就要约束自然自由权来为这类公共产品筹款。

### 四、结束语

本文试图证明,在杜普伊的著作比在相关的二次文献中能够发现更加一般的道德正义观。恰恰与杜普伊著作评论者的看法相反,杜普伊观点的独到之处并非源自公共效用,而是源自福利与自然权利这两个道德正义的来源。在不受边沁的功利主义束缚的情况下,杜普伊就是通过这种道德正义观来显示他不同于法国自由学派的观点的。事实上,虽然他的研究得出了功利主义的结论,但是,没有先验地对反映边沁功利主义特点的权利进行定义,这与杜普伊的自然权利观点相矛盾。

此外,杜普伊的道德正义对于理解他的经济学研究至关重要。本文选择考察为公共产品筹款的问题,但实际上涉及许多其他问题,如杜普伊对于知识产权或者财富分配的论证。

### 致 谢

笔者要感谢 Alain Béraud、Shirine Saberan、Gilbert Faccarello 和 Nathalie Sigot,感谢他们为本文的早期版本提出了有益的评论意见。笔者还要感谢分别于 2008 年 9 月 1—5 日和 2008 年 9 月 10—12 日在巴黎十一大举行的历史、哲学与经济思想会议和公共经济学史会议的全体与会者。最后,笔者还要感谢《欧洲经济思想史杂志》(*European Journal of the History of Economic Thought*)的全体审稿人,特别是其中一位给予我相当大的帮助的审稿人。

# 论古斯塔夫·佛沃对财政理论的贡献

克莱尔·西勒万(Claire Silvant)

## 一、引言

古斯塔夫·佛沃[①](Gusitave Fauveau,1843～?)是法国数学家和经济学家,毕业于巴黎综合理工学院(Ecole Polytechnique)。在政治经济学会(Société d'Economie Politique,SEP),他以评论古诺(Cournot)模型(Fauveau 1864,1867)和几乎都是发表在法国自由主义经济思想的喉舌《经济学家杂志》(*Journal des Economistes*)上的几篇论文[②]而尤其出名。

关于财政问题的辩论在19世纪中期的法国变得越来越普遍。让-巴蒂斯特·萨伊(Jean-Baptiste Say)和约瑟夫·加尼尔(joseph Garnier)等一些最有影响力的自由主义经济学家纷纷撰文表示支持累进税,但在佛沃生活的那个时代,在政治经济学会和学术上居于主导地位的大多数经济学家(Breton and Lutfalla,1991)却认为,比例税制(tax proportionality)是一个适当的财政目标。比例税制在当时被认为是一个在保护人际公正的同时保持对收入分布和

---

① 有关佛沃生平的详细情况仍不清楚(Etner,1989;Zylberberg 1990)。
② 他的所有论文——除了一篇收入一本论文集(Fauveau,1886)的名为"论国家在经济秩序中的权限"(De Ia Limite des Attributions de I'Etat dans l'Ordre Economique)的短文以外——都是在1867—1885年间发表在《经济学家杂志》上的。

分配中性的条件。① 在19世纪60年代国内和国家财政问题政治辩论激烈的背景下,法国刮起了一股税收制度著作出版风:②在佛沃发表税收著述尤其是《关于税收理论的数学思考》(Considérations Mathématiques sur la Théorie de l'Impôt,1864)的这个时期里,皮埃尔-约瑟夫·蒲鲁东(Pierre-Joseph Proudhon)、莱昂·瓦尔拉斯(Léon Warlas)和克莱蒙斯·罗耶③(Clémence Royer)也发表了一些重要文章。

与他的同时代人比较,佛沃的理论有两个新的地方。首先,他运用数学对不同的财政公平(fiscal equity)观进行了形式化的定义,④还特别探讨了不同税负分摊规则的不同影响。我们用塞利格曼(Seligman,1894)和马斯格雷夫(Musgrave,1959,1985)介绍的受益原则和支付能力原则来阐释这些规则。其次,他试图确定个人能从公共安全支出中获得的利益(Fauveau,1864,1869a),这可是他的同时代人和前辈都认为不可能的事情。他的推理基于每种公共支出都能估算出个人受益的思想。佛沃重新阐释了通常分开论述的经典问题:税收制度是否应该反映公民从公共支出中获得的利益,或者是否应该反映公民的支付能力?税收应该是比例征收还是累进征收?就这样,他为同时代的自由主义经济学家试图解决但没能解决的每一个问题给出了数学解决

---

① 对于19世纪法国大多数自由主义经济学家(Passy,1852,Parieu,1857,Baudrillart,1871;还请参阅 Puynode,Guyot,etc.)来说,比例税制相对于累进税制的优越性,因亚当·斯密而变得显而易见(Bouvier,1971):在帕西(Passy,1852)为科奎林和吉约曼(Coquelin and Guillaumin,1852－1853)主编的《政治经济学词典》(the Dictionnaire de l'Economie Politique)撰写的词条"税收"中可以发现为比例税制辩护的典型观点。

② 当时,欧洲举行了许多财政问题国际会议——其中,最重要的是1860年在洛桑召开的国际大会,经济学家、哲学家和政治家济济一堂共商财政问题(Baudrillart,1871)。在同一时期,法国的政治辩论出现了在保守派与支持废除间接税收的财政改革拥护者之间两极分化的特点(Schnerb,1947)。

③ 应该强调的是,克莱蒙斯·罗耶是法国政治经济学会唯一的女会员。她的《税收理论》(Théorie de l'Impôt,Royer,1862)在1860年的洛桑国际大会上得了奖,她获得这个会议的奖项在瓦尔拉斯之前,但在蒲鲁东之后。

④ 他为此运用了当时最新的微分和积分研究成果来进行详细的数学推导(Breton,1986:37)。据我们所知,当时只有杜普伊(1844,1849)和古诺(1838)运用数学方法来确定最优税率(Béraud and Etner,2008)。佛沃采用数学方法来研究经济问题与自由学派拒不使用数理统计和概率论形成了鲜明的对照(Béraud,1986,1992;Etner,1989)。自由学派虽然在方法论上比较保守,但对数学家和工程师还是持比较开放的态度(L.瓦尔拉斯除外),有些数学家和工程师甚至参加了法国政治经济学会,《经济学家杂志》也刊载了他们的文章或者来信,J.杜普伊、拉梅-弗勒里(Lamé-Fleury)、M.舍瓦里埃(M. Chevalier)、M.沃尔科夫(E. Wolkoff)、E.谢松(E. Cheysson)等就是这样的数学家或者工程师。

方法。

即使在19世纪末、20世纪初,佛沃的研究仍被认为是财政原则的重要来源(Seligman,1894),但是,他对财政理论的贡献被近代研究所忽视,《新帕尔格雷夫词典》(New Palgrave Dictionary)中没有一个介绍他的词条,熊彼特(Schumpeter)在他的经济思想史中也根本就没有提到他。近来只有个别评论法国经济思想史的作者(Breton,1986;Etner,1987,1989;Ekelund and Hébert,1990;Zylberberg,1990)提到了佛沃,但只有瑟奥查理(Theocharis,1993)详细论述了他的财政思想。我们在一定程度上同意齐尔贝尔伯格(zylberberg,1990:143)解释的佛沃财政思想被忽略的原因:"缺乏现成的概念,导致统一的政治经济学观的缺失。"但是,佛沃论述的这一指责性解释有些以偏盖全,比如,对佛沃关于税收问题论述不适用这一指责:他对财政问题的分析不但具有创新性,而且还具有全面、一致的特点。

我们先来完整介绍佛沃的财政理论(见本文第二节),然后扼要介绍佛沃对受益原则的数学分析以及他对累进税制合理性的证明(见本文第三节),最后借助于道德牺牲概念来介绍佛沃关于支付能力的论点(见本文第四节)。本文的第五节将介绍本研究的一些结论,而本文的附录则介绍佛沃为税收研究做出的另外两个贡献:间接税最大回报计算和关税征收期最优长度计算。

## 二、佛沃根据受益原则和支付能力原则创建的财政理论

佛沃在他1864年出版的书中求出了不同财政公平(fiscal equity)假设的数学结论,并且区分了五种反映不同税收正义(justice in taxation)观的假设(1864:12—13;1869a:397):(1)每个公民应该向社会偿付相当于社会为保护他们所花的费用;(2)每个公民都应该根据社会保护所需的成本缴费;(3)每个公民应该从国家保护中获得相同的道德收益(moral benefit)[这里的道德收益有心理或精神收益的意思,下文的道德牺牲(moral sacrifice)、道德价值(moral value)、道德预期(moral expectation)、道德效用(moral utility)等都有心理或精神牺牲、价值、预期、效用的意思。——译者注]——即因初始收入而获得的社会安全感的相同净收益(Fauveau,1864:33—34);(4)每个公民承受的道德牺牲(moral sacrifice)应该与他们获得的道德收益相称;(5)国家应该

对每个公民规定相同的道德牺牲。① 但就我们的目的而言,最好还是分析财政史上两个经典的传统框架下的全部五个假设(Royer,1862;Lehr,1877;Seligman,1894):涵盖假设(1)、(2)和(3)的受益原则以及涵盖假设(4)和(5)的支付能力原则。

2.1 佛沃的受益说:一种基于保险原则的理论

虽然佛沃并不是这么做的唯一作者,②但当时并不常有人提出国家税收保险说。法国自由学派关于税收问题的传统观点秉承了亚当·斯密和让-巴蒂斯特·萨伊的传统:一方面,把国家视为一个职能有限——如对公民的民事保护和对弱者提供社会救济——的实体;另一方面,认为公民应该按自己收入的一定比例为国家的这些支出做贡献。

佛沃做出了两方面的特殊贡献。首先,他根据保险原则运用数学对财政制度的最优性进行了微观经济学分析;③其次,他运用尖端的数学工具进行的论证得出的结论与当时研究相同财政问题的法国作者的研究成果完全不一致。具体而言,他试图否定梯也尔(Thiers,1848)和莫利那里(Molinari,1849)提出的与比例税制联系在一起的税收保险观。

佛沃采用了与贝卡利亚(Beccaria)相同的方法,也就是把经济计算和概率论作为刑法改革的工具,并且考察了一般利益和刑事罪犯的理性行为(Etner,1987:79—80)。因此,他把纳税人和窃贼看作是理性的经济主体,并且照例探索国家应该创建哪种税收制度。就像杜普伊(1844,1849)或者古诺(1838)之前已经做的那样,他也试图确定国家能够建立公平税收制度的条件。

在分析中,佛沃把国家比作负责保护公民和他们财产的保险公司,④税收

---

① 塞利格曼(Seligman 1894)只论述了四种假设,但没有解释他没有论述未履行社会契约遭遇的道德牺牲应该与因社会契约而获得的道德收益相称这个假设的原因。

② 梯也尔(Thiers,1848)、莫利那里(Molinari,1849)和吉拉尔丹(Girardin,1852,1864)也从保险的角度分析了税收问题。他们赞成税收改称为"保险费"。请参阅法国政治经济学会关于私人和公共保险各自优势的辩论(Société d'Economie Politique 1873)。

③ 丹雷·德·夸约勒(Danre de Coyolles,1846)和梯也尔(1848)也提出过比例税和累进税的算术分析法,而且还举了许多详细的数值例子:德·夸约勒为累进税辩护,而梯也尔则赞成比例税制。梯也尔这个佛沃的反对者们提出了"根据财产保险额的一定比例支付保费"这个简单的假设(Thiers,1848:353)。

④ "我们将先考察'如果我们只把税收看作是社会保护、财产保护和保护财产安全受到威胁的公民的必要开支,那么应该如何来均摊税收'这个问题"(Fauveau,1864:12)。

就是每个公民需要支付的保费(Fauveau,1864:15)。因此,传统的保险理论和实践可以轻而易举地应用于财政缴费(fiscal contribution)的情况:保费总是由两个不同的分量组成,一个分量反映受保财产的价值,而另一个分量则与受保财产面临的风险有关。因此,根据 J. 贝努力(J. Bernoulli)的数学期望值结果,保费总是与受保财产价值与损失的数学概率之积成比例(Fauveau,1864:17);如果把同样的推理应用于税收,那么,税率应该不但取决于个人财富,而且还取决于与个人财富相关的风险(Fauveau,1864:18)。

佛沃在他1886年写的一篇文章中把这称为"比较",并且认为国家的作用在以下两个方面不同于保险公司:首先,只有在没有私人保险公司愿意接受某种保险业务情况下,国家才能承担保险公司的职责——收取强制性缴费(obligatory contributions);其次,国家防范意外事件或者偷盗,但不会赔偿受害人(Fauveau,1886:55—56)。[①] 我们将在下文证明,这种基于保险说的理论框架允许佛沃提出关于风险分布的特定假设,从而证明累进税制的合理性(请参阅本文3.1)。

2.2 佛沃对支付能力传统的发展

佛沃的理论还提供了一种分析"支付能力"的数学方法。众所周知,有两种确定"支付能力"原则的方法(Seligman,1894;Musgrave,1959,1985):一是简单地认为支付能力取决于个人资源,无论个人资源是个人的资本总和还是收入;二是引入比较复杂的道德牺牲概念。19世纪法国的自由主义经济学家大多根据前一种支付能力原则来进行他们的研究,并且建议应该保证缴费与资源之间的必要对应。这个建议体现为建立在传统的正义和自然秩序观上的比例税制主张。

第二种"支付能力"传统始于奥拉斯·萨伊(Horace Say)1796年的著述(Faccarello,2006:29),后由约翰·斯图亚特·密尔(J. S. Mill)赋予其现代性

---

[①] 除非过失与国家直接有关,否则,在佛沃的模型中,所发生的的损失是不予赔偿的(1886:56—57);对重大失误造成的损失和风险的实际评估使得赔偿的执行变得既无保证,成本又高(Fauveau,1869a:398;1878:69—70;1886:57)。这种直觉接近于我们今天所知道的逆向选择(Zylberberg,1900:143)。佛沃没有引入某种补偿:他的理由似乎就是被偷的公民没有做出任何贡献。佛沃并没有明确表达这一思想,但这是他运用条件概率的一个隐含结果(请参阅本文3.1)。

(Musgrave,1985:18),并且确定了绝对牺牲(absolute sacrifice)平等标准。①在财政公平要求公民的缴费或贡献必须与他们的资源联系在一起的情况下,佛沃效仿密尔建议对平等的道德牺牲进行形式化。在拉普拉斯(Laplace)和泊松(Poisson)解释伯努利的"道德价值"(moral value)概念(1864:35,40—41;1878:69)的启发下,他把道德牺牲定义为由国家保护产生的主观价值,如公民财富在有国家保护公民及其财产和无国家保护公民及其财产的情况下的差别。因此,税收正义既可以要求每个公民的道德牺牲相同,也可以要求每个公民因税收而作出的道德牺牲与因公共支出而获得的道德收益相称(成比例)。

### 2.3 佛沃模型中的国家属性

由于佛沃把国家作为保险公司来对待,因此,他的思想可被认为接近于巴黎学派(巴斯蒂亚、杜努瓦耶、莫利那里)最正统的自由主义观点。佛沃赞同履行保护职能的国家负责公民的国内和对外安全的思想。这种国家观通常还认为,税收应该仅够支付国家最低限度的运行成本。但在佛沃的国家观中,税收就是用来支付国家保护个人及其财产所花的成本。但是,佛沃的国家观在以下两个方面有自己的独到之处。

他把自己的数学分析首先聚焦于公共安全支出(Fauveau,1864:12;1869a:396—397;1886:55—56),而其他经济学家则认为公共安全支出不可归类(Baudrillart,1871:353;Delatour,1894:364—365)。他试图计算个人能从公共安全支出中获得的收益。他运用保险理论的概念和原理计算了公允保费,并把它作为从社会保护中受益须支付的价格;他根据每个个人的支付意愿——即个人准备支付给财政当局而不是在没有国家保护的情况下准备支付的金额——来估算税收水平。

佛沃并没有把国家的属性局限于保险公司的属性。国家还有次要职能,包括免费的公共教育和职业培训(1869b:467;1886:55—56)、公用事业建设(1864:12 and 44;1869a:391—392;1886:55)以及艺术和科学进步(1864:12,

---

① "因此,税收平等作为一项政治准则,意味着牺牲平等,也意味着分摊每个人承担政府开支的缴费,以便使每个人因自己的缴费额而产生的不便感觉不多不少正好等于别人因他们自己的缴费额而产生的不便感觉"(Mill,1848:348)。

43;1869a:392,396;1886:55)。用于这些次要职能的公共支出——直接或者间接地——促进了社会安全的改善(1864:42—43;1869b:467—468;1886:56)。为这些次要公共支出筹款也提出了与为主要公共支出筹款相同的问题:计算个人能从这些支出中获得的收益。

总的来说,佛沃认为,富人从公共支出获得的收益要多于穷人,因而实际决定了税收的累进性(Fauveau,1864:42—5;1869a:396)。在这方面,他发展了一种近似于孔多塞的公共产品分析法。首先,某些种类的公共支出,如国道修建支出,属于次要公共属性的范畴,并且被佛沃看作是非必要支出,但又有益于整个社会。对于这些类别的公用事业,每个人应该按照个人的道德收益相等的方式缴费。这类公共支出有助于增加一般福利。由心理收益相等(或者道德牺牲相等)的标准就能得出我们将要看到的与孔多塞相同的有关累进税制的结论。① 由于佛沃只关心个人间税负分摊问题,因此,他并没有用他的数学分析工具来探讨孔多塞关于确定公用事业支出额的观点。在佛沃看来,国家应该实行适度税收的政策(Fauveau,1869a:392),从事被私人企业忽视的活动(Fauveau,1869a:392;1886:55—56),并且安排一些正外部性能够降低安全成本的社会支出(Fauveau,1886:55)。不过,他没有试图运用数学模型来对孔多塞据以计算[公用事业]支出"效用等于为筹款缴费造成的痛苦的临界点"(Condorcet,1793:629)的规则构建数学模型。

其次,佛沃援引孔多塞和让-巴蒂斯特·萨伊的观点提出了某些公共支出具有双重效用的思想:一种是全体公民共享的效用,而另一种则是富人受益的效用。② 因此,税收的累进性无疑是受益原则所要求的。事实上,佛沃的这些论点几乎完全与孔多塞的论点相同(Faccarello,2006:25—30)。在我们看来,佛沃1864年写这本书的目的就是要为孔多塞的税收思想建模。

最后,按照马斯格雷夫(Musgrave,1996)的分类,佛沃的国家观就是一种

---

① 与孔多塞(1793:627—628)一样,佛沃也主张,最弱势劳动者用于维持最低生活水平的收入应该享受免税待遇(1869a:396—401)。

② "除了公众效用以外,同一笔公共支出可能还有另一种只有富人受益的特别效用。修建公路的公共支出情况就是如此。为了寻欢作乐从一地快速到达另一地的可能性难道会阻止富人利用公路来运输货物,富人难道不是随着财富的增加,使用公路的机会就变得越来越多吗?"(Fauveau,1864:44—45)。

"服务型国家"(service state)的观点。但是,这并不必然就意味着,佛沃提倡这种"最小国家",而只是表明:他利用最小国家的假设来简化保费的计算,因此,必须根据这个理论框架来阐释他的研究结论。

### 三、受益原则与税收的累进性

在上一节中,我们主要关注了佛沃在《关于税收理论的数学思考》中提出的一般框架,这个一般框架允许他用数学来阐释对等(quid-pro-quo)原则和支付能力原则。现在,我们来看他的贡献中最具独创性的元素:运用数学方法根据财政正义(fiscal justice)——受益和支付能力原则——来确定应该征收累进税还是比例税。

佛沃的建模工作允许他运用数学方法论证两种现代的受益原则观点——支付意愿观和服务成本观。无论采用这两种观点的哪一种,佛沃的数学论证都得出了相同的结论:如果税收根据个人从国家保护中获得的收益来征收,那么就应该征收累进税。他采用了一种颇具独创性的方法:为了计算"应付保费",他决定采用每个个人愿意缴纳的税金,而不是没有社会保护情况下的税金。

#### 3.1 一种纯粹的受益观:作为公共服务价格的税收

佛沃试图估算国家提供的服务的价值(1864:13;1869a:39),也就是社会承担的实质性保护的价值。现在简要介绍佛沃的数学论证,请大家注意,佛沃是把他的计算过程放在了脚注中。在佛沃构建的模型中,国家保险的主要风险是偷盗险:每个公民的财产都有可能遭窃。一次成功的偷窃需要具备两个条件:盗贼有作案企图,并且成功实施。

设 $A$ 为一笔资本(无论什么形态的资本)的货币价值,又设 $P=F(A)$ 为在没有国家提供社会保护的情况下 1 年内失去这笔资本的概率。[①] 资本 $A$ 的所有人为了获得国家的保护要支付一笔公允的保险费 $I$,因此:

$$I = AP = AF(A) \tag{1}$$

佛沃在此引入了一个关键假设:偷盗险因财产额而异,而且也因收入性质

---

① 因此,$P=F(A)$ 表示某窃贼企图施行偷盗的概率。

而异——这一点与梯也尔和莫利那里的做法不同,他们俩并没有把财富不断增大的吸引力包括在财富不断增加的风险中。在佛沃看来,公民拥有财富越多,就面临越大的遭窃风险。① 由于 $F$ 是 $A$ 的一个递增凸函数,税率 $I/A=F(A)$ 随着资本 $A$ 的增大而提高,因此应该征收累进税。此外,为保护资本 $A$ 免遭失窃而支付的保费 $I$ 的增速快于 $A$,但慢于 $A^2$,因为佛沃假设函数 $F(A)$ 增速慢于 $A$。这个假设的依据是:如果 $F(A)$ 增速快于 $A$,那么,财产被盗的概率会高于不可能出现的概率(1864:25)。② 佛沃从这个简单论证过程中演绎出一个强规则:税收的增加额应该大于被保财产价值的增额,但应小于被保财产价值增额的平方。

佛沃从两个方面改进了这个初始论证框架。第一个方面的改进是关于国家保护效率的:警察绝不可能防范所有的刑事犯罪。设 $p$ 为尽管有国家保护,但资本 $A$ 仍遭窃的概率,因此,资本 $A$ 在有国家保护的情况下不遭窃的概率是 $(1-p)$。无论资本 $A$ 是由于条件概率为 $(P-p)/(1-p)$③ 的国家保护效果还是由于条件概率是 $(1-p)/(1-p)$ ④ 的独立事件而遭窃,税收只能由于前一原因才征收。因此,公民因接受国家保护而必须缴纳的适当水平的税收由下式给出:

$$I=A\frac{P-p}{1-p} \quad (2)$$

由于资本 $A$ 尽管有国家保护仍遭窃的概率 $p$ 大大小于 1,因此,税收可能近似于:

$$I=A(P-p) \quad (3)$$

请注意:与 $P$ 相比,$p$ 也很小,因此,式(3)等于初始方程式(1)。

佛沃所做的第二个方面的改进是:每个公民不但面临财产全部遭窃的风险,而且还有财产部分遭窃的风险。这一改进相当于有关窃贼行为理性的假

---

① 式中的 $I$ 系笔者所加,其他符号都沿用佛沃使用的符号。
② 佛沃的证明并非很有说服力。想必,他认为财产的预期价值在 $A$ 增加的情况下减小的可能性没有意义。如果 $F(A)$ 的增速快于 $A$,就会出现 $A$ 增加、财富预期价值减小的情况。
③ $P-p$ 其实是纯粹由于国家保护而保证 $A$ 不遭窃的概率。因此,$A$ 在有国家保护的情况下得到保护的条件概率是 $(P-p)/(1-p)$ (Fauveau,1864:21)。
④ 这种独立事件的一个例子就是盗贼因笨拙而偷盗未遂。

设:为了把被逮捕的风险降到最小,窃贼试图只偷某个公民的部分财产,而不是全部财产。佛沃合理地假设,资本 $A$ 全部和部分被窃的风险同时存在。现在,被窃的程度从 0 到 $A$。这样,$P$ 和 $p$ 就分别是资本 $A$ 全部和部分被窃的概率。于是,式(3)可被替代为:

$$I = A(PM - pm) \tag{4}$$

上式中,$MA$ 和 $mA$ 分别表示在有社会保护和没有社会保护的情况下资本被窃预期损失的平均值。

如果 $x(0 \leqslant x \leqslant 1)$ 表示被窃的那部分资本,那么,资本被窃损失少于 $Ax$ 的概率由函数 $\varphi(x)$ 给出。于是,资本被窃损失的平均值($MA$ 或者 $mA$)就是:

$$\int_0^1 Ax\varphi'(x).dx \tag{5}$$

具体取决于 $\varphi(x)$ 表示在有国家保护还是没有国家保护的情况下资本被窃遭遇损失的概率。

在一个国家保护效率高到足以使窃贼不再可能偷窃成功($p=0$)的社会里,公允保费由 $I$ 给出,$I$ 表示无国家保护时资本被盗受损的道德期望(moral expectation):

$$I = AF(A)\int_0^1 x\varphi'(x).dx \tag{6}$$

上式类似于最初的方程式(1),但有一个乘常数(multiplicative constant)。意义相同,只有一个微小的差异:在最初的方程式中,税收对最大财富具有没收性,因为,如果损失的概率趋向于 1,$I/A$ 就趋向于 1。

佛沃还进行了另外一些值得关注的改进工作,我们没有在这里介绍。譬如说,他对工人支付的保费与资本家支付的保费进行了区分。资本家必须同时为他的资本和收入进行投保,因此,靠工资生活的工人缴费必须少于资本家,[①]因为资本家从国家保护获得的收益明显较大:工人不但很少拥有许多钱,而且他们的财富来自劳动,而不是来源于物质财富,所以与较小的风险联系在一起(Fauveau,1896b:466)。

---

[①] 由于相同的原因,土地所有者也应该比动产所有者缴纳更多的保费。

### 3.2 道德收益相等与累进税

采用公民道德收益相等原则是另一种根据受益原则确定最优税收规则的方式。来自国家保护的道德收益就是某考察期结束时的公民财富道德价值（moral value）与无国家保护状态下的公民财富保全道德预期之差（Fauveau, 1864:33）。尽管佛沃认识到估计道德收益有一定的难度（Fauveau, 1869a），但他还是根据 D. 伯努利的研究结论断言，一定数额的财富损失给穷人造成的痛苦要大于给富人造成的痛苦；既然如此，穷人会损失较多的道德价值（1869a）。此外，他基于拉普拉斯和泊松的研究结论认为，公民财富道德价值的增幅与采用数学方法计算得出的增幅成正比，但与公民初始财富成反比关系（Fauveau 1864:35）。

因此，佛沃对税收公平原则——公民道德收益相等原则——的重视也意味着，就像孔多塞（1793）认为的那样，课征于富人的税收必须多于课征于穷人的税收。我们没有在这里复制佛沃的计算过程和结果，他使用的计算方法接近于本文 3.1 中的证明。他对自己先前列出的各方程式进行了修正，引入工人的一生收入、财产的多样性以及个人遭窃因而不但损失当期财产而且还损失未来收入的可能性等变量（Fauveau, 1864:26—30）。

最后结论与以上的结论相同：税收应该累进，但累进度应该较小。① 就如同孔多塞（1793:627—628）或者加尼尔（1846:277），佛沃后来详细阐述了温和累进度意味着推行这样的一种财政制度：按比例对最高收入征收最多的税收，对低收入采用低税率，而对于最低收入则把税率降到几乎免税的程度（fauveau, 1869a:394）。

### 3.3 服务成本观（cost-of-service perspective）

佛沃还提供了一种收益分析法的变体，这种分析方法不是评估所获服务的价值，而是估算国家为保护每个公民所承担的成本。在财政学说史上，这种方法就相当于塞利格曼试图修改"旧"受益原则所尝试的方法（1894:81—83）。

具体而言，佛沃与梯也尔和博德里亚对于服务成本有不同的看法。梯也

---

① 在添加了这些补充假设以后，佛沃得出了比最初温和的结论："[拉普拉斯和泊松假设]使我们能够证明，根据这一观点，税收必须推行累进制，但累进度远远小于之前认为应该采用的累进度。"（Fauveau, 1864:35）

尔认为,国家的服务成本应该与公民所拥有的财富成正比(Tiers,1848:363);而博德里亚则认为,这种服务成本应该是递减的(Baudrillart,1871:354—355)。佛沃并没有求助于数学计算来证明公共服务成本的非比例性,而是认为国家的保护职能会产生两种成本,即镇压成本和防范成本。前一种成本是一种事后成本,增速慢于受保资本(fauveau,1864:32);后一种服务成本是一种事前成本,被认为增速快于受保资本,也快于风险的发生。佛沃并没有给出这么表述的理由。我们的解释表明,法院和诉讼组织的存在以及判决的执行产生了沉重的固定成本。公共服务总成本的增速慢于公民被窃财产价值的增速,公共服务总成本是公民被窃财产价值的递增凹函数。至于公共服务的防范成本,我们猜想,它们由威慑成本和公共机构日常运行支出构成。我们能够得出的唯一结论是这种支出的边际成本为正(1864:32)。

我们无法知道哪种成本影响较大,他的论证唯一明确的结论是:由于(领薪)雇员只需为保护他们的工资和自由的费用买单,因此,他们的缴费应该相应少于同时要为保护他们自由、资本和资本收益的费用买单的资本家。税收也应该采取累进制(fauveau,1864:35)。

从许多方面看,佛沃对最优累进税的论证具有重要的意义:他的论证有数学基础;他的分析既不属于维涅(Vignes,1909)所说的"财政社会主义"[1],也不属于塞利格曼(1894)所说的补偿理论。相反,他并没有臆断税收必须纠正不平等,而是认为税收只需正确反映从国家保护中获得的利益。佛沃在这方面的贡献与他同时代人的研究之间存在明显的区别。[2]

### 四、佛沃采用的支付能力观:结论比较

佛沃通过分析另一个财政公平原则的影响完成了他的税收研究:如何根

---

[1] 维涅把"财政社会主义"说成是一场由孟德斯鸠、卢梭(Rousseau)和孔多塞发起的主张征收累进税和高奢侈品税以及最穷纳税人免税的理论运动,"很多经济学家[……]主张,穷人阶级应该享受税收优惠,作为对他们遭遇的不公平待遇的一种补偿"(Vignes,1909:294)。在我们看来,把孔多塞归入财政社会主义是错误的,但与这个范畴有一定的相关性,因为它反映了法国大多数自由主义经济学家在累进税问题上的立场。

[2] 与其他巴黎自由学派经济学家相比,约瑟夫·加尼尔为累进税收辩护的努力颇具独到之处。基于"按比例计,富人受到的国家保护多于他们为此支付的费用"这一认识,加尼尔建议征收一种"比例累进"税("proportionally progressional" tax),税率逐步提高,但规定上限(1846)。

据公民不同的支付能力来分摊财政负担?为此,他考察了税收所代表的牺牲,论述了伯努利关于收入的道德效用(moral utility)。佛沃的支付能力观引发了对比例税制的辩护,并且把支付能力观与受益原则结合在一起来支持累进税制。

4.1 牺牲观:从道德价值到道德牺牲(moral sacrifice)

佛沃并不是唯一根据道德牺牲平等原则来进行论证的作者。例如,约翰·斯图亚特·密尔就是著名的道德牺牲平等原则的提倡者。在法国,与佛沃同时代的学者罗耶(Royer)也支持这一原则。① 但是,佛沃是唯一一个运用数学方法计算税收对公民造成的道德牺牲的作者。

佛沃采用与孔多塞相同的方法把道德牺牲定义为公民在纳税以后感觉到的痛苦,这个定义与生活水准也有关系(1864:41)。② 在他的论证中,这个概念与另一个概念——个人从受保财产中获得的道德价值——密切相关。根据伯努利对圣彼得堡悖论(St Petersburg Paradox)的分析,他承认,边际道德价值是财富的递减函数。

设 $X$ 是某个人拥有的资本的货币价值;③假设 $X$ 能产出道德价值 $\gamma$,$i$ 表示个人要缴纳的税收。佛沃根据拉普拉斯关于道德价值与数学值间关系的假设使用了一个对数函数 $L(\cdot)$。个人资本的道德价值便是(下式中,$a$ 表示生活必需品,$m$ 是一个常量):

$$\gamma = mL\left(\frac{X}{a}\right) \tag{7}$$

道德价值是个人扣除生活费用后的资本的一个递增凹函数,因为生活费用被认为是不会产出任何道德价值的。道德牺牲被佛沃定义为资本税前和税后的精神价值之差(1864:41),并且可表示如下:④

---

① 罗耶运用"公平"和"效用"标准创立她的财政理论:只要富人和穷人之间存在过大的贫富差距,累进税是否合理取决于国家的一般社会状况(1862,I:49)。

② 佛沃所主张的公民道德牺牲均等观相当于现代的绝对牺牲(absolute sacrifice)均等观,根据这种观点,每个公民因税收而放弃的收入效用相同。道德牺牲均等不同于比例牺牲(proportional sacrifice)均等和边际牺牲(marginal sacrifice)均等(Musgrave,1959)。

③ 笔者仍然沿用佛沃的符号。

④ 佛沃在他的数学论证中忽略了方程式(8)中的 $m$。由于这一疏忽后来得到了纠正,因此,笔者在这里修改了他的公式。

$$mL\left(\frac{X}{a}\right)-mL\left(\frac{X-i}{a}\right)=mL\left(\frac{X-i}{X}\right) \tag{8}$$

### 4.2 道德牺牲均等与最优税收

在佛沃的论证中,支付能力原则就相当于道德牺牲均等原则。根据前面这个方程式,由于 $mL[X/(X-i)]$ 对于每个公民必须相同,[①] 因此,$X/(X-i)$ 必然是一个常量,而表示税率的 $i/X$ 也是一个常量。

用一个对数函数来表示个人所拥有财富的道德价值,在这里至关重要。虽然佛沃并没有指名道姓地引用伯努利,但是,他的边际收入效应递减假设等价于伯努利的假设。[②] 此外,他还明显接受了"财富的任何增加无论多么微不足道,总会导致效用增加,而效用的增加与已有财富数量成反比"的思想(Bernoulli,1738:25)——而伯努利就是用对数来表示这种反比关系的——一种拉普拉斯也采用的方法(Theocharis,1993:64)。[③]

因此,绝对牺牲均等要求推行比例税制,因为收入边际效用的收入弹性被认为等于1(Musgrave,1985:19;Faccarello,2006:28)。既然这样,就应该对个人拥有的资本征收比例税,但这倒不是因为要遵守某种平均主义原则,而是为了遵循绝对道德牺牲均等原则。根据佛沃的支付能力观,如果按比例对个人拥有的资本征税,那么,工资劳动者应该比收入相同的资本家少缴税,因为工资劳动者拥有较少的财产(1864:46)。此外,征收比例所得税,就意味着工资劳动者的牺牲大于资本家的牺牲,因为这种所得税没有把资本家包括如果愿意参加工作可享受的终身年金在内的或有收入考虑进去(Fauveau,1869b:466)。因此,公平的做法就是对资本家和工资劳动者采用不同的税率,哪怕两人的所得相同。

令人惊讶的是,佛沃采用了伯努利假设,而没有采用孔多塞的假设。因

---

[①] 事实上,如果道德牺牲必须人人均等,那么,个人道德牺牲必然是既定的,因此,$L[X/(X-i)]$ 是一个常量。

[②] 等额货币损失给穷人造成的痛苦要远大于给富人造成的痛苦,因为穷人因此而被剥夺了生活必需品,而富人仅仅是被剥夺了一些小钱……一个人财富对于本人来说道德价值并不会像数学值那样快速增加(Fauveau,1864:33)。

[③] 佛沃的数学论证主要引用了拉普拉斯的概率理论。因此,佛沃引用拉普拉斯的理论而不是伯努利的理论来为他使用对数函数辩护(1864:35)。但是,拉普拉斯的方法也允许考虑他的两个假设:财产损失形式的复杂性(而不是损失或者增加两种形式)以及保险的跨期维度。佛沃把终身年金引入到他的分析(1864:39)。我们在本文中没有复制这些计算过程,因为我们在这里只想概述他的思想。

为,根据孔多塞的假设,"对于财富不同的不同个人来说,相同比例的财富具有截然不同的主观价值"(Faccarello,2006:28)。引用伯努利的结论导致佛沃为比例税辩护,这可是在他这篇除了关于这一点以外全部假设都论证支持累进税的文章中的一个例外。此外,就如我们在上文已经看到的那样,佛沃与孔多塞一样推进了公共支出研究,我们认为不可思议的是,他为什么在这个问题上追随伯努利,而不是关心收入边际价值的弹性。[①]

### 4.3 与道德收益相称的道德牺牲:被忽略的假设

佛沃在他这本1864年出版的书中考察了第五个例子——一个个人道德牺牲应该与他从公共安全支出中获得的收益相称的中间例子,并且把道德牺牲与道德收益合并在了一起。他的模型把方程式(5)和(8)合并在了一起,并且证明了征收累进税的必要性。佛沃这本书这部分内容含糊不清:他只是粗略地(用不到一页的篇幅)解释了这个假设,只做了一些数学推导,并且相当明显地偏爱道德牺牲均等原则(Fauveau,1864:13)。不过,他(Fauveau,1869a:389)后来又表示受益与牺牲对等符合最公平、最理想的税收原则,但并没有着重论述这个观点。

## 五、结束语

古斯塔夫·佛沃的研究有两个与众不同的特点:一是运用数学方法——这与他那个时代发表的所有其他研究财政问题的著作形成了鲜明的对照——和概率来研究财政问题;二是得出或者提出了并不总是与法国自由学派一致的结论和建议。虽然经济思想史学家对佛沃的忽视可以用他的保守财政立场[②]以及他的著述内容与方法相脱节的特点来解释,但是,我们还是努力证明了他的税收理论内容与方法的一致性和观点的独到性。

如果我们考察吉拉尔丹(Girardin,1864)确定的国家性质与税制类型之

---

[①] 佛沃在考察最后一个实例时结合使用了支付能力观和受益观。在这项研究中,他在微观经济学层面论证了道德牺牲性应该与从国家保护中获得的道德收益相称的假设。方程式等号两侧相等,由于与本文3.2中相同的原因而证明了征收累进税的合理性(Fauveau,1864:41—43)。

[②] 他那复杂的数学分析与他提出的财政建议缺乏新意形成了鲜明的反差。收入评估是那么的困难、武断,而且容易导致欺骗(fauveau,1869a:400),因此,佛沃实际放弃了提倡累进税制,并且去迎合他那个时代最保守的思想:同时征收消费税和所得税,并且声称"好的财政政策就是[意味着]选择一种不会引发民众抗议的税收方式"(1869a:401)。

间的关系,①那么似乎就可以发现,佛沃的研究确立了国家作为安全提供者的"最小"角色与累进所得税收之间的一致性。这里的国家既不扮演再分配的角色,也不承担为公民谋福利的责任。也就是说,佛沃运用数学来捍卫不涉及社会再分配假设的累进税原则。诚然,佛沃并不是唯一一个从受益原则推演出征收累进税必要性的作者(Seligman,1894),但是,他比科恩-斯图亚特(Cohen-Stuart)和埃奇沃思(Edgeworth)早好些年进行的数学模型构建尝试(Musgrave,1959)在许多方面都具有重要意义。

### 致 谢

本文作者特别要感谢提出宝贵批评意见的弗朗索瓦·埃特奈(François Etner)和吉尔贝特·法卡雷罗。本文作者还要感谢提出有益评论意见的两位匿名审稿人、中东经济重建援助计划(PHARE)研究中心的全体成员和公共经济学史研讨会的全体与会者。

**附录:佛沃对财政理论做出的其他贡献**

为了对佛沃的税收思想做一全面概述,我们再简要介绍佛沃在税收问题上做出的另外两个贡献。但有必要事先说明,这两个贡献与本文的核心内容并不完全相符。

间接税的最大回报

佛沃在他1871年写的一篇短文中探讨了获得间接税最大回报的方式。佛沃在指出了消费价格、税率与商品消费量之间存在一种特殊的关系后表示,税率有一个临界值,超过或者未达到这个临界值都会导致税收收入减少。②

---

[①] 吉拉尔丹(1864)在他为夏盖洛德(Chargueraud)的书所作的序中提出了国家性质与国家推行的税制类型之间的关系。这种关系可简述如下:"如果你能告诉我国家的性质,那么,我就能告诉你应该推行什么税制;反之亦然"。根据吉拉尔丹的说法,"如果你告诉我的国家是个压迫人性的国家,那么必定课征重税;如果它是个温和的国家,那么就会协商决定税收;如果是个自由国家,并且只是作为保险人提供防范特定预期风险的服务,那么就会征收自愿缴纳的税收,因为这些税收只不过是这些险种的保费"(1864:Ⅷ)。按照这个思路,比例税制应该与压迫人性的国家联系在一起,但同时与自由并且只充当保险人角色的国家有关。

[②] "每个人都明白,在商品价格上涨,商品消费减少时,即使提高税率,税率和可税商品消费额的乘积[……]也不会总是增大"(Fauveau,1871:445)。

佛沃认为,商品消费量既受到税率的影响,也取决于生产成本、消费品位和习惯,但这三者归根到底都要随时间而变化(1871:446)。为了估计能为国家创造最高收入的税率,佛沃采用古诺的方法来确定能使生产者利润最大化的价格(1838:56—58)。这种方法就是计算对应于几个税率的(每人的)平均消费量,最优税率就是能使人均税收最大化的税率。根据古诺法,通过对过去的消费量数值进行统计学观察,就能发现对应于不同税率能使收入最大化的人均消费量(Fauveau,1871:447)。佛沃关于消费曲线的假设以及关于这个问题图解积分法的提示允许我们绘制图1。①

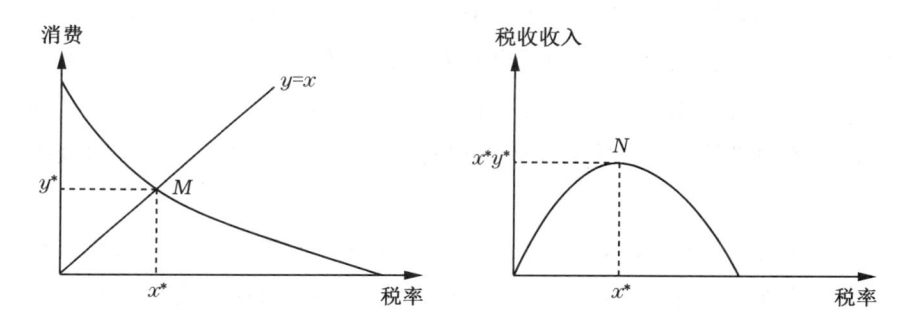

**图1 最优税率确定**

图1左面的曲线反映了某种特定商品的消费与课征于这种商品的税收之间的关系。寻找对应于税收收入有可能达到的最高水平的坐标 $M$,求税收收入 $xy$ 的最大值,并且解下列方程:②

$$y + x\frac{dy}{dx} = \leftrightarrow \frac{dy}{dx} = -\frac{y}{x} \tag{9}$$

式中,$y$ 的值由 $x$ 的值决定,$x$ 的值是我们从消费曲线方程导得的。③ 于是,最优税率完全取决于消费曲线的形状,并最终取决于需求的价格弹性。消费对价格——因而对税收——越敏感,也就是 $dy/dx$ 的值越大,税率就应该

---

① 这个图解说明由笔者所加,佛沃并没有采用图解说明。
② 佛沃并没有采用二阶条件来计算最大值。
③ 佛沃强调指出,这个结果取决于消费曲线和对统计观察值的估计:"这个解……只不过是一个近似值,因为无法精确地绘制消费曲线。这个解并非总能找到;那么,如果能够找到这个解,难道也无益于找到我们寻找的那个未知量?"(1871:448)。

定得越低。消费税变成了一种林达尔(Lindahl)价格,不能通过不同的个人效用函数来使价格差异化,但会赋予与不同形式的需求函数相关的消费品以不同的值。

虽然佛沃的论证具有技术优势,但他的结论并不起眼:"在某些情况下,最优回报要依靠高税率获得,而在另一些情况下则得依靠很低的税率来获得"(1871:448)。

### 最优关税的确定

与古诺一样,佛沃也提出了自由贸易最优性的问题,"先验地看,在创造财富方面,人人都得益于自由贸易……但这一点并没有得到证明"(1873:284)。在佛沃看来,公共利益有时因为两个原因而需要征收临时性关税:一是保护那些与国防有关的产业,二是需要保护暂时稚嫩的幼稚产业(1873:284)。因此,佛沃根据关税必然是一种临时税收的思想,致力于计算关税征收期的最优长度。①

佛沃认为,关税会导致两个相关的结果:首先,征收关税会导致财富损失。佛沃没有详细阐述这个观点,但肯定是暗指因购买进口商品支付较高价格的消费者承担的损失。其次,取消关税以后国家就能获得收益,这种收益来自两个方面:一是国内消费者因价格下跌而获得的收益;二是以前受到保护的企业增强了与外国企业竞争的能力。② 上述损失和收益并非同时发生,而是分别在关税取消前后相继发生的。

设 $x$ 为征收关税的最优持续期限,$a$ 是征收关税期间的年均损失,而 $b$ 是取消关税以后的年均收益,$a$ 和 $b$ 都用货币来表示。国家总损失是 $(x-1)$ 最初接连几年损失的折现值($r$ 是折现率):

$$\sum_{t=0}^{x-1} \frac{a}{(1+r)^t} = \frac{a}{r}(1+r)\left(1 - \frac{1}{(1+r)^x}\right) \tag{10}$$

同理,取消关税后几年的总收益是:

---

① 认为一个国家可能由于某些原因而暂时处于劣势,并且希望暂时保护这些用科尔贝特(Colbert)的话来说"要拄着拐杖学走路的"产业的想法没有什么荒谬的(Fauveau,1873:284)。

② 佛沃没有把国家征收关税获得的收入包括在收益内。不可思议的是,他甚至没有提到这个收益。

$$\sum_{t=0}^{+\infty}\frac{b}{(1+r)^t}=\frac{b}{r}(1+r)\frac{1}{(1+r)^x} \tag{11}$$

关税征收期最优长度是损失等于收益的 $r$，因此，$x$ 由下式求得：

$$(1+r)^x=1+\frac{b}{a} \tag{12}$$

所以：

$$x=\frac{Log\dfrac{b}{a}}{Log(1+r)}$$

如果折现率是 5%，那么，佛沃的计算结果[①]显示，关税应该短期征收，并且应该采用低税率。虽然佛沃采用一种全新的数学方法进行了论证，但得出了符合法国自由学派传统的结论。

---

① 根据佛沃的估计，比率 $a/b$ 应该接近 1。

# 发展中的非福利主义:阿尔弗雷德·富耶的正义政治经济学

洛朗·多布詹斯基斯(Laurent Dobuzinskis)

## 一、引言

规范经济学似乎经历了三个发展阶段。首先,"福利经济学"在剑桥学派[如 A. 庇古(A. Pigou)]的引领下,在功利主义哲学的基础上横空出世。然后,紧接着维尔弗雷多·帕累托(Vilfredo Pareto)完成了主观偏好序数排列的开创性研究以后,"新福利经济学"便脱颖而出。最后,这个范式在系统阐述社会政策方面表现出来的矛盾性和局限性,催生了两个主导当代规范经济学知识领域但彼此针锋相对的思想流派,这两个思想流派的代表性理论分别是社会选择理论和"非福利主义"理论。前一种理论认为:不是不可能就是只能在限制性条件下明确阐述民主界定且清晰明了的共同善(common good)定义(Arrow,1963/1951);而后一种理论则认为有办法回避这样的障碍,因此往往更加看重幸福(well-being)的这些或者那些维度,而不是福利(welfare)即偏好得到满足的观点。本文在一定程度上关注非福利主义社会正义观的历史渊源和知识来源。因此,这个主题远远超越了一篇期刊文章可解决的问题的范畴,但却能大致反映本文的真实目的,即批判性地介绍阿尔弗雷德·富耶(Alfred Fouillée)对政治经济学的贡献。

阿尔弗雷德·富耶是何许人也?富耶(1838—1912年)并不是经济学家;而且,他虽然曾经在他出生的法国和外国都被认为是著名的哲学家,但后来几乎完全被遗忘了。① 不过,笔者仍想提出两点看法。第一点,也是最重要的一点,富耶提出的"补偿性正义"(reparative justice)概念可以被证明是非福利主义范式发展迈出的第一步。笔者认为,这个概念的重新发现和内涵更新,有助于阐明当前在讨论的问题,尤其是关于不同版本的所谓"左翼自由主义"功绩和不足的问题(Vallentyne and Steiner,2000)。第二个相关的主题是,最近法国的一些政治哲学家(Spitz,2005;Peillon,2008)正致力于重新认识和评价富耶的著作和他对明确阐述现代法国公民共和主义(civic republicanism)做出的贡献,他们过分强调了富耶作为法国福利国家建设先锋的作用(通过介绍他在阐明"社会团结"说方面的贡献),因而淡化了他的社会哲学的准自由主义色彩及其对发展非福利主义观产生的影响。由于相对于对经济学史感兴趣的学者来说,这个主题与对法国政治思想史感兴趣的学者关心的问题关系更大,因此,本文不准备详细展开讨论这个主题。(不过,笔者并不认为富耶的著述无可指责。富耶经常言过其实,他为了调和各种矛盾而做出的巨大努力,最终导致了比他认为的还要多的问题。② 本文无意详细剖析富耶的著作,而是要强调指出其中一些被忽视但仍与当前的辩论紧密相关的洞见。)

本文首先认为,与传统的理论相比,非福利主义理论有它的一些优点,但也有两个缺点。这两个缺点可以通过重新审视像富耶这样的先驱者的著作来加以纠正。我们先来看看非福利主义理论的优点。可以说,这些理论在反映内在于幸福观的丰富价值观和行为多样性方面要远好于标准福利经济学。就如黄有光(Yew-Kwang Ng,2003:308)所指出的那样,"造成福利经济学存在缺陷的主要原因是福利经济学实际停留在了偏好阶段,而没有去分析个人福利或者幸福"。但是,这些新理论的批评者们反驳称,非福利主义是一种"拜物教"(Keller,2009)。换言之,这些理论特别推崇为数有限且可任意确定并可能与个人偏好相匹配但也可能不匹配的价值观,而且在建议奉行这些价值观

---

① 一个值得关注的例外就是,J. ES. 海沃德(J. ES. Hayward,1963a,1963b)对富耶详细阐述"社会团结"(solidarity)概念这一贡献进行了深入的分析,这个概念可是法兰西第三共和国头几十年社会辩论的核心问题。

② 如请参阅涂尔干(Durkheim,1885)对富耶最重要的政治经济学论文《社会所有制与民主》(*La Propriété Sociale et la Démocratie*,Fouillée,18)所做的尖锐批评。涂尔干(Durkheim)指出,富耶虽然认为一切矛盾都可以调和,但却折中地处理棘手的经济问题。

的同时最终可能会宽恕形形色色的家长作风。即使我们承认,像大多数非福利主义理论家[但罗纳·德沃金(Ronal Dworkin,2000)例外]所做的那样,把自由权(liberty)选作首要价值观,多少有点随心所欲,①但仍有更好或者更坏方法来证明自由权的重要性。左翼自由主义者一般都能接受并且修正了洛克(Locke)版的自然法。根据自然法,个人权利——具体而言,为自己决定用什么来构建美好生活的自由(freedom)——就是自我所有权(self-ownership)这个不证自明的概念。但是,自然法几乎没有交代是什么能使不证自明的真理不证自明。因此,在下一节里,笔者将说明富耶是怎样在不求助于自然法的情况下令人信服地为自由权辩护的。

在第三节里,笔者将通过考察国家在促进社会正义(social justice)方面的作用这个有争议的问题,把注意力转向对家长式作风的谴责。笔者想要证明,富耶虽然最终捍卫了一些与左翼自由主义者最近提出的观点非常相似的观点,但在没有陷入为实现机会均等(equal opportunity)的理想而规定官僚政治手段的陷阱的前提下成功地规避了饶恕不负责任的选择的风险。富耶提出的"补偿性正义"概念非常有助于证明为贯彻一种健全的社会正义观采取具有最小侵扰性的行动的合理性。第四节将对富耶对于社会理论讨论和他那个时代业已形成但今天已经变得更加急需的公共经济学所做出的贡献进行总结。

## 二、核心概念"自由权"

就如笔者在前面已经指出的那样,非福利主义的社会正义理论非常看重自由权,但可以认为,这些理论要么没能充分证明把自由权置于优先位置的合理性,要么就是依赖那些在今天看来已经不合时宜的纯理论和/或形而上学的前提[虽然奥古斯特·孔德(Auguste Comte)用三个连续的阶段——分别被称为"宗教""形而上学"和"实证"——讲述的人类进化史简单到令人失望,但那种求助于"人性"本质观的思想与现代性原则多少有点格格不入。]笔者想在这一节里证明,富耶的自由权内在观把自由权看作是我们要为自己和别人做

---

① 但是,即使把自由权归入平等的德沃金(2000:ch. 3)确实也煞费苦心地强调自由权与他捍卫的那种资源平等的实现有很大的关系。德沃金认为,自由权本身并不应受到重视,但因它会产生影响而应该受到重视。

出负责任的选择这种日常经历的产物,这种自由权观提供了一个比较令人信服的出发点。

富耶在他写的第一本书《柏拉图哲学》(*La Philosophie de Platon*,1869)中批判了柏拉图的唯心主义。柏拉图唯心主义的必然结果就是一种精神上的内在唯心主义(immanent idealism):我们清晰表达的各种思想塑造了我们生活的这个世界,但它们并不存在于外部世界,而只存在于相互影响的主体的大脑和反身意识中。从那以后,富耶的全部理论都是论述个人的独立行动、反思自身经历并学会与他人交往的多方面经历。由这个过程——独立行动、反思自己经历并学会与他人交往——产生的想法创造了新的可能性,同时也产生了相伴的道德责任。在富耶看来,反身意识和智慧就是个体据以形成自己独一无二的身份并参与创造社会世界(Social World)的手段,而社会现实又反过来驱使个体超越自己的意志(will)和愿望(desire)的限制。富耶执着地要求把所有的抽象概念、社会规范和制度规则与活生生的个体意识体验联系起来,就是对这个要求的执着坚持明确把富耶的哲学归入了个人主义的意识形态阵营,并且也允许与自由主义者对自我所有权观的承诺进行比较。但是,富耶并不觉得有必要求助于自然法或者不可剥夺的权利让自己相信个人自由具有最高的价值。他正是在人类智慧中看到了自由的来源。事实上,正是这种假说解释并且强调了他的思想的两个独特方面,即前面提到的核心概念(idée-force)以及对合成法(synthetic method)的经常(可以说过度)使用。就如奥古斯汀·居约(Augustin Guyau,1913:10)在他祖父的思想传记中解释的那样,①"希望超越经验,希望找到当下体验或者完整体验的原因,就是被富耶证明为不可能的事情"。

然而,富耶认为,人类意识能够超越现象和被认为构成现实的事物的界限。由于个人的智慧会表达一种求生和想了解我们认为存在于他人意识中的东西的意志,因此,我们交流思想有助于找到解决棘手问题的路径。在交流网络扩大以后,这些所想象的表象就具有自我实现力。这样的具有自我实现力

---

① 奥古斯汀·居约的父亲、让-马里·居约(Jean-Marie Guyau)——一位称职的哲学家——是富耶的继子。他俩合写过多本书,在定居芒通(Menton,法国东南城市。——译者注)以后,两人常在一起交谈。1888年让-马里·居约去世,富耶很是悲伤。

的思想正是富耶所说的"核心思想"(idée force)。对于富耶来说,思想并不是外部现实在精神上的表征(ghostly representation)。"核心思想"心理学认为"思想并不只是思维方式,而且也是意志(vouloir)的表达方式"。他还补充道,更确切地说,与其把它们描绘成这样的方式,还不如把它们描述成"有努力、方向、质量和强度意识的行为"(Fouillée 1893a:viii)。思想表达了一种是什么与应该是什么之间的失衡,因此,这种失衡会自发地产生行为意志。[①] 与叔本华(Schopenhauer)在分析时把意志与我们用来表征世界的思维能力分离开来的做法不同,富耶认为:

> "意志与智慧属于同一本原:纯粹的意志难以自明,因为意志无欲无求;而被动、沉思的智慧也不能自明,真正的效率和力量内在于智慧所承载的思想本身。"[②](Guyau,1913:25)

即使在不能超越不可难免的约束,但要面对它们的情况下,思想也能帮助我们进入一个不同的现实层面。行为意志、实现抱负和满足愿望的意志会给我们带来自由的体验,但自由的意志并不是基本人性的一个定义性方面,而是内在于我们形成愿望并想象多种满足愿望的方式的(由生物本能决定的)能力潜在展现的结果。自由的意志可能受制于某些似乎与它的存在相矛盾的约束因素,而且"是以这样一种方式受到约束的:条件[必须被理解为]越来越接本人够达到的水平;因此,自由的意志"因为以下这个事实而逐渐变得可以实

---

[①] 富耶(1893a:359)表示,愿望在想象力的作用下变成了理想——只不过是一种"更好的愿望"(un désir du mieux),一种驱使我们朝着好的方向努力的力量。就此而言,理想与一般而言的思想没有什么区别:

"我们的全部客观事物表象、情感、行为以及哲学和科学,从某种意义上说都是符号性的,因为我们无法以绝对和完整的方式来认识任何事物,而只能部分认识事物之间以及我们与事物之间的关系。因此,就如莱布尼茨(Leibniz)所理解的那样,我们的观念都是一些以偏盖全、以形式取代本质的符号……但是,这种表象相对于真实的第二性也创造了一种第一性:使得理念世界的存在成为可能——这种理念世界并不是纯粹的真实世界拷贝,而是现实朝着思想的扩展;在这个理念世界里,现实朝着另一个方向发生了变化;因此,从各方面来看,理念世界就是一个力量世界。"(Fouillée,1893a:359)

因此,我们可以不完全正确地说,正如路德维希·冯·米塞斯(Ludwig von Mises,[1922] 1981:401)在批评他所说的"道德能量观"(energistic conception of the moral)时所写的那样,"关于结局为什么看起来有好有坏的问题……富耶未作任何回答"。但必须承认,他从社会向善论的角度做出的回答意思相当模糊。

[②] 富耶从"表象总是积极主动"的公理出发驳斥了叔本华的"形而上学二元论"。同样重要的是,应该明白"力量"并不会引发某种神秘的干预,而是被用作一种力学的类比,对于一系列因果关系来说,就是一种简略的类比(Contini,2007:43)。

现:通过我自己的自由思想,我把自由的意志和我自己构想成自我实现的一个必要条件和基本因素"(Fouillee,1907:270,转引自 Guyau,1913:41)。这种通过核心概念自由权这个工具完成的决定论与自由意志的合成,也许是富耶合成法(或者调和法)最有说服力的例子。在这个例子中,引入关键的变革思想表明是一种克服矛盾的方式,尤其是在相关矛盾被认为不可接受,因而产生了一种克服矛盾的共同意志时(Fouillée,1872)。

富耶(1893b:290)把自由权视同"在追求自身目的时可赋予自我(moi)的最大自主和自觉的能力"。他认为,这个概念起源于由自觉引发的内省过程:"表征我们存在的思维部分也是它的行为部分"(Fouillée,1893b:290)。这个过程因为我们所做的选择而得到了强化——但这并不是说,因为我们是自由的,所以,我们自由地选择;而是在选择的过程中,我们获得了自由的体验。富耶把难以计数的篇幅用于分析意志的作用和个人获得自主和构建自己身份的过程。虽然他坚持认为,个人自我构建的身份始终反映了他人对我们的自我和"我们的幸福除非能超越愿望的满足和抱负的实现,否则永远也不会完美"这个道德真理的种种影响,但他所采用的方法仍让人联想到了方法论上的个人主义。孤立、原子型的个人并不存在,但矛盾的是,我们是在社会中发挥积极作用时获得了使我们能够在自发创造的社会条件中发挥自己个人作用的品质,但社会条件从未完全决定我们的身份,而它自身的存在则取决于有意志、思想和沟通能力的行为主体的主动参与。具体而言,个人的权利并非基于某种外生的"自然法则",而是基于人脑的自组织属性——用现代术语来说,就是基于构成人脑的神经网络——以及个人参与其中的社会网络。虽然我们并不总能选择我们碰巧与他人发生的关系,但是,就是凭借我们利用自己行动的能力积累的经验,我们意识到了自己在社会网络中所处的位置和从中享有的权利。[①] 显然,这需要以存在自由共和政体的法律和制度为先决条件。在这样的先决条件下,我们就能有意义地追求这样的体验;而公民也开始意识到自己在捍卫和完善制度方面的责任。但是,我们的权利和自由是由这样的法律赋予的,而不是内在于"自然法则"的。它们是核心概念,而这种概念的力量就在

---

[①] "自由权并非天赋,也不是人性的原始组成部分、一种现成的能力",而是"一种终极战利品,而且只能逐渐获得"(Fouilleé,1907:274)。

于我们反思社会生活经验的能力,"正是人在他的自我意识[被富耶在上面距离几行字的地方定义为"本我"(personal moi)]的深处自然构成了社会"(Fouilleé,1907:219)。

对于那些还记得 20 世纪灾难的当代读者来说,核心概念可能会引发宣传和操纵,而不是开辟通往解放和道德标准的道路。富耶预见到自己会招致这种的批评,并且在多种场合(Fouilleé,1905:315;1907:vii;[1909]1930:139)表示,并不是每种概念都具有核心概念的力量;要想发生这种质变,相关的概念本身必须被认为包含部分真理,并且与某种真实且共享的经验相符。事实上,哲学家和社会科学家的作用就是谴责出于政治目的不恰当地利用倾向性或者平庸的思想。然而,富耶的乐观性格也许使他无法觉察到人类或多或少地模仿他人的倾向,就如最近金融市场上发生的事件所证明的那样。J. M. 凯恩斯(J. M. Keynes)敏锐地注意到"动物精神"对于投资者的影响,而特别是近几年来,法国有几位政治经济学家(如 André Orléan、Jean-Pierre Dupuy)在人类学家雷内·杰拉德(René Girard,1987)研究成果的基础上分析了传染性恐慌现象。但可以说,关于自由民主的公开辩论有助于区分良莠,而这就是富耶如此虔诚地捍卫第三共和国制度的原因之一。

简单总结一下,虽然没有任何像"自由权"这样内涵丰富的术语的哲学研究能够明确解决关于这个术语的争议和歧义,但是,我还是想说前面的评论足以说明,富耶把"自由权"说成一个根植于心理过程的核心概念,与更加传统的定义相比已经是一个重大进步。如果我们能够明白是我们把期望转化为行动的能力使我们变得自由,那么,自由就不是一个需要理性分析的抽象概念,而是一种既定的经验事实。

此外,由于我们只有通过发现我们都掌握了这种经验的"共同知识"(common knowledge,在这里我们借用博弈论中的术语)才能明白是我们把期望转化为行动的能力使我们变得自由,因此,否认他人享有自由选择的权利,只能被看作是蓄意否定现实,是一种恶意行为。

富耶试图通过同时利用"自由权"和"团结"这两个核心概念来对自由主义、共和主义和社会进步进行调和。对于富耶来说,概念既是产生它们的环境造就的，又是造成环境变化的原因，"社会团结"的情况就是如此。① 社会经济和其他因素创造需求，需求引发欲望，欲望就意味着满足它们的（自生性）意愿，而人类体现在无数追求尤其是公民参与民主辩论的说理能力上的智慧则有助于我们发现实现个人和集体愿望的有效手段。伦理学和政治哲学为做出需要考虑的选择提供了一种规范性观点，之所以会产生这种伦理观，不是因为我们求助于某种外部或者绝对的道德真理，而是因为我们通过内省逐渐把他人的利益和生活计划放在自己的心上，因此，从手段到我本人的目的，即由他人的利益和人生计划先对于我本人来说构成的目的，它们就变成了目的本身。

在富耶生命的最后 30 年里，"社会问题"（social question）（当时在法国就是这样叫的）是当时许多政治和思想辩论的前沿问题。"社会问题"在当时主要是一些与选举和社会政策有关的实际问题，但同时也有新兴的社会学所关注的一些比较抽象的问题。当然，埃米尔·涂尔干（Emile Durkheim）对社会学的创立和发展起到了拓荒者的作用，而他的早期追随者［如瑟雷斯汀·布格莱（Celestin Bouglé）、莫里斯·霍尔博沃奇斯（Maurice Holbwachs）、他的外甥马塞尔·莫斯（Marcel Mauss）等］继承他的传统数十年。不但"社会团结"牢牢扎根于涂尔干的社会学，而且还因为其他追寻自己目标的重要思想家而得到了发展，他们中有激进政治家莱昂·布尔茹瓦（Leon Bourgeois）、影响广泛的著作《社会团结》（*La Solidarité*，1896）的作者或者"拥护共和制的唯灵论者"［如自由天主教徒马塞尔·赫伯特（Marcel Hebert）］都结集在保罗·德雅尔丹（Paul Desjardin）的道德行动联盟麾下（Chaubet，1999）。我们必须把富耶对社会团结概念的思考置于这个背景之下。富耶当时在很大程度上是因为社会团结这个概念而变得非常出名，而且这个概念也是他最近重新引起注意的主要原因［如 Spitz（2005）；Blais（2007）］。不过，富耶这些来源的思想具有更多的社会主义（当然是一种人道主义、非马克思主义的社会主义）和"国家主

---

① 尽管革命领袖丹东（Danton）在他的一些讲话中使用过"团结"这个词（Brunckhorst，2005：1），但是"博爱"是法国共和主义者们更加典型的口号，确切地说，直到 19 世纪末的改革派才用"社会团结"来取代"博爱"。富耶（1880b）在他的《当代社会科学》（*La Science Sociale Contemporaine*）中仍然沿用"博爱"这个词。但之后，他向涂尔干和其他学者看齐，也一直使用"社会团结"这个词。

义"色彩。而且,就如本文下一节要说明的那样,这种色彩甚至比笔者想象的还要浓厚。

"社会团结"可以解释个人为什么要选择为正义的事业效力。但是,我们必须立刻对这个简单词语进行限定,因为,在富耶的著述中,正义并不是一种个人必须为之牺牲自己利益的"事业",而是一种为了补偿因我们的行为可能受到伤害的他人而通过相互依靠或者团结的经历来自愿承担的义务。我们也有责任保护他人不受可以合理地归因于不适当地使用创新和生产性社会创造的资源可能造成的伤害——也就是纠正负外部性,并确保公平享受正外部性带来的好处。这就是所谓的"补偿性正义"。

富耶坚持使用他的合成法,力图在他那个时代的有机论[如赫伯特·斯宾塞(Herbert Spencer)的社会学]和契约论之间寻找一条中间道路。这样一来,他就规避了像奥古斯特·孔泰(Auguste Comte)或者埃米尔·利特雷(Emile Littré)这样的认为社会并非自愿创造的实证主义者的批评。富耶想当然地认为,有组织的社会具有一些有机体的特点。然而,富耶即使在他的有机论比喻中也给个人留下了一定的自由空间。如果一个社会表现出"求生意志",那只是因为其成员有保持团结、提出并实现集体目标的共同意志。社会就像一个有机体,不断地对内部和外部变化做出反应和适应,但富耶并没有把这个类比推得更远。如果"集体意识"(conscience collective)是一个超验实体,那么,富耶比涂尔干更加怀疑"集体意识"的存在性。就如居约(1913:136—137)在试图概括对这个问题的思想时挖苦的那样(转引自 Fouillée,[1875]1910:552),法国人可能会说"我们法国人"或者"我们法国",但绝不会用"我"来指称法国。① 一个社会依靠认识来团结其成员,也就是全体成员都认识到彼此相互依存,依靠一种社会团结的情怀彼此联系在一起;只要社会既是约定又是自愿结合的结果,那么就是"有机的",因为它是自由设想的产物(Fouillée,1910:19)。所谓的"团结正义"(justice of solidarity)就是源自以上这种认识,而团结正义的意思就是"既然我们在社会的环境下无法在不影响他人的情况下采取行动",那么就应该同时考虑到他人和我们自己的福利

---

① 富耶(1880b:246)自己也曾说过,在一个社会里,其成员头脑里只能够存在"客体和目标的统一,而不可能存在客体与主体的统一"。

([1909]1930:7),当然还包括考虑他人未来的福利(如旨在保护劳动者健康的预防措施)。综上所述,每个社会化的人,仅仅是由于他们作为个体出生在社会中并且在社会的环境下成长,就能得益于之前社会全体成员做出的努力,并且必须理性地为公共利益做出自己的贡献(Fouillée,1905:309)。这里遵循的是互惠原则(Fouillée,1905:302)。

然而,现代社会都是一些非常特殊的社会类型,应该被认为是"契约有机体"(contractual organisms)。富耶的意思是,社会团结形成了相当于某种隐性契约的义务,而全体社会成员都是缔约方。在不对等考虑他人的情况下,没人能够认为自己是值得尊重的对象(Spitz,2005:141)。

总而言之,在富耶看来,社会是朝着用契约安排来取代纯粹的强制的方向演进,而布莱斯(Blais,2007,171)则把富耶的意思解读为"文明所做成的一件事就是发展社会契约所需的美德:自由、诚实、信任"。这份契约的条款是:社会全体成员亏欠曾为资源生产做出过贡献的成员,因为他们利用这些资源来改善自己的境况;社会全体成员都有权使用这些资源,但并不一定能够平等使用。因此,当社会某些成员明显没能获得自己应得的资源时,即便这是其他成员行为造成的意外结果,或许就是在这后一情况下,其他社会成员亏欠了那些没有获得应得资源的社会成员。换句话说,只要有社会成员占有的资源比他们自己直接生产的多,或者他们只对资源生产做出了较少的贡献,那么,他们就亏欠了社会。这就是"补偿性正义"的最重要内容。因此,请注意,这是一个意义明确的社会正义概念:我们承担的为共同利益做贡献的义务并不是无限制的(就如罗尔斯提出的保险计划一样),公平社会的公民不必承担满足其公民同胞全部需要的义务(甚至也不必承担只为满足最弱势群体全部需要的义务),更不用为实现平均主义乌托邦承担义务。

施皮茨(Spitz,2005:148—149)富有成效地总结了富耶在他论述正义的很多著述中所表达的观点:

"对于富耶来说,不义是由命运和自由权造成的。因此,在他看来,必须阻止这两个原因的出现,所以要设法在契约中恢复正义所需的条件。这个任务就落到了国家身上。根据[富耶的]共和观,国家必须被看作是法律的载体,也就是被视为阻止个人间关系不再因受制于自然因素而变成一种自愿关系并且被作为一种自由权来接受的工具……[这是因为]人类并不是通过加入有组织的社会,而是通过加入法律领域,使自己的相互作用合法化的方式来满足自己的利益需要的。"

虽然就新罗马学派的自由权即无支配权观与富耶的政治观点①之间存在某种明显的联系而言,施皮茨的解释听起来颇有道理,但是,由于主要关注源自富耶的完美主义社会哲学观的国家责任范围扩大问题,因此,施皮茨过分强调了一个思想家的一个侧面,而富耶的思想现在应该很清楚,是深刻辩证的。我们应该至少同样关注这个思想家另一个更加个性化的方面,但必须承认:富耶更多地通过重复但又简短的警示和限制而不是长期安排的方式暴露了他的这个特点。富耶始终主张尊重他人权利,为反对一切把人类动机简约为自利的观点的利他主义辩护,并且注意到这样的观点如果按字面理解会构成严重的危险。社会团结论一旦成为一种意识形态,就可能危及思想者和行为人的自主性。因此,他小心翼翼地对自己打开的宽阔视野设置了界限。举例来说(当然还可以举一些其他例子),他坚持认为,博爱虽然有它的种种优点,但不应该允许它凌驾于自由权之上,因为自由权总是第一重要的(Fouillée,1880b:352;1910:19)。而在他有机会观察到由莱昂·布尔茹瓦发起的"社会团结"运动(Audier,2007)获得成长和成功以后,他觉得有必要对此发表自己的看法:

"我们个人不但要依靠他人、大自然、家庭等一切外在于自己的东西,而且还要依靠自己本人、个人素质和与个人身份有关的各种关系……此外,有人可能会问相互依存……是否意味着……存在一个行动发起中心。在那里没有百分之百的团结,至少有部分或者相对的不团结。社会团结论者只看到逼迫我们超越自我的相对团结法则(law of relative solidarity),但却忘记了让我们重新成为被关注焦点

---

① 事实上,富耶(1880b:271)很忠实原文地引用了一个例子。这个例子说的是一个很大方的奴隶主,"但仍然违背了我们据以创立现代法律的原则"。当然,这是 P. 佩蒂特(P. Petit,1977)最喜欢用它来说明"自由权即无支配权的共和观"的例子。

的相对不团结法则（law of relative non-solidarity）。"①（Fouillée, 1905:305）

在这段引文中，富耶不但表达了对过分的社会团结倾向的怀疑，②而且，如果我们仔细审视他提出的政策建议，就不能不为他含蓄地表示怀疑中央集权国家执行这些建议的能力感到震惊。他对利用公法来设定目标和规范抱有很大的信心，但又心仪分权式解决方案。③ 情况也变得明朗起来，虽然富耶满嘴豪言壮语，但他的社会改革计划主要关心的是，纠正某种类型的不公平。虽然富耶没有使用这样的词语，但在经济学家们使用的词汇中，补偿性正义就是一种纠正或者减弱不劳而获的"租金"的影响的手段。这当然不是这个词语所能表达的全部意思，但在实践层面已经相当接近它所能表达的意思。

### 三、补偿性正义

那么，自由共和国的公民如何能够通过个人和集体来改善他们的福祉呢？对于富耶来说，公平的社会并不是一种事先构想好的国家应该引导政治共同体去实现的理念，而是一种用来排除个人在追求目标过程中遇到的不公平障碍的理念（富耶认为，个人追求的目标通常包括相互对等的义务）。富耶认为，产权市场可以在很大程度上满足个人偏好。但对于他来说，满足这样的偏好并不是由自己内心道德准则导向的个人唯一应该追求的东西。因此，他认为，个人在形成自己的偏好时不应该受到不公平限制的约束。换句换说，个人的偏好应该在资源配置能使人人获得最大机会的无支配情况下形成。人人都应该能够参与构成社会经济和政治秩序的制度的制定。这种直觉并非富耶独有。回顾过去，凡是主张用其他观点来解释菲利普·佩蒂特（Philip Pettit

---

① 布莱斯（2007:175）也曾提到过这一点。他表示，富耶在这里重新发现了一种经常被他批评的雷努维尔（Renouvier）从未背离的自觉。但可以说，在布莱斯的建议改变他的立场前的20年里，富耶从来没有动摇过他对个人自主性的坚持，他曾经写道："从社会有机体观出发，个体对自身某种程度的依附为保护整体所必需；在一个有生命的有机体里，有机体的各个部分必须有它们自身的利益，并且必须加以保护，同时也要为社会整体的共同利益做出贡献。"（Fouillée，1880b:293）

② 请参阅富耶（1880b:293）："即使从社会有机体观的角度出发，个体对自身某种程度的依附也是为保护整体所必需。"

③ 在任何情况下，社会团结论者自身都主张采取旨在鼓励财产所有权、互助会等的措施，而不是通过执行成本昂贵的政府运行计划来赋予劳动者更多的自主性。

1997)所说的"自由权即无支配权"的公民共和思想家都有这种直觉;而展望未来,这种直觉提前预见到了非福利主义正义理论的倡导者当时提出的研究主题,但重要的是,把相关思想置于它们产生的历史背景之下,并且追溯其复杂的发展轨迹。笔者希望在上一节已经讨论过的问题的基础上,通过强调富耶与当代左翼自由主义思想家之间的思想传承关系来达到这一目的。虽然当代左翼自由主义思想家肯定明白他们应该感激与富耶同时代的学者,首先是亨利·乔治(Henry George),其次是莱昂·瓦尔拉斯,但他们似乎完全忽略了富耶。笔者无意把富耶重塑成一个真正的自由主义者,[①]而只想介绍一些被忽略的相似之处,梳理出一些洞见来阐明非福利主义范式在发展过程中遇到的困难,并且会特别注意非福利主义范式受到的家长作风和过度干预的指控。总体而言,左翼自由主义者最不应该受到这样的指控,但还有人可能会认为,他们栽在了责任问题上。富耶的见解虽然并非无可指责,但也许为走出困境指明了方向。

对于富耶来说,利他主义在现代社会是自发发展的,因而是现代个人特点的一个组成部分。[②] 换句话说,哈耶克(1988)可以说是赞同斯密的同情心观,并且认为同情心是社会习惯的产物;而富耶则认为,利他情感并不是很久以前那个人类以部落形式群居并且朝夕相处是习惯性互动方式的时代的遗物。他明白,这种自发的利他主义本身并没有强大到足以激励我们在任何情况下慷慨地对待全体人类同胞。但不管怎样,利他主义可以表明守法促进善的道理。对于富耶来说,社会立法的目的就在于创造一种允许缔约各方在不公平地分

---

[①] 在《道德的社会学精要》(Les Eléments Sociologiques de la Morale)中,富耶(1905:319—326)对严格意义上的个人自由主义发起了猛烈的进攻(Spitz,2007)。但是,他攻击的是"个人拥有的自我独立于他所处的社会环境"的思想,因为在同一章稍后的地方,他就为一种承认我们不可避免地沉浸在社会环境中但在这样的约束下评价个人成就的更加开明的个人主义辩护。就如他指出的那样,"个人的自我意识通过赋予一般概念新的形式,并且发现没人发现的新的关系来使一般概念个性化"(Fouillée,1905:346)。(总结在这种看法与"奥地利学派"经济学家把市场经济描述成"发现过程"之间的相似之处,倒是不乏吸引力,但或许有点牵强。)此外,这一章以批判严格意义上的自由主义开始,并且以猛烈抨击集体主义结束。

[②] 富耶表示:"通过智慧和科学的透视镜来分析自私,客观地讲,必然会在某些方面显得有点荒谬,与哲学和科学思想的一般观点是格格不入的;难免会引入与利己主义者的福利不和谐的因素。智慧能够抑制敏感性,并且能够通过一种倾向于普世性(the universal)的冲动来阻挠很多自私的冲动。因此,面对自私,智慧会提出一个关于自私终极价值的问题,而这个问题会令智慧产生无法回避的怀疑。"

配诸如教育这样的社会资源的基础上进行谈判的共同善。

## 3.1 私人财产与"社会财产"

为了促进更加公正地分配民主国家或"共和国"公民为履行他们的公民义务所需要的经济手段，有必要重新定义财产权。因此，富耶建议采用两种方式来实现这一目标。第一，扩大土地和自然资源的公有制范围。这种方式从概念上看相当简单，但实施起来却有问题；第二，承认"社会财产"的产权完全不同于私有财产的产权。这种方式从概念上看要复杂许多，并且意味着要进行一系列可控的社会改革。

就如几位同时代的学者[如乔治·瓦尔拉斯(George, Walras)(Cirillo, 1984)或者赫伯特·斯宾塞]那样，富耶(1884:41—66)认为，社会应该能够攫取否则会装入私人所有者腰包的土地和其他自然资源私有权的租金，而不管是否曾为增加这些资源做出过努力或者改进。他举例介绍说，明尼苏达州南部土地的价值在1879—1884年间增长了500%(Fouillée, 1884:20)。这种思想反映了后来一些左翼自由主义学者提出的观点，不过，这些学者对这些问题进行了更加认真的研究。根据左翼自由主义者最激进的观点，[1]"从通过某种特定集体程序可以授权使用或者占有自然资源这个意义上讲，自然资源归集体共同所有"(Vallentyne, 2000:5—6)。然而，大多数左翼自由主义者认为，这个条件约束力太强。另一种观点认为，"在达成任何协议之前，法律允许行为主体根据具体规定的共同使用条款来使用自然资源，但他们并没有排他性的使用权（没有私有权）"(Vallentyne, 2000:6)。[2] 除了强制性地严格限制个人制定计划或者自由选择从事大多数人可能由于任何带有偏见的原因不愿从事的活动以外，这种强制性严格限制的成本可能很高，而且还可能侵犯个人隐私。最常见的建议是允许占有自然资源，但要附加一定的条件，以确保那些占有资源的人能够补偿那些因为这种产权制度而没有充分获益的人。科尔姆(Kolm, 1986)已经证明，如果补偿归个人，最优的制度是那种向非所有者支付的补偿等于他们倘若占有资源能获得的收益，但同时还要考虑他们如果占有资源必须向他人支付的费用。但在实际操作中，采用乔治(指亨利·乔治：美

---

[1] 例如，得到了格林纳鲍姆(Grunebaum, 2000[1987])的拥护。
[2] 这种观点大致与艾伦·吉伯德(Allan Gibbard, 2000[1976])的观点相同。

国 19 世纪末期的知名社会活动家和经济学家。他认为土地占有是不平等的主要根源，主张征收单一地价税。他的这一主张曾在欧美一些国家盛行一时，颇有影响。——译者注）开出的处方①要简单得多，因为根据乔治开出的处方，资源使用权应该（按竞争性费率）向国家这个名义所有人租借，承租人被认为具有"占有"权。②

一种批评乔治处方的意见认为，"那些拥有较大非选择优势的人（即生产才能禀赋较多、效率较高的生产者）应该缴纳更多的税，因为他们能够从自然资源中获得更多的收益"（Vallentyne，2000：8）。不过，这句话的真正含义是：归根结底，社会不平等更多与不平等的生产能力有关，而不是仅仅与自然资源有关。就如科尔姆（2005：2）尖锐地指出的那样，"从统计数据看，生产能力直接或者间接创造了遥遥领先的最大份额的收入（而且与越多的劳动力相结合，就能创造越多的收入）"。事实上，当今时代，乔治的处方似乎不太可能成功地推行远远超越现状的公有制。更重要的是，由于城市不动产不但是最有价值的财产，而且也是业主最愿意持有的财产，因此，乔治的处方或者它的某些变体要成为"核心概念"还真是遥遥无期。③ 乔治和富耶都主张逐步实现他俩提出的实行更加彻底的公有制④目标，但是，逐步的累积效应不太可能产生所希望的动能。当然，这并不是说渐进方式无用或者不可取。虽然劳动生产率差别只会产生更多的租金，⑤但通过税收来收取租金在政治上更加可行。

富耶已经认识到了这个问题，这就是他得出以下结论的原因：

"由于无法估计产品价值中那部分由大自然创造的价值，因此就用社会决策——一种并不是精确根据大自然的实际贡献，而是根据

---

① 笔者在这里当然不但指乔治那些众所周知的著述，而且还包括像希勒尔·斯特梅尔（Hillel Stemer）或者尼古劳斯·蒂德曼（Nicolaus Tideman）的著作。

② 关于这个经常被误解的区分的重要意义，请参阅 Pullen（2005）。

③ 在最近由"有毒资产"（toxic assets）尤其是价值可疑的抵押资产造成的金融灾难中，美国政府很可能错失了收购大量存量房地产的机会，不然就能向那些没能及时偿还抵押贷款或者可能无力偿还未来还款的抵押人出租房屋。但值得怀疑的是，这种政策能否获得强有力的政治支持。

④ 也许有必要强调，对于乔治来说，资源使用权应该（按竞争性费率）向国家这个名义所有人租借，承租人被认为具有"占有"权。

⑤ 在马克·布劳格（Mark Blaug，2000：283）看来，"19 世纪 70 年代—20 世纪 80 年代，由于美国和英国租金占国民收入的份额大幅度下跌，从大约 15% 下跌到了 6%，因此，乔治主义已经实际寿终正寝"。

社会可能为自己设定的目标来确定产品价值中的应税比例的契约或约定——来替代。"(Spitz,2007:191;Fouillée,[1909] 1930:338)

换句话说,"考虑到资本的来源、发展及其在社会环境中产生的各种影响,所以,资本并不是一种纯粹的个人力量(individual force),而是一种社会力量(social force)"(Fouillée,[1909] 1930:10);没人能够主张自己生产的产品全部归自己所有。由于自然资源、劳动力和其他很多人或多或少间接贡献给商品和服务生产的创造力都为商品和服务生产中做出了贡献,因此,个人可以被认为应该把部分他们销售或者购买但他们并不享有合法权利主张的商品或服务归还给国家。不管怎样,出于同样的原因,富耶还批评了社会主义者,因为他们认为社会化生产过程能够创造任何财富!(Fouillée,1884:32—40)。这也驱使他(Fouillée,1884:11—40)详细阐述了私人财产与他所说的"社会财产"之间的区别。富耶所说的"社会财产"有三种形式:社会资本、选举权(electoral franchise)以及教育和文化资本。富耶所说的社会资本是指机器、设备、基础交通设施等在时间上的积累产生的正外部性。社会越是发达,社会资本就会使现有财产增值越多。但在富耶看来,这些外部性产生的成果应该属于社会全体成员,因此,个人应该就从中获得的租金纳税。

富耶所说的的第二种社会财产明显更具隐喻性。原则上,我们可以说国家归全体公民所有。笔者在这里看到了一种虽然相当笨拙地表达但非常深刻的直觉,但它可能没有富耶所希望的那种实际意义。说它深刻,是因为它提醒我们,任何财产制度都应该接受变革;这样的变革源自由公民信念促成的政治进程。当"机会之窗"(window of opportunity)多少有点意外地开启时,企业家就会利用新的创意、资源和已经发生变化的环境来推动政策变革。这就意味着,不但富耶的建议,而且本文介绍的其他思想家的建议都能以出乎预料的方式成为现实。不管怎样,富耶的隐喻无所作为的原因就在于:就如社会选择理论家已经大量证明的那样,公民集体"拥有"的选举权无法轻而易举地在每个公民自己拥有的那份选举权(根据他们自己的偏好投票,而他们的偏好又基于他们的自我所有权)与选举的集体结果之间实现令人满意的一致。

富耶所说的第三种社会财产,即体现在文化中和通过教育传播的知识,无疑是一种需要增加供给和善加利用的重要公共产品。他在一篇期刊文章中概述了他对补偿性正义的看法,他认为,免费的义务教育是实现这个理想的最明显方式(Fouillée,1880a:309)。诚然,富耶这方面的看法并没有显著的独到之处,因为从亚当·斯密到朱尔斯·杜普伊(Jules Dupuit)的很多政治经济学家都已经强调过义务教育的重要意义。不过,我们必须在法国第三共和国历届政府推行的教育改革和政教分离的论战背景下来理解富耶对教育的如此关心(顺便说一下,富耶支持鼓励接受各级教育的政策,但并不支持国家对教育的垄断;1910:ch. 2)。

富耶关于租金问题的折中观点在经济学家看来显得有点肤浅,但是,我们可以通过比较那个时代一些进步自由主义学者提出的更加详细、周密的教育计划来梳理他的这些观点更加确切的含义。他对土地所有权租金的论述应该被理解为只是对"社会财产"观论述的一个特殊方面,但未必是最重要的方面。因此,他的社会财产观比较接近菲利普·范·帕里基斯(Philip van Parijs)的观点。帕里基斯不同意(其他)左翼自由主义者[如瓦伦泰恩(Vallentyne)、艾伦·吉伯德、施泰纳(Steiner)]的社会财产观,因为他们认为只有源自自然资源的租金应该缴税。但令人疑惑的是,他怎么会毫无保留地赞同范·帕里基斯(1995)的建议:由于就业机会稀缺,那些有工作的人应该补偿没有工作的人;由于同样的原因,那些能获得有限自然资源存量的人应该补偿那些把自然资源留给他们用的人。(更加具体地说,范·帕里基斯认为应该从以下两个方面来征集收入:对外部资源所做的补偿和对稀缺工作所做的补偿。①)由于富耶非常看重个人努力,因此,不管个人为找到工作做了多大的贡献,他都没有把工作本身作为"社会财产"的构成要素。② 所以,在当前的背景下应该可以在科尔姆(2005)对"同工同酬"(Equal Labour Income Equalization,ELIE)计划的详细辩护中找到对富耶的非自然或者社会来源租金征税观无可争议的更

---

① 严格意义上的自由主义者想要指出的是,欧洲一些国家(如法国、意大利)工作稀缺的状况更多是由政府对劳动力市场的监管造成的,而不是市场机制本身造成的。但是,我们应该可以把如范·帕里基斯提出的收入支持计划或者科尔姆的"同工同酬"计划与为提高效率和正义水平而减少政府对劳动力市场的监管结合起来。

② 值得注意的是,富耶曾对"工作权利"进行了猛烈的批判,他表示没人应该对造成失业负责,因为失业实际上就是不受控制且不可控制的市场供给和需求非完美均衡这一准自然过程的结果。因此,在可能不需要工作的地方和时候,人为地创造工作就是一种乌托邦。但不管怎样,就如笔者在上文指出的那样,失业者个人就应该能够通过失业保险计划获得补偿,以弥补他们遭受的经济损失。

好解释。对于"同工同酬",我们可以非常简要地概述如下:科尔姆(2005)建议不要对收入本身征税,而应该对个人(无弹性的)生产能力按其市场价值征税。按照他的解释(Kolm,2005:3), $t_i = k(\overline{w} - w_i)$,式中,$t_i$ 是个人 $i$ 缴纳的税收,$\overline{w}$ 是平均工资水平,$w_i$ 是个人 $i$ 的工资水平(即个人生产能力的市场价值,而不是个人的实际工资),而 $k$ 则是设在均等化期望水平上的系数(如果 $t_i > 0$,那么就是一种一次性补贴,否则就是一种税率为 $-t_i$ 的税收)。是否可用所需信息来测度工资水平是一个有争议的问题,但科尔姆(2005)坚持认为,所需信息无论是否可用来测度工资水平,在任何情况下都是收集不到的。科尔姆(2006:9)肯定地表示,重点在于确定全部个人效用函数的最优税收研究计划是一条死胡同。①

### 3.2 公平的收入分配

就如笔者刚才提到的那样,富耶提出的大量基本原则都可用来证明一个积极寻求补偿性正义的共和制国家的作用。但是,他提出的"应该优先考虑公共财政'支出端'的具体干预措施"的建议多少有点粗略。他关心的核心问题是,"法律"——也就是他说的一整套新的立法创制权(legislative initiatives)②——应该是社会变革的工具。换句话说,社会政策(即补偿性正义)不应该由特别的措施构成,而应该是国家整个法律体系的一个组成部分,就如已有的狭义否定意义上的正义。虽然说实现补偿性正义是国家的责任,但富耶(1880b:303)认为更加广义的分配正义应该主要属于私人慈善事业的范畴,因为他表示这个内涵丰富的目标必须"通过自由权而不是权力来实现"。不过,他又补充说,必须尽可能通过某种形式的交流来实现这个目标,以便不把受助者作为无能为力的受施者,而是一种有意义关系的合作伙伴。

在富耶提出的政策改革建议中,有推进扩大公共教育覆盖面的建议。笔者对富耶关于公共教育的建议几乎没什么不同的看法,因为,公共教育显然是

---

① 值得注意的是,科尔姆(2005:283)解释 $k$ 确定方法的方式也可用来说明富耶说"我们'拥有'民主制度"是什么意思,也就是说明了参与民主制度的制定和运作如何有助于我们的福祉:"由于适当的系数 $k$ 必须根据个人关于实施原因、民主和伦理理论的看法来确定,因此,对它的确定不可能是一种纯粹的'伦理'努力,可能要根据个人的纯心理特质,如特定的偏好,而且必然要同时求助于社会学和严格意义上的伦理学,还要根据当时的政治生活状况。事实上,这些都是不可分割的"。

② 富耶(1880b:281—282)写道,"法律(droit)不断延伸到新的议题"。

他生活的那个时代的一项发展受到限制的重要事业,但是,先进的自由民主国家在很大程度上已经实现了扩大公共教育覆盖面的目标,而世界其他国家大多并没有做到。[1] 富耶提出的影响最大的建议是,国家应该促进并且在可能的情况下资助以下四种强制性社会保险的实施:养老保险、人寿保险、医疗保险和失业保险(Fouillée,1884:146－147)。这些社会保险可能由私人慈善组织来管理,具体来说,富耶想到了互助会(mutuelle)、工会、教会等(Fouillée,[1909] 1930)。他在很多场合明确表示,国家的主要职能就是帮助合作社和其他合作组织,使普通民众能够掌控自己的就业,并且获得他们需要的资源来改善自己的福利。不过,他主张,国家在实施一些关键改革(如教育改革)和行使一些实在的权利(如规定最低工资)方面应该发挥更加直接的作用。

这种观点,再加上他提出的在其他领域实行分权式互惠互利的自我管理的倡议,对法国社会保险制度的发展产生了很大的影响。遗憾的是,互助会现在已经改头换面变成了行会利益集团,并且专门抵制旨在提高它们效率和适应性的改革努力。但在国家的监护下,它们缺乏试行新型参与式民主的自主权,因此,法国的社会保险已经沦落为一个难以根除的行政祸害。这种僵化趋势以及繁琐的计划和制度的并存也影响到了其他福利国家。但一般来说,富耶的愿景可能会产生不同的结果。关于富耶开出的处方提供的选项,有两点可说。首先,它们明确指出了一种几乎不能被称为"家长主义"的最低干预策略的方向;事实上,富耶很清楚,个人责任感的增强与个人自由权的扩大密切相关。[2] 其次,他只是提出了一幅总体蓝图和需要填补的空白。很遗憾,就像俗话所说的那样,"魔鬼就在细节中"。

富耶虽然在很多其他问题上喋喋不休,但因没有多谈如何实施保险计划这个关键问题而受到了指责。不过,他给出了两条重要线索。第一,正如前文

---

[1] 当然,这并不是说,发达国家当前的教育政策和管理发展与公平之间没有任何矛盾。例如,如何使学校课程和教学方法适应学生群体越来越文化多样化的特点。这是一个棘手的难题,但笔者无法在这里讨论这个问题。

[2] 富耶(1907:303)表示:"在这种场合就如同在其他场合,历史的发展进程表明,渐进式的个性化与渐进式的社会化总是相辅相成的;随着现代社会个人自由权的发展,个人责任这种核心思想必然也会获得发展。个人一方面把个人自由权和责任心的增强看作是自身力量和在社会环境下的行动能力的增强……把它们的增强看作自身行动多重影响的增强。个人会更好地认识到自己所要和所做所产生的全部负面影响。"

所述,非营利慈善组织承担提供这类服务的主要责任,甚或单独承担这方面的责任(但人人都应该根据法律的相关规定做这种事情)。第二(Foulliée,1884:149 n1),由于排除了国家对保险计划的管理和资助,因此,富耶倾向于选择由国家来支付保费,但把这些强制性保险计划交给私人来管理,而不是只把国家的作用局限于监管。实际上,富耶提出的第二项建议可能最适合老年人的养老和人寿保险。失业保险也许不可让私人经营,或者说,无论如何,从所有国家都有公共资金支持的失业补偿计划这一事实中就可得出这个结论。单一保险费付款人这个选项也被证明非常适用于医疗保险,但由于这个选项在美国没有政治可行性,因此,讨论推行强制性医疗保险(富耶开出的处方与奥巴马政府提出的医疗保险计划之间有相似之处)以及向个人提供他们购买自己选择的一揽子医疗保险所需的财政资源的优点仍是有意义的事情。在这样的背景下,似乎很适合探讨当代自由主义者提出的某种收入保障或者更加雄心勃勃的基本收入想法。①

收入保障和基本收入是两个不同但有重叠的概念,两者都不是什么新的概念。② 这两个概念的共同点是,它们可能都是以一种违背个人自主性和隐私权规范最少的方式进行分配,但基本收入是完全无条件的,因此向全国或者地方政治共同体的全体公民或者居民发放,最低收入计划仍要以满足一个容易测度的标准——即收入(但不考虑个人就业或婚姻状况,或者任何其他像健康或残疾状况这样的因素的可用收入)——为条件。像米尔顿·弗里德曼、F. A. 哈耶克或者查尔斯·默里(Charles Murray)这样的自由主义者赞同最低收入保障,并且把它作为一种在避免目标福利计划低效的同时避免不可接受的贫困的手段,但并不令人意外地只接受非常低的最低收入。科尔姆提出的方案类似于最低收入计划,但可能比较慷慨(尽管由于要确定 $k$ 的水平而具有一定的不确定性)。基本收入和科尔姆的"同工同酬"计划都能使它们的

---

① 当然,说实在的,奥巴马政府不可能同时实施医疗制度改革以及任何实质性收入保障或者基本收入制度改革。在笔者写这篇文章时,如果不考虑收入保障或者基本收入制度改革,那么,美国似乎已经转向了类似瑞士的医疗制度。

② 可追溯到19世纪的改革者,如比利时的约瑟夫·查理尔(Joseph Charlier),他在1848年已经提出过类似于基本收入计划的东西(Cunliffe el al.,2003:17—22)。丹尼尔·拉温托斯(Daniel Raventos,2007:14—15)在托马斯·斯宾塞(Tomas Spence)、查尔斯·傅立叶(Charles Fourrier)、赫伯特·斯宾塞和亨利·乔治(Henry George)的著作中发现了类似的思想。

受领者获得一定数额的收入,但就如笔者要在下文解释的那样,后者克服了前者的一些不足。

富耶并没有提出任何类似于无条件基本收入计划的方案(尽管就如笔者在前面提到过的那样,他赞同由国家支付与他推荐的强制性保险相对应的保费)。但乍看,这不但符合他的"补偿正义"观,而且与他的自由权公民共和主义观也是一脉相承的。如果我们把"补偿"理解为纠正某些系统性缺陷,那么就会发现实施救济收入支持计划是不适当的,因为它们会导致新的支配形式。如果我们很看重自由权的优先性,那么,可用来取代很多这些年在各福利国家成倍增加的定向资助计划的慷慨基本收入计划可能是一种受欢迎的发展。基本收入计划也有利于妇女(Alstott,2000),因为福利国家的现有资助计划大多旨在帮助家庭,有时把妇女置于从属地位(这种情况现在可能要比过去少,但这也不能完全否定这种观点)。联系到"自由权即无支配权"的公民共和主义理想,一个很有说服力的例子(Pettit,2007;Raventós,2007)可以证明慷慨的基本收入计划可使个人摆脱无良雇主和瞎管官僚的支配。

不管怎样,这种想法也存在一些严重的不足。实际上,虽然通过削减其他因推行这项新政策而变得多余的资助计划能够节约开支;基本收入计划管理要比定向资助计划简单,但是,国家要定期向全体公民,更不用说向全体居民支付数额相对较大的基本收入负担很重。因此,如果有基本收入计划问世,也只能是非常适度的计划(阿拉斯加是世界上唯一一个执行这种计划的行政管辖区,但支付水平远远低于最低生活水平,而且也并不意味着提供了够养家糊口的收入)。此外,如果一个国家在其邻国不愿或无力采纳同样的计划时推行这样的计划,那么可能要面临大规模移民的问题。[①] 从理论的角度看,有人以基本收入计划无视社会关系中的基本对等原则为由表示反对,也是很有说服力的。范·帕里基斯并没有意识到这一点,但他提出的两个论点(Van Parijs,1995:ch.5)并没有说服他的一些读者(Galston,2000)。首先,大多数人自然倾向于寻找好的工作——而且,对他们来说,找到这样的工作变得比较容易——或者提供志愿者服务,从而巩固公民社会。换句话说,很少有人会像

---

① 威廉·盖尔斯通(William Galston,2000)用美国和墨西哥的例子来说明这个论点。

(臭名昭著的)冲浪运动员马里布(Malibu)那样选择一种彻头彻尾的享乐主义人生计划。情况有可能会这样,但是,富耶提出了一种把双方捆绑在一起的社会契约观,这就意味着社会福利受益者必须更加明确地承诺履行某些义务。当然,具体要履行哪些义务应该协商决定(Fouillée,1884:135)。富耶强调了劳动固有的美德[他曾写道,"劳动能提高人的品德"(1884:131)]。虽然科尔姆的"同工同酬"计划也主张对那些没有选择工作的人提供补贴,但他的整个计划是建立在这样一种思想上的:集体越努力提高生产率,个人就能获得越多。也就是说,科尔姆的"同工同酬"计划旨在以相互协商的方式来确定收入支持额度 $k\bar{w}$。就如科尔姆解释的那样,在一种均等化劳动特点是工作时间的制度下,工作时间就变成了 $k$ 的值(任何超过阈值的工作时间都要被征税):

"我们可以把每个劳动者个体产出相同劳动产品的再分配或者每个劳动者个体获得相同生产租金份额或者说获得相同劳动产品的分配称为一般均衡互惠。"(Kolm,2005:151)

范·帕里基斯还辩护称,现有的制度已经是不公平的,因此,虽然基本收入计划也是不公平的,但仍是对现状的一种改进。不过,这就意味着基本收入计划是替代现状的最佳选择。笔者认为,在一个不完美的世界上,科尔姆的"同工同酬"计划就是一种最佳的替代方案。

这些当代研究成果可用来解释富耶关于如何实现补偿性正义的建议的持续相关性,但富耶建议的意义更多地在于它们的理论基础,而不是经验内容。由此,我是想说富耶似乎已经在很多方面超越了他生活的那个时代,他的见解预测了当代左翼自由主义者(重新)发现的政策思想,正是这些具有原创性见解的价值观和原则性为正在进行的关于非福利主义的辩论做出了宝贵的贡献。这方面有两个相关的原则:首先,我们不仅能够确定自己的欲望和需要,而且能够理解和尊重自己的同胞(但未必能做得很细)。因此,每个人都应该对自己的选择负责。由于个人参加社会以后就开始意识到自己应该对其他成员承担义务,因此同意把自己不能主张的社会资源("社会财产")用来补偿那些因为过去曾经或者现在正受到负外部性影响而机会受到不公平限制的社会成员遭受损害的正义(也就是说,社会成员的偏好不应该受制于其他成员利用本该全体成员受益的社会资源采取行动而强加于他们的约束）。其次，第二个相关原则是，个人应该尽可能主动地纠正不义之举，或者应该能够尽可能利用凭借自己的力量或者通过与他人自由合作而有权利用的资源。民主国家虽然在某些方面也免不了要动用强制手段，但应该尽可能把它局限于制定规范和直接的财政转移性支付。换句话说，只要可能，就应该尽量避免由必然以家长作风行事的官僚机构来实施管理和提供服务。

### 四、结束语

在富耶百科全书式的著述所讨论的很多主题中，有两个主题引起了在规范经济学和政治经济学领域耕耘的学者们的兴趣：他对自由权概念——既从古典的否定意义又从自我发展权利的肯定意义上——的探讨以及对社会团结概念的反思。自由权概念和社会团结概念被作为核心概念，也就是说，它们是那么的具有说服力和令人信服，以至于促成了一种使人相信它们能够实现的信念［请参阅（Fouillée，［1883］1911：25）和上文引用的该作者的其他文献］。"自由权"（liberty）与作"随意"解的"自由"（freedom）并不是同义词，因为我们不但有义务尊重彼此的自主权，而且还要懂得由社会团结这个核心概念所隐含的社会契约的必要性。但是，社会团结不应该被解释为一个能够证明追求支配一切的理想和无所不包的社会正义观合理性的超验概念。更加确切地说，社会团结是我们实施"补偿性正义"的动力。我们通过补偿性正义来纠正过去和现在在不公平的"社会财产"——即源自正外部性的自然和知识资源——分配以及负外部性导致的不公平现象。"补偿性正义"从某种意义上说从属于自由（freedom），并且不能作为替家长式政策辩护的理由。

富耶是沉浸在他那个时代的知识氛围中研究这些主题的。在富耶的著作以及涂尔干和其他几位对个人主义起源、社会团结的影响和工业时代社会正义可能性等问题感兴趣的哲学家和经济学家的著作之间确实有明显的相似之处，但也存在一些重要的区别。富耶的社会心理学与涂尔干的社会学之间有一个共同点，那就是它们都反常地把个人主义看作是一个朝着更加复杂的社会结构发展的进化过程的结果，而不是一个先验的真理或者人性的本质方面。富耶在这个领域的地位已经确定无疑，但是，由于主流社会学家把涂尔干视为实证社会学的鼻祖并且认为这种社会学强调社会结构及其因果效应,因此,涂尔干的这个核心思想被严重遗忘,并且遭受了冷遇,直到最近才得到应有的重视[请参阅 Ctadis(1992)、Birner 和 Ege(1999)以及 Birner(2002)]。在涂尔干的著述中有很多内容不但把个人自主权看作是社会分工的功能性需要,而且还强调了个人主义出现的规范性意义:虽然个人自由、个性和个人权利不是植根于某种神秘的人性,但现在(即当今)必须把它们作为一种"神圣"的责任来对待[请参阅涂尔干被收入贝拉(Bellah,1973)主编的论文集中的"个人主义与知识分子"(Individualism and the Intellectuals)]。富耶可能会补充说,那是因为这些价值观已经成了核心观念。尽管如此,富耶与涂尔干在社会是否只是一个分析范畴,或者可以说是一个真实的存在这个问题上存在分歧。涂尔干认为,谈论"集体意识"无可非议,但富耶始终表示反对。① 富耶的道德发展理论在这方面与涂尔干分歧较小。

　　至于社会团结,在上个世纪之交的法国,当然是一个备受争议的理念(Hayward,1963a,1963b;Blais,2007);而在欧洲,虽然从那时起受欢迎的程度有所下降,但仍然影响巨大(Brunckhorst,2005)。像查尔斯·雷诺维耶(Charles Renouvier)这样的哲学家、布格莱(Bouglé)或者涂尔干这样的社会学家以及布尔茹瓦这样的政治学家,在宣传社会团结这个理念并且以社会团结的名义倡导社会变革方面至少与富耶具有相同的影响力。但不管怎样,富耶在这方面的独到之处在于他独一无二地把社会团结解释成实现"补偿性正义"的社会条件和环境。富耶的责任和合作伦理观是建立在他对个人自决与社会或者各方共决的辩证互动的探讨之上的(Fouilleee,1905:44)。在这方面,他的著述反映了同时代很多学者关心的一个主题。就如弗朗索瓦·肖贝(François Chaubet,1999:n 20)指出的那样,"在一种其他方面基本上就是个人主义的共和主义的哲学中似乎出现了'整体论'的瞬间。根据这种哲学,个人考虑自身利益的能力是与他和他人交往的能力联系在一起的。"在这一点上,由富耶和他同时代的"社会团结论者"们发展起来的正义政治经济学在一些关键方面超前于规范经济学当时集中表现在非福利理论创建上的发展。但

---

① 关于涂尔干与富耶之间相似性和差异性的深入分析,请参阅 Lawruszcnko(2007)。

是,很可能使富耶与众不同的是,他在促进"补偿性正义"的过程中(当时也算是很大胆地)倡导社会变革,并且明确表示要防止让国家承担过大责任的风险,因为国家承担过大责任会加重对臃肿的官僚机构的依赖。事实证明,富耶的思想非常接近今天左翼自由主义者辩护的思想,但笔者曾争辩表示,他与他们不同,他含蓄的批评值得我们认真对待。

# 第四部分

## 德国、意大利

第四部分

鲜头孢、阳菌

# 自然法——阿道夫·瓦格纳公共干预理论的灵感来源

达尼埃莱·克拉多(Daniele Corado)
斯特凡诺·索拉里(Stefano Solari)

## 一、引言:自然法与公共干预理论中的政治第一性

19世纪,亚里士多德的经济伦理观仍然激励着许多学者发表关于公共经济学的重要洞见。他们的相关理论对国家干预方式的设计产生了重要的影响。"讲坛社会主义"(Kathedersozialismus)通过推进奥地利国家干预和社会福利改革合法化,在20世纪的欧洲经济制度中留下了深刻的烙印。这种自诩为"第三道路"的经济"秩序"观肯定了公共经济学的非"自治"地位,并且认为有必要推进公共经济学与法哲学和行政管理学等学科互动的理论建设。具体来说,本文将着重分析不同的自然法理论[①]和亚里士多德的实用科学(practical science)——也就是一种从道德上趋向于为了共同善而指导干预的科学——观。[②] 值得注意的是,这种观点既影响了国家干预的理论基础又影响

---

[①] 这里所说的"古典自然法"是指一种法哲学的传统。这种传统认为,人类只要通过正确运用理智就能知道根植于人类行为的各种法则,因为理智会告诉人类一系列证明行为正确的关系。对于这个学术传统来说,"自然"是一种道德秩序(moral order),而不是某种给定的物理现象。自然是一种理性人能够读懂结局的现实(Dianin, 2000: 280)。从逻辑说,所有这一切都发生在国家正式规定的这样的权利之前,而不是像法律实证学派所认为的那样是国家正式规定权利的结果。

[②] "共同善"(common good)的概念源自托马斯·阿奎那(Thomas Aquinas)对亚里士多德的形而上学的理解。在亚里士多德的形而上学中,"世界并不是一个自给自足的系统,而是它的现状和活动全部是由计划外的人类创造和维系的"(Gilby, 1953: 18)。

了对累进税收合理性的辩护。实践理性(practical reason)的"认识论"驱使这些学者强调政治和利益调和相对于经济理性(economic reason)的第一性,并且因此而对公共经济学的范畴和公共经济政策产生了影响,结果就是伦理国家(ethical state)扮演了多少有所扩张的经济协调和解放全社会的角色。

本文着重考察阿道夫·瓦格纳(Adolph Wagner)[①]关于法律本质的思想对他的国家干预经济观所产生的影响。瓦格纳曾求助于一种主要源自"新教法律自然主义"(Protestant jusnaturalism)的特殊法律理论来源。[②] 他把费希特(Fichte)的理论遗产说成是奥托·冯·祁克(Otto von Gierke,又译奥托·冯·基尔克,1841—1921年)提出的社团法(corporative law)理论,而更值得关注的是,他提到了包括阿伦斯(Ahrens)和罗德尔(Röder)[③]在内的克劳泽(Krause)学派。[④] 根据自然法(Naturrecht)理论,某种超越个人利益的善的形而上学思想,特别是共同善的形而上学思想,被认为是为人类行为"责任"概念界定一个相关的范畴。此外,这些理论反对那些围绕派生于个人主义机械论的个人"权利"思想发展起来的现代法律理论,而这种个人主义机械论是直接建立在没有任何团结公民的目标和国家没有任何为满足个人意愿的目标或者目的论的功利之上的。[⑤]

---

① 阿道夫·瓦格纳(1855—1917年)是最有影响力的德国经济学家之一。1870年,他在柏林担任"国家学"(Staatswissenschaflen)教授,后来又当上了弗里德里希·威廉大学(Friedrich Wilhelm University)的校长,并且一度还是社会政策协会(Verein für Socialpolitik)成员,还曾经当过俾斯麦(Bismarck)政府的社会保险改革咨询顾问,但他最出名的是,提出了"工业化国家国家干预递增"法则。
② 沃尔夫、格劳秀斯和普芬多夫(Wolf,Grotius and Pufendorf)的译本。
③ 卡尔·克里斯蒂安·弗里德里希·克劳泽(Karl Christian Friedrich Krause,1781—1832年)被认为是自然法有机实证学派(organic and positive school of natural law)的创始人。他的两部名著是《论自然法基础》(*Grundlage des Naturrechts*,Krause,1803)和《法哲学体系概论》(*Abriss des Systems der Rechtsphilosophie*,Krause,1825)。克劳泽认为,在没有关于善的概念和善本身的实证取向的情况下,自由是不能靠实证来安身的。因此,这种取向必须得到法律制度的认可,并且通过法律制度来体现(Dierksmeier,1999)。因此,与古典自然法学派相比,克劳泽受到了查尔斯·克拉克(Charles Clark,1992)所说的"自然的"含义发生变化的影响。
④ 我们也发现了一些亚当·密尔(Adam Müller,1031[1808])和卡尔·路德维希·哈勒(Karl Ludwig Haller,1816—1834)著作和其他"浪漫主义"作者著作的引文,但影响仅限于社会有机观以及像民众精神(Volksgeist)这样的概念和传统。
⑤ 除了契约规定的义务之外,现代个人主义理论中没有出现任何因社交活动而产生的义务。因此,国家就是一种受个人自利心驱使的自给自足的自主个体之间签署的契约。在这个理论建构过程中,我们能够发现一种派生于部分个人权利转移的私法和国家权力的支配地位。良法问题就是这样消失的。

本文的以下各节先介绍法哲学的几个主要方面；然后介绍笔者提出的对经济和国家的具体看法；再考察构建经济学理论的基本要素，如个人和公共行为动机、制度的作用和累进税收合法化；最后介绍瓦格纳关于其他有关根据自然法构建的理论的特殊理论建设问题。

### 二、经济学与讲坛社会主义中的法律

因提出工业化国家"国家干预递增法则"而闻名的德国经济学家阿道夫·瓦格纳可被视为讲坛社会主义团体的成员，更加确切地说，是国家社会主义（state socialist）团体的成员。① 他自己也承认，他的观点与艾伯特·谢夫勒（Albert Schaffle）的观点有着很大的相似性，而且在一定程度上与兰格（Lange）、冯·史谢尔（von Scheel）、罗斯勒（Rösler）和托尼斯（Tönnies）以及法学家耶林、安东·门格尔和祁克（Wagner,1892:41）也有关系。从方法论的角度看，瓦格纳的理论观点受到了亚里士多德哲学②"实用观"的极大影响，因此具有一种易受法哲学奠基性论文——"政治经济学和法哲学应该被视为相互支持的学科"③（Wagner,1892:872）——影响的政治观的特点。他还补充说，自柏拉图和亚里士多德以来，政治经济学在法哲学中发现了"一系列重要的基本论述"④（Wagner,1892:872）。经济研究中的亚里士多德实用观主要源自官房学派传统（Cameralist tradition），并且为许多德国经济学家所传承。⑤ 瓦格纳的实用观在他的"概念现实主义"（Begriffsrealismus）以及他在"无法制定简单的规则，必须根据具体情况来决定国家是否应该进行干预"（Wagner,1876:493）的论点中表达的刚性理论中暴露得一览无余。他的研究也受到了

---

① 他经常批评以施莫勒（Schmoller）领衔的资历较浅的历史经济学派在方法论上前后矛盾。他还在方法论上支持卡尔·门格尔（Carl Menger），并且十分重视经济学演绎法的重要意义。

② 瓦格纳经常援引弗里德里希·阿道夫·特伦德伦堡（Friedrich Adolf Trendelenburg）这个亚里士多德哲学的阐释者。

③ Nationalokonomie und Rechtsphzlosophze mussen sick dabei aber gegenseitig als Hiifswissenschajten betrachten.

④ eine Reihe der wichtigsten grundlegenden Erorterungen.

⑤ 冯·萨维尼（Von Savigny）尖锐地批评了黑格尔（Hegel）的激进历史主义，并且展望了一种更多以亚里士多德的学说为基础的观点。就像马德拉（Mardellat,2009）指出的那样，罗谢尔（Roscher）完全接受了这种说法。关于瓦格纳的亚里士多德倾向，还请参阅 Hansen(1997:291)。

另一外部学说——社会和制度历史观——的影响。① 这两种外部影响导致社团法哲学和国家理论的趋同,结果就是创立了聚焦于构建有机经济系统的法律元素和国家在这个系统中的作用的"自成体系的国民经济学"(Systematische Nationalokonomie,1886a)。② 从这个角度出发,瓦格纳的著作可被视为法学和经济学的开创性著作(Hutter,1982)。

阿道夫·瓦格纳并没有明确借鉴法哲学。一方面,他明确继承了费希特(克劳泽学派和冯·祁克)思想遗产中的所谓国家观;另一方面,他在专门分析法律问题时支持冯·耶林发展起来的法律的目的和功能解释法(尤其是Wagner,1894)。③ 瓦格纳经常引用"新的自然法学说以及国家有机说的政治理论"④(Wagner,1892:832),也就意味着引用克劳泽学派成员的著作。⑤ 克劳泽的学生阿伦斯和罗德的著作也被用来支持有机体论的社会进化观,而法律则构成了这种观点的基本动态元素。瓦格纳在论述社会有机体性质时也援引亚当·密尔(Adam Müller,1931[1808])和卡尔·路德维希·冯·哈勒(1816—1834)等反动政治理论家的著述。但是,这样一些作者习惯上支持国家有机观,而没有做出任何有神论的解释。

在分析具体的法律机构时,他似乎非常欣赏鲁道夫·耶林的《法的目的》(Der Zweck im Recht),因为这部著作更加有力地支持了他的自由和财产演化功能观。具体而言,他没有沿用阿伦斯基于自然法为产权辩护的做法,而是

---

① 菲利博维奇(Philippovich,1912)是最坚持这一看法的学者。
② 英语研究界很少有人研究这个文献。在数据库中能够找到的几篇相关论文中,有一篇就是艾弗林·克拉克(Evalyn Clark,1940)的论文,他在这篇论文中把瓦格纳的作用说成充当了希特勒(Hitler)的前辈。克拉克的这篇论文虽然信息丰富,但遗憾的是,充斥理论误解和错误。
③ 在他的思想形成的第二阶段,冯·耶林批判了历史法学派朝着教条主义的发展。在《法的目的》(Der Zweck im Recht,Jhering,1877)中,他详细阐述了他的"法律实用观"(Wirklichkeitsjurisprudenz)——提出了由社会利益驱动的法律的意义。他坚持认为,对法律的目的论研究应该先于对法律的逻辑研究,并且就以这种方式介绍了一种功利主义的法律实用观(Viola,1974)。
④ "Die neueren Naturrechtslehrer und theoretischen Politiker der organischen Staatsauffassung"。
⑤ 卡尔·克劳泽(秉承了他的老师费希特和谢林的传统,并且与冯·萨维尼和冯·祁克的哲学体系平行发展起来)的哲学体系可以被认为走了一条介于康德(Kant)与黑格尔之间的德国哲学中间路线。他抛弃了黑格尔的国家全能观。在他看来,黑格尔的国家全能观完全误解人类兴盛条件的产物。克劳泽的人本观构建了一种无冲突的社会有机观。这种社会有机观的特点就是,认为社会是一个由不同文化目的的人组成的功能性联邦。

## 自然法——阿道夫·瓦格纳公共干预理论的灵感来源

受耶林的启发，根据"达到经济需要获得最佳满足水平的能力"（Zweckmässigkeitsfrage）提出了他自己的工具主义观（Wagner，1894：219）。按照他的解释，产权制度是一种为了确保最佳生产动机而发展起来的历史制度。因此，经济被嵌入法律架构，而法律架构则被迫根据社会确定的经济动机来演化。① 尽管如此，瓦格纳仍坚持克劳泽的法制观。根据克劳泽的法制观，法律是与道德紧密地联系在一起的。②

阿伦斯和罗德的一个共同意图就是为一种有助于铺设介于社会主义与自由主义之间的"第三道路"的法学理论奠定基础，消除国家决断与市场自立之间的对立。阿伦斯的自然法（2006[1853]）是建基于以下三个据说无疑得到理性认可的概念：平等、自由和交往。人际平等比另外两个概念更加重要。自由是一种控制和使用各种允许我们达到生存目的的手段的理性能力。在这个体系中，社会秩序并不是社会存在的障碍，而是社会存在的一个条件：人的一个基本特点就是具有为了实现人类生活的最高目标而与自己周围的人交往的能力（和天性）。然而，这种交往不应该妨碍个人利益（Ahrens，2006[1853]）。与历史学派一样，阿伦斯（1866[1850]）认为，国家的有机作用渗透到人类生活的各个方面。与历史学派不同的是，他赞扬了社会的自由和理性特点。"法治国家"（Rechtsstaat）是赋予社会团结的元素，但不应该为了实现社会目标而直接进行干预。法治国家必须顾及并支持社会其他机构的良好趋势（Ahrens，2006[1853]：230）。国家必须为实现社会目标做好方法和手段上的准备：国家被认为是"人类命运的调停者"（mediator of human destiny, Ahrens, 2006[1853]：229）。国家作为"社会监护机构"（institution tutélaire de la société）

---

① 瓦格纳《政治经济学教程》（*Grundlagen*）初版时，耶林的《法的目的》（1877—1905）还没出版。在他这本书的第二版和第三版中，瓦格纳明显更加倾向于支持法律发展的唯意志论和自觉观，这很可能使他变得越来越敏感，并且对年轻的历史学派造成了影响。

② 举例来说，阿伦斯一直对道德和法律进行康德式的区分（而古典学派的法学理论抛弃了这种区分）。不管怎样，他批评康德没有充分理解法律、道德自由与普遍善（general good）原则之间的关系（Ahrens，2006[1853]：37）。

(2006[1853]:251)——通过行使它的强制权力——可以帮助社会不断完善。① 因此,这种"伦理国家"(ethical state)必须善于接受社会诉求。在阿伦斯看来,通过在国家机关推行社团代表制度就能够做到这一点(1866[1850])。

在罗德(Röder,1843)看来,产权无论如何都不能加以限制,并且也不会产生什么有害社会的东西。一般来说,这条法则往往始终是与民众作为行为监管基本要素的"共同感"(Gemeinsinn)联系在一起的。

这几位作者并不完全赞成国家扩张,特别是在涉及创造机会推行并促进为社会保险筹款时。阿伦斯赞成国家扮演纯监管角色的观点,而罗德则同意通过立法来扩大国家的干预范围,并且支持瓦格纳关于税收制度是确保经济有序发展的最重要工具的思想。公平被认为是国家进行这类干预的一个基本原则。因此,税收就成了一种调整个人地位和奖惩的基本手段,也是一种在个人有需要时提供若干救济的手段。所以,国家可以以监管性干预和直接参与两种方式履行保险人的职责(Wagner,1887,I:1881)。

瓦格纳也把他自己历史—进化观的法学理论建基于冯·祁克(1954[1874])对旨在结合"旧时的法和国家哲学与基督教—日耳曼道德意识"的日耳曼法学传统的综合之上。祁克建立了一个自然法与实在法以及国家与法律并不明显可区分的体系。他提出的新的社团法从有机政治的视角强调了社会团体的自治原则。社团组织派生于一种通过中介机构来代表和治理特殊利益集团的有机调停和调节传统(Mohl,1851)。

### 三、自成体系的国民经济学与国家干预的理由证明

瓦格纳在他关于社会问题(sociale Frage)的著名演讲中表达了他的亚里士多德观。他认为,"政治经济学必须再次分享一种伦理科学的特点才能够妥善解决社会问题"(1939[1871]:489)。因此,瓦格纳在他的《政治经济学教程》(*Foundations*,Wagner,1876,1892)中一上来就表示,政治经济学应该奠定更

---

① "国家并非是一个专横的常规机构,而是人类理性不断进步的产物。国家并不是作为约束冲动的权威而存在,而是作为促进真、善和人性发展的保护力量而存在的。国家并不是一种不可或缺的恶,而是一种代表善的社会秩序。国家不是一种机制,而是一个机体。国家不会像异教时期那样去吸纳教徒和整个社会,而是像一个实现更高目标的手段,它是人类命运的调停者,就像基督教和真正的人类信条所希望的那样。"(Ahrens,2006[1853]:253)

## 自然法——阿道夫·瓦格纳公共干预理论的灵感来源

加确切的研究人类动机的心理学基础。他抱怨称,标准经济学采用的人类模型不但糟糕,而且还有误导性。因此,他提出了一系列人类行为的动机,其中包括个人利益、害怕受到惩罚和希望得到奖励、对荣誉和声誉的向往、乐于动手做事以及非自利行为、责任感和后悔。其中的要点与其说是包括责任感在内或者关于某种像层级制或者共同体这样的制度背景的预设,还不如说是"人类要以一种统一的方式行事"(Wagner,1876,1:122)。就像其他基于自然法的政治经济学观持有者,瓦格纳建议对理想主义和现实主义进行调和,"接受人现在的模样,但也要接受将来可能变成的模样"(Wagner,1876,1:30)。

瓦格纳接着又提出了国民经济中经济互动关系的三个组织原则(1876:3),谢夫勒(1878)也曾试图完成这项任务。这几个组织原则为理解被作为"人造有机整体"的经济体的运行特性所必需(不同于罗谢尔的"自然有机体")(Wagner,1876,3:172)。瓦格纳提出的三个经济互动关系的组织原则分别是:

- 私人经济原则,或者个人主义或自利原则;
- 基于强权力(权威)的集体经济原则;
- 基于单方面慷慨和团结的博爱原则。

它们意味着不同的报酬、成本回收、生产和分配标准。他表示,这些标准的区分是心理性,并且基于隐含在这些标准中的动机。瓦格纳的基本观点就是,在经济中某个按照私人或者博爱原则组建的生产部门遇到困难时,国家就应该为了达成有效的协调进行干预。瓦格纳在他的第三版《政治经济学教程》(Wagner,1894)中使用了"自由"(freedom)和"不自由"(non-freedom)两个范畴。发展是一个为了实现集体行动共同利益而引入的限制个人行动的过程。因此,国家必须限制民众的自由,并且规定经济权利,以便允许最好的技术被用来满足民众的经济需要。实际上,他认为,公共行政管理(Verwaltung)的对象应该根据法学和公益理论来确定。因此,国家应该考虑适当行使权力来确保整个有机体的生存能力(Backhaus and Wagner,2005)。[①]

所以,国家要为社会完成两项不可分割的任务:法律(Das Recht)以及文化和福利(Wohlfahrl)目标(Wagner,1892:885)。国家被视为经济系统这个整体的一个生产要素,并且因此而引出了一个众所周知但不为人理解[②]的"工业化国家国家干预递增法则(Gesetz)"(Wagner,1892:892ff.)。这个法则综合反映了关于需要越来越多的"不自由"来确保采用更复杂的生产方式的理论和经验观察结果。[③] 因此,他提出了一个更有说服力的观点,即关于中央政府在以下几个确切经济问题上的作用:调整生产;抑制投机;增加工资;稳定工作;缩短工作时间;规范童工和女工使用;推行劳动保险;插手文化领域;把垄断部门、银行和交通部门等收归国有。我们可以把这些政策视为在经济有机观的框架下对经济协调必要性持一种简单的现实主义态度所产生的结果。[④] 国家必须对所有与整个经济自发、协调增长有困难的发展中部门和基础设施部门进行干预。

### 四、税收在进步国家扮演的角色

瓦格纳建议把正常的财政收入与用于福利干预的财政收入区分开来。前一种财政收入应该用于为被认为不断增加的正常国家活动提供资金,而后一种财政收入则关系到一种要求某种程度再分配的国家活动,因此需要以征收某种形式的累进税为先决条件。瓦格纳之所以建议征收累进税和遗产税,是因为调和国内对立利益需要上层阶级与下层阶级之间的合作(Wagner,1887,I)。[⑤] 这种想法与自然法有着紧密的关系,但瓦格纳超越了这种想法。国家不但被视为一种生产和发展要素,而且还要充当"收入再分配的调节者"

---

[①] 不管怎样,瓦格纳打破了德国官房经济的传统,因为国家不再被视为简单的"行政管理机构",而是按照阿伦斯和其他法学家的观点,被视为一种发展和文明要素(Wagner,1876,1:86)。他一再肯定地表示,这些思想在很大程度上应该归功于亚当·密尔和海因里希·阿伦斯(Heinrich Ahrens);政治经济学必须与法哲学保持密切的关系(Wagner,1876,3:341)。

[②] 关于更加详细的讨论,请参阅 Dluhosch 和 Zimmermann(2008)。我们可以补充说,这个法则与阿伦斯的观点相吻合。

[③] 他批评了马歇尔(Marshall)没有考虑工业的法律基础以及法律对工业组织的影响(Wagner 1891)。还请参阅 Prisching(1997)。

[④] 我们考察了这种推理与同时代的复杂性理论的相关性,就如德洛梅(Delorme,1997)那样。

[⑤] 关于这一点,还请参阅 Riess(1997)。

(Wagner,1876,5:354)。这是一个与"文明和进步"有关、超越经济效率范畴的政治目标。由于国家被视为一种"自然"但同时又是"有计划"的生物体,因此,瓦格纳能够借鉴这些源自法哲学的概念来为收入再分配辩护(Priddat,1997)。这个浪漫主义—亚里士多德政治元素在这个理论方面具有决定性意义:政治共同体是基本元素,而公共福利相对于个人利益而言非常重要——但瓦格纳肯定地表示,共同善也有利于个人利益。①

国家干预的主要合法性不只限于扶持经济弱势者的需要(就如瓦格纳在关于社会问题的演讲中所说的那样,1939[1871])。这是一般理解国家在经济发展和整个社会文明过程中发挥进步作用的一个组成部分。瓦格纳之所以会产生这种想法,主要是因为他在19世纪70年代搬到柏林以后意识到了基于市场的工业经济不可持续性的问题[最终影响到了卡尔·波兰尼(Karl Polanyi)]。② 瓦格纳对这个问题的回答是:只有国家干预才能大幅度提高生产率(Priddat,1997)。因此,国家投资于基础设施,就是对私人投资的补充,而根据他所说的"预防原则"提供服务,就能作为重要的要素促进经济增长。在国家干预推助下增加的财富可以再分配给有需要的人。这样,国家就可以要求征收某种累进税(一种形式的不自由)来为这样的投资和其他"不确定减少型"公共服务筹款,因为这样的资源都有它们的伦理用途。于是,税收就成为了一种转移工具,而征用就这样有了合法性(我们在阿伦斯2006年[1853年]版的书中发现有一章专门讨论这个问题)。然而,我们不能恰当地把这说成是简单的再分配,但能够更好地把它说成是社会分享由公私双方协同努力创造的剩余财富。③

汉斯·冯·谢尔(Hans von Scheel,1875)就累进税收问题提出了相同但"更加经济"的理由。谢尔表示,个人投资绩效也总是取决于整体(Gesammtheit)的行动,所以,"每份收益都有一部分属于个人,一部分缴租。租金部

---

① Priddat(1991:347,note)只在一个注释中提到了这个问题。

② 正如——在他之前或者之后的——很多道德自由主义的倡导者以及社会天主教派所做的那样,他参照农业土地制度的稳定特点研究了工业体系难以构建伦理上可接受、具有生存能力的社会的原因(Barkin,1969)。

③ 这个观点令人想起的阿奎那的剩余财富属于穷人的思想,但瓦格纳没有在他的著作中援引任何原话。

分就是对整体做出的贡献"(von Scheel,1875:281)①。因此,在个人通过从事经济活动获得的收益中总有一个租金分量。这样的收益取决于经济的有机属性以及国家作为生产要素确保经济增长并把大量的非物质资本用于提高生产率所发挥的重要作用。所以说,没有一种确切的受益原则适用于税收。在任何情况下,税收由于它能产生正外部性,因此都是符合纳税人利益的。由于无法精确计算(unbestimmbar)数量关系,因此没有什么最优税收,而只有纳税义务上限和下限。所以,国家可以为这样的义务规定一些政治上可行的原则(von Scheel,1875:282)。他的基本思想就是为承担财政负担"做贡献的能力"(Steuerfähigkeit)思想——一项(虽然有经济学家进行过尝试,但)必然仍由于不精确而不能用于政治管理的原则。

瓦格纳研究了1891年普鲁士财政制度中各项决定税收基础的原则,并且促进了德国税收制度的形成。税收基础是根据"收入来源"原则确定的,也就是说,是根据精确确定离散数量的具体可识别收入来源来确定的。这样就有遗漏资本收益和其他非劳动收入的缺陷。汉森(Hasen,1997)表示,由施莫勒(Schmoller)在萨克森州为确定税收基础而制定的原则更具一般性,也更加全面,相比瓦格纳确定的税收原则,更加符合瓦格纳自己提出的经济和财政理论。然而,就如汉森(1997:318)明确指出的那样,这是瓦格纳的"观念现实主义"(Begriffsrealismus)产生的结果,引发了更加务实、可行的税收管理,并且明确指定了确切的收入类别(尽管存在一些自相矛盾的地方)。在这方面,我们还能发现另外一些可以反映瓦格纳讲究实效的理论建构证据。

**五、结束语:"不自由"**

我们从影响阿道夫·瓦格纳理论建构工作的法学理论的角度考察了他的著述。因此,我们发现了具体的法哲学与这位作者的政策结论之间的关系。瓦格纳明确提出了公共经济学与法哲学之间不可分割的共生关系,这是依然明显的亚里士多德思想遗产影响官房学派之前的德国经济学的具体表现。瓦格纳主要信赖克劳泽学派,克劳泽虽然运用形而上学来确认共同利益,但也代

---

① In jedem Erwerb giebt eseinen personlzchen Antheil und einen Rentenantheil. Der letztere ist der von der Gesammtheit erzeugle。

表了一种把一些积极元素引入社会有机论的尝试。这种 19 世纪的自然法理论就这样强化了有机社会观念，增强了国家在经济中的作用，而且还使征收累进税合法化。共同善这个传统概念作为一种道德约束（目的因）被用来使那些严重影响价格机制的制度或者收入再分配制度合法化。在他的理论中，是政治和正义，而不是简单的效率概念，被赋予了优先性，而集体利益则作为目的因获得了合法化。于是，正义与效率同体，或者是效率的先决条件，并且不能为了效率而被舍弃。

瓦格纳自成体系的国民经济学理论是试图从结构的角度去研究经济运行的产物，这种理论使我们能够理解国家作为"不自由"元素被用来构建一种有利于实现某些目标的特定（良好）秩序的经济作用。因此，国家被视为一种结构化元素，而不是一个简单的行为主体。此外，在瓦格纳笔下的国民经济中的国家必须是一个"伦理国家"，因为它应该扮演"文明化"的角色或者为社会文明化努力做出贡献。关于法律的理论问题，自然法把优先性赋予了规定道德或者伦理准则的"社会法"，而不是政府不断增大的作用。在这一点上，瓦格纳虽然关心俾斯麦政府的改革，但却把注意力转向了耶林理论更加注重功能的观点。耶林的理论强化了国家的伦理作用，并且推崇明确的利益驱动型法律发展和旨在实现集体目标的理性。瓦格纳因此而强调了"义务"或者"不自由"作为一种与个人有关的调节机制的作用，并且运用一种务实的理性来鉴别公共政策。

在这方面，我们可以在讲坛社会主义和其他基于自然法的公共干预理论中发现国家伦理作用与规范的伦理特性之间的重要区别。[①] 根据其他基于自然法的公共干预理论，规则应该与公民的道德冲动协同才能产生作用，规则往往要认可并且正式承认有组织的社会所表达的价值观。[②] 在瓦格纳的理论中，家长式国家被赋予了这个职能。因此，社会归属感并不是公民行为的动机，但有助于国家的合法化。对于依靠个人的道德行为来创建新的适当制度，瓦格纳几乎没有寄予什么希望。

---

① 意大利许多信仰天主教的学者在瓦格纳的著作中找到了灵感，很可能是因为他的有机结构观。关于这个问题，请参阅 Parisi(2000)。

② 请参阅 Bianchini(1989) 和 Solari(2007,2010)。

关于国家机构新的稳定化和不断增大的作用,讲坛社会主义者无疑要比那个时期的大多数经济学家更加现实。我们从这个意义上分析了工业化国家"国家干预递增法则"。就像德鲁霍施和齐默尔曼(Dluhosch and Zimmermann,2008)正确地指出的那样,只有在工业化的过程中才必须关注这样的法则,而工业化则是一个没有某种形式的公共干预就无法实现的具体目标。这种观点强调了多亏冯·耶林使政府特别政策合法化的工具观才得以引入的工具元素。

同样的道理也适用于对累进税收的理论证明。瓦格纳明白,只有通过迅速提高生产率和稳定经济这个需要不断增加政府支出的过程才能解决社会问题。因此,他把公共善的定义扩大使用到了很多公共支出项目,从而扩大了累进税的适用范围。

### 致 谢

本文的作者要向《欧洲经济思想史杂志》(EJHET)的匿名审稿人表示感谢,感谢他们对本文提出了宝贵的修改建议。文中仍有的任何谬误全由作者自负。

# 意大利财政传统中的国家思想

阿梅德罗·佛萨迪(Amedeo Fossati)

## 一、引言

总的来说,在早期的经济理论中,国家并没有扮演重要的角色;[1]而财政理论则没能考虑这种以税收能力为首要特点的社会组织。在英语国家的传统中常会谈到政府,而与之相关的讨论想当然地认为,社会有某个机构负责管理或者决定一般税收问题。[2]

然而,意大利的"财政科学"(Scienza delle Finanze)从一开始[3]就是使用"国家",而不是"政府"。在笔者看来,主要原因在于这个习惯起源于德国的"社会科学"(Socialwissenschaften)研究。在德国的社会科学研究中,"Staat"(国家)扮演了主角。显然,在这样的背景下,"政府"和"国家"传递了相同的意思。但是,就如萨缪尔森(Samuelson)曾经指出的那样,语义非小事。依此来看,财政学从创立之初就是一个与国家有关的学科:问题在于,这样的国家是一个有机型伦理国家;而德国人所说的科学与艺术并没有明显的区别。

---

[1] 请参阅 De Viti de Marco(1888:153,note):"事实上,自由主义经济学家也不是在不受国家任何干预的情况下研究经济学的"。

[2] 当然,有些决策关系到公共支出——但应该指出,当时公共支出并不被认为非常重要,因为公共支出必须维持在尽可能低的水平上。

[3] 18世纪以来意大利学者对"财政学"的兴趣是有文献证明的:只要援引里卡·萨勒诺(Ricca Salerno)在1881年能够写出他著名的意大利财政史初稿这个例子,就足以说明这一点。

事实上,从现代的观点看,财政学在德·维提·德·马尔科(De Viti de Marco)之前还不是一门学科。[①] 德·维提可以被认为是理论财政学(theoretical Scienza delle Finanze)的创始人,而这种理论财政学被认为是一个条理清晰、内容详尽,有可能是基于边际效用——即意大利财政学传统——的理论体系。因此,现在我们所说的意大利传统,可以说是在科学性提高前就已存在的具有日耳曼基础的"财政学"学科发展的产物。意大利财政学传统的特点就是,它舍弃了之前的艺术成分,也拒绝国家有机体说;这样的财政学仍依附于一种"国家"思想,是一种精心阐述的政治学、社会学以及经济学概念体系。

一般认为,国家观处于意大利财政传统的核心位置。事实上,意大利财政传统最迷人的问题或许真的是国家、集体需要与公共产品之间的关系,但税收影响或者公共活动成本分摊肯定是意大利传统的核心问题。因此,本文将聚焦于以上这个关系,以便说明这个关系如何随着时间的推移而演化,解释它如何影响后来得以阐明的观点。为此,本文回顾了从德·维提到法西阿尼(Fasiani)等几个最有代表性的意大利学者的财政思想。这是因为,在传统上,他俩被视为意大利传统的开山鼻祖和关门子弟。

本文内容安排如下:第二部分介绍意大利财政学赋予国家的经济职能;第三部分讨论公共目的、公共需要和公共产品问题;第四部分集中考察关于国家的元经济(政治、伦理)假设;第五部分考察政治学和社会学的替代性国家观;最后一部分再介绍一些评论意见。

**二、国家的经济职能**

在这一节里,我们将从经济的角度来讨论国家的特点。事实上,从问世伊始,意大利传统就开始辩论国家是否有公共产品生产者或者消费者的经济职

---

[①] 在帕累托看来,财政学(Scienza delle Finanze)只是一门名义上的科学;请参阅《致森西尼的信》(the letter to Sensini),转引自 Fasiani(1949:132)。帕累托在他的《社会学闲谈》(Trattalo di sociowgia)中指出,统治阶级的行为在很大程度上是非逻辑的,因此,财政学不可能为他们的行为引经据典。在帕累托的理论体系中,财政学并不涉及经济学理论,而是一门社会学。具体来说,由于公共需要的原因,边际分析并不能用来确定公共产品的供需平衡(意大利传统的内核)。事实上,公共需要对于精英循环(elites circulation)非常重要,但却是不确定的,并且不能通过合乎逻辑的行为来满足。关于更多的评论,请参阅 McLure(2007)。

能。德·维提的观点被认为基于公共活动具有生产性。① 因此,我们可以说,德·维提的观点主要基于供给侧,尽管他最后仍用一定的篇幅来讨论公共需要;而里卡·萨勒诺(Ricca Salerno)和格拉齐亚尼(Graziani)的观点则似乎基于需求侧,因为他俩的主要理论成就就是对公共需要进行分析。事实上,他俩的主要理论依据可追溯到萨克斯(Sax),后者反对过去基于再生产力的理论(如斯泰因)和基于生产率的理论(如瓦格纳)。②

虽然德·维提强调生产侧,而里卡·萨勒诺和格拉齐亚尼则注重需求侧,这一点已确定无疑,但是,就如前面介绍的那样,说他们的理论并不是"对复杂现象的单边想象"(unilateral visions of the complex phenomenon),似乎比较公允(Montemartini,1902:3)。这两种理论都进行了演绎性推理,最后都得出了可被认为等价于萨缪尔森提出的公共产品效率条件的结论(Fossau,2006: Section 2)。③

有人认为,马佐拉和蒙泰马丁尼(Mazzola and Montemartini)提出了不同的国家经济角色观。马佐拉着重把国家看作是"政治合作"的产物。虽然他确实认为国家的公共需要与私人需要互补,但把均衡建立在边际效用的基础上。事实上,马佐拉所说的均衡是在每个公民给出的价格与"他们能根据公共产品对他们产生的边际效用给出的最高价格"有关的情况下达到的(Mazzola,1890:172)。因此,在他的框架中,与国家的政治机构联系在一起的常见的高压政治没有任何容身之地。④ 于是,有人认为,他与里卡·萨勒诺、格拉齐亚尼和德·维提一样,也是把国家看作是"经济合作"的产物。

关于蒙泰马丁尼,我们也可以表达同样的观点:他所说的政治企业(polit-

---

① 例如,国家的财政活动"首先是一种生产性活动,目的……就是要把税收转化为公共服务"(De Viti,1888:61);国家仅仅是"为了生产既定产品而组织起来的公众本身"(De Viti,1914:9);公共经济学"研究的是国家的生产活动"(De Viti,1939:32)。对德·维提思想的这种解读可追溯到意大利财政学传统的一些作者,如马佐拉(1890:119 ff.)、科尼格里亚尼(Conigliani,1894:30)、格拉齐亚尼(Graziani,1897:43—44)、蒙泰马丁尼(1902:1,3—4)。

② 请参阅 Ricca Salerno(1887)。

③ 因此,法西亚尼(1932)正确地把这两种理论称为"享乐主义理论"。在法西亚尼看来,萨克斯和德·维提的理论是两种相似的理论:"通常,这两种理论被认为等价,并且表达了相同的思想;它们也常被误解,并且被作为两种不同的理论来介绍"(Fasiani,1932:127)。

④ 实际上,强制只不过是统一公共产品生产成本的表面或者司法支持(Mazzola,1890:173)。

ical enterprise)是指生产要素的边际生产率。然而,在笔者看来,他的观点并不十分明确,因为他所说的政治企业家为了在社会成员中间分摊公共产品成本而发展了一种强制力。政治企业家的目的是要把国家作为企业来考察其经济行为,而企业则被他们视为一种组织各种不同生产要素投入生产过程的手段(Montemartini,1900:137)。因此,对于蒙泰马丁尼,"每个政治机构都是'工业企业'"(Montemartini,1902:12),而"政治企业家的目的并不是满足任何特定的需要,而是为了在社会成员之间分摊某些产品成本而创设强制力"(Montemartini,1902:14)。总之,一方面,国家具有经济性质;另一方面,作为政治企业又具有政治性质。

弗洛拉(Flora)借鉴了德·维提的观点,因为他表示,"从经济的角度看",国家是"政治合作的最高形式,因为国家只是一个为了必须满足公共需要而合作建立的企业"(Flora,1893:5)。弗洛拉确实援引了德·维提(1888:97):"国家是为了满足私人产业……无法满足的需要而合作组建的共同体"(Flora,1893:5,note 1)。但在同一句话中,他又表示,国家可被定义为"强制规范公共行为"的机构。事实上,对于弗洛拉来说,强制性是公共需要的基本特点,而公共需要的强制性反过来又决定了公共行为(Flora,1893:2—3)。因此,对于他来说,强制可与合作放在一起用于管理。所以,他的观点截然不同于德·维提的观点。

接下来说说法西亚尼。对于法西亚尼来说,国家既不是简单的产品生产者,也不是供给与需求的终极合成者,因为国家这个公共团体(public group)的活动被定义为:生产为达到其目的所必需的产品;为实现自己目标而使用私人生产的产品;在构成这个公共团体的个人之间分摊相应的成本;在公共团体成员之间进行财富再分配(Fasiani,1941:vol.I,24)。我觉得很有必要指出,虽然国家的这个定义并不是一个公理化的定义,但它符合现代国民核算中的国家定义。

有些学者[即潘塔莱奥尼(Pantaleoni)、德·维提、马佐拉和艾诺蒂(Einaudi)]似乎接受了一种由施泰因(Stein)在1860年提出的升级版的再生产力理论。① 由于这种理论看似意味着国家扮演一种与上面所说的经济合作截然不同的经济角色,因此就提出了一个新的问题。

潘塔莱奥尼对意大利传统财政学的创建做出了杰出的贡献。笔者只是想说,他是把边际效用分析引入财政学研究的第一人(Pantaleoni,1883)。然而,由于他的观点非常独到,因此不容易拿他与其他学者进行比较:具体而言,他构建了一种互动体系的一般理论,而并不是一种真正的财政理论。② 事实上,有人说"他并没有提出独立、系统的财政学理论"(Boggeri and Sundelson,1938:253)。不管怎样,从再生产理论的角度看,可以说,他认为"国家是连接其他三种传统生产要素——即土地、劳动力和资本——的第四种生产要素"(Cosciani,1936:51)。

在确定了国民收入与最终产品价值之间的国民核算恒等式以后,德·维提寻找理由为他的合作型国家(cooperative State)征收直接税收辩护,并表示:对大家都有益的公共服务的成本,应该按照净收入来分摊。他是在合作型国家极端例子的假设下进行论证的,然后在公共服务是互补品(是真正的生产要素)的假设下,他得出了"每个单位的生产收入都包含一部分公共服务成本"的结论。由此可见,税收是公共服务成本的对应物。换句话说,"每个单位的生产收入都包含与生俱来的相应的欠税份额"(De Viti de Marco,1939:222)。因此,他成功地反击了再生产理论遭遇的批评,但问题在于,这种理论确实与笔者前面介绍的框架不相匹配。

马佐拉本人也可被包括在这种再生产理论的支持者中,③因为他的关键观点是公共产品与私人产品互补。也就是说,公共产品是私人产品的生产要素。因此,德·维提的论证也同样适用于马佐拉的观点,因为马佐拉的社会合作不会产生任何个人租金。

对于艾诺蒂来说,问题就比较复杂。一方面,他认为国家是一种生产要

---

① 转引自 Ricca Salerno(1887:381)。

② Pantaleoni and Bertolini(1892),and Pantaleoni(1898);同样,请参阅 Cosciani(1944:30)和 Magnani(1997:74,note)。

③ 马佐拉确实批评了斯泰因(Stein)的观点,但主要是因为斯泰因"颠倒了因果"(Mazzola,1890:112)。事实上,"斯泰因的观点要比最近的批评者们认为的正确"(Mazzola,1890:110),而且他的"'再生产力至关重要'原则表达了一种无可争议的普遍真理"(Mazzola,1890:111)。

素,而他的观点似乎与德·维提的观点非常相似。艾诺蒂认为:

"国家既不是唯一的生产要素,也不是第一重要的生产要素,而是像其他生产要素那样是一种必须参与最经济的要素组合的生产要素,但参与数量的大小要根据我们追寻的目的来确定。"(Einaudi,1919:198)

另一方面,在一次与法西亚尼的辩论中,艾诺蒂不得不承认:"很明显,公共服务……并不是通常意义上的生产要素"(Einaudi,1942a:305);国家是一种"别具一格"的生产要素(Einaudi,1942a:313),类似于马歇尔(Marshall)的外部性(Einaudi,1942a:307)。事实上,艾诺蒂相信,"现代国家"就是被用来促进全体公民福利的权力机构。因为,在现代国家,每个公民通过指定的代理人分享他们的集体利益。因此,有人可能会认为,只要公共服务有益于全体公民,国家就要扮演一般的生产者角色。但在这种情况下,再生产理论就不再正确。

### 三、国家、公共需要和公共产品

在这一部分,我们集中关注意大利传统的每个作者如何——按照他们自己的"财政学"理念——看待国家、公共需要、公共目标和公共产品之间的关系。首先,有必要回顾一下,国家的目标被认为是政治目标,国家目标的实现一般都需要具有满足集体或者公共需要特点的物质产品。①

在早期的意大利"财政学"中,国家被认为是经济推理的一个前提。国家的概念是从德国法学或者社会学的社会研究中借鉴而来的。在19世纪下半叶的德国社会研究中,有机体论占据主导地位。② 然而,在德·维提生活的那个时代,虽然仍有作者——不管正确与否——被指责为有机论者,但有机体论已经不再有人接受(例如,请参阅科尼格里亚尼和德·维提)。③

---

① 如请参阅 Graziani(1897:20)和 Mazzola(1890:63—64)。这种表述只参考了那些研究了公共需要的作者。

② 请参阅 Seligman(1927:19 ff.)和 Pickhardt(2005)。

③ 按照科尼格里亚尼的说法,德·维提认为,国家就是"一个有一定需要并且为了满足需要和作为决定本身是财政行动驱动力的需要的主角采取行动的主体"(Conigliani,1894:29)。除此之外,德·维提错误地认为,国家不能被看作是一个政治有机体或者是能有自己目的的主体(Conigliani,1894;意大利文原著的第111页)。

## 意大利财政传统中的国家思想

限于篇幅,我们只能在这里讨论很少几个有代表性的作者,先从龙卡里(Roncali)开始。他的手册[①](Roncali,1887)可能会被他的学生视为一本非常棒的教科书,因为这是一本条理清晰的教科书,并且提供了很多有关国家财政管理的信息。[②] 这本书的主要参考文献是德国学者的著作,而对于龙卡里来说,国民经济可分为私人、公共和混合经济。公共经济就是国家和地方政府经济,"财政学"(scienza finanziaria)的研究对象"包括各种有关国家和[地方政府]经济的现象"(Roncali,1887:2)。关于国家,他认为,国家"应该执行两个基本职能,即:①司法职能,保证和保护有序的合作共处;②道德—经济职能,也就是旨在促进物质福利和民众文化的职能"[③](Roncali,1887:4)。总之,对于龙卡里来说,国家就是一个具有法人身份(1887:9)和征税权(1887:10)的经济组织(1887:5)。

正如笔者在前面所说的那样,我们不可能用短短的几句话就能概括潘塔莱奥尼丰富多彩的思想。但根据本文的需要,我们可以通过以下引文来阐明他的思想:

> "抽象地说,国家最有资格评估个人利益,并且评判经济自由和强制的比较价值。为这一原则辩护的理由就是政府'生来'就是议员意见的反映,但一旦政府问世,就会变得非常独立。从理想的角度来看,这种现象应该有助于改善政府的职责和效率;但从实际出发,潘塔莱奥尼认为政府是有缺陷的。"(Cosciani,1936:41—42)

再回过头来看德·维提,[④]他从头到尾始终都用国家来定义公共财政。[⑤]

---

① 龙卡里把自己的这部著作看作是对"当前财政现象研究成果的总结",但笔者担心,他的这本书可能是帕累托严厉批评的财政学的很好标本,因为它就是"对一些包括科学定理、机构介绍、意见建议以及配方和处方在内的素材的罗列"(Fasiani,1949:136),或者是艾诺蒂那里的"一堆实用规则、哲学和政治主题讨论及法律评论以及经济法和释义应用介绍"(Einaudi,1934:16)。

② 对于他来说,财政学(scienza finanziaria)"是政治经济学的一个组成部分,但……被包括……在行政管理学中,是行政管理学的一个重要分支"(Roncali,1887:12—13)。

③ 2年后,他出了一本关于税制道德的书:请参阅龙卡里的 *La Momle nei sistemi tributari*(Roncali,1888,转引自 Fasiani,1932:135,note)。

④ 有必要指出,德·维提很少提到"Scienza delle Finanze":关于德·维提使用"Scienza delle Finanz"的几个场合中的两个,请参阅 De Viti(1888:59;1939:32)。但是,他常使用"economia finanziaria"(财政经济学)、"finanza pubblica"(公共财政学)或者"economia pubblica"(公共经济学)。请注意,德·维提的书中有"economia finanziaria"的标题。此外,"Scienza delle Finanze"作为标题确实出现在了听他课的学生的课堂笔记中,但原因是"Scienza delle Finanze"是他讲的课程的名称。

⑤ 公共财政学研究"国家财政活动中出现的现象"(De Viti,1888:67)或者"国家旨在满足集体需要的生产活动"(De Viti,1939:32)。

尽管他经常使用国家这个词,但他在1888年并没有费心解释这个词的意思。他对国家这个词的使用比较随意,因为只有国家的目的(或者行为)关系重大,但也从属于公共需要。因此,在德·维提1888年的研究框架中,国家的需要才是最重要的,但也只是被作为一个事实前提。[①] 1939年,德·维提给国家下了这样一个定义:

"国家这个财政代理人并不是自然人……而是法人;国家是一个有时集整个社会于一身,而有时是代表社会的政治机构,但在任何情况下,国家都是社会的代理人。"(De Viti de Marco,1939:39)

因此,首先可以推断,国家是社会的代理人,这一点对于德·维提来说至关重要。[②] 其次,国家要扮演调和不同个人利益的政治角色。[③] 1939年,他提出了集体需要的概念,并且把集体需要与由社会合作共处导致的利益分歧联系在一起,[④]但他的基本思想没有发生变化:[⑤]需要是基本条件,公共活动是能够满足公共需要的公共产品生产。

萨克斯(Sax)并不是意大利学者,但他对一些意大利学者产生了巨大的影响。由于这个原因,或许有必要记住,对于萨克斯来说,国家就是"全体社会群体,它们就像联合行动的稳定联盟,最终结成了严格意义上的国家"(Sax,1887:4)。在他的意大利追随者里卡·萨勒诺(Ricca Salerno)看来,对于萨克斯,国家就是"全体个人"(Ricca Salerno,1887:305)。格拉齐亚尼通过里卡·萨勒诺借鉴了萨克斯的观点;因此,一个并非次要的问题就是他使用了萨克斯

---

[①] 用他的话来说,"国家的需要是公共经济行为的唯一条件"(De Viti,1888:58),但他又说,"国家的需要仅仅是一些基本条件"(De Viti,1888:59)。

[②] 国家"集社会于一身"或者"代表社会"的说法意思并不十分清楚,应该是指"个人利益有时差不多是一致的,但经常会出现分歧"。实际上,在讨论集体利益时,利益分歧的思想是用代数而不是算术和来表达的(De Viti,1939:36—37)。

[③] 然而,有一点似乎值得注意,德·维提最终以与这本书前几版相同的方式大量论述了公共服务,而没有对公共需要进行分类。请参阅Fossati(2006:102)。

[④] 因此,他能够对集体需要进行分类(De Viti,1939:37—38),而集体需要分类则被用来确定公共服务(De Viti,1939:42 ff.),也就是确定国家的活动。不管怎样,"国家的需要就是基本条件"也确实得到了肯定(De Viti,1939:47,note)。

[⑤] "公共(或者财政)经济学研究国家旨在通过公共服务来满足集体需要的生产活动"(De Viti,1939:32);"国家的经济活动源自集体需要,即源自个人属于社会共同体的痛苦感觉(painful feeling)"(De Viti,1939:33)。

专用的术语和/或概念。① 对于格拉齐亚尼来说,"财政学的目的就是研究财政特有的和一般的现象"(1897:2);在财政学中,财政就是政治团体(国家和地方政府)为达到它们的目的而需要的收入(Graziani,1897:1),而需要就是由物质产品匮乏造成的痛苦感觉。在他看来,"集体需要虽然根植于政治集体主义内聚力(political collectivistic cohesion),但却是与个人需要交织在一起的"(Graziani,1897:23)②。因此,需要就是事实前提。③

马佐拉似乎并没有那么关心国家,他认为"财政经济学研究满足集体需要的规律"是理所当然的事情。在他看来,集体需要的基本性质对于"确定公共财政的目的和作用"至关重要(Mazzola,1890:52)。他的基本观点就是,公共需要与私人需要相互补充,因为公共产品只是从私人产品中获得效用的手段。因此,从这个观点出发,他并没有对国家观表示直接的兴趣:事实上,他批评了当时的各种国家观——原子观、有机体观和政治观。在他看来,"就国家是为了达到某些共同的目的而在社会这个机体里慢慢发展起来这一点而言,国家既不是一个自治机构,也没有自己的职能"(Mazzola,1890:49)。由于马佐拉旨在确定共同目的,或者说政治合作的目的,因此,唯一令他感兴趣的东西是作为政治合作手段的国家。④ 国家有一个特点:它的目的就是"旨在创造达到或者更好地达到所有其他个人的和共同的目的的条件"(Mazzola,1890:39),因为政治合作"代表了达到所有其他目的的条件"(Mazzola,1890:41)。⑤

科尼格里亚尼只是隐含地提到过国家:"纯粹"的财政学旨在"重新发现公共财政现象的真正内在本质和因果规律"(Conigliani,1894:28)。对科尼格里亚尼来说,"感觉到通过国家行动来满足需要的国民……既不是国家这个无躯

---

① 非物质公共服务生产不可能性或者公务员对一般福利的琐碎贡献(cumbersome contribution)等问题,是格拉齐亚尼直接从萨克斯那里继承来的,或许还应该加上格拉齐亚尼的"相对效用原则"(relative utility principle)。关于这些问题的讨论,请参阅 Fossati(2003:109—110)。

② 这句话引自萨克斯的"Grundlegung"。

③ 为了那些有理解困难的读者,格拉齐亚尼援引了原文:"关于目的、需要、财富、工作、支出等基本概念,请参阅已经提到的萨克斯的著作'*Grundlegung der Theorelischen Staalswirtschaft*'Wien,1887。"(Graziani,1897:22 note)

④ 蒙泰马丁尼(1902:4)谈到马佐拉时表示:"总的来说,国家被认为是一种合作力量,或者更加确切地说,是最先进的合作方式。国家在个人……不通过政治联合就无法达到自己的目的时发挥作用。"

⑤ 然而,就如笔者在上一部分结束时指出的那样,经济合作才是马佐拉真正的兴趣所在。

机体,也不是被作为国民或者个体的公民总和,而是全体国民中的某些国民"(Conigliani,1894:36)。因此,他对国家并不是特别感兴趣。国家只不过是个机构而已,因为真正的选择是由少数掌握政治权力的人做出的;尽管如此,就国家掌握着强制权这一点而言,它还是很有影响力的。个人因政治(权力)关系,而不是经济关系而对国家负有义务(Conigliani,1894:39)。

蒙泰马丁尼用很大的篇幅讨论了其他学者提出的国家概念,但他感兴趣的是作为政治组织的国家,他把国家这个政治组织比作"工业企业"(Montemartini,1902:12)。因此,对于他来说,财政学理论"把财政现象看作是旨在把某些业务成本分摊给整个社会的工业企业的活动"(Montemartini,1902:30)。对于蒙泰马丁尼来说,有关国家的关键问题就是,任何政治组织都是"工业企业"(industrial enterprise, Montemartini,1902:12),而政治企业(political enterprise)"可被定义成,为了整个社会获得给定产品或者服务购买参与权的生产性组织"(Montemartini,1902:138)。蒙泰马丁尼坚持区分私人需要和公共需要,但对于他就如同对于德·维提,"需要的公共性由满足需要的方式来决定"。也就是说,如果需要是用政治企业生产的产品来满足的,那么就是公共需要(Montemartini,1902:9)。因此,他所说的集体需要其实就是全体个人的需要,但他坚持认为,集体需要是一个外部假设,而产品则为满足需要所必需。

弗朗西斯科·弗洛拉(Francesco Flora)似乎对国家概念很感兴趣。在他看来,财政经济学研究的是"财政活动引发的财政现象的规律以及因政治机构反复无常、缺乏知识、经验主义而向它们建议成本较低的筹款方式"(Flora,1893:11)。但是,用格里齐奥蒂(Griziotti)的话来说,弗洛拉后来承认了"财政学"中不同但不可分割的"政治、司法和科学三元素"(Griziotti,1929:7)。事实上,他的主要兴趣在于实际问题:关于方法论,他都是借鉴其他学者,尤其是德·维提。因此,他不可能区分私人需要和公共需要,公共产品就是那些用于满足公共需要的产品,而产品可以根据最低成本原则由私人或者公共生产。

巴罗内(Barone)就是用"财政学研究的是国家旨在满足公共需要而从事的经济活动"这句话作为他著作的开场白(Barone,1912a:5)的,但他又指出,"国家并不凌驾于或者置身于组成国家的个人之上或者之外:国家既没有自己的目的,也没有自己的使命"(Barone,1912a:7)。此外,我们无法定义公共需要(Barone,1912a:6),因为公共需要"就是在某个时候一个国家被认为是公共的需要"。事实上,公共产品通常就是用于满足公共需要的产品,不过,是政治上占据主导地位的阶级来决定要通过国家来满足的需要,以及如何在个人之间分摊相应的成本(Barone,1912a:7)。他坚定地驳斥了边际学派的理论:个人唯一要做的演算就是"计算个人必须为公共服务买单的总成本与个人如果脱离社会须承担的成本之间的差"(Barone,1912a:14)。总之:

> "私人不需要公共产品。公共产品的供给规模由通过直接投票或者通过委托决策的(事实或者法律虚构)多数决定,因而按照一些既定原则来分摊税收负担……每个个人都必须承担这样的负担。如果多数……把太重的税负强加于个人,个人就会做出反应……这种反应有可能采取税务欺诈……或者资本外逃……或者直接移民的方式……最终甚至采取反抗或者革命的形式。"(Barone,1912b:167)。

默里(Murray)非常重视国家的概念,他的财政学定义非常标准:财政学是一种"研究公共机构尤其是国家财政活动统一标准的学问"(Murray,1914:14)。但是,就如我们将要看到的那样,对于他来说,这样的统一标准同时有它们的政治和经济特点。在默里看来,国家"作为一种一般表达,既是社会生活的一个必然结果,但同时又是社会生活的一个必要前提"(Murray,1914:5),但"作为一种力量对比的结果,它反映了这样一个事实:强者支配弱者"(Murray,1914:6)。因此,公共需要由居于支配地位的阶级决定。

在博加塔和森西尼(Borgatta and Sensini)看来,按照帕累托的说法,国家是一个抽象概念,是一种法律虚构(juridical fiction),因为只有人与人之间的关系,特别是社会阶层之间的关系,才具有重要意义。[①] 此外,财政学隶属于社会学,因此,经济假设并不足以推导出统一的财政标准。因为,对于大多数问题,必须考虑采用相关的社会学研究方法。因此,森西尼和博加塔对边际学派都非常不满,首先是对公共需要:"公共或者社会需要这个概念对于统治阶级十分有用,因为他们要负责指挥和管理……为了让负责买单的被统治阶级

---

① 或许有必要说一下,对于帕累托来说,"国家已经是一个抽象概念,因为,现实中只存在被统治的人"(l'Etat est déjà une abstraction, car, en réalité, il n'existe que des hommes qui sont gouvernés) (Pareto, Cours d'Economie Politique II(1897):55,转引自 Seligman,1927:23)。

相信，他们被人统治是为了满足他们的需要"(Borgatta,1920:10)。最后，公共产品并没有受到非常的重视，因为"主要的公共活动是被统治阶级与统治阶级之间的收入流"(Fossati,2003:116)。

法西亚尼(Fasiani)给财政学下的定义与德·维提下的第一个财政学定义比较相似："财政学研究[有关]公共团体的那部分经济活动的统一标准"(Fasiani,1941:vol. I,31)，但他没有使用"国家"这个词，因为他使用了公共团体这个更加一般的概念。法西亚尼十分重视公共团体这个概念。很可能，他的出发点是从马佐拉那里借用的社会或者政治合作思想，但他肯定看过塞利格曼(1927)那篇影响巨大的文章。事实上，对他来说，社会合作必然会关系到私人或者公共团体的活动，但无法(而且也没有必要)区分私人需要和公共需要或者私人产品和公共产品，因为公共产品只能被定义为用于满足公共需要的产品。反过来，公共需要就是那些由公共团体的活动满足的需要。因此，有必要确定识别公共团体的标准，即公共团体的特点。所以，他研究总结出了四个都可用来甄别公共团体的特点，[①]结果在包括甘杰米(Gangemi,1940)、柯西亚尼(Cosciani,1944)、阿雷纳(Arena,1940)，特别是艾诺蒂(1942,1942a,1943a,1943b)和法西亚尼(1941,1942,1943b)在内的意大利学者中间，引发了一场关于公共团体特点的激烈辩论。无论真正的动机是什么，[②]艾诺蒂与法西亚尼之间的争论最终是这样结束的：艾诺蒂坚持认为，历史地看，公共团体的特点视具体情况而定；而法西亚尼则认为，艾诺蒂用历史例子来争辩并无意义，因为这些都可被认为是一些无关紧要的例子。

总之，意大利的财政学学者并不总是给国家下定义，但似乎总是根据有关国家的思想来开展他们的财政学研究：[③]有时直接使用国家概念(De Viti, Barone,Murray,Graziani,Flora)，有时则是间接使用。德·维提明确把国家看作是为社会效力的代理人，但是，那些评论国家的作者常持否定的观点，因

---

① 这四个特点是：普遍性(公共团体有社会全体成员的代表)；不可解散意义上的强制性；公共团体满足的需要的异质性和可变性；不可废除性或者没有期限限制。

② 由于是在第二次世界大战期间，因此，可能对他的"现代"道德国家的同情导致艾诺蒂怀疑法西亚尼提出的监护国家(Tutorial State)。这种所谓的"监护国家""生来"就像法西斯国家；事实上，他曾宣称"我的科学兴趣源自……一种道德或者政治共鸣"(Einaudi,1943b:180)。

③ 不管怎样，对于洛里亚(Loria)这个坚定的历史唯物主义者来说，在给国家下定义时，政治因素完全从属于经济因素。

为他们注重国家不是什么的问题,即国家不是有知觉的存在,国家"没有目标要追求或者使命要履行",等等。当然,像"是社会生活的必然结果和必要前提"这样的定义,使我们远离这个词的一般意义。多年以后,艾诺蒂最终给国家下了一个诸如"国家是根据某个领域内已有法律依法设立(或者产生)的任何组织"这样的同义反复的法律定义(Einaudi,1942a:199)。不管怎样,笔者要说的是,蒙泰马丁尼说的总体来看完全正确:在他生活的那个时代,意大利传统的学者"认为国家只不过是他们推理的一个前提,并且用法学概念或者不同的社会学概念来表征国家现象"(Montemartini,1902:11—12)。此外,在意大利传统临近结束时,法西亚尼和其他作者用很大的篇幅讨论了识别公共团体的必要特征。

尽管如此,国家在处理识别集体需要这个至关重要的问题上并不总能有所作为。从1888年以后到1939年,德·维提把集体利益与利益分歧联系在了一起,但他坚持采用把集体需要作为事实前提这种权宜方法,他的做法在当时被很多学者效仿,如格拉齐亚尼和弗洛拉。对于马佐拉来说,互补性这个特点可用来识别公共需要。巴罗纳绕开了这个问题,简单地把公共需要定义为那些被认为是公共的需要,这样一来,公共需要和公共产品就取决于政客们的选择。对于博加塔和森西尼来说,公共需要是一个典型的帕累托衍生物,也就是如下可被统治阶级用来让被统治阶级相信的一个概念:"统治阶级的行为就是为了让被统治阶级受益。"

然而,除了公共需要之外,还有国家必须提供什么产品的问题。德·维提运用最小手段原则解决了这个问题。[①] 因为,对于德·维提来说,是采用私人供应还是采用公共供给的方式,只取决于哪种方式成本较低。主要是弗洛拉和法西亚尼效仿了德·维提的做法。萨克斯学派依据产品与需要之间的严格对应,运用边际效用解决了产品供给方式问题。后来,有些作者开始关注某些个体或者阶级支配其他个体或者阶级的问题:因此,他们的注意力都集中在了国家内部的私人强制问题上,而国家的强制特点引起了注意。事实上,最早关注这个问题的作者并没有忽视国家的强制特点,但也不是十分重视国家的这

---

① 请参阅 Fossati(2006)。

个特点:他们把国家的强制特点作为一种显而易见的限制搭便车的实用方式。现在,恰恰相反,国家的强制特点不但被认为是国家这种机构的最重要特点,而且也发生了变化——国家行使的强制力基本上已经变成了私人行使的强制力,因为国家的强制力被认为由一些个人或者阶级对其他个人或者阶级行使的力量。

### 四、关于国家的元经济学(Meta-economic)假设

这一部分要讨论的是,意大利财政传统的理论构建必然要涉及政治学、伦理学或者社会学的一些假设。意大利财政传统虽然与现代财政学理论一样也关心效率——即使用最少手段这一"最高"原则(the supremo principle of minimum means)问题——但如果不求助于对国家的政治假设,就无法关心效率问题。其实,原因就在于意大利学者寻求关于现实世界的统一性(也就是,他们采用了实证方法)。然而,政治在现实世界中根深蒂固,因此,"公共经济学"(economia pubblica)无法回避政治假设。如下文所示,有些意大利作者明确提出了一些政治学或者社会学假设,而另一些作者则满足于一些隐含的假设。

在意大利,德·维提最早意识到一种坚实的理论必须建立在几个假设之上——似乎有必要强调,这就是他提出的著名的"垄断型国家与合作型国家"。[①] 这样的两种国家,既是他提出的政治假设,也是他提供的极端例子(polar cases),还是他基于某种历史观的角度进行的概括。

事实上,对于德·维提的研究框架来说,垄断型国家和合作型国家首先是一种至关重要的政治假设。从这个角度说,他提出了基于假设的逻辑构造,或者说,进行了科学的研究。用他的话来说就是,"理论结果在假设条件下是'正确的',而在假设条件就是或者成为真实条件时就具有'应用价值'"(De Viti de Marco,1888:90—91)。

其次,垄断型国家和合作型国家被作为极端例子来介绍——也就是,他认为:政治家是这个世界的一个本质特征;他们的实际行为因时间和空间而大相

---

[①] 德·维提在他最后写的几本书中只提到了这两种极端情况。而在他1988年的原著中还提到了第三种情况——监护国家。

径庭；从概念上讲，我们能够构想出政治家行为的极端例子，因此，政治家的任何实际行为类别必然是极端行为的混合；政治家的实际行为越是接近极端行为，极端行为分析的解释价值就越大。因此，从这个观点出发，德·维提所说的政治家极端行为案例分析，可以被认为是一种重要的方法论工具，而且，这种方法论工具不应该受他的研究可能遭到的批评的影响。

最后，垄断型国家和合作型国家是德·维提基于历史的视角列举的极端例子。这是因为，在他看来，国家经历了某种形式的演化，从专制国家演化到了民主国家，即从垄断型国家发展到了合作型国家。用他的话来说，就是：

> "在历史的演进过程中，垄断型国家并不代表一个静止点、平静点、均衡点……因此，民众往往向往一种受欢迎的机构合作型国家。合作型国家在'财政经济学'(economia finanziaria)中代表一个到达点和政治均衡点。"(De Viti de Marco,1939:42)[①]

潘塔莱奥尼当然属于边际学派，但他的思想似乎有所变化，他对强制进行了论证。事实上，我们倒是想知道，他在晚年是否可能提出德·维提式的政治假设。用他的话来说，就是：

> "财政问题的特点不外乎就是由一个'政治长官'(superiore politico)为了达到下面的目的之一而采取的强制性人类行动：让政治长官自身利益最大化；让政治下级利益最大化；让两者的利益都最大化的……这三种情况对应于专制、监护(tutorial)和合作这三种不同的政治制度。"(Pantaleoni,1892:6 note,1964 ed.)

在笔者看来，以上这段文字应该解读为潘塔莱奥尼确实接受了德·维提式的政治假设：无论如何，这是德·维提[②]和法西亚尼[③]的看法。

费德里科·弗洛拉(Federico Flora)借鉴了德·维提的总体研究框架，因此我们也可以把以上对德·维提研究的评论用来评论弗洛拉的研究。然而，他的大部分努力并没有用在理论研究上，而是用在了法律和政治方面，而且他

---

[①] 在德·维提1888年的著作中也能发现相同的命题，但措辞比较温和；如请参阅De Viti(1888:91)。

[②] 请参阅De Viti(1939:48,note)。我们参考了德·维提原创的三个例子：垄断、监护和合作型国家；请参阅De Viti(1939,note)。

[③] 请参阅Fasiani(1932:163—164)。

非常关注实用的规则。正因如此,弗洛拉的理论体系容量较小,无法真正与德·维提的理论体系相容。例如,他强调了对国家强制力的关注,这可能与合作行为思想形成了鲜明的对照,但却与通过投票决定公共需要(或者公共产品)的思想完全相吻。事实上,在他所说的现代国家(对应于德·维提所说的合作型国家),"税收是由同时又是纳税人的公民投票决定的,而国家就变成了一家兼顾生产和消费的巨大合作公司"(Flora,1893:20)。我们也许会认为,用边际效率条件来调和投票决定公共产品的行为并不是非常容易的事情。弗洛拉把财政活动分为以下两个不同的部分来避开很多与之相关的困难:满足公共需要和分摊相应的成本。可结果是,他的理论框架因此显得有些模糊不清。

外部社会学假设似乎证明了格拉齐亚尼的观点。事实上,他意识到,确有可能会发生这样的情况:"政权——在很大程度上取决于财富支配权——允许较富裕阶级把税负强加给较不富裕阶级"(Graziani,1897:29)。不过,他的结论是:这种现象并不重要,因为均衡趋势终将占据上风(Graziani,1897:31)。但他也承认,在不同的历史时期,甚至在不同国家的同一时期,由于一般条件不同,因此,公共目的与私人目的之间的关系也不相同(Graziani,1897:20)。因此,均衡取决于人口增长的趋势和国民收入的发展水平(Graziani,1897:144—145)。这就相当于认为"需要"(或者公共干预)取决于社会学上的假设。

笔者对德·维提研究的评论,可能有很多也适用于法西亚尼,因为他俩都考虑了国家的极端情况,而且,这些极端情况从表面看是用相同方式定义的。[①] 因此,笔者在这里可以认为,法西亚尼的研究与德·维提采用了相同的政治假设。不管怎样,我们都可以接受:无论是在垄断型国家还是在合作型国家,都有一个目标函数要最大化:在合作型国家,个人的权重全都被设定为等于1;而在垄断型国家,只设置了统治阶级成员的权重,因为社会其他成员的权重都为0。但是,两者的对应并非完美,因为德·维提的极端例子具有不同的实际意义,而且还应该记住,德·维提确实对解释现实世界很感兴趣,因此实践的意义就非常重要。然而,他的解释似乎传递了这样一种总体思想:德·

---

① 限于篇幅,我们不可能在这里考察法西亚尼和德·维提对三种例子所下的定义。这将是另一篇文章要谈的主题。

## 意大利财政传统中的国家思想

维提的经济学研究基于寻求效率（最少手段原则），但却把个体权重序列作为政治假设。要是我们能记住现代财政学理论也关注效率，政府禁不住要做一个有目标函数的有知觉的有机体，那么就能得出以下结论：在德·维提和法西亚尼的理论框架与现代财政学的理论框架之间并不存在任何很大的差异。

关于伦理学的假设，我们也许可以从龙卡里著作的序言说起。龙卡里在他著作的序言中表示，该书"旨在抵制这些狭隘的个人主义观，因为它们与一个繁荣富强的国家必须遵循的原则格格不入"。事实上，他随即就主张，国家必须注重"公民知识和道德文化"（Roncali,1887:22），但要确定他的主张是否能够取得成功可不是一件容易的事。因为，总的来说，他主要关心结合实践规则的描述；而我们无论如何都必须了解，他提到了哪些规则。不过，我们还是能够推断，他陷入了一种当时常见的伦理焦虑。[①] 例如，"每门学科的终极目的都是美化民众的心灵"（Zorli,1890:254）。

此外，年龄较轻的贝内代托·克罗奇（Benedetto Croce）的观点众所周知，也就是，为了打击敌人、保卫自己，国家不但要把孤立的个体团结在一起，而且要"让每个认识自己内心世界的个体萌生浓厚的愿望，还要让他们争取越来越好地实现自己的愿望"（Croce,1907:15）。也许，令人惊讶的是，塞利格曼认为私人团体与公共团体之间的差别会"提升公共团体的重要性，并且……会使[以上援引的]克罗奇的漂亮格言具有价值"（Seligman,1927:51）。然而，塞利格曼考察的是财政学中的社会理论，可见他已偏离了经济学。

艾诺蒂的情况模糊不清，因为，从一个角度看，他无疑利用了一个伦理上的强假设。用他的话来说，"现代国家是一种——而且是唯一一种——要实现提升道德和精神水平目的的国家形式，因此——且仅仅由于这个原因——才要实现经济福利的目标"（Einaudi,1943a:46）。事实上，对于艾诺蒂来说，唯一可能的国家形式就是现代国家；如果政治家们不这么做（即，如果他们就像在垄断型国家那样只谋求私利），那么，这样的国家就不成其为国家。因为，这样的国家迟早会解体。由于这个原因，"国家与非国家二分法要比抽象地去区分垄断型国家、合作型国家、现代国家有用得多"（Einaudi,1943a:47）。不仅

---

[①] 不管怎样，伦理学仍对经济学产生了重要影响：请参阅 Evensky(1993)和 Fossati(2004)。

如此,艾诺蒂还大胆断言:

"国家与非国家既同时存在又为了击败对手而不断地斗争,两者之间的辩证关系——在其他场合——就是上帝与撒旦,或者善良与邪恶、精神与物质之间的永恒对立。虽然他是这么表述的,但他很清楚,他说的是价值判断问题。"(Einaudi,1943a:48)

所以,艾诺蒂与德·维提分歧严重,因为他给自己所说的"现代国家"增加了提高道德和精神水平的目的。其实,他是在说,人类并不仅仅追求物质财富最大化的目的,而且还追求精神财富,如"民族独立、宣扬宗教教义、追求理想的生活、提高文化水平、维护个人自由"(Einaudi,1919:19)。当然,他是对的。但随后,他就迷失在了政治和道德的双重元经济领域,因而难以找到有意义的审慎命题。但不管怎样,"精神"财富的公共生产会给国民核算造成潜在的问题,因为生产精神财富必然会发生成本,从而必然会减少公共服务供给。[1] 此外,有人可能会说,他的研究是建立在政府追求公民福利最大化这个政治假设上的。[2] 具体来说,国家"是最大限度地提高公民财富生产力的一个必要条件"(Einaudi,1919:197)。他之所以这样说,是因为他与潘塔莱奥尼一样也认为,在现代国家,"公民委托他们的议会代表计算公共服务所产生的收益和公共服务的生产成本",而"议会代表如果认为新的公共服务能为社会带来更大的收益,那么就会决定提供新的公共服务"(Einaudi,1919:193)。

这种观点与德·维提的合作型国家观不谋而合。因此,从这个角度看,我们可以下结论说,艾诺蒂的政治假设与德·维提的以下观点相同:掌握政权就是为了促进全体公民的福利,因为每个公民都通过受托代理人来分享集体利益。

除了德·维提之前的作者(通常是指财政学成为一门科学之前的作者)以外,总的来说,艾诺蒂的伦理观并没有得到后来的意大利学者的认可,[3]因为

---

[1] 请参阅 Ricci(1942:434)。

[2] 事实上,他的确认为,自由主义是一种"源自绝对的道德责任的理想生活"(Einaudi,1943:67,note),这必然会影响他作为经济学家的行为方式。但是,他的自由主义是与满腔热情地为国家和税收辩护结合在一起的[请参阅 Ricci(1942:424)]。

[3] 顺便说一下,笔者并不排除意大利学者关心国家的道德目的(或者需要)。例如,在批评马佐拉时,科尼格里亚尼在国家的需要中提到了"道德和知识发展"的需要(Conigliani,1894:34)。

当时他们已经认为价值判断应该被作为外在于经济学论证的假设,而他们更关心的是政治问题或者社会问题。道德毫无疑问并不属于他们心目中的政治问题或者社会问题的范畴。有一些伦理焦虑可能会出现在社会学方法中,但肯定没有出现在由帕累托推动形成的意大利社会学界。①

**五、国家的政治学和社会学研究路径**

在第四部分,我们已经讨论了一些政治假设,并且已经表明意大利学者根据国家的某种具体政治假设来开展经济学研究。② 在这一部分,我们将介绍一种截然不同的政治学或者社会学研究路径,或者说,我们将介绍在当时存在的这样一种实际情况:为了说明国家干预经济系统的原因,学者们直接求助于政治或者社会学论证,几乎抛弃了经济学研究。

科尼格里亚尼(Conigliani)最先意识到,至少部分研究要越界涉足政治学领域,因为经济学研究没有充分的解释力。其实,科尼格里亚尼的研究采用了一种明确的二分法:就公共支出而言,财政是一个经济问题;但从对应的成本分摊的角度看,又是一个政治问题。用科尼格里亚尼自己的话来说,"为了创立一种解释财政现象的积极、全面的理论,有必要把公共支出的经济现象与公共收入的政治现象区分开来"(Conigliani,1894:42)。事实上,对于科尼格里亚尼来说,"国家的行为并不以满足社会为目的,而是某些人以牺牲他人为代价最大限度地满足个人欲望的一种手段"(Conigliani,1894:34)。他评论道③,"集体的快乐最大化倾向,只不过是一些个人的利他主义愿望,但就像任何其他个人主义倾向一样,在跟其他关联成员(other associated members)更加利己主义的倾向对比时,就能看出这样的个人的利他主义愿望。"(Conigliani,1894:35)。其实,政治组织"只不过是针对某些个人或者社会阶层采取的防范

---

① 基本上,只有帕累托的两个学生博加塔和森西尼属于意大利"社会学派",但其他学者,如洛里尼(Lolini)和斯卡勒法蒂(Scalfati)也可被归入这个学派;请参阅 Scotto(470,note 31)。

② 这种观点认为,由于已经考虑了政治假设,因此,经济行为居于主导地位。但是,意大利学者完全明白,由于"政治因素",即由于所提出的政治假设有别于现实,因此,经济学解释并不能直接应用于现实世界。所以,剩余的政治因素充当了干扰因素这个次要角色。例如,德·维提非常清楚他的合作型国家中的政治因素:"政治元素虽然活跃程度不一,但几乎始终是财政现象的一个组成部分,因此必须加以说明"(De Viti,1939:47)。

③ 这是他严厉批评德·维提、萨克斯和马佐拉的观点的一个组成部分。

性或抑制性①强制手段而已"(Conigliani,1894:35)。统治者在决定公共支出时倾向于遵循最少手段的经济原则;但在分摊相应的负担时,他们会按照政治法则动用手中掌握的权力,并且在政治领域寻找分摊负担的理由和极限(Conigliani,1894:41)。

公共产品的种类和数量选择是按照边际理论(萨克斯、德·维提、格拉齐亚尼、马佐拉,还有潘塔莱奥尼②)做出的,"对统治者的评价取决于公共需要的强烈程度,而公共需要则是根据统治者自己的意见以及能对他们产生政治影响的阶级的利益确定的"(Conigliani,1894:126)。③ 也就是说,一方面,在公共支出领域,"起作用的经济法则与私人活动遵循的经济法则相同"(Conigliani,1894:41)。另一方面,用来管理公共收入的基本统一标准(为公共支出筹款),"不是经济法则,而是政治法则"。科尼格里亚尼在谈到这种统一标准(uniformities)时是这样说的:

"收入找到了它的存在理由、必要形式、对象、来源,以及在重要政治关头政府对被攫取收入的社会阶层可行使权力的程度。"

(Conigliani,1894:42)

除了各自的论证以外,很难把科尼格里亚尼这最后一种观点与蒙泰马丁尼的观点区分开来。事实上,蒙泰马丁尼确实在政治组织是工业企业的思想中找到了他自己的构想;而且,他也的确说过这样的"经济定理":政治企业"持续供给服务或者产品,直至达到所说服务或产品供需相等的那个点,而政治企业持续能获得生产要素供给,直至达到满足生产要素需要的那个点"(Montemartini,1900:139)。然而,政治企业的主体是政治企业家,他的目的就是"创建某种强制力来向社会分摊某些生产过程的成本"(Montemartini,1900:14)。这可能就相当于说,公共支出按照经济法则来确定,而筹款则遵循政治法则:这也是科尼格里亚尼得出的结论。

默里运用帕累托社会学中的一些构想(constructs)——但仍距离帕累托的社会学甚远——拓展了科尼格里亚尼和普维尼亚(Puviani)的研究。对于

---

① 帕西内蒂(Pasinetti,1993)的英译本把"repressive(抑制性)"错译成了"successive(继发性)"。
② 请参阅 Conigliani(1894:42,note 12)。
③ 这句话在帕西内蒂的英译本(1993)中丢失了引用意大利原著的页码。

默里来说,财政统一标准研究也要考虑如何来确定需要。事实上,他很关心国家财政活动统一标准的研究,因为财政活动是国家活动中"那种关系到满足公共需要的活动"(Murray,1914:11)。最后,他得出了这样一个结论:财政现象同时具有政治和经济双重特点。政治方面的特点来自财政现象内在于政治组织的强制性,因为政治组织本身就脱胎于强者对弱者的统治。

默里采用了帕累托的渐次逼近法:他先是假设国家只在政治动机的支配下采取行动;然后假设国家只在经济动机的支配下采取行动;最后,他提出了一种兼顾公共支出和公共收入的综合观。这两种活动都由政治和经济力量所决定,但对于公共支出,政治力量在社会统治阶级内部占据上风,而经济冲动则在社会被统治阶级中占据优势地位。至于公共收入,统治阶级把负担压在被统治阶级身上的政治倾向受制于后者主要是经济性质的活动。[①]

格里齐奥蒂(Griziotti)认为,"财政学(Scienza delle Finanze)研究公共支出资金的分拨原则",而"国家财政活动以为公共支出筹集必要的收入为目的(Griziotti,1929:11),并且具有主要是政治的特点,因为财政活动的主体、内容和目的都具有政治特点。手段是经济的,而分配原则则是政治的"(Griziotti,1929:19)。

财政研究的社会学路径基于帕累托的社会学:它的主要价值就在于提起问题并给出线索,但对解释财政问题只提供了很少的方法。按照社会学的观点,财政现象由政治集团占用私人财富的过程构成,而私人财富被占用后部分地变成了在经济上有用的服务。对统一性的追求,带来了"一般社会学"和"财政经济学"问题;就前一种问题而言,用博加塔的话来说,财政现象"本质上是社会学研究的对象,因此不可能根据经济学假说来研究它们的统一性"(Borgatta,1920:6)。不但如此,财政现象还不能被作为帕累托意义上的逻辑行为系统来对待。

就后一组问题而言,就是那些与财政经济学有关的问题,"经济学假说本身不足以推断出财政的统一性。这是因为,对很多问题而言,我们必须考虑采用一些社会学方法来处理由财政现象带来的经济过程(processes),这些经济

---

① 请参阅 Fasiani(1932:158—159)。

过程无法分割地联系在一起"(Borgatta,1920:6)。

### 六、结束语

在历史比较悠久的意大利传统中,真正的问题并不是把国家作为生产者还是作为消费者来考察:每种方法都包含最后的综合。有人认为,国家的经济特点就是经济合作,国家在私人经济中充当了"看不见的手"的角色。然而,意大利传统的最后一位作者法西亚尼,改用了一种更加务实并且与现代国民核算中的政府定义相吻合的方法。同时,有些作者确实接受了一种升级版的斯泰因的再生产理论,但这个矛盾可以采用以下方法来解释:他们的"高深理论"必然处理紧急需要,比如要能够为具体问题(如分摊税负)找到切实可行的解决方法。

在财政学的新古典范式中,国家的作用被简化为追求目标函数的最大值。在意大利传统中,国家更具有真实性、物质性,因为秉承这个传统的作者有意解释现实世界。不同的国家概念,反映了不同作者观察真实现象的不同角度,对这些真实现象他们试图用自己的理论来解释。事实上,意大利传统总是把国家作为一个必要前提,因此,无论哪种类型的国家都是社会生活的必然结果和必要前提。德·维提把国家视为替社会做事的代理人。还有些作者使用了国家的法学、社会学甚或常识性的概念。

在意大利财政传统的作者那里,对于解决如何确定公共需要这个重要问题,并非总要牵涉到国家,德·维提(和法西亚尼)把公共需要看作是事实前提,而这依赖于他们所考察的极端例子中包含的政治假设。意大利传统的其他作者尝试过不同的路径。马佐拉根据奥地利学派的理论,尝试过互补性路径。而蒙泰马丁尼则根据生产要素的边际生产率,尝试过政治企业的路径。对于巴罗纳来说,公共需要就是那些被"认为"是公共的需要,但最终取决于政治家们的选择。对于博加塔和森西尼来说,公共需要就是典型的"帕累托衍生物"(Paretian derivation)。

除了公共需要以外,另一个需要解决的问题就是国家应该供应什么产品。德·维提运用最小手段原则解决了这个问题。因为,在德·维提看来,产品应该由私人还是国家供给,只取决于哪种供给方式成本较低。里卡·萨勒诺和格拉齐亚尼运用边际效用解决了这个问题,并且着重强调了需要与产品之间的严格对应关系。后来,有些作者开始关注某些个体或者阶级支配其他个体或者阶级的问题,因此把注意力集中在国家内部的私人强制上,于是国家的强制特点引起了重视。

为了构建理论框架,有必要从政治、伦理或者社会学的角度提出有关当权者行为的元经济学假设。事实上,德·维提所举的极端例子就是政治假设,或者说,就是关于政治家行为的假说。但有必要指出,在这些极端例子中,相应的国家就像在现代财政理论中那样使自己的目标函数最大化,于是可以得出以下结论:德·维提和法西亚尼的理论框架与现代财政理论框架之间并不存在任何巨大的差别。其他学者利用了类似的政治假设,或者求助于社会学甚至伦理学的假设。他们中的艾诺蒂值得一提,因为他同时提出了伦理学和政治学的假设。对于巴罗纳来说,私人并不直接需要公共产品,而国家旨在满足公共需要的活动由政治家控制——政治家由多数公民通过直接投票任命,并且受制于少数派的反应,这就是公共选择。因此,或许有人会感到惊讶,布坎南(Buchanan, 1960:239)居然会迅速断言,在巴罗纳那里,"财政理论沦落为财政负担强制分派理论"。

最后,为了解释经济体系中的公共干预,在意大利财政传统中有些作者直接求助于政治或者社会学论证,几乎把经济学分析搁在了一边。科尼格里亚尼最早意识到至少部分研究应该越界涉足政治学领域,后来主要有默里和社会学派加以效仿。事实上,财政活动的政治学或者社会学特点取决于政治组织内部不可避免的由强者统治弱者造成的强制性。因此,强制性作为国家的主要特点开始引起注意。国家的强制力往往会转化为私人强制力,因为某些个体或者阶级会对其他个体或者阶级动用强制力。有人可能会想,意大利传统转向了政治学或者社会学——也就是说偏离了经济学——这一事实部分地要为它走向衰落承担责任。

# 意大利财政理论中的公共支出

多美尼坎托尼奥·福斯托(Domenicantonio Fausto)

## 一、引言

从斯密发表《国富论》(*The Wealth of Nations*,1776)到凯恩斯发表《自由放任的终结》(*The End of Laissez-Faire*,1926)和《就业、利息与货币的一般理论》(*The General Theory of Employment, Interest and Money*,1936),经济学家对政府在经济中的作用的看法几乎没有发生什么变化。在这个漫长的时期里,关于这个主题的很多著述都持否定的态度,并且强调政府支出不断增加的危险性。

在20世纪30年代大萧条之前,大多数关于政府支出政策的讨论都以充分就业为前提条件,而政府履行经济职能的范围则被限制在维持货币价值、维护法律和秩序、负责国防和其他基本服务(如有限的公共工程投资)的范围内。大多数人都赞同政府越小越好的观点。

国家的经济边界在20世纪30年代以后发生了巨大的变化,长期趋势就是公共支出增加,导致政府支出的绝对规模和占国内生产总值的比例双双增长。在整个工业化世界,政府在资源配置、加大收入再分配力度和作为支持经济稳定的重要因素等方面发挥了越来越全面的作用。

总体而言,古典经济学家注重国家的资源配置职能,并且支持小政府,因为政府的适当职责应该就是不干预。古典经济学家拥护自由放任,支持自由市场经济,因为它是一种竞争性经济。

在英国,临近 19 世纪结束时,随着古典政治经济学向着新古典经济学的过渡,公共部门的理论和问题就变得不那么重要。马歇尔(Marshall)的第一版《经济学原理》(*Principles of Economics*, 1890)有一章是论述财政问题的。与斯密、李嘉图(Ricardo)和 J. S. 密尔(J. S. Mill)等之前的论述不同,马歇尔在这一章里考察了税收的转移和归宿效应,但没有考察公共支出对经济的潜在作用。就连庇古(Pigou)的《公共财政研究》(*A Study in Public Finance*, 1928),虽然是专门论述公共支出问题的,但也只限于阐述一些一般性的基本原则。[①]

斯蒂格勒(Stigler,1965:7—8)在自由放任思想诞生一个世纪以后又重新强调:

"经济个人主义的主要思想流派并没有留下哪怕是数量还过得去的证据,能够证明国家无力解决各种各样的复杂经济问题。几乎没有证据能够证明国家在经济活动中表现愚蠢,除非我们准备接受从一般理论中选择的推论作为证据。"

欧洲大陆的财政学传统在 19 世纪的最后几十年里已经变得完全不同,先是在奥地利、法国、德国、瑞典和意大利的公共财政学者中间开始了有关公共财政支出话题的讨论。说到意大利,当时有潘塔莱奥尼(Pantaleoni)、德·维提(De Viti De Marco)、马佐拉(Mazzola)和其他一些学者运用新的边际价值理论,为财政理论发展做出了重要贡献。[②] 这种财政理论就像英语国家传统的理论一样,认为不能忽视预算的支出端。在德国就如同在意大利,临近 19 世纪结束时,论述公共经济的著作已经赋予政府比古典"最小国家"模型所建议的大的作用。例如,瓦格纳(Wagner,1883:8)根据公共和私人活动在经济发展过程中必然互补的思想提出了公共部门不断增长法则。

事实上,公共支出会对整个经济产生影响:经济发展主要受到公共支出增加的影响;公共支出能够影响税收归宿,而且往往能够抵消税收归宿的影响;

---

[①] 所提出的一些原因并不十分令人信服。例如,西拉斯(Shirras,1936:46)写道:"19 世纪并不十分需要公共支出理论,因为政府的职能范围受到了限制。"

[②] 一些影响最大的论文发表在马斯格雷夫和皮考克(Musgrave and Peacock,1967)主编的论文集中。

而一般的公共服务都具有生产力,而且是为了提高其他生产要素的生产率而设计的。因此,公共支出研究涉及范围广泛,从公共支出增长分析到更加理论化的影响效应阐述。[①]

本文试图按照意大利的财政学传统来分析公共支出的这些重要方面。本文安排如下:第二节介绍决定公共支出增长的因素;第三节运用税收转嫁和归宿理论来考察税收与支出两端的整合问题;第四节集中关注公共支出一般生产力的经济作用;第五节对全文进行总结。

## 二、公共支出的增长

临近19世纪末,瓦格纳主要是根据对德国公共支出的经验观察,提出了国家活动不断扩张的法则。[②] 从此以后,这条法则吸引了很多学者的注意力,但他们为检验这条法则做出了不同的解释和阐述。[③]

最一般形式的瓦格纳法则表明,经济发展水平与公共支出之间存在着一种正相关关系。因为,在发达国家,无论是按绝对值还是相对值计,总支出与收入之间的比率都呈增长趋势。瓦格纳把这种趋势归因于三个因素:首先,由于公共活动取代了私人活动,因此,国家的行政和保护职能有所扩大。除了治安和经济调控公共支出以外,瓦格纳还提到了与工业化现象有关的人口密度和城市化程度提高。其次,实际上,由于假设文化和福利支出,特别是教育和收入再分配这些公共服务的收入弹性大于1,因此这些公共支出也有所增加。最后,技术进步速度加快,投资活动的资本规模不断扩大,国家也越来越多地参与生产和监管。另有一个关于公共支出表现的假说,随着时间的推移,吸引

---

[①] 有许多学者提出假说试图解释政府支出增长的长期趋势:坦齐和舒克内希特(Tanzi and Schuknecht,2001:171)用文献证明了今天的工业化国家在过去的125年里主要是由于推行"福利国家"政策才促成了政府规模快速扩大的趋势。旨在解释配置于公共部门的资源不断增加的理论通常同时强调需求因素(人口和收入增加、技术进步、城市化等)和供给侧因素(尤其是官僚政治的影响效应)。在最近的讨论中,公共选择观强调必须用公共服务的需求者和供给者的效用最大化行为来解释公共支出增长趋势。关于这个主题的全面考察,请参阅亚马歇等(Amacher et al.,1975)以及皮考克和怀斯曼(Peacock and Wiseman,1979)。伯切丁(Borcherding)为整合关于政府和官僚行为假说的理论和经验检验进行过开创性尝试,请参阅伯切丁(1977)。

[②] 关于相关段落,请参阅瓦格纳(1883:1—8)。在一个很长的时期里,瓦格纳在他发表的很多文章中表达了他的这一思想。蒂米(Timm,1961)做了详细介绍。还请参阅 Bird(1971)。

[③] 请参阅 Gandhi(1971)和 Michas(1975)。

了很多学者的注意。这个假设就是皮考克和怀斯曼在对1890~1955年英国政府支出进行经验研究时提出的"位移效应"(displacement effect)假说。① 在那项研究中,他俩表示,不测事件(如战争、革命、经济危机)会推高公共收入和支出。他俩验证的假说是,公共支出随着时间的推移逐步增加,而在"位移效应"临近消失时会达到一个新的阈值。虽然大部分经验研究都没有验证位移效应假说和瓦格纳法则,但是,学者们对位移效应假说的评价好于对瓦格纳法则的评价。②

意大利学者对公共支出增长进行了类似于对瓦格纳法则的考察。③ 例如,科尼格里亚尼(1903:318—320)把国民收入增加与公共支出增长联系在了一起:国民收入增加会导致税收增加;这样,新的公共需要就能得到满足。里卡·萨勒诺(1921:47)认为,财富分配与公共支出增加之间存在联系,而且这种联系与社会各阶层经济状况差距扩大有关:财富的逐步集中提高了满足富人阶层感觉到的不那么重要的集体需要的可能性。在博加塔看来(1935:83—84),平均收入的增加会自动增加税收收入,从而为公共支出提供资金,但又不会产生过度的反应。

格拉齐亚尼、西塔(Sitta)和尼蒂(Nitti)效仿瓦格纳,但采用一种特殊的方法做出了重要贡献。

格拉齐亚尼(Graziani,1887)根据主观价值理论(subjective-value theory)的基本原理完成了一项开创性的研究。尽管他在这项研究中运用非常一般的术语表达了自己的论点,但已经认识到必须考虑政府提供服务的效率(Peacock and Wiseman,1979:5)。

---

① 皮考克和怀斯曼(1961)。关于"位移效应"的含义能够提出的问题,请参阅 Bird(1972)。后来,皮考克和怀斯曼把研究方向转向了构建群体行为模型解释公共支出增长的问题(Peacock and Wiseman,1979)。

② 对于瓦格纳法则的计量经济学检验在数据准确性和统计方法使用上都存在不足(Diamond and Tait,1988:17)。同样,经验研究也几乎总不能证实"位移效应"(Diamond,1977)。利用意大利1960—1981年的数据证实了瓦格纳法则和皮考克和怀斯曼的"位移效应"(Giannone,1983)。另一篇考察意大利1951—1980年公共支出的论文得出了这样的结论:公共支出呈指数式增长态势,但政府更迭并没有影响公共支出增长的趋势(Fossati,1981)。对意大利1960—1990年公共支出状况的考察显示,以下不同因素导致公共支出增加:收入增加、人口变化、再分配目标和选举大胜(Franco,1993:209)。

③ 关于研究细节,请参阅 Mastromalteo(2003)。

格拉齐亚尼的论文分为三个部分。第一部分考察了公共支出的性质,也就是考察了为什么要把一部分国民收入用于实现国家目标的原因。反映在财政关系中的法律和政治原则并不能明晰以本身衍生于价值理论的自然法为基础的公共支出的性质。每个人都会评价公共服务,但公共机构的支出却根据主观评价的客观平均值来决定(Graziani,1887:166)。在文章的第二部分中,作者根据这些评判依据,通过比较一些国家不同时期的预算考察了公共支出的发展趋势(Graziani,1887:167—168)。

文章的第三部分一上来就强调必须认真研究公共支出的原因,以免错把表面原因当成真正的原因,或者错把直接原因当作深层原因(Graziani,1887:185)。作者据此指出,像瓦格纳和勒罗伊-博利厄(Leroy-Beaulieu)这样的学者由于没有注意这样的告诫,并且采取了错误的公共支出观,因此得出了片面、具有误导性的结论。瓦格纳虽然考虑了一些重要原则,但并没有提出系统的公共支出理论。勒罗伊-博利厄引用大量的数据来阐明自己的论点,并且把各种不同公共支出原因整合在一起,但只字未提有关公共支出的基本概念。为了科学地阐明公共支出逐步增加的原因,有必要考量确定公共支出性质的原则。

格拉齐亚尼(1887:215—216)下结论表示:个人是根据主观条件(如每个人的知识、道德和经济条件)和客观条件(如公共服务价格、人口结构和技术状况)来评价公共支出。公共支出之所以增长,是因为公民的需要状况发生了变化,而公民需要状况的变化又以主观和客观条件的变化为前提。这些主观和客观条件的动态变化(文化水平的提高、财富增加、人口增长、技术进步、生活必需品价格上涨)会对需要产生影响,从而会提高公共服务的价格,而公共服务价格上涨则是公共支出逐步增长的直接原因。

同样,西塔(1893)也认为,瓦格纳、勒罗伊-博利厄和另外一些学者都犯了"张冠李戴"的错误,也就是把公共支出增长现象出现的具体方式当成了造成公共支出增长的真正原因,并且把公共支出增长的现象与国家职能、尚武精神和公共债务的内涵和外延性增长联系在一起。在西塔看来,要想确定造成公共支出的真正原因,就应该根据支配社会成员个人行为的基本准则来进行分析。现代国家除了要维持治安和秩序以外,还要完成改善公众生活、发展教育和福利的使命。国家要履行的职能不断增加,应该会导致公共支出相应增加,这是合乎逻辑的(Sitta,1893:17)。

与马佐拉(Mazzola)一样,西塔(1893:22)也认为,公共需要是私人需要的反映。因此,私人需要任何量上的增加和程度上的提高,都意味着需要更多的公共产品,从而会导致公共支出的相应增加;而公共支出就是公共产品和服务的货币成本。生活条件越好,需要就越特殊化。因此,公共支出必然会增加,原因就在于必须更加全面地满足私人需要(Stta,1893:24)。实际上,也可以说,国民财富增加越快,公共支出就可能增加越多(Sitta,1893:26)。他还根据这个结论提出了一个符合实际情况的告诫:有些国家公共支出的超常增长似乎与它们的税收能力不符;对国民财富过度征税,会影响人们做出经济努力的意愿,并且还会对经济增长产生不利影响。

在这篇论文的最后部分,西塔(1893:35—37)强调指出,虽然他相信文明的发展会使私人和公共需要成倍增加,因而需要更多的公共产品作为互补品来更好地满足私人需要,但重要的是,提醒人们别相信瓦格纳和其他学者认为公共机构活动无限增长的观点。①

尼蒂在他编写的教材的最著名章节中考察了公共支出问题(Nitti,1922:84—116)。尼蒂主要援引了瓦格纳的论文,但没有详细展开讨论。他的研究首先认为,在现代社会,公共支出的增加与一般性需要有关(Nitti,1922:85)。专制政府和寡头政府也表现出与民主政府相同的倾向(Nitti,1922:96—97)。毫无疑问,公共支出增长具有普遍性,但是,想要确定国家行动和满足集体需要是否意味着要占用比过去更大比例的资源,为了避免错误,就必须考虑与过去预算的相关项目——人员和实物服务量、不动产收入额、私人财富数额和币值变动——进行比较(Nitti,1922:105—111)。

在尼蒂看来,虽然很难与过去的社会进行比较,但是,公共支出增长具有普遍性,尤其是从19世纪开始。造成公共支出增长的主要原因是:军费开支

---

① 皮考克认为,瓦格纳、格拉齐亚尼和西塔的观点之间存在一定的联系。他表示,"阿道夫·瓦格纳以及意大利学者格拉齐亚尼和西塔代表的19世纪末的观点与比较优势说十分契合。由于工业经济的增长,随着工业尤其是制造业的发展,必然会出现对交通运输服务、能源和废物处理等的补充需求。当时常有人说,中央政府和地方政府在提供这些服务方面具有比较优势"(Peacock,1992:31—32)。

增加；兴建需要使用蒸汽牵引技术和电力的大型公共工程；修建公路和铁路；为新的开支筹款而导致公债增加；财政立法和公共援助发展；劳动阶级更多地参与公共生活,需要提供之前不被认为是公益的服务(Nitti,1922：113－115)。公共支出与公共收入相互关联。国民收入和财富分布决定公共收入的数量、构成和使用,而公共支出则主要由每个国家的政治和社会特点所决定(Nitti,1922：167)。

公共支出增长的社会决定因素,是当时许多意大利学者研究的另一个重要问题。在格里齐奥蒂(Griziotti)、洛里尼(Lolini)、森西尼等意大利学者看来,之所以会发生公共支出(和公共收入)并且规定它们的限额,是因为它们是满足集体机构为了强制推行一般福利政策而根据社会主要的社会和经济原则确定的需要的条件(Tivaroni,1934：405－406)。

在19世纪末和20世纪初论述公共支出增长问题的意大利学者中间,潘塔莱奥尼、马佐拉和普维亚尼做出了最重要的理论贡献。

在潘塔莱奥尼看来,公共支出的经济和政治影响因素之间存在明显的相互依存关系。这一点被他认为是主要或者至少是最持久的影响因素所证实：这个因素就是国家职能的增加,因而直接费用普遍被并入了间接费用。潘塔莱奥尼(1909：42)用"直接"来描述根据个人消费量支付的费用,而用"间接"来表述通过税收筹款支付的费用。他强调指出,如果公共预算增加,那么就会出现这种情况,因为过去由公民个人提供的服务项目(如防止自家被偷)"现在已经大大扩展,并且被作为固定费用项目,也就是费用与公民个人的服务消费量无关的服务项目"(Pantaleoni,1909：42)。但是,由一家公营企业来代替私人企业,也就是：

"每个公民根据自己消费的服务来支付的费用被替代为虽然公民间服务消费量不同但不再按消费量支付的费用。"(Pantaleoni,1909：42)

所以,"对于公民个人来说,这样的替代就是把直接费用转化为了间接费用。公共支出应该被看作每家企业按纳税标准承担的间接费用"(Pantaleoni,1909：42)。企业缴纳的税收是生产支出的一个组成部分,而企业可用在使用公共服务后生产率提高所产生的利润来缴纳税收。国家越富裕(即企业越来越发展壮大),间接费用较之于直接费用就会越多;同理,国家越富裕,公共支出和收入就会变得越多。简而言之,国家越富裕,预算越多就越有利(Pantaleoni,1909:43)。因此,造成公共支出增加的主要原因就是私人部门被公共部门所替代。

与潘塔莱奥尼一样,马佐拉也认为,公共支出必须反映个人偏好。他的观点的一个特点就是公共产品与私人产品互补,而且两者都与个人有关,私人产品的基本作用应该对个人有用,因为它们为个人从用于满足私人需要的私人产品中获得效用所必需(Mazzola,1890a:66—73)。每种个人需要都包含"一定比例的对互补性公共产品的需要,因为个人需要的满足程度取决于这样的互补性公共产品"(Mazzola,1890b:41)。所以,私人产品生产的扩大就意味着公共支出的增加。

普维亚尼(1903)提出了另一种公共支出扩张理论,当然也对财政错觉(fiscal illusion)理论的发展做出了最重要的贡献。他赞同把边际分析方法应用于解决公共经济问题,但又认为预算税收和支出两端的财政错觉扭曲了纳税人对牺牲和效用均衡的感觉。

普维亚尼把财政错觉定义为个人对税负总量和公共支出带来的收益的错误感觉。对国家为了实现其目标而动用的手段(税收和公共支出)的错觉可以分为公民高估或者低估税负造成的牺牲以及公共支出相对于其客观价值带来的收益。他认为,大部分财政错觉是因为掩盖了公共产品实际成本并且高估了公共产品的效用(乐观错觉)而产生的。在他看来,相反的情况(悲观错觉)并不常见。

普维亚尼的分析主要关注收入侧的乐观错觉。虽然普维亚尼没有仔细考察支出侧的乐观错觉(Puviani,1903:18—22),但是,公民系统高估公共支出带来的收益意义重大,因为它会导致公共部门扩张。普维亚尼讨论了以下一些关涉公共支出扩张倾向的支出侧财政错觉的情况:不知某些支出;不知支出的实际用途;不知支出金额;不知支出的使用期限;不知支出发生时间;不知支出目的;不知支出的直接和继生影响;不知支出原因。法西亚尼这篇论文的贡献就在于把支出侧财政错觉分为以下三类:隐瞒人人都知道的支出;采用会计和行政调整手段隐瞒支出;采用其他方式和手段隐瞒支出(Fasiani,1941a:75

—109)。

普维亚尼关于"过去是君主,现在是立法机构,能够隐瞒为各级行政机构公共支出筹款的真实成本"的假设似乎很有道理,足以解释为什么政府能把自己的规模扩大到比公民想要的还要大,尤其是在公共支出靠赤字财政或者增发公债来筹款的情况下。

总的来说,意大利学者深入研究了有关公共支出增长的问题。虽然我们很难采用一个综合框架来概括这些学者重要论文论及的经济、政治和制度等各种元素,但仍有必要阐明他们的理论贡献的一些主要特点。这些研究公共支出增长问题的主要意大利经济学家受到了边际分析的影响,边际分析采用私人经济部门使用的方法,把公共支出数额及其在不同部门配置的决策视为纳税人偏好的函数。因此,除了满足私人需要的私人产品以外,他们还研究了用于满足公共需要的公共产品和公共服务。

### 三、对税收与公共支出的同步分析

长期以来,税收转嫁和归宿理论都没有考虑税收支出导致的商品需求变化,并且还忽视了对私人产品的需求会随着税收的增加而转化为对公共产品和服务的需求。这种理论观点反映了一种财政活动的公共消费观,这种财政活动观把财政活动视为基本上是非生产性的消费,并且把理论研究局限于如何征税,也就是减少配置于私人用途的经济资源,而没有考虑公共支出能够带来的收益。

可追溯到李嘉图(Licardo)的古典研究方法通常并不从税收归宿的角度去考虑税收收入的支出问题。[①] 在意大利第一部系统研究税收转嫁和归宿理论的著作中,潘塔莱奥尼(1182:13)在简单介绍了古典学派的税收观以后,只是附带提到了税收机构使用税收的问题。后来,他在一篇论文中考察了税收的使用问题,并且指出:如果比以前多的公共收入被用来创造比私人使用(这些收入)更多的效用,那么,公共收入的增加有可能不会对公民造成负担(Pantaleoni,1887)。在这篇论文中,潘塔莱奥尼表示,税收负担的影响并不意味着

---

① 关于古典学派作者税收收入使用的文献述评,请参阅 Holden(1940:774—118)。

像强盗索要赎金那样会导致生产成本增加,因为国家是用公共服务换取税收。在潘塔莱奥尼看来,虽然不能否定税收有可能会降低一般生产成本的假设,但这也不是常见的情况。公共服务支出通常是一种公民虽不赞成但要承担的支出。如果真是这样,那么现在就很清楚,超过公民愿意为自己所要服务支付的那部分税收真的就像强盗索取的赎金(Pantaleoni,1887:48,68,74—76)。

我们可以在艾诺蒂(Einaudi)的一篇论述中发现他明确系统地主张应该从税收影响的角度考虑税收使用问题的最早理论阐述。这篇文章在论述税收资本化(tax capitalization)问题时从理论的高度批评了税收始终意味着生产成本特别是利息上涨的观点(Einaudi,1912)。使用税收有三种可能的结果:税收的公共使用有可能创造与私人使用这些收入相同的效用、更大的效用或者较小的效用。虽然艾诺蒂认为,在这三种可能的结果中,第三种结果最有可能出现(因为统治者没有能力管理国家的基本和生产职能),但他并没有排除真的出现第二种结果的可能性(Einaudi,1912:478—481)。

艾诺蒂重述这个话题不止一次。1919年,在一篇论述税收资本化理论——同时引用了他在之前1912年的文章中考察的税收收入公共使用的三种可能结果和潘塔莱奥尼(如前所述,潘塔莱奥尼把税收看作是强盗索要赎金)的观点——的文章(Einaudi,1919)[①]中,艾诺蒂对"赎金税"假说(hypothesis of a "ransom tax")、(他自己提出的)"冰雹税"假说(hypothesis of a "hail tax")和"经济税"假说(hypothesis of an "economic tax")进行了比较。

在艾诺蒂看来(1919:183—184),税收并不像冰雹;因为,税收是人类意志的产物,因此会产生不同于完全没有预见到的自然事件的影响(更加不利或者比较有利的影响)。完全没有预见到的自然事件虽然既不让人类付出代价,也不给人类带来回报,但会夺走地球上的果实。事实上,我们不是处在"赎金税"的情形(意味着比"冰雹税"更经常地对财富造成破坏),就是处在"经济税"的情形——一种相对于税收负担,依靠税收收入提供的公共服务能为社会带来收益的情形——中(Einaudi,1919:185—189)。

艾诺蒂在他的《财政学原理》(*Principi di scienza della jinanza*)中简单

---

[①] 还请参阅 Einaudi(1967:192—201)。

讲述了税收影响不但可被作为纯粹的负担,而且还可以从税收收入使用的角度来研究。关于"赎金税"、"冰雹税"和"经济税"等不同的假说,他得出了这样的结论:现代国家倾向于征收"经济税",这种税收能增加收入、储蓄和生产性活动,降低利率并且增加资本(Einaudi,1952:263)。

德·维提(De Viti,1936)与艾诺蒂一样批判了传统的税收归宿理论,考察了整个税收体系①而不是单个税种的影响,但改变了大的研究方向。对于德·维提来说,传统的税收归宿理论有两个错误命题。第一个错误的命题就是把财政问题看作好像与私人经济完全无关,并且假设税收对于纳税人和社会来说就是财富损失;而第二个错误的命题则是只从生产者的角度来审视税收,认为税收会导致生产者的成本上涨、利润下降,而且还认为税收的直接后果就是价格上涨(De Viti De Marco,1936:148—149)。这两个错误命题的组合就得出了"如果不考虑依靠税收提供的公共服务的话,税收本身就完全、始终意味着私人产品生产成本的上涨"这个不言自明的真理(De Viti De Marco,1936:150)。现在,如果我们承认公共产品有助于私人产品的生产和使用,那么就能得出结论——德·维提指出——"之前的生产成本也许就像以前一样有所上涨,或者由于税收增加而已经下降;从纯理论的角度必须说已经下降"(De Viti De Marco,1936:151)。

德·维提拒不接受"国家利用税收购买与消费者一般需求相同的产品"这个假设:

> "因为这样的假设可能会与国家干预的原因——也就是生产公共产品和征税的原因——相冲突。国家是否明智地花钱并不重要,但国家必须以一种不同于消费者的方式花钱,才是必要和充分条件。"(De Viti De Marco,1936:153—154)

征税必然会改变私人产品税前的需求曲线:虽然私人产品的需求曲线由于征税而下行,但有税收收入的支出,因而增加了国家为提供公共产品而对私人产品的需求。征税的直接和必然结果就是改变纳税人和打破税前均衡的国家以前的私人产品需求曲线。

---

① 马斯格雷夫基本上就是持这种观点(1959:211—217)。

"征税就意味着以前的价格体系上下波动;因此,无论税收是平等地影响全体公民还是只影响部分公民,无论生产者是在垄断还是自由竞争的条件下从事经营活动,都将出现税收转嫁现象。产品需求增加、价格上涨的生产商已经把税收转嫁出去;而其他人却会感受到税收的影响。"(De Viti De Marco,1936:153—154)

在检验德·维提建议的同时考虑税收和公共支出影响的观点的意大利学者中,法西亚尼(1940,1943)和达·恩波利(Da Empoli,1941)的贡献值得关注。

法西亚尼在他一篇评论布莱克(Black,1939)著作的文章(1940:6—9)中检验了应该从税收影响的角度考虑税收收入使用这种观点的合理性。法西亚尼在那篇文章中表示,在某些情况下可以把研究局限在"冰雹税"假设上。法西亚尼(1943:261—262)还指出,德·维提因为在意大利采纳了主张同时考虑税收和公共支出影响的观点。在他印刷版的讲义于1923年初版后,这种观点就被广为接受。在法西亚尼看来,这种观点有各种不同的先例,但他的功绩就在于把自己的理论应用于对整个财政现象的系统研究。

达·恩波利(1941:93)证明了自己重视德·维提主张的道理,因为他认为,德·维提的主张毫无疑问最值得注意(Da Empoli,1941:93)。德·维提也最早遭到达·恩波利的批评,因为德·维提在拿他自己的研究与传统的研究进行比较时参考了塞利格曼处理特别税的方法。达·恩波利(1941:94)指出,由于德·维提把自己的研究局限于一般税,因此,如果参考运用传统理论处理一般税的研究,那么对他的理论与传统理论的比较就更加明确、对路。后来,达·恩波利又批评了德·维提把论证基于错误的前提,并且把理论建立在错误前提之上——即税收总会导致私人产品的生产成本上涨,但与公共服务的好坏无关。达·恩波利(1941:97)虽然很欣赏德·维提的提示:忽略支出的影响,视它为不存在,只能获得近似的结果,但他又指出,德·维提从把支出影响视为不存在这个极端倾向转向了另一个极端倾向,即太过简单地考虑把税收影响分析与公共支出影响分析合并在一起。达·恩波利(1941:102)还认定,德·维提认为"从纯理论的角度看生产成本下降这一点必然始终能够成立"的观点不是一种理性的税收观。达·恩波利(1941:131)最后批评德·维提的观点指出,虽然他认为有必要把税收影响研究分为两个阶段——即税收征收阶段和公共支出阶段,但又认为并不是所有的税收研究都应该使用二阶段研究法。

斯考托(Scotto,1947,1951)也系统阐述了在研究税收影响时考虑公共支出的逻辑必要性。他曾指出:很明显,财政活动并不只限于税收,但很多学者认为必须同时合并考察每种税收征收和支出影响的观点值得怀疑,并且应该会受到许多逻辑限制。原因就在于,虽然只有一个征税概念,但无法界定某一给定税种收入的支出概念(Scotto,1947:211)。斯考托的结论是,"冰雹税"假设虽然与事实不符,但却是一个有用的假设,因为这个假设反映了避免无用的复杂化的意愿。在其他假设中,根本就无法同时合并考察税收征收和支出。

德·维提对于税收归宿研究的贡献,除了普遍受到意大利学者的肯定以外,还赢得了其他国家学者的赞赏。本汉姆(Benham,1934:364)表示:"只有把德·维提的财政学研究成就放在英国但实际上是大多数国家的财政学研究背景下才能最好地感觉到德·维提的伟大"。布莱克(1939:39)写道:"德·维提给税收归宿理论带来了两个最重要改进之一。"[①]摩根斯坦(Morgenstern,1972:18)强调:"德·维提的税收归宿研究预见到了该理论的很多后续发展。"格鲁夫(Grove,1958:110)也正面评价了德·维提的理论贡献,他表示"有些经济学家,如德·维提,在这方面与众不同,他们把税收对需求的影响作为税收归宿理论的一个组成部分"。但是,德·维提的很多贡献仍没有受到重视[②]

---

[①] 还请参阅 Black(1939:142—144 and 189)。

[②] 德·维提的贡献在肯德里克(Kendrick,1937)的文章中被忽略。但不管怎样,肯德里克的这篇文章和之前的一篇文章(Kendrick,1930)值得一读,因为它们把税收归宿理论分别应用于石油税和牛奶税。在石油税的情况下,税收收入被用来改善道路状况,而道路状况的改善反过来又增加了对石油的需求。在牛奶税的情况下,税收收入被用来做牛奶广告以促进牛奶消费。这两个例子赋予一种肤浅的观察者可能会认为只在纯抽象概念层面有道理的理论以具体的意义。

或者被低估①。

**四、公共支出的广义生产力**

国家是独家垄断社会强制力的机构,国家通过税收来攫取社会资源,并且通过增加收入来为公共服务和产品生产筹款。因此,国家不但攫取社会资源,而且还是一种有权通过税收分享部分可利用产出的生产要素。

把国家看作是一种生产要素的理论是由意大利经济学家潘塔莱奥尼、德·维提和艾诺蒂提出的。②潘塔莱奥尼(1906:474)是第一个明确提出国家生产要素观的经济学家。③他曾表示,公共财政与私人市场经济是紧密联系在一起的。在潘塔莱奥尼看来,国家就像土地、劳动力和资本那样是一种生产要素。国家参与生产必然会发生成本,因此必须按照这种被使用生产要素边际生产率的一定比例从它的产出中收回成本。所以,国家作为一种生产要素,就是通过税收获取了它应得的部分产出。虽然国家向纳税人提供的公共服务具有强制性质,但评判公共服务的一般标准仍然是公共服务的边际效用等于税收的边际成本。潘塔莱奥尼还指出,把国家作为生产要素的判据可用来比较公共支出与私人支出的边际效用以确定公共支出的限额。

德·维提进一步考察了国家即生产要素的理论,他认为,国家通过提供公共服务就成了一种对于任何其他生产活动来说都是必不可少并且就像任何其

---

① 比勒(Buehler,1938:676)在没有赋予任何重要意义的情况下援引了德·维提的《公共财政学基本原理》(First Principles of Public Finance),"《公共财政学基本原理》简要介绍了公共支出影响与税收归宿之间的一些关系"。但比勒(1938:675)认为,是肯德里克最先详细考察了这个问题。另一名学者霍顿(Holden,1940:774—775)好像甚至认为,德·维提受到了肯德里克的启发。事实上,他写道:"安东尼奥·德·维提(Antonio de Viti de Marco)运用'修建道路'的例子与肯德里克证明公共支出对税收归宿的影响的例子非常相似。"林德霍姆(Lindholm,1950:282)简要介绍了德·维提的贡献:"最近有一种观点认为,[税收效应]研究应该扩大到包括所收到收入的支出效应"。相反,罗尔夫(Rolph,1956:8)用一种完全消极的方式表达了自己的观点:"我很难在德·维提的阐述中发现一种条理清晰、合乎逻辑的理论。亨利·西蒙(Henry Simons)表示遇到了一种相似的困难"。布坎南也没有非常欣赏德·维提的贡献。他表示,"德·维提也许走得太远。[……]他没有认识到任何全面整合税收和支出两端的研究都会遇到巨大的困难,而他的专题研究往往过于简单化。德·维提没有承认在仅针对局部均衡结果的研究中使用'冰雹税'(imposta-grandine)假设的无用性"(Buchanan,1960:40)。

② 在福斯托(Fausto,2004)可以找到有关这个主题的文献的更详细讨论。

③ 柯西亚尼(Cosciani,1936:51)指出,潘塔莱奥尼的国家生产要素观也出现在了潘塔莱奥尼其他版本的讲义中。

他生产要素那样的生产要素,因此有权获取报酬。

德·维提(1936:111—113)曾表示:"税收就是国家为了替自己准备为提供一般公共服务所必需的手段而占有的一部分公民收入。"他还补充道:

"如果我们把国家看作是一种集体使用的经济,把私人产品转化为公共产品是一种由国家判断经济利益的交换[……]毫无疑问,如果我们承认消费者与生产特殊公共服务的国家之间存在一种交换关系,那么,作为一般公共服务生产者的国家与全体纳税人之间也存在着一种交换关系。[……]概括地说,税收就是每个公民为了让国家收回他们要消费的那部分一般公共服务的成本而支付给国家的价款。"(De Viti De Marco,1936:112—113)

德·维提(1936:115)还强调,"几乎所有的一般公共服务都具有有利于生产并且为消费私人产品所必需的产品的特点"。对于德·维提(1936:223)来说:

"派生于这一理论的另一个原理就是,每份收入无论多么小,都含有一定比例的国家在提供生产性服务时发生的成本;由于税收就等于这个成本,就如同工资对应于劳动者付出的劳动,因此,每份收入无论多小,都要承担相应的纳税义务。"

由于以下原因,法西亚尼(1941b:299—301)严厉批评了德·维提的国家生产要素论:这是税收生产力或者再生产力论的老调重弹;大部分公共服务并不能被视为生产要素,除非我们想提出一个广义到失去意义的生产要素概念;公共服务是每种经济活动的前提,但不是生产要素;国家生产要素观具有马歇尔外部经济性概念的不确定性和难以捉摸性,此外,应该想到,我们无法知道国家作为生产要素的边际生产率;国家生产要素论只是一种含义模糊的观点:凡是对我们有用的东西都会增加一般福利,而国家不能被视为真正的生产要素,税收也不能——像地租、利息和利润那样——被视为生产要素的报酬;最后,无法用国家生产要素论来确定税负分摊标准。

艾诺蒂(1942)广泛评论了法西亚尼对德·维提的国家生产要素论的批判,并且表示支持这个他在过去已经捍卫过的理论(Einaudi,1919:189—191;1930:306—307)。在艾诺蒂(1942:301—326)看来,税收与公共服务之间有一种逻辑关系,即税收是国家以公共服务作为交换物占有的一部分社会总产出。公共服务会对财富创造产生直接的影响,但测度国家作为生产要素对某个给定产业或者整个经济的贡献的困难似乎也不是把国家排斥在生产要素之外的理由。在艾诺蒂看来,国家是别具一格的生产要素,作为一种潜在实体(士兵、法官、教育者、公共利益护卫者)发挥作用,并且以一种不同于其他生产要素的方式获取报酬,对于艾诺蒂来说,根据国家生产要素论无法推导出任何为收回公共服务成本而分摊税收负担的规则。

法西亚尼(1942:494—498)回击艾诺蒂称,他并不认为税收的再生产力可以被归纳为政府支出与收入之间有必然联系这个非常简单的概念。实际上,德·维提和艾诺蒂以不同的方式使用了生产要素概念。前者考虑的是,类似于以不同方式组合生产不同产品的基本生产要素(土地、劳动力和资本)的生产要素概念;而后者则考虑的是,在任何情况下都会影响生产的生产要素概念(Fasiani,1942:499—511)。

布坎南(1960:38—39)阐明了一些能够解释为什么是意大利学者提出国家生产要素论的原因:

"对于意大利人来说,财政理论关心的主要是国家活动,而不是受国家财政影响的个人活动。[……]意大利模式包括国家,但更加重要的特点是把国家财政账户的两侧税收和支出捆绑在一起,并且普遍承认任何单侧的研究都只有限的有用性。"

布坎南(1960:41—42)随后又强调:

"意大利财政理论所包含的很多更加具体的贡献都是一般方法论的衍生物,其中之一就是对公共支出广义生产力的认识,这个贡献是由那些采纳财政活动'经济'观的学者,尤其是由德·维提和艾诺蒂做出的。[……]公共服务有助于最终产品生产,并且与劳动力和资本处在平等的基础上。因此,从理论上讲,可赋予公共服务一个适当的分配份额。"

布坎南对意大利财政学传统的解读是正确的:它的主要特点就是认为公共服务是生产要素,国家的经济作用需要极大的关注。财政研究要注意系统分析公共预算收支的两个方面。而在从斯密极其追随者到庇古(Piguo)的英语国家传统中,国家的经济作用必然被最小化。国家的活动是非生产性的,公共支出不会对公民福利产生影响,因此国家应该限制自己的活动,把公共服务减少到由需要决定的最低限度。只是在萨缪尔森和马斯格雷夫对20世纪50年代的新公共支出理论做出贡献以后,英语国家的财政研究传统才开始重视支持公共部门职能有益的新观点。

**五、结束语**

本研究首先考察了意大利学者对公共支出增长理论做出的不同贡献。格拉齐亚尼、西塔、尼蒂和其他学者效仿瓦格纳,但采用不同的方法强调了公共支出增长与国家的社会经济作用之间的关系。事实上,社会和市场并不是自然现象,因为它们要依靠政府才能生存和运行。

然而,这些作者完全没有抓住意大利学者提出的公共支出增长决定因素。就如我们指出的那样,潘塔莱奥尼聚焦于公共支出增长现象的各动态方面:国家越富裕,公共支出通过公共部门取代私人部门的方式增长就越快。按照马佐拉的观点,公共产品与私人产品呈互补关系,而私人产品生产的增长就意味着公共支出的增加。普维亚尼的支出侧乐观财政错觉研究考察了这个问题更加广泛的政治和社会方面。在普维亚尼的这项研究中,公民经常高估公共支出导致公共部门增长创造的收益。这种财政错觉意味着立法机构可能因为政府的实际规模而令公民失望,而政府有可能因此而导致自己的规模超过效率水平。然而,就像本研究评论的其他学者一样,普维亚尼的研究并没能对公共支出增长问题做出详尽的解释。

艾诺蒂和德·维提这两位意大利重要经济学家的观点,对于运用税收转嫁和归宿理论同步分析税收征收和支出具有重要的意义。他俩表示,必须注意由税收支出导致的私人产品需求变化。在他俩看来,这是一种讲究实际的财政活动观;但在其他作者看来,近似地接受"冰雹税"假设的方法论标准并不会导致各种关于税收支出的考虑会从税收转嫁和归宿研究中消失。

意大利财政学传统还有一个值得注意的方面,那就是:国家是一种生产要素,通过公共支出为社会提供公共服务,并且规定保护公民权利的规则框架。因此,财政活动是一种参与私人产品生产并且提高私人生产要素边际生产率的生产活动。

总之,意大利经济学家考察了一般背景下的财政问题,同时兼顾税收和公共支出,并且赋予公共支出有可能实现效率的作用。意大利经济学家总是与否定公共支出和公共服务生产力的古典学派相去甚远。他们把国家作为生产要素纳入他们的模型。他们的思想在一个世纪之前已经占据重要地位,在今天更加动态的环境下仍然十分重要。

**致 谢**

本文的第一个版本是提交给 2008 年 12 月 10~12 日在巴黎举行的公共经济学史研讨会的。本文的作者要感谢两位匿名审稿人提出了有益的修改意见。

# 公共福利与私营企业精神：
# 1880—1930 年意大利的市有化经验

皮耶罗·比尼（Piero Bini）
丹妮拉·帕里西（Daniela Parisi）

## 一、引言[①]

本文探讨了意大利在 19 世纪 80 年代至 20 世纪 20 年代发生的市有化辩论，旨在从历史以及科学和分析的角度去考察意大利市有化的特点。

意大利的这场城市公用事业辩论主要聚焦于道路和交通系统、水气供给、面包供应、药店以及育婴堂等问题。在这些方面，市有化公司被认为是大规模服务供给最适合的企业化解决方案。

当时，经济学家已经认识到经济学研究不可能不考虑社会福利这个超越个人福利总和的问题。具体来说，从补偿/辅助国家干预这个更加广阔的视角看，分权化的机构在解决国民经济（包括生产和消费两个方面）中存在的结构性缺陷并赋予经济体系有效的发展手段方面，被认为是迄今为止遥遥领先的最有成效的工具，因为它们官僚化程度较低，且更加注意地方需要。

本文的第二和第三节探讨了意大利人如何关心国家行政管理、公民社会与政治辩论之间关系的问题，特别是如何应对所谓的社会问题以及由工业化和城市化造成的错综复杂问题。这种关心在克里斯皮（Crispi）政府发起行政改革的年代里更是达到了新的高度，并且在市有化"企业"里得到了体现。这

---

[①] 本文的"引言"（第一节）和"结束语"（第七节）由本文作者合著；第二和第三节以及第四、第五和第六节分别由丹妮拉·帕里西和皮耶罗·比尼执笔撰写。

些市有化企业的特点就是经验主义以及一上来就不受中央立法的约束。由于政治和制度因素对于经济行为①起到重要的作用,因此推进了社会需要和社会福利问题的解决。这些特点或者问题是最初的辩论热议的主题。

本文的第四到第六节主要介绍由一些关心市有化问题的重要意大利经济学家发展起来的理论分析工具。

1902年,焦利蒂(Giolitti)政府提出市有化法律框架时,②意大利正在经历一个深刻的社会、经济和民事变革时期。这个时期的变革为巩固意大利的工业体系奠定了基础。意大利人的幸福水平明显得到提高(1901—1914年间,意大利工业部门的实际工资增加了26%)。白领阶层开始在大城市发展壮大,并且达到了具有政治意义的水平。白领阶层构成了一个新型的领薪中产阶级,他们不同于由店主、企业主和小地主组成的传统中产阶级。大规模的城市化现象与过去比较也开始变得更加集约化。③

在具有思想和政治敏感性的领域,随着大众阶级参与国家政治生活的水平的不断提高,一种明确的意识不断传播开来,而品味和偏好结构的不断变化不但对个人选择产生了强烈的影响,而且也严重影响了公共财政。意大利学者开始对市场、社会和公共产品之间的相互影响进行更加自觉的方法论研究,而这种兴趣表达最显著的学者也已经在进行公共市有企业研究。

## 二、18世纪80年代意大利国家作为行政管理机构和经济主体的作用

18世纪80年代是意大利国家行政机构的改革年代,历史学家把这些国家行政机构改革看作是应对"旧时国家重建"问题的举措,是令人着迷的国家政治统一观念的体现。

国家新的社会和经济角色是19世纪和20世纪几十年自由主义文化排斥反国家自由主义的典型产物,因此,在19世纪80年代的最后几年里,克里斯

---

① 收入贝尔塞利等(Berselli et al.,1988)以及路易基·米凯莱蒂基金会(Fondazione Luigi Micheletti,1990)编的论文集中的论文可被视为关于这些主题的开创性文献。还请参阅卢卡利尼(Lucarini,2003:chap.5)。卢卡利尼在他的著作中还对"公用事业市有化经营"进行了国际综述。

② 后来在1903年3月29日变成了第103号法律。罗通迪(Rotondi,2002)详细介绍了相关议会辩论的情况以及参与调停斡旋的经济学家议员的观点。

③ 人口在5万以上的意大利城市的居民占意大利总人口从1881年的18.8%增加到了22.8%。

皮推行行政管理改革以后,市政当局的职能不断扩大,对外活动不断增加,公共行政外围组织也日趋合理化。

一方面,市民参与政治生活的程度的提高促进了这个合理化过程,而行政投票范围的扩大以及政府管理职能从中央向地方的转移又影响了市民参与政治生活这一新的现实;另一方面,这个合理化过程也得益于规范省、市之间相互关系的程序的明确规定,①而明确规定规范省、市间关系的程序,旨在建立中央与地方的关系网络对充分尊重公民权利的愿望与通过授权执行各部发布的规定来推行中央集中控制计划进行某种形式的协调。

工业化、国内移民尤其是城市化等国民经济领域发生的变迁促成了这个地方行政管理合理化的过程。国家领导人开始敏锐感觉到的类似问题导致他们考虑把制造业和公用事业产品和服务由私人企业转移给公营市有化企业。

19世纪末,一些(或许不是一流的)意大利知识分子和经济学家已经注意到了这些主题,评估了它们的数量相关性,并且弄清了它们的政治和社会影响。他们之间就这些主题展开的辩论为帕累托(Pareto)、潘塔莱奥尼(Pantaleoni)、巴罗纳(Barone)、蒙泰马丁尼(Montemartini)和很多其他受理论影响的经济学家在20世纪初阐明这些主题做好了一定的准备。

事实上,从19世纪70年代开始,经济学就一直在刺激对文化和计划更新的需要。关于这个问题,有两个针锋相对的"学派":一派是当时意大利最杰出、最有影响力的经济学家弗朗西斯科·费拉拉(Francesco Ferrara);另一派是一个由经济学家和社会科学家组成的人数众多的群体,如安吉洛·梅塞达格利亚(Angelo Messedaglia)、维托·库苏马诺(Vito Cusumano)、路易吉·纳扎尼(Luigi Nazzani)、费特勒·兰佩蒂克(Fedele Lampertico)、路易吉·科萨(Luigi Cossa)、路易吉·卢萨蒂(Luigi Luzzatti),还有统计学家路易吉·博迪奥(Luigi Bodio)。② 后一个"学派"组成了所谓的"伦巴第—威尼斯"团体,又被称为"在讲坛上布道的社会主义者"和"德意志学派"。最后一个名称表明,这个团体高度关注德国政治经济学、行政管理学以及银行和金融文献,德国学者对经济学理论研究方法论问题的重视以及他们对国家的作用及其在社

---

① 这个目标是通过创建由省长主持的省行政会议来实现的。
② 请参阅 Faucci(2000:chap. 5)。

会经济背景下的行政管理组织的强调。①

实际上,德国的社会科学是意大利分权理念的源泉,但首先是更加精细地组织新时期行政管理、民事和经济生活可能性的来源,而分权被认为是为了避免因政府承担太多的职能容易导致的问题而在劳动分工方面考虑的一个因素。

当时有一个关键人物促进了对这些问题的认识,他就是杰罗拉莫·博卡尔多(Gerolamo Boccardo),一位从 19 世纪最后几十年就出名的学者。当时,有一些杰出的同行甚至在一些影响到他声誉的场合也经常对他的经济学著述进行尖锐的批评。②

实际上,博卡尔多对于史学研究的重要性并不在于他自己的著作。无论是他的《论政治经济学理论与实践》(*Trattato Teorico Pratico di Economia Politica*)③(事实上在他生前已经广为传播),还是在科奎林-纪尧米内(Coquelin-Guillaumine)的词典出版后他(有时被认为模仿别人)编纂的《政治经济学词典》(*Dizionario di* Economia Politica),④都因为缺乏科学独创性而不值得特别一提。博卡尔多在史学研究领域之所以占据重要地位,是因为他接替弗朗西斯科·费拉拉(1876—1892 年)担任鸿篇巨制《经济学家丛书》(*Biblioteca dell'Economista*)第三系列的主编。要知道《经济学家丛书》是意大利经济学家了解外国经济学家著作和洞见的一个重要渠道。在这方面,博卡尔多创新性地选择了翻译一些把数学方法应用于经济学的著作(Whewell and Quetelet),包括一些边际学派先驱(Cournot、Jevons and Walras)的著作——坚持经济学中性的著作(H. E. Cairnes and H. S. Mill),甚至在他们眼里应该

---

① 有信为证,意大利的"德国学派"团体正式成立于 1874 年。这封信既是这个团体的创建文献,又是它主张的经济政策纲领。1875 年,在米兰举行的一次代表大会上,佩兰蒂克提出了在社会状态要求的情况下"联合行动"、个人和国家联袂行动以及优化地方自治机构的必要性(Parisi,1978)。

② 对博卡尔多著作的史学研究超越了本研究的范畴。关于更多的细节,请参阅 Augello 和 Pavanelli(2005)以及 Massa(2003)。

③ 《论政治经济学理论与实践》(*Trattato Teorico Pratico di Economia politica*,Turin,Franco)从 1853 年起出过好几版,因为在 1885 年出了第七版。请参阅 Augello 和 Guidi(2007)。这部著作的第三卷中有被博卡尔多收入《经济学家丛书》(*Biblioteca dell'Economista*)的文章。

④ 《政治经济学与贸易通用词典》(*Dizionario Universale di Economia Politica e Commercia*,Milan,Treves,1877 and 1881)。

被看作"异端者"的作者的著作。这些著作在一些主要国立图书馆的出现保证一种"新文化"最终渗透到了官房经济学。①

由于经济有机体的文明水平取决于它的需要的质量、数量和强烈程度,因此,经济学被要求构建关于经济有机体运行的理论。经济学家要面对的需要并不仅仅是个人的"事实",因为它们会随着每一种文明发生变化,这种变化过程促使人们寻找更加复杂的方法来满足这些需要。反过来,这一过程会导致私营企业和公营企业演化并迅速发展,而且会因为科学进步、机器改进、资本化和信贷机构提供的机会而变得生气勃勃。

就如可以观察到的那样,在社会这个有机体中,"公共部门"和"私人部门"都共同促进了经济现象的发展,因为这两个部门在当时一直联袂为满足越来越差别化的社会经济需要筹划越来越复杂的应对手段。

具体而言,经济学家对于行政事务的兴趣是根植于国家就是复杂的行政管理组织和生产性经济有机体的新观念。国家至少会按照自己的意图进行干预,并且变成经济主体,以保证个人在体制内的自由并且确定被认为基本必要但个人无法创造的条件——甚至是经济条件。

行政系统与经济系统之间的相互渗透被认为是使"进步"成为可能的条件,有时被认为是一个由"私人"占据上风的经济组织转变成"集体"和"强制"占据上风的经济组织的条件。②

19世纪意大利发生的这一变化关涉意识形态层面的程度比经济学理论领域还要深,而博卡尔多作为《经济学家丛书》主编的作用是这一变化的基本支柱。博卡尔多并不是一个"有独创性的思想家"。即便如此,他仍担负起了为意大利经济学界指明新的研究重点的责任。③

至于公共行政管理的概念,更加确切地说,公共行政管理的分权化组织形式,不但是满足社会需要的手段,而且还被作为社会参与的有力工具。

---

① 富奇(Faucci,2000:202 ff.)(由本文作者翻译)。博卡尔多的方法论背景导致他感觉到行政管理主题对于经济学家的重要性[请参阅 Boccardo(1876:3—43)和他的词典中"政治经济学"词条——请参阅上一页脚注④]。

② 请参阅 Boccardo(1876:3—43)。

③ 关于结论中的师徒关系(relationship between master and disciples in the conclusions),请参阅伊塔洛·马格纳尼(Italo Magnani,2008)所做的非常有效的考察。

此外，更加值得关注的是，在分权化行政管理体系中，地方公职人员与其说受到上级机构监管，倒不如说要受到选民的监督，并且还要承担民事和刑事责任。所以，地方政府能够集中精力关心主要的集体利益，而中央政府也不至于负担过重。

于是，经济学、经济政策和行政管理学就成了规范分权化改革及其财政影响的重要来源。因为，分权化管理只要能够保证市场自由运行，并且使自己成为一种能更好地尊重自然自由权的制度，那么总被认为有利于国家。

### 三、根植于20世纪福利制度的自治市政府和市营公司

如今，几个实行分权化行政管理体制的国家都是国民经济和社会体系的积极参与者。而在我们考察的那个年代，也就是在19世纪末和20世纪初的几十年里，经济学家致力于确定用来规范地方政府活动的准则，以创建一种既统一又分权、既能保证个人追求自己目标又能满足社会需要的政府。

市有化企业和市有化是两个意指遍布欧洲大陆的典型机构的范畴。此外，由于这些机构推行一些有时会剥夺个人参与（类似企业）自由的策略，因此，地方社区也被视同政府机构。这些机构能够在公民中间形成凝聚力，如果使用更新的范畴，那么就可以说，从这些机构是社会公民禀赋组成部分这个意义上讲，它们就是自由博弈的前提条件。实际上，我们可以说，这些机构——经过反复体验[①]——已经并且依然是20世纪福利国家持续改进过程的一个组成部分（Offe,2003），并且也是政治、行政管理和经济领域辩论的重要内容。

回到我们的具体话题，在市有化的初始阶段，意大利的一些著名经济刊物参加了关于这些问题的重要辩论，并且促进了对经济体系与行政管理机构之间关系的研究。这些经济刊物关注的是，公共行政管理部门的运行成本以及中央和地方行政机构履行国家职能的组织形式。在那些年里，"市有化"研究在某些情况下就是指考察自治市政府在产品制造方面扮演的角色，有时也仅指考察市有化过程的某些阶段，而在另一些时候则是指分析一些特许私人企业在给市政府提供服务方面发挥的作用。

---

① 请参阅本文第四～第六节。

这些经济刊物根据不同的领土分权治理观,对地方行政管理机构已经采取(或者准备采取)的经济行动和市有化企业问题发表了不同看法。

这些不同的领土分权治理观分别得到了《社会科学国际评论新作精选》(*La Nuova Antologia*,*Rivista Intnnazionale di Scienze Sociali*,b. 1893)、《经济学家报》(*Giornale degli Economisti*,b. 1875)、《社会评论》(*La Critica Sociale*,b. 1891)和《社会改革》(*La Riforma Sociale*,b. 1894)等经济学刊物的支持。其中每个领域的分权治理观都有它自己的特点,但都主张在1903年的市有化条例颁布以后立刻推行市有化。因此,从这个意义上讲,既不存在阿希尔·洛里亚(Achille Loria)在描述当时的经济学发展状况时所说的知识疲倦感,也不存在必须解决尚未解决的实际问题的梦魇般焦虑(Loria,1903)。[①]"意大利的政治经济社会"(Societa di economia politica italiana)在和平共处的氛围中度过了20世纪的头几年:折中的政治团体之间的积怨已经消除,为内容丰富但受到限制的辩论留下了空间。

更加具体地说,虽然从19世纪90年代起,大多数经济学家都认同在理论构建过程中坚持纯粹主义的重要意义,但仍有人严重怀疑理论对于解读实体经济的效度,这样的怀疑导致一些经济学家采取"批判性地"为自己的理想和观点辩护的立场:关于市有化企业的辩论就属于这种情况。

发表在《社会科学国际评论新作精选》上的文章强调了地方机构中自治市政府、省政府甚至"伙伴"关系或者"合伙"关系(在这种背景下正考虑设立一个新的地方行政级别——地区)在使得意大利更有教养、健康和积极地解决社会问题方面所发挥的作用。在这方面,卡洛·弗朗西斯科·费拉里斯(Carlo Francesco Ferraris,1889)和皮艾特罗·贝尔托里尼(Pietro Bertolini,1892—1902)是两位关键人物:他们反对官僚化,因为它是政治庇护的结果,但主张推行领薪职业行政官员制度。虽然这种制度会成为造成支出的原因,但能在一个由"科学"和经济"力量"主导的过程中恢复行政机构的活力,因而能够达到

---

① 关于这个主题,请参阅 Faucci(1972)。

公共福利与私营企业精神:1880—1930 年意大利的市有化经验

成本与收益之间的有效对应。① 实际上,迄今一直被视为"私人"的需要,从根本上讲现在应该创新地把它们作为"公共"需要来对待,并且通过公共干预来满足。

《社会科学国际评论新作精选》这本意大利天主教工人和知识分子运动(Italian Catholic Operative and Intellectual Movement)期刊的作者致力于认识意大利城市和地区现实,尤其是捍卫意大利南部在经济和社会问题上的立场。倘若在公民的倡导下创建国家的分权化机构,并且把它们交给公民代表管理,那么就能防止社会中间单位的萎缩和崩溃,而这种现象在过去给中央政府滥用干预权提供了方便。因此,从理论层面看,市政自治管理机构必须予以重建,并且在实际层面加以恢复(A. Burri,1895;G. Toniolo,1900;F. ln-vrea,1899,1901)。

在《社会科学国际评论》上发表的市政问题议案有的是由与会的天主教协会在第二届天主教社会科学工作者代表大会(Padova,1896)和第十四届天主教代表大会(Fiesole,1896)上提出的,也有的是都灵天主教会在 1898 年行政选举期间提交给全体选民的"市政计划"中提出的。不管怎样,那些年有关这个问题的理论辩论没有留下任何证据。②

在意大利,无论属于哪种政治倾向或者持哪种思想观点,没有人希望看到官僚化的市政当局置私人企业于瘫痪。对于这个问题,《经济学家报》这份意大利自由党的机关报特别敏感,先后发表了 U. 恩培尼多利(U. Imperatori,1891)、A. 拉蒂(A. Raddi,1894)、G. 蒙泰马丁尼(G. Montemartini,1901,1902,1903)、Y. R. 巴斯(Y. R. Bachi,1904,1905)、V. 汤格拉(V. Tangorra,1904,1905)、P. 西塞罗(P. Cicero,1904)、U. 戈比(U. Gobbi,1905)和 L. 妮娜(L. Nina,1905)的讲话稿。这些作者纷纷表示既不应该削弱私人部门的活力,也不能抑制个人的主动性和责任心;无论生产什么产品、怎样生产,都只能根据最低成本标准来决定;市政当局从事的"社会生产"如果需要,也只能作为

---

① 关于发表在《社会科学国际评论新作精选》上的 C. F. 费拉里斯(1889)的讲话和 P. 贝托里尼(P. Bertolini,1892,1893,1894,1902a,1902b)的讲话,请参阅 Mozzarelli 和 Nespor(1981)以及 Parisi(1985:1182—1185)中的参考文献。

② Parisi(1985:1197—1 199)。

特例来处理。①

关于市有化的辩论也有力地影响了马克思主义思想体系的修正过程。市有化在《社会评论》中被社会党人一致看作是一个具体的公共行政机构市政府职能的扩大。市政府创建了大量的高效企业,把新技术和新的组织形式引入这些企业的生产过程,并且导致消费品成本曲线下行。从这个意义上讲,自治市政府的组织模式被认为是地方立场的表达,而且也是国家行政体系的一个组成部分,因此似乎能够保证民族离心力的"规范"表达,因而是民族团结基础的具体体现。此外,在自治市层面,城市居民需要的表达并且向行政当局的转达被认为更加直接和透明。

大多数城市居民虽然没有表达特别的利益诉求,但必须有权分享财富、文化、公平和自由。这一点可以通过推行两项策略来做到。第一项策略就是通过由提供公共服务的行政管理机构逐步占有的方式来推进生产资料社会化。在这种情况下,自治市政府②有可能会成为社会党的"战壕"(O. Gnocchi Viani,1891;E. Vendervelde,1894;C. Treves,1894;A. Labriola,1896,1988 to 1989;R. Bachi,1897;W. Macchi,1898—1889③);相反,通过促进地方团体自治,也能达到相同的集体福利目的,因此,通过创建"模范自治城市"来创建"模范国家"(Groppali,1896)。

意大利社会党非常关心市有化企业的问题:从 1900 年起,该党在他们的机关报上发布了部分"城市政策",并且在有关理论和实例的国内和国际辩论中不断更新自己的"城市政策"。因此,主张利润最小化者和主张利润最大化者之间开始在利润性质的问题上出现分歧。

更加具体地说,有人认为(E. Leone,1900),市有化企业的宗旨应该是增加市政府的收入。换句话说,集体经济效益应该公平地分配给消费者(通过降低商品价格)、纳税人(市政府的利润可以用来减税,并且扩大集体效用函数)

---

① 请参阅 Gherardi(1984)、Parisi(1985:1186—1190)和 Magnani(2003)。
② 相反,在索雷尔(Sorel)看来,工会起到了"防御阵地"的作用。关于相同的观点,请参阅 Loria(1890)。
③ 还有其他署名为"社会评论"的文章。其中有一篇是论述"最低纲领"(programrna minirno)的文章(1895,p.183),还有一篇文章表达了格罗巴赫(Groppah)、安东尼奥(Antonio)、拉布里奥尼(Labriola)、索尔迪(Soldi)和拉法格(Lafargue)等利润最大化者群体成员的观点。

和市有化企业的员工(市政府可以争当"模范雇主")。① 相反,另一些人认为,必须坚决抛弃经济主义逻辑,市有化企业不应该是创造利润的工具(或者至少只能暂时这么认为),而应该是创造最大集体福利的手段(Arturo Labriola,1900;I. Bonomi,1902②)。在任何情况下,核心问题都是重建政府与被治理者之间的直接关系,从而使市有化行动能够继续,而不是因为受政府更迭的影响而摇摆不定(Montemartini,1901,1902,1903)。这种求稳的思想无疑还包含工作条件"公平"的问题。③

新自由党人提出的建议主要得到了《经济学家报》的支持,他们在建议中强调了分权作为恢复自由个人主动性契机的作用。新自由党人提出的这项建议可被视为在19世纪末已经实际成熟的反对意大利马克思主义者们提出的纲领——意大利的马克思主义者用底层进步的推力来解释社会主义与民主发展之间的关系。

总而言之,各种关于市有化作用的观点之间的冲突关系到规范地方团体行为的问题,目的就是要遵循内政部的规定并接受它的监管以建设一个更加文明、健康、富有的国家,从而实现社会进步,并且依靠稳定的财政和追求成本—效益平衡的经济观来解决如何创建高效、非官僚化的公共行政管理体系的问题。19世纪末的经济学家无论属于哪个"学派",都遇到了形塑分析工具的障碍;其中有个人效用与社会福利之间相互交织在一起——福利经济学不同观点关注的核心问题——以及解决经济效率问题与解决社会问题之间缺口等的障碍。④

### 四、市有化与自然垄断

在19世纪末和20世纪初的经济学研究中,关于公用事业产品和服务生

---

① 请参阅 Gioia(1982)和 Gioia(1983)。
② 博诺米的观点更加复杂、多面[请参阅 Parisi(1985:1192)]。
③ 社会党人在1990年(罗马)召开的代表大会上广泛讨论了这些问题,《社会评论》报道了关于市有化企业问题的相同和对立场。请参阅 Faucci(1982:118 ff.)(Einaudi, la 'Critica Sociale' e la morte del marxismo)。
④ 虽然这些问题没有得到令人满意或者最终的解决,但维尔弗雷多·帕累托(Vilfredo Pareto)、马费奥·潘塔莱奥尼(Maffeo Pantaleoni)和恩里克·巴罗纳(Enrico Barone)等具有国际影响的意大利学者都论述过这些问题(请参阅本文第四和第五节)。

产的研究着重强调一些导致"自然"垄断趋势的因素——如技术不可分性、报酬递增等。关于这个问题,维尔弗雷多·帕累托写道:

> "经济中的有些行业并不存在自由竞争;即使存在,也只是以非常不完备的形式出现。它们被称为准垄断行业,铁路就是这方面的一个例子。根据自由放任的抽象规则拒绝政府干预这些准垄断行业,只不过是一种基于形而上学思辨的主张[……]公共权力对公共汽车、有轨电车、供水、供气等服务行业的干预可能是必要的,也有可能是不必要的。只有凭借经验,只有依据事实,才可能解决这个问题。"(Pareto,1961:209—210)

同样,路易吉·艾诺蒂也曾写道:

> "建议政府经营某些企业的一个很好理由,就是消除垄断,重新建立不可能天然存在的竞争。"[1](Einaudi,1911:97)

恩里克·巴罗纳在他表示"一般来说,这些行业都掌握在私人手中,并且具有垄断的特点"(1937:120)[2]时表达了一种相似的观点。不过,是乔瓦尼·蒙泰马丁尼(Giovanni Montemartini)深入研究了公营市有企业。

蒙泰马丁尼在他的主要著作《公用事业市有化》(*Municipalizzazione dei Publici Servigi*)[3]中考察了多个"不容改变的自然、自发的事实"并有可能导致垄断的案例。更加具体地说,他认为:

> "我们几乎总是要面对本地消费以及阻止不同地点生产和从外部生产中心引入产品的现有需求。与此同时,这些行业采用的某些生产要素数量有限,它们不能被竞争对手的生产经济体所利用,它们不允许无限地发展它们的供给[……]最后[……]它们是为大多数需要大量创业和营运投资的行业准备的[……]由于所有这些原因,垄断很快就会显现出来。"(Montemartini,1902:228—289)

然而,蒙泰马丁尼并没有把自己的研究只局限在自然垄断的情形,因为他

---

[1] 这份讲稿的第一稿可追溯到1902~1903学年。
[2] 恩里克·巴罗纳的原著第一版是在1912年出的,书名叫《财政学》(*Scienza delle Finanze*)。
[3] 很多作者检验了蒙泰马丁尼的市有化企业理论,特别是达·恩波利(1984)、马格纳尼和马尔凯塞(Magnani and Marchese,1985)以及迪·马尤(Di Majo,2005)。

把自己的研究扩展到了"竞争活跃但没有效率"的情形(Montemartini,1902：102)。他所说的"竞争活跃但没有效率"的情形是指具有以下不同反常现象的市场：(1)有些企业家虽然身处竞争部门,但拥有一定程度的垄断力量；(2)卖方与买方之间契约不对称；(3)有企业推行产品差别化策略；(4)消费者信息不完备。①

简而言之,蒙泰马丁尼的论述精确勾勒出了那种允许低效率企业继续在市场上盈利的不完全竞争：他提出的这种情况正好可以通过创办市有化企业来解决。

然而,对于那个时代的很多经济学家来说,蒙泰马丁尼最初对不完全竞争的研究远远超越了科学论证和实践的可能范畴。②

在自然垄断的问题上,经济学家的观点显著趋同。如果再考虑到许多学者的学科和意识形态背景不同；而且还考虑到有些学者,如维尔弗雷多·帕累托、恩里克·巴罗纳和马费奥·潘塔莱奥尼,甚至都有自己明确的理论侧重点,那么,这种观点趋同就更加值得关注。马费奥·潘塔莱奥尼把他的同行用来表征自然垄断倾向的静态比较分析法应用到了真正意义上的动态分析框架中。公用事业产品和服务的扩张导致在这些部门运营的企业相应改变了生产函数,并且把它们的可变成本转变成了固定成本,从而导致总平均成本的下降以及——硬币的另一面——企业规模的扩大。这样一种转变事实上可用来证明以"一家公营企业来取代公民私人企业"的合理性。③ 简而言之,潘塔莱奥尼把市有化归结为一种扩大公共预算的长期趋势(因而扩大经济中的公共存在)——这并不像是政府部门社会主义运动或者所谓的"市政社会主义"运动的体现,而是希望实现越来越高的配置效率水平的结果：

---

① 引用蒙泰马丁尼的原话,这就是"表面上的竞争,而不是真正的竞争"(apparent competition, not real)、"无政府主义的竞争"(anarchical competition)或者"部分竞争"(partial competition),甚或"空间和时间上受到限制的竞争"(competition limited in space and in time)。请参阅 Montemartini(1902：102—149)。

② 这种观点分歧的最著名例子就是创办市有面包房的提议。除了蒙泰马丁尼以外,博诺米(1903)和弗洛拉(Flora,1917——第五版修订和升级版；第一版于1893年出版)也支持这个提议；同时,这项提议也遭到了许多其他作者的反对,其中包括尼蒂(1903,第一版；1905,第二版)和艾诺蒂(1959：194—198)。

③ M. 潘塔莱奥尼的"论若干经济发展现象"(Di Alcuni Fenomeni di Dinamica Economica, 1909 in Pantaleoni, 1964：102)。

"市有化的主体只是一些最终掌握在某个或者极少数公民手中的服务部门。最初,这些服务部门企业众多,后来逐步合并,并且通过把专项支出转化为一般成本,实现了普遍的支出节约。因此,市有化只是朝着同一方向又迈出了被认为对经济有利的一步。"①

最后,在 20 世纪的头 15 年里,意大利学者沿着以下方向继续他们的私有化研究:

(1)许多经济学家赞同某些经济活动具有"自然"垄断趋势(就如艾诺蒂指出的那样,尤其是那些与"道路和管线有关的经济活动",如供水、供气、供电和交通运输等),并且认为,这些经济活动的公营有可能恢复竞争,从而消除垄断利润。当然,这一点应该不再是通过实际竞争,而是有意识地接受自然垄断企业公营这样的目标来实现。

(2)在其他经济学家看来,正是赚取垄断利润的机会能够证明创办公营企业并把它们作为财政筹款工具的合理性(作为一种能够提高城市运行潜力的市政收入新来源,因此能够补偿取消被认为不公平的地方税和关税,或者筹款为城市居民提供新的服务)。②

实际上,这两个方向都有助于当时经济文化改革趋势的形成。在这两个思想流派中,前者可被认为主张复制竞争结果,在当时占据了上风:这个流派的目标是在通过低价格来刺激公共产品消费的社会需要以及在平衡预算条件下不危及公营企业自身成长可能性的相互冲突的利益之间达成一种经验性妥协。

## 五、市有化:理论与实践

不管怎样,一种类似的安排所要求的"完全成本"原则并没有考虑所涉及生产现象的本质,这种生产现象的本质就是经常显示总平均成本逐步下降。就如我们所知,从事这种类型生产的企业能够随着产量和销售量的增长而不断提高效率,直到供给价格等于边际成本。不过,在产量和销量达到供给价格等于边际成本的水平以后,企业有可能遭遇损失。

---

① Pantaleoni(1964:105—106)。
② 在这种观点的支持者中有巴斯(1897)、博诺米(1903:280 et seq.)和尼蒂(1905:682)。

19世纪末关于铁路运价的几项研究已经对解决这个问题的方法进行了明确的理论化,并且开辟了通往所谓的"边际成本定价研究"曲折历史的通道。①

意大利有两位杰出的经济学家路易吉·艾诺蒂和恩里克·巴罗纳探讨了这种方法。他俩指出,垄断企业通过控制市场能为同一种商品制定不同的价格,因此有可能建立一种多价格体系,进而能够用高于总单位成本的固定价格来弥补由低于总单位成本的固定价格造成的损失。按照艾诺蒂和巴罗纳的看法,在存在内部规模经济的部门,采用后一种固定价格——即亏损价格——有可能提高产量和销量;同时实现最高水平的配置效率,或者如巴罗纳所说的那样,实现最高水平的"社会效用"(Barone,1909:145)。

从理论的角度看,这两位经济学家做出了真正的超前贡献,但我们也应该注意到,这种边际成本定价说发展高潮中出现的创新观点,并没有在后来成为市有化辩论特点的政策导向方面占据类似的主导地位。

除了这些理论层面的问题以外,意大利经济学家还极其所能地阐明了当时正在讨论的理论和实践问题,最重要的是公营企业家的性质问题:在没有个人利润激励的情况下是否能够希望他们达到最优效率和最高的企业成长水平。

后来,这个问题变得很清楚:这类企业家不但受到商品和服务市场的制约,甚或还更多地受制于政治"市场"。

经济学家开始对公营企业家表示怀疑,首先是路易吉·艾诺蒂。他指出,公营企业家可能要面对激励扭曲的巨大风险,因为他们除了要满足内部劳动组织增加员工和工资的要求、用户的降价要求以及纳税人不为公营企业亏损买单的诉求以外,还必须要满足政治要求。艾诺蒂表示,处于这种境地的企业家除了以最恰当的方式篡改账目几乎没有其他选择:

"这类企业家很快就找到了解决方案,那就是把解决预算问题的责任留给未来几代人。他们(公营企业的管理人员)通过即使在支出增加、收入减少的情况下也始终表示不变的利润来解决这个问题:他

---

① 笔者在这里所说的19世纪末的几项研究是指哈德利(Hadley,1885)和劳恩哈特(Launhardt,1905)的研究。"边际成本定价"说的解析重建由布劳格(Blaug,1986)完成。

们通过忽略折旧这个简单的权宜之计来达到这个目的。"(Einaudi, 1911:128)

为了把激励扭曲的风险降到最低限度,有人建议政府当局对实行特许制的公用事业部门某些方面的管理进行规范。但不管怎样,直接经营管理仍应该交给私人企业,因为私人企业按照高效企业管理的标准赢得了更大的信任。像帕累托、巴罗纳、艾诺蒂这样的经济学家纷纷表达了支持这个方案的意见,并且都确认这个方案可行。

相反,赞成这些部门公营的经济学家强调了个人利益与社会整体利益之间存在(他们认为不可避免又难以弥合的)分歧。这就是社会主义(如乔瓦尼·蒙泰马丁尼[1])和自由主义[如阿蒂利奥·卡比亚迪(Attilio Cabiati)[2]]这两种不同取向的经济学家们的想法。

是上述两种取向经济学家的后一经济学家群体坚定地支持兴办200来家公用事业产品和服务提供企业,这些企业在1904~1914年被收归市有。

所以,这个经济学家群体显然占据了上风。但是,这两个经济学家群体之间的分歧——就如死灰复燃——始终难以调和,而且因双方都认为关于创建新市属企业的决策必须逐案或者酌情做出而难以弥合。当时几乎所有的意大利经济学家都赞成这种形式的相对主义,从艾诺蒂到蒙泰马丁尼,从帕累托到卡比亚迪,从尼蒂和里卡·萨勒诺到巴斯,可以说是无一例外。

但是,"酌情决策"是一个模糊的概念。事实上,多亏了这个概念,每个经济学家根据自己的科学取向和改革敏感性对市有化企业的适用范围做了相对化处理。

在完全支持市有化企业方案的经济学家中,蒙泰马丁尼似乎再次成为最重要的学者,他运用两种趋同的理论描述进行了一项有利于市有化企业的分析。

就如我们已经看到的那样,蒙泰马丁尼先是通过理论描述强调了各种类型的市场失灵,并且赞扬了市属公司在克服市场失灵方面能发挥的促进效率

---

[1] 请参阅 Montemartini(1902),尤其是篇名为"Il controllo sulle imprese private monopolistiche"的第一篇第五章。

[2] 请参阅 Cabiati(1910)。

的作用；然后通过理论描述坚持他的财政现象观。简而言之，蒙泰马丁尼把市政府看作是一个生产一种特殊"商品"——强制力——并且利用这种特殊"商品"来实行有利于某些社会群体而不利于其他社会群体的财政歧视的政治事业。就如达·恩波利博士指出的那样，按照蒙泰马丁尼的第二种理论描述，市有化企业成了公共再分配的一个组成部分。①

而在那些对公营市有化企业表示诸多怀疑的经济学家——包括非常怀疑公营企业家管理素质的艾诺蒂——看来，市有化企业的适应范围应该受到更大的限制。

总的来说，这两个学派之间的分歧隐含地说明，市有化仍存在理论上的二元性。根据一种市场配置功能观，市有化是一种比较有效的企业管理方式，因为它允许市有化后的企业到达比私营企业更高的生产水平，并且采取更加合理的生产方式；但这种观点又通过强调市场的创造功能和企业家的创新能力，认为市有化可能是推迟发展的因素，一种"值得怀疑的左翼思想"。

就连像阿尔弗雷德·马歇尔（Alfred Marshall）这样的经济学家（马歇尔在意大利非常有名，并且拥有大量的读者）也以他自己的方式对市有化表示了怀疑，并且强调了这种二元性：

"政府几乎不创造任何东西［……］政府可以出版莎士比亚作品的善本，但无法写出这样的作品［……］市政电力工程从表面上看可以官营，但它的本质却属于自由企业的范畴。"（Marshall，1907：21—22）

20世纪头15年意大利经济的快速增长以及市属企业所获得的积极成果压制了这种担心，而且还抑制这种理论二元论的讨论，而与此同时也促成了一种支持市有化的观点。

第一次世界大战以及随之而来的经济、社会和政治危机就成了意大利经济和市有化企业的分水岭。

### 六、意大利（第一次世界大战后）早期的危机、法西斯主义的登场和去市有化

1917～1922年，意大利有越来越多的市有企业关门歇业，因为它们首次

---

① 请参阅 da Empoli（1984：130 et seq.）和他的后续著作。

出现了亏损。造成业绩如此糟糕的原因通常被认为是第一次世界大战爆发，特别是意大利货币贬值和当时煤炭价格上涨。

然而，费德里科·弗洛拉(Federico Flora)就这个问题发表了自己的评论意见，谴责了市有化企业用人不严的问题，并且报告了战后人们对市有化态度的变化。① 后来，他又强调了他本人对市有企业扭曲管理的负面看法，这种"令人想起大学教授和大众社会主义"的市有企业扭曲管理"只能实际使有前途的营利企业转盈为亏"(Flora,1923:78)。

而恩贝托·里奇(Umberto Ricci)却列出了一长串经济自由的"敌人"——除了"雇佣政客"(political hacks)、"官僚百事通"(bureaucratic know-it-alls)和"生产寄生虫"(parasites of production)，还包括那些"主张合作化和市有化的权威人物"(Ricci,1921:462)。

在这种明显带有意识形态色彩的解决这个问题的新方法中，马费奥·潘塔莱奥尼再次使用了最有力、最关键的表达方式。如前所述，他相信，公营市有化企业——在一定程度的市场规模和收入水平上——能够以更有效的方式生产某些商品和服务(如本文所考察的产品和服务)。然而，他又抱怨，在某些特定情况下，同样的事业可能是由根本不是经济上的而是政治上——为了奉行社会主义运动的阶级斗争策略——的原因促成的：在他看来，就如当时正在发生的那样，在战后时期的政治气候下，公营企业似乎已经变成了"意大利式的布尔什维主义"(Italian Bolcevicism)计划。②

总而言之，费德里科·弗洛拉、恩贝托·里奇、马费奥·潘塔莱奥尼和其他一些意大利经济学家认定，市有化已经因为追求跟与其相称的纯经济目标无关的目的以及管理低效和人浮于事而受到了影响。20世纪头15年的相关研究成果并没有被明确否定，但主流观点认为，它们的适用范围极其有限。市有化体面地渡过了15年以后，发现自己已经成为众矢之的。

法西斯分子在1922年10月掌权以后，市有化问题很快就变得更加尖锐。经济学家阿尔贝托·德·斯特法尼(Alberto de' Stefani)出任墨索里尼

---

① 请参阅 Flora(1921:870 et seq.)。

② 请参阅 Pantaleoni(1922)。

(Mussolini)第一届政府的财政部长。① 在独裁统治的支持下,德·斯特法尼推行了一种明显是生产力第一的经济政策,旨在降低单位产品的劳动力成本(并且进行严厉的工资动态控制),降低资本股权税税率,并且废除对私营企业实施的很多限制。②

根据德·斯特法尼的观点,劳动生产率的增长率充当了加速器的角色,而被认为低生产率领域的公共部门的扩展起到了拖后腿的作用。

总的来说,德·斯特法尼——是一个具有新古典学派背景的经济学家——的经济思想似乎在一定程度上受到了古典经济学传统的影响。这一点可从以下几个方面看出:他强调供给而不是需求条件;赋予制造业超群角色甚至超市场角色;认为经济关系反映社会阶层之间的某种等级关系;恢复对生产性和非生产性劳动的区分,尽管是根据一种不同的意识形态形式和实质进行的区分;认识到了由稀缺要素(资本)与丰裕要素(劳动力)之间的悬殊差别造成的经济问题;最后是注重发展状况,而不是均衡状态。

根据这些假设,德·斯特法尼发布了他的政府政令,其中有把缩小市有企业规模作为普遍收缩公营企业一部分的具体指令。

1923年5月20日,内政部副部长奥尔多·芬奇(Aldo Finzi)向全国地方行政长官发布通告,要求他们"检查哪些[城市——英文版编者注]服务值得保

---

① 阿尔贝托·德·斯特法尼的经济思想和他在1922—1925年间作为财政部长的活动已经成为很多研究的主题。笔者擅自援引了比尼(Bini,1989)的研究。读者可在比尼的这项研究中找到有关斯特法尼的科研和宣传出版物以及有关他的史学研究的更多参考文献。

② 笔者根据比尼(1989)的研究用下列公式来概括斯特法尼的政策取向:$g = \left(\frac{p'}{w} - 1\right)\alpha - d/w(1-\alpha)$,式中,$g$ 表示经济增长率;$p'$ 表示私人部门雇员人均生产率,高于 $w$;$w$ 是私人部门雇员人均资本生产率;也就是雇员在工作中使用和消耗的一切东西。$\alpha$ 是私人部门雇员占总就业人数的百分比,$1-\alpha$ 表示公共部门的雇用人数;$d$ 表示公共部门累积的人均赤字,也就是 $w-p''$ 的差,$p''$ 是公共部门雇员人均生产率。根据德·斯特法尼的论证,这个差为负值,最多是0。这个公式可用不同的方式来解读。例如,在 $\alpha$ 给定的情况下,只有 $\frac{p'}{w}$ 增大或者公共部门单位"赤字"$d$ 减少的情况下才能提高经济增长率,而这就证实了德·斯特法尼关于降低单位产品劳动力成本和必须平衡中央政府、市政府和公营企业预算的观点。或者在 $\frac{p'}{w}$ 和 $d$ 给定的情况下,只有 $\alpha$ 增大才能收到相同的效果,而这也符合德·斯特法尼决定把之前由中央政府、市政府或者公营企业履行的职能和掌握的产能归还给私营企业的政策。

持市府直营,哪些服务转为私营更有优势"①,这就成了法西斯政府市有企业政策的转折点。这样,全国各地的地方行政长官:

"应该会按照本人的规定来保留那些[……]有能力为企业贡献实际利润的服务——这里所说的'贡献实际利润'是指能提供新的收入或者创造更多收入。除了具有这种特点的服务以外,内政部认为有必要敦促各市政府把所有其他服务转为私营。"②

除了意识形态动机以外,内政部的通告还显示了当局对地方财政问题的严重关注以及当局要求公共财政从此能更加直接地表达中央政府意愿的愿望。

私有化取向或者要求市有企业盈利的政令反映了当局试图合并两种截然不同的观点的努力:一种是主张国家是其合法性和职能组织的唯一来源的财政观;另一种是根据个人自利动机制定令人信服的实现经济增长和提高总体福利水平的规则的经济过程观。前一种观点强调公共选择政治强制性的一面,而后一种观点则强调个人选择在经济体系中占据主导地位以及公共财政就是"健康财政"的观念,也就是一种打上强政府烙印,但可动态量化且占国内生产总值的比例递减的财政。

这时,意大利的市有化已经被迫屈服于新的法西斯主义财政倾向。具体而言,这就意味要在以下两种体制之间做出选择:一种就是私有化,而另一种则意味着采取与私人企业相同的逻辑(也就是证明有盈利的能力)。因为,在新的政治和科技环境下,这样且只有这样,才能证明市有企业存在的合理性。③

**七、结束语:19 世纪末意大利市有化的起源及其在 20 世纪上半叶的历史循环**

就如我们在前文(第二和第三节)已经看到的那样,意大利的市有化思想

---

① 芬奇发布的内政部通告可在 1923 年 6 月 16 日 XXXII 号《内政部公报》(*Official Gazette of the Interior Ministry*)第 1924—1925 页上查到。

② 同上。

③ 芬奇的通告所展现的私有化前景并没有因为大刀阔斧地推行私有化而得到实现。从数量上看,市有化在 20 世纪 20 年代初展现的势头与第二次世界大战结束以后展现的势头非常相似。总而言之,在法西斯主义猖獗时期,市有化的社会和经济现象处于一种弱化状态;请参阅制宪部(Constitutional Ministry,1947)。

## 公共福利与私营企业精神:1880—1930年意大利的市有化经验

萌芽于19世纪最后20年。在意大利,市有化曾被构想为满足某些新的社会需要并且在国家组织要求与公民社会需求之间创建和谐关系的最适当、相容的手段。

在20世纪的头15年里(见本文第四和第五节),市有化思想在意大利获得了巨大的发展和广泛的传播,并且得到了意大利经济学家的广泛认可。经济学家的认可使人们认识到,优化现有资源使用的过程需要那种能使这种优化成为首要目标的公共干预。但是,有些经济学家提出了优化的具体条件。他们担心,公营企业面对提高配置效率和使社会效用最大化的正式要求,可能会——偏离它们的真正使命——去追逐来源于政治市场的其他非经济目标或者遵循一种扭曲的官僚主义逻辑,从而导致管理低效、人浮于事、亏损等诸如此类的问题。

在20世纪的头15年里,宏观经济环境向好以及各市有企业的良好表现都提高了之前的理论观点的可信度,并且压制了那些曾经针对赞成市有化的观点发表过批评意见的经济学家的反对。

第一次世界大战给意大利经济造成的普遍负面影响以及招聘新员工把关不严,是造成意大利市有企业业绩明显恶化的原因。在1917—1922年,很多市有企业的资产负债表上首次出现了亏损(见本文第六节)。

后来,一些经济学家的批评声音变得越来越响亮,并且——至少暂时——与一场新的政治运动(法西斯主义)的口号遥相呼应。法西斯政府在它第一次执政的经历中企图赋予它的统治以自由主义经济政策和强势激励私人积累资本的特点。

我们可以简明、形象地把20世纪上半叶发生的市有化看作是一个完整的历史周期的再现:早期是一个发展阶段,而晚期则是一个普遍停滞阶段。

这种周期性表现可用一种由一个以上的现象决定的脚本来阐释,这个脚本一上来就展现了截然不同的政治信条的更替,从自由主义意大利转变为法西斯主义意大利。

然而,这种观点必然会受到另一种观点的抨击,这另一种观点通常是指财政危机论,特别是指公营企业在更加关键的经济阶段无力调整自己的管理标准,或者在一个不断变化的经济(和技术)世界上无力开发创新项目。就是这些市有化所固有的缺陷使得市有化在第一次世界大战以后名声扫地,也就是说,造成市有化名声扫地的不仅仅是政治制度变更。

最后,有必要回顾一下,第二个市有化历史周期虽然在某些方面类似于本文介绍的第一个市有化历史周期,但已经开始预示意大利20世纪下半叶的市有化前景,50年代、60年代和70年代的持续发展阶段以及80年代以后的逐渐衰退时期。现在,我们正在迎来我们自己的市有企业私有化时代,因为市有企业私有化的推动力正在再度变强变大,但这是一个与本文讨论的问题明显无关的问题。

**致 谢**

本文的第一个版本是提交给2008年12月10~12日在巴黎召开的公共经济学史讨论会的。本文作者要感谢两位匿名审稿人,感谢他们对本文提出了有益的修改意见。

# 第五部分

## 第二次世界大战以后的公共经济学

# 论外部性的剩余特点

莫里斯·拉甘(Maurice Lagueux)

## 一、引言

众所周知,经济学家赋予"外部性"所指的不易确定现象的重要性,在过去的一个世纪里经历了大起大落。"外部性"在第二次世界大战以前是一个很少有人问津的主题,但到了20世纪50和60年代却已经成为经济学家普遍关注的讨论对象。后来,虽然20世纪70年代还经常有人讨论外部性问题,但到了20世纪80年代的某个时候,关于外部性概念本质的问题逐渐不再是一个有人热捧的话题。尽管如此,由于外部性这个概念与很多重要的问题密切相关,如污染问题,因此自那以来又经常有人提起。有人可能会对这种起伏不定的变化感到惊讶。但是,如果我们承认"外部性"是一个笔者所说的剩余概念(residual concept)[或者是一个相对概念(counter-concept)],即所谓的"外部性"只不过是指一个不符合自主现象而是由一个——顺便说一下——在经济学中占据中心位置的更加基本的实体市场留下的剩余实体,那么,就很容易理解"外部性"概念受到的重视为什么会起伏不定。换种说法,如果说外部性概念被赋予的内涵发生了如此起伏的波动,那是因为赋予市场——本文的主导性实体(commanding entity)——概念的外延也经历了反向的大幅波动。我们将说明很难给外部性下令人满意的定义的原因,现在暂且把它作为本研究的副产品。的确,这样的剩余现象很难明确定义,我们必须从这种剩余现象缺少某种与市场相关的特征下手来进行逆向定义。① 用这样的方式给一种现象下定义,就有可能使人关注我们在那么多市场特征中选择要强调的特征。

因此,虽然已经发表了很多外部性的研究成果,但仍有必要展开讨论这种更多是关于外部性剩余特点的观点。为了阐明外部性剩余特点的影响,本文将回顾我们在三个连续的时期认识外部性概念的方法,即外部性被理解为一种相对比较边缘的现象时期(见本文第二节)、外部性被作为一种普遍现象来介绍的时期(见本文第三节)和强调交易费用作用的时期(见本文第四节)。第五节将阐述本研究的一些非预期影响。对于这每一个时期,本文将采用对照的方式来讨论与市场概念相关的各种外部性概念,以便阐明外部性概念内涵的变化与市场概念外延的反向变化之间的关系。

**二、被视为奇异现象的外部性**

首先,应该记住市场是一种人类构建并在历史长河中逐步获得发展的机制。在市场出现之前,游牧民在肥沃的果树林放牧,即使畜群糟蹋了树林,他们也不用因此而赔偿任何人。解决问题的新方法的发明人很难看到模仿者公平地补偿他们的劳动、耐心和技能。必须发展各种产权以及实际和法定的占有手段,才能确保有效的市场稳定下来。毫无疑问,在产权以及实际和法定占有手段缺失的情况下,在大多数职业中,某人的劳动果实——就如阿瑟·庇古(Arthur Pigou)倘若描述这种情形就会说的那样——有一部分,无论是正项还是负项,难免"不归他本人所有,而是要归其他人所有"。显然,在这种情况下,有些行业没有受到缓慢形成的市场的眷顾,它们不能产生"外部性",因为没有明确界定的市场。相对于市场而言,这些行业可以被认为位于市场之外。

但在(19世纪与)20世纪之交,经济学家并没有像我们那样被与污染和公共产品配置有关的问题所困扰,而往往是非常关心市场的持续扩张,并且深信他们设计的市场模型可用来反映任何一种经济交易。鉴于市场获得了如此巨大的发展,我们的确很难会因为人类的某些活动难以融入市场而感到困惑。事实上,阿瑟·庇古在他的《福利经济学》(*Economics of Welfare*)中坚持认

---

① 值得注意的是,埃尔斯和柯尼斯(Ayres and Kneese,1969)在一种不同的背景下用"剩余"这个词来修饰物质污染物,但不是修饰外部性概念。

为,"边际社会净产品与边际私人净产品之间的差别"①充分解释了这种现象。很久以来,庇古对这个问题的看法一直是关于这个问题的标准观点,但仍有很多经济学家认为,这个现象有点特别,而且并没有重要到足以严重降低他们信任这个显然是无处不在的市场的程度。更确切地说,凡是不符合市场理念的活动不是转化为理想化的市场友好型版本的活动,就是被判定为并没有重要到足以让他们中的很多人认为值得考虑的程度。

事实上,在庇古所举的三种涉及典型的成本递增或者递减型经济活动的例子中,只有第三种例子令经济学家感到不安,足以在最有理论思想的经济学家中间引发一场辩论——所谓的成本递增和递减"空"匣子("empty" boxes)辩论。不管怎样,这场辩论可被视为一项拯救市场的事业,把市场从具有以下特点的危险中拯救出来:两个人之间的经常交易会对同一行业的其他人产生正面或者负面的影响。这样的情形似乎意味着,第三方可能在无成本的情况下获利,或者在无补偿的情况下遭遇不便,因此似乎也意味着市场在这种情况下不起作用。那么,这样的活动是否应该被认为位于市场之外呢?毕竟,一个行业的扩展——超出了企业的控制范围,就此而言,行业的扩展"外部于"企业——可能会增加企业已在使用的某些要素的成本,并且对企业造成"不经济",就如同其他情况可能会降低某些要素的成本,这样对企业来说就是"经济"。然而,就如艾丽斯和费尔纳(Ellis and Fellner)在这场辩论临近结束时宣称的那样,"如果一个行业的扩展提高了要素的单位报酬[……],那么,已供给的要素单位就能赚到生产者租金[……],而租金并不是社会资源的成本"。② 在这样的情况下,整个社会都不用承担额外成本,因此没有任何理由去判断边际社会净产值与私人边际净产值之间是否存在差额。租金是一种公认的市场现象,由于经济其他部分失控而导致意外收益或者损失被计作市场的正常运行收益或者损失,这就意味着所谓的外部性必须要内化。换句话说,

---

① Pigou(1962:172 ff.)。事实上,亨利·西季威克(Henry Sidgwick)在1887年的《政治经济学原理》中也提到了"私人利益与公共利益之间的差别"[转引自 Laffont(1977:14)]。因此,他在庇古之前就认识到了这个问题。有关西季威克在论述这种差别甚至密尔(Mill)略早论述这个问题方面的作用的分析,请参阅 Medema(2006),还请参阅 O'Donnell(1979)。

② Ellis 和 Fellner(1943:247);弗兰克·奈特(Frank Knight)之前通过回忆,在他著名的运输业例子的讨论中谈论过这样的租金。

被这种外部性占领的地盘会被市场收回并重新整合。

然而,这种论证基于对经济与技术外部性的区分,奈特(1924)、维纳(Viner,1931)以及艾丽斯和费尔纳(1943)对逐步明确地区分经济和技术外部性都做出了贡献。这种区分至关重要,因为只有在涉及所谓的"经济外部性"时,以社会产品与私人产品之间差别明显为特点的市场状态下进行内化才有意义。因此,其他类型的差别仍然会抵制内化,主要有庇古在第二类没有补偿的服务和负服务(危害)中详细列举的那些与灯塔、公园、公共交通、毁林、屋前门灯、工厂烟囱冒烟、科学研究、周围工厂对居住环境的破坏、机动车对路面的磨损、毒品交易等有关的没有补偿的服务和负服务(危害)。这些现象都没有被内化纳入市场,而这个时期已经发表相关著述的经济学家并不认为其中的大部分现象值得关注。在 J. E. 米德(J. E. Meade)1952 年发表他把蜜蜂作为典型的外部性来源——因为蜜蜂在养蜂人和苹果种植者没有进行任何市场交易的情况下为苹果授粉做出了贡献(Meade,1952)——的论文时,这种把技术外部性视为相对无害的奇异现象的观点仍有市场。

### 三、外部性无所不在

事实上,以上考察的任何一个时期都还没有"外部性"这个术语——好像是保罗·萨缪尔森(Paul Samuelson)在 20 世纪 50 年代首次提出的。[1] 外部性这个术语所指的现象虽然相对而言遭到了忽视,或者更经常是被简约为并非真正重要的市场正常运行的例外。但无论如何,到了 20 世纪 50 年代,情况发生了显著的变化。[2] 在说明这个事实之前,应该先注意到外部性并不只是一个名称,而且是一种正式的表示方法。在标准的微观经济学表示法中,任何经济主体可用效用函数来表示,而任何厂商则可用生产函数来表示。这些函数的自变量是各种不同的商品(或者生产要素)。虽然商品(或者生产要素)都是自变量,但倘若没有补偿的话,就应该与有补偿的商品(或者生产要素)区分

---

[1] 形容词"外部的"(external)在经济学中的使用要早得多,因为马歇尔在他的《政治经济学原理》(如 Marshall,1949[1890]:221,230,262,381,ect.)中在谈到外部经济(external economies)时经常使用这个词。名词"外部性"(externality)派生于形容词(external),而这个形容词出现在 19 世纪 50 年代。与形容词"外部的"不同,名词"外部性"用来指称本文所说的这类现象的全部。

[2] 关于这些对立观点的更详细讨论,请参阅 Lagueux(1998)。

开来。在蒂伯·西托夫斯基(Tibor Scitovsky)看来,在下列函数的帮助下就能做到这一点:$x_1 = F(l_1, c_1, \cdots; x_2, l_2, \cdots)$,式中,$x_1$ 表示厂商1的产出,$l_1$ 和 $c_1$ 表示厂商1使用的生产要素,而 $x_2$ 和 "$l_2, \cdots$" 表示其他厂商的产出和使用的生产要素。按照西托夫斯基的说法,在这个函数中,"外部经济的存在是用分号右边的变量来表示的",[①]这些变量对应于无补偿商品(或者生产要素)。因此,分号是被用来强调这种情况的工具————并且成了外部性经济学分析的一个关键元素。

事实上,这个工具完全可用来说明笔者在这篇文章中想要提出的问题:市场与外部性概念反向波动。当涉及不能通过内化纳入市场的活动时,在相关函数中的相应变量直接就放在分号右边(更经常是放参数的位置),以便清楚地表明:虽然这些变量在经济中扮演了某种对应于它们在这个函数中的角色,但它们不能被视为市场的组成部分。例如,按照 E. J. 米山(E. J. Mishan)的说法,"生产中的外部效应可用一个以下这种形式的生产函数来表示:$x = x(a_1, \cdots a_m; \tilde{a}_n, \cdots, \tilde{a}_w)$,式中,$x$ 是产出,$a_1, \cdots a_m$,是有价(格)投入品(priced inputs),而 $\tilde{a}_n, \cdots, \tilde{a}_w$,是无价(格)投入品(unpriced inputs)"。[②] 采用这种方法可清楚地表示外部性只不过是给留在市场外——即"分号右边"——的剩余经济活动取的一个名称而已。

那么,这些消费或者生产活动为什么要被排除在市场之外呢?显然是因为它们不配有有意义的价格或者成本,而"有有意义的价格或者成本"可是一切市场内活动的基本特点。那么,这些经济活动为什么没有被赋予这个特点呢?由于庇古在这方面提出了一些有点矛盾的建议,或者至少由于艾丽斯和费尔纳的经典论文把外部性归因于"稀缺性与实际所有权"(effective ownership)的分离(1943:262),因此,通常把外部性与某些不能被占有因而不能在市场上交换的商品联系在一起。养蜂人确实很难占有蜜蜂的"劳动"果实。但是,我们似乎可以合理地认为,求助于越来越巧妙的占有手段,我们能够采用

---

① Scitovsky(1954:145)。西托夫斯基曾表示,他在没有参考任何具体文章的情况下"复制了米德的定义"。但不管怎样,西托夫斯基的公式比米德的简单。至少在他1952年发表的那篇著名论文中,米德没有这样使用分号。

② Mishan(1965:6);还请参阅米山为《经济学文献杂志》(*Journal of Economic Literature*)撰写的综述文章(Mishan,1971a:2)。

某种方式占有任何商品。无线电波可在加扰设备的帮助下为私人占有,就连新的想法和发明也能在专利和著作权的帮助下比较有效为私人占有。这些商品似乎可以采用这种方式来进行内化,但如果对它们内化的结果是破坏市场的功能,那么,我们真的还会说它们被内化纳入了市场?这要看我们是从哪个角度看待问题。

对于这个时期的新古典学派经济学家来说,应该参考完全竞争范式来描述市场的特点,而完全竞争被认为有助于促成一般均衡。这种完美主义市场观得到了一些经济学家的支持,这些经济学家变得特别关心一种发展迅速的担忧情绪,因为人们当时十分担心20世纪50年代颇受重视的公共产品和60年代几乎首次变得非常严重的污染(和生态)问题。弗朗西斯·巴托尔(Francis Bator)显然是这种市场观的代表人物,他认为,"商品生产者或者服务提供者确实无力排斥用户"(1958:361,note 8)是一个非常糟糕的外部性检测标准,因为他相信"'排斥'简直就是绝不可能"(Bator,1958:374)。事实上,栅栏、加扰设备和其他一些小玩意儿通常都能成功地排斥用户,但如果目标是找到市场被认为能提供的帕累托有效解,那么,这种排斥就会不幸遭遇失败。巴托尔认为,倘若求助于这样的占有手段,那么"就没有任何价格能够有效地调节供给和需求"(1958:362,note 9)。因此,巴托尔和他的追随者们觉得应该扩大"外部性"的内涵。所以,不但典型的与所有权缺失相关的活动(可用米德的苹果花以及与水和渔场有关的外部性来说明)(Bator,1958:363—536)被作为外部活动,而且"技术外部性"(可用不是由不可分割性就是由任何导致垄断行为或有用资源配置不当的结构性问题所造成的非凸性案例来解释)(Bator,1958:365—369)和"公共产品外部性"都被视为外部性(与大多数公共性、集体消费性、偏好不显示等有关)(Bator,1958:369—371)。简单地说,凡是"市场不能达成帕累托有效解"的地方都能识别到外部性。这并没有什么可大惊小怪的。一个如此严格界定的市场必然会把许多明显不符合市场要求因而被宣布外部于市场的活动排斥在外。

几年以后,E.J.米山也建议给外部性做以下界定,"如果对生产或福利的相关效应'完全或者部分'无法定价的话,那么就可以说会产生外部效应"(Mishan,1965:6)。不过,他又进一步补充说,有些导致这种外部效应的"无价(格)"商品"虽然定价不合理,但仍可以定一个正价格"。(如前所述)为了说明定价不合理的情况,笔者来举一个在各种不同情况下都可引用的例子。多亏安装了高效的围栏和感知系统(perception systems),个人不再被排斥在桥梁服务消费之外,而是可以付费使用桥梁服务。那么,对于像桥梁服务这样的在报酬递增甚或边际成本几乎为零的情况下提供的服务,定什么样的价格才算"合理"呢?如果根据标准理论,所定的价格等于边际成本,并且因此而几乎为零,那么,这样一种服务就是"部分没有价格"(partially unpriced),因为靠这个价格无法收回提供服务的固定成本。虽然想收回全部成本,但从理论上讲不可能制定任何合理的通行费,至少这种服务也许无法"合理定价"。因此,根据米山的定义,只要一项服务,如桥梁提供的服务,虽然能够"规定正价格",但无法"合理"定价,那么就有外部性存在。对于米山就如同对于巴托尔,外部性必然无处不在,因为有那么多的经济活动不能被纳入被理解为有利于达到一般均衡的完全竞争结构的市场,也就是新古典学派经济学家心仪的市场。由于完全竞争几乎是不可能实现的,因此,市场被简约得非常的小,或者更加确切地说,被简约为一个被理想化的极(idealised pole),但在它周围的真实经济世界却由一些不适用标准市场法则的剩余活动构成。外部性已经侵入了过去在市场上进行的许多活动所占据的领域,这些活动以前被认为是足够有效的,尽管它们被认为是不完美的。如果涉及所谓的所有权外部性,那么把这种情况归因于"稀缺性与实际所有权的分离"就应该被判定为有误导之嫌。事实上,占有手段比以往任何时候都更加有效,但如果所交易的商品不完全可分、严格同质并且便于交换,那么,所有权就不足以实现市场的承诺。如果我们固执地把市场与它的理想化版本联系在一起,那么就能发现市场失灵无处不在,因此,外部性也必将无处不在。

**四、交易费用的作用**

外部性定义和概念范畴的"震荡周期"(oscillating cycle,这里指波动幅度。——译者注)已经达到了其内涵的最大值点,因为经济中有太多的活动没能通过要想被纳入理想化市场必须通过的资格测试。然而,这种情况已经在20世纪60年代末再次发生了变化,但是一次方向相反的变化。造成这次变化的原因当然不是环境污染程度或者公共产品重要性的大幅度下降,这两种现象的经济重要性在 20 世纪最后几十年里都实际得到提升。导致在外部性认识方面发生这次变化的决定性因素在于,对市场的认识实际发生了重大变化,也就是认为市场不适合解决这些被称为"外部性"的现象的观点发生了变化。事实上,改变之风来自芝加哥。众所周知,新自由学派的市场观与以一般均衡为取向的新古典学派标准市场观大相径庭。被作为市场范式的完全竞争被新版放任自流所取代。米尔顿·弗里德曼(Milton Friedman)认为,垄断状况非但不能被看作是"市场失灵",而应该被看作是健康市场的一种正常表现。在弗里德曼看来,对市场有害的唯一一种垄断就是国家制造和/或支持的垄断。新自由学派经济学家通常反对几乎任何形式的国家干预,并且认为:市场无论最后是否会出现垄断、结盟、配置不当、联合消费等现象——在巴托尔看来是无可争议的市场失灵现象,只不过是自由交易的场所而已,而不是依靠国家干预把市场改变成尽可能类似于完全竞争模型中的市场。

在这种背景下,巴托尔和米山列举的大部分外部性例子都可以轻而易举地得到内化。那么,最典型的外部性例子,如那些与污染有关、通常被视为所有权或者技术外部性的例子是否能轻而易举地被内化呢?显然,他俩所指的现象到目前为止仍然是经济学家和其他人关心的问题,但是,那种认为最典型的外部性例子就是不可内化外部性例子的观点,已经在经济学家至少那些已经变成罗纳德·科斯(Ronald Coase)追随者的经济学家那里失去了市场。导致这一深刻变化的主要原因是,科斯在 1960 年发表的关于社会成本的奠基性论文产生了影响。事实上,科斯绝对没有在他的那篇论文中用过"外部性"这个术语。直到很多学者受科斯观点的启发发表了很多文章以后,外部性概念虽然仍是一种有用的分析工具,但对于那些真心为市场优点辩护的学者来说,逐渐变成了一个不再是不可废弃的概念问题。

众所周知,科斯的贡献就是通过仔细分析在假设没有交易费用的情况下会出现什么状况来强调交易费用的作用。科斯的交易费用研究的主要成果就是提出了著名的"科斯定理"。证明这个定律十分简单。我们假设交易费用为零,并且承认经济主体完全理性,只要资源得到最佳配置,无论是环境污染加害者还是环境污染受害者胜诉都无关紧要。这句话的意思是:在这两种情况下将得到一种相同的结果,因为双方最终会达成唯一的最优协议。例如,假设一个在河边开厂的老板觉得把垃圾倒入河里十分便利,并且通过这种污染方式污染了河水,导致下游的居民不能在河里游泳;再假设把垃圾倒入河里的收益大于在河里游泳的人在清澈的河水里游泳所能获得的收益,但一旦污染超过一定限度,游泳的人损失的收益就大于工厂老板更加严重地污染河水所能获得的额外收益。一方面,如果法院判工厂老板败诉,那么,工厂老板就要与在河里游泳的人协商向他们购买某个"最优"数量的污染权。根据假设,在河里游泳的人会接受工厂老板给予的补偿,直到他们受污染造成的损失开始大于他们能从工厂老板支付的补偿中获得的收益。另一方面,如果法院判在河里游泳的人败诉,那么,在河里游泳的人为了自己的利益最好向污染河水的工厂老板行贿让他降低污染河水的程度,以达到与前例相同的"最优"水平,而工厂老板为了自己的利益会接受在河里游泳的人的贿赂,并且把污染降低到最低水平。当然,这样的结果是纯理论的。因为,按照科斯本人的看法(1960:15),在以上的例子中,交易费用很高。由污染受害者集体买单,并防止他们中有人通过不表露本人真实偏好来行骗,这即使可行也确实会发生很高的费用。然而,科斯并不认为能够轻而易举地克服这种费用的瘫痪效应(paralysing effect),而是认为这些重要的费用必须通过市场的正常计算来说明成因。

那么,这些结论对外部性性质会产生什么影响呢?两位直接受到科斯影响的经济学家通过大幅度扩大我们所理解的市场活动的外延为掏空外部性概念的内涵做出了巨大的贡献。我们来回顾一下,20世纪上半叶,一些市场拥护者已经通过区分经济外部性和技术外部性并且断定只有前一种外部性才是真正的外部性,然后对这种外部性做内化处理的方式缩小了外部性的作用,哈德罗·德姆塞茨(Harold Demsetz)在他1964年写成的一篇论文中,毫不犹豫地忽视了这两种"副效应"之间的任何差别,所谓的"副效应"(side effects)就是他喜欢用它来取代"外部性"的术语(Demsetz,1964:11)。通过对技术性负效应与他所说的"主要效应"(primary effects)——也就是典型的市场内部关系,或者在其他场合被称为"经济效应"(pecuniary effect)的东西——进行比较以后,德姆塞茨断定,"这两种效应之间没有质的区别,唯一的区别就是隐含地基于交换和监管费用(exchange and police cost)的数量区别"[①],或者用更一般的术语说,就是交易费用的数量区别。为了说明他的观点,德姆塞茨使用了以下这个例子,"假设一家工厂发明了一种更加高效的新炉子,这种炉子可用比现有炉子所用的煤炭便宜的煤炭作为燃料。我们假设,使用廉价煤炭作为燃料,会弄脏周围房屋"(Demsetz,1964:25)。毫无疑问,这种"负效应"就是一种典型的技术外部性,但对于德姆塞茨来说,唯一重要的是这种负效应会"减少周边房屋业主的财富"。不过,德姆塞茨继续说,"如果这同一家工厂由于使用了新炉子,成功地迫使附近的一家竞争对手工厂关门,并且因此而造成的房屋需求下降导致周围业主财富减少,那么,我们就不会因此而忧心忡忡"。其实,这后一种情况对应的是一个典型的内部市场或者经济效应。因此,德姆塞茨设问:"为什么我们对待这两种对房屋业主产生相同影响的情况持不同的态度呢?"关于住房需求,德姆塞茨解释说,我们认为"一个平稳运行的市场"(1964:26)会使财富最大化。相反,如果在烟尘污染的例子中,我们不能依靠现有市场,那是因为"烟尘污染交易的交换和监管费用"(交易费用)"大大高于烟尘污染交易的收益"。德姆塞茨效仿科斯指出,"如果烟尘污染交易的交换和监管费用为零(而且如果房屋交换费用为零),那么就没有理由因'补救'措施而区分这两种情况"(1964:26)。在烟尘污染的例子中,交易费用远非零这一事实不但排斥了现实市场的存在性,而且还排斥了"潜在"——用德姆塞茨的话来说是"准备就绪的"(stands ready)——市场的存在性(1964:26)。然而,提到这样的潜在市场,就等于表示,原则上所有的交易全部可由市场来决定,因此,外部性就不再有存在的空间。事实上,要么烟尘污染程度和房屋价值实际由市场根据所发生的全部费用来决定,要么烟尘污染程度没有下降,但房屋价值因此而下降。所以,潜在市场表明,考虑到所发生的全部费用(包括交易费用)采用这种方式来控制烟尘污染程度具有抑制作用。在第一种情况下,根据假设,没有任何外部性;而在第二种情况下,如果我们同意把潜在市场看作是市场,那么就同样不会有任何外部性。所谓的市场扩大到包括这样的潜在市场的程度以后,外部性事实上只会给外部扩大后市场的活动留下很小

---

[①] Demsetz(1964:25)。德姆塞茨把这篇论文的两个主要部分用于分析分别被他称为"交换费用"和"监管费用"的费用。这两种费用就相当于科斯在他论述社会成本的论文中所说的两种费用。

的空间。①

直到卡尔·达尔曼(Carl Dahlman)在1979年发表他的论文,才对这最后一个结论做了进一步的阐明,并且把它推向了极致。一旦交易费用与通常的生产和运输成本处在同一水平上,我们就会对交易费用和这些熟悉的成本提出相同的问题,似乎是很正常的事情。如果或有交易的交易费用本身大于交易收益,那么,为什么还要承担交易费用呢?你可能想拥有一辆奔驰轿车,但如果你认为所涉及的各种成本和费用(在本例中主要是生产成本)超过拥有这款车所能带来的收益,那么,在无法确定放弃这笔交易是否会导致非帕累托最优状况的情况下,你可能会决定不去实现这个梦想。达尔曼的贡献在于考虑到了交易费用。毕竟,一个没有交易费用的理想世界就像一个没有生产成本的理想世界那样不可企及(Dahlman,1979:153)。因此,当我们在评估某种状态的最优性时,必须想到我们的世界"充斥各种交易费用"(Dahlman,1979:152),并且承认"消除一切外部性代价太高"(1979:153)。这个结论似乎是有道理的,但是,达尔曼继续说道,"我们应该保留一些外部性以便达到最优",并且解释说:虽然理想的世界应该没有外部性,但"交易费用约束型均衡"正是"应该可以达到的我们努力争取实现的最优状态"(Dahlman,1979:153)。一个奇怪的结果就是,一旦把所有的交易费用都考虑进去,几乎任何静态状态看起来都是最优状态。如果不进行任何交易来改善某种状态,那么就很容易得出这样的结论:要加到或有交易价款中的或有交易费用(如组织和监管潜在交易者的费用)会导致或有交易无利可图。举例来说,如果我们前面说的那个工厂老板在工厂使用污染技术对游泳者的危害大于能创造的收益的情况下继续污染河流,这从某种意义上说是因为"交易费用"(组织游泳者的费用、迫使他们表达真实偏好的费用、募集为说服工厂老板减少污染所需资金的费用等)非常大,以至于交易费用加上贿金的总金额可能会超过游泳者能获得的潜在收益。就如达尔曼指出的那样,"如果负效应的消除成本太高,那么,负效应就是最优状态"(1979:154)。

---

① 在另一篇论文中,德姆塞茨在提到外部性时把它说成是一个"存在歧义的概念"(ambiguous concept)(1967:348),但又坚持认为,"产权的主要功能就是运用激励机制对外部性进行内化"(1967:348)。

在这种情况下,外部性概念显然就变得毫无意义。一个包罗万象的市场概念能够包容任何形式的人类交互关系,而任何潜在外部性都能或者都不能通过某种会产生费用的协商来消除。根据假设,在前一种情况下就不再有外部性;而在后一种情况下,之所以没能消除假定的外部性,仅仅是因为潜在市场经济成本和交易费用太高导致没有交易发生。其实,在后一种情况下也没有实际的外部性。因此,按照这样一个无所不包的市场概念,在我们的污染例子中,"除了由于生产成本太高而不要买你可能梦寐以求的奔驰车"外,我们可能没有更多的理由去识别外部性。

### 五、"所有可能存在的世界中的最优世界"

按照以上的论证思路,我们可以得出这样的结论:任何状态都可能被宣布为最优,因为任何可能的改进只要成本(包括交易费用)低到足以使它对社会有利就有可能实现。米山在写一篇颇有讽刺意味、题名为"关于污染的邦格勒斯"(Pangloss on Pollution, Mishan,1971b)的论文时已经颇有先见之明地得出了这样的结论。引用邦格勒斯这个在伏尔泰(Voltaire)的《憨第德》(Candide)中"所有可能存在的世界中的最优世界"的捍卫者,就是要表明交易费用的内含物或者构成因素能在多大程度上改变污染分析结果以及如何转化为一种被认为是对市场的所谓结构性优点构成最严峻挑战的最优状态。我们甚至还可以进一步推进对这个问题的研究,并且就如笔者在之前的一篇论文(Lagueux,1998)中指出的那样,下结论认为这样的论证可以使任何状态都变成最优状态。任何独裁政府,哪怕是一种特别敌视自由的独裁政府,都可以通过引申达尔曼的论证来证明它自身存在的合理性。独裁政府可以通过限制其公民的个人自由来严重干预公民的消费函数。但不管怎样,如果公民真的遇到了非常严重的不便,那么,他们可以贿赂政府以使把政府限制自由的活动减少到最低限度。[①] 如果他们没有试图贿赂政府,那显然是因为这种交易引发的成本(信息成本、组织成本、决策成本和监管成本)大大超过预期收益。在达尔曼看来,由于这个原因,应该把不改变这种独裁国家的状态看作是最优状

---

[①] 事实上,德姆塞茨在讨论苦役的例子时已经非常接近这样一种观点(1967:348—349);关于德姆塞茨所关心的问题,可参阅 pp.375—376。

态！当然，有人可能会反对就这样把这种市场理论应用于政治（而不是经济）状态。然而，有人可能会回答说，工厂老板与附近的游泳者之间的实际关系并不是一种典型的经济关系。因此，我们不清楚所谓的政治和经济状态真的像最初认为的那样不同。毕竟，有很多囚犯成功地贿赂了看管他们的监狱看守。而且，有谁会否定把经济学分析方法应用于政治形势分析不是最近经济学做出的一个重要方面的贡献呢？

不管怎样，举这个例子的目的仅仅是为了说明，市场概念——一旦按照达尔曼的观点扩展以后——不但有可能"掏空"外部性概念的意义，而且甚至也会威胁到市场概念本身的意义，这不但是因为它可能会否定作为市场基础的自由，而且还会因为想要保留市场概念的意义就必须使在市场之外的东西与市场对立。那么，在这种情况下，我们应该如何来确定是否存在外部性呢？解决的办法就是拒绝德姆塞茨和达尔曼所采用的方法，并且在涉及对外部性进行内化的问题时只考虑真实市场的内含物，而不考虑潜在市场或者理想市场的内含物。不然的话，一切都可内化，因为我们可随意调用潜在市场。然而，采用这个标准本身就有问题。当基于真实市场交易的行为对没有参与这些交易的主体的效应函数产生一定的影响时，我们是否应该判断是否存在外部性？假设你拥有一栋景色美丽的房子，我买了一块位于你房前的土地，准备盖一栋高楼，这样就会破坏你房子的景色；而且，所有的交易都是在严格意义上的房地产市场上完成的，那么，这种情况是否应该被视为有外部性存在的例子呢？大多数经济学家很可能会回答说"是"，其中的一些经济学家甚至会认为：这个情况是典型的外部性例子。但如果不是盖高楼，而是盖别墅，但把外墙涂成黑色，从而使得你每次看窗外景色时都会觉得很难受。如果使用同样的判断标准，那么是否应该确定这就是存在外部性的情况。但是，如果我的外套颜色或者我的说话方式影响了你的效用函数，那么，相同的判断标准可能会使我们再次认为这是一个"典型"的外部性例子。外部性无处不在，这可能会导致它们失去具体的意义。更加确切地说，这样一个外部性概念也许可用来描述特定的伦理关系，但可能会失去任何确切的经济意义。而且，我们不应该采用根据某种理论任意划定的边界来区分前面盖高楼的例子和穿颜色令人不悦的外套的例子，因为这样做会导致无法对外部性概念进行形式化处理，这可是经济学家不能接受的事情。

笔者认为,我们可以采用以下方法来解决这个难题:坚持采用笔者提倡的真正的外部性标准,即"确实位于市场之外"。但不管怎样,在没有阐明现实市场与潜在市场之间关系的情况下就不能采用这个判断标准。我们必须承认,如果影响其他各方的活动涉及商品或服务,而且这些商品或服务为了任何人的利益可以由一个已经"准备就绪"(用德姆塞茨的话来说)的潜在市场来规范,但仍位于现实市场之外或者外部,那么就存在外部性。关于笔者所举的房屋景色的例子,买一块土地就能获得这块土地关系到周围邻居视野的产权这一点并不明确,但明确的是:兴建这样或者那样高度的建筑物的权利因为关系到周围邻居的视野而不能被视为等同于自由市场。任何人都没有法定资格以自己喜欢的方式来使用他购买的这么一个空间。因此,虽然视野或者景色这种珍贵商品的潜在市场已经"准备就绪",但并不存在任何现实市场。如果想举一个类似情况特别生动的例子,那么就想象一个或有的"安静"市场,而这种市场的缺失曾促使米山(1967)进行各种不同的思考。虽然完全可以设想一个潜在的"安静"市场,但由于缺乏真实的安静市场,因此,邻居制造的噪音可被视为外部性。

那么,颜色令人不悦的外套呢?外套市场是有的,但是,创建一个由他人穿的外套提供愉悦的市场的想法本身就是一种愚蠢的想法,因为这样一个决定我们为取悦于任何可能遇到的人应该穿哪种颜色外套的"市场"无法与一个考虑有意购买这种奇特"商品"的人支付的完全假定的价款相关的或有收益或者成本的外套市场区分开来。这样一个假设但甚至连潜在也算不上的市场远没有"准备就绪",同样的道理也适用于他人房屋颜色和形状提供愉悦的市场。当然,两个人之间可以达成交易(如果我愿意用令你愉悦的颜色来粉刷我房子的外墙,你就会付钱给我),但是,这种房子的颜色和形状的交易不能在一个各种房屋颜色和形状按这种方式确定的市场上得到推广,因为这样一个高度假设的市场无法从房产市场中分离出来。由于像这样的愉悦连潜在市场都没有,而它的真实市场显然可以被认为不存在,因此,它们的缺失很难说是由外部性造成的。这种情况与前述潜在市场已经"准备就绪"的景色和"安静"市场的情况不同。的确,有人会说,景色市场难以想象,因为景色不是在任何地方都能看到的,特别是在高楼互相阻挡视线的城市里。但是,像滨海土地这样的稀有商品是有市场存在的,它们的作用——顺便说一下,可能会被认为不受欢迎——就是减少进入这种市场的或有进入者。

有人也许会反对说,不管怎样,我们可以构想虽然实际上并不存在的邻居房屋颜色的独立市场。但是,笔者无意在潜在市场与一个不再能够适用市场或者外部性的区域之间划一条固定不变的分界线,而是想说,说"某一给定情况下存在外部性"就等于是说"即使有潜在市场已经'准备就绪',也没有任何真实市场能够应对这种情况"。是相关商品的潜在市场没能成为现实市场这一事实允许经济学家把高层建筑和噪音看作是外部性。[①] 换句话说,理论上在潜在市场上进行"交易",并不足以使像景色、自由、规避烟尘危害的权利或者污染权利(在游泳者和工厂老板的例子中)这样(影响他人效用函数)的"商品"可以被说成被内化。因此,相应的状态也可被说成是外部性。内化应该就是意味着真正在一个现实的市场上交易,以至于外部性被实际消除。顺便说一下,这似乎就是潜在市场概念唯一有用的理论作用:潜在市场不能对外部性进行内化(而现实市场能做到这一点),但它们可用来确定什么现象(影响他人)应该被视为外部性,也就是那些潜在市场已经"准备就绪"的现象。

因此,外部性可被理解为是一个其内涵取决于市场概念内涵的剩余概念。毫不奇怪,新自由学派无所不包的市场观受到了越来越多的批评,但却促成了对外部性概念的重新关注。此外,在当前金融动荡和经济危机的背景下,这种新自由主义市场观所造成的信誉损失,可能倒是有利于市场概念内涵的压缩,并且使市场概念变得更具现实性(而且更有可能成为现实市场)。关于这个问题要得出肯定的结论还为时尚早,但很可能是,如果出现这种情况,那么,特别是在生态问题越来越受到关注的背景下已经常被提到的外部性概念必将越来越受到关于市场范围的或有讨论的关注,因为这种讨论已经那么有效地对市场范围进行了界定。

---

[①] 阿罗(Allow,1969:59)在他自己阐释外部性与市场失灵之间的关系的背景下使用了"有市场失灵存在"(failures of markets to exist)这句话。阿罗的观点值得关注,但超出本文拿阿罗关于这个问题的观点与笔者捍卫的观点进行比较的范畴。

**致 谢**

笔者要感谢 Spencer Banzhaf、Elodie Bertrand、William Colish、Ephraim Kleiman、Aviva Shillerhe 和《欧洲经济思想史杂志》(*European Journal of the History of Economic Thought*)的两位匿名审稿人,感谢他们提出了有益的修改意见。笔者还要感谢加拿大社会科学与人文科学研究委员会(渥太华,Social Sciences and Humanities Research Council of Canada,SSHRC)提供了资助。

# 试论科斯定理在科斯著述中的三个作用

埃洛迪·贝特兰(Elodie Bertrand)

自从[科斯的"社会成本问题"('The Problem of Social Cost)]发表以来,法学家和经济学家对于["法与经济学"]研究的发展做了大量的工作。虽然他们常常受到"社会成本问题"的影响,但是,他们所做的研究已经把这篇文章远远甩在了后面。这篇文章现在被思想史学家作为一种"遗物"来解读,我正担心被他们误读(Coase,1996:118)。

## 一、引言

在伦敦政治经济学院时,罗纳德·哈里·科斯(Ronald Harry Coase)开始对公用事业特别是广播事业的经济学研究表现出他的兴趣。他在1951年移居美国以后,继续表现出对这个主题的兴趣,并且对美国的电视和无线电广播机构进行了研究。[①] 科斯在他的"联邦通信委员会"(The Federal Communications Commission)的论文(FCC;Coase,1959)中写道,就像任何私人产品一样,无线电频率虽然存在干扰风险,但可以通过价格来配置。由此可见,他对庇古的外部性分析传统提出了质疑。《法与经济学杂志》(*The Journal of Law and Economics*)的编辑认为这种观点是错误的,因此要求科斯删掉文章中的相关内容,科斯拒绝了编辑们要求。芝加哥大学的一些学者表示科斯在一次研讨会上解释了他自己的观点,他们中主要有亚伦·迪雷克托(Aaron

---

[①] 关于科斯的生平及其主要著作介绍,请参阅 Medema(1994a)。

Director)①、斯蒂格勒(Stigler)和弗里德曼(Friedman)。科斯的解释说服了与会者,而科斯为了进一步发展自己的论点写下了"社会成本问题"(PSG)(Coase,1960)。② 科斯断言,在没有交易费用的情况下,广播发射台和接收台可以通过谈判来达到资源的最优配置,并且提出了通过价格体系来内化外部性的可能性。因此,对于这个问题,存在除了公共干预外的其他解决方法。科斯对庇古分析(Pigou,1932)的这种批评被总结为"科斯定理",斯蒂格勒是提出"科斯定理"的第一人(1966:113):"在完全竞争条件下……私人成本与社会成本相等。"

然而,科斯并没有正式陈述什么定理。科斯在"社会成本问题"这篇文章(Coase,1960)中采用两个例子来说明以下这个命题:在存在外部性的情况下,如果交易费用为零,而产权明确界定并配置,那么,经济主体就能不受初始产权配置的影响实现最优产出。发射台与接收台之间的协议决定危害效应和付款水平。发射台与接收台被作为全部或部分产权的买、卖方来研究,也就是说,资源使用权是在之前界定和配置的。

"社会成本问题"不但没有提出过任何定理,而且也没有提出零交易费用假设。零交易费用假设是由科斯定理提出的,而科斯是因为呼吁把正交易费用引入经济学研究而出名的(如 Coase,1988a,1992)。值得注意的是,虽然"社会成本问题"把大部分篇幅用来考察引入交易费用的结果,但最为人所知的却是"科斯定理"。当交易费用非零时,结果也许不再是最优,也不再独立于初始的产权配置,这就意味着其他解决方法(如政府干预)可能是必要的,法律可能也会对经济产出产生影响,这些结论与"科斯定理"是完全背道而驰的。

那么,科斯对他自己的"定理"持什么态度呢?

首先,他承认了斯蒂格勒命题提出者的身份:

"我既没有提出'科斯定理',也没有对它进行明确的阐述,这两件事情都是由斯蒂格勒完成的。不过,斯蒂格勒确实是根据我的著述对定理进行了阐述。在我的著述中可以发现相同的思想,但采用

---

① 迪雷克托是芝加哥大学法学院教授,他创办了《法与经济学杂志》。科斯在 1964 年就与他一起任这本杂志的共同主编,后来任主编到 1981 年。

② 根据科斯(1993:248—250)和基奇(Kitch,1983:200—221)的内容讲述。

了截然不同的表达方式。"(Coase,1988a:157)

其次,他对一个假设零交易费用的定理的过分关注表示遗憾,因为他的整部著作就是从"企业的性质"(Coase,1937)出发把交易费用引入经济学研究(Coase,1981,1988a)。"社会成本问题"研究了一个零交易费用世界,为的是强调交易费用对谈判结果和最优政策选择的影响。这就是我们所说的"科斯定理"的启示作用。

第三,更令人惊讶的是,科斯(Coase,1981,1988a,1988b)在回应对"科斯定理"的批评时反复强调这些批评"站不住脚、不重要、不相关"(1899a:159)。

本文旨在理解科斯对用他的姓氏命名的"定理"所持的看似矛盾的态度。一方面,他认为,对他的这个定理过分关注;另一方面,他又不停地重申这个定理的有效性。他采用自己的方法为一个从逻辑上讲他理应拒绝的定理辩护。因此,我们要思考的问题是:他为什么如此重视零交易费用世界?[①]

科斯试图验证"科斯定理",因为它可直接用来抨击庇古(1932)。科斯想证明,在同样的零交易费用假设下,庇古建议的外部性干预主义解决方法并非必不可少。这是"科斯定理"的第二个关键作用。不过,已有学者证明,科斯的研究结论与庇古的研究结论并没有人们最初想象的那样相差那么多。庇古假设了一个不可能进行交易的世界,考虑到公共干预会遇到的困难,并且表现出一种接近科斯的政治实用主义。他俩最终差别就在于对公共干预效率的不同评价。科斯对以下这个问题的看法比较悲观:他偏好对有害效应采取分散化的解决方法,因为他认为会导致成本的价格体系通常比会导致成本的公共干预更加可取。我们在这里概述"科斯定理"的一种规范作用:科斯在把"科斯定理"与他对外部性分散化解决方法的偏好结合在一起之后,从"科斯定理"中推导出了一些处方性结论。

本文第二节将解释"社会成本问题"的第一部分的启示作用:科斯想通过强调不考虑交易费用的研究有多愚蠢来凸显交易费用的作用。然而,他在过

---

[①] 虽然梅德马和萨缪尔斯(Medema and Samuels,1997:74)已经对科斯在面对有人误读他的"社会成本问题"和忽视他的正交易费用世界的论述时为什么保持相对的沉默提出了疑问,但我们仍要补充一个问题:科斯为什么那么在乎"科斯定理"和零交易费用世界。从逻辑上讲,梅德马和萨缪尔斯的某些推测可同时回答这两个问题。

去 20 年里坚持认为的"科斯定理"的启示作用并没有他在写那篇最初旨在批评庇古的文章时那么明确。本文的第三节研究"科斯定理"的批评作用。第四节集中关注科斯与庇古在政府干预相对效率问题上观点对立,因此将分析"定理"的规范作用。这个定理说明了科斯对价格体系相对效率的信赖,而这种信赖就是科斯从他的定理中推导出一些处方性结论的原因。第五节对全文进行总结。在展开讨论之前,我们先要说明,本文考察的是科斯版的"科斯定理",也就是集中考察科斯论述外部性,而不是"科斯定理"的著作,因为关于"科斯定理"的论述与科斯定理例证的阐释都是多得不胜枚举。[①]

## 二、"科斯定理"的启示作用

虽然"外部性"这个术语从 20 世纪 50 年代起就已经存在,但科斯在"联邦通信委员会"和"社会成本问题"这两篇论文中都没有使用"外部性",而是使用"有害效应"(harmful effects)来强调他对庇古采用传统方法处理这个概念的质疑(Coase,1988a:23,27)。在科斯看来,有害效应并不是一种特殊效应,这就说明了这个问题研究发生根本性变化的原因。

### 2.1 方法变化

科斯采用了一种独特的方法来处理外部性问题。我们认为,科斯的方法有三个新的但并不独立的元素。首先,生产要素被构想为产权。这种想法出现在"联邦通信委员会"一文的斯特奇斯诉布里奇曼(Sturges V. Bridgman)案中。在这个诉讼案中,一名医生因为他的糖果制造商邻居产生了太大的噪音而无法行医。可供解决这个问题选择方法是:不是这位医生享有在安静的环境中行医的权利,糖果制造商必须把厂搬走;就是糖果制造商拥有包括制造噪音的权利在内的执业权,而医生必须搬走。在科斯看来,这两种情况中的每一种与一个拥有一块别人都不能耕种的土地的情况之间毫无差别。在一种行使它不会产生副作用的权利与行使它会产生有害效应的权利之间没有"分析层面的差异",因为凡是产权都会妨碍别人使用资源的资格(FCC:27)。

科斯在"社会成本问题"一文中发展了这种思想,并且认为:一种生产要素

---

[①] 关于各种版本的科斯定理的述评以及证明和反证,请参阅 Medema and Zerbe(2000)。

就是一项采取某些行动的权利,行使这项权利可能会也可能不会妨碍别人。医生必须享有行医不受妨碍的权利,而糖果制造商必须拥有生产糖果产生噪音的权利。所以,伤害和保护自己免受伤害的权利本身都是生产要素。用科斯的话来说就是:

"如果生产要素被认为是一些权利,那么就很容易理解,做某种具有有害效应(如产生烟雾、噪音、气味等)的事情的权利也是一种生产要素。"(PSC:43—44)

把伤害的权利看作是任何其他生产要素,这就要放弃道德责任观。因此,科斯方法的第一个变化也意味着第二个变化,即有害效应问题的相互性。这一思想也出现在了"联邦通信委员会"一文中(Coase,1959:26):没有糖果制造商就没有伤害,但没有医生也不会有被伤害者。科斯在"社会成本问题"中写道:

"我们是在解决一种具有相互性的问题。避免对乙的伤害有可能对甲造成伤害。必须确定的真正问题是:应该允许甲去伤害,还是应该允许乙去伤害甲?问题在于要避免比较严重的伤害。"(1960:2)

因此,外部性被重新解释为产权行使方面的利益冲突。科斯在文章中明确区分了责任的伦理问题和责任的经济问题。

科斯在方法上的第三个变化源自相互性,是关于"在各种存在有害效应的情况下如何使产值最大化"这个经济问题的定义的(PSC:15;还请参阅 FCC:27)。[①] 这就是科斯为什么把不同的安排比较集中在它们所产出的社会产品的价值上,而不是像庇古那样"对私人产品与社会产品进行非此即彼的比较"的原因(PSC:34)。在比较各替代性安排所能达到的总价值时,必须考虑由伤害和防止伤害所导致的"总价值和边际价值"减少(PSC:2;引号由科斯所加)、每种安排的执行成本以及从一种安排改变为另一种安排可能发生的各种成本。科斯在"社会成本问题"(Coase,1960:44)一文中总结道:"在社会安排的设计和选择上,我们应该注意总体效果,首先就是我所提倡的方法变化"。

---

① 这就意味着成本效益分析。梅德马和萨缪尔斯(1998)强调指出了科斯经济政策目标和方法的局限性。

## 2.2 科斯版的"科斯定理"

科斯在"联邦通信委员会"一文中表示,利用价格机制就足以确定无线电频率的使用权。对于任何商品,只要产权明确,市场交易就能确定它们的最终配置。科斯举例说明了这种思想:

> "一个新发现的洞穴是属于发现它的那个人、土地就在洞穴口的那个人,还是洞穴位于他的土地上的那个人,这毫无疑问要取决于产权法的相关规定。但是,法律只不过是确定那个为获得洞穴使用权签订合同的人。至于这个洞穴是用来储藏银行的档案材料、储存天然气还是种植蘑菇,这就与产权法没有关系,而是取决于银行、天然气公司和蘑菇种植公司哪家为获得洞穴使用权出价最高。"(1959:25)

科斯在上面的引文中表示,法律制度对于资源的最终配置(洞穴的用途)并不产生影响。他还表示,这种资源配置方式能使产值最大化,因为是出价最高的人——也就是对资源估价最高的人——获得了资源使用权。

然后,科斯以斯特奇斯诉布里奇曼案为例,把自己的这些思想扩展到了那些一旦行使就意味着影响他人的权利,"权利的界定再次成为市场交易的基本前提,但最终结果(即产值最大化)与依法做出的判决没有关系"(FCC:27)。

随后,科斯(1988a:158)在他的论述中探讨了"科斯定理的本质"并且解释说"社会成本问题"只是阐述了这个论点,但应《法与经济学杂志》编辑的要求没有举无线电频率的例子(Coase,1993:250);而且还表示他的论点从属于零交易费用假设(Coase,1988a:158)。[①] 科斯在"社会成本问题"一文中把自己的新方法应用于"走失的牛毁坏邻居农作物"的例子(1960:2)。科斯在这篇论文的第一部分假设,"定价机制运行平稳(严格地说,这就意味着定价机制的运行没有成本)"(PSC:2)。

在第一个谈判的例子中(PSC:2—6),牧场主必须为他的牛造成的全部损失买单,因为他没有伤害邻居农民的权利。[②] 邻居种地的净收益是 2 美元。

---

① "联邦通信委员会"中既不缺少零交易费用假设,也不缺乏高交易费用造成的影响(FCC:27)。
② 如果我们沿用卡拉布雷西和梅拉米德(Calabresi and Melamed,1972)的区分法,那么,科斯在这个例子中采用了责任规则,而在第二个例子中采用了产权规则。

如果牧场主有两头牛,它们造成的总损失是 3 美元,那么,他就应该赔偿农民 3 美元。如果农民放弃自己的作物以换取牧场主 2～3 美元的付款,那么,他们两人都能获得较多的收益。科斯在这里介绍了一种双方就外部性水平(牛群规模)及其价格进行的讨价还价:显然,他们有可能达成令双方彼此满意的交易,但农民必须放弃耕作(PSC:4)。这个最终结果是"最优"结果(PSC:5)[①],因为假设双方达成了令双方彼此满意的交易:"当然,如果这样的市场交易没有成本,那么,这样的权利重新安排只要能够增加产值,终究会出现"(PSC:15)。这就是"科斯定理"的效率命题。为了表明结果独立于初始产权配置,科斯在"社会成本问题"中举了第二个例子:牧场主拥有损害他邻居的权利,但最终的资源配置相同。实际结果——外部性水平——因此而最优且不变,"无论牧场主是否要对农作物造成的损害负责,牛群的规模都将相同"(PSC:7)。这就是"科斯定理"的独立性命题。因此,科斯版的"科斯定理"可表述如下:

> "有必要知道加害企业是否要对自己造成的损害负责,因为,如果没有进行初始的产权界定,那么就没有市场交易来转让并重组产权。但是,假定定价机制能够无成本地运行,那么,最终结果(产值最大化)就独立于法律地位。"(Coase,1960:8)

### 2.3 正交易费用的引入

对"科斯定理"的关注很快就导致"社会成本问题"的读者忘记了"非常不现实"[②]的零交易费用假设只涉及这篇文章三分之一的内容。事实上:

> "为了进行市场交易,有必要知道谁愿意从事市场交易,通报有人愿意交易和按照什么条件交易,进行谈判并达

---

[①] 这种最优是指帕累托最优,但科斯并没有使用这个术语。其实,帕累托最优这个术语最早出现在 20 世纪 50 年代的新福利经济学中。当时,新福利经济学正好得到了很好的理解。如果赔偿实际支付,并且没有财富效应——可被认为是科斯论证的隐含假设,那么,帕累托最优配置相当于产值最大化的配置[卡尔多-希克斯效率(Kaldor-Hicks efficiency)]。科斯好像没有使用"帕累托最优"来使自己的理论有别于一般均衡理论、导致市场失误(market fallacies)的福利定理和课堂练习。

[②] 关于合理假设在科斯心目中的重要性,请参阅 Coase(1982);关于科斯的现实主义观的意义,请参阅 Maki(1998b,1998c)。关于对科斯经济学本质看法的一般研究,请参阅 Medema(1994a:chap.6)、Medema 和 Zerbe(1998)、Maki(l998a)以及 Wang(2003)。

> 成交易,起草合同,并且为了确保合同条款得到执行而进行必要的监督,等等。所有这些工作往往会产生非常大的成本,至少足以阻止很多本可能在定价机制无成本运行的世界上完成的交易。"(Coase,1960:15)

因此,交易只有在收益大于所发生费用的情况下才会发生。如果没有发生任何为获得最优结果所必需的权利交易,那么就会产生两种结果。

首先,最优结果就无法取得,而谈判以外的其他解决方法有可能达成较优结果。科斯在"社会成本问题"一文中对政策进行了颇有新意的讨论:由于"凡是解决方法都有成本"(PSC:18),因此,有必要对不同的集体安排(合并成一家企业、公共监管或者维持原状)进行产出净值比较。① 所以,只有在交易费用超过交易收益的情况下才可能无法达到最优状态,并且有必要进行公共干预。科斯的政策设计方法完全不同于与"理想世界"的比较,需要考察初始真实状态,并且比较替代性安排能产出的净值(PSC:43)。②

其次,结果的独立性也受到了质疑,因为权利的最终配置现在取决于权利的初始分布。因此,"法院会直接影响经济活动"(PSC:19)。最后,对于科斯来说,关于法律的影响而不是中立性的结论才是重要的。

现在,我们能更好地理解科斯看似矛盾的态度。一方面,他提到了"虽然是根据他的研究成果命名但由乔治·斯蒂格勒(George Stigler)提出的臭名昭著(infamous)的科斯定理",并且表示他本人"并没有不同意斯蒂格勒这么做"(Coase,1992:717);另一方面,鉴于他经常批评标准的微观经济学,因此,他谴责过分关注一个提出不现实的零交易费用假设的"定理"也是合乎情理的。科斯(1988a:174)恢复了把他与"科斯定理"式世界区分开来的观点:"零交易费用世界常被说成'科斯世界'。事实远非如此。零交易费用世界是现代经济学理论所描绘的世界,是一个我本人希望说服经济学家离开的世界"。然而,在"社会成本问题"发表以后,经济学家们就把注意力放在了这篇论文的第

---

① 梅德马(1994a:92)和维尔加诺夫斯基(Veljanovski,1977)使得这种比较制度研究为正交易费用世界研究做出了重大的贡献。

② 我们在这里发现了科斯反对"黑板经济学"的论述。黑板经济学通过与一个只存在于教师黑板上的世界进行比较来设计政策(如 Ciase,1988a:19)。

一部分,因此,这就是科斯(1988a:13)要写"社会成本问题""虽然在经济学文献中被广泛引用和讨论,但它对经济学研究的有益影响比我所希望的小。讨论……都集中在了所谓的'科斯定理'上,忽视了'社会成本问题'分析的其他方面——如法律的影响以及采用比较制度法的必要性"的原因。

调和性的解释是:这种忽视交易费用的观点被用来阐明交易费用的作用和把它们纳入经济学研究的必要性。这就是我们所说的"科斯定理"的启示作用,这一点在科斯的以下这段文字中显得十分明确:

"我考察了在一个交易费用被假设为零的世界上会发生的情况。我这样做的目的并不是要描述在这样一个世界里生活会是怎样的,而是要提供一个展开分析的框架;但更重要的是,想弄清交易费用发挥的基本作用以及它们对构成经济体系的各种机构的运行理应产生的作用。"[①](Coase,1988a:13)

对于科斯来说,"科斯定理"仅仅是在分析交易费用为正的经济体的道路上迈出的一步(1988a:15)或者铺下的一块铺路石(Coase,1992:717);而经济学家们则致力于"深入研究零交易费用世界,就像占卜师通过仔细观察鹅的内脏来预测未来"(Coase,1981:187)。

对"社会成本问题"的误解曾经(可能现在仍然)是那么普遍,以至于有人认为有两个科斯,一个是生活在"科斯定理"中的科斯,而另一个则是生活在交易费用为正的世界里的科斯(Canterbery and Marvasti,1992)。麦克洛斯基(McCloskey)早就明白,"社会成本问题"主要是为了引入正交易费用而写的。她在20世纪90年代初解释说,她"已经放弃说服其他经济学家这样理解'社会成本问题'的希望,因为R. H. 科斯是唯一一个分享这种观点的经济学家"(McCloskey,1993:n. 2;转引自 McCloskey,1998:241)。在这个时期,梅德马(1994a,1994b)和其他一些学者为恢复科斯思想的内在一致性做出了巨大的贡献。[②]

不管怎样,科斯反对经济学家们只关注"科斯定理",并不应该让我们忘记

---

① 这种采用归谬法进行的推理与解释企业存在的推理相同(Coase,1988a:14)。
② 如请参阅 Willamson(1994)或者 Farber(1997),还可参阅更早关注这个问题的 Yeljanovski(1977)。

他本人也表示"科斯定理"具有分析效度。他回击了很多批评"科斯定理"的观点(Coase,1981,1988a,1988b),并且表示:大多数批评"站不住脚、不重要或者不相关"(1988a:159)。① 应该承认,科斯即使在为他的定理辩护时仍补充说,我们不应该予以太多的关注(Medema,1994a:91),但确实也存在相反的情况:科斯即使在批评太过关注零交易费用世界时仍不忘重申他对这种世界的看法。可见,他还是赞成对这种世界的关注的。因此,以下这个问题仍没有得到回答:为什么这个"定理"对于他的理论如此重要?

### 三、"科斯定理"的批判作用

"科斯定理"对于科斯思想的重要性不能只用它的启示作用来解释。在零交易费用世界里进行的推论还有另外一个功能:证明庇古提出的解决外部性问题的方法对于我们这个世界来说并非必不可少。就如科斯指出的那样:

> "'社会成本问题'表明,在零交易费用制度(标准经济学理论的假设)下,谈判总能达成一种财富最大化的解决方案。因此,经济学家认为政府应该采取的那种行动,在他们的分析体系的假设下完全没有必要。当然,所有这一切都是为了证明庇古的分析体系的无用性。"

科斯在他的诺贝尔奖获奖感言中明确表示,"科斯定理"的意义在于它摧毁了庇古体系,并且后来使他想到了它("科斯定理")在强调有必要把交易费用包括在内这一点产生的影响:

> "我认为,那篇文章所用的方法最终将改变微观经济学的结构……我还应该补充一点,我在写那篇文章时心中并没有这么远大的目标。我认为,我揭示了庇古在研究私人产品与社会产品差别方面存在的不足,而庇古的研究结论被经济学家广泛接受。仅此而已。"

(Coase,1992:717)

科斯1960年发表的那篇文章的标题实际上借鉴了奈特(Knight)批评庇古的文章"社会成本解释中的谬误"(Fallacies in the interpretation of social

---

① 科斯的辩护思路基本上就是"反对'科斯定理'的大部分意见似乎都低估了无成本交易能够完成的意义"(1988a:163)。

cost,1924)。① 关于科斯与庇古观点对立的研究并不是源自历史重构,而是因为科斯关于"科斯定理"的著述直接是针对庇古的。在不否定这种手法修饰作用的情况下,对科斯定理的分析能告诉我们科斯的目的指向。科斯发表"社会成本问题"和"联邦通信委员会"这两篇文章时,庇古在《福利经济学》(*Economics of Welfare*)第二篇(Pigou,1932)中进行的研究是当时占据主导地位的外部性研究。②

### 3.1 科斯在零交易费用条件下对庇古的批判

庇古对私人与社会产品或者服务之间的差别颇感兴趣。在"简单竞争"的以下情况下,私人与社会产品或者服务之间就会出现差别:

"一单位资源的产品中有一部分,不论正负,并没有先归投资这单位资源的人所有,而是(也就是如果发生销售的话,那么就在销售发生之前)先归了其他人。"(Pigou,1932:174)

根据获得不归投资人甲所有的那部分产品的丙的身份,私人与社会服务或产品之间出现差别的情况可区分三种。在第一种情况中,丙是甲租赁的生产要素的所有人(典型的例子就是土地租赁),修改合同就可以解决问题。在第三种情况中,丙和甲生产相同的产品;这样,我们就有马歇尔外部经济(外部于企业,但内部于行业)。最后,第二种情况就是科斯讨论的情况——技术外部性:丙和甲不生产相同的产品。庇古是以这样的方式来描述私人与社会产品或者服务之间出现的差别的:

"某甲在向某乙提供收费服务的过程中,也附带向他人(不是相同服务的提供商)提供不能向受益方收费的服务或者代表受害方强

---

① 请参阅 Kitch(1983:215)和 Coase(1993:250)。科斯在"社会成本问题"一文中把奈特对庇古关于外部经济论述的批评扩展到了对他本人关于技术外部性的论述:私人产权的确定也许能解决两者之间的差额。在奈特(1924)的论文与科斯的"社会成本问题"之间还有另外一些相似之处:批判标准微观经济学的假设,并且认为这些假设描述了一个不需要公共干预但需要界定和配置产权的理想体系。

② 科斯引证的是第四版《福利经济学》(Pigou,1932)。但是,庇古的论点在1920年第一版《福利经济学》甚至在1912年的《财富与福利》(*Wealth and Welfare*)中已经提出。虽然"社会成本问题"有时更多是针对庇古传统,而不是庇古本人,但只提到了庇古本人;而科斯曾两次(1988a,1996)回击他对庇古的批判受到的质疑,并且用文献证据来证明他的论点。他在回击质疑时明确表示,"他的目标(或者不同目标)都是采用庇古方法的现代经济学家",有萨缪尔森、斯蒂格勒和哈恩(Hahn)(Coase,1988a:23)。梅德马和萨缪尔斯(1997:82)对科斯的这种"庇古痴迷"(Pigou fixation)做了一些解释。

索赔偿的负服务(disservice)。"①(Pigou,1932:183)

庇古(1932:185)强调,在提供负服务的情况下,私人与社会产品和服务之间的差别是由"强索赔偿的技术性困难"造成的。政府可以通过采取"非常性鼓励措施"——"最明显的形式就是奖励"——或者"非常性限制措施"——"最明显的形式就是税收"——来加以制止(Pigou,1932:192),也可以通过直接监管来进行干预(Pigou,1932:194)。

科斯不仅批判了庇古的政府解决方案,而且还批评了庇古提出这种解决方案的方法。首先,庇古对私人与社会产品差额的分析偏离了问题的相互性②和总产出价值最大化目标。其次,在零交易费用的世界里,除了界定和配置产权以外的公共干预,无论监管还是税收都将无济于事。零交易费用世界对政府干预解决方案的自动执行论也有批判的作用:"'外部性'的存在本身并不会给政府干预提供任何理由"(Coase,1988a:26)。③

在科斯的心目中,"社会成本问题"具有内在的批判庇古传统的作用:"由于标准的经济学理论假设交易费用为零,因此,科斯定理表明,庇古提出的解决方案在这些场合无用"(Coase,1992:717)。但不管怎样,如果庇古在分析中真的假设交易费用为零,那么,他的分析可能就有矛盾,但庇古并没有明确假设交易费用为零。

### 3.2 对科斯批判的重新评价

虽然庇古无法回应科斯的批评(庇古于1959年3月去世),但有几篇文章表明,科斯和庇古的研究似乎要比初看更加接近。④ 我们很容易认为,科斯批评了庇古在研究中所作的失实陈述。庇古在论证过程中似乎考虑了正交易费用,至少考虑了一些谈判障碍,就如以下两点所显示的那样:

首先,庇古在他的外部性研究中直接把修改合同解决分歧或者差别的方

---

① "社会成本问题"只关注这个定义所涵盖的第一种情况——生产外部性,并且把消费外部性排斥在外,特别是,就如本文的一位审稿人指出的那样,把庇古构想的需求外部性("我对某种商品的需求由于我想与众不同或者我的模仿欲望而受到这种商品总需求或者总生产的影响")排斥在外。

② 关于对这个问题批评的贴切性,请参阅 Aslanbeigui 和 Medema(1998:613-614)。

③ 科斯经常批评那些认为市场失灵自然需要政府干预的传统研究:如请参阅科斯论述边际成本定价(Coase,1946)和灯塔(Coase,1974)的文章。

④ 主要有 Goldberg(1981)、De Serpa(1993)、Simpson(1996a,1996b)、Demsesetz(1996)、Aslanbeigui 和 Medema(1998) 以及 Hovenkamp(2009)。

案搁在了一旁,而这就是政府为什么必须要进行干预的原因:

> "很明显,我们目前所考虑的私人和社会净产品之间的差别不能像由租赁法造成的分歧那样,可通过缔约双方修改合同来缩小,因为这种差别是由提供给缔约双方以外的其他人的服务或者负服务造成的。"(Pigou,1932:192)

我们在以上这段引文中看到,庇古最初想到了合同解决方案;在没有合同的情况下,某些条款显示了不可能性。庇古在他界定第三种情况时已经说明"不能索要费用":他取消了(在第一种情况中考虑的)通过谈判解决的方案。因为,确切地说,差别源自不能谈判。他所举的例子都引用了大量的案例,使人想到了一个造成巨额交易费用的原因。①

第二个表明庇古考虑了某种像交易费用这样的东西的元素是他论述的资源的"流动成本"(Pigou,1932:138—139)。② 这些成本可能会妨碍在资源的替代性用途之间进行一定的调整,而考虑了流动成本的最优安排与绝对的最优安排之间的差别就等于流动成本。

3.3 科斯在交易费用为正的情况下所作的批判

此外,科斯考察了一些在交易费用为正的世界里外部性的公共解决方案。而这些解决方案应该是他从庇古那里批发来的(至少是从其他人那里批发来的,如合并和维持原状)。但是,他批判了这些解决方案,尤其是他认为是庇古提出的三种方案:直接监管、造成损害的生产者应负不可转嫁的责任和税收。因此,即使在交易费用为正的情况下,科斯也没有像批评公共干预那样批评庇古。③

---

① 请参阅 Demsetz(1996:567—569)以及 Aslanbeigui 和 Medema(1998:607—608 and 615—616)。戈尔德贝尔格(Goldberg 1981)第一个谈到了庇古把复杂合同作为第一种差别情况解决方案的研究。科斯在"社会成本问题"中表示,庇古对这两种差别情况的区分是不合理的,因为这两种情况都存在交易费用(交易费用在第一种情况下使得合同不能令人满意,而在第二种情况下则使得合同无法执行)。庇古对解决第一种差别情况的讨论有点实用主义——因为他解释说复杂合同和公共干预两者都不能令人满意;而且也没有受到科斯的热捧——因为无法得出"关于经济政策的一般结论"(PSC:39)。

② 请参阅 De Serpa(1993:36—37)以及 Aslanbeigui 和 Medema(1998:609—610)。霍汶卡普(Hovenkamp 2009:6—7)重新发现了这个问题,并且补充指出,庇古强调了知识不完备的影响。

③ 这个问题不知何故由德姆塞茨(1996)提出,因为德姆塞茨一直讽刺庇古持有理想主义的政府观。

公共干预就如同企业,在"社会成本问题"中是作为(配置资源的)价格体系的一个替代方案出现的。政府和企业两者都可能是取代市场交易的行政决策。因此,公共干预就意味着行政或者组织成本,而且还意味着由于缺乏有竞争力的价格控制而造成的成本(PSC:17—18)。[1] 这也解释了科斯批评无线电频率使用权公共配置的原因。监管者不但容易受到政治压力的影响,而且在没有市场价格的情况下缺乏有关成本、收益和偏好的信息(FCC:18)。此外,监管者并不是谋求一般利益,[2]尤其不是按某种规矩做事的人(Coase,1966:441—442)。

科斯在"社会成本问题"一文中利用这些论点批评了"庇古"推荐的在交易费用为正的世界里解决外部性的方案。首先,虽然在高交易费用的情况下,尤其是在涉及很多人的情况下——如烟尘污染的例子(Coase,1960:17)中,直接监管也许能显示它的用途,但这种解决方案会遇到其他公共监管也会遇到的相同问题:它是由一个"受制于政治压力并且在没有任何竞争博弈"的情况下履行职能、易犯错误的政府颁行的(PSC:18)。此外,这种类型的监管虽然适用于很多情况,但有可能并不总是合适。结论很简单,"政府直接监管未必就能取得优于通过市场或者企业来解决问题所能取得的结果"(PSC:18)。

科斯以铁路机车冒出的火星毁坏庄稼为例批判被认为是庇古提出的第二种解决方案(加害的生产者必须承担责任)。[3] 科斯举了一个有数值的例子。在这个例子中,受害者承担责任比加害的生产者承担责任更能增产。修改法律就可能改变决策(如果农民承担责任,就会减少谷物产量),其实,这就是科斯之前坚持认为必须比较各种安排产出总价值的原因。

最后,科斯在"社会成本问题"一文中批评了税收政策。虽然在庇古的书中没有详细的税收数额,但是,科斯把庇古的口述内容理解为庇古主张税收不应超过加害需支付的赔偿额。在烟害的例子中,如果工厂周边居民的搬迁成

---

[1] 与企业的另一个区别是国家拥有强制推行监管的暴力手段(PSC:17)。

[2] 科斯甚至更加激进,在他看来,高于个人偏好(得到满足)的一般利益是不存在的。因此,对于了解个人偏好来说,个人处于比较有利的位置(Pratten,2001:624)。

[3] 这个解决方案并不是由庇古提出的,但这种担责制度的缺失可被视为导致差别的根源(Coase,1996:111—112);庇古(1932:134)其实是指"未得到赔偿的损失"。

本低于工厂排放成本,那么,对排放工厂缴纳的税收就不是最优税收,[①]"往往会导致为了防止烟害而产生过高的成本"(PSC:41)。而我们再次发现了问题的相互性:

> "在不征税的情况下,工厂周边可能是烟害严重、居民稀少;而在征税的情况下则可能是烟害减轻,居民太多。我们没有任何理由认为其中的一个结果必然比较合意。"[②](Coase,1960:42)

科斯建议征收更加复杂的税种来处理相互性问题,但由于缺少相关信息,因此很难设计出这样的税种(PSC:41—42)。除了这个特别的例子外,对税收这个解决方案的批评最终还是落在了监管者缺少信息的问题上。税收通常是一种"黑板上的政策",就如科斯在他的"社会成本问题"的注释(Notes on the problem of social cost)中提醒我们的那样(1988a:181),"任何税收制度都会面临很多困难,而合意的税制可能就是无法付诸实施的税制"。[③]

因此,科斯批评了庇古建议在存在交易费用的情况下采用的政策解决方案。这次仍然是:如果庇古真的假设有理想政府存在,那么,科斯的批评可能就更有说服力。

### 3.4 科斯与庇古之间的观点对立:公共干预(低)效率

庇古对公共干预效率的态度也有所保留,并且体现了一种政策实用主义。逆向比较,庇古在这一点上与科斯观点相近:他也没有对政府行为做理想化处理。在《福利经济学》第二篇的第二十章中,庇古表示,"我们不能指望政府取得经济学家们能够想见的理想结果"。在这一章里,很容易读到一些科斯式的关于政府缺陷(犯错误,谋求政治和私人利益)和必要的政策实用主义而不是

---

[①] 一种自身低于加害造成的损失的成本。
[②] 这里的问题是帕累托最优的多重性(Baumol,1972:314)。
[③] 科斯在这个问题上回复了鲍莫尔(Baumol,1972)的批评。鲍莫尔认为,如果税收额等于最优外部性水平下的边际损失,那么,从理论的角度看,"庇古传统的结论事实上是无懈可击的"(Baumol,1972:307)。科斯也接受这个理论结论,但又反复表示,这实际上是不可能的,就如鲍莫尔本人所强调指出的那样(1972:318)。因此,科斯在他的"社会成本问题"的注释中总结说:"我的观点只不过是这样的税收建议是梦中才有的事情。我年轻的时候常有人说,凡是傻到不能说的东西可用歌词来表达;而在现代经济学中,凡是傻到不能说的东西可用数学来表达"(Coase,1988a:185)。

"黑板上的政策"的洞见(所有的解决方案都有成本,并且都必须进行比较)。①譬如说,我们可以看看以下这段引文:

"凡是有理由认为让自利自由发挥会导致需要投入的资源数量不同于为最优地实现国民红利所需的资源数量的行业,都是表面上看起来具备了接受公共干预先决条件的例子。但在我们考察这些可能会被政府机构认为具备后可进行有利干预的先决条件之前,这样的例子只能是表面上具备条件的例子。仅仅比较对不受约束的私人企业进行的有缺陷的调整与经济学家在他们的研究中能够想到的最优调整是不够的,因为,我们不能指望任何公共机构会实现或者全心全意地去追求这种理想;这样的公共机构由于无知、地方压力和个人因谋求私利而腐败等原因都应该受到惩罚。"(Pigou,1932:331—332)

这就是为什么公共干预"有可能把事情搞得更糟"(Pigou,1932:xix;引号原有)的原因。阿斯兰贝居伊和梅德马(Aslanbeigui and Medema,1998:617—618)又添加了一些符合科斯的政府干预失败观的其他原因:行政成本、信息问题和不同的扭曲。

庇古在这方面似乎要比科斯乐观,他认为,政府的行政效率在19世纪有所提高。为了进一步提高政府的行政效率,庇古(1932:333—334)详细列数了代议机构的缺陷:(1)它们不具备必要的经济管理资格;(2)它们的成员经常变动并且只有短期目标;(3)它们拥有权力的领域并不是涉及经济利益的领域;(4)它们受制于形形色色的选举压力。虽然这些缺陷与科斯指出的缺陷非常接近,但两人在这方面的分歧是:庇古(1932:334)认为,虽然"这四个缺陷都很严重",但"在很大程度上都能消除"。② 因此,我们无法找到那个证实庇古把公共干预理想化的证据,而把公共干预理想化可能就是导致他的论点站不住脚的原因。相反,科斯和庇古指出了相同的公共干预缺陷。但是,对于庇古来

---

① 戈尔德贝尔格(1981:50,n. 8)提到了这个问题;辛普森(Simpson,1996a:71—73)展开讨论了科斯的这个论点,但请参阅 Coase(1996)的回答。关于对科斯与庇古公共干预观点进行的更加全面的比较,请参阅 Aslanbeigui 和 Medema(1998)。

② 这些委员会的成员可以根据他们的行业专业技术来挑选,并且长期任职,他们的主管领域可以调整,而他们的合同关系可以让他们免受选举压力的困扰(Pigou,1932:334—335)。

说,这些缺陷是可以改正的(但科斯却认为它们会造成严重的后果);而且,科斯对庇古的批评最后就是集中在这一点上。

下面来考察科斯的研究与庇古的研究的相似之处。科斯必须重新确定批评庇古的方向,他在自己1988年的书中第一次这么做。科斯在这本书里回顾了庇古《福利经济学》第二十章中的论点,并且讽刺庇古采用他理想主义的方式想象一种完美的政府形式:

> "庇古先是列数了政府的种种缺陷,然后发现了一种完美的政府组织形式,因此就可以不用探讨公共干预缺陷可能常意味着把事情弄得更糟的情形。"(Coase,1988a:22)

科斯(1988a:22)强调了庇古的"乐观看法"(optimistic opinion),并且认为庇古的"乐观看法"缺乏事实依据。科斯(1996)再次回击了辛普森,因为辛普森(Simpson,1996a)在大量研究庇古著述的基础上阐明了科斯和庇古在政策看法上的相似之处,并且发现了庇古的社会主义同情心。这项规范性研究并没有质疑庇古的实用主义或者他的论点中的科斯味道,而是证实了庇古对公共干预效率的"乐观态度"。

因此,科斯对庇古的批评最后集中在了庇古的"乐观态度"上。"科斯定理"的批判作用不能被归结为对零交易理论的内在批判:"科斯定理"表明,公共干预并不必然是一种当然的解决方案,但科斯走得更远,他甚至认为,公共干预甚至是一种最不需要的解决方案。据我们推断,科斯并没有像批判公共干预必要性那样批判庇古的相关研究,而科斯对公共干预必要性的批判只能用他对政府干预相对效率的悲观看法来解释。我们将证明这种批判赋予"科斯定理"一种规范作用。

## 四、"科斯定理"的规范作用

### 4.1 科斯的悲观态度

科斯对政府的效率并不总是持悲观态度。虽然"企业的性质"(The Nature of the Firm)与"社会成本问题"之间存在着理论一致性(Schwab,1993),但是,科斯的政治观发生了从社会主义到批判公共干预的巨大变化,这一点是有经验研究证明的。

在谈到辛普森说他对政府干预可取性表示深度怀疑时,科斯(1996:106—108)详细讲述了他本人政治观点逐渐变化的不同阶段。首先,当时正在伦敦政治经济学院任教的普兰特(Plant)使他认识到了政府的低效率;后来,他对英国公用事业的经验研究坚定了他的这种观点。但最后,是美国政府监管效果研究的一般结论明显改变了他政治取向:"我对政府干预经济的看法随着生活阅历的丰富而不断变化,但总是由基于事实的调查研究所驱动……我现在的政治立场就是我在1974年表达的那种立场。"(Coase,1996:108)

1974年,科斯表示,关于经济活动公共干预效果的经验研究"往往都表明,政府监管不是不起作用就是在产生显著影响的情况下总的来说负面居多",因为政府"已经达到了很多活动……边际产品为负的阶段"(Coase,1975:61—62)。因此,科斯认为,政府监管弊大于利的观点源自于他和其他学者的经验研究。[①]

以上解释有助于我们更好地理解科斯同时坚持他的政治实用主义和偏好市场的原因。就如梅德马(1994a:95)所指出的那样,"科斯对市场的偏好与其说是源自他本人的意识形态倾向,倒不如说是源自他认为政府继续它的监管活动常常只能把事情搞糟,而不是搞好的观点"。[②] 但是,这并没有阻止科斯把他对市场和政府监管效率的评价与他对影响有害的政策解决方案的实用主义评估结合在一起。科斯在"联邦通信委员会"(Coase,1959:18)中强调指出,"只有在市场运行成本超过政府机构运行成本充分多的情况下",后一种解决方案才可能比较可取。不过,他又立刻补充说:"然而,在美国很少有人认为,大多数行业都属于这种情况,而广播业也没有什么能让我们相信频率配置是一种特殊情况。"(FCC:18—19)也就是说,从理论上讲,我们可能倾向于政府干预,但在实际中几乎不会。

科斯在"社会成本问题"(Coase,1960:18)中也降低了坚持主张"令人满意的政策观只能来自对市场、企业和政府如何实际解决有害影响问题的耐心研究"的调子。如果我们接受价格体系是参考性安排(见本文4.2)这一理论假设,那么,公共干预只要净收益为正并且大于市场正收益就可被证明它的合理

---

[①] 但这也是导致他进行广播业(Pratten,2001)和灯塔(Bertrand,2006a)经验研究的起因。
[②] 还请参阅 Medema 和 Samuels(1998)、Pratten(2001)以及 Campbell 和 Klaes(2005)。

性。在科斯看来,前一个条件甚至就不可能得到满足:"毫无疑问,常见的情况是,规范导致产生有害影响的行为所产出的收益少于政府监管发生的成本。"(PSC:18)那么,科斯为什么会感到奇怪呢?因为,价格体系即便发生费用,也能产出最优产值。价格体系的效率高于所有一切人为安排这一点是应当肯定的:"定价机制的主要优势就在于能把生产要素使用在产品价值最高的地方,并且这样做的成本低于其他替代性机制。"(PSC:40)科斯的这种立场在1988年变得更加明确,他在重复了可能采取的不同外部效应解决方案后又声称:"外部性的无处不在性告诉我有一个反对干预的初步理由。"(Coase,1988a:26)

虽然科斯提到过"在价格机制成本太高的情况下,公共干预也可能有效地解决外部性问题",但他仍努力证明这种情况很少见,公共监管和税收常比市场成本更高。即便是在交易费用为正的情况下,公共干预通常也被认为没有价格机制有效:这就是我们说他对政府效率持悲观态度的原因所在,这一点在他对庇古的批评中也几乎是暴露无遗。当然,科斯并没有系统地为市场辩护,因为他在这方面基本上是采取实用主义的态度。但不管怎样,他相信政府常(虽然并非总是)会让事情变得更糟,而且成本也比市场高。因此,他的外部性研究存在一种倾向,那就是支持有成本的价格机制,不支持公共干预,而对无成本价格机制的效率的信赖又加剧了这种倾向。

### 4.2 价格机制的效率

在"社会成本问题"中,价格机制是一种制度安排,应该从资源配置的角度,与像企业和政府这样的替代性安排进行比较。科斯在"社会成本问题"中先是考察了市场这种具有外部效应的解决方案;然后认为:如果市场成本太高,那么就应该考虑合并成企业的解决方案;接着,他又表示:如果后一种解决方案仍然成本太高,那么,只要在成本不是太高的情况下可以尝试政府这种解决方案。这一推理思路①披露了科斯的假设:无成本的价格机制是有效率的解决方案。只有在价格机制成本太高,或者有证据表明交易商品存在特殊性,并且能够证明另一种安排可能产生更大收益的情况下,才能把这另一种安排

---

① 这就是拉佐尼克(Lazonick,1991)批判"企业的性质"的目的所在。

作为解决方案。

那么,为什么科斯认为价格机制有效呢?他曾写道:

"如果采取某些行动的权利可以买卖,那么,这些权利往往会被那些对于他们来说价值最高的人买走;而且,不是用于生产就是用于享受。在这个过程中,权利被买走、细分、组合,从而允许凭借这些权利采取的行动产出最大的市场价值。"(Coase,1988a:12)

价格机制把商品配置给出价最高的人,并且迫使一种商品的实际生产成本与消费者愿意为这种商品支付的价格直接"交锋":①这种消费者与生产者之间发生的直接关系是一种有效率的关系。

如果我们假设,经济主体都寻求有效地使用资源;价格机制把资源使用权配置给最看重资源的人,那么,价格机制(在无成本的情况下)就能使产值最大化。② 现在,价格机制的效率显然是"科斯定理"的主张,而科斯也没有对两者进行区分。请回顾一下,科斯在反对1959年第一次提出"科斯定理"时表示:

"产权法决定某物归谁所有,但市场决定某物如何使用。这一点对于我来说是那么的显而易见,以至于无法理解有人会表示反对。我的意思是,人们会利用资源来创造最大的价值,仅此而已。我还觉得,这一点显而易见。你也不会认为有必要去搞什么科斯定理,真的。"(Coase,1997)

价格机制不但是"科斯定理"的结论,而且也是它的假设。③ 从科斯在"社会成本问题"中所举的几个谈判例子中可以清楚地看到,科斯的理论框架就是埃奇沃思(Edgewoth)所说的双边谈判(Coase,1988a:160)。他假设,价格制定者能够达成合同曲线(contract curve),或者达成令各方都满意的交易。也就是说,我们在进行一种谈判效率是预先假设而不是得到证明的合作博弈(Arrow,1979:24)。科斯在回应有人从策略性行为的角度对"科斯定理"提出

---

① 科斯假设,消费者掏钱购买一种商品的意愿只反映了他们的偏好,但这种意愿也取决于他们的初始禀赋和评判资源价值的社会标准[如请参阅 Hausman 和 Mc Pherson(1996)]。

② 普拉顿(Pratten,2001)证明了这些思想是如何支撑科斯关于美国和英国电视和无线电广播机构的经验研究的,并且强调了科斯对标准微观经济学的批判与他不加证明拿来就用的这个效率假设之间可能存在的矛盾。

③ 科斯在一次采访中表示,他"认为[他]是提出了一个'2+2=4'的命题"(Coase,2002)。从他的话里可以非常清楚地看到,在他看来,他的"定理"具有不言自明性。

的批评时再次肯定了双边谈判效率假设(1988a:161—163)。① 因此,"科斯定理"只是通过双边谈判促成的另一种表现形式的价格机制效率假设。

### 4.3 "科斯定理"的处方性结论

"科斯定理"本身并没有规定任何政策性解决方案,从这种意义上讲,它不具备规范性(Veljanovski,1977:535—536;Medema,1999:229—230)。然而,如果我们像科斯那样认为,无成本的价格机制是完全有效的;价格机制即使有成本,也仍优于政府监管,那么就可以提出规范性要求。当交易费用为正时,科斯更愿意接近零交易费用世界,而不是采用首先无论从结果还是操作方式的角度考虑的政府这种解决方案。

首先,产权的初始分配必然是模仿某种运行良好的价格机制的结果。就如我们已经在"社会成本问题"中看到的那样,引入交易费用的第一个结果就是产权配置对经济结果的影响。科斯立刻就推导出了法院在判决产权归属时必须考虑这种经济影响的权利主张。科斯用对相互性的坚持来消除道德责任问题。但是,道德责任与经济问题之间似乎存在的区别就变成了前者依附于后者的从属关系。法官必然会把产权判给那个能利用产权使产出最大化的人。② 科斯写道:

> "因此,似乎应该说,法院应该能够明白它们的判决可能产生的经济影响,并且在判决时应该把这种影响考虑进去。即使有可能通过市场交易来改变法律对产权的界定,但显然最好还是减少对这类交易的需要,从而减少为从事这类交易而对资源的使用。"(1960:19)

对交易需要的限制会导致把权利分配给最看重交易的人,这样就能节约交易费用。而科斯在1977年提出了这种思想,甚至把它扩展到了"所谓的个

---

① 例如,萨缪尔森(1967)和库特(Cooter,1982)[请参见 Bertrand (2006b)]进行了这方面的批评。关于这个主题,不无讽刺意义的是,庇古(1932:200)强调了双边谈判因不确定性而会导致资源损失。

② 正如辛普森(1996a:61)所强调的那样,奇怪的是……"科斯……怎么说也不能把州立法院根据私法做出的司法判决作为政府干预或者行为的方式。通过司法判决逐步发展起来的司法,出于一些从未得到明确的原因,没有特权反对他批评的政府干预"。此外,产权配置的效率标准应该具有循环性;其他批评是针对选择性感知和信息问题的,并且更一般地适用于比较制度法。因此,科斯关于公共干预通常没有价格机制有效的评价受到了规范性判断的影响(请参阅 Medema 和 Samuels,1998)。

人权利或者公民自由权,美国宪法第一修正案所规定的那种活动"(Coase,1977:32)。

第二个处方性结论在"社会成本问题"一文中并不明确,但后来就显现了出来:价格机制的效率必须得到提升。① 在科斯的推理中,即使价格机制的成本高于公共监管,也最好求助于价格机制;而一种运行良好的价格机制则能促成最优结果。我们可以很容易地推断,这足以改善价格机制的功能,进而有助于降低交易费用。这第二种影响会随着科斯在他的诺贝尔奖获奖感言中提到的第一种影响出现:

"很明显,这些权利最好应该分配给那些能够最富成效地利用它们的人,并且通过激励来促使他们最富成效地利用并发现(和维护)这样的权利分配。由于法律明确,并且通过制定不那么繁琐的权利转移规定,权利的转移费用应该是很低。"(Coase,1992:718)

现在,我们终于越来越接近理想谈判的条件。顺便说一下,这个处方性结论出现在了他为自己1988年出的集子所作的序中。在这个序言中,科斯提到了把"促进市场交易"作为替代公共监管的一个手段(1988a:24,25)。这些处方性结论有助于我们理解研究零交易费用世界的重要意义:对于科斯来说,零交易费用世界是我们必须去接近的理想世界。

## 五、结束语

我们坚持认为,科斯批判庇古是因为他误解了庇古。由于庇古考虑到了某种类似于交易费用那样的东西,因此,科斯较少地批判了庇古的研究,而更多是批判了公共干预。然而,由于庇古按照相同的思路也批判了公共干预,因此,科斯的批判隐藏了一种悲观情绪:即使交易费用为正,公共干预通常也没有价格机制有效。阿斯兰贝居伊和梅德马(1998:619)对他俩的这种观点分歧进行了总结:

"虽然他俩都关注与政府行为联系在一起的困难或者成本,但在政策影响方面观点相左。造成他俩这方面观点相左的原因……就在

---

① 这两种处方可在《新法与经济学》(*New Law and Economics*)中找到(如 Posner,1986)。关于"科斯定理"在法与经济学运动中的作用,请参阅 Medema(1998,1999)。

于他俩各自的市场失灵观和政府有效应对市场失灵的能力的可信度。"

因此,这两位作者深层次的观点对立在于他俩对价格机制和公共干预相对效率的不同评价,这是促成和解释他俩的规范或者政治观点的关键所在。但不管怎样,这种对立也必然与他俩各自的福利标准有关:"与庇古兼顾效率和公平两元素的标准相比,科斯的产出值最大化标准给政府取得成功留下了较小的空间"(Aslanbeigui and Medema,1998:622,611)。①

"科斯定理"在科斯的著作中发挥了三种作用:启示(发现交易费用的)作用、批判(庇古传统的)作用和规范(科斯是指政策处方)作用。这些作用在多个方面是联系在一起的。例如,相互性对全部三种作用都有用:它批判了污染方付费的传统干预方式,并且开辟了一种把外部性问题作为产权交易来处理的新视角,从而扩大了市场规模。② "科斯定理"的三种作用取决于无成本运行的价格机制的效率论。价格机制的效率论解释了主要是研究正交易费用世界的"社会成本问题"为什么赋予零交易费用世界这样一种作用。对于科斯来说,零交易费用世界发挥了与标准经济学家心目中的完全竞争世界相同的作用。这似乎是一种有助于论证的启示性作用,但最后,由于这种作用的特点——它是这些世界的规范作用,因此,其他作用都希望能够接近这种作用。

**致 谢**

本文曾得益于两位匿名审稿人和阿兰·马尔恰诺(Alain Marciano)提出的建议。本文的一个初始版本曾提交巴黎二大(University of Paris Pantheon Assas)2008 年 12 月召开的公共经济学史研讨会讨论。本文作者要感谢与会者和巴黎一大(University of Paris Pantheon Sorbonne)的学者对文章进行了点评。错误和遗漏在所难免,但责任由作者自负。

---

① 虽然科斯提到过道德评价的必要性(PSC:43),但从未真正进行过道德评价(Pratten,2001:620)。相反,对于庇古来说,经济福利只是总福利的一部分,福利分配才是重要问题[请参阅 Myint (1948)]。

② 笔者要感谢本文的一名审稿人强调了这个问题。

# 约翰·罗尔斯的正义论及其与有益品概念的关系

拉基普·埃格(Ragip Ege)
赫拉德·伊格尔斯海姆(Herrade Igersheim)

## 一、引言

  罗尔斯在他的理论中定义了五种基本善：基本自由；迁徙自由和职业选择自由；职务权力和职务特权以及需承担责任的职务；收入和财富；自尊的社会基础。虽然我们这位哲学家的著作，随着时间的推移经历了从《正义论》(*A Throry of Justice*)(Rawls,1971)到《政治自由主义》(*Political Liberalism*)(Rawls,1993)的巨大变化，①但是，这个"基本善"集合一直保持着原样没变，整部著作严格使用相同的集合元素。就如我们能够看到的那样，除了对应于权利的元素以外，这个基本善集合还包括经济元素，如"收入和财富"，因为罗尔斯旨在根据[洛克(Locke)、卢梭(Rousseau)和康德(Kant)的]社会契约理论来构想一种正义观，并且试图阐述一种能够促进真正自由（而不是形式自由）的可执行理论。为此，罗尔斯必须妥善处理经济问题。然而，罗尔斯只交待了一些关于第四种基本善"收入与财富"具体内容的细节。我们认为，求助于马斯格雷夫(Musgrave)定义的有益品(merit good)概念，并把它作为罗尔斯第四种基本善的组成部分，将有助于阐明罗尔斯的理论。这样就可允许罗

---

 ① 本文第三节回顾了这一变化。

尔斯一方面在他的第四种基本善"收入和财富"中注入更多的内容,另一方面更加有效地实现他构建可执行理论的目标。更加重要的是,就如马斯格雷夫本人所说的那样,"有益品的作用[……]就是承载一些与罗尔斯'基本善'概念有关的关系"(Musgrave,1987:453)。

虽然罗尔斯从未在他的著作中提到过有益品的概念,但我们能在他著作的某些章节中找到公共产品的概念。我们来回顾一下,按照马斯格雷夫的意思(1987:452),公共产品和私人产品都"基于个人偏好这个前提",而有益品则会影响消费者主权。[①] 我们认为,罗尔斯似乎并不知道有益品这个概念——更不用说公共产品与有益品之间的区别了——这一事实意味着公共产品在他的整个理论中的地位仍然含糊不清,并且容易引起歧义。也就是说,由于罗尔斯被认为不知道有益品概念,在经济问题上,我们在罗尔斯的理论中发现了一个严重的理论难题:一方面,罗尔斯的正义论需要一个源自公共事物(res publica)的概念;另一方面,公共产品的概念又不能满足这个需要。事实上,关于公有物,罗尔斯主要关注公共教育和卫生;而根据现代公共产品理论,教育和卫生都不是公共产品。[②]

此外,在我们看来,我们的主张(即求助于有益品概念)是符合罗尔斯思想从正义论到政治自由主义的变化的。事实上,在从正义论到政治自由主义变化的过程中,罗尔斯的关切也发生了变化:从构建包罗万象的一般正义理论这一雄心勃勃的计划到更加温和、有限但确切、具体地探讨确保多个无所不包但合乎情理的善的概念在城市和平共处的社会基本政治体制状况的研究。[③] 这项计划的理论抱负局限性使得罗尔斯倾向于在《政治自由主义》中引入诸如"有理性的"(reasonable)、"理性多元论"(reasonable pluralism)、"公共理性"(public reason)、"政治观念"(political conception)、"民主文化"(democratic culture)、"立宪民主制度"(constitutional-democratic regime)、"历史性发展"(historical development)、"宽容"(toleration)等的概念。因此,本文试图证

---

① 我们将在本文的第二节中展开讨论公共产品与有益品之间的区别。
② 就如我们将在本文第二节中看到的那样。
③ 关于这一变化,特别请参阅 Audard(1988,2003)、Munoz-Dardé(2003)、Duhamel(2006),以及 Ege 和 Igersheim(2008)。

明,这组新概念明显使得把有益品概念引入罗尔斯的理论变得可能。

我们认为,在这个问题的新的解决方法中最重要的概念是"公共理性"。就如我们将要看到的那样,根据罗尔斯在《政治自由主义》中的分析,我们把"公共理性"确定为对应于我们在《正义论》中发现的"正义感"概念的新概念。但是,这个新概念被认为是经历了一个历史过程才出现、形成和构建的。此外,确定有益品必须要经历一个修正和重述消费者主权和消费者直接偏好的过程。从这个角度看,我们可以说,公共理性的出现和构建以及有益品的确定需要经历一个相同的历史过程。从这个意义上讲,有益品可被视为基本善的构成分量,而基本善则是依靠理智的公民通过公议形成的公共理性协商资源(deliberative resources)构建起来的。

本文安排如下:第二节介绍罗尔斯在《正义论》中赋予公共产品的地位,并且强调:虽然罗尔斯从未提到过有益品,但这个概念似乎更有助于他实现自己的目标。第三节用于介绍罗尔斯的思想变化,并且指出他关于他所说的"公共"产品的地位变得含糊不清。第四节说明罗尔斯在《政治自由主义》中提出的各个新概念是如何使得我们把有益品引入罗尔斯理论成为可能。第五节对本研究进行总结。

**二、正义理论中的公共产品与有益品评价**

在这一节里,我们将对现代公共产品理论界定的公共产品定义与罗尔斯在《正义论》中采用的公共产品定义进行比较。实际上,我们想要强调的是,虽然罗尔斯在《正义论》中并没有提到有益品的概念,但他所下的公共产品定义更加接近有益品概念。下面,我们来考察罗尔斯所说的"公共"品和"基本善"在《正义论》中的地位。

对于经济学理论的创始人和当代经济学家来说,关于公共产品的思考是经济学理论的一个核心问题。现代公共产品理论多亏了萨缪尔森(Samuelson,1954,1955)才得以问世。随着现代公共产品理论的发展,公共产品概念也已经变得非常具体和明确。我们来回顾一下公共产品与私人产品的区别。萨缪尔森(1954:387)假设:

"我们有两类产品:一类是普通的私人消费品 $X_1, X_2, \cdots, X_n$,

这类产品可在不同消费者个体$(1,2,\ldots,i,\ldots,s)$之间根据关系式$X_j=\sum_{I}^{s}X_j^i$细分;另一类是集体消费品$(X_{n+1},\cdots,X_{n+m})$,同时供每个个体和每个集体消费的消费品。"

集体消费品或者公共产品的属性就是通常所说的"消费非互斥性"(non-rivalry in consumption, Sandmo,1987:1061)。当然,我们还能使用其他术语来表述,如"完全的不可分割性"(perfect indivisibility, Buchanan,1968:ch. 9)。① 萨缪尔森最初给公共产品下的定义明确包含非互斥性这个属性,但后来,其他经济学家又添加了第二个属性"不可排他性"(non-excludability)来描述公共产品。与私人产品的享用可通过价格来排斥他人的情况不同,消费公共产品的好处由于不可分割而只能等量分享。关于公共产品的供给,我们可以简单补充说,公共产品由于它自身的特殊性,因此与"市场供应充足"的私人产品不同,"如果有公共产品需要,那么就必须通过[政府]预算来满足"(Musgrave,1959:8—9)。②

我们现在来考察罗尔斯是否并为何把公共产品概念引入《正义论》。在《正义论》的第42节中有很长一段文字是专门论述这个问题的:

"公共产品与私人产品之间的区别引发了很多复杂的观点,但主要的观点是:公共产品有不可分割性(indivisibility)和公共性(publicness)两个属性。也就是说,有很多人,因而可以说是公众,都或多或少地需要这种产品。但是,如果他们都想消费这种产品,那么就必须每人享用相同的数量。这种产品的产量不能分割,而私人产品的

---

① 布坎南(Buchanan,1968:ch. 9)把"纯私人"产品和服务定义为"完全可以在不同人(消费者)之间分割的产品和服务。这种产品和服务的总供给可用人人可用的供给的总和来表示。如果$X$是可供群体使用的总量,而$X_1,X_2,\ldots,$是个体可用的数量,那么,$X=x_1+x_2+\cdots+x_n$"。接着,他又表示,"纯公共"产品是那些完全不可分割后让群体内不同个体受益的产品。如果$X$是可供群体使用的总量,这个相同的总量也可供群体内的每个个体使用,$X=x_1=x_2=\cdots=x_n$。在这里必须注意,布坎南使用了与萨缪尔森(1954)用来表述私人产品与公共产品间差别的方程组完全相同的方程组。因此,我们可以确认,"非互斥性"与"完全不可分割性"——虽然后者不如前者那么常用,但——是指公共产品的相同属性。

② 由于公共产品理论的主要元素都是标准的,因此,我们不准备在这里进一步细谈这个问题。想了解大量的相关研究,请参阅Atkinson和Stiglitz(1980:lectures 16—17)以及Auerbach和Feldstein(1987)中的Oakland和Laffont。

产量则可以分割，并且由个人根据自己的偏好和需要的数量来购买。公共产品种类繁多，具体取决于它们的不可分割性和需要它们的公众人数。公共产品的极端情况是产品对于整个社会完全不可分割，而典型的例子就是防御（未被证实的）外敌侵犯的国防。国家必须向全体公民等量供给这种产品，而公民也不可能根据自己的意愿获得不同的保护。这些例子中的公共产品不可分割性和公共性所造成的结果就是，公共产品的供给通过政治程序而不是市场来安排。"（Rawls,1971:235—236）

我们还应该补充一点，罗尔斯在描述公共产品的两个属性——即不可分割性和公共性——时只不过是援引了布坎南（1968:ch.9）的观点。其实，在布坎南看来，公共产品有两个独立的特性：不可分割性的程度和不可分割性的范围或者幅度（或者公共性）。因此，用布坎南的话来说，一种对于国家（或者群体）来说纯粹的公共产品，如国防，是完全不可分割的，并且具有完全的公共性，也就是说，国家（或者群体）向每个国民（或者成员）提供等量的这种产品。我们在上文已经强调，布坎南的不可分割性定义与非互斥性意思相近。关于公共性，它与某种公共产品所供应的群体（单个消费单位、某个郊区、某个城市、某个国家，等等）的规模有关。至于不可分割性和非互斥性，我们在这里必须承认，布坎南赋予"公共性"这个术语的意思似乎传递了一种与可排他性程度相同的思想。事实上，完全可排他性对应于由一个人消费的产品（如一只苹果），而不可排他性与整个国家（或者群体）的消费有关。① 也就是说，布坎南（或者罗尔斯）的公共产品定义类似于标准定义。

但是，罗尔斯并非只关注公共产品。相反，他的公共产品概念相当宽泛

---

① 为了更加清楚理解，让我们看看布坎南（1968:ch.9）对这个问题的看法："仅仅用可分割性—不可分割性特点来表示产品和服务规模排名（scalar ranking），显然有一个严重的缺点：随着群体规模的变化，产品和服务无法保持相同的规模排名。有必要以第二个描述不可分割性的特点——如果存在的话——保持范围或者限度的排名来补充产品和服务的规模排名。我们可以举例加以说明。居住在城市郊区某个区域的全体家庭很可能几乎完全不可分割地享受到喷药灭蚊的好处；同样清楚的是，喷药灭蚊的好处对于城市郊区其他区域的居民来说是完全可以分割的。就像在可分割性程度的情况下，我们可以考虑确定相互影响限度的整个标尺或者谱系。在相互影响限度标尺或谱系的一端，我们再次有纯私人、完全可分割的产品和服务，消费这种产品和服务的相互影响被定义为局限于单个消费单位、个人或家庭；而在另一端，我们便有就消费好处惠及整个——成员人数无限的——群体这一点而言完全不可分割的产品和服务。"

约翰·罗尔斯的正义论及其与有益品概念的关系

(并且被错用),就像下列引语所表示的那样:"有很多种类的公共产品,从军事装备到卫生服务"(Rawls,1971:239)。除了卫生服务之外,他在《正义论》中提到了公平分配教育服务的必要性[如请参阅 Rawls(1971:86—87 or 92)]。一方面,教育和卫生并不是公共产品,因为对它们的消费具有互斥性和可排他性的特点;另一方面,它们又不能被视为普通的私人产品。另外有一个由马斯格雷夫(1958,1987)提出的特别概念,这个概念允许我们能够处理这类产品——有益品。这位《公共财政理论》(*The Theory of Public Finance*)的作者在讨论分配部门时定义了"社会需要"和"有益需要"(merit wants)两个概念,把社会需要与公共产品联系在一起,并且赋予有益需要非常不同的特点。我们来看看马斯格雷夫(1959:13)关于这个问题的论述:

"在社会需要项下讨论的那一类公共需要,就是那种满足它们受制于消费者主权原则的公共需要。基本规则就是,应该以满足由消费者个人偏好和一般分配状况决定的有效需求的方式来配置资源。事实上,社会需要在这个基本方面非常类似于私人需要。我们现在回过头来讨论我们所说的第二类公共需要。这类需要可用消费受排他原则约束的服务来满足,而它的有效需求则由市场来满足。这类需要如果非常有益以至于除由市场满足并由私人买家买单的那部分以外其余部分要由公共预算拨款来满足,那么就变成了公共需要。这第二类公共需要将被称为'有益需要'。旨在满足有益需要的公共服务包括政府提供的学生午餐、廉租房租金补贴和免费教育等项目。① 相比之下,有些需要可能被认为不受欢迎,而对它们的满足可通过征收惩罚性税收来加以阻止,对烈酒的需要就属于这样一种需要。解释对有益需要的满足不能采用解释对社会需要的满足的方式。虽然两者都是通过公共预算拨款提供公共服务的方式,但按照两种不同的原则来满足。社会需要是一个特殊问题,因为满足社会需要的产品或者服务必须由所有相关者等量消费,并且会遇到由此而产生的各种困难。否则,满足社会需要就会落入受消费者主权原

---

① 除了这些例子以外,马斯格雷夫(1959:13)还提到了卫生措施。

则约束的范畴,就如同满足私人需要那样。由于有益需要本身的性质,因此,满足有益需要,就需要对消费者偏好进行干预。"

这一大段引语允许我们说明有益需要的确切性质,尤其是它们有别于社会需要的原因。也就是说,"偏好被扭曲构成了有益品问题的实质"(Head,1966)。有很多因素可解释消费者为什么会因为自己的偏好而犯错误:不确定性、信息不完全性、非理性。黑德(Head,1966:5)强调,教育和预防性卫生服务的好处常常会因为信息缺失而被误判。简而言之,马斯格雷夫所下的有益品定义是有益品的基本定义,因为它允许明确一大类产品的性质,而在马斯格雷夫给有益品下定义之前,有益品不是与私人产品就是与公共产品相混淆。但是,马斯格雷夫的有益品定义也提出了许多问题,如社会必须确定哪些产品是有益品,因为我们在这种情况下不可能求助于消费者主权原则。①

如果我们回过头来重新审视《正义论》和罗尔斯提到"公共"品还有教育和卫生服务——虽然上文已经强调不属于公共产品——的那些话,我们就会觉得,对于罗尔斯的目的和用途来说,马斯格雷夫定义的有益品概念比罗尔斯使用的"公共"品概念更加适合。就如我们在本文引言中所说的那样,我们将在下文为支持以下观点进行论证:在我们看来,公共产品的标准定义并不符合罗尔斯在《正义论》和他后来的全部著述中想实现的目标。具体来说,我们认为,第四种基本善(即"收入和财富")可能已经丧失了它的抽象、模糊特点,并且多亏了马斯格雷夫提出的罗尔斯虽然在《正义论》(Rawls,1971:243 n. 14,247 n.17)中援引过《公共财政理论》但从未予以重视的概念而重新赢得了比较具体的内容。② 因此,本文从现在开始在援引罗尔斯论文和专著时都把"公共产品"理解为"有益品"。③ 我们已经交代了本文的中心思想,下面可以考察这样几个问题:罗尔斯怎样才能把有益品引入他的《正义论》? 具体来说,有益品与他理论中的一个基本概念——也就是基本善——是否有关系? 罗尔斯"一世"(见下页脚注①注脚)对所有这些疑问做出了确切的回答。

---

① 我们将在本文的第四节重新讨论这个问题。
② 马斯格雷夫原著的这两段引文是关于其他主题而不是有益品的。
③ 我们不一定要认为,有益品的概念全部涵盖罗尔斯所理解的公共产品。我们仅限于认为,有益品的概念也许能使罗尔斯的论证过程更具连贯性和内在一致性。

关于这些问题,我们来回忆一下什么是基本善以及两项规范社会成员分配的正义原则。根据正义即公平观,罗尔斯确定了五个基本善:基本自由权(思想自由、信仰自由、政治自由和结社自由,自由权所规定的自由和人的整体性,法律所规定的不同权利和自由);迁徙自由和职业选择自由;职权和职务特权以及需承担责任的职务;收入和财富;自尊的社会基础。它们是根据两条本身是在最初的深思过程中确定的原则确定的(Rawls,1993:291):

"a. 每个人都有平等的权利享受各种平等的基本自由权;而且,每个人有平等权利享受的各种平等基本自由权与大家都有平等权利享受的各种平等的基本自由权相容。

b. 社会和经济方面的不平等应该满足两个条件:首先必须是在公平的机会均等条件下向所有人开放的职务和职位造成的不平等;其次必须是最有利于社会最弱势成员。"

我们还要补充一点:第一条原则优先于第二条原则(平等的基本自由权和其他权利);第二条原则的第一部分(公平的机会均等)优先于第二部分(差别原则)。因此,第一正义原则用于分配基本自由权,第二正义原则的第一部分用于确保自由择业权的分配,而差别原则则负有收入和财富分配的责任。

那么,所有这些定义是否给有益品概念留下了足够大的使用空间呢?也就是说,罗尔斯的正义理论是否能够容纳有益品呢?在1975年的一篇论文[①]中,罗尔斯在明确第四种基本善——即"收入和财富"——的内涵时指出了"公共"产品可以占据的空间。首先,他表示,"财富包括对满足人类需要和兴趣的可交换手段的(法定)支配权";然后,他又说,"我们不但可以作为个体,而且还可以作为社会和群体成员支配财富";最后,他还表示,"[财富可以包括]民主国家公民对被用作公共产品的社会资源的支配权(Rawls,1975:540—541)"。因此,第四种基本善"收入和财富"的定义还相当宽泛:根据这两段引语,我们可以认为,"收入和财富"可以包括被看作这个基本善构成元素的私人产品、俱

---

[①] 这篇论文"从公平到善良"(Fairness to Goodness,Rawls,1975)所表达的观点被认为属于罗尔斯"一世"提出的理论,因为它与《正义论》采用了相同的推理思路。通常把20世纪80年代初,尤其是罗尔斯在做著名的杜威讲座(Rawls,1980)时期作为划分罗尔斯"一世"(《正义论》中的罗尔斯)与罗尔斯"二世"(《政治自由主义》中的罗尔斯)的界限。

乐部产品(club goods)、公共产品或者有益品。因此,有益品可被视为第四种基本善的一个构成元素。此外,在罗尔斯看来:

> "经济体系会自己规定生产什么和通过什么手段来生产、谁获得产品和作为回报要做出的贡献以及把多大一部分的社会资源用于储蓄和公共产品供应。在理想的情况下,所有这些问题都应该通过遵循这两项正义原则的方式来解决。"(1971:235)

但是,罗尔斯又补充说,用于——可被视为有益品的——教育的资源可以遵循差别原则并且根据差别原则来安排,"差别原则可用来配置教育资源,据说,这样就能改善最弱势者的长期期望"(Rawls,1971:86—87)。

最后,由于罗尔斯认为社会资源——可以包括有益品——是第四种基本善(收入和财富)的组成部分,而且应该根据正义原则——特别是差别原则——来分配,因此,在我们看来,基本善与有益品有着密切的关系,更加确切地说,有益品可被认为属于基本善集合。

然而,罗尔斯"一世"非常坚定地认为,"公共"品——在我们看来,相当于有益品——并不必然包含在基本善集合中。事实上,在罗尔斯看来,"公共"品的确定取决于某一特定社会的运行,而基本善的确定发生在初始阶段——原初状态(original position),并且对于任何社会都有效:

> "具体生产什么公共产品以及采取什么程序来限制公共危害,都取决于具体的相关社会。这不是一个制度逻辑问题,而是一个政治社会学问题,在这个标题下还包括制度影响政治优势均衡的方式。"

(Rawls,1971:239)

此外,罗尔斯还补充说,他关心经济问题,"讨论政治经济学问题只是为了找到正义即公平的实际支撑"(Rawls,1971:234)。因此,我们可以认为,罗尔斯关注"公共"品,只是为了检验他的理论是否可行。

最后,我们应该注意到,罗尔斯在他的《正义论》中关于他所说的"公共"品表达了明确、清晰的立场。具体来说,他强调了它们并不属于基本善的集合。但是,罗尔斯思想的变化对这一论断提出了质疑。

## 三、罗尔斯"二世"与有益品:排斥与包含

这一节介绍罗尔斯思想从《正义论》到《政治自由主义》及其对罗尔斯所说

的"公共"品这个概念的影响。首先,我们着重介绍经济学家和哲学家对罗尔斯在《正义论》中阐述的理论的批评。许多批评源自罗尔斯对经济学理论的大量借用。其次,我们说明了《政治自由主义》比《正义论》更能让我们把有益品(或者罗尔斯所说的"公共"品)概念引入罗尔斯的理论,因为《政治自由主义》的目标较为有限。但是,我们注意到罗尔斯对这个概念的态度相当暧昧、模糊,并且认为这一点可以解释为:由于在《正义论》发表以后,罗尔斯就成了被批评的对象,因此,他对经济学理论通常都比较谨慎。

在《正义论》中,罗尔斯旨在提出一种被他称为"正义即公平"的正义观。这种正义观的主要创意就是提出了两条我们已经在本文第二节中回顾过的正义原则。这两条原则被认为可用来制约社会最基本要素(社会的基础结构、基本善配置,等等)的运行。因此,这些原则必须得到充分的证明才可能被接受:为什么社会选择这两条原则而不是其他原则来制约它自身的基础结构呢?所以,罗尔斯的主要关切就是设计一种令人信服的方法来确定正义原则。在他看来,在一种"假设的平等、自由的情形"(Rawls,1971:11)——原初状态——中,被剥夺了一切关于社会地位和其他自然资产的信息[无知之幕(veil of ignorance)]的自由、平等和理性的人之间的协商,产生确定了他提出的那两条正义原则。[①] 如果无知之幕是原初状态的主要组成部分,那么就需要一些其他的合理条件:休谟(Hume)的正义环境和权利概念的一些形式约束。

我们可以注意到,罗尔斯在《正义论》中经常谈到经济学概念,特别是为了证明它的正义原则。例如,他常使用经济学意义上的理性概念:

"必须按照经济学理论的标准,尽可能狭义地把理性(rationality)概念解释为旨在实现既定目标而采取最有效措施的[……]我们必须尽量避免把有争议的道德元素注入理性概念。"(Rawls,1971:12)

在《正义论》中,罗尔斯居然一上来就表示,"正义理论是理性选择理论的组成部分,而且有可能是最重要的组成部分"(1971:15)。此外,我们还能在这

---

[①] 关于这个主题,主要请参阅 Kersting(2000)。我们可以看到,克斯廷(Kersting)注意到罗尔斯旨在想象一些真实的情景来证明采用"自下而上"而不是"自上而下"的形式,通过对话、订约和创造多数的不同方式(Merheitsbeschajjung)来确定正义原则的合理性(Kersting,2002:68)。

部著作中发现其他很多借用经济学理论的内容[关于这个问题,特别请更多地参阅 d'Aspremont(1984)和 Edgren(1995)]。但是,罗尔斯还想借鉴康德的理论,因此,罗尔斯的原初状态概念以及"理性"(rational)与"合理"(reasonalbe)之间的关系都源自他本人对康德思想的解读:

> "康德的定言令式程序(categorical imperative procedure)迫使行为主体的理性和(根据其经验性实践理性总结得到的)求真准则从属于包括在这个程序中的合理约束,从而通过纯实践理性的要求约束行为主体的行为。类似地,强加于原初状态中的各方合理条件迫使各方就正义原则达成理性的一致,因为各方都试图促进自己代表的利益。在任何情况下,合理优先于理性,并且绝对支配理性。这种优先性表示了权利优先性,而正义即公平观就其具有这个特点而言很接近康德的观点。"(Rawls,2001:81—82)

我们还可以补充说,因此,在罗尔斯看来,"合理"和"理性"这个对子类似于康德对"定言命令"和"假言命令"(hypothetical imperative)的区分。

最后,考虑到罗尔斯关于原初状态的论断,我们是否能够同意他认为"原初状态[是]在重要方面类似于本体自我看世界的观点[……]。因此,人类通过以认知原初状态的方式行为来表现自己的自由以及摆脱自然和社会意外事件束缚的独立性"(Rawls,1971:225)或者"正义原则也类同于定言命令"的主张(Rawls,1971:222)?

但是,罗尔斯把正义即公平建立在理性选择理论上的做法,更一般地,他经常援引经济学概念的做法招致了来自哲学家和经济学家两个方面的批评。一方面,有些哲学家,如霍夫(Höffe,1988:59)强调,把正义原则看作定言命令无关紧要,因为我们可以断言,罗尔斯试图从根据假言而不是定言命令规则进行的审慎理性选择中推导出正义原则。因此,把正义原则视为定言命令是不适当的,因为它们只是一些假言命令。

另一方面,由于罗尔斯在他自己的理论与理性选择理论之间建立了联系,因此,一些非常著名的经济学家,如阿罗(Arrow,1973)、马斯格雷夫(1974)和哈桑伊(Harsanyi,1975,1982[1977])非常有力地批判了他的正义即公平观——尤其是差别原则。有人可能会说,哲学家与经济学家之间的这场激烈争论也加剧了《正义论》中合理与理性关系的模糊性。

为了回应自己受到的各种批评,并且澄清这个对于他自己思想的一致性至关重要的问题,罗尔斯不得不认错(mea culpa):"在《正义论》(并且是一种很具误导性的理论)中把一种正义理论说成是理性选择理论的一个组成部分,本身就是一个错误。"[①](Rawls,1985:237,footnote 20)此外,自1980年参加杜威讲座(Dewey Lectures)以来,罗尔斯曾努力想说服他的批评者们相信,理性服从于合理。为此,罗尔斯使用了很有说服力的术语:合理"预设"(presuppose)、"决定"(govern)甚至"限制"(limit)理性(Rawls,1980)。此外,卡尼维(Canivet,1984)和奥达尔(Audard,1988)认为,多亏了罗尔斯关于合理状态的解释,罗尔斯关心的主题不再是谨慎和关注,而且还有道德。因此,正义原则可被视为定言命令。关于这个问题,霍夫(1988)补充说,"罗尔斯的主题就像康德的主题那样普遍,因为两者都不在乎任何特定的决定因素。因此,在"正义即公平:政治,而不是形而上学"(Justice as Fairness:Political, not Metaphysical,Rawls,1985)一文发表之前,罗尔斯提出的正义理论深受康德的影响。虽然罗尔斯强调正义原则不只适用于社会基础结构,但明确提到了把他的正义观扩展到政治领域以外的可能性:

> "'正义即公平'并不是一种完整的契约理论。因为,很显然,契约思想可以扩展到几乎完整的道德体系的选择,也就是可扩展到一个不但包括正义原则而且还包括所有美德的原则的体系。在大多数情况下,我只考虑正义原则和其他与之紧密相关的原则。我并不想系统讨论各种美德。显然,如果'正义即公平'合理地取得了成功,那么,下一步就应该研究更具一般性的以'正确即公平'(rightness as fairness)的名义提出的观点。"(Rawls,1971:44)

虽然罗尔斯的理论的适用范围存在不确定性,但《正义论》传递了明确的信息:在罗尔斯看来,自由不能在不考虑康德式主题的情况下建立。康德的理论是自由的一个必要条件,那么是不是充分条件呢?

即使在《正义论》中,罗尔斯也强调了他本人与康德的区别:

---

① 还请参阅 Rawls(1982;1993:81,footnote 1;2001:119,footnote 2)。

"各当事方都知道自己受人类生活状态的影响[……]。人类的自由受到根据自然限制条件确定的原则的约束。因此,正义即公平观是一种人类正义理论,而它的主要前提就是关于人类及其在大自然中的地位的基本事实。纯粹的知识自由并不受这些约束因素的制约(上帝和天使不受正义理论的约束)。康德也许已经意指,他的学说适用于所有的理性人,因此,世界上人的社会状况在决定最初的正义原则时根本没有发挥任何作用。如是这样,这就是正义即公平观与康德理论的另一个区别。"(Rawls,1971:226)

罗尔斯的目的是要提出一种能够"接受世界"的特殊经验性理论,但在他看来康德没有这种目的。罗尔斯旨在论述可能有着不同善观念的不同人,而不是论述在任何情况下都遵守道德法则的理想个人。那么,罗尔斯是否在他早期的著述中实现了这个目的呢?奥达尔(1988)和霍夫(1988)都强调了包括在无知之幕中的普遍性条件超越了罗尔斯的目的。由于这就是为什么审慎的理性选择转变为道德或者合理选择的原因,因此与宽容——对公民持有不同的善观念的宽容——原则相冲突:罗尔斯的正义即公平观比它的作者所希望的更有康德味道。因此,求助于一种理论——哪怕是康德的理论——也与罗尔斯的目的不相吻合:

"只有通过压迫性地动用国家权力才能维持一种整全性的宗教、哲学或者道德学说的持续共同理解。如我们把政治社会看作是一个在认可一种且相同的整全性学说方面团结一致的共同体,那么,压迫性地动用国家权力为政治共同体所必需[……]。一个基于一种合理的功利主义形式或者康德或密尔(Mill)式的合理自由主义团结在一起的社会也需要国家权力的支持才能维持,我们把这称为压迫。"(Rawls,1993:37)

因此,为了实现他的目的(即对理性与合理进行调和),罗尔斯别无选择,只能收窄自己的理论的适用范围:从一种正义的道德理论变成了一种正义的政治理论。由"罗尔斯"二世"提出的正义观,从1985年起就被称为"政治自由主义",从而避免了某些哲学主张。此外,这种正义观只适用于现代宪政民主的基本结构,并且不再适用于"存在于不同历史和社会条件下的不同类型的社会"(Rawls,1985:22)。政治自由主义是唯一的允许不同的整全性学说在一个民主社会中和平共处的概念,因为"在由自由制度的基本自由权和其他权利保障的政治和社会条件下,就会出现多种多样的相互冲突且不可调和——但更加合理——的整全性学说"(Rawls,1993:36)。①

因此,我们能够看到,政治自由主义虽然在很大程度上是建立在《正义论》中的主要概念(如基本善、正义原则、基本结构等)的基础之上的,但仍有它自己完全不同的目标。具体来说,政治自由主义现在只适合现代宪政民主国家,而并不适合任何一种可能存在的社会。一方面,罗尔斯希望阐明一种具体可实施的理论的意愿,甚至比以前任何时候都更加明显地表现在《政治自由主义》中。我们来回顾一下,在《正义论》中,罗尔斯借助于所谓的"公共"品来体现他的理论的务实倾向。此外,他所说(和被我们认定为有益品)的"公共"品和基本善的地位并不相同,因为前者是在特定社会层面上确定的,而后者是在原初状态下定义的。因此,考虑到前两个目标(适合现代民主国家和可付诸实施),我们就能轻而易举地下结论说:在《政治自由主义》中——通过第四种基本善"收入和财富"——赋予基本善概念更加中心的地位,可能是适当的,并且在各方面是与罗尔斯的新的关切相匹配的。但是,这位哲学家没有遵循这条推理思路。而相反,对于他所说的"公共"品——以及一般的经济学概念——采取一种相当暧昧的态度。

另一方面,特别是在《政治自由主义》中,罗尔斯"二世"坚定地与经济学概念保持距离。在我们看来,这是由于罗尔斯在《正义论》中大量引用经济学理论,因此在《正义论》发表后受到了经济学家和哲学家双重批评的直接后果。②事实上,后来罗尔斯虽然不能说不再援引,但已经大大减少引用经济学理论。③当然,同样的倾向也适用于罗尔斯所说的"公共"品。其实,罗尔斯对经济学理论(或至少对部分经济学理论)的怀疑已经在《政治自由主义》中显而易

---

① 从没有一种有可能对社会构成危险的整全性学说能够从"一种在自由制度框架内运行的自由实践理性"中脱颖而出这个意义上说,"合理"概念与"非理性"概念在这里相互对立。

② 如请参阅本节所说的罗尔斯认错(mea culpa)。

③ 这句话并不意味着罗尔斯"二世"就把全部的经济元素排斥在基本善集合之外。"收入和财富"始终作为第四种基本善包括在他的基本善集合中。但是,罗尔斯逐渐克制自己不再明确引用经济学理论,尤其是公共产品概念。我们试图解释罗尔斯逐渐对经济学持怀疑态度的原因。确切地说,正是他对经济学的这种态度抽象了他的第四种基本善的具体内容。

见。具体来说,他很有力地批评了:

"功利主义和完美主义的目的论道德学说中善的概念,因为它们是独立于权利的概念,如在功利主义(和福利经济学的很多内容)中被作为满足个人的欲望、兴趣或者偏好的手段。"(Rawls,1993:294,footnote 10)

在以上这段引文中,我们可以看到罗尔斯似乎对"福利经济学的很多内容"以及"效用""利益""偏好"等概念的使用都很谨慎。这一变化似乎在各方面都类似于他试图限制"理性"并且使它从属于"合理"。事实上,有人坚持认为,在一些哲学家看来,大部分经济学概念和理性都与善有关,而基本善和合理则位于关系式的右边。因此,我们认为,罗尔斯在《政治自由主义》中没有再提到"公共"品(或者他所谓的"公共"品),是因为他对理性和一般经济学概念表示严重的怀疑,而这又是因为他引用所有这些经济学元素都有可能被经济学家和哲学家所误解,从而威胁到"合理"在他理论中的地位。

但另一方面,2001年,罗尔斯一度似乎放弃了他对他所说的"公共"品的怀疑态度,因为他表示:

"作为公民,我们又是政府提供的各种我们有资格享受的个人产品和服务——如在医疗保健方面——或者公共产品(用经济学家的话来说)——如确保公共卫生的措施(洁净的空气和未被污染的水,等等)——的受益者。所有这些产品和服务(在需要时)都可被包括在基本善的指数中。"(Rawls,2001:172)

现在,我们来具体说明包含在这个指数中的基本善由第二正义原则来规范。第二正义原则的作用不仅仅是公平地分配自由择业权以及收入和财富,而且还能使第一正义原则变得实际有效,也就是使各种基本自由权不但是形式自由权,而且也是实际自由权。①

为了充分理解这个问题——从而充分理解罗尔斯把有益品(如医疗保健)包含在基本善指数中的理论重要性,我们必须仔细考察第一正义原则的意义以及这个原则如何通过第二正义原则使自己变得实际有效。首先,自由权和

---

① 还请参阅 Daniels(1989[1975])和罗尔斯的回答(1982)。

第一正义原则优先,意味着一种基本自由只能是为了另一种基本自由,而不是因为其他因素而受到限制。其次,所有的基本自由权并不处于相同的地位,或者说并不具有相同的重要性。罗尔斯强调,古代人的自由(政治自由权)是一种重要性不如现代人自由(个人自由权)的自由:"各种政治自由权也许主要是有助于捍卫其他自由权"(Rawls,1993:299)。最后(但并非最不重要),赋予政治自由权以特殊的地位,就能使各种基本自由权不仅仅是停留在形式上的自由权。事实上,如果社会和经济过度不平等,那么,"那些负有较大责任、拥有较多财富的人就能为了自己的利益控制立法进程"(Rawls,1993:325)。因此,为了避免"正义即公平"这种正义的缺点,罗尔斯把基本自由权和它们的价值和有用性区分开来。所以,无知和贫穷没有被视为限制个人自由的元素,而是被视为限制个人自由价值的元素。罗尔斯把形式自由与实际自由或者真正的自由之间的对立转化为自由与自由权价值之间的对立。个人的有效自由或者自由权价值可以"用由第二正义原则规范的基本善指数来详细说明"(Rawls,1993:326)。但第二正义原则的作用(公平的机会均等和差别原则)不足以阻止把社会最贫穷成员排斥在政治领域之外,而它的作用效果必须通过每个人都有的各种政治自由权的"公允价值"来巩固:

"从每个公民都有公平的机会担任公职并且影响政治决策的结果这个意义上讲,这种保证就意味着,全体公民——不论社会或者经济地位——政治自白权的价值必须近似相等或者处于充分相等的水平上。"(Rawls,1993:327)

这个包括在第一正义原则中的措施与第二正义原则一起"构成了一种正义即公平观试图用来迎击基本自由权只能是形式自由权这种异议的手段"(Rawls,1993:328)。

换言之,罗尔斯强调"除了其他成分以外,把有益品(如医疗保健)纳入基本善指数"这一事实似乎直接与他关注自由的具体内涵、行使真正自由权的条件以及他的理论能够付诸实施联系在一起的。2001年,罗尔斯试图讨论森(Sen,1980,1992)反对基本善指数的观点——"也就是说,这必然太过死板,难以公平"(Rawls,2001:168),并且提出尤其是要把有益品纳入基本善指数,以回击森的批评。他还提到基础结构适用两条正义原则的社会应该拥有以下

主要机构:

"(a)确保政治自由的公允价值权(但没有详细展开考察);(b)在实际可行的情况下,实现不同类型教育和培训公平的机会均等;(c)向全体成员提供基本医疗保健。"①(Rawls,2001:176)

因此,必须指出,罗尔斯在 2001 年明确表示,教育和卫生——可被视为有益品——在他的理论中具有基本作用,即允许基本自由权成为真正的自由权。

简而言之,从 1971 年到 2001 年,罗尔斯一直保持着暧昧的立场:

首先,他在《正义论》中明显降低了他所说的"公共"品相对于基本善的重要性。

其次,在《政治自由主义》中,虽然有益品概念能够允许他更好地实现自己的新目标,但他只字未提有益品概念,并且表现出非常怀疑经济学理论的态度。

最后,2001 年,他在回应森(1980,1992)的批评时承认,"公共"品——如有必要——可被纳入基本善指数,以便使第二正义原则影响第一正义原则的效应最大化(即使基本自由权成为真正的自由权,而不只是形式自由权)。

在我们看来,有益品可明确成为受第二正义原则约束的基本善——特别是"收入和财富"——的一部分。事实上,如上所述,虽然罗尔斯赋予政治自由权特殊的地位,但他对他所说的"公共"品仍持暧昧态度,而这些"公共"品与政治自由权有着完全相同的作用:确保受制于第一正义原则的个人自由权的效力。

在这种情况下,有必要深入考察罗尔斯的立场。在下一节里,我们将试图表明,有益品在各个方面都与罗尔斯在《政治自由主义》中提出的新概念尤其是"公共理性"相匹配。在他的整个思想变化过程中,罗尔斯本人对自己论点的现实和具体特点比较敏感,他似乎更加关心效率问题,而不是自己能否构建一种抽象、前后一致的正义理论。如果我们从这种论证力争求真务实的观点出发来考虑问题,那么,"有益品"概念就更值得罗尔斯去关注。但是,实际情况并非如此,我们将在下一节里设法对我们观察到的这种状况进行解释。

---

① 请注意,《政治自由主义》中有一段篇幅小得多的文字是回答阿罗(1973)和森(1980,1992)反对正义即公平观的批评的(Rawls,1993:181—186)。

**四、公共理性与有益品**

"公共理性"是《政治自由主义》中的主要概念。就如我们将在下文看到的那样,这个概念包含一个基本的历史维度,而这个维度是《正义论》所没有的。在《政治自由主义》论述的各种新的伦理问题中,公共理性被认为是一个由全体公民为自己确定、采纳并认可基本善的复杂过程。考虑到上文介绍的有益品的特殊地位,我们认为,上述过程也为公民选择哪些产品应该被视为有益品做好了准备。但与此相矛盾的是,罗尔斯"二世",总的来说,越来越少地在他的著述中引用经济学概念。就如本文第三节已经指出的那样,在我们看来,原因就在于:由于受到了经济学家和哲学家们的批评,罗尔斯越来越怀疑经济学概念。在这一节里,我们先举一个这样一种有可能导致罗尔斯从经济学撤退的批评意见的例子。本节的第二部分将讨论公共理性问题以及这个概念对于罗尔斯"二世"道德理论的重要性问题。最后,我们试图把公共理性概念与有益品概念联系在一起,并且证明后者理应被纳入基本善集合。

如上所述,罗尔斯对理性和经济学概念的怀疑逐渐变成了他的理论态度的特点。关于这一点,我们可以把它解释为:为了防止哲学家可能会批评他的理论具有目的论的特点。当然,罗尔斯的这一努力并没有完全取得成功。纯哲学观有可能对试图把经济维度包括在由确定正义原则提出的问题中的这种理论态度产生观念约束,而罗尔斯与哈贝马斯(Habermas)之间意义非常深远的争议充分反映了这种观念约束的性质。

我们先来看哈贝马斯(1999)的批评意见。哈贝马斯认为,罗尔斯在使用"善"(Güter)这个词时犯了一个错误,并且造成了混淆。在哈贝马斯看来,当罗尔斯在一个认为正义对善具有基本优先性的理论中坚持保留"基本善"这个术语时,无论如何不能回避一个严重的矛盾。这样的正义原则与"基本善"这个术语是有矛盾的。因为,根据定义,"善"就是指我们想要的东西、我们向往的东西,归根到底就是指对我们"善"的东西(Habermas,1999:71)。从这个意义上讲,"善"必然是一个分配的对象,因此是一种庸俗的经济现实。哈贝马斯表示,很明显,就如康德所设想的那样,一种无条件的普遍义务不能被视同简单的善。根据定义,普遍性和自主性概念不包括任何目的性选择——无论是怎样的目的性选择——的观点。因此,在哈贝马斯看来,经过仔细剖析,不难发现罗尔斯的正义论是一种"功利主义或者亚里士多德式的正义理论",也就是一种"善的伦理观"(Güterethik)。一种认为正义优先于善的真正的康德式正义理论必须坚持权利概念,并且放弃"善"的概念。权利不能简单地被视为一种庸俗的被占有对象。我们不能享用权利,而只能"行使"权利。因此,"善"的概念根本不适合用来构建一种非功利主义的正义理论(Habermas,1999:71—72)。

不幸的是,对罗尔斯进行这样的哲学批评,有可能要冒只关注罗尔斯的主要关切——务实——的风险。就如我们在上文强调的那样,罗尔斯的正义道德观并不满足于形式自由权或者形式权利,而且也特别关心上面提到的自由权的实现条件。事实上,基本善不但包括基本自由权或者基本权利,而且还包含一组构成这些自由权具体物质条件的"善"。各种复杂的自由问题不但与权利问题有关,而且还与行使权利的具体条件有关。因此,罗尔斯自由观的独到之处就在于它努力把权利与善结合在一起,这种努力表明,我们的这位作者非常看重他的理论的现实性。在上一节中提到的"自由的价值"就应该在这种概念背景下来理解。我们注意到,罗尔斯用来表示基本善的"善"概念包括古典的权利概念和一个从基本自由权可能性条件意义上去理解的"善"的特定概念。思想自由、信仰自由、政治自由和结社自由这些由人身自由和完整性具体化的自由,法律规定的权利和自由,迁徙自由和择业自由:所有这些元素都代表哈贝马斯所说的权利。但是,"收入和财富"、"自尊的社会基础"甚至"职务权力和特权以及需承担责任的职位"都源自"善"的概念。也就是说,我们的作者在一种坚定意志的激励下,不但把基本善理解为正式的能力,而且还把它们理解为可行、有效的可能性。

我们认为,罗尔斯越来越注重提高他的理论[①]的现实性,这应该已经促使他逐渐把一个"具体的经济和物质维度"(specific economic and material dimension)整合进了他的思想。从这个角度看,有益品概念可能非常有助于阐明他的问题。分配的物质基础和占有对象意义上的"善"可被包括在基本善的

---

① 关于这个问题,请参阅 Pogge(2007:156—160)。

框架内,但这绝不意味着罗尔斯放弃他的理论的基本内容,也就是说"正义"或者"合理"对"善"或者"理性"的绝对优先性和先前性。相反,"善"是与作为其条件的权利联系在一起的,并且严格从属于权利。就如上文强调的那样,罗尔斯"一世"因为大量引用经济学概念而受到了非常有力的抨击。所以,我们相信,罗尔斯"二世"认为凡是与经济领域有关的东西必然受限于理性的边界,也就是受限于主观偏好、自利、效用的边界,简而言之,就是受限于假言命令。然而,我们必须承认,从逻辑的角度来看,在基本善层面,源自物质或者经济领域的元素(具体的自由条件)也是一个合理过程的结果,而不是一个主观理性选择机制的产物。罗尔斯决心捍卫其自身思想的非经济特性,回击哲学家们的批判,又逐渐放弃其自身思想的逻辑关涉(即经济维度),而他的理论的演进反而应该会要求更多地关注这个维度。下面,我们通过考察罗尔斯关注的问题从《正义论》到《政治自由主义》的变化来展开讨论我们的这个论断。

对《政治自由主义》中的概念构建进行更加细致的考察,就能发现《正义论》中的有些假设,如无知之幕,实际上已经从《政治自由主义》中消失,而对程序正义(procedural justice)问题也有了不同的构想。我们知道,《正义论》中的原初状态和无知之幕"当然没有被视为一种真实的历史状态[……],而是被理解为一种颇具特点的能形成某种正义观的纯假设状态"(Rawls,1971:11)。就如前面所强调的那样,原因就在于被假设在这种状态下进行思考的自由和平等的人必然会"把社会世界的偶然事件抽象出来,并且不会受这类事件的影响"(Rawls,1993:23)。在《正义论》中,原初状态中的各种行为主体被认为具有正义感,进而被认为是理性的主体。只有这种能力,即判断能力,才能引导人们去思考普遍原则。正如康德所言,所有的人,因为他们是人,所以都具有判断能力。他们不完全属于"感性世界"(Sinnenwelt),他们不但是"非凡的人"(homo phaenomenon),而且也属于"理性世界"(Verstandeswelt),因此,他们都是本体的人(homo noumenon)(Kant,1797:423)。罗尔斯完全没有说错:

"就我们所能理解的而言,休谟和康德认为,只有少数人能够具备道德知识,而绝大多数的人只有在奖惩手段的作用下才会做正确的事。"(Rawls,1993:xxvii)

这种观点是在以下这段话中明确提出的：

"前一段时间,W. M. 西布里(W. M. Sibley)富有教益地讨论了合理与理性之间的一般区别[……]。我的论述符合他所做的基本区别[……]：我们虽然知道人是理性的,但我们并不知道他们想追求的目标,而只知道他们会明智地追求目标。我们知道,人们会合理地对待与他人有关的事情,人们愿意用自己和别人据以进行共同推断的准则来规范自己的行为；而合理的人会考虑自己的行为对他人幸福的影响。做合理人的倾向既不源自理性,也不与理性相对立,但这种倾向与自私不相容,因为它与行为道德倾向有关。"(Rawls,1993:48—49,footnote 1)

在《正义论》中,支配和引导处于原初状态、自由和平等的人之间进行协商的正义感,是建立在权利优先于善的原则上的。这一表述意味着,合理的人就是关心他人权利、讲道德的人。这在康德的伦理学理论中被巧妙地概念化：对于讲道德的人来说,他人的权利压倒其他任何神圣的价值观。如果说人类有群居或者合作的意愿,原因就在于人类有正义感。就如我们在上文强调的那样,原初状态和无知之幕理论在《正义论》中使用的概念工具,在罗尔斯看来具有"形而上学"的特性。在《政治自由主义》的开头,罗尔斯就强调了正义论的严格假设特性,并且承认："作为一种表现手段,它的抽象性会引起误解[……]。特别地,对于当事人的描述似乎需要以一种特定的关于人的形而上学观为前提条件。"(Rawls,1993:27)我们注意到,罗尔斯在《政治自由主义》中试图与《正义论》中的抽象和形而上学特点保持距离,并且努力构建一种更加讲究实际的理论。这就导致他把自己的目标局限于构建一种政治理论,更加确切地说,集中探讨构建社会基本政治结构的可能性条件,这种社会的基本政治结构能够允许个人发展合理但互不相容、无所不包的善观念,因而是一种无所不包的观念多元化的共识重叠可实现的基本结构。

关于所谓的"基本政治结构"问题,H. A. 比多(H. A. Bedau)撰文论述了罗尔斯伦理理论的"制度"特点和意义。比尔的这篇颇具启示性的文章为我们提供了一些阐明从《正义论》演化到《政治自由主义》的有用元素。比多在提醒我们罗尔斯总是坚持认为"任何伦理理论都认可基本结构作为正义主题的重要意义"以后表示,"罗尔斯并没有罗列各种他认为是基本的制度,也没有提出评判基本社会制度的标准"(Bedau,1999[1978]:100)。关于这个问题,有人可能注意到比多的这篇文章发表于1978年。就如我们在上文提请注意的那样,在《正义论》之后,罗尔斯逐渐放弃了一种无所不包的正义理论,倾向于确定能使一些善的综合观和平共处的政治条件;而这一转变构成了他的思想变化轨迹的一个转折点。在新的理论问题框架内,制度基础不再被理解为一套普遍适用于某种正义通论的制度,而是某个"秩序良好的宪政社会"具体且有限的制度(Rawls,1993:448)。事实上,罗尔斯"二世"对黑格尔的政治哲学和"sittlichkeit"(伦理)概念表现出越来越浓厚的兴趣,说明罗尔斯已经意识到比多就罗尔斯伦理理论中的制度问题提出的问题[关于这个问题,请参阅 Ege 和 Igersheim(2008)]。

罗尔斯研究的范围界定不但涉及他追求的理论目标的抱负,而且还关系到他的理论目标的时间维度。当德沃金(Dworkin)表示:在《政治自由主义》中,罗尔斯理论的历史抱负,而不是客观意图,有所改进和提高——罗尔斯本人可能不同意这种观点——时,当然没有说错。这就是为什么罗尔斯的理论不再能够被认为具有普适性,而它的适用范围必然明显局限于现代西方社会的原因(Dworkin,1988:xxv and after)。事实上,《政治自由主义》预设了一种文化民主积累。换句话说,通过特定的历史体验,个人被认为已经逐渐建立某种协商的道德规范。例如,这里必须再次提到宗教改革在欧洲对于宽容问题起到的决定性作用(Rawls,1993:xxv and after)。欧洲在经历了这样的历史事件及其影响以后,政治理性和道德良心迎来了有利的发展条件。显然,宽容问题与公民之间的公平合作问题密切相关。这里,我们正在谈论一种学习过程,不过是一种非常特别的学习过程。上面提到的历史体验允许个人通过几代人的代际相传逐步与某种"政治理性"或者"公共理性"同化。但是,这种同化根本不同于发现外在的未知现实。这里,问题的关键并不是某种适当的教育计划让个人掌握的某种外在知识,而是要经历一个发现外在对象的过程、一个人们必然会谈论的启示过程、一个道德主体使一种虚拟能力——即正义感——成为实际能力并提升这种能力的过程。通过这个我们提到的历史过程,个人逐渐学会如何成为民主社会的公民。虚拟的正义感应该变成实际的正义感,并且反映在公民的身份中,而公民则代表着道德现实这个公共理性的栖身之处。在《政治自由主义》中,公共理性取代了《正义论》中的正义感。更加确切地说,《政治自由主义》中的民主社会基本结构构建了这个政治问题中的公共理性概念,对应于《正义论》中正义理论构建了问题中的正义感概念。罗尔斯认为,前一个概念是一个历史沉淀过程的产物,因此远比后一个概念具体,并且消除了形而上学的元素。但是,由于我们试图强调公共理性概念的悖论特性,因此,公共理性同时是一个历史和非历史概念。从形成和出现的角度看,这个概念包括历史维度,因而允许我们这位理论家放弃一些诸如无知之幕此类的高度抽象的假设。但是,在公共理性概念存在并产生作用时,共用这个概念的个人(即公民)随着时间的推移逐渐改变了自己的社会地位或者特定的善观念这一事实,但没有对这个概念的应用产生任何影响:

"公民都有把自己和他人构想成有道德力量具备善观念的自由[……]。鉴于他们的道德力量有待形成和修正,而他们的理性会去追逐善观念,因此,他们作为自由人的公开身份并没有随着时间的推移而受到他们的决定性公共理性观念变化的影响。"(Rawls,1993:30)

公共理性在民主社会产生了作用。换句话说,在一种特定的文化和政治制度在民主社会扎下根来时,公民获得了公共理性,而且还会运用公共理性。罗尔斯表示:

"在民主文化中,我们希望甚至需要公民关心他们的基本自由权和机会,以便发展和动用他们的道德力量,并且继续奉行他们的善观念[……]。所有这一切都假定,基本的正义思想存在于公共文化中,或者至少隐含在民主文化的主要制度和对它们的阐释传统中。"
(Rawls,1993:77—78)

我们可以认为,公民一旦吸收了民主文化的历史积累养分,并且主动参与这种文化积累的政治制度,那么就能发挥同样的作用——即确定各种正义原则,就如《正义论》中在无知之幕下协商的当事人。但必须强调的是,这种协商也可被认为是一种历史过程。在经历了漫长的对抗、交流、对话和商议过程以后,民主文化和它的制度会逐渐形成和发展。这就意味着,个人经过几代人被某个特定的历史演化过程形塑以后,就能逐渐学会如何成为理性的主体。理性概念是最基本且最有争议的概念。公共理性概念的历史维度——虽然罗尔斯可能已经对此有所保留——可以在一定程度上阐明理性这个范畴的具体内涵。这就意味着,在协商过程中,个人被认为是忽视他们自身利益或者社会地位的理性行为主体。每个公民都学习并逐渐明白,如果没有公民能够自由地追寻某个非理性的善观念,社会基本政治结构决不会妨碍对任何特定善观念的理解。我们是想说,公民社会的任何特定善观念都不能对社会民主制度构成危险。如果有公民发现基本政治结构连同它的特定基本善与他们自己的善观念之间存在不可调和的矛盾,那么,他们被认为有充分的理由放弃自己的善观念,从而避免削弱民主制度凝聚力的危险。罗尔斯表示:

> "如果在一个世代相传的社会合作体系中,公民享有自由,彼此平等相待,都愿意根据他们认为是最合理的政治正义观,互相提供公平的合作条件;只要他们同意根据这些条件行事,而且其他公民也接受这些条件,在特殊情况下甚至不惜牺牲自己的利益;那么,他们就是理性的。"(Rawls,1993:446)

在以上的引文中,我们再次发现了理性与社会的密切关系。

虽然罗尔斯从未在《政治自由主义》中提到过与公共理性概念有关的有益品这个话题,但我们认为,我们不能不顾现代社会公共经济发展而枉谈欧洲历史上理性的民主发展。就如同我们已经强调的那样,有益品的主要特点就是不遵循消费者主权原则,也就是说,它们会引发"对消费者偏好的干扰"。这个特点在理论和实践两个层面都具有非常重要的意义。作为一种经济现象,有益品是一个必然包括最近或者初始偏好修正的过程的产物。"把某种产品选作有益品""确信市场的产品供应量不足"以及通过政治干预来增加产量的决策,应该是一个复杂的过程。事实上,社会某些类别的成员确实更加见多识广,他们了解居民在卫生、教育、住房等方面的实际需要,并且有能力满足这些需要。马斯格雷夫表示:

> "虽然消费者主权是一种一般规则,但在民主社会的背景下有可能出现这样的情况:知情群体把自己的决策强加于其他群体。很少有人会否定有必要对药品销售进行监管,并且提供一些卫生设施。

知情群体比不知情群体具有更加明显的教育优势,这就解释了对教育资源进行强制性配置的原因;干预家庭偏好结构,可能是为了维护未成年人的利益;归属自由(freedom to belong)优先于排斥自由(freedom to exclude);等等。"(1959:14)

但在民主社会,任何群体或者类别的公民——无论掌握了多么多的知识、能力、技能或者信息——都没有权利不费周折就把自己的决策强加于其他群体或者类别的公民。民主原则要求有关公共利益的安排必须获得全体公民的同意才能采纳。于是,问题就变成了"什么样的干预方式才是非独裁性的消费者偏好干预方式",马斯格雷夫的以下这段话也许能为回答这个问题提供一些素材:

"因此,社会价值观可被用来区分有益品和无益品(demerit goods)[……]。在不求助于'有机社会'概念的情况下,共同价值观也许可用来反映个体间互动的历史过程的结果,从而导致共同价值观或者偏好的形成和传承。"(Musgrave,1987:452)

科尔姆在一篇颇有启示意义的论述"国家目标"的文章中证实了以下这种观点:

"马斯格雷夫表示,这个理论并没有认为所有的人都是'自私的怪物'。因此,[他]假设,所有的人都从属于自己不同等级的偏好,尽管他们也觉得有国防、空间探索、社会福利等需要应该得到满足。他们都认为,个人不同层次的偏好不但能反映他们自身的收益和损失,而且还反映周围其他人、其他国家乃至子孙后代的收益和损失。"(Colm,1965:213)

以上两段引语表明,经济学家在谈论公共经济尤其是有益品的时候不再把个人视为完全的"理性"人,而是还把他们看作是"合理的人"。我们这么说的意思是,如果个人发现自己必须恢复之前的偏好,并且根据他人的偏好和群体或者社会利益改变自己的偏好,就能修正自身偏好的话,那么就是合理的人。如果个人能把别人的看法融入自己的行动,那么就是合理的人。布伦南和罗马斯基(Brennan and Lomasky)曾经说过:

"我们把"优先的偏好"(preference over preferences)称为'深思

性(reflective)偏好'。我们认为,至少在某些情况下,个人会表现出m种偏好,但经过深思后倾向于放弃其中的很多偏好。个人经过深思熟虑后大量消费的商品大多是'有益品'。"(Brennan and Lomasky,1983:206)

我们注意到,有益品的确定本身也是一个合理的过程。也有经济学家表示了异议,他们提出了一些颇具洞察力的有益品观,这些观点可能有助于分析人类存在的合理性维度。不幸的是,上文提到的罗尔斯对经济学表示的怀疑态度妨碍了罗尔斯——尤其是罗尔斯"二世"——认识到这些有益品观的分析洞察力。

这种深思性——也就是公共理性的形成——是一个可被称为"学习过程"的漫长过程的结果。马斯格雷夫表示:"这些[关于有益品的问题]就是学习和领导问题,而学习和领导问题是合理定义的民主的基本内容,而且也证明了规范模型中的满足或者某些有益欲望的合理性。"(1959:14)公共理性构成了有益品的条件,或者说决定有益品的条件。个人通过相同的深思、商议和谈判过程变得理性,学会吸取别人的观点,而且还能客观看待自己的观点。学习过程可让个人向比自己强的人学习,从而获得或掌握信息、知识和能力。所以,学习过程在这里就意味着赋予个人检验、评价和批评专家观点的可能性,实际上,这里涉及公民教育——个人的教养(Bildung)。我们可从这个意义上来理解这样一个事实:集体不是通过一个独裁过程,而是采取社会表决通过的方式来采纳见多识广的人士或者群体的意见或选择。通过回归自己最初的偏好来改变偏好的人就是通过上述学习过程接受过教育的人。

因此,我们可以认为,民主社会的特点就是存在关于有益品内容和范围的公议,而被视为基本物质条件的有益品是毫无例外地确保全体公民获得人类配得上的社会存在的物品的组成部分。正如我们所能说的那样,关于有益品的讨论必须遵循的规则与"无知之幕"假设所涉及的条件相同:有益品讨论的每个参与者都被要求站在社会的角度设身处地地考虑社会的基本需要,因此参加审议与其他公民合作决定哪些商品应该被选为有益品。换句话说,选择有益品的过程,从逻辑上讲,意味着个人要忽视自己的社会地位和他们各自的善观念,但却要分享相同的正义感(即相同的公共理性)。个人根据并凭借自己的公共理性应该能够确定必须献给社会的最低基本物质条件,这样就不会牺牲任何特定、合理的善观念。

## 五、结束语

我们已经在上文强调了有益品问题如何与公共理性问题相关,确定有益品性质和范围的过程如何为在无知之幕下原初状态思考的抽象和假设过程奠定具体的基础。就如我们已经强调的那样,罗尔斯思想从《正义论》到《政治自由主义》的变化,基本上是由把具体的内容注入《正义论》过度抽象化推理中的意愿促成的,这就是历史维度被引入《政治自由主义》理论框架的原因。在民主社会,全体社会成员在不同的公共协商层次经常地反复检查和确定有益品的内容。换言之,有益品就像公共理性,是欧洲社会成为民主社会这一过程的结果。我们似乎可以合理地表示,随着公共理性在欧洲社会具体演化的过程中的发展,公民关于有益品内容和范围的要求也会不断提高。有益品的所有这些特点表明,如果罗尔斯已经充分关注到支配有益品供给的逻辑,那么很可能就认识到它们在导致公共理性逐渐在欧洲出现的演化过程中所体现的重要性。在我们大家看来,这一观点因为罗尔斯的《政治自由主义》的基本目的就是增强其理论的现实性而变得更加明显。罗尔斯的终极目的是要分析在社会中实际行使形式自由权的条件。仔细考察有益品问题的发展过程表明,有益品在文化和制度两个方面的历史积累过程中发挥了关键的作用。随着公共理性在民主社会的成熟,社会最弱势成员的物质生活条件问题变得至关重要。据我们所知,差别原则要求,一个秩序良好的理性社会只有在公民之间的经济和物质不平等能同时促进社会最弱势成员的境况得到改善的情况下才能接受这种不平等的加剧。这样的原则很难遵循,由于这方面的困难,因此,我们认为,有益品值得被明确纳入罗尔斯理论的第四种基本善"收入和财富"。

此外,明确把有益品包含在基本善中,由于切实可行,因此有可能是对阿罗(1973)和森(1980,1992)批评罗尔斯理论的有力回应。阿罗之所以批评罗尔斯的理论,是因为它无视人们对医疗保健等需要的变化,而森批判罗尔斯把注意力放在个人基本能力的变化上。罗尔斯反驳称,他的理论关注的是公民"至少应该具备最低必要程度的智力、体力和道德能力,从而成为终身完全合作型社会成员"(Rawls,1993:183)。但是,如果这种最低的基本禀赋或者基本善明确包含有益品,那么,不平等在社会里可能会变得比较可以容忍。因为,在这样的最低基本禀赋结构中,社会最弱势公民可以希望在不平等加剧时获得较多的好处。我们想说的是,有益品有助于引发这样一个过程:随着社会变得越来越富有,应该根据在原初状态下采纳的原则来提高最低的必需物质生活水平。用森的话来说,一种能把有益品纳入基本善集合的基本政治结构应该能够确保能力的更优分布。

# 依靠朋友的帮助来应对：
# 经济学理论中的慈善组织近代史

阿拉斯代尔·卢瑟福（Alasdair Rutherford）

乔伊(Joey)：对不起，菲比。我只是……想做一件好事，就像你和孩子们一起做的那样。

菲比(Phoebe)：这并不是什么好事，你只是想上电视！这样做太自私了。

乔伊：哦，哦，哦！你呢？为你哥哥带这些孩子！还谈自私！

菲比：什么——你在说什么？！

乔伊：是的，这是一件非常美好的事情，它确实让你感觉很好？

菲尔：是的，那又怎样呢？

乔伊：它让你感觉很好，所以变成了一件自私的事情。听着，根本就没有什么无私的好事，对不起！

菲比：谁说的，就有！就有自私的好事。

乔伊：那好，你能举个例子吗？

菲比：可以，比方说……你知道吧，有……你可能不想承认！

(*Friends*, Series 5, Episode 4; Warner Bros, 1998)

## 一、引言

几千年来，对"无私善行"的追求一直是哲学家和美国情景喜剧剧作家孜孜以求的不变主题。这一挑战无论能够揭示什么样的有关人类行为基本动机的真谛,对于很多跨社会科学和其他边缘科学的学科都有重要的意义,也是一个理解慈善行为以及慈善机构和其他非营利组织行为的关键因素。

在很多国家,慈善机构在提供公共服务方面正在发挥越来越重要的作用,慈善事业的发展普遍受到了政府的支持。历史上,慈善机构在医疗和社会关怀创新方面发挥了重要的作用,而且常常能比国家机构更加迅速地满足社会不断变化的需要。最近慈善机构参与准市场活动和为赢得公共服务供应合同而展开竞争的趋势表明,有必要更好地了解慈善机构的经济意义以及它们在竞争环境下的行为如何不同于私人企业。在许多国家,新型慈善组织正在蓬勃发展,它们减少了对自愿捐赠的依赖,但对公共部门外包很多公共服务的需求做出了回应。那么,经济学理论如何来帮助我们理解这些不断变化的组织形式呢?

经济学理论关于慈善作用的思想可以追溯到现代经济学的起源和亚当·斯密对"同情"的论述。在经济学发展的很长一段历史中,理论对利己行为的关注导致了经济学与利他主义概念的分离,而慈善行为也被认为有着根深蒂固的利己主义渊源。最近经济学从心理学和实验经济学取得的新发现中引入的新观点引发了对更加接近经济学思想主流的替代性动机的思考,而慈善经济学理论则得益于更加广泛地接近行为基础的方法。

本文认为,20世纪70年代初一场关于理查德·蒂特马斯(Richard Titmuss)献血经济学研究的辩论,对于强调这个领域缺乏理论和经验研究发挥了作用,促使很多慈善行为的经济学理论研究把利他主义动机从研究的边缘转移到了核心位置。最初,有经济学家试图用自利的行为主体通过合作特别是公共服务供应方面的合作获益的例子来解释明显利他的行为。为了解释为什么搭便车现象在现实中远没有理论预测的那么普遍,后来有人提出了"温情效应"(warm glow)的思想。根据这种思想,我们既可以从合作的行为也能从合作的结果中获得效用。但是,这种思想并没有说明个人能从合作行为中获得效用的原因,而有些研究人员对实际可以把所有的行为动机都归结为自利的观点提出了质疑,因此有必要考察其他导致利他行为的动机。

本文对40多年的慈善组织经济学理论研究取得的进步进行了回顾,从反对蒂特马斯的著作关注自利型合作到反映这种思想的更新的替代性动机理论。笔者无意批判性地分析像我们这样的对利他主义的理解,而是要研究利他主义是如何被用来构建非营利组织经济学理论的。在考察慈善研究经济学建模工作在过去40年里取得的进步的过程中,笔者希望既能为制定志愿部门的政策确定应该吸取的教训,又能指明有待深入研究的领域。

当然,各种慈善理论是与不同的利他概念交织在一起的:那么,这种交织关系意味着什么呢?应该如何对这种关系建模呢?这种关系又会告诉我们什么呢?首先,我们必须探讨关于利他主义的不断变化的假设,其次就是要考察这些假设是如何影响经济学慈善理论发展的。

## 二、何为利他主义?

为了把利他主义包含在慈善理论中,我们必须就这个词的意思达成一致。就核心意思而言,这个词或者概念是指关心他人,与关心自己无关。利他是一种内在状态,并且无法直接观察。那么,我们是否能够通过观察所谓的"利他"行为来推断利他主义呢?我们必须对我们观察到的行为和内在状态进行区分,因为明显的利他行为背后可能有不止一种的动机。想做一个利他者,能够产生帮助他人的愿望,但利他的行为决策是行为主体在考虑了自己所面对的约束以后做出的(Alchian,1973)。例如,那些没有多少财富的人可能被那些比自己更不富裕的人的困境所触动,但无力提供哪怕是最小的帮助。一个富有的慈善家可能会捐赠大笔善款,但不一定真正关心那些受到善款帮助的人,特别是在这样的行为有助于提高捐款人社会地位的情况下。如果我们把馈赠或者所观察到的"利他"行为看作是慷慨之举,那么就能发现慷慨行为与内在的利他状态之间的区别。这就说明我们必须根据行为本身可观察到的特点来尝试解释可观察的行为。

在这种背景下,"慈善"这个词主要用来指有组织的利他行动,后者可以是捐款支持某个事业,也可以是捐款创建一个组织。这就意味着我们将聚焦于在群体背景下对利他动机与行为进行协调的理论和实践难题。

## 三、经济学慈善理论的现代历史介绍

在经济学慈善理论史的很大一段时间里,对利他行为的描述被认为不属于经济学范畴。约翰逊(Johnson)在《慈善经济学》(*The Economics of Charity*,Alchian,1973)中写道：

> "虽然存在一个个人在没有政治市场奖励或者惩罚的情况下集体提供公共产品的第三方慈善市场,但几乎没人研究过这个市场。"
> (Alchian,1973:84)

约翰逊在20世纪70年代这么说只是如实反映了实情。但是,30年以后,人们对志愿部门和慈善经济学理论的兴趣变得越来越浓厚。那时,经济学关于利他行为的早期论述集中在对帕累托福利经济学中严格独立的个人效用函数的质疑上。霍克曼和罗杰斯(Hochman and Rogers,1969)在一篇颇有影响力的论文中把利他行为作为不同个人效用函数的相互依存关系来建模,并且引发了一些争论。[①] 林塞(Lindsay,1969)提出了一个"共享经济学"(economics of sharing)模型来解释常见的医疗服务公共供给。为了构建一个相互依存模型,林塞把医疗服务供给平等作为个人效用函数的一个自变量。虽然这份早期的文献也肯定地承认了私人慈善的可能性,但它主要关注政府的再分配作用。

一本1970年出版的讨论社会政策的颇有影响的专著以献血为例论述了利他主义在经济行为中发挥的作用。在《赠与关系》(*The Gift Relationship*,1970)中,理查德·蒂特马斯(1970)对英国和美国的献血进行了比较,并且考察了私人有偿献血市场成功和失败的地方。根据经济学家预测,英国推行有偿献血有可能增加血液供给。蒂特马斯表示,这种观点是有问题的,因为它是根据一种理性自利模型得出的,并且无视利他精神在很多交易中发挥了宝贵而又重要的作用。蒂特马斯认为,英国如果推行有偿献血,那么将会减少血液供给量,而且还会降低所供血液的质量。

当时,经济学家大多表示反对。肯尼斯·阿罗(Kenneth Arrow)(Phelps,1975)撰文回应了蒂特马斯在他的书中表达的观点。蒂特马斯在他的书中表示利他主义研究十分重要,并且承认"真相告知"机制会对信息不对称的市场的效率产生影响。阿罗并不认为蒂特马斯得出的血液供应结论确实

---

[①] 关于这些争论的综述,请参阅 Rowley 和 Peacock(1975)。

出于这份研究。

"那么,为什么创建血液市场就会降低献血所体现的利他精神呢?我本人没有在蒂特马斯的书中找到任何明确的答案。"(Arrow in Phelps,1975:19)

阿罗采用经济学家更加熟悉的效用理论用语来表达蒂特马斯的研究框架,并且甄别了三种有可能导致看似利他行为的动机:

● 自利动机——行为主体的效用并不取决他人(即他人也是自利者)。如果各当事方能就消除或者减少搭便车行为并允许合作得益达成一致,那么,合作行为就会有效。

● 纯利他动机——某个行为主体的效用直接影响其他行为主体的效用。

● 非纯利他动机——行为主体的效用源自帮助他人的行为。

最早的非营利组织作用理论主要关注经济学可以最精良的装备运用理性自利模型来解决问题的领域。根据这种理论,如果社会成员为了在自利的环境下增进社会福利,而在社会契约的约束下进行合作,那么就可能提高效率;而慈善就是作为提高效率的最佳应对手段而存在的。后来,又有人提出了通过从"行善"行为本身而不是行为结果来获得效用的观点。这种观点采纳了"温情效应"观,譬如说,捐赠者从慈善捐赠的行为而不是从慈善捐赠所产生的结果中获得效用。这是一种试图解释能解决搭便车问题的看似利他行为的尝试。最近又出现了一种回归利他观的趋势。从这个趋势看,效用从行为结果中获得,而这个目标被认为不同于自利目标。这就意味着这场争论又回到了原点,因为这场争论所论及的问题类似于蒂特马斯在《赠与关系》中讨论提出的问题。[①] 下面,我们回过头来讨论这些慈善观点。

### 四、利己的慈善(20 世纪 70—80 年代)

最初试图给慈善行为建模的尝试并没有明确考虑利他问题。在这个时期,慈善被认为不属于经济学研究的范畴;慈善理论认为利己是慈善驱动力

---

[①] 虽然我们应该注意,慈善经济学研究源自之前的福利经济学研究,但我们认为,蒂特马斯的《赠与关系》引起了强烈的反响;这本书关注的是赠与,而不是再分配,因此对后来的研究产生了非常大的影响。

量,但又受到约束,而约束因素使慈善活动成为最优回应。这是一种试图把看似利他的行为纳入考虑的尝试,而不必去考虑或者承认利他精神的存在。

这些理论把慈善描述为一种旨在克服导致低效结果的某种"失灵"的社会契约产生的结果。这种解释不需要对利他行为做任何描述,因为适当的协议只要能够达成并付诸实施,那么对于个人来说就是最优。这些理论试图把看似利他的行为解释为复杂的利己行为的结果。

这些研究文献可分为两大类:"政府失灵"和"契约失灵"。

### 4.1 政府公共产品供应"失灵"

当私人企业没有能力供给有效水平的公共产品时,政府可以发挥干预作用。制度约束也许会导致国家未能充分供给公共产品。杨(Young,2001)概述了政府在供给公共产品方面受到的五种约束,它们可能会导致政府失灵并且需要第三方组织的参与。

● 种类约束:政府提供的往往是标准化服务,难以满足那些偏好政府在提供服务方面有所变化的人的要求。

● 多数约束:政府想要继续掌权,就必须提供中间选民所希望的服务水平。这样就会使希望政府提供较低或者较高服务水平的选民感到失望。

● 时界约束:政府往往由于任期的原因持短期观,从而限制政府提供能使社会长期受益的服务。

● 知识约束:层级制度和官僚作风使得政府机构难以采纳新的建议或者试验性地提供新型服务。

● 规模约束:由于政府规模大得吓人,因此,个人难以把自己有关公共服务的偏好告诉政府。

政府失灵论认为,组建第三方组织——非营利组织,可能是应对这些约束的最优方式。这表明,我们希望有慈善机构提供不同于主流公共服务的专门服务,在服务供给方面持长期观,并且在自己的业务领域富有创新性。

韦斯布罗德(Weisbrod,1988)认为,政府失灵是慈善机构崛起的主要原因,并且表示:居民多样性越高,慈善活动就应该越多;而居民同质性越高,就越偏好政府提供服务。他又表示,在民主社会,志愿部门为满足少数群体的需要所必需,因为政府没有能力给少数群体提供充分的帮助。此外,韦斯布罗德还表示,这种慈善活动的动机可用来解释志愿部门获得的发展壮大。随着科技的进步,旅行和通讯变得越来越便宜和便利,现代社会也变得越来越成员多样化(Weisbrod,1997)。社会成员异质性的提高,加大了政府照顾少数群体利益的难度,同时也增加了慈善组织的数量

### 4.2 "契约失灵"——由信息不对称造成的市场失灵

在慈善研究文献中有一种观点特有影响力,这种观点认为,慈善机构的存在有助于解决由信息不对称造成的市场失灵问题。凡是在买卖双方在非签约产品或服务上信息严重不对称的地方,都有可能出现市场失灵,从而导致效率低下的结果。相关理论认为,非营利组织就是解决市场失灵问题的一种手段。

如果一种商品的卖方掌握了关注这种商品质量的私人信息,而买方很难、需要花钱才能获得甚或干脆就不可能获得这种信息,那么,卖方就有动机利用这种信息不对称性来为自己牟利。有学者认为,非营利组织能够克服这种困难,因为消除牟利动机就能消除利用信息不对称性牟利的动机,从而就能避免市场失灵。虽然慈善在这方面具有对社会有益的功能,但没有一种关于利他主义的论述能够提出自己的观点,或者提出能激励经理人放弃牟取私利的观点。

很多普遍存在慈善机构的部门,如医疗保健和社会关怀部门,都存在严重的服务质量信息不对称问题。服务质量只有在消费时才能观察到——这些都是"体验品"(experience goods)。有些服务的质量即使在消费以后也观察不到——这些都属于"信用品"(credence goods)。如果服务质量难以评价、评价成本高甚或无法评价,那么,服务供应商就会利用消费者缺乏信息的机会来牟取最大利润。

汉斯曼(Hansmann,1980)认为,利润不分配约束意味着慈善机构经理几乎没有动机牟取最大利润,而且也不可能利用自己掌握的服务质量信息来牟利,因此能够赢得消费者的额外信任,从而使无法证实的质量主张变得可信,进而有助于克服潜在的市场失灵。

比洛多和西里文斯基(Bilodeau and Slivinsky,1998)介绍了一种理性非营利企业家理论。根据这种理论,想销售公共产品的企业家必须在设立私人企业和非营利组织之间做出选择。如果组织受到利润不分配约束的制约,那

么,公众就更愿意为公共利益做出贡献。因为,企业家占有公众贡献的机会少于从事公益活动的机会。如果公众的这种意愿充分的大,那么,就连自利的企业家可能最好也是选择非营利的形式。

阿克洛夫和耶伦(Akerlof and Yellen,1986)通过描述部分礼物交换(partial gift exchange)来解释雇员领取市场出清工资的劳动合同,而企业即使在雇员努力难以测量的情况下也能获得劳动生产率增长的回报。阿克洛夫和耶伦(1986)表示,这种"礼物交换"关系可以依靠社会"公平日工作"规范来维持。虽然阿克洛夫和耶伦承认社会文化因素对他们的模型的重要意义,但它们仍都是外生因素,从而使得部分礼物交换变成了一种对给定规范集合做出的最优回应。

**五、关注结果的慈善:纯粹的利他主义(20 世纪 70 年代—80 年代中期)**

认为慈善是纯粹的利己行为并且排斥慈善利他说的理论似乎不能令人满意。那么,如何把利他纳入理性自利框架中呢?最初,利他被作为他人福利直接纳入了行为主体的效用函数。贝克尔(Becker,1974)把纯利他概念引入他的家庭观:家庭成员的福利被直接纳入了户主的效用函数。后来,贝克尔又把这个模型扩展应用到"……由行善人'$i$'和全体慈善接受者(下称受善人)构成的合成'家庭'"(1974:1083)。

设有两个行为主体安(A)和本(B),并且有两种可能性:

$$U_A = f(X_A, X_B) \tag{1}$$

$$U_B = f(X_A, u_B X_B) \tag{2}$$

式中,$U_A$ 和 $U_B$ 是效用函数,$X_A$ 和 $X_B$ 分别是安(Ann)和本(Ben)消费 $X$ 的量。也就是说,无论是本消费商品 $X$ 的量(户主的效用函数)还是本消费商品 $X$ 产生的效用(非户主函数),都直接纳入安的效用函数。

罗伯茨(Roberts,1984)构建了一个私人慈善与公共转移性支付模型,并且用一个户主效用函数来表示利他者的偏好。具体来说,根据这个模型预测,公共转移性支付会排挤私人捐赠;在政治均衡的状态下,公共转移性支付会出现"供给过度"的情况,而私人捐赠则有可能减少到零。卢卡斯和斯塔克(Lucas and Stark,1985)考察了往原籍国汇款的移民的行为。他俩采用一个把家庭成员加权效用纳入移民效用函数的非户主效用函数,拿一个自利模型与一个纯利他案例进行了比较。他俩的经验研究结果并没有完全支持纯利他行为条件,而是支持一种移民汇款同时出于利他和利己的考虑的"温和利他"行为模式。

根据通常的效用函数假设,如果安消费了一定量的 $X$,而本没有消费 $X$,那么就会导致安把一定量 $X$ 分给本消费,以便使安的效用最大化。在这个例子中,当安对 $X$ 的配置的边际效用等于她从本消费她配置给本的那部分 $X$ 中获得的边际效用时,安的效用就能达到最大值。

这种表达方式似乎抓住了利他行为的某些特点。但不管怎样,群体很容易受到搭便车行为的影响。无论安是否把自己的部分 $X$ 送给本,她只关心本得到的绝对量(或者效用)。如果卡罗尔(Carol)、迪安(Dean)和艾丽卡(Erica)的效用函数中都有本的"福利",那么,他们仨人就得分担支持本的责任。如果消费的边际效用递减,那么,他们仨人个人贡献的边际影响就会随着捐赠人的增加而减小。安在准备减少对本的转移性支付时只会考虑她自己的边际效用损失,并不会把卡罗尔、迪安和艾丽卡的损失考虑进去。这种搭便车的动机可能会导致向本作低效率的低度转移。

萨格顿(Sugden,1982)通过扩展贝克尔的慈善捐赠模型探讨了其中的一些问题,并且对贝克尔这个模型对"大型"慈善机构的适用性提出了质疑。因为,在贝克尔的模型中,捐赠者可能难以观察到其他捐赠者的捐献。慈善组织所从事的活动往往会导致捐赠者与受赠者的分离。慈善构建了一种向捐赠者募捐并把募捐来的善款分发给受捐者的机制。这种把捐赠人和受捐人分离开来的机制造成了很大的搭便车动机。

所以,如果我们这样来理解利他行为,那么就应该想到搭便车对于慈善服务供给来说是一个实际问题。在实践中,搭便车远没有预想的那么严重。很多人的慈善捐赠数额很小,他们的捐赠只产生很小的边际效应,而纯利他理论无法解释这种现象。

**六、关心手段的慈善:非纯利他行为(20世纪80—90年代中期)**

为了解释慈善捐献无搭便车现象的原因,一些经济理论家从利他行为引入了"温情效应"(warm glow)观。根据这种观点,非纯利他者通过手段而不是目的来获得效用。

$$U_A = f(X_A, \lambda, x_{AB}, (1-\lambda)X_B) \tag{3}$$

式中,$x_{AB}$是安赠与本的$X$的数量,$\lambda$是通过手段和目的获得的效用之间的权重。在这个框架内,纯利他行为是一个$\lambda=0$的特例。

这个方程式常被用来解释捐赠人不知最终受捐人的慈善捐赠,这种慈善活动难以观察,或者是一种有可能要遭遇严重搭便车问题的公共产品。正如罗斯-阿克曼(Rose-Ackerman,1996)在综述非营利组织研究文献时指出的那样,于是就出现了一种反常情况:只有那些仅关心捐赠目的而不关心手段的人才被经济学家定义为"真正"的利他者。在混杂的人口中,非纯利他者捐献有可能挤掉纯利他者的捐献。在极端情况下会导致纯利他者只捐赠很少或分文不捐。但不管怎样,非纯利他模型对于从理论上解释非营利组织的研究还是很有影响力的。

罗斯-阿克曼(1987)集中考察了支持非营利组织的利他动机,并且认为创建非营利组织的"意识形态型企业家"受"强理性或者专业承诺"的驱动。这就是一种"温情效应"解释。根据这种解释,企业家直接从慈善活动,而不是从慈善活动的结果中获得效用。罗斯—阿克曼还强调了企业家在决定组织使命方面的作用以及他们在履行组织使命方面面临的挑战。

杨(Young,1983)认为,慈善机构向其管理人员支付较低的报酬,因为它们不营利,因此就要精心筛选管理人员。谋求高经济报酬的管理人员往往更加青睐私营企业,而希望通过实现慈善目标来获取效用的管理人员则会接受较低的报酬从事这份工作。这就意味着慈善机构的管理人员为了使自己的效用最大化有兴趣恪尽职守,从而也使慈善机构提供的服务更加可靠。

安德雷奥尼(Andreoni,1990)通过探讨"温情效应"捐赠对于为公益捐赠建模的用途,为这种捐赠提供了经典参考。他还用一个预测挤出效应较不显著的非纯利他模型,探讨了政府补助给非营利组织对捐赠水平产生的挤出效应。

这种关心手段的表述方式催生了含目标函数(包括非营利组织提供的服务水平或者生产的产品数量,常常还有利润或者盈余)的非营利组织研究的理论模型。弗兰克和萨尔克夫(Frank and Salkever,1991)用一个非纯利他模型考察了非营利医院提供的慈善服务。在这个非纯利他模型中,非营利医院的目标函数包括非营利医院较之于竞争对手服务总量的服务水平这个变量。实质上,非营利医院不只关注未得到满足的对医院服务的需要,而且还关心由谁来满足这种需要。

"温情效应"观如果被用来描述任何源自某种慈善行为的效用,那么就有可能造成混淆。安德雷奥尼为"温情效应"捐赠提出的方案包括只来自手段(而不是目的)的效用,并且把它作为应对慈善供给搭便车问题的解决方案。然而,用"因为他们很享受这种行为"来回答"为什么有人愿意捐钱?"这个问题,又会提出了另一些问题:我们真能就这样分开研究手段和目的吗?不考虑捐赠物或者捐款用途的捐赠享受真能被视为利他行为吗?

慈善捐献和参与的声誉激励观强调的是,从被认为为公益做出了贡献中获得的社会收益(Harbaugh,1998)。声誉能使参加慈善的人获得一种内在收益,并且以自愿为公益做贡献的方式来克服可能会采取的搭便车行为。

最近,在贝斯利和加塔克(Besley and Ghatak,2005)提出的一个理论模型中,"受激励"的代理人有自己关心的"使命",并且能通过与一个有共同使命的委托人一起工作来获得效用。代理人做好了放弃一些经济报酬的准备以便与有共同使命的委托人相匹配。这个模型显示,随着努力水平的提高,有共同使命的代理人与委托人之间匹配的效率不断提高。这个模型明确预测,在员工受到激励的行业,由于员工受到了"温情效应"的影响,因此,工资应该较低。

"温情效应"理论在这个领域的研究中的引用率颇高,从而被引申用来解释政府对劳动力市场上非营利组织、志愿行为和志愿部门工资的补贴并没有对捐赠产生"挤出效应"的情况,而且还被用来构建非营利组织的目标函数模型。

### 七、作为内在激励的慈善(20世纪90年代中期至今)

行为经济学通过引入心理学研究成果已经对利他行为的经济学理论产生了显著的影响,并且在实验中观察到了行为主体偏离经济学核心假设的行为表现。

弗雷(Frey,1997)认为不可轻易在利他动机与自利的经济动机之间做出取舍,并且区分了(常是经济)激励的外在激励与直接在从事某项活动的过程中获得效用的内在动机。他基于心理学和实验经济学文献证据提出的建议表明,有两种相互作用的激励,它们产生两种主要影响:"排挤"效应和"溢出"效应。

如果引入外在激励来完成一项任务减少了在完成这项任务的过程中获得的内在动机,并且导致用"支付较多的报酬"换来的是较低而不是较高的努力程度,那么,我们就说发生了"排挤"效应。

如果引入外在激励完成一项任务降低了完成另一项任务的内在动机,那么,我们就说发生了"溢出"效应。举例来说,花钱叫一个毛头小伙子做家务,结果降低了另一个此前做家务但不领薪的毛头小伙子的工作热情。

这种相互作用观是对传统的"温情效应"解释法的一种突破,因为"温情效应"解释法认为温情能产生与付酬相同类型的效用,而行为主体本人可以对这些效用进行权衡。

这种相互作用可能会导致劳动力需求曲线同时出现上行和下行的线段,甚至还会产生更加深刻的影响。因为,除了付酬金额以外,奖励方法可能也很重要。如果小额支付被认为是馈赠或者奖金(如奥林匹克金牌),那么就能增强领奖人的内在动机;但如果被认为是服务的报酬,那么就可能"排挤"内在动机。例如,允许志愿者报销活动费用,就能表示他们的时间受到了重视,并且能鼓励更多的人来参加志愿活动。如果把相同的金额作为"小时工资"支付给志愿者,那么就可能令志愿者沮丧。这种激励机制可能产生实际效应的论断有助于解释这个领域观察到的一些复杂行为,但将它纳入模型并非易事。

> "有些主流经济学家已经注意到一些把心理效应引入经济学研究的努力,但由于它们(常常几乎是例行公事式地)在适当的时候被引入了经济学研究,因此对一般经济学理论产生了微乎其微的影响。"(Frey,1997:122)

虽然很多采用"温情效应"观发展非营利组织理论的论文引用了弗雷和其他作者介绍类似证据的研究成果,但是,这些理论本身并没有考察内在动机和外在激励相互作用之间的影响。这些理论虽然对经济学家对利他行为的理解产生了影响,但仍没有显著影响给慈善组织建模的方法。

### 7.1 回到原点:回归蒂特马斯

这些观点重复了理查德·蒂特马斯最初的预言以及他关于利他和经济行为相互作用的看法。因此,从某种意义上讲,我们对这些观点的理解转了一圈以后又回到了原点。怎么会这样呢?

各种利他行为理论需要解决的一个问题,是它们与自利模型之间的冲突,而自利可是新古典经济学一个历史悠久的核心假设。实验经济学作为博弈论预测检验手段的发展以及这种经济学后来取得的研究发现对于有关经济行为的一些核心假设提出了质疑。这也为这个学科主流内部对这些假设进行一定水平的论述做好了准备。

例如,弗洛列西等(Frohlich et al.)写道:

"传统上,经济学家假设,自利支配着经济选择。最近,一些社会科学家和经济学家,尤其是那些致力于博弈论和实验经济学研究的经济学家已经开始把自利作为一个可检验的假设来处理。"(2001:271)

虽然没有任何迹象表明,像理性自利这样的核心假设将被经济学家所抛弃,但是,博弈论与实验经济学的互动已经开辟了一个主流经济学合乎逻辑地讨论这些问题的空间。这有助于打破经济学引入社会科学其他学科思想的一些禁忌。具体而言,心理学的一些洞见已经被纳入了"行为经济学"的经济研究模型。

"多年来,一些杰出的经济学和心理学研究人员批评主流经济学的宗旨从心理学的角度看是不现实的,并且提出了一些他们认为可以改善经济学研究的替代假设……这些通常被贴上'行为经济学'标签的努力旨在把更具现实性的人性观引入经济学,并且在最近的十年里大有增强趋势。虽然仍有争议,但行为经济学正在步入主流,尤其是在美国一些顶级大学的院系。"(Rabin,2002:657)

慈善理论的发展就可以作为一个接受其他进行相同课题研究的学科提出的批评和建议开展研究的有益例子。

## 八、对公共经济学及其未来研究的意义

本文认为,经济学的慈善理论已经完成了一个完整的循环,其中包括一些对利他动机复杂性以及内在动机和外在激励相互作用方式的认识。我们现有的非营利组织模型都是由一个功利主义的非纯利他行为基础扩展到把一个目标函数作为利润最大化的变通方法。一些根据这些模型进行的预测也确实得到了数据的支持。然而,这些预测都没有明示个人层面的非纯利他行为与由个人构成的组织行为之间的联系。

各种行为理论与慈善组织行为模型之间仍存在一定的脱节。内在动机理论暗示,政府与非营利组织之间的契约机制可能产生与激励措施本身一样的效果,但这一点并没有完全被纳入非营利组织的研究模型。例如,非营利组织与公共部门竞争和签约的模型常常包括一个"温情效应"目标函数,但并没有考虑能够影响"温情"的制度结构。那么,如果与非营利组织签约,招标或者签约的方法是否能够收到实际效果,或者说,使用这种机制是否会产生排挤赋予非营利组织自身优势的内在动机的效应呢?

发展经济学的慈善理论,还有很多工作要做。随着非营利部门重要性的不断显现,这些问题的解决可能就变得更加重要。本文无意建议,在把慈善机构和非营利组织作为完全理性的组织来建模时应该抛弃理性、自利的经济人。蒂特马斯在他的原著中甚至认为社区志愿者献血并不是出于纯利他动机:

> "当然,可以说没有哪种人是完全的无私、本能的利他。必须有某种责任感、被认可感和兴趣感,某种献血的需要和目的意识,某种有组织的群体慷慨竞争,还必须对社区一些不能献血的青年、老年或者有病的成员有所了解,并且让献血者知道在未来某个时候如果他们有需要时保证能够得到'回赠'。"(Titmuss,1970:89)

从根本上说,慈善是一种复杂现象。确实,对慈善的不同方面有很多解释。本文旨在梳理慈善行为动机经济学理论的发展脉络(从自利到内容比较丰富的明确利他的模型),并且讲述了一个学科在解释基本假设含义方面对另一个学科提出的质疑如何催生富有成效的研究,最后达到更加全面地了解人类行为的目的。

## 致 谢

本文作者要感谢希拉·道（Sheila Dow）、艾伦·皮考克（Alan Peacock）爵士、欧洲科学基金会（European Science Foundation, ESF）在巴黎举行的公共经济学史研讨会的与会者以及两位匿名审稿人，感谢他们对本文做了非常有益的点评。本文获得了经济与社会研究委员会（Economic and Social Research Council）的资助。

# 政府与公共产品供应:从一般均衡模型到机制设计[*]

莫尼克·弗洛伦萨诺(Monique Florenzano)

## 一、引言

第二次世界大战以后,大多数欧洲国家的政府被认为必须协调和鼓励重建被战争摧毁的国民经济的工作,供应卫生、教育、研究以及各类能够促进这个时期经济增长的公共基础设施领域的公共产品,并且在可能的情况下通过执行反周期性财政和货币政策来调节经济增长。60年以后,世界各经济体经历了全球化—地区化运动,有些地区效仿欧盟统一市场组建了大经济区,因此,各国政府职责的一般表征法(common representation of governments' tasks)逐渐但又显著地发生了变化。公营企业被私有化,在很大程度上放松了对公共产品供应的管制,福利计划遭削减,但预算赤字不断扩大。在自由主义和自由贸易意识形态的影响不断扩大的条件下,以上这些变化是在"国家—民族"概念不断被弱化的大背景下获得被动接受的。粗略地讲,虽然确切的数据严重缺失,但是,那种无所不能、无所不知(和乐善好施)的中央政策制定者

---

[*] 本文最初是为巴黎公共经济学史研讨会(2008年12月)准备的。这个版本的论文得益于会议与会者的点评,尤其是F. 阿达姆和Y. M. 马德拉(F. Adaman and Y. M. Madra)的点评。他俩也向这次会议提交了论文。笔者特别要感谢U. 泽基诺布茨(U. Zenginobuz)就机制设计问题与笔者进行了多次长时间的讨论,还要感谢P. Courrège、F. Gardes 和 A. Lapidus 以及一位匿名审稿人提出了建设性的意见。本文的结论当然是作者自己的成果。关于公共产品供应均衡的理论论述,可参见Florenzano(2009);关于机制设计的一般综述,可参见Jackson(2003)、Mookherjee(2008)和瑞典皇家科学院(Royal Swedish Academy of Sciences,2007)。

范式已经开始失宠,并且被由国际、国家、区域甚或行业多层次(不同程度)协调确定的公共目标多样化的观念所取代。传统的经济政策工具大多被认为与国际协议相抵触,并且不适合用来实现公共目标,而另一些则主要被用来制定确保私人企业公平竞争的规则。

本文的一个目的就是研究政府职责一般表征法的变化如何反映在公共产品供应理论中,特别是反映在公共产品供应理论最形式化的层面。具体来说,本文将对20世纪50年代现代一般均衡理论的创立和形式化进行回顾。在这个时期,机制设计理论虽然雄心勃勃,想提供一个统一框架,以理解在古典和新古典学派所描述的环境中运行的市场,但难以给个体互动制度设计界定一个确切的一般定义。在随后的几十年里,随着研究计划的确定,为了弱化假设条件并逐一容纳大多数被新古典经济学解决的不同问题,阿罗和德布鲁(Arrow and Debreu)[①]不断丰富自己构建的模型的内容。萨缪尔森(Samuelson)在1954年发表了一篇很有影响的文章,论述了在一般均衡框架下与公共产品供应和税负分摊有关的最优性问题。萨缪尔森的这篇论文为一个存在公共产品的经济体确定均衡概念铺平了道路。

一般均衡研究群体以不同的方式提出了这样一个目标。20世纪70年代,一些经济学家建模研究了存在税收、一次性转移支付、公共产品供应的"次优"经济体的均衡问题。税收、转移性支付和公共产品供应作为外生数据明确被收入了他们的模型。差不多在同一个时期,俄罗斯的理论经济学家分析了混合经济体的一般均衡问题。这些混合经济体的特点是:某些商品以固定的数量和/或价格由公共部门供应,但按竞争价格在二级竞争市场上转卖。尽管政府制定的商品定价规则从公共政策的角度看是有用的,而市场无法按这样的定价规则来提供商品,但是,俄罗斯经济学家仍然成功地把这些定价规则纳入了一般均衡模型。我们还能列举这个时期大量有关混合经济体计划工作的理论研究成果,所有这些理论研究都隐含地假设公共选择理性外生地决定竞争体系的运行,而政府干预虽然目标被竞争体系中的行为主体视为既定,但却决定消费者和生产者的行为特征,尤其是影响企业的生产可能性。对于研究

---

[①] 通常还会加上麦肯齐(McKenzie)的姓氏,因为一般均衡框架中的不同元素由他确定这一点无可争议。

一般均衡问题的经济学家来说,他们的任务就是研究公共政策既定条件下的均衡可能性,并且最终寻求使政府干预导致的扭曲最小化。

下面对两种同一时期构建的极端均衡模型(polar equilibrium models)进行比较。在这两个极端均衡模型中,公共产品供应被作为消费者效用函数中的一个自变量,因而决定公共产品供应的均衡数量和均衡价格。在第一个似然性得到慈善团体发展证明的极端均衡模型中,消费者"供应"公共产品,也就是按均衡市场价格买进,然后再卖给其他消费者。在第二个极端模型中,消费者按照所谓"林达尔价格"(Lindahl price)的个性化价格支付由竞争性生产商生产的公共产品的共同消费。这两个相容性在相同的标准假设下得到证明的模型有一个共同的特点,那就是公共产品都是在没有任何公共机构干预的情况下提供的。从20世纪80年代起,这两个模型各自的缺点导致机制设计研究获得了巨大的发展,并且要求解决私人供应均衡和次优以及林达尔-弗利(Lindahl-Foley)均衡下规避搭便车等问题。用旨在实现理想配置或者能真实揭示偏好的机制的均衡来取代竞争性经济体均衡,对公共产品供应理论赋予政府机构的角色产生了影响。粗略地说,在均衡模型中,政府被认为应该像福利理论所证明的那样,对私有制经济的竞争性运行进行刺激、协调、纠正或者计划。今天,机制设计文献充斥经济学理论研究的文献,而任何制度完全分散化的运行都已成为政府要实现的一个目标。

在文章的以下部分,我们将介绍这个始于阿罗和德布鲁(1954)论文和萨缪尔森定义公共产品的论文(1954,1955)的发表直到现代一般均衡理论诞生的这个绝非线性的演化过程。我们的目的是要分析一般均衡理论和机制设计在1954年以后是如何把公共产品供应问题以及更加一般的回应社会集体需要的公共政策问题纳入它们的框架的。一些从其他方面看很重要的关于一般均衡研究史的专著[如英格劳和伊斯雷尔(Ingrao and Israel,1990)]通常都没有进行这样的历史性分析。[①]

我们将会看到一般均衡理论的演化如何在1954年以后出现了两个部分重叠的研究方向(这两个方向的研究有时是由同一些研究人员负责),但却不

---

① 仍有待把"看不见的手"范式的应用史写入一般均衡理论最专业化的章节(时间、不确定性、财政、差别化信息等)。

能说这两个思想流派只有一个接受萨缪尔森的公共产品定义。阐述明确包含萨缪尔森所说的公共产品的经济体的均衡概念的文献仍采用两种均衡定义，但是，在公共产品私人供应与按照林达尔价格为公共产品私人供应融资之间，发生了有利于公共产品私人供应均衡的变化。两种均衡定义都有助于巩固"理想的政府机构可以（或者应该）不干预公共产品供应"的思想。然而，它们各自的缺陷证实了萨缪尔森提出的证据：在存在公共产品的经济体中，任何均衡概念都不能作为市场机制得到支持。

与此同时，在把规划程序扩展到公共产品供应的基础上，随着"搭便车问题"的解决和"激励兼容性"概念的引入，机制设计理论找到了它的第一个作用点。自那以来，机制设计虽然仍未解决有公共产品存在的情况下一般均衡不可能性定理这一问题，但却已经变成了规范分析各种各样与社会选择理论和投票表决制度及不可分割物品最优配置等有关的经济社会问题以及其他很多宏观或微观规制机构问题的主导范式。由于公共政策决策中心系统的相关复杂性，因此，公共政策目标因为这些分析而变成了某种经济学家无话可说的问题，并且导致这些市场经济条件下公共政策制定和理论基础的一般问题难以确定和/或悬而未决。

在下文中，第二节介绍一般均衡理论的基本框架和研究目的；第三节介绍萨缪尔森所下的公共产品定义以及不采用萨缪尔森定义分析政府公共产品（社会产品、有益品或者其中的无论哪种产品）供应或筹款任务的不同均衡模型；第四节对与萨缪尔森的公共产品定义有关的均衡概念进行形式化；第五节分析它们各自的缺点；第六节介绍机制设计理论提供的解决方案。在以上技术性很强的各节中，我们试图简化我们赋予不同均衡概念的形式定义，以便非专业读者也能读懂本文。最后，结束语这一节探讨了与本节一开始就提出的问题和本文标题所包含的问题有关的公共产品供应理论演进的意义。

**二、一般均衡理论的创立和发展**

一般均衡理论是在瓦尔拉斯（Walras）传统下研究经济活动——消费、生产和交换——相互依存关系的统一框架。阿罗和德布鲁（1954）的论文既为所谓的"私有制经济"（private ownership economy）下了一个奠基性的定义，又得出了证明模型相容性的均衡存在性结论。

$$\varepsilon = (\mathbb{R}^L, (X_i, P_i, e_i)_{i \in I}, (Y_j)_{j \in J}, (\theta_{ij})_{\substack{i \in I \\ j \in J}})$$

是对经济体的原型描述。$L$ 是一个商品(有限)集合,因此,$\mathbb{R}^L$ 是模型的商品空间和价格空间。$I$ 是一个消费者(有限)集合,而 $X_i$、$P_i$ 和 $e_i$ 分别表示消费者 $i \in I$ 的可能消费计划集合、偏好和初始禀赋。$J$ 是一个生产者(企业)的(有限)集合,而 $Y_j$ 是企业 $j \in J$ 的可能生产计划集合。对于每个 $i$ 和 $j$,$\theta_{ij}$ 表示消费者 $i$ 的消费对企业 $j$ 的利润的贡献份额。在以上的定义中,这个模型中的全部数据都可以被认为是由历史和社会决定的,是过去演进的结果。分布参数(消费者初始禀赋和利润贡献份额)确定经济体的制度数据,是当前社会共识的结果,但在某种意义上说也阐明了政府在被考察经济体中的责任所在。行为主体的竞争(价格接受者)行为决定了模型的性质:竞争性均衡(解概念)是配置(可被称为可行配置)和市场出清价格向量的耦合;而在均衡价格上,每个生产者使自己的利润最大化,每个消费者在预算约束下使自己的消费偏好最优化。在这个函数中,从纯技术的角度讲,企业的角色更适合被"规制"企业,而不是私有企业。这里的私有企业就是"现实"世界中的私有企业,但它们的特点是有比简单的利润最大化复杂很多的策略。① 被动接受价格的消费者的主权是标准的一般均衡模型的驱动因素。

阿罗和德布鲁在 1954 年给通常所说的"瓦尔拉斯均衡"下的定义和进行的形式化使他俩得以解决均衡存在性问题。在第二次世界大战之前,A. 瓦尔德(A. Wald,1936)②曾因为瓦尔拉斯的形式化表述而讨论过均衡存在性问题,纽伊曼(Neumann,1937)在一个多少有点不同的框架内也讨论过这个问题。在均衡存在性定理(在被认为表征现实中可观察到的特点的合理假设下存在均衡)确保了这个模型的相容性以后,在随后的 20 年里,一般均衡理论的研究目的逐渐变得清晰起来,而一般均衡理论研究则主要围绕着以下几个方面:

- 均衡存在的充分条件,一个每次对模型进行一般化或者扩展都要重新

---

① 这种观点被反复用来强调,阿罗—德布鲁模型更适合中央计划经济,而不是资本主义经济。

② 在这篇论文之后,K. 门格尔(K. Menger)主编出了一本论文集《数学讲座论文集:1935—1936 年》(*Ergbnisse eines Mathematischen Kolloquiums*:1935—1936)。

讨论的问题。

● 均衡的最优性属性,从某种意义上讲,这就是一般均衡理论的全部。根据第一福利定理,从消费者的角度看,均衡配置是最优配置,也是最便利的均衡和帕累托最优定义的同义反复。根据经济连续性、凸性和有界性假设以及消费者在可行消费配置任何分量上的局部非饱和性,第二福利定理认为,在可用资源总量既定的情况下,任何最优可行配置都能作为一种由价格通过便利的消费者财富(即消费者禀赋和利润贡献份额)再分配达成的分散化均衡来实现。就在1954年阿罗和德布鲁发表他俩合著的关于一般均衡存在性的论文之前,阿罗(1951)和德布鲁(1954)分别得出了类似的第二福利定理结论。

● 均衡的社会和制度稳定性属性:均衡配置属于经济的核心配置,也就是任何消费者联盟都无法利用资源和其成员拥有的企业产权来阻止的配置集合。相反,根据一些类似的用于第二福利定理的假设,德布鲁-斯卡夫(Debreu-Scarf)定理表明,一种属于全面复制经济体核心配置的配置都能被作为均衡配置通过价格来实施分散化。这两个结论最早是在德布鲁和斯卡夫(1963)论述交换经济的论文中得到证明的。它们被认为是把关于竞争经济渐进函数的所谓"埃奇沃思猜想"(Edgeworth conjecture)转化成了一般均衡框架:当消费者的人数趋向于无穷大时,核心配置集合就会收缩为均衡配置集合。

● 为比较分析进行经济原始数据的唯一性和连续性研究。

● 计算均衡。

这方面的研究很少有人问津关于动态最优化或者暂时均衡动态模型定义的问题。康托洛维奇(Kantorovich)和格兰蒙特(Grandmont)的研究都分别与这些问题有关,但这些问题与本文第四节要介绍的关于存在公共产品的经济体基本上是静态均衡的概念无关。

为了逐一容纳大多数被新古典经济学理论陆续解决的不同问题,一般均衡模型在问世以后又不断丰富自己的内容:跨期均衡、宏观经济的微观基础、风险和不确定性、金融市场、信息不对称,这里只举一些重要的内容。一般均衡范式非同寻常的可塑性解释了它的"长寿性"。定义公共产品,把公共产品生产、供应和消费纳入一般均衡框架,是一个必然的目标,是一种解释公共支出及通过个人税收和补贴来为公共支出筹款合理性的方式。萨缪尔森在

1954—1955年发表的几篇论文显然对一般均衡理论为公共经济学做出贡献产生了影响。

### 三、萨缪尔森的公共产品定义及其有限的影响

萨缪尔森(1954,1955)把每个个人的消费(或者在生产中使用)不会导致任何其他个人消费减少的产品定义为"集体消费产品"。这个简单的定义在20多年的时间里引发了一系列的讨论。有关讨论[请参阅Margolis(1955)、James(1971)、Meyer(1971)、Sandmo(1973)和Weymark(2004)]的一个共同特点就是呼吁以更加灵活或者复杂的方式把萨缪尔森赋予狭义的(纯)公共产品定义的两个公共产品消费特性(非排他性和不可拒绝性)合并在一起。所有这些批评者都要求考虑各种"非纯粹"公共产品。没人[①]质疑萨缪尔森那篇文章的主要创新之处。萨缪尔森的那篇论文不是要承认与公共产品(公共设施)供应有关的好处的社会特性,而是把消费者主权的适用范畴扩大到了对公共产品供应量的选择上。换句话说,萨缪尔森的那篇论文导致公共经济学从一种研究公共支出的政治经济学理论变成了一种研究公共产品与服务需求和供给的理论。

萨缪尔森和以上援引的各个批评者论述的问题就是,寻找确保从消费者(帕累托最优)或者其效用取决于消费者个人效用的社会规划者角度出发的公共产品供应最优的(一阶)条件。结论,确切地说是否定的。最优状态是存在的,而且可能存在多重最优,具体视社会效用函数的具体形状而定。但是,内在于公共产品定义的消费者偏好外部性由于市场机制(消费者没有兴趣暴露自己的偏好或者支付意愿)或者由于规划程序(需要一个无所不知的规划者掌握全体消费者的私人产品和公共产品边际替代率)而无法产生作用。

萨缪尔森的几篇相关论文对一般均衡研究的发展没有产生直接或者全面的影响。就如笔者在本文引言中指出的那样,一般均衡理论对公共干预研究的重要贡献与萨缪尔森研究的公共产品供应问题并没有关系,但未必与萨缪

---

① 一篇1956年写成、当时没有发表而是在这个文献(Peacock and Wiseman,2010)发表的文章是一个显著的例外。这篇文章称,"试图用福利经济学的简单概念来解释政府经济活动的尝试"是徒劳的。

尔森在文(1955)末承认的公共支出的其他一些功能——进行收入再分配、推行"家长式政策"、供应市场可能无力提供的产品、纠正负外部性——有关。让我们来做以下引述：

(1)次优经济的一般均衡。在这个副标题下，我们查阅到了很多在20世纪70年代发表的文章(Fourgeaud,1969；Sontheimer,1971；Shoven,1974；Mantel,1975；Shafer and Sonnenschein,1976)。这些文章虽然假设不同，但有一个共同的特点，那就是研究混合经济或者"次优经济"，明确把公共产品纳入模型，并且把税收、一次性转移支付、政府的私人产品消费和某些(非卖)产品(可能的)公共供应看作是源自于公共政策决策的外生数据。其实，公共政策决策分析理应与经济的竞争性运行分析分开进行。

(2)有些商品由公共部门以固定数量和/或价格供应的"混合经济"的均衡。这个问题的现有研究[请参阅 Vasil'ev 和 Wiesmeth(2008)以及这个文献的俄语参考文献]讨论了在以每种商品都可能存在二元市场并相互影响为特点的混合经济背景下的均衡存在性和效率问题。在第一个市场上，价格是固定的，而商品配置由配给计划和政府指令决定；而在第二个市场上，需求和供给由弹性价格调节，而弹性价格则由市场机制决定。这个最初在20世纪80年代由苏联经济学家构建的模型，现在看来基本上没有什么用处，但在它的作者看来，仍能有效地近似反映像某些苏联中东欧国家这样的转型经济政府干预的主要特点。

(3)把由政府为市场可能无法提供的商品制定的定价规则纳入一般均衡模型。相反，这方面的理论研究是过去30年一般均衡理论研究取得的最大成就之一，并且也是公共经济学研究的一个主要组成部分，但与萨缪尔森的公共产品定义没有任何关系。回顾一场旷日持久、争论激烈的关于由企业采用规模报酬递增的技术从事的公用事业生产(如公共交通、发电和很多其他例子)定价、规制和融资的辩论(Ramsey,1927；Hotelling,1938；Lerner,1944；Coase,1946；Boiteux,1956)，就能发现相关文献[1]把均衡的定义、存在性和最优性等属性扩展应用到了那些既不能满足以上援引的论文所提出的可微性假设也

---

[1] 我们可以在1988年《数理经济学杂志》(*Journal of Mathematical Economics*)特辑的引言中找到最早的很棒的解释(Comet,1988)。

不能满足标准一般均衡理论提出的凸性假设的经济体。这种扩展应用所采用的数学工具是正规锥的概念,这种正规锥(并不是唯一)的定义总能反映凸锥情况下利润最大化和光滑锥情况下利润"正常"的思想。有几个学者运用第二福利定理对生产经济体进行了表述,但是从盖斯内里(Guesnerie,1975)开始的。无论后来的相关论文采用了哪种正规锥概念,[①]为了分散经济中的帕累托最优配置,企业必须按要求根据帕累托最优一阶(必要)条件采取行动,也就是把在正规锥中选择的价格作为它们的帕累托最优可行配置的分量。

在相应的均衡定义中,企业是用它们按要求必须遵循的定价规则来描述的。此外,在经济数据清单中,财富结构把消费者收入定义为当期价格和当前生产分布的一个函数,因此,消费者的收入在均衡状态下能为企业可能出现的亏损提供资金。在适当的假设下存在均衡,但我们应该注意,对于非凸性生产经济体,第一福利定理不能成立:均衡分布未必是帕累托最优。特定的财富结构对均衡分布效率和收入分布变化的影响,在上述仍有争议的辩论中的一般均衡模型中就是拿准入费(entry fees)转化成为弥补受规制企业亏损融资的一次性转移支付。

**四、萨缪尔森公共产品供应的均衡概念**

4.1 存在公共产品的私有经济

现在设 $L$ 为私人产品集合,而根据萨缪尔森的定义,$K$ 是纯公共产品集合,因此,$\mathbb{R}^L \times \mathbb{R}^K$ 是均衡模型中的商品空间和价格空间。

$$\varepsilon = (\mathbb{R}^L \times \mathbb{R}^K (X_i, P_i, e_i)_{i \in I}, (Y_j)_{j \in J}, (\theta_{ij})_{\substack{i \in I \\ j \in J}})$$

是对有公共产品的私有经济的原型描述。式中,现在每个消费者 $i \in I$ 有自己的消费集合 $X_i \subset \mathbb{R}^L \times \mathbb{R}^K$ 和初始禀赋 $e_i \in \mathbb{R}^L \times \mathbb{R}^K$;每个生产者(企业)$j \in J$ 同时生产私人产品和公共产品($Y_j \subset \mathbb{R}^L \times \mathbb{R}^K$)。如果生产技术集合 $Y_j$ 被认为是凸性,因此允许生产者采取利润最大化行为,那么就不能再考虑消费者利润贡献份额 $\theta_{ij}$ 的财富分配效应对企业利润的作用。

定义均衡概念的困难始于阐释每个消费者 $i$ 的消费集合 $X_i$ 和偏好集合

---

[①] 每个定义对分散化定价结果的经济意义具有不同的影响,具体视关于生产集合的假设而定。克拉克(Clarke)的正规锥被认为是对边际成本定价规则的充分概括。

$P_i$。

(1)对于消费者 $i$,要么 $(x_i, x_i^g) \in X_i$ 表示私人产品消费和公共产品私人供应的对子。于是,私人产品消费和公共产品私人供应对子为 $(x_i, x_i^g)$ 的消费者 $i$ 的效用取决于他的私人产品消费以及他自己的公共产品供应和其他行为主体的公共产品供应之和。这种非独立偏好的一般均衡存在性定理直到1976年才提出。

(2)要么 $(x_i, G_i) \in X_i$ 表示消费者 $i$ 的私人产品消费和对公共产品的需要量。于是,在均衡状态下,全体消费者会就某个相同的公共产品供应量达成一致,而某种配置("市场出清")的可行性定义就必须重新表述。

以上这些初步的考虑说明了均衡概念的多样性以及它们在相关研究文献中出现的顺序。

### 4.2 林达尔-弗利均衡(1970年)

林达尔-弗利均衡对应于萨缪尔森所说的林达尔解。在均衡状态下,消费者消费等量的公共产品 $\overline{G}$,并且面对个性化的公共产品价格,因此,均衡点就是一个消费—生产配置 $(((\overline{x}_i)_{i \in I}, \overline{G}), (\overline{y}_j, \overline{y}_j^g)_{j \in J})$ 和一个非空价格向量 $(\overline{p}(\overline{p}_i^g)_{i \in I})$ 对子。因此:

(1)私人产品市场出清;而公共产品是企业的总供给等于消费者的总需求(林达尔-弗利可行性);

并且,在均衡价格上:

(2)每个生产者使自己的利润 $\overline{p} \cdot y_j + (\sum_{i \in I} \overline{p}_i^g) \cdot y_j^g$ 最大化,并且把私人产品的共同生产价格向量和公共产品个性化生产价格向量的和作为公共产品的生产价格向量;

(3)每个消费者使用私人产品的共同价格向量和公共产品的个性化价格向量来优化其预算约束下的消费集合偏好。

在一些学者(Johansen,1963;Samuelson,1969)运用林达尔的观点[请参阅 Lindahl(1919,1928)]进行了重构一种"伪需求"法和"伪均衡"概念定义的尝试以后,[1]弗利在他的论文(1970)和法布尔-桑德(Fabre-Sender)在一篇工作论文(1969)中运用了林达尔-弗利均衡的定义,并且证明了这种均衡的存在性。[2] 现在经典的有公共产品存在的私有经济的均衡存在性证明[米勒隆(Milleron,1972)进行了很好的解释]是这样来做的:构建一个只有私人产品(在一个维度增加后的商品空间里定义)的经济体,通过把每个消费者的公共产品束作为不同的商品组别,把某些意味着最初的公共产品经济体存在均衡的已知均衡存在性研究结果应用于相应的经济体。

除了关于经济体的常见凸性、连续性和有界性假设以及可行配置分量中消费者偏好局部性未满足以外,弗利为证明均衡存在性假设的条件除四个可部分或者全部放弃的例外之外,还是具有相当一般性的:消费者没有初始公共产品禀赋[对于每个 $i \in I, e_i = (\omega_i, O)$];公共产品不是生产投入品;公共产品的消费者效用递增(无负公共品);而整个生产集合被认为是一个凸锥(规模报酬递增)。

更重要的是,第一和第二福利定理成立。均衡配置是帕累托最优,并且属于核心配置。相反,任何帕累托最优的林达尔可行配置都能利用方便的一次性转移支付和公共产品的消费者个性化价格来分散进行。即使没有第二和第三这两个假设,并且倘若规模报酬不变假设被一个较弱的生产体系凸性所取代,这一点仍然能够成立。这样的结论证实了公共再分配政策通常在一般均衡条件下实现帕累托最优的作用。

### 4.3 维克塞尔-弗利(Wicksell-Foley)的公共竞争均衡(1967—1970年)

维克塞尔-弗利的公共竞争均衡是一种值得关注的最优性性质发生变异的林达尔—弗利均衡。一个维克塞尔-弗利公共竞争均衡是一个林达尔—弗

---

[1] 就像约翰森强调的那样,在林达尔解中,必须同时确定用于满足公共需要的支出的增加和相应的税负的分摊。这种同时性要求正是一种基于税收受益原则的均衡定义的一个条件。然而,在林达尔(1919)看来,"需求与供给概念就如同交换对象都具有一种特殊的性质……均衡就是通过双方之间的一致而不是自由竞争来达成的"[R. A. 马斯格雷夫和 A. T. 皮考克(R. A. Musgrave and A. T. Peacock)主编的《财政理论史上的经典文献》(*Classics in the Theory of Public Finance*, 1958)第168页]。对于萨缪尔森(1969)来说,通过不同政治党派之间的议会协商达成的林达尔式一致和伪均衡都受到了相同的批评。"伪均衡"与有动机的市场行为没有任何关系。

[2] 我们还应该注意,同时但独立出现的第一个均衡定义和存在性证明采用了存在消费外部性的经济体的个性化价格。伯格斯特龙(Bergstrom,1970)研究的模型是一个只有私人产品的交换经济的模型;在这种经济中,每个消费者的效用取决于其他消费者从他们自己的消费中获得的效用。

利可行配置$[(\bar{x}_i)_{i\in I},\bar{G}]$、一个私人产品和公共产品的价格向量$(\bar{p},\bar{p}^g)$与一个消费者税收向量$(\bar{t}_i)_{i\in I}$的三元组,因此,对于均衡价格$(\bar{p},\bar{p}^g)$]:

(1)均衡税收之和$\sum_{i\in I}\bar{t}_i$为公共产品均衡供应的生产成本$\bar{G}$筹款;

(2)每个生产者使自己的利润最大化;

(3)在公共产品均衡供应既定的情况下,每个消费者选择某个水平的私人产品消费,以优化税后预算约束下的个人偏好$p.x_i+\bar{t}_i\leqslant\bar{p}.\omega_i$;

(4)在公共产品供应修正向量加上为了连同均衡利润之和一起为修正后公共产品供应筹款课征的消费者税收向量的形式——即以使每个消费者变得更好的形式——下,不存在其他公共部门方案$(\bar{G},(\bar{t}_i)_{i\in I})$。

换言之,大联盟(grand coalition)也不能用另一种公共部门方案来阻止均衡公共部门方案$(\bar{G},(\bar{t}_i)_{i\in I})$。即使达成了非常负面的共识[如弗利(1967:56)所说的"某种最后一招或者最糟糕的情况"],这个条件也被认为能够反映维克塞尔(Wicksell,1896)所表达的一致同意公共产品供应与为公共产品供应筹款而课征的税收集合对子的思想,并且能把这种思想转化为一个均衡过程。①

以下是两个简单且并不令人惊讶的性质:

1. 林达尔-弗利均衡配置是一种维克塞尔—弗利公共产品竞争均衡配置,而维克塞尔-弗利公共产品竞争均衡配置则反过来是帕累托最优配置。

2. 对于经济体ε,在分散定价的常规条件下,帕累托最优的林达尔-弗利可行配置集合和维克塞尔-弗利公共产品竞争均衡配置集合完全一致。

弗利在他的博士论文(1967)中根据一些限制性假设条件提出并证明了另一个更加值得关注的性质,但是,他在《计量经济学》(Econometrica)上发表的论文(1970)并没有提到这个性质。今天,这个性质已经被人遗忘。弗利提出的这个性质表明,帕累托最优配置与公平的税负分摊相容:只要每个消费者就自己的均衡所得缴纳比例税,那么就存在维克塞尔—弗利公共产品竞争均衡。弗利甚至猜测,对于任意的累进所得税,也存在公共产品竞争均衡。

---

① 对于维克塞尔(和后来的林达尔)来说,应该通过议会讨论来达成一致,就意味着这是一个有争议的问题(Silvestre,2003)。在均衡过程中,我们可以想象,某个瓦尔拉斯式的拍卖者同时根据私人产品和公共产品的价格连续拟定不同公共部门方案直到达成一致。

4.4 公共产品私人供应均衡(1976—1986年)

公共产品私人供应的思想相当于私人慈善捐献、私人捐献政党竞选基金等的思想。在我们的考察期里,有大量联系搭便车问题讨论自愿捐钱给学校和教会等的理论(和实验)研究论文发表。

在公共产品私人供应的模型中,均衡的定义只有以下方面不同于标准的一般均衡定义:每个消费者 $i \in I$ 从私人产品消费和公共产品私人供应的对子 $(x_i, x_i^g)$ 中获得的效用取决于本人的私人产品消费和全体个人的公共产品私人供应之和。对于公共产品供应为 $\varepsilon$ 的同一个私有制经济体,有一个均衡是配置 $((\overline{x_i}, \overline{x_i^g})_{i \in I}, (\overline{Y_j}, \overline{Y_j})_{j \in J})$ 和一个私人产品和公共产品非空价格向量 $\overline{p}, \overline{p}^g$ 的对子,因此:

(1)市场出清私人产品和私人供应的公共产品(企业的总供给等于消费者的总需求)。

并且,在均衡价格上:

(2)每个生产者 $j$ 使自己的利润 $\overline{p} \cdot y_j + \overline{p}^g \cdot y_j^g$ 最大化;并且

(3)每个消费者 $i$ 视其他消费者的均衡公共产品供应 $\sum_{h \neq I} \overline{x_h^g}$ 为既定,(从消费者本人偏好的角度和在他们本人的预算约束下)优化私人产品消费和本人的公共产品供应。

由于在均衡状态下,消费者把其他消费者在公共产品私人供应方面的均衡行为视为既定,因此,这种均衡可被视为"纳什(Nash)均衡"。

在与标准一般均衡模型相同的标准条件下存在均衡,但这种均衡没有任何理由就是最优均衡,而仅仅是"受到约束"的最优均衡,即对于行为主体来说是在其他行为主体公共产品供应既定的情况下的最优均衡。证明均衡存在结论的合理方法就是采用一个局中人的偏好明显取决于其他局中人本期策略的抽象经济[1]的均衡存在结论,在谢弗和索南夏因(Shafer and Sonnenschein 1976)的一篇论文中可以找到这种方法,但谢弗和索南夏因在这篇论文中关心的并不是公共产品私人供应的问题。实际上,这篇论文讨论了一系列次优经济体的均衡存在结论。谢弗和索南夏因在文末才提到公共产品,并且认为由公共部门供应。由于这个原因,这篇文章对公共产品私人供应均衡的关注遭到了忽视,就如同它对"温情效应"以及其他形式的善意、恶意或者"顾及面子"公共产品供应的潜在关心也曾被并且仍被忽略。

单就均衡的存在性而言,伯格斯特龙、布鲁姆和瓦里安(Bergstrom, Blume and Varian, 1986)在他们的著名论文"论公共产品的私人供应"(On the Private Provision of Public Goods)中构建的模型,相对于谢弗-索南夏因均衡模型而言就是一种退步。伯格斯特龙-布鲁姆-瓦里安(Bergstrom-Blume-Varian)模型引入一种(到文末扩展到了几种)公共产品和一种私人产品。这个简单模型中的均衡存在性可被视为谢弗—索南夏因模型均衡存在的一个结果。不过,伯格斯特龙、布鲁姆和瓦里安还研究了财富分配均衡的唯一性和敏感性,并且因此而引起了他们的追随者们[2]对他们这篇论文的兴趣。公共产品私人供应是否并且在多大程度上能够通过政府干预来得到(帕累托)改进,迄今仍然是研究的热点问题或对象。

### 五、以上不同均衡概念的不足

前述各均衡概念的存在性和最优性性质严重依赖消费者偏好和生产凸性假设。在消费侧,非凸性可能源于消费量的不可分割性,或者与偏好中缺少风险厌恶有关。我们将忽略这些造成非凸性的原因。在生产侧,大多数所谓的

---

[1] 抽象经济是一种"广义博弈"$\Gamma=((X_i, a_i, p_i)_{i\in N})$。式中,每个局中人除了自己的策略集合和根据自己的策略集合定义的偏好以外,一种约束对应为每个局中人定义了他们在其他局中人策略既定的情况下能够选择的策略集合。这种广义博弈的一个均衡就是每个局中人在本人约束集合制约下优化自己偏好的个体策略的 $t$ 元组。从一个由追加的行为主体"瓦尔拉斯式拍卖者"选择价格来使超额需求总量最大化的相关抽象经济体推导出一个经济体有均衡存在的思想可追溯到阿罗和德布鲁(1954)。谢弗和索南夏因论文的决定性进步就是允许抽象经济体中偏好取决于其他局中人所选择的策略。因此,在原型经济中,偏好可能取决于当期配置和价格。

[2] 其中的一些追随者,如维拉巴西和泽基诺布茨(Villanacci and Zenginobuz, 2005)对伯格斯特龙—布鲁姆—瓦里安模型及其结论进行了全面的一般化。还请参阅维拉巴西和泽基诺布茨后来发表的几篇论文和它们的参考文献。

集体产品(公共设施)都是成本递减的经典例子,并且是市场无力供应的商品。这就是本文第四节所报告的结果的主要缺点之一。

就如同我们在第三节已经看到的那样,虽然这样的产品从消费者的角度看都可被视为私人产品,但生产侧的非凸性要求通过公共干预来推行定价规则和设计收入分配规则,无论是定价规则还是收入分配规则,都必须既能让消费者存续,又能使生产者弥补有可能因生产这类产品而出现的亏损。对企业的监管以及改变私有制经济制度定义中分配规则的必要性,为没有能力制定和实施适当公共政策的市场经济体制定公共政策奠定了新的基础。

当采用非凸性技术生产的产品被视为萨缪尔森型公共产品时,我们就能采用古尔德尔(Gourdel,1995)提出的非凸性生产经济体[1]存在公共产品私人供应的条件、伯尼索(Bonnisseau,1991)提出的在相同模型中存在林达尔均衡的条件、卡恩和沃赫拉(Kahn and Vohra,1987)提出的第二福利定理可扩展到有生产非凸性和公共产品的经济体的条件以及穆尔蒂(Murty,2006)提出的把维克塞尔-弗利公共产品竞争均衡概念扩展到生产非凸性情况的条件。由于在生产凸性的情况下有公共产品私人供应均衡存在,但并不是最优均衡。林达尔均衡存在,但不像在生产非凸性的情况下,未必是帕累托最优。由于在生产凸性的情况下,消费者的林达尔价格和一次性转移支付因为最优林达尔-弗利可行配置分散而存在。[2]

在消费凸性的条件下,无论公共产品是采用凸性技术还是非凸性技术来生产,今天公共产品供应均衡概念存在的其他缺点正好是萨缪尔森在1954年指出的缺点。

一方面,无论是经过帕累托改进还是不受政府干预的公共产品私人供应均衡,根据定义,都不可能是帕累托最优均衡。无论采取什么措施来激励满足帕累托最优的消费者个体做出更多的贡献,这一点都能成立。

另一方面,一般均衡论者,如马斯-克莱尔(Mas-Colell,1980)和西尔维斯

---

[1] 就如谢弗和索南夏因(1976)一样,古尔德尔在把非凸性生产经济体中的均衡存在性扩展运用到消费者偏好不独立时并没有提到内在于公共产品私人供应的外部性,但提到了偏好集合更加普遍地与当期配置和价格相关。

[2] 我们就是应该在这个框架下回顾本文第三节末提到的过去关于为了弥补被规制企业的亏损而收取准入费和进行一次性转移支付的争论。

特(Silvestre,2003),都愿意一致强调公共产品林达尔价格下竞争市场的不可能性。在林达尔-弗利均衡状态下表露自己的支付意愿并不是合理均衡状态下的消费者行为,因为对于任何消费者来说都不是最优策略。换言之,用机制设计理论的话来说,林达尔—弗利均衡的主要缺点并不是"兼容激励"。

此外,就如萨缪尔森(1954)指出的那样,通过执行林达尔价格和一次性转移或者征税来实现一种所希望的帕累托最优林达尔-弗利可行配置,由于要由一个假设的协调中心来进行计算,因此要求政府掌握完全的消费者偏好信息。推行德雷茨和瓦莱·普珊(Drèze and Vallée Poussin,1971)或者马林沃德(Malinvaud,1972)式的规划程序,也会遇到类似的困难。这样的规划程序会左右"中央委员会"(central board)(中央机构、政府等)与消费者和(凸性)生产者等经济主体在一个连续运行过程中的信息交流,[①]而这个连续运行过程的趋同应该会促成一个与私人产品价格和公共产品林达尔价格体系有关的均衡,从而实现帕累托最优的林达尔—弗利可行配置。在一个"瓦尔拉斯摸索"(Walras tâtonnement)过程的每个阶段,"中央委员会"发布的指标是公共产品供应量和全部产品的生产价格以及留在消费者手中用于购买私人产品的货币(numéraire)数量。作为回应,消费者表达他们对私人产品的需求和他们对所建议公共产品消费的边际支付意愿,而生产者则表明旨在利润最大化的私人和公共产品净供给。中央委员会下一阶段根据消费者函数和生产者建议修改指标的规则将完成对动态程序的规范。除了各种不同过程的期望性质,尤其是它们趋同于令人满意的配置性质以外,执行这一程序的可能性要求中央委员会在这个过程的每一阶段都要了解消费者对所推荐的公共产品供应的边际支付意愿———一种消费者可能有动机通报不足的信息。这种可能性和程序设计意味着消费者有动机纠正边际支付意愿的信息通报,因此,对于公共产品供应管理规划程序研究来说是一个重要的问题。因为,它通常对于机制设计理论及其对理解公共产品供应问题和构建公共产品供应模型的贡献是一个重要的问题。

---

[①] 马斯-克莱尔(1980)详细介绍了在更具一般性的采用非凸性技术生产的公共项目的情况下推行的类似程序。

### 六、机制能否更好地为市场经济奠定公共产品供应政策基础

6.1 何为机制设计理论？

机制设计理论可追溯到赫维茨（Hurwicz）在一般均衡理论发展的头几年里提交给考尔斯基金会（Cowles Foundation）的几篇研讨会论文。[①] 赫维茨相继在这几篇奠基性的论文（Hurwicz,1960,1972,1979）中对机制设计理论进行了总结。一上来，他相继提到巴罗纳（Barone）、米塞斯（Mises）、冯·哈耶克（von Hayek）、朗格（Lange）和莱纳（Lerner）之间关于社会主义经济学的辩论以及对瓦尔拉斯探索过程进行的各种不同形式化表述。这种对社会和经济互动进行的新的形式化表述在被应用于论述社会资源配置问题后就有了一个不变的目标，那就是介绍一种包括竞争均衡在内的统一框架作为具体的机制例子。

赫维茨在他那几篇赋予机制不同名称的文章里主要表达的意思是设计一个通过收集分散化信息来达到所希望的资源配置的过程。概念框架$(N,(M_i)_{i\in N},Z,\Phi,(f_i)_{i\in N})$由一个有或者没有协调中心的行为主体集合$N$、一个消息空间$M=\Pi_{i\in N}M_i$、一个结果空间$Z$——如某个行为主体都有自己偏好的经济体中的全部资源配置方案（未必可行）集合——、一个事先确定的函数$\Phi:M\to Z$赋予每个收到信息集合的结果。其中，$M$和$\Phi$是个体信息的修正规则，$f_i:M\to M_i$，完善过程的定义，并且定义一个趋同于过程均衡元$\overline{m}\in M$的动态调整过程，并且有一个属于某类期望结果的像点$\Phi(\overline{m})$。不过，赫维茨（1979）还下了一个比较静态的机制均衡定义。机制就是一种形式的博弈$(N,(M_i)_{i\in N},Z,\Phi)$。给定行为主体个人对$Z$的偏好，或者根据一个给定的博弈论均衡概念，均衡应该能够产生一个所期望的结果。在这两种情况下，过程和机制应该尽可能地信息分散化，这就意味着行为主体之间最初信息分散，并且沟通有限。因此而得到的结果应该具有某些与行为主体个人对不同结果偏好有关的最优性性质。最后，机制所规定的规则应该能够与无论是个人还是群体基于自身利益的动机相容，而个人应该是自愿参与机制。鉴于这

---

[①] 可在以下网页上获得：cowles.econ.yale.edu/P/ccdp/ccdpl.htm。

些要求,我们认为,就如赫维茨所写的那样,"机制不同于比较传统的方法,(对于它的设计者来说)变成了相关问题的未知数,而不是已知数"(Hurwicz, 1960:28)。

根据以上介绍的各种均衡定义,私有制经济的竞争均衡,很明显,由于有一个添加了被称为"瓦尔拉斯式拍卖人"的人为局中人的静态机制,因此是一种纳什均衡。有公共产品供应的经济体的林达尔—弗利均衡情况也同样如此。赫维茨(1979)提出的静态机制的好处并不是需要任何拍卖人。各种不同的市场过程动态模型,还有各种不同的分散规模模型,包括以上研究的关于公共产品最优供给的规划程序,都是动态机制的例子。所有这些过程、程序和机制都具有信息分散的特点(每个行为主体发送的消息只需要关于他们自己特点的信息,而不允许任何行为主体推测有关其他行为主体特点的完整信息),满足了静态或者动态最优(第一和第二福利定理得到满足);并且引发自愿参与(由此而得出的结果就是一个从个人的角度看合理的结果,也就是好于初始配置的结果),至少在弗利的假设下能导致林达尔—弗利均衡的机制就是如此。但是,它们未必就能满足个人动机兼容这个赫维茨在他的第一篇论文中提出的难以用形式化方式详尽表述的条件。粗略地讲,其中的每种机制为每个局中人规定的反应函数,对于可能有兴趣就自己的特点发出虚假信号的行为主体来说并不是最优策略。[①]

### 6.2 公共产品供应的占优策略机制(1970—1980年)

探寻公共产品供应激励相容机制的研究是机制设计理论关于搭便车问题的主要作用点之一。[②]

激励相容条件对应于占优策略均衡是该机制采纳的解概念的必要条件。

---

[①] 就如萨缪尔森解释的那样,这对于林达尔均衡来说显而易见。但就如赫维茨多次指出的那样,在某种程度上,这对于只有私人产品和有限行为主体的经济体的竞争均衡来说也是如此,因为这些行为主体如果操纵价格,而不是接受价格,处境可能会更好。消费者短视为一般均衡福利分析所必需。

[②] 后来,丹齐格和雪那艾泽(Danziger and Schnytzer,1991)定义了一种公共产品经济。林达尔—弗利均衡在相当严格的假设下才会作为一种两阶段非合作博弈的完美均衡出现在这种经济体中。在这种完美均衡状态下,消费者自由宣布其他局中人私人供应的公共产品的补贴价格和他们作为私人愿意购买的公共产品数量。由于个人偏好变成人人都知道的信息,这种机制——在满足自愿参与条件的情况下解决搭便车问题的一种良好候选策略——并没有信息分散的特点。

无论其他行为主体选择什么策略,如果对于某个行为主体,有一种策略是最优策略,那么,这种策略就是占优策略。如果告知实情对于每个行为主体都是占优策略,即不论其他行为主体选择什么策略都是最优策略,那么,就有一种机制是与占优策略激励相容的机制,或者强个人激励相容机制。

对于公共产品供应,占优策略通常是在公共项目决策的局部均衡环境下确定的,这种公共项目的(已知)货币成本需要采用税收或者转移性支付的方式来筹款,而筹款来源则是相对于他们的货币配置而言他们的公共产品供应效用函数呈准线性的不同行为主体。

也就是说,$X$ 是一个只有私人产品(货币)和个体集合 $N$ 的经济体全部可能实施的公共项目。同时,这个经济体对应于公共项目出现了公共产品供应,于是就得考虑正的或者负的货币转移性支付 $(t_i)_{i \in N}$。每个个体 $i \in N$ 对 $X$ 的偏好用一个估价函数($v_i: X \to \mathbb{R}$,不含隐含成本的净值)和一个效用函数($u_i: X \times \mathbb{R} \to \mathbb{R}$)来表示:

$$u_i(x_i, t_i) = v_i(x) + t_i$$

每个个体的估价函数值与他收到的货币转移性支付之和。揭示机制是一种每个行为主体 $i \in N$ 传递(未必是本人的实际估价函数,而是属于某个可接受估价函数集合 $V_i$ 的)估价函数的机制。因此,消息空间是 $M = \Pi_{i \in N} V_i$。结果规则 $\Phi: M \to X \times R^N$ 与每张消息清单 $w = (w_i) \in M$,$\Phi(w) = (\Phi_x(w), \Phi_t(w))$ 相关,式中,$\Phi_x(w)$ 表示被接受的公共项目,而 $\Phi_t(w)$ 则表示中央机构与各行为主体 $i \in N$ 之间的货币转移性支付清单 $t_i(w)_{i \in N}$。如果对于每张消息清单 $w = (w_i)_{i \in N}$,相应的公共产品水平 $\Phi_x(w)$ 在 $X$ 上使总社会价值 $\sum_{i \in N} w_i(x)$ 最大化,那么,揭示机制就是一种直接揭示机制。该机制就可被说成强激励相容,如果能够真实告知每个个体的占优策略,即如果对于每个 $i \in N$:

$$u_i(\Phi(w_{-i}, v_i)) \geq u_i(\Phi(w_{-i}, v_i)) \; \forall w_{-i} \in \prod_{j \neq i} V_j, \; \forall w_i \in V_i$$

克拉克(Clarke,1971)、格罗夫斯(Groves,1973)以及格罗夫斯和洛布(Groves and Loeb,1975)已经证明,在告知实情对于每个行为主体来说是占

465

优策略的情况下就存在一类直接揭示机制[①]。

遗憾的是,社会剩余最大化并不意味着结果($\Phi_x((v_i)_{i\in N})\Phi_i((v_i)_{i\in N})$)。事实上,请回忆一下,个体效用函数有两个自变量,并且表示每个行为主体在公共项目效用(不含成本的净值)与个体从中央机构那里收到或者支付给中央机构的货币额$t_i(t_i>0)$之间的取舍。由于准线性效用函数对于货币额严格单调,因此,帕累托最优需要均衡转移性支付来平衡,即$\sum_{i\in N}\Phi_i((v_i)_{i\in N})=0$。克拉克—格罗夫斯机制未必就能满足这个条件,因而未必就能得出帕累托最优的结果。

### 6.3 作为搭便车问题解决方案的纳什激励相容(1977—1980年)

格罗夫斯和莱迪亚德(Groves and Ledyard,1977)利用一个限制性较低的激励相容条件来解决这个(有本文第四节定义的公共产品的私有制经济体的经典模型中的)问题。就如他俩在自己论文的引言中解释的那样,格罗夫斯和莱迪亚德设计的机制在这种经典模型中纳入了一个明确的确定消费者公共产品需求和税负的程序。该机制需要对消费者和一个假设机构("政府")的消息空间$M=\Pi_{i\in I}M_i$进行定义,[②]政府规定公共产品供应$G(m,p,p^g)$和消费者个人的贡献$t_i(m,p,p^g)$,并且把它作为消费者发送的消息集合$m=(m_i)_{i\in I}$和本期市场私人产品和公共产品价格$(p,p^g)$的函数。该机制的均衡是一张由一个消息集合、一个非空价格向量和有公共产品的经济体的一个配置组成的清单$(\overline{m},(\overline{p},\overline{p^g}),((\overline{x_i})_{i\in I},\overline{G}),(\overline{y_j},\overline{y_j^g})_{j\in J})$,因此:

- 市场出清私人产品和公共产品供应$\overline{G}=\overline{G}(\overline{m},\overline{p},\overline{p^g})$;
- 每个生产者$j$在$(\overline{y_j},\overline{y_j^g})$上使自己的利润$(\overline{p}.y_j+\overline{p^g}.y_j^g)$最大化;
- 每个消费者$i$在自己的预算集合[③]下使自己的私人和公共产品偏好最优化;

---

[①] 就如格林和拉丰(Green and Laffont,1977)定义的,在公共项目集合$X$是一个紧集,并且每个连续函数$v:X\to\mathbb{R}$是容许估价函数时的那一类机制。

[②] 除了应该在存在性证据中确保均衡配置可行性的瓦尔拉斯式拍卖人以外,可能还应该添加政府。

[③] 有必要指出,在消费者$i$预算集合中,$t_i(m_i,\overline{m_{-i}}),(p,\overline{p^g})$表示其他消费者均衡消息$\overline{m_{-i}}$给定时的消费者$i$自己消息的均衡价值。

$$\left\{(x_i, m_i) \in X_i \times M_i : \overline{p}.x_i + t_i((m_i, \overline{m}_{-i}), \overline{p}, \overline{p}^g) \leqslant \overline{p}.\omega_i + \sum_{j \in J} \theta_{ij}(\overline{p}.\overline{y}_j + \overline{p}^g.\overline{y}_j^g)\right\}$$

格罗夫斯和莱迪亚德举了两个关于机制的例子,一个所谓的"幼稚"政府导致公共产品私人供应均衡的例子,另一个是所谓的"林达尔"政府导致一种要求消费者如实报告他们每种公共产品与某种计价单位私人产品之间边际替代率才能达成林达尔—弗利均衡的例子。这两个例子的均衡概念都有缺点:在第一个例子中,由此产生的配置存在次优性问题;在第二个例子中,缺乏激励相容性。因此,这篇论文的主要结论就是定义两个被证明导致帕累托最优配置的"最优"机制[1];所以,在均衡状态下。是每个消费者的自利揭示了他们自己对公共产品的真实估价或者需求。此外,第二个机制允许帕累托最优配置通过初始禀赋和利润贡献份额再分配来实现分散化。这些结论绝不是直接能够得出的结论,而且也不是能用在格罗夫斯和莱迪亚德(1980)论文中能够找到的机制均衡存在结论来完善的结论。[2]

1970—1980年的辩论最终以一些学者(Green and Laffont,1979;Walker,1980;Hurwicz and Walker,1990)提出几个不同的公共产品供应机制不可能性定理而结束,而这些不可能性定理与投票表决和社会选择理论中的几个不可能性定理关系密切。在公共项目决策和分摊公共项目成本转移支付计划的局部均衡状态下,实情告知占优策略机制不是不能使社会价值最大化,就是不能实现预算平衡;在合理的假设下,这种否定结果是"一般结果",也就是说,任何开放、稠密的估值集合 $\Pi_{1 \in I} V_i$ 都可能得出这种结果。在公共产品供应的一般均衡状态下,格罗夫斯—莱迪亚德机制可能要求某些行为主体强迫参与。

这样的否定结论引发了一些学者对要求不太高的激励相容观的兴趣,而这些不同的激励相容观都基于根据局中人彼此信任并都预期效用最大化的模型达成的纳什均衡的中间解概念。

### 6.4 公共产品供应的贝叶斯机制(1979—1990年)

我们先回到本文6.2研究的公共项目决策的局部均衡状态,并且用 $v_i$

---

[1] 在第一个"最优"机制中,每个消息空间都是可微且严格凹性函数 $m_i : \mathbb{R}_+^K \to \mathbb{R}$ 表示公共产品的个体估价函数的空间;在第二个"最优"机制中,$M_i = \mathbb{R}^K$,每个 $m_i$ 表示个体对公共产品供应的需求。

[2] 在有公共产品的经济体的标准假设下,以及外加的一个机制参数条件和一个参数具有阻止消费者在其他消费者处于均衡状态时因为政府征税而破产的技术条件下,均衡被证明是存在的。

$(x,\theta_i)$ 来表示行为主体 $i\in N$ 对公共项目 $x$ 的估值函数,这个估值函数的值取决于参数 $\theta_i\in\Theta_i$。空间 $\Theta_i$ 表示行为主体 $i$ 可能类型的集合;$\widehat{\theta_i}\in\Theta_i$ 表示 $i$ 个行为主体对公共项目 $x$ 的兴趣。消息空间可改写为 $M=\Pi_{i\in N}\Theta_i$,而结果规则 $\Phi:M\to\mathbb{R}^N$ 与每个 $\theta=(\theta_i)\in M$ 有关,$\Phi(\theta)=(\Phi_x(\theta),\Phi_t(\theta))$,其中,$\Phi_x(\theta)$ 表示所接受项目,而 $\Phi_t(\theta)$ 表示支付给行为主体 $i\in N$ 的货币转移性支付 $t_i(\theta)$。6.3 的激励相容性约束可改写为:

$$v_i(\Phi_x(\theta_{-i},\widehat{\theta_i}),\theta_i)+\Phi_i(\theta_{-i},\widehat{\theta_i})\geq v_i(\Phi_x(\theta_{-i},\widehat{\theta_i}),\theta_i)+\Phi_i(\theta_{-i},\widehat{\theta_i}):\vee i\in N;$$
$$:\vee\theta\in\Pi_{i\in N}\Theta_i$$

在与以上形式化表述相关的贝叶斯模型中,各行为主体具有取决于他们所属类型的相互信任的特点。也就是说,只有在他们的类别 $\theta_i$ 同样也已知时,才能知道 $\Pi_{j\neq i}\Phi_j$ 的主观概率 $p_i(.|\theta_i)$。一种策略就是把某一唯一策略选择 $m_i(\theta_i)$ 与行为主体本人可能的每一种类别联系在一起的决策规则。贝叶斯纳什均衡就是以下策略的 $n$ 元组合:无论属于哪个类别,行为主体都假设其他行为主体不改变他们的策略,并且使对应结果效用的数学期望值最大化。最后,一种机制是贝叶斯激励相容机制,如果由全体 $i$ 确定的策略 $\overline{m}=(\overline{m_i})_{i\in N}$ 的 $n$ 元组合 $\overline{m_i}(\theta_i)$ 是贝叶斯纳什均衡,也就是,如果:

$$E[v_i(\Phi_x(\theta_{-i},\widehat{\theta_i}),\theta_i)+\Phi_i(\theta_{-i},\widehat{\theta_i})|\theta_i]\geq E[v_i(\Phi_x(\theta_{-i},\widehat{\theta_i}),\theta_i)+\Phi_i(\theta_{-i},\widehat{\theta_i})|\theta_i]$$

对于全体 $i\in I,\widehat{\theta_{-i}}\in\Pi_{j\neq i}\Phi_j,\widehat{\theta_i}\in\Theta_i$。

换句话说,对于每个行为主体 $i\in N$ 和每种可能的行为主体类别 $\theta_i\in\Theta_i$,把这个信息作为消息发送给中央机构都能比发送任何其他可能的消息都要占优,无论其他行为主体是否采取相同的行为。[①]

达斯帕拉蒙和杰拉德-瓦雷特(d'Aspremont and Gerard-Varet,1979)在集合 $\Theta_i$ 有限、个人信念相容条件和其他温和的条件下,证明了能够有效解决集体决策问题并确保预算平衡的贝叶斯激励相容机制的存在性。就如后来有学者(Maylath and Postlewaite,1990)指出的那样,他们的机制通常违背了个人理性自愿参与约束。如果参与是自愿的,搭便车问题就会变得更加严重,并

---

① 更强的激励相容概念可用占优策略均衡来定义。

且扩展到激励相容和个人理性直接揭示机制——萨缪尔森关于公共产品分散化最优供应不可能性的消极猜想。

6.5 朝着次优分析的转向与社会规划者形象的相关分解(1979年至今)

显然,本文以上三节介绍的论文在某种意义上都是奠基性论文。后来,公共产品供应问题的研究都基于其他框架(投票博弈、两阶段博弈完美均衡,等等)和/或被应用于几种可用来研究大经济体、比较复杂的信息参数体系、不包括公共产品或者使用成本很高可能性以及根据政府消息进行配置再谈判不同可能性的扩展情景。在这方面的大量文献中反复出现的主题仍然是难以发现同时导致总福利最大化决策、个人自愿参与和合理转移支付的信息分散化激励相容机制。

几乎与此同时,并且仍是在信息分散的背景下,一种采用委托—代理框架的"次优"公式化表述,能够更加成功地应用机制设计理论。与第一代关注实现帕累托最优结果可能性或者不可能性的机制模型不同,委托—代理问题研究先是确定激励相容(对于代理人来说)机制集合,然后根据委托人的目标在激励相容机制集合中间进行选择。[①] 由于委托人也可能是一个像旨在使报酬最大化的私人自利代理人那样关心效率和分配标准的社会规划者,因此,机制设计理论在很大程度上放弃了最优公共产品供应研究领域,而且更加普遍地放弃了关心在传统和非传统经济环境下优化配置资源的赫维茨早期提出的问题,而是专注于解决各种各样的在经济学不同分支的实际应用问题。

主要的实际应用问题有拍卖、讨价还价、交换和监管机制的设计。一个富有成效地应用监管机制研究的例子就是,它为创建厂商理论做出的贡献。但是,机制设计也可被社会规划者用来监管某个公用事业垄断供应商[②]、污染企业,而且还能更加普遍地用于解决一些存在外部性的问题。因此,机制设计在公共经济学的规范研究中也不是没有用武之地。

---

① 莫克吉(Mookerjee,2008)在全面考察机制设计理论和说明雷奥尼德·赫维茨、埃里克·马斯金和罗杰·迈尔逊(Leonid Hurwicz, Eric Maskin and Roger Meyerson)对这个领域的发展所起的作用时,把这种提出关键问题的方式的转变和分析顺序的逆转归因于研究得出了大量的不可能性结果。

② 私下里了解它的(可变)生产成本。

**结束语**

从一开始,在赫维茨和一般均衡研究(相对较小)的影响下,机制设计研究者就明确认识到现代资本主义经济是一种混合经济。马斯格雷夫就是为这种经济的公共政策确定了三个层次的规划(配置、分配和稳定),而这三个层次的规划对应的就是我们在本文引言中采用我们这个时代国家角色的"一般表征法"所概述的政府职责。在之后的50年里,虽然很多学者试图从理论上证明不同的观点,但是,本文所做的历史性回顾可得出的第一个明确结论就是,公共产品最优生产和/或供应完全没有国家干预的不可能性。从均衡到机制设计,不同之处就是赋予国家干预的作用和目标。

本文第四节介绍的没有采用萨缪尔森公共产品定义的一般均衡模型研究(无论是规范还是实证)都认为需要或者干脆就提倡国家干预。例如,在非凸性生产部门执行与最优配置相关的定价规则需要公用事业的公共生产,或者需要把机制设计程序纳入一般均衡模型,以便指导公共事业生产机构的行为。

如果我们从萨缪尔森的公共产品定义视角来考察,那么,无论是一般均衡模型还是机制设计理论都没有接受萨缪尔森提出的挑战。在同时确定公共产品最优供应和融资的均衡过程中,认为消费者以从私人和公共产品消费中获得尽可能高的满意度的方式来配置自己收入的想法也许就是"原始错误"(original error)。① 由于越来越关注信息披露问题,并且把对基本自利的个人行为的激励相容性看作是适当的市场经济公共政策的主要主张,因此,均衡理论和机制设计研究在半个世纪的时间里已经得出了相同的通过市场或者准市场机制完全分散化的最优公共产品供应不可能性的否定结论。

机制设计理论需要确定信号和程序,在被纳入了能够指导行为主体分散化行为的一般均衡模型以后明确了政府在程序设计和执行中的作用。程序执行的困难,特别是公共产品供应方面的困难,是赫维茨最后一篇论文(2008)的研究主题。就如李(Lee,2006:283)所指出的那样,"机制设计理论"远没有取代一般均衡理论,而是"赋予占据主导地位的瓦尔拉斯一般均衡传统一种超越

---

① 记得,加尔布雷思(Galbraith,1967:chapter XIX)认为,消费者主权是经济均衡的驱动力这个假设并不是原始错误,但已经过时。

个人,以算法为中心的市场、组织和制度新愿景",但仍没有解决与这个传统有关的遗留问题(这里就是完全分散化的公共产品供应的不可能性)。

〔李没有充分援引的以及一般均衡理论和机制设计理论今天引发的公共政策愿景转向告诉我们的,就是委托—代理关系的设置和代理理论越来越大的影响。反映今天(本文引言中列举的)公共目标多样性的分散化委托人观点取代了中央规划者的想法。对公共目标的详细阐述有助于重新定义国家的作用,但这超越了本文的目的和本文作者的能力。〕

# 新自由主义之后的公共经济学：
# 一种理论—历史视角

叶海亚·M. 马德拉(Yahya M. Madra)
菲克雷特·安达曼(Fikret Adaman)

## 一、引言

从 20 世纪 80 年代开始，新自由主义已经取代社会民主主义，并且逐步成为所有资本主义社会形态经济社会政策的主导平台。我们不但把新自由主义理解为对市场规则的扩展和对国家职能的限制，而且还进一步把它理解为对国家与市场关系的彻底重构。新自由主义明显不同于主张利用国家机器来限制价格机制的过度作用并保护社会肌体不受资本主义动荡影响的社会民主主义，它旨在根据"经济激励"逻辑来塑造和改变国家，并且还要改变国家行使主权的方式。

这种政治、经济和文化变迁对公共经济学这个研究国家与市场关系的经济学分支产生了深刻的影响。尽管如此，我们还应该承认外生于经济学的理论发展导致公共经济学的核心理论命题和政策处方发生了重大变化。此外，这些变化和错位反过来通过推行医疗保健、教育、国防、研发、安保和文化生产等广泛的社会领域机构治理和改革语言的经济化促进了新自由主义的复苏。

本文认为，理论关注和对抗的三个新兴领域是促进公共经济学发展的关键，即在包括官员行为在内的全部社会行为建模时越来越系统地在公共经济学中使用机会主义(被解读为可操纵性)假设；社会选择理论越来越认可在把外生决定的个人偏好聚合成社会选择函数的不同方法中做出选择的不可简约规范性;最后,由于第二次世界大战以后一般均衡理论再分配影响的推定公平性受到越来越多的个人主义挑战,"美好社会"的含义发生了变化。本文认为,这些内在于公共经济学的理论发展既应该在从社会民主主义到新自由主义过渡的背景下,又应该作为从社会民主主义到新自由主义过渡的背景来解读。这些理论发展并不仅仅是战后新古典主义发展(因而新自由主义复苏)所产生的结果,而且也是理论交锋和取得胜利的阵地。

本文旨在通过研究公共经济学从战后凯恩斯主义到新自由主义的转向来恢复和重振马斯格雷夫发起的原创性公共经济学工程,即利用政府来限制市场经济的放纵和动荡,并且把经济重新纳入公众民主监管的范畴。当今世界正在经历自大萧条以来最严重的经济衰退,因此迫切需要我们去这样做。我们将本着这种精神,在第二节里勾勒马斯格雷夫公共经济学的基本轮廓,并且把这框定在战后社会民主主义的语境下。第三节将介绍福柯(Foucault)把新自由主义作为一种治理术(governmentality)形式来研究所取得的成果,并且通过区别新自由主义与古典自由主义和战后社会民主主义事业(主要表现就是欧洲的福利国家和美国的"新政"自由主义)的方式来给出新自由主义的定义。第四节集中关注经济学学科本身,以便勾勒作为公共经济学发展背景的新自由主义在战后的发展轨迹。第五节集中考察公共经济学和理论交锋的三个领域。最后一节简要评价公共经济学的发展现状,总结公共经济学研究的经验教训,并且为公共经济学研究在21世纪的复兴构建一个概念框架。

**二、民主社会的公共经济学**

第二次世界大战以后,新古典—凯恩斯主义综合和一般均衡理论主导了主流经济学(Backhouse,2002)。公共经济学作为经济学一个独特的核心领域已经发展成熟,并且引起了广泛的关注。政府在战时发挥的领导作用和饱受战争摧残的经济重建基础设施的迫切性,福利经济学的第二基本定理及其对再分配政治(本身与20世纪30年代末后期的社会主义核算辩论有关)的影响,福利国家的家长作风以及凯恩斯主义反周期宏观经济政策取得的成功,这一切都促进了公共经济学越来越尖端的理论和政策专业知识的发展,并且也提升了公共经济学的社会合法性。在这个时期,公共经济学不但关注解决各种市场失灵(如公共产品、外部性、不完全竞争、周期性失衡)的问题,而且更加明确地关心从再分配转移支付计划的公平性(正义理论)到不同偏好聚合机制的性质等涉及面广泛的规范问题(Drèze,1995)。

因此,现代公共经济学走过了一条从阿瑟·庇古(Arthur Pigou)到理查德·马斯格雷夫(Richard Musgrave)的发展道路,并且为了构建一个能让民主社会兴旺发达的框架把政府作为一个能够并且应该补充价格机制的机构来接受(Musgrave,1986,1987)。就是在这种显著的哲学取向之下以及奥地利学派经济学家对人类设计的保守鄙视和自发秩序优点的信赖(Hayek,1988;Caldwell,2004)与芝加哥学派经济学家对市场作为选择机制无可争辩的优越性公理化的信赖的鲜明对照下(Alchian,1950:217;Friedman,1953:22;Becker,1962:10),现代公共经济学已经确定把自己的核心理论和规范性关切作为一个旨在——借用卡尔·波兰尼(Karl Polanyi,2001[1944])的比喻[还请参阅 J. 斯蒂格利茨(J. Stiglitz)作的序和 F. 布洛克(F. Block)写的前言]——通过补充并且(在必要时)限制价格机制的经济逻辑来重新扎根于经济的知识体系。但应该指出,公共经济学的这项规范计划是围绕着一个基于个人采取机会主义行为这一假设的理论框架构建的。事实上,我们认为,如果不对由这一基本假设产生的内生性理论发展进行评价,那么就不能适当解释公共经济学在新自由主义面前后退的原因。

从 20 世纪 70 年代起,这种情况开始发生变化。大量的社会政治、地缘政治、经济甚至技术因素促进了从社会民主主义的"新政"(New Deal)自由主义到全球性的撒切尔—里根式的新自由主义的转向。新自由主义认为,凡是在(狭义的)效率比公平重要的地方,市场失灵比政府失灵可取,公有制被认为是一种邪恶,毫不掩饰的个人主义受到称道,而社会则被宣布是不存在的(Brown,2003;Dumenil and Lévy,2004;Harvey,2005)。虽然本文不可能对这个历史时期的公共经济学研究进行全面的介绍,但重要的是应该强调,上世纪 70 年中期廉价石油时代的终结使得发达的资本主义社会形态不可能在不累及资本主义企业利润率的情况下继续在战后"新政"积累体制的高工资、高增长道路上高歌猛进(Mitchell,2009)。同样,国际贸易和资本流动的不断增加(虽然最初只是在北方民族国家之间),在技术发展的推动下,使得新兴的跨国资本家阶级能够成功地要求政府通过解除对劳动力与资本市场的管制和降低公司税来支持他们提高竞争力(Sklair,1998)。

虽然战后以民主方式通过的福利和再分配计划"由于在新兴新自由主义思潮的影响下(Kolm,1987:1049)开始关注福利和再分配问题",但通过政府采取协商决定的行动来限制或者控制市场经济的过分行为和运行失灵从而保护社会肌体的思想本身已经受到了抨击,而它的合法性在不断变化的意识形态环境下也很快受到侵蚀。随着经济激励用语的出现,并且就信息不完全性达成了新的共识,效率的提高被简约为市场化(在寻求控制外部性方面,从征收庇古税到推行科斯提倡的可交易许可制度的过渡就是一个典型的例子)。随着内在稳定措施和财政政策工具使用的大幅度减少,唯一可用的稳定方法就变成了减税和反周期货币政策,而有益品供给以及收入和财富再分配被认为在意识形态和政治上非法(Harvey,2005;Wolff,2009)。[①]

不过,这种转向并不意味着国家的消失,而是表现为国家如何根据"经济激励"的逻辑来行使主权。我们认为,这种治理术的"经济"模式在公共经济学内在的理论发展及其更加广泛的经济学理论背景下有它一定的知识基础。因此,我们同样认为,如果不考虑 20 世纪下半叶发生的许多理论转向,尤其是包括越来越多的针对一般均衡观的批评、社会选择理论中的不可能性定理、基于贝克尔和科斯视角的市场机制自然化以及基于代理理论和信息不对称性模型的出现等问题,我们就不可能理解自由主义/社会民主主义计划合法性消失和国家"经济化"等问题。然而,在更加全面地说明公共经济学在新自由主义影响下发生变化的学科背景之前,我们先介绍福柯为了把新自由主义定义为治理术的一种(生物政治)形式而对芝加哥经济学家的主要文本进行的解读和分析,并且把他的研究的意义注入我们对战后新自由主义和公共经济学发展轨迹的解读。

---

[①] 虽然上届政府留下了巨大的预算赤字,但今天奥巴马政府为应对自大萧条以来影响最严重的经济衰退而准备的 2009—2010 年度经济刺激计划仍不可避免地严重依赖政府支出(Feldstein,2009)。不管怎样,奥巴马政府的基本理念是把财政政策(供应公共产品、发放补贴,等等)仅仅作为一种提高经济效率和稳定经济的工具,而不是一种社会基本权利。

### 三、作为一种治理术形式的新自由主义

虽然新自由主义是与一种反极权主义的哈耶克式的对形形色色的蓄意干预主义和理性设计(Hayek,1988)的怀疑紧密联系在一起的,但是,对于新自由主义的支持者们在全球范围内实际取得的成功,我们只能从他们策略性地把国家作为一种实施"市场化"策略(如私有化、金融自由化、贸易自由化、去管制、去福利化)的工具来利用的角度去理解。例如,大卫·哈维(David Harvey,2005:2)强调了国家在创建和捍卫新自由主义制度框架方面发挥的作用,并且把这种制度框架定义为"强私有产权、自由市场和自由贸易"。内奥米·克莱恩(Naomi Klein,2008)更是毫不留情地揭露了当地军事政权在"芝加哥男孩"(指货币主义经济学家。——译者注)的积极配合下在发展中世界推行新自由主义的事实。从这个意义上讲,虽然奥地利学派的保守"古典"自由主义为个人主义抵抗福利国家的家长作风提供了意识形态方面的支持,但是,是芝加哥学派实用主义经济学家这些放松管制和私有化专家引领了对国家机器的接管和改造。① 也就是说,新自由主义——非但没有限制国家的行动范围,而是——非常积极地利用了国家。

然而,新自由主义不只意味着动员国家去实施"市场化",是一种治理术形式导致了社会的"经济化"。在1978年的一次演讲中,米歇尔·福柯(Michel Foucault,1991[1978]:102)把治理术定义为一个由"制度、程序、分析、计算和战术组成的允许对社会行使复杂权力并且能方便生产和分配这个经济过程及行使主权和维护秩序的政治过程的实现、维持和再生产的综合体"。因此,新自由主义作为治理术的一种新形式,与寻求把市场与国家干预隔绝开来的古典自由主义完全不同,它是一个试图通过把经济激励逻辑推广到整个国家机器并且促进它对整个社会领域扩展的方式来治理社会的"完整的知识集合体"

---

① 关于芝加哥学派把这个传统置于战后新自由主义更广阔背景下的历史,请参阅Mirowski(2002)以及van Horn和Mirowski(2009)。关于采访包括弗里德曼、斯蒂格勒和科斯在内的芝加哥学派重要成员的信息,请参阅Breit和Spencer(1995)。

(Foucault,1991[1978]:103)。[1] 根据福柯的分析,新自由主义国家的主体并不是享有(社会)权利的公民主体,而是由经济人表征的经济主体,一种"对环境变量变化敏感且以非随机方式——即以一种系统方式——作出回应"的理性机会主义个体(Foucault,2008[1978/79]:269)。福柯指出,芝加哥学派经济学家未必就认为,经济人是经济主体"真相"的"逼真"再现,而是一个用来对政策制定和制度改革进行理论建模的有效假设。[2] 在符号学的有用术语中,经济人并不是一个"肯定"概念,而是一个"表述行为的概念,即主动参与[它描述的]现实的构建"(Calion,2007:318)。

新自由主义的治理术作为一个赋予经济学"述行"能力的知识、制度和机制复杂集合体,目的就是要通过把古典自由主义的这个奠基性的理论构念作为"政府和个人的互动界面"来重建并形塑社会(Foucault,2008[1978/79]:253)。事实上,最新的"经济学述行能力"研究文献表明,这种社会"经济化"具有改变社会主体性的潜力(Calion,1998,2007)。一旦制度环境被重构,而经济人假设变成国家据以对其公民主体行使权力的"行为可被理解的框架"(grid of intelligibility),那么,公民主体就会被迫像经济人那样行为(Lemke,2001;Brown,2003)。

---

[1] 福柯在他的那篇不久前被翻译成英语的关于古典自由主义学派、德国奥尔多自由主义学派、哈耶克和芝加哥经济学派的演讲稿中展开分析了新自由主义。有很多可能的原因导致福柯关注像舒尔茨(Schultz)、斯蒂格勒、贝克尔这样的芝加哥学派经济学家的著述。首先,对新兴的新自由主义知识来源的研究是他对不同"治理术"方式研究的继续。他特别提到了法国新自由主义的出现。吉斯卡尔·德斯坦(Giscard d'Estaing,1974—1981年间任法国总统。——译者注)早在1972年就多次谈到这个问题。福柯解释说,根据德斯坦的观点,有必要把公共政策的效率提升功能与再分配和社会正义功能"区分"开来。正是这种公共政策功能在观念上的"分离"标志着与战后法兰西社会民主主义共识的决裂(Foucault,2008[1978/79]:194-207)。其次,就如"演讲稿"的编者米歇尔·塞内莱拉(Michel Senellerat)指出的那样(Foucault,2008[1978/79]:234),福柯回应并总结了法国接受美国新自由主义的问题[亨利·勒佩奇(Henri LePage)对芝加哥学派著名经济学家的解读]。最后,芝加哥学派经济学家研究的问题(如刑事犯罪、人力资本、吸毒成瘾、个人非理性和市场理性)对应的是一些"政府可以按照最大经济体的内部规则使自己的行为理性化"(Foucault,2008[1978/1979]:318)并且自那以来已经付诸实施的具体背景。关于对福柯这些演讲稿的历史和知识背景和它们在他更广泛的研究项目中地位的更全面说明,请参阅 Gordon(1991)和 Lemke(2001)。

[2] 具体来说,请参阅 Alchian(1950)、Becker(1962)和 Friedman(1953)。关于这些"自然选择论"论文,请参阅 Loasby(1999)、Madra(2007)和 Vromen(1995)。福柯(2008[1978/79]:252-253)的相关阐述值得引用:"把主体看作是经济人并不意味着认为从人类学的角度把任何行为视同为经济行为,而只是意味着经济行为是新的个体要为自身行为采纳的行为可被理解的框架。"

遗憾的是，福柯对现代经济学理论的解读只局限于芝加哥学派支持者们的著述。然而，如果我们必须把福柯给新自由主义下的定义(社会"经济化")用于新自由主义的逻辑结论，那么，我们就必须承认，战后的一般均衡理论以及与它有关的不同理论(如新的凯恩斯主义宏观经济学、新的信息经济学和机制设计理论)同样属于新自由主义信条的认识视界(epistemic horizon)。这些后瓦尔拉斯和新凯恩斯主义经济学家只要坚持把"竞争模式"作为"规范"(Arrow,1963a:941)，作为一种可以近似达到的最优状态并且在理论上把关键的经济问题作为(处于不确定状态的)经济主体的机会主义行为来处理，那么必将继续沉湎在新自由主义治理术的符号世界里。尽管如此，很多后瓦尔拉斯论的支持者都强烈反对芝加哥式的新古典学派：前者坚持认为信息失灵是"地方性"的，不能通过新市场来弥补(Arrow,1963a;Stiglitz,1994:12)；而后者则认为各种失灵(包括信息失灵)都是由交易费用造成的，并且可以通过更多的市场来解决。

从这个意义上讲，使福柯的分析具有价值而且也很有说服力的东西也碰巧是他的分析的盲点。我们只有同时研究芝加哥学派和后瓦尔拉斯论之间的共同之处和不同之处，才能理解新自由主义时代的内在动力；我们只有认识到20世纪90年代英国新工党、德国新中间派和美国新民主党后瓦尔拉斯论的知识根源，才能解释它们出现的原因。虽然真正的实践几乎总是被稀释，但是，随着新自由主义的兴起，是经济激励语言(连同它的全部规范"包袱")，而不是社会权利和福利语言，最终主导了左翼和右翼之间关于税收制度、最低工资、社会保障、医疗保健、移民、贸易和环境等的社会政策辩论。在下一节里，我们将致力于分析战后新古典主义的发展轨迹及其相关的奥地利传统，旨在说明新自由主义信仰的内在理论动力。

**四、战后新古典主义的发展轨迹**

想要了解战后新古典主义在北美背景下的发展轨迹，至少有必要区分新古典主义的两个传统，即围绕考尔斯委员会(Cowles Commission)建立起来的一般均衡论传统和芝加哥学派持自然选择论的马歇尔传统(Mirowski,

2002；Madra，2007）。① 考尔斯委员会的大多数成员是欧洲左翼移民，如奥斯卡·朗吉（Oskar Lange）、特亚林·科普曼斯（Tjalling Koopmans）、莱奥尼德·赫维茨和杰拉德·德布鲁，他们都精通数学形式体系（mathematical formalism）。他们与肯尼斯·阿罗（Kenneth Arrow）一起，可能还应该把萨缪尔森归入一个围绕考尔斯委员会形成的理论中心［Arrow 1991；还请参阅 Klein、Arrow 和 Samuelson 访谈录（in Breit and Spencer，1995）以及 Debreu 访谈录（in Weintraub，2002）］。在政治倾向的另一端，芝加哥大学开始围绕米尔顿·弗里德曼（Milton Friedman）、乔治·斯蒂格勒（George Stigler）、加里·贝尔克（Gary Becker）和罗纳德·科斯等学者形成了一个对立的理论中心。虽然从知识传承的角度不可能把弗里德里希·冯·哈耶克（Friedrich von Hayek）归入芝加哥学派，但哈耶克绝对是芝加哥学派的意识形态同盟者，并且在建立沃尔克基金（Volker Fund）与芝加哥大学经济学家之间的长期关系方面起到了重要的作用（Caldwell，2004；van Hom and Mirowksi，2005）。② 与考尔斯委员会的瓦尔拉斯传统不同，这个倾向的新古典主义的理论渊源根植于马歇尔传统的市场均衡分析。芝加哥学派采用的研究方法与一般均衡模型的抽象形式体系保持了距离，并且选择了关注单个市场的应用计量经济学研究（Breit and Spencer，1995）。此外，芝加哥学派没有把经济体构想成个体过度需求的函数系，而是采用了自然选择的比喻，并且谈论了代表性企业和市场需求函数［Alchian，1950；Friedman，1953；Becker，1962。还请参阅 Madra（2007）］。

考尔斯委员会的分支机构对瓦尔拉斯愿景进行形式化处理的惊人速度、新古典主义—凯恩斯主义综合在构建宏观经济政策框架的能力以及社会选择理论的发展把一般均衡方法捧到了经济学这门学科的顶端。但到了20世纪70年代，许多评论家很方便地就把索南夏因-曼特尔-德布鲁（Sonnenschein-Mantel-Debreu）结论作为在当时所希望的一般水平上微观基础项目不可能性

---

① 本节概述的理论介绍和历史叙事基于该领域的分析差异化，因此必然会舍弃很多不然是相关的细微差异和复杂问题。

② 同样，虽然下文要探讨的维吉尼亚公共选择学派与芝加哥学派具有明显的"家族相似性"，但是，忽视两者之间的重要差别，尤其是规制理论方面的差别，就有可能犯错误（Zenginobuz，1995；Orchard and Stretton，1997）。

的例证,就连这一理论的支持者也承认一般均衡框架的极限[Kinnan,1992;Rizvi,1994。关于不同意见的解释,请参阅 Katzner(2006)]。众所周知,弗兰克·哈恩(Frank Hahn,1984:52)曾经指出,阿罗-德布鲁均衡并不是对真实经济体系的描述,而是一种可以帮助经济学家"证明为什么经济体没能达到这种状态"的理论建构。换言之,对于像阿罗、德布鲁和哈恩这样的考尔斯委员会成员来说,一般均衡模型就相当于从理论上证明"看不见的手"定理的不可能性。一旦阿罗-德布鲁模型的这个"否定作用"得到承认,新古典主义的考尔斯委员会-麻省理工学院(Cowles-MIT)分支就把自己的注意力转向了市场失灵、信息不对称、博弈论和与代理理论相关的方法等问题。到了20世纪80年代,一般均衡理论的形式体系被博弈论和不完全市场的形式体系所取代。这个理论转向的一个重要方面就是机会主义行为假设变得越来越著名(Bowles and Giotis,1993)。换句话说,考尔斯委员会-麻省理工学院的经济学家把自己的注意力从一般均衡理论的参数信息环境转向了博弈论的策略性信息环境。

因此,新的研究领域和理论取向开始形成所谓的晚期新古典经济学的后瓦尔拉斯条件:新凯恩斯主义经济学运用道德风险和逆向选择思想把市场作为重要因素来考虑,并且试图为(所谓的)凯恩斯学派关于非市场出清均衡结果的重要洞见发展微观基础(Shapiro and Stiglitz,1984);新的信息经济学把相同的思想扩展应用到了产品市场(Stiglitz,1994);博弈论关于寡头串谋、逃税、公共产品自愿供给、社会冲突以及各种协调问题的研究已经司空见惯。在社会层面总结独立行为主体偏好的问题被它的关键研究者阿罗(1963b)称为"聚合问题",结果也就是博弈论被大量运用于信息不对称条件下的应用研究。虽然这么多的应用问题和解决方法起初似乎形成了一个不同的异质性研究领域,但是,所有这些研究都基于策略性机会主义行为的假设和信息不对称性的普遍存在性(Stiglitz,1993)。有一篇(Bowles and Gintis,1993)从方法论的角度对新古典经济学这个分支的后瓦尔拉斯转向进行了比较深入的思考,这篇文章的标题"经济人的报复"(The Revenge of Homo Economicus)恰如其分地概括了这个转向过程。

考尔斯委员会与芝加哥学派之间的首次重要理论交锋发生在宏观经济学

领域。在反映通货膨胀与失业之间此消彼长关系的菲利普斯曲线（因而经验地证明了反周期财政政策的合理性）在石油冲击的滞涨背景下失效以后，弗里德曼的货币主义作为新的理论框架和政策平台应运而生（Tabb，1999：163—171）。非通胀加速型失业率概念与反对财政政策的挤出效应论联袂把宏观经济政策简约为反通胀货币政策。与新凯恩斯学派强调信息问题和行为经济学家（Simon，1959）提出有限理性概念形成鲜明对照的是，新古典学派主张根据基于理性预期假设的宏观经济模型来调整货币政策[Muth，1961；Lucas and Sargent，1981。关于理性预期假说的认识论批评，请参阅 Bausor（1983）]。

在微观经济层面，芝加哥学派用基于交易费用的市场失灵模型来与后瓦尔拉斯模型抗衡。芝加哥学派经济学家的主张不同于依靠设计防操纵机制来进行补救的后瓦尔拉斯式信息不完全模型，他们认为应该开辟新市场来解决由交易费用造成的市场失灵问题。关于这个问题，他们援引了科斯定理。根据科斯定理，造成市场失灵的原因不是产权界定不清就是存在交易费用，或者两者兼而有之（Coase，1960）。贝克尔的经济学人类行为理论进一步论证了这种市场化的推动力。在贝克尔的经济学人类行为理论中，受约束的效用最大化为理解从政治进程到家庭内部资源配置的各种人类行为提供了一种通用框架（Becker，1976）。

支持这种贝克尔式经济行为普遍化的是一种对市场过程的选择论认识。早在 20 世纪 50 年代，许多芝加哥学派的经济学家纷纷撰文构建了一种替代性的对"看不见的手"定理进行概念化的方法（Alchian，1950；Friedman，1953；Becker，1962）。他们没有依赖瓦尔拉斯式的拍卖人，而是运用马歇尔的代表性行为主体的构念来证明，虽然每个行为主体并不会根据边际计算结果行事，但一般代表性企业或者家庭仍可能采取与新古典理论相符的行为（Kirman，1992）。

虽然每一位经济学家都会以略微不同的方式阐述这个问题，但都认为，竞争力会像选择机制那样发挥作用，并且引导市场在总体水平上进行均衡性调整。这种选择论观不但很快就取代了拍卖人比喻而成了新古典学派对"看不见的手"定理的核心叙事，而且还（在贝克尔手中）成了一个适用于一切社会现象的元框架（Fine，1999）。

奥地利学派在 20 世纪 80 年代的复兴与新自由主义话语的出现两者之间的巧合应该不会令人惊讶。因为,在政策层面,奥地利学派很快就在战后时期促成"自由市场"经济体系方面产生了巨大影响[这足以让我们回想起了哈耶克在组建具有高度影响力的朝圣山学会(Mont Pelerin Society)方面所起的作用]。① 但是,奥地利学派的介入肯定超越了政治范畴,他们迫使后瓦尔拉斯经济学家先是重新审视社会主义核算辩论(Calculation Debate)——在这场辩论中,哈耶克在冯·米塞斯 1922 年拉开序幕以后,于 20 世纪 30 年代与瓦尔拉斯社会主义者进行了激烈的论战,后又通过提出"市场均衡"、"知识"、"企业家发现"等核心概念,重新提出了一组属于本学科的相互关联的方法论问题[Hayek,1935,1948;Kirzner,1973,1997。关于当时的评论,请参阅 Adaman 和 Devine(1996,2002);Caldwell,1997]。由于强调了价格机制的自发组织力量以及企业家发现隐性知识的调节作用,因此,奥地利学派承认了人类主观选择的复杂性,并且因此而几乎断然拒绝了对动态、竞争性、非均衡且不断变化的市场过程进行任何数学建模。虽然奥地利学派至少在公共话语权层面的方法论问题上与芝加哥学派存在明显的分歧,但是,这两个学派都批判了社会民主主义计划,强调了经济激励的作用,并且支持用产权来解决很多经济问题(Skousen,2005)。

最后,让我们联系我们把新自由主义界定为政府通过经济人界面来进行规制的方式这个定义来考察三个宽泛界定的思想流派(后瓦尔拉斯、芝加哥和奥地利学派)。虽然上文介绍的三个学派求助于某个版本的经济人假设,但都没有认为经济人准确无误地代表了人类主体的本质。从这个意义上讲,在阿尔钦(Alchian,1950)、弗里德曼(Friedman,1953)和贝克尔(Becker,1962)那里可以找到的不同变体的选择论,为洞察新自由主义逻辑提供了有价值的见解。根据他们的这些模型,虽然没有人完全像经济人那样行事,但是,只要具备稀缺性或竞争条件或者这两种条件全都具备,社会结果不但与标准新古

---

① 顺便说一下,我们注意到哈耶克论述文化进化问题的著述(1988)已经促进了主流经济学朝着进化论的转向。如果说贝克尔 1962 年的论文是当代进化博弈论最重要的参考文献之一,那么,哈耶克关于文化进化和自发秩序的著述就是当代进化博弈论的另一最重要的参考文献(Sugden,1989;Samuelson,2002)。

典模型的预测相符,而且具有经济效率,所以,(从"典型"行为主体效用最大化的角度看)是令人满意的。因此,无论行为主体个体如何行事,芝加哥学派坚持主张推行市场化改革,并且以一种能促发类似经济人行为的方式[关于这种主张在金融市场的应用,请参阅 Fama(1998)]实施经济和社会制度(如择校代金券)变革。然而,这并不是芝加哥学派的唯一特点。后瓦尔拉斯代理理论学派也把自己的经济研究和政策处方建立在所有个体都会采取机会主义行为的假设之上(Myerson,2009)。就如我们将在下文更加详细地阐述的那样,由于他们的目的是要单一地通过设计不可操纵的制度来实现经济效率,因此,后瓦尔拉斯学派的公共经济学家虽然是不经意地,但也为对国家进行新自由主义改造做出了贡献。我们为新自由主义所下的定义有一个值得关注但或许又是非预期的方面,那就是与奥地利学派的立场密切相关。奥地利学派的支持者们虽然都同意把有目的和理性的个人行为作为他们研究的基本前提,但却抵制运用理性行为主体模型的形式体系,并且批评奥地利学派狭义地定义经济人概念的做法——导致奥地利学派的立场接近于古典自由主义旨在把市场和国家隔绝开来的立场(Caldwell,2004)。[①] 然而,承认这一点并不能改变许多奥地利学派经济学家,尤其是哈耶克,在新自由主义反革命运动中发挥了重要作用(通过在意识形态方面使这场运动合法化,并且联络政治家、企业家和经济学家)的事实(van Hom and Mirowski,2009)。

### 五、公共经济学内部的理论交锋

20 世纪 80 年代从社会民主共识朝着新自由主义的历史性转向以及战后主流经济学的发展轨迹,无疑都对公共经济学的理论和实践产生了深刻的影响。在当代晚期的新古典主义背景下,现代公共经济学充其量只能被描述为庇古—马斯格雷夫传统、芝加哥加奥地利市场化派以及博弈论机制设计研究文献的折中性"拼凑"。我们认为,某种程度上正是由于这种"折中性拼凑",现代公共经济学才会饱受一组仍未得到解决的问题的困扰,这些问题可能难以

---

[①] 伊斯雷尔·柯兹纳(Israel Kirzner,1962)在他的反驳中批评了贝克尔关于理性假设对于描述个人行为可有可无的观点,并且认为有目的且理性的个人行为这个概念(但并不是狭义地定义为经济人的概念)为经济学理论所必需。

解决,因为它们是由内生于传统公共经济学的三种互不相同但彼此关联的理论发展造成的。

　　第一次或许也是最重要的一次理论交锋与政府官员的动机有关,他们的动机就是设计能够提高效率的制度来作为市场的补充:如果政府官员也倾向于采取操纵行为,那么,由谁来制定并实施纠偏政策呢?第二个理论僵局涉及对偏好聚合非市场机制的选择:由于没有抗操纵的聚合方法,方法选择本身就成了一个有争议但利用政府官员的专家知识无法解决的问题(从规范和政治的角度讲)。最后,第三方面的发展就是,由于战后一般均衡理论再分配影响的推定公平性越来越多地受到个人主义的挑战,因此,战后就"美好社会"达成的共识也受到了影响。

　　我们认为,所有这些主要是内生的理论发展导致了传统公共经济学社会计划合法性的下降。代理问题削弱了政府官员的社会合法性基础,而聚合问题揭示了公共经济学这个学科本身固有的规范性。此外,哲学领域的发展表明,"美好社会"是一个毫无争议的可资利用的概念。在本文的剩余部分里,我们将通过介绍公共经济学围绕这三个问题的内部理论对峙和僵局来了解现代公共经济学的现状。

## 5.1　代理问题

　　标准的规制理论基于这样一种假设:公正无私的专家型官员以为了"公共利益"的名义执行纠偏机制。正如于纳尔·泽基诺布茨(Ünal Zenginobuz,1995:30)指出的那样,这里有两个关键的基本假设:"有定义明确(可定义)的'普遍善'(general good)、'公共利益';政府是为'普遍善'服务的中立机构"[还请参阅 Florenzano(2009)]。

　　在 20 世纪 70 年代末首次提出的规制俘虏理论对这些假设提出了质疑(Haid,2001)。一种由芝加哥学派经济学家提出的捕获理论认为,政府官员虽然在面对竞争性利益集团的要求时会采取机会主义行为,但仍能考虑对这些利益集团进行有效仲裁(Stigler,1988)。然而,维吉尼亚公共选择学派坚持认为,政治市场没有经济市场那么有效。具体来说,詹姆士·布坎南和戈顿·图洛克(James Buchanan and Gordon Tullock)在他俩的著作(1962)中提出了"政府失灵"这个备受赞扬的概念,用来指称政府干预导致商品和资源配置效率低于无政府干预时的效率这种状况。

但重要的是应该强调,规制俘虏理论提出的这种扭曲,其实就是传统的公共经济学本体论预设的一个必然结果,并且也是对规制公共利益理论内在矛盾的修正。由于这个原因,后瓦尔拉斯学派关于设计和实施旨在(通过征税、制定规章制度等的)规避操纵和机会主义行为的激励相容机制的研究开始质疑规制俘虏理论提出的问题:谁来监管监管者呢?(Hurwicz,2008)

机会主义行为假设在公共经济学理论和实践中的普遍运用本身表现为没完没了地比较评估市场和政府失灵低效的成本效益分析。这个框架内部生成了一种西西弗斯式(意思是徒劳无益、无永无休止。——译者注)结构,从而导致永无可能完成"最后设计"——驯服或者约束个人主体(无论是公民还是政府官员)的机会主义行为,而设计和实施防操纵制度的要求也会永无止境地更新。从这个意义上讲,代理问题的西西弗斯式结构是新自由主义作为一种政府治理方式发展的理论引擎。

### 5.2 聚合问题

这里的"问题"就是以能使社会毫无摩擦的和谐的方式把个人主体(一如既往地被假设为机会主义者)外生决定的偏好聚合在一起。社会选择理论在关注的问题和方法论上不同于弗吉尼亚学派的公共选择理论,这种理论能认真地对待聚合问题,因为它的目的就是要确定"合理"定义"共同利益"和"美好社会""合理"形象的必要条件。

事实上,有两个不可能性定理仍保持着它们的基本状态。第一个不可能性定理由阿罗(1963b)提出[后来又经吉伯德(Gibbard,1973)和萨特斯威特(Satterthwaite,1975)完善;还请参阅 Reny(2001)]。阿罗表示,实际上,对于一个靠每个合理的聚合规则来满足的先验公理集合(阿罗认为在自由民主政体的语境下是一种"合理集合"),不一致性和被操纵在所难免。第二个不可能性定理由亚马蒂亚·森(Amartya Sen,1970,2002)发现。这个定理就是:不可能同时兼顾自由主义和帕累托最优。虽然后来有很多学者致力于研究这些公理的变异(Saari,2001),目的就是要把不可能变为可能,但是,问题仍然悬

485

而未决。① 但更重要的是，可能的公理集合的扩大本身就反映了聚合问题固有的规范性。

我们设法更加仔细地界定这个更加深层、更加结构化的聚合问题。不可能性定理的规范性意味着我们始终必须在不同的聚合方法中间做出选择。但是，为了选择一种聚合方法（或者一个合理的先验公理集合），我们必须使用某种聚合方法（或者某个公理集合）——那么，我们应该采用哪种聚合方法在不同的聚合方法中间做出选择呢？这是一个结构性问题，不应该简单地被作为一个必然的无限回归问题来处理，但可以根据"不动点"定理（fixed-point theorem）在一般均衡的框架内来解决；把聚合方法留给专家去选择也是于事无补——因为，这样的话，我们可能要回到起点，回到"代理"问题和弗吉尼亚学派对政府官员"寻租"行为的批评。考虑到关于个人（都是机会主义者）行为和偏好（全都是外生）的社会选择领域的基本预设，因此，没有任何方法能够解决"聚合"这样一个由这个领域理论基础所造成的技术问题。从这个意义上讲，问题在于不可能把社会秩序建立在普遍认同的技术之上，也不可能把"信仰飞跃"（leap of faith）瞬间的必要性作为民主合法性的内核。

有一点应该明确，这个"更深层次"的聚合问题仅仅是一个个人主义、契约政治本体论的问题，但也给新自由主义的理论和实践提供了启示。首先，假设公民有能力并且也愿意操纵聚合过程。② 其次，公民的偏好被认为不可改变且外生给定，因此，有意试图组织公开讨论和互动型社会过程以及促成旨在通过说服、妥协和承诺就（关键的）政策问题达成社会合作的制度框架的各种尝试并没有包括在解决方案的集合中。

对于社会性质的问题，旨在尽可能避开政府及其官员的更加彻底的个性化解决方法，如提供公共产品和服务，被认为可以让个人通过"用脚投票"（voting with their feet）的方式有效地披露他们对公共产品和服务的偏好。这里的"用脚投票"引自查尔斯·蒂伯特（Charles Tiebout,1956）的著名模型。

---

① 顺便说一下，允许人际效用兼容，无疑会方便聚合问题，但这本身就可能需要解决一个新的选定兼容性定义的聚合问题。

② 虽然关于行为经济学和进化博弈论的数量不断增加的文献确实有可能涉及各种各样的行为取向，但"经济人"仍然是主导决策的行为模板。关于行为经济学的批判性综述，请参阅 Adaman 和 Madra(2002)。

在这个模型中,公民可以在很多提供不同类型和水平公共产品和服务的辖区之间进行选择,他们会(理性地)选择那个提供他们最偏好的公共产品和服务的社区——因而能够确保效率(Bloch and Zenginobuz,2006;Fischel,2006)。① 蒂伯特的模型是建立在一组严格的假设——即完全的居住流动性(perfect residential mobility)、没有跨辖区的成本和效益溢出(no spill-over of benefits and costs across jurisdictions)和结盟偏差限值要求(immunity requirement against coalitional deviations)——之上的。这组假设的严格性不应该导致我们忽视这种社会观的意蕴:只有通过根除公共部门才能达到这个目的。为了确保辖区之间的竞争(每个辖区提供不同的公共产品和服务组合),社会肯定需要大量的公共产品和服务,因此要把公众安置在很多小型辖区——事实上是通过简单地减少社会结构的层次来解决聚合问题。②

我们可以把为了给"看管者们"提供一个具有社会合理性的参照点而寻找一种"公平"聚合方法的愿望与通过把社会细分成微型辖区或者同族俱乐部的愿望之间的对比转化为后瓦尔拉斯学派的机制设计与芝加哥-奥地利-弗吉尼亚学派新自由主义理论视野的市场化分支之间的对比。而这后一种对比的焦点又再次反映在了关于"美好社会"本质的哲学辩论层面。

### 5.3 "美好社会"问题

现代意义上的"美好社会"问题的起源,在时间上可以追溯到 20 世纪 30 年代,而在理论渊源上可追溯到福利经济学朝着序数效用的转向。虽然早已在边际革命爆发后就已经具备可以采用序数效用的技术条件(Cooter and Rappoport,1984),但在 20 世纪 30 年代以前,边沁的功利主义始终是一个重要的参照点。边沁的享乐主义痛苦和快乐计算是以"存在某种基数指标——一个用来比较、增加和减少不同个体效用的公分母——"的思想为前提的。对于功利学派来说,"美好社会"就是一个能使社会全体成员总效用最大化的社会。

---

① 布坎南(1965)在他的"俱乐部理论"(club theory)中作了另一种类似的表述。他在"俱乐部理论"中探讨了一些有关可排他且部分非竞争公共产品供应的问题。

② 蒂伯特的另一个解释应该是想象一个"小即美好"的世界。虽然我们欢迎作为建设自治社会步骤的分散化和本地化努力,但我们仍要强调,地理上和政治上相互独立的地方间建立关系是极其重要的——这可是与蒂伯特模型的最基本假设相矛盾的。

然而,这个计算苦乐的前提(和一般效用理论)不但受到了像索尔斯坦·凡勃伦(Thorstein Veblen,1998[1898])这样的美国制度学派学者的严厉批评,而且也亵渎了很多早期新古典学派经济学家的自由主义政治情怀(Mandler,1999)。在两次世界大战间隔期间的许多新古典学派经济学家看来,强制推行一种基数指标,就意味着把一个什么是"美好"的具体的实质性概念强加于整个社会(Lewin,1996)。①

在完成了序数效用转向以后,特别是在阿罗提出"后基数主义"不可能性定理以后,第二基本福利定理——"任何[帕累托]最优状态都是对应于某种购买力[初始]分布的竞争均衡"(Arrow,1963a:943)——就变成了战后福利国家再分配政策的理论基石。但是,到了20世纪60年代,批评家们已经开始表达他们的不同意见,并且反对这种战后序数福利主义及其对再分配政策的影响。哈耶克(1944)在他的《通往奴役之路》(The Road to Serfdom)中已经指出扩大政府在经济中发挥的作用的危险性,并且认为自发秩序和(尤其是产权的)文化进化优于人类设计的制度。同样,我们应该把布坎南和图洛克(1962)构建的宪政框架作为一种通过限制政府保护产权的范围来使"政府失灵"最小化的制度。

约翰·罗尔斯(1971,1996:180—181)提出了一种很有影响力的关于如何构建"可行"(feasible)、"可人"(desirable)的正义社会的左翼自由主义构想,他把"基本善"的公平分配作为社会秩序最基本的(平等)原则:由同样理性和同样无知(不知道自己在因此而产生的社会秩序中最终将占据什么位置)的个体所选择的唯一"可人"且"可行"的社会("美好社会"),可能就是一个公民就正义的政治概念达成共识的自由民主社会。出于这个目的,罗尔斯的正义论用第二个只有为了改善最弱势群体的福利才允许社会经济不平等的原则来补充(上述)平等原则。毫不奇怪,那些能遵守差别原则的机构也许就是"福利国家

---

① 顺便说一下,早期的马歇尔主义经济学家,如庇古和埃德温·坎南(Edwin Cannan)虽然与边沁的功利观保持了距离,并且扩展延伸到有关效用可测度性的问题,但仍赞同"物质福利"[被实用地定义为获得食品、衣服和住所等生活必需品的可能;请参阅 Cooter 和 Rappoport(1984)]人际可比观。在这些"物质福利"经济学家看来,从富人向穷人转移的"国民产品"再分配能够满足更多的物质需要,因而能够增加总福利。支持这种观点的基础就是共同"善"这个基本概念,也就是"满足更多的物质需要对大家都有好处"的观念。

的机构"(Pettit and Kukkathas,1990:51)。

尽管如此,罗尔斯试图为社会合作创造相当广泛的基础的康德式尝试遭到了像罗伯特·诺齐克(Robert Nozick,1974)这样的程序主义自由主义者(proceduralist libertarians)的驳斥。诺齐克认为,权利,从它们得到满足本身就应该被看作是一种"善"这个意义上讲,是天赋、基本和绝对的。在诺齐克看来,任何形式的税收,无论目的是什么,都是对纳税人基本所有权和他们凭借自己的才能获得的成果的侵犯。在这个"程序"框架中,国家只能拥有极小的行动空间——保护缔约各方的权利,并对他们之间出现的争执进行仲裁。

虽然森(Sen,2002)基于权利的能力观使得左翼自由主义学者获得了新生,能够继续在选择理论的框架内思考正义问题,但是,战后就什么样的方法才是社会能用来决定是否应该和如何实施再分配、稳定化和供应有益品的"公平"方法这个问题达成共识的自由主义者,到了20世纪末已经分裂成了正义即公平与程序—立宪主义两个阵营。毫无疑问,我们应该在市场失灵和政府失灵之间的西西弗斯式对立(代理问题)以及偏好聚合与公共领域分解之间(聚合问题)对比的语境下来解读这种分裂。事实上,在公务员已经失去他们曾经享有的社会合法性(他们不但被认为倾向于操纵政策执行过程,而且还缺乏一种赋予他们执行社会选定政策明确授权的防操纵聚合方法)的紧要关头,关于"美好社会"性质的共识的丧失进一步削弱了公共经济学的基本内核,也就不足为奇了。

### 六、超越新自由主义的公共经济学

本文认为,任何批评战后时期公共经济学发展轨迹的努力都必须以研究公共经济学的内部理论发展为先决条件,并且不但要把这种内部理论发展研究置于战后新古典学派(及其相关学派)比较宽泛的学科背景下,而且还应该把它置于新自由主义作为一种治理术指导思想的崛起这样一个更加宽泛的历史背景之下。我们认为,这绝对是一个振兴和反思公共经济学社会计划的大好时机,也就是说,是采取协商决定的政府行动来限制甚至控制人类经济活动的消极社会影响,也是把经济重构成达到目的的手段(生计)而不是目的本身的大好时机。事实上,我们这么认为的依据就是,我们愿意重新审视传统公共经济学三个原先造成的内生性理论僵局的基本假设:严格坚持个人主义;机会主义无处不在的基本行为假设;利用专家知识来构建社会和谐的现代主义思想。

　　为了更加具体地阐明我们的观点,下面考察公共经济学如何能够超越新自由主义来解决全球变暖问题。从 20 世纪 90 年代起,碳排放交易市场开始成为新自由主义政府减缓全球变暖的主要政策工具:先是设定一个"上限"——最大允许排放总量;然后把排放许可证分配(通过"祖父条款"、拍卖等方式)给污染单位;最后,为了确保达到有效减排的目的,把一切都交给"价格"机制去处理(Tietenberg and Johnstone,2004)。随着交易中间层次的增加(如"排放许可银行"的建立),环境(一种公共资源)商品化的过程也日臻完善。由于需要用货币来量化气候的成本效益,因此,限额交易法需要根据个人的主观偏好(还要根据有关气候问题和减排方法的可用信息)对气候进行评估;当然还要选择一个折扣因子,因为未来的成本效益都要用相同的单位来表示,以便确定最优排放"上限"。此外,碳排放交易市场与碳补偿系统并行不悖。经济单位(公司、政府、个人、金融机构等)并没有减少自己的排放,而是为了提供同样可以在碳排放交易市场上交易的碳排放额度而给限排区域外的"排放限额节约项目"进行融资。

　　我们认为,公共经济学必须超越新自由主义,因为"经济化"——在碳排放交易市场上不加区别地应用——可能会造成不必要的后果。碳排放交易市场非但没有解决机会主义和操纵行为造成的效率低下问题,反而是寻求操纵、掠夺性行为和寻租行为,从而导致自己易受泡沫和崩盘的影响(MacKenzie,2007,2009;Lohmann,2010a,2010b)。换句话说,这些市场解决方案导致像全球气候这样一种共同资源从属于市场的经济逻辑,并且"述行"地把全球气候转变为一个受制于策略算计逻辑的对象。同样,把"气候评价"简约为个人主观评价聚合的做法,可能不适合像全球变暖这样复杂且不确定的现象,因为个人对全球变暖的评价将会对其他人(今天和未来)和其他生物产生明显的影响。的确,在进行会对我们的未来(如总体增长率、技术路径、消费习惯和代际公平)产生重大影响的决策时,市场反应可能与我们通过集体协商和谈判达成的结果大相径庭(Schellnhuber,2006;Lohmann,2010a,2010b)。

因此,有一个重要的出发点,那就是个体在当代经济学研究中出现的方式。在上文讨论代理问题时,我们已经指出,新自由主义的消费者个体观对政府干预经济的范围强制规定了严格的限制,而公民个体作为不同共同体成员的概念的提出,我们认为,有可能拓宽经济学(一般来说)和公共经济学(具体而言)的研究视野。与此同时,我们不想假设经济主体被赋予预先给定的行为取向,而是相信一种承认社会结构在以不同方式塑造和构建个体方面发挥作用的观点是一个更好地把生活所涉及的社会、政治和经济诸方面作为整体来评价的条件[例如,请参阅 Sagoff(1998)、Adaman 和 Madra(2002)、Tsakalotos(2005)、Gibson-Graham(2006)以及 Heinzerling 和 Ackerman(2007)]。

毫无疑问,公共经济学不能对个人和机构(如企业)的操纵能力抱幼稚的想法。因此,规定规则和设计适当的激励机制的重要意义不容小觑。与此同时,公共经济学同样应该认识到自己的阐述和政策处方的施为功能(Calion,1998):仅仅是为了保护自己不受机会主义行为伤害的经济机构往往会滋生机会主义行为。因此,有必要采取一种更加审慎且自我反思的态度,一种承认物质激励重要性但又不忘把一切对归结为激励问题就很可能永无止境倒退到操纵和反操纵的态度。为此,超越新自由主义的公共经济学的一个目标,可能就是发展理论和研究治理方法,并且以参与、协商的方式,多层次(地方、地区和全球)地解决具体的共同资源(如全球气候)问题。在这方面,埃莉诺·奥斯特罗姆(Elinor Ostrom,1990)提出的集体问题的制度主义解决方法,正是因为超越了国家—市场二分法,并且认真对待行为主体情景化的制度创新,所以是重新思考公共政策的一个有价值的出发点。但是,我们认为,要对公共经济学进行更深层次的改造,就必须对新古典学派的个人主义本体论持更加彻底的批判观。

这种观点也能使我们从一个不同视角去解决以上讨论的聚合问题。更确切地说,我们可以让支持不同观点和方法的个人通过旨在促进个人与机构行为主体之间互动式辩论和谈判——一个理解而不是展示不同价值观的过程——的社会协商机制来达成共识,从而能够对政治、社会和制度框架进行更加深入、全面的分析[例如,可参阅 Devine(1988)、Jacobs(1997)、Adaman 等(2007)]。在社会必须就涉及复杂性的问题(如我们应该采用什么方法来发电)以及与社会、经济和生态系统有着各种各样联系的问题(如我们应该发多少电)

做出决定的情况下——简而言之,在被认为更适用一体化、多层次和跨学科的方法的情况下,这样的协商肯定能产生附加价值[如可参阅 Munda(2008)]。如果我们能够多依靠社会协商机制,那么对聚合僵局就越有免疫力。

波兰尼在《大转型》(*The Great Transformation*,Polanyi,2001[1944])中警告说,把经济学构建成一个有其自身运动规律、自成一体的体系,将会切断各种在社会、自然和经济之间复杂地相互交织在一起的联系,并且导致经济凌驾于社会和自然之上。新自由主义的治理术逻辑,不管是市场化模式还是机制设计模式,正是通过利用经济人这个界面重构国家与社会之间的关系来这么做的[还请参阅 Harvey 等(2007)收入的相关论文]。也许,更深层的问题在于:公共经济学及其实践者如何确定他们自己在与公众的关系中的位置。通过专家知识来构建社会和谐的现代主义思想,可能已经在把公共经济学引入理论死胡同并导致它缺乏社会合法性方面起到了很重要的作用。如果公共经济学的目的并不是寻找现成的答案来构建社会和谐,而是设计并实施制度创新来促进社会各界的参与性自治,那么,结果会怎样呢? 在后一种情况下,公共经济学也许可以在任凭机会主义问题在社交领域扩散并提升透明度与问责制的可操作性和意义的同时,完全沉浸在通过培养共同责任感和公民责任心使社会内嵌于经济的计划中。本文旨在开辟一个想象空间,抛砖引玉,让我们建议的路径引起大家的注意。

**致 谢**

本文最先是提交给 2008 年 12 月举行的公共经济学历史研讨会(ERMES/Pantheon Assas University,Paris)"公共产品、公共项目和外部性"(PGPPE)工作室的论文。本文作者要感谢这次研讨会的与会者 Emrah Aydmonat、Brendan Cushing-Daniels、Monique Florenzano、Stavros loannides、Ayse Mumcu、Aras Ozgiin、Ceren Ozselçuk、Ismail Saglam、Remzi Sanver、Keith Tribe 和两位匿名审稿人,感谢他们对论文进行了评论、批评,并且提出了修改意见或建议。本文作者特别要感谢 Ünal Zenginobuz。在刚开始准备写这篇论文时,Zenginobuz 就把他的想法、建议告诉我们,同时又表示支持。当然,文责由作者自负。

# 参考文献

## 公共经济学历史研究面临的挑战

Baumol, W. (1965). *Welfare Economics and the Theory of the State.* London: Bell.
Buchanan, J.M. (1952). Wicksell on fiscal reform. *American Economic Review*, 42: 599–602.
Coase, R. (1960). The problem of social cost. *Journal of Law and Economics*, 1–60.
Musgrave, R.A. (1959). *The Theory of Public Finance.* New York et al.: McGraw-Hill.
Musgrave, R.A. and Peacock, A.T. (1958). *Classics in the Theory of Public Finance.* London: Macmillan.
Olson, M. (1965). *The Logic of Collective Action.* Cambridge MA: Harvard University Press.
Pigou, A.C. (1932). *Economics of Welfare.* 4th ed. London: Macmillan.
Pigou, A.C. (1935). *Economics in Practice.* London: Macmillan.
Schumpeter, J.A. (1926–27). Finanzpolitik. *Der deutsche Volkswirt I*, 827–30.
Wicksell, K. (1896). *Finanztheoretische Untersuchungen.* Jena: Gustav Fischer.

## 公共经济学与经济思想史：个人亲身经历回忆

Anonymous (2002). The diffusion of economic ideas: The Rignano example. *Revista di diritto finanziario e scienza delle finanze*, LXI (4): 1.
Besley, T. (2006). *Principled Agents?: The Political Economy of Good Government.* Oxford: Oxford University Press.
Blaug, M. (1980). *The Methodology of Economics.* Cambridge: Cambridge University Press.
Coase (1974). The lighthouse in economics. *Journal of Law and Economics*, 17: 357–76.
Coats, A.W. (Ed.) (undated). The Development of Economics in Western Europe since 1945.
Coats, A.W. (1997). *The Post-1945 Internationalization of Economics.* Durham, NC: Duke University Press.
Frey, B. (2000). *Arts and Economics.* Berlin: Springer Press.
Keynes, J.M. (1972a). Economic possibilities for our grandchildren. In *Essays in Persuasion, The Collected Writings of John Maynard Keynes*, Vol. IX. London: Macmillan, pp. 321–32.
Keynes, J.M. (1972b). Alfred Marshall. In *Essays in Biography, Collected Writings of John Maynard Keynes*, Vol. X. London: Macmillan, pp. 173–4.
Montemartini, G. (2001 [1901]). The municipalisation of public services: Theory, debate and practice. Translated from *Giornale Degli Economisti*. In M. Bakdassari and P. Ciocca (Eds.), *Roots of the Italian School of Economics and Finance*, Vol. 3. Basingstoke: Macmillan.
Niskanen, W.A. (1994). *Bureaucracy and Public Economics.* Aldershot: Edward Elgar.
Peacock. A. (1958). *Classics in the Theory of Public Finance.*
Peacock, A. (1979a). *Economic Analysis of Government, Parts III and IV.* Oxford: Martin Robertson.
Peacock, A. (1979b). The limitations of public goods theory: The lighthouse revisited. In *The Economic Analysis of Government.*
Peacock, A. (1992). *Public Choice Analysis in Historical Perspective.*
Peacock, A. (1997a). *Public Choice Analysis in Historical Perspective.* Cambridge: Cambridge University Press.
Peacock, A. (1997b). *The Political Economy of Economic Freedom*, Chapter 15 and Part III. Cheltenham: Edward Elgar.

Peacock, A. (2003). "The Political Economy of Sustainable Development", Presidential address to the David Hume Institute, Hume Occasional Paper No. 63, Edinburgh.

Peacock, A. (2006). Arts and economic policy. In V. Ginsburgh and D. Throsby (Eds.), *Handbook of Economics of Art and Culture*, Vol. 1.

Peacock, A. (2010). *Anxious to do Good. Learning to be an Economist the Hard Way*. Exeter: Imprint Academic.

Peacock, A. and Rizzo, I. (2008). *The Heritage Game: Economics, Policy and Practice*. Oxford: Oxford University Press.

Peacock, A. and Wiseman, J. (1961). *The Growth of Public Expenditure in the United Kingdom*. London: Oxford University Press.

Robinson, C. (Ed. and Contrib.) (2008). *Climate Change Policy: Challenging the Activists*. Institute of Economic Affairs. Readings No. 62, London.

Rowley, C.K. and Schneider (2004). *The Encyclopedia of Public Choice*. Dordrecht: Kluwer.

Rowley, C.K. and Peacock (1975). *Welfare Economics: A Liberal Re-Statement*. London: Martin Robertson.

Stiglitz (2002). New perspectives on public finance: recent achievements and future challenges. *Journal of Public Economics*, 86: 341–60.

Smith (1976). *An Inquiry into the Nature and Causes of the Wealth of Nations*. Oxford: Oxford University Press.

Turvey, R. (2000). Goods and bads. *World Economics*, 1 (4).

Winch (2009). *Wealth and Life*. Cambridge: Cambridge University Press.

## 两篇20世纪50年代完成但从未发表的文章(1)

Barone, E. (1912). Studi di economia finanziaria. *Giornale degli Economisti e Rivista di Statistica*, April–May.

Baumol, W. J. (1952). *Welfare Economics and the Theory of the State*. London: Longmans, Green.

Benham, F. (1934). Notes on the pure theory of public finance. *Economica*, 1 (4): 436–58.

Dalton, H. (1923). *Principles of Public Finance*. London: George Routledge.

de Jouvenel, B. (1952). L'apport des théories du 'welfare' à la théorie politique normative. *Économie Appliquée*, V (4).

De Viti de Marco. (1936). *First Principles of Public Finance*. London: Cape.

Lindahl, E. (1919). *Die Gerechtigkeit der Besteurung*. Lund.

Lindahl, E. (1924). Einige strittige fragen der steurtheoriel. In H. Mayer (ed.), *Die Wirtschaftstheorie der Gegenwart Bd4*, pp. 282–304. Vienna.

Musgrave R. (1939). The voluntary exchange theory of the public economy. *Quarterly Journal of Economics*, 53 (2): 213–37.

Myrdal, G. (1953). *The Political Element in the Development of Economic Theory*. London: Routledge.

Pigou, A.C. (1947). *A Study in Public Finance*. 3rd ed. London: Macmillan.

Sax, E. (1887). *Grundlegung der theoretischen Staatswirtschaft*. Vienna: Alfred Hölder.

Seligman, E. (1908). *Progressive Taxation in Theory and Practice*. Princeton, NJ: American Economic Association.

Wicksell, K. (1896). *Finanztheoretische Untersuchungen*. Jena: Gustav Fischer.

## 两篇20世纪50年代完成但从未发表的文章(2)

Barone, E. (1912). Studii di Economia finanziaria. *Giornale deglie Economisti e Riviste di Statistica*, XLIV (Aprile–Maggio).

Black, D. (1955 [1931]). Wicksell's principle in the distribution of taxation. In

J.K. Eastham (ed.), *Economic Essays in Commemoration of the Dundee School of Economics*. London: Economists' Bookshop.

Dalton (1923). *Principles of Public Finance*. London: George Routledge.

Enke, S. (1955). More on the misuse of mathematics in economics: A rejoinder. *Review of Economics and Statistics*, May: 131–3.

Lindahl, E. (1919). *Die Gerechtigkeit der Besteuerung*. Lund.

Margolis, J. (1955). A comment on the pure theory of public expenditure. *Review of Economics and Statistics*, November: 347–9.

Peacock, A.T. (1953). Sur la théorie des dépenses publiques. *Economie Appliquée*, VI (2–3): 430–3.

Peacock, A.T. (1955). The future of government expenditure. *District Bank Review*, May.

Pigou, A.C. (1947). *A Study in Public Finance*. 3rd Rev. ed. London: Macmillan & Co.

Samuelson, P.A. (1954). The pure theory of public expenditure. *Review of Economics and Statistics*, November: 187–9.

Samuelson, P.A. (1955). Diagrammatic exposition of a theory of public expenditure. *Review of Economics and Statistics*, November: 350–6.

Wicksell, K. (1896). *Finanztheoretische Untersuchungen*. Jena: Fischer Verlag.

Wiseman, J. (1957). The theory of public utility price: An empty box. *Oxford Economic Papers*, New Series, 9 (1): 56–74.

## 杰里米·边沁、法国大革命与代议制政治经济学分析(1788—1789年)

Anonymous. (1826). *A Dictionary of the Law of Elections, With the Practice from the Issuing of the Writ to the final Decision of the Honorable House ... by a Professional Gentleman*. London: William Neely.

Arrow, K.J. (1985). The economics of agency. In J.W. Pratt and R.J. Zeckhauser (Eds.), *Principals and Agents: The Structure of Business*. Boston, Mass.: Harvard Business School Press, pp. 37–51.

Badinter, E. and Badinter, R. (1988). *Condorcet. Un intellectuel en politique*. Paris: Fayard.

Baker, K.M. (1975). *Condorcet. From Natural Philosophy to Social Mathematics*. Chicago and London: The University of Chicago Press.

Bentham, J. (1952 [1787]). Defence of usury. In W. Stark (Ed.), *Jeremy Bentham's Economic Writings*. Vol. 1. London: Allen and Unwin, pp. 121–207.

Bentham, J. (2002 [1788a]). Lettre d'un Anglois à M. le C. de M. sur l'objet soumis aux Notables de 1788. In Bentham (2002), pp. 3–61.

Bentham, J. (2002 [1788b]). Considérations d'un Anglois sur la composition des États-Généraux y compris réponses aux questions proposées aux Notables &c. In Bentham (2002), pp. 63–146.

Bentham, J. (2002 [1788c]). Observations d'un Anglois sur un écrit intitulé *Arrêté de la Noblesse de Bretagne* suivant la copie imprimée dans le *Courier de l'Europe* du 22 Nov$^{re}$ 1788, écrites le jour suivant à ****** non loin de Londres. In Bentham (2002), pp. 147–65.

Bentham, J. (1999 [1788–89]). Ed. M. James, C. Blamires, and C. Pease-Watkin. *Political Tactics*. Oxford: Clarendon Press.

Bentham, J. (1970 [1789a]). Ed. J.H. Burns and H.L.A. Hart. *An Introduction to the Principles of Morals and Legislation*. London: Athlone Press.

Bentham, J. (2002 [1789b]). *Projet* of a constitutional code for France. In Bentham (2002), pp. 227–61.

Bentham, J. (1838–43 [1791]). Panopticon; or, the inspection house. In J. Bowring (Ed.), *The Works of Jeremy Bentham*. Vol. 4. Edinburgh: Tait, pp. 37–172.

Bentham, J. (2002 [1795]). Nonsense upon stilts, or Pandora's box opened, or the French declaration of rights prefixed to the Constitution of 1791 laid open and exposed – with a comparative sketch of what has been done on the same subject in the Constitution of 1795, and a sample of citizen Sieyès. In Bentham (2002), pp. 317–401.

Bentham, J. (1954 [1800–04]). Institute of political economy. In W. Stark (Ed.), *Jeremy Bentham's Economic Writings*. Vol. 3. London: Allen et Unwin, pp. 303–80.

Bentham, J. (1829 [1802]). Traités de législation civile et pénale. In E. Dumont (Ed.), *Oeuvres de Jérémie Bentham*. Vol. 1. Bruxelles: Haumann.

Bentham, J. (1838–43 [1808–10 ca.]). Introductory view to the rationale of judicial evidence. In J. Bowring (Ed.), *The Works of Jeremy Bentham*. Vol. 6. Edinburgh: Tait, pp. 1–187.

Bentham, J. (1830 [1811]). Théorie des peines et des récompenses. In E. Dumont (Ed.), *Oeuvres de Jérémie Bentham*. Vol. 2. Bruxelles: Haumann.

Bentham, J. (1838–43 [1825]). *Rationale of Reward*. London: John and H.L. Hunt. [Reprinted in J. Bowring (Ed.), *The Works of Jeremy Bentham*, Vol. 2. Edinburgh: Tait, pp. 189–266.].

Bentham, J. (1838–43 [1827]). Rationale of judicial evidence. In J. Bowring (Ed.), *The Works of Jeremy Bentham*. Edinburgh: Tait, Vol. 6, pp. 189–585 and Vol. 7, pp. 1–599.

Bentham, J. (1983 [1829]). Article on utilitarianism. In A. Goldworth (Ed.), *Deontology, together with A Table of the Springs of Action and the Article on Utilitarianism*. Oxford: Clarendon Press, pp. 283–328.

Bentham, J. (1983 [1830]). Ed. F. Rosen and J.H. Burns. *Constitutional Code*. Vol. I. Oxford: Clarendon Press.

Bentham, J. (1981). Ed. A. Taylor Milne. *The Correspondence of Jeremy Bentham*. Vol. 4. *October 1788 to December 1793*. London: The Athlone Press.

Bentham, J. (2001). Ed. M. Quinn, *Writings on the Poor Laws*. Vol. 1. Oxford: Clarendon Press.

Bentham, J. (2002). Ed. Ph. Schofield, C. Pease-Watkin and C. Blamires. *Rights, Representation, and Reform. Nonsense upon Stilts and Other Writings on the French Revolution*. Oxford: Clarendon Press.

Bentham, J. (2009). Ed. M. Quinn, *Writings on the Poor Laws*. Vol. 2. Oxford: Clarendon Press.

Blamires, C. (2008). *The French Revolution and the Creation of Benthamism*. Basingstoke: Palgrave Macmillan.

Buchanan, J.M. and Tullock, G. (1990 [1962]). *The Calculus of Consent. Logical Foundations of Constitutional Democracy*. In *The Collected Works of James M. Buchanan*. Vol. 3. Ann Arbor: University of Michigan Press.

Burns, J.H. (1966). Bentham and the French Revolution. *Transactions of the Royal Historical Society*, fifth series, 16: 110–12.

Burns, J.H. (1984). Jeremy Bentham. From radical enlightenment to philosophical radicalism. *The Bentham Newsletter*, 8: 4–14.

Burns, J.H. (2005). Happiness and utility: Jeremy Bentham's equation. *Utilitas*, 17 (1): 46–61.

Condillac, É. Bonnot, abbé de (1776). *Le Commerce et le gouvernement considérés relativement l'un à l'autre*. Amsterdam and Paris: chez Jombert et Cellot.

Condorcet, J.-A.-N. de Caritat, marquis de (1785). *Essai sur l'application de l'analyse à la probabilité des décision rendues à la pluralité des voix*. Paris: de l'Imprimerie Royale.

Condorcet, J.-A.-N. de Caritat, marquis de (1786). *Vie de M. Turgot*. Londres [Paris]: s.n.

Condorcet, J.-A.-N. de Caritat, marquis de (1788). *Essai sur la constitution et les fonctions des assemblées provinciales*. Paris: s.n.

Condorcet, J.-A.-N. de Caritat, marquis de (1847 [1792]). Révision des travaux de la première législature, *Chronique du Mois*, January, February, April, June. [Reprinted in A. Condorcet-O'Connor and F. Arago (Eds.)], *Oeuvres Complètes*. Vol. 10. Paris: Firmin Didot Frères, pp. 373–83.

Dinwiddy, J.R. (2004 [1975]). Bentham's transition to political radicalism. *Journal of the History of Ideas*, 36 (4): 683–700. [Reprinted in W. Twining (Ed.), *Bentham. Selected Writings of John Dinwiddy*. Stanford, CA: Stanford University Press, pp. 110–33.]

Doyle, W. (1996). *Venality. The Sale of Offices in Eighteenth-century France.* Oxford: Clarendon Press.
Granger, G.G. (1989). *La mathématique sociale de Condorcet,* 2nd edition. Paris: Odile Jacob.
Guidi, M.E.L. (1990). 'Shall the blind lead those who can see?' Bentham's theory of political economy. In D. Moggridge (Ed.), *Perspectives on the History of Economic Thought,* Vol. II, *Classical, Marxians and Neo-Classicals.* Aldershot: Edward Elgar, pp. 10–28.
Guidi, M.E.L. (2002). Bentham's economics of legislation. *Journal of Public Finance and Public Choice,* 20 (2–3): 165–89.
Guidi, M.E.L. (2004). 'My own utopia'. The economics of Bentham's *Panopticon. The European Journal of the History of Economic Thought,* 11 (3): 405–31.
Guidi, M.E.L. (2007). Jeremy Bentham's quantitative analysis of happiness and its asymmetries. In L. Bruni and P.L. Porta (Eds.), *Handbook on the Economics of Happiness.* Cheltenham: Edward Elgar, pp. 68–94.
Guidi, M.E.L. (2008a). The devil in details: Bentham's political tactics as a theory of agenda. *Journal of the History of Economic Thought,* 30 (3): 317–34.
Halévy, É. (1995 [1901–3]). Ed. M. Canto-Sperber, *La formation du radicalisme philosophique.* 3 vols. Paris: Puf. [Translation (1928). *The Growth of Philosophical Radicalism.* London: Faber & Faber.]
Hume, L.J. (1981). *Bentham and Bureaucracy.* Cambridge: Cambridge University Press.
James, M. (1982). Bentham on voter rationality. *The Bentham Newsletter,* 10: 4–7.
Lapidus, A. and Sigot, N. (2000). Individual utility in a context of asymmetric sensitivity to pleasure and pain: An interpretation of Bentham's *Felicific Calculus. The European Journal of the History of Economic Thought,* 7 (1): 45–78.
Lieberman, D. (1989). *The Province of Legislation Determined.* Cambridge: Cambridge University Press.
Mack, M.P. (1962). *Jeremy Bentham: An Odissey of Ideas 1748–1792.* London, Melbourne and Toronto: Heineman.
Montesquieu, Ch.-L. Secondat, baron de (1748). *De l'esprit des loix.* Genève: s.n.
Nagle, J. (2008). *Un orgueil français. La vénalité des offices sous l'Ancien Régime.* Paris: Odile Jacob.
Ross, S.A. (1973). The economic theory of agency: the principal's problem. *American Economic Review,* 63 (2): 134–9.
Shackleton, R. (1988 [1972]). The greatest happiness of the greatest number: The history of Bentham's phrase. *Studies in Voltaire and the Eighteenth Century,* vol. 17. [Reprinted in *Essays on Montesquieu and on the Enlightenment.* Oxford: Voltaire Foundation, pp. 375–89.]
Schofield, Ph. (2006). *Utility and Democracy. The Political Thought of Jeremy Bentham.* Oxford: Oxford University Press.
Schofield; Ph. (2009). *Bentham. A Guide for the Perplexed.* London and New York: Continuum.
Semple, J. (1993). *Bentham's Prison. A Study of the Panopticon Penitentiary.* Oxford: Clarendon Press.
Voltaire, F.-M. Arouet de (1830 [1752]). *Le Siècle de Louis XIV,* tome II. In *Oeuvres de Voltaire,* tome XX. Paris: chez Lefèvre, libraire, Firmin, Didot frères, Werdet et Lequien fils.

## 边沁的幸福计算中的集体利益与个人利益——对福利主义和公平的质疑

Audard, C. (1999). *Anthologie historique et critique de l'utilitarisme.* Paris: Presses universitaires de France.
Baujard, A. (2003). Bien-être individuel et justice sociale. Fondement, caractérisation formelle et analyse normative. PhD thesis, Université de Caen Basse-Normandie.
Baujard, A. (2009). A return to Bentham's felicific calculus. From moral welfarism to

technical non-welfarism. *The European Journal of the History of Economic Thought*, 16 (3): 431–53.
Bentham, J. (1967 [1789]). *Introduction to the Principles of Morals and Legislation. Blackwell's Political Texts*, intro. de W. Harrison. Oxford: Blackwell.
Bentham, J. (1988 [1789]). *The Principles of Morals and Legislation*. Amherst (NY): Prometheus Books.
Bentham, J. (1830 [1802]). Par E. Dumont. *Traité de législation civile et pénale, vol. 1: Principes de législation*. Paris: Rey et Gravier, Libraires.
Bentham, J. (1843 [1817]). *A Table of the Springs of Action*. Edinburgh: William Tait. In *Bentham's Work*, published under the superintendence of his executor John Bowring, Vol. 1.
Bentham, J. (1843 [1823]). *Leading Principles of a Constitutional Code, For Any State*. Edinburgh: William Tait. First published in *Pamphleeter, 44*, ed. in *Bentham's Work*, published under the superintendence of his executor John Bowring, Vol. 1.
Bentham, J. (1843 [1827]). *The Constitutional Code*. Edinburgh: William Tait. In *Bentham's Work*, published under the superintendence of his executor John Bowring, Vol. 9.
Bentham, J. (1834 [1831]). *Déontologie ou Science de la morale*, 2 vols, revu, remis en ordre et publié par J. Bowring, traduit par B. Laroche. Paris: Charpentier, Libraire-éditeur.
Bentham, J. (1872 [1843]). *Bentham's Work*, 11 vols. Edinburgh: William Tait.
Broome, J. (1994). Reply to Kolm. *Social Choice and Welfare*, 11 (3): 199–201.
Burne, P. (1949). Bentham and the utilitarian principle. *Mind, New Series*, 58 (231): 367–8.
Cot, A. (2000). Jérémy Bentham, un 'Newton' de la morale. In A. Béraud and G. Facarello (Eds.), *Nouvelle histoire de la pensée économique*. Paris: La découverte, pp. 289–301.
Cot, A.L. (1993). Utilitarisme, libéralisme économique et libéralisme politique: Jeremy Bentham et la boîte de Pandore des droits naturels. *Économie et Sociétés, 'Histoire de la pensée économique'*, 18 (12): 117–45.
Foucault, M. (1975). *Surveiller et punir*. Paris: Tel. Gallimard.
Friedman, M. (1984 [1953]). *The methodology of positive economics*. Chicago: University of Chicago press, pp. 3–46. Reproduced in D.M. Hausman, *The Philosophy of Economics. An Anthology*. Cambridge: Cambridge University Press, pp. 210–44.
Goldworth, A. (1979). Jeremy Bentham: On the measurement of subjective states. *The Bentham Newsletter*, 2: 2–17. The Bentham Committee, University College, London.
Goodin, R.E. (1986). Laundering preferences. In J. Elster and A. Hylland (Eds.), *Foundations of Social Choice Theory*. Cambridge: Cambridge University Press, pp. 75–101.
Guidi, M.E.L. (2004). Review of 'Nathalie Sigot, Bentham et l'économie. Une histoire d'utilité'. *Utilitas*, 16 (1): 111–13.
Guidi, M.E.L. (2007). Jeremy Bentham's Quantitative Analysis of Happiness and its symmetries. In L. Bruni and P. Porta (Eds.), *Handbook on the Economics of Happiness*. Cheltenham: Edward Elgar.
Halévy, E. (1901a). *La formation du radicalisme philosophique, vol. I: La jeunesse de Bentham, 1776–1789*. Paris: Presses Universitaires de France.
Halévy, E. (1901b). *La formation du radicalisme philosophique, vol. II: L'évolution de la doctrine utilitaire de 1789 à 1815*. Paris: Presses Universitaires de France.
Halévy, E. (1904). *La formation du radicalisme philosophique, vol. III: Le radicalisme philosophique*. Paris: Presses Universitaires de France.
Harrison, R. (1983). *Bentham. The Arguments of the Philosophers*. London: Routledge & Kegan Paul.
Harrison, W. (1977). *Jeremy Bentham: Ten Critical Essays*, ed. B. Parekh. London: Frank Cass, and Portland, Or.: International scholarly book services, 1974. *The American Political Science Review*, 71 (2): 654–5.
Harsanyi, J.C. (1955). Cardinal welfare, individual ethics, and interpersonal comparisons of utility. *Journal of Political Economy*, 63 (4): 309–21.
Harsanyi, J.C. (1992). Game and decision theoretic models in ethics. In R.J. Aumann and

S. Hart (Eds.), *Handbook of Game Theory*. vol. 1. Elsevier Science, pp. 669–707.
Haslett, D. (1990). What is utility? *Economics and Philosophy*, 6: 65–94.
Hume, L.J. (1969). Myrdal on Jeremy Bentham: Laissez-faire and harmony of interests. *Economica*, 36 (143): 295–303.
Keeton, G.W. and Schwarzenberger, G. (1948). Jeremy Bentham and the law. A symposium edited on behalf of the faculty of laws of University College, London. Stevens & Sons Ltd, London.
Kolm, S.-C. (2005). *Macro-justice. The political Economy of Fairness*. Cambridge: Cambridge University Press.
Laval, C. (1993). Le 'sense of interest' de Jeremy Bentham. *Economie et Sociétés*, 18 (12): 147–69.
Mitchell, W.C. (1918). Bentham's felicific calculus. *Political Science Quarterly*, 33 (2): 161–83.
Mongin, P. (1995). L'utilitarisme originel et le développement de la théorie économique. In E. Halévy (Ed.), *La Formation du Radicalisme Philosophique, vol. 3: Le Radicalisme*. Paris: Presses Universitaires de France, pp. 369–94. Also published in *La Pensée Politique*, tome 3. Paris: Gallimard et Le Seuil, pp. 341–61.
Mongin, P. and Sigot, N. (1999). Halévy's Bentham is Bentham. *Philosophy*, 74: 271–81.
Mundle C.W.K. (1949). Jeremy Bentham and the law. A symposium edited on behalf of the faculty of laws of University College, London by George W. Keeton and George Schwarzenberger. London: Stevens & Sons Ltd., 1948. *Mind*, 58 (229): 101–30.
Myrdal, G. (1990 [1932]). *The Political Element in the Development of Economic Theory*, trans. P. Streeten from German. New Brunswick: Transaction Publishers.
Nussbaum, M.C. (2001). Adaptive preferences and women's options. *Economics and Philosophy*, 17: 67–88.
Rawls, J. (1985 [1988]). La théorie de la justice comme équité: Une théorie politique et non pas métaphysique. *Philosophy and Public Affairs*, 14 (3). Trad. fr. par C. Audard, *Individu et justice sociale*. Paris: Point, Seuil, pp. 223–251.
Rawls, J. (1997 [1971]). *A Theory of Justice*. The Belknap Press of Harvard University Press. Fr. trans by C. Audard, *Théorie de la justice*. Paris: Points Seuil.
Rawls, J. (1995 [1993]). *Political Liberalism*. Columbia University Press. Trad. fr. par C. Audard. *Libéralisme politique*. Paris: Presses Universitaires de France.
Rawls, J. (2001). *Justice as fairness. A restatement*. Harvard, Mass.: Belknap.
Sen, A.K. (1979a). Personal utilities and public judgements: Or what's wrong with welfare economics? *The Economic Journal*, 89 (355): 537–58.
Sen, A.K. (1979b). Utilitarianism and welfarism. *The Journal of Philosophy*, 76 (9): 463–89.
Shackleton, R. (1972). The greatest happiness of the greatest number: The history of bentham's phrase. *Studies on Voltaire and the Eighteenth Century*, 90: 1461–82. Also published in G.J. Postema (Ed.). (2002). *Bentham: Moral Political and Legal Philosophy, Vol. I: Moral and Political Philosophy*, ed. The international library of critical essays in the history of philosophy. Dartmouth: Ashgate, pp. 29–50.
Sidgwick, H. (1874). *The methods of ethics*. London: Macmillan.
Sigot, N. (1993). 'Be quiet', mais modérément: Le rôle de l'Etat dans la pensée économique de Jeremy Bentham. *Revue Économique*, 44 (1): 23–50.
Sigot, N. (2001). *Bentham et l'économie. Une histoire d'utilité*. Paris: Economica.
Vergara, F. (1998). A critique of Elie Halévy. *Philosophy*, 73 (1).
Warke, T. (2000a). Classical utilitarianism and the methodology of determinate choice, in economics and in ethics. *Journal of Economic Methodology*, 7 (3): 373–94.
Warke, T. (2000b). Multi-dimensional utility and the index number problem: Jeremy Bentham, J.S. Mill and qualitative hedonism. *Utilitas*, 12: 176–203.

## 帕累托、庇古与第三方消费：福利理论的不同研究方法及其对财政研究的影响

Aslanbeigui, N. (1990). On the demise of Pigovian economics. *Southern Economic Journal*, 56 (3): 616–27.

Aslanbeigui, N. (1992). Moore on the demise of Pigovian economics. *Southern Economic Journal*, 59 (1): 98–103.
Aslanbeigui, N. and Medema, S.G. (1998). Beyond the dark clouds: Pigou and Coase on social cost. *History of Political Economy*, 30 (4): 601–25.
Bharadwaj, K. (1972). Marshall on Pigou's Wealth and Welfare. *Economica*, 39 (153): 32–46.
Busino, G. (1974). *Gli Studi su Vilfredo Pareto Oggi*. Roma: Bulzoni Editore.
Busino, G. (1999). *L'Italia di Vilfredo Pareto: Economia e Società in un Cartegio del 1873–1923*. Milano: Banca Commerciale Italiana.
Busino, G. (2006). Sugli studi paretiani all'alba del XXI secolo. *Rivista Storica Italiana*, CXVIII (2): 674–95.
Busino, G. and Bridel, P. (1987). *L'Ecole de Lausanne de Léon Walras à Pasquale Boninsegni*. Lausanne: Université de Lausanne.
Bridel, P. and Tatti, E. (Eds.) (1999). *L'Equilibre Général Entre économie et sociologie: Colloque du Centre d'étudies interdisciplinaires Walras-Pareto de l'Université de Lausanne*. Genéve: Librairie Droz. Special issue of *Revue Européenne des Sciences Sociales*, 37 (116).
Bruni, L. (2002). *Vilfredo Pareto and the Birth of Modern Microeconomics*. Cheltenham: Edward Elgar.
Collard, D.A. (1983). Pigou on expectations and the cycle. *Economic Journal*, 93: 411–14.
Collard, D.A. (1996a). Pigou and modern business cycle theory. *Economic Journal*, 106: 912–24.
Collard, D.A. (1996b). Pigou and future generations: A Cambridge tradition. *Cambridge Journal of Economics*, 20: 585–97.
Collard, D.A. (2006). Arthur Cecil Pigou. In T. Raffaelli, G. Beccattini and M. Dardi (Eds.), *The Elgar Companion To Alfred Marshall*, 593–7, Cheltenham: Edward Elgar.
Cooter, R. and Rappoport, P. (1984). Were the ordinalists wrong about welfare economics. *Journal of Economic literature*, 22: 507–30.
Cunynghame, H. (1892). Some improvements in simple geometric methods of treating exchange value, monopoly, and rent. *Economic Journal*, II: 35–52.
de Vroey, M. (2003). Perfect information à la Walras versus perfect information à la Marshall. *Journal of Economic Methodology*, 10 (4): 328–48.
de Vroey, M. (2006). Marshall versus Walras on equilibrium. In T. Raffaelli, G. Beccattini and M. Dardi (Eds.), *The Elgar Companion To Alfred Marshall*. Cheltenham: Edward Elgar, pp. 237–48.
Donzelli, F. (2008). Marshall *vs.* Walras on equilibrium and disequilibrium. *History of Economics Review*, 48: 1–38.
Fausto, D. and de Bonis, V. (Eds.) (2003). *Pensiero Economico Italiano*. 11(1): *The Theory of Public Finance in Italy from the Origins to the 1940s*. Pisa e Roma: Istituti editoriali e poligrafici internazionale.
Flatau, P. (1997). Fair wages and just outcomes: Marshall and Pigou on the labour market and redistribution. *History of Economics Review*, 26: 109–24.
Groenewegen, P. (1995). *A Soaring Eagle: Alfred Marshal 1842–1924*. Aldershot and Brookfield: Edward Elgar.
Hicks, J.R. (1961 [1999]). Pareto revealed. *Economica*, 28: 318–22. Reprinted in: Wood, J.C. and McLure, M. (Eds.) (1999). *Vilfredo Pareto: Critical Assessments*. Vol. 1. London: Routledge, pp. 131–5.
Johnson, H. (1960). Arthur Cecil Pigou. *Canadian Journal of Economics and Political Science*, 26 (1): 150–5.
Knight, F. H. (1924). Some fallacies in the interpretation of social costs. *Quarterly Journal of Economics*, 38(4): 582–606.
Maccabelli, T. (2009). Measuring inequality: Pareto's ambiguous contribution. *History of Political Economy*, 41 (1): 183–208.
Magnani, I. (2008). Note a margine di una recente opera sull'indirizzo sociologico della scienza delle Finanze italiana. *Rivista di Diritto Finanziario e Scienza della Finanza*, 67 (2): 165–99.

McLure, M. (2001). *Pareto, Economics and Society: The Mechanical Analogy*. London: Routledge.
McLure, M. (2007). *The Paretian School and Italian Fiscal Sociology*. Basingstoke: Palgrave Macmillan.
Montesano, A. (1991). Il Massimo di Ophelimità per la Collettività: Definizioni, Analisi, Interpretazioni di Pareto e Loro Generalizzazione. In G. Busino (Ed.), *Pareto Oggi*. Bologna: il Mulino, pp. 115–38.
Montesano, A. (1997). Pareto's analysis of efficiency and its interpretation. *History of Economic Ideas*, 5 (3): 1–12.
Pareto, V. (1894a [1980]). Prelazione al Corso d'Economia Politica. In Busino G. (Ed.), *Ouvres Complètes, 22I, Écrites sociologiques mineurs.* (1980). Genéve: Librairie Droz, pp. 101–7.
Pareto, V. (1894b [1982]). Il massimo di utilità dato dalla libera concorenza. *Giornale degli Economisti*, 4 (9): 48–66. Reprinted in: Busino, G. (Ed.) (1982). *Ouvres Complètes 26: Écrites d'économie politique*. Genéve: Librairie Droz, pp. 276–94; English translation: (2008). The maximum of utility given by free competition. *Giornale degli Economisti e Annali di Economia*, 67 (3): 387–404.
Pareto, V. (1896/97 [1971]). *Corso di Economia Politica [Cours d'Économie Politique]*. Torino: Unione Tipographico-Editrice Torinese.
Pareto, V. (1900 [1982]). Sunto di alcuni capitoli di un nuovo trattato di Economia Pura. Parts 1 and 2. *Giornale degli Economisti*, 10 (20): 219–35 and 511–49. Reprinted in: Busino, G. (Ed.) (1982). *Ouvres Complètes 26: Écrites d'économie politique*. Genéve: Librairie Droz, pp. 368–423; English translation: (2008). Summary of some new chapters of a treatise on pure economics by Professor Pareto. *Giornale degli Economisti e Annali di Economia*, 67 (3): 453–504.
Pareto, V. (1901/02 [1974]). *I Sistemi Socialisti [Les Systèmes Socialistes]*. Torino: Unione Tipografico-Editrice Torinese.
Pareto, V. (1902 [1982]). Di un nuovo errore nello interpretare le teorie dell'economia matematica. *Giornale degli Economisti*, 12 (15): 401–33. Reprinted in: Busino, G. (Ed.) (1982). *Ouvres Complètes 26: Écrites d'économie politique*. Genéve: Librairie Droz, pp. 488–520; English translation: (2008). On a new error in the interpretation of the theories of mathematical economics. *Giornale degli Economisti e Annali di Economia*, 67 (3): 515–43.
Pareto, V. (1906 [2006]). *Manuale di Economia Politica*. Manuale-Manuel edizione critica a cura di Aldo Montesano, Alberto Zanni e Luigino Bruni. Milan: EGEA – Università Bocconi Editore.
Pareto, V. (1909 [2006]). *Manuel d'Économie Politique [Manuale di Economia Politica]*. Manuale-Manuel edizione critica a cura di Aldo Montesano, Alberto Zanni e Luigino Bruni. Milan: EGEA – Università Bocconi Editore.
Pareto, V. (1913 [1980]). Il massimo di utilità per una collettività in sociologia. *Giornale degli Economisti e Rivista di Statistica*, 23 (46): 337–41. Reprinted in: Busino, G. (Ed.) (1980). *Œuvres Complètes 22: Écrits Sociologiques Mineurs*. Genéve: Librairie Droz, pp. 601–5.
Pareto, V. (1916 [1935]). *Mind and Society [Tratatto di Sociologia Generale]*. New York: Harcourt, Brace and Company.
Pareto, V. (1918). Economia sperimentale. *Giornale degli Economisti e Rivista di Statistica*, 28 (57): 1–18. Reprinted in: Busino, G. (Ed.) (1980). *Œuvres Complètes 22: Écrits Sociologiques Mineurs*. Genéve: Librairie Droz, pp. 719–43; English translation: (2008). Experimental economics. *Giornale degli Economisti e Annali di Economia*, 67 (3): 545–66.
Pigou, A.C. (1903). Some remarks on utility. *Economic Journal*, 13 (49): 58–68.
Pigou, A.C. (1910). Producers' and consumers' surplus. *Economic Journal*, 20 (79): 358–70.
Pigou, A.C. (1912). *Wealth and Welfare*. London: Macmillan.
Pigou, A.C. (1927). *Industrial Fluctuations*. London: Macmillan.
Pigou, A.C. (1928). *A Study in Public Finance*. London: Macmillan.
Pigou, A.C. (1932) [1946]. *The Economics of Welfare*, 4th ed. London: Macmillan [1920, 1st ed.; 1924, 2nd ed.; 1929, 3rd ed.].

Raffaelli, T., Beccattini, G. and Dardi, M. (Eds.) (2006). *The Elgar Companion to Alfred Marshall*. Cheltenham: Edward Elgar.

Saltmarsh, J. and Wilkinson, L.P. (1960). *Arthur Cecil Pigou, 1877–1959*. Cambridge: Cambridge University Press.

Schneider, E. (1961 [1999]). Vilfredo Pareto: The economist in the light of his letters to Maffeo Pantaleoni. *Banca Nazionale del Lavoro Quarterly Review*, XIV (58): 247–95. Reprinted in: Wood, J.C. and McLure, M (Eds.) (1999). *Vilfredo Pareto: Critical Assessments*, Vol. 1. London: Routledge, pp. 136–79.

Schneider, M. (2007). The nature, history and significance of the concept of positional goods. *History of Economics Review*, 45: 60–81.

Takami, N. (2009). Pigou on the minimum wage: an institutional inquiry into the labor market, *History of Economics Review*, 49.

Tarascio, V.J. (1973). Pareto's law of income distribution. *Social Science Quarterly*, 54 (3): 525–33. Reprinted in: Wood, J.C. and McLure, M. (1999). *Vilfredo Pareto: Critical Assessments*, Vol. 1. London: Routledge, pp. 406–16.

Walker, D.A. (1997). The Lausanne school. In T. Cate, G. Harcout and D. Colander (Eds.), *An Encyclopedia of Keynesian Economics*. Cheltenham: Edward Elgar, pp. 361–5.

Walker, D.A. (2006). *Walrasian Economics*. Cambridge: Cambridge University Press.

Wood, J.C. (Ed.) (1983). *Alfred Marshall: Critical Assessments*. London: Croom Helm.

Wood, J.C. (Ed.) (1993). *Léon Walras: Critical Assessments*. London: Routledge.

Wood, J.C. (Ed.) (1995). *Alfred Marshall: Critical Assessments II*. London: Routledge.

Wood, J.C. and McLure, M. (Eds.) (1999). *Vilfredo Pareto: Critical Assessments*. London: Routledge.

Young, Allyn A. (1913). Pigou's Wealth and Welfare. *Quarterly Journal of Economics*, 27(4): 672–86.

## 法国18世纪的累进间接税收与社会正义：福尔包奈和格拉斯兰的财政思想体系

Alfonsi, L. (2008). La diffusion des mathématiques au XVIII$^e$ siècle dans les manuels d'enseignements: Du 'Pourquoi' au 'Comment'? Paper presented at the XIV$^e$ Colloque National de la Recherche dans les IUT, Lyon-Villeurbanne, 29–30 May.

Ashworth, W.J. (2003). *Customs and Excise: Trade, Production and Consumption in England 1640–1845*. Oxford: Oxford University Press.

Boisguilbert, P. le Pesant de (1695 [1843]). Le detail de la France. In E. Daire (Ed.), *Collection des principaux économistes. Économistes et Financiers du XVIII$^{ème}$ siècle*, tome 1. Paris: Guillaumin, pp. 171–266.

Boisguilbert, P. le Pesant de (1707 [1843]). Factum de la France. In E. Daire (Ed.), *Collection des principaux économistes. Économistes et Financiers du XVIII$^{ème}$ siècle*, tome 1. Paris: Guillaumin, pp. 267–351.

*Catalogue des livres composant la bibliothèque de monsieur de Forbonnais* (undated). Bibliothèque de l'Arsenal, 6496, ff. 112–22.

Chapotin, R.-M. (1870). *Le collège de Dormans-Beauvais et la chapelle Saint-Jean l'évangéliste*. Paris: Joseph Albanel et Durand & Pedone-Laurel.

Charles, L. (1999). La liberté du commerce des grains et l'économie politique française (1750–1770). PhD Dissertation, University of Paris I Panthéon-Sorbonne.

Charles, L. (2004). The *Tableau Économique* as rational recreation. *History of Political Economy*, 36 (3): 445–74.

Charles, L. (2006). L'économie politique française et le politique au milieu du XVIII$^e$ siècle. In Ph. Nemo and J. Petitot (Eds.), *Histoire du libéralisme en Europe*. Paris: PUF, pp.279–303.

Charles, L. (2008). French 'new politics' and the dissemination of David Hume's *Political Discourses* on the Continent, 1750–70. In C. Wennerlind and M. Schabas (Eds.), *David Hume's Political Economy*. Abingdon: Routledge, pp. 181–202.

参考文献

Child, J. (1754 [1668]). *Traités sur le commerce et sur les avantages qui résultent de la reduction de l'intérêt de l'argent.* Translated by G.-M. Butel-Dumont and J.-C.-M. Vincent de Gournay. Amsterdam and Berlin: Jean Neaulme; Paris: Guérin et Delatour.

Child, J. and Gournay, J. Vincent de. (2008 [1754]). *Traités sur le commerce de Josiah Child suivis des Remarques de Jacques Vincent de Gournay.* Edition and Preface by S. Meyssonnier. Paris: L'Harmattan.

Clement, P. and Lemoine, A. (1872). *M. de Silhouette, Bouret, Les derniers Fermiers généraux. Etude sur les financiers du XVIII$^{ème}$ siècle.* Paris: Librairie Académique.

Davenant, Ch. (1771 [1695]). An essay upon ways and means of supplying the war. In *The Political and Commercial Works of that Celebrated Writer, Charles Davenant*, Vols 1–5. London: Horsfield and *alii*, vol. 1, pp. 1–83.

Davenant, Ch. (1771 [1698]). Discourses on the public revenues and on the trade of England. In *The Political and Commercial Works of that Celebrated Writer, Charles Davenant*, Vols 1–5. London: Horsfield and *alii*, vol. 1, pp. 143–459.

Decker, M. (1757). *Essai sur les causes du déclin du commerce étranger de la Grande-Bretagne, Traduit de l'anglais du chevalier Decker ou de Richardson, par l'abbé Jean-Paul de Gua de Malves*, Vols 1–2.

Doyle, W. (1988). *Origins of the French Revolution.* Oxford: Oxford University Press.

Durand, Y. (1996 [1971]). *Les Fermiers généraux au XVIII$^e$ siècle.* Paris: Maisonneuve et Larose.

Faccarello, G. (1992). Les economies politiques des Lumières: l'affirmation de la pensée libérale. Introduction. In A. Beraud and G. Faccarello. (Eds.), *Nouvelle Histoire de la Pensée Économique.* Vol. 1. Paris: La Découverte, pp. 143–53.

Faccarello, G. (2006). An 'exception culturelle'? French Sensationist Political economy and the shaping of public economics. *The European Journal of the History of Economic Thought*, 13 (1): 1–38.

Faccarello, G. (2009). The enigmatic Mr Graslin. A Rousseauistic bedrock for Classical economics? *The European Journal of the History of Economic Thought*, 16 (1): 1–40.

Fleury, G. (1915). *François Véron de Fortbonnais. Sa famille, sa vie, ses actes, ses œuvres (1722–1800).* Mamers: Imprimerie Fleury; Le Mans: A. de Saint-Denis.

Fleury, G. (1907). *Essai d'une nouvel impôt foncier dans une paroisse en 1764. L'économiste Véron de Forbonnais et le cadastre.* Paris: Imprimerie Nationale.

Forbonnais, F. Véron Duverger de (1750). *Opuscules de M. F\*\*\*. Tome III contenant un extrait chapitre par chapitre du livre de l'Espit des Loix, des observations sur quelques endroits particuliers de ce livre & une idée de toutes les critiques qui en ont été faites, avec quelques remarques de l'éditeur.* Amsterdam: Arkstée & Merkus.

Forbonnais, F. Véron Duverger de (1753a). *Théorie et pratique du commerce et de la marine, traduction libre sur l'espagnol de Don Geronimo de Ustariz, sur la seconde édition de ce livre en 1742.* Paris: Veuve Estienne.

Forbonnais, F. Véron Duverger de (1753b). *Le négociant Anglois ou traduction libre du livre intituled the British Merchant.* Dresde.

Forbonnais, F. Véron Duverger de (1754). *Eléments du commerce.* Vols 1–2. Leyde.

Forbonnais, F. Véron Duverger de (1755 [1753]). *Considérations sur les finances d'Espagne.* 2nd ed. Dresde & Paris: Frères Estienne.

Forbonnais, F. Véron Duverger de (1758). *Recherches et considérations sur les finances de France.* Vols 1–2. Basle: Frères Cramer.

Forbonnais, F. Véron Duverger de (1847 [1767]). Principes et observations économiques. In E. Daire and G. de Molinari (Eds), *Mélanges d'économie politique.* Vol. 1. Paris: Guillaumin, pp. 173–239.

Foucault, M. (1970). *The Order of Things. An Archaeology of the Human Sciences.* London: Tavistock.

Fournier de Flaix, E. (1885). *La réforme de l'impôt en France – Les theories fiscales et les impôts en France et en Eurpe aux XVII$^{me}$ et XVII$^{ième}$ siècles*, tome 1. Paris: Guillaumin.

Furet, F. (1988). *La Révolution.* Vols 1–2. Paris: Hachette.

503

Graslin, J.-J.-L. (1911 [1767]). *Essai analytique sur la richesse et sur l'impôt*. Paris: Librairie Paul Geuthner.

Graslin, J.-J.-L. (2008 [1768]). Dissertation de St. Petersbourg. In Ph. Le Pichon and A. Orain (Eds), *Graslin. Le temps des Lumières à Nantes*. Rennes: PUR. pp. 295–317.

Gross, J-P. (1993). Progressive taxation and social justice in eighteenth-century France. *Past and Present*, 140: 79–126.

Hincker, F. (1971). *Les français devant l'impôt sous l'Ancien Régime*. Paris: Flammarion.

Hobbes, Th. (2004 [1651]). *De Cive*. Whitefish (USA): Kessinger Publishing reprints.

Hume, D. (1754 [1752]). *Discours Politiques de Monsieur Hume*. Translated by J.-B. Abbé Le Blanc, Vols 1–2. Amsterdam: Lambert.

Hume, D. (1994 [1752]). Of taxes. In D. Hume, *Political Essays*, edited by K. Haakonssen. Cambridge: Cambridge University Press, pp. 161–5.

*Inventaire des meubles, effets, argents, crédits, titres et papiers dépendants de la Cté entre Monsieur et Madame Graslin* (1790). Régaires, 4 cahiers brochés, Archives Départementales de Loire-Atlantique, B 9512/1.

Jaucourt, L. de (1765). Impôt. In D. Diderot and J. le Rond d'Alembert (Eds), *Encyclopédie ou Dictionnaire raisonné, des sciences, des arts et des metiers*. Vol. 8. Neufchatel: Faulche, pp. 601–4.

Larrère, C. (1992). *L'invention de l'économie au XVIIIe siècle*. Paris: PUF.

Lichtenberger, A. (1895). *Le socialisme au XVIIIe siècle*. Paris: Félix Alcan.

Mathias, P. and O'Brien, P. (1976). Taxation in Britain and France, 1715–1810. A comparison of the social and economic incidence of taxes collected for the central governments. *The Journal of European Economic History*, 5 (3): 601–50.

Matthews, G.T. (1958). *The Royal General Farm in Eighteenth Century France*. New York: Columbia University Press.

Melon, J.-F. (1843 [1734]). Essai politique sur le commerce. In E. Daire (Ed.), *Economistes et financiers du XVIII$^{ème}$ siècle*, tome 3. Paris: Guillaumin, pp. 701–836.

Mirabeau, V. Riqueti de [and Quesnay, F.] (1760). *Théorie de l'impôt*.

Meyssonnier, S. (1989). *La Balance et l'Horloge – La genèse de la pensée libérale en France au XVIII$^e$ siècle*. Montreuil: Editions de la passion.

Montesquieu, Ch.-L. de Secondat, baron de la Brède et de (1949–51 [1748]). *De l'esprit des loix*. In *Oeuvres completes de Montesquieu*. Vols 1–2. Paris: Gallimard.

Morrisson, Ch. (1967). La place de Forbonnais dans la pensée économique. In Ch. Morrisson and R. Goffin (Eds), *Questions financières au XVIII$^e$ et XIX$^e$ siècles*. Paris: PUF, pp. 1–89.

Ogborn, M. (1998). The capacities of the state: Charles Davenant and the management of the Excise, 1683–1698, *Journal of Historical Geography*, 24 (3): 289–312.

Orain, A. (2003). Decline and progress. The economic agent in Condillac's theory of history. *The European Journal of the History of Economic Thought*, 10 (3): 379–407.

Orain, A. (2006). 'Equilibre' et fiscalité au siècle des Lumières. L'économie politique de Jean-Joseph Graslin. *Revue économique*, 57 (5): 955–81.

Orain, A. (2008). Jean-Joseph-Louis Graslin (1727–1790): Un itinéraire dans son siècle. In Ph. Le Pichon and A. Orain (Eds), *Graslin. Le temps des Lumières à Nantes*. Rennes: PUR, pp. 29–86.

Orain, A. (2010). A missed 'financial revolution' from England? Silhouette, Forbonnais and French finances during the Seven Years' War (1759). Paper presented at the European Society for the History of Economic Thought (ESHET) 14th Annual Conference, Amsterdam, 25–27 March.

Petty, W. (1755 [1690]). *Essays in Political Arithmetick*. 4th ed. London: Browne and Shuckburgh: Whiston and White.

Petty, W. (1769 [1662]). *Tracts; Chiefly Relating to Ireland. Containing: I. A Treatise of Taxes*

and Contributions; II. Essays in Political Arithmetic; III. The Political Anatomy of Ireland. Dublin: Boulter Grierson.
Quesnay, F. (2005 [1757]). Impôts, Œuvres économiques complètes et autres textes, tome 1. Paris, INED, pp. 216–56.
Rallier des Ourmes, J.-J. (1765). Proportion. In D. Diderot and J. le Rond d'Alembert (Eds), Encyclopédie ou Dictionnaire raisonné, des sciences, des arts et des metiers. Vol. 13. Neufchatel: Faulche, pp. 466–8.
Rivard, D.-F. (1739 [1732]). Élémens de géométrie, avec un Abrégé d'arithmétique et d'algèbre, par M. Rivard. Paris: Henry.
Rivard, D.-F. (1752 [1739]). Élémens de mathématiques. 5th ed. Paris: Desaint et Saillant.
Rousseau, J.-J. (1755). Économie politique. In D. Diderot and J. le Rond d'Alembert (Eds), Encyclopédie ou Dictionnaire raisonné, des sciences, des arts et des metiers. Vol. 5. Neuchâtel: Faulche, pp. 337–49.
Schumpeter, J.A. (1954). History of economic analysis. London: George Allen and Unwin.
Seligman, E.R.A (1893). The theory of progressive taxation. Political Science Quarterly, 8 (2): 220–52.
Seligman, E.R.A (1908). Progressive taxation in Theory and Practice. Princeton: American Economic Association; London: Swan Sonnenschein.
Skornicki, A. (2006). L'Etat, l'expert et le négociant: le réseau de la 'science du commerce' sous Louis XV. Genèses, 65: 4–26.
Spector, C. (2006). Montesquieu et l'émergence de l'économie politique. Paris: Honoré Champion.
Steiner, Ph. (1998). La 'science nouvelle' de l'économie politique. Paris: PUF.
Touzery, M. (1994). L' invention de l'impôt sur le revenu. La taille tarifée 1715–1789. Paris: Comité pour l'Histoire Économique et Financière de la France.
Vauban, S. Le Prestre, Maréchal de (1707). Projet d'une dixme royale.
Vatteville, E. (1971). La pensée fiscale de J.J.L. Graslin (1717–1790). Revue d'Histoire économique et Sociale, 49: 325–42.
Voltaire, F.-M. Arouet dit (1964 [1734]). Lettres philosophiques. Présentation par R. Pomeau. Paris: GF-Flammarion.

## 公共经济学史：法国的公共经济学历史学派

Allais, M. (1978). La Théorie Générale des Surplus. Grenoble: Presses Universitaires de Grenoble.
Arrow, K. (1963 [1951]). Social Choice and Individual Values. New York: Wiley.
Baumstark, L. and Bonnafous, A. (1997). La relecture théorique de Jules Dupuit par Maurice Allais face à la question du service public. In Papers and Proceedings, Colloquium French Economic Tradition, 1848–1939. Paris: CNRS.
Blackorby, C. and Donaldson, D. (1990). A review article: The case against the use of sum of compensating variations in cost-benefit analysis. Canadian Journal of Economics, 23 (3): 471–94.
Boiteux, M. (1949). La tarification des demandes en pointe: application de la théorie de la vente au coût marginal. Revue générale de l'Electricité, 58: 321–40.
Boiteux, M. (1951a). Le 'revenu distribuable' et les pertes économiques. Econometrica, 19 (2): 112–33.
Boiteux, M. (1951b). La tarification au coût marginal et les demandes aléatoires. Cahiers du séminaire d'économétrie, 1: 56–69.
Boiteux, M. (1956). Sur la gestion des monopoles astreints à l'équilibre budgétaire. Econometrica, 24 (1): 22–40.
Boutet, R., Roy, R. and Divisia, F. (1945). Séance commémorative en l'honneur de J. Dupuit à l'occasion du centenaire de son premier mémoire, De la mesure de l'utilité des Travaux Publics. Paris: Ecole Nationale des Ponts et Chaussées.

Colson, C. (1901–1907). *Cours d'Economie Politique*, professé à l'Ecole des Ponts et Chaussées, 6 vols, 2nd ed. 1924–1931.

Divisia, F. (1928). *Economique Rationnelle*. Paris: Doin.

Divisia, F. (1950–1965). *Exposés d'Economique*, 3 vols. Paris: Dunod.

Dupuit, J. (1844). De la mesure de l'utilité des travaux publics. *Annales des Ponts et Chaussées, 2nd series*, 8 (116). Translation by Barback, R.H. (1952). On the measurement of the utility of public works. *International Economic Papers*, 2: 83–110. London: Macmillan.

Dupuit, J. (1849a). De l'influence des péages sur l'utilité des voies de communication. *Annales des Ponts et Chaussées, 2nd Series*, 17 (207). Translation by Anderson, E. (1962), On tolls and transport charges. *International Economic papers*, 11: 7–31.

Dupuit, J. (1849b). De la législation actuelle des voies de transport; nécessité d'une réforme basée sur des principes rationnels. *Journal des Economistes, 1st series*, 23: 217–31.

Dupuit, J. (1852/53). Péage. In C. Coquelin (Ed.), *Dictionnaire de l'économie politique*. Paris: Guillaumain, pp. 339–44.

Dupuit, J. (1853). De l'utilité et de sa mesure: de l'utilité publique. *Journal des Economistes*, 36: 1–27.

Dupuit, J. (1859). Des crises alimentaires et des moyens employés pour y remédier. *Journal des Economistes, 2nd series*, 22: 161–76 and 346–65.

Dupuit, J. (1861). Du principe de propriété – Le juste – L'utile. *Journal des Economistes, 2nd series*, 29: 321–47, 30: 28–55.

Dupuit, J. (1933). *De l'utilité et de sa mesure: Ecrits choisis et republiés par Mario de Bernardi*. Torino: La Riforma Sociale.

Dupuit, J. (2009). *Oeuvres Economiques Complètes* [*Complete Economic Works*], Vol. 1–2, established and presented by Y. Breton and G. Klotz. Paris: Economica.

Edgeworth, F.Y. (1881). *Mathematical Psychics*. London: C. Kegan Paul.

Edgeworth, F.Y. (1894). Dupuit. In H. Higgs (Ed.), *Palgrave's Dictionary of Political Economy*, Vol. 1. London: Macmillan.

Ekelund, R. (1968). Jules Dupuit and the early theory of marginal cost pricing. *The Journal of Political Economy*, 76: 462–71.

Ekelund, R. (1987). A.J.E.J. Dupuit. In J. Eatwell, M. Milgate and P. Newman (Eds), *The New Palgrave: A Dictionary of Economic Theory and Doctrine*, Vol. 1. London: The Macmillan Press.

Ekelund, R. and Hébert, R. (1973). Economics at the Ecole des Ponts et Chaussées, 1830–1850. *Journal of Public Economics*, 2: 241–56.

Ekelund, R. and Hébert, R. (1978). French engineers, welfare economics and public finance in the nineteenth century. *History of Political Economy*, 10: 636–68.

Ekelund, R. and Hébert, R. (1985). Consumer surplus: The first hundred years. *History of Political Economy*, 17: 419–54.

Ekelund, R. and Hébert, R. (1999). *Secret Origins of Modern Microeconomics: Dupuit and the Engineers*. Chicago, IL: The University of Chicago Press.

Ekelund, R. and Hébert, R. (2000). Jules Dupuit, Ingénieur et Economiste. Paper presented at a Conference at the University of Montreal, March.

Ekelund, R. and Hébert, R. (2003). Ethics, engineering and natural monopoly: The 'modern debate' between Léon Walras and Jules Dupuit. *History of Political Economy*, 35 (4): 655–78.

Ekelund, R. and Shieh, Y.-N. (1986). Dupuit, spatial economics, and optimal resource allocation: A French tradition. *Economica*, 53: 483–96.

Etner, F. (1987). *Histoire du calcul économique en France*. Paris: Economica.

Flacher, D., Jennequin, H. and Ugur, M. (2009). Has the European Union got it right? A critical analysis of liberalization in network industries. In J. Huffschmid, M. Frangakis and C. Hermann (Eds), *Privatization against the European Social model*. Houndmills

Basinsgtoke: Palgrave Macmillan.
Guesnerie, R. (2004). *Dupuit, hier et aujourd'hui*. In *L'art de l'ingénieur de Perronet à Caquot*. Paris: Presses de l'Ecole Nationale des Ponts et Chaussées, pp. 117–28.
Guitton, H. and Margolis, J. (Eds) (1968). *Economie Publique*. Paris: CNRS.
Guitton, H. and Margolis, J. (Eds) (1969). *Public Economics, an Analysis of the Public Production and Consumption and their Relation to the Private Sector*. London: Macmillan.
Hotelling, H. (1938). The general welfare in relation to problems of taxation and of railway and utility rates. *Econometrica*, 6: 242–69.
Isnard, A.-N. (1781). *Traité des Richesses*, Vols 1–2. Lausanne: F. Grasset. Goldsmiths' Kress Library of Economic Literature; no. 12121.
Johansen, L. (1965). *Public Economics*. Chicago: Rand Mc Nally.
Knight, F.H. (1935). Review of 'De l'utilité et de sa mesure', by Jules Dupuit. *Journal of Poltical Economy*, 43: 119–20.
Kolm, S.-Ch. (1963). *The Foundation of Public Economics (The Economic Theory of the State)*. Paris: IFP.
Kolm, S.-Ch. (1966). The optimum production of social justice. In H. Guitton and J. Margolis (Eds), Collected Papers of the IEA and CNRS Conference on Public Economics, Biarritz. Reprinted in Guitton, H. and Margolis, J. (Eds) (1968). *Economie Publique*. Paris: CNRS, pp. 109–77; in Guitton, H. and Margolis, J. (Eds) (1969). *Public Economics, An Analysis of the Public Production and Consumption and their Relation to the Private Sector*. London: Macmillan, pp. 145–200; and in Arrow, K.J. and Debreu, G. (selectors) (2001). *Landmark Papers in General Equilibrium Theory, Social Choice and Welfare, The Foundations of 20th Century Economics*. Cheltenham: Edward Elgar, pp. 606–53.
Kolm, S.-Ch. (1968). *La théorie générale de l'encombrement [The General Theory of Congestion]*. Paris: SEDEIS.
Kolm, S.-Ch. (1968–1970). *Cours d'Economie Publique [Lectures in Public Economics]. L'Etat et le Système des Prix [The State and the Price System]. La Valeur Publique [Public Value]. Prix Publics Optimaux [Optimum Public Prices]. La Théorie des Contraintes de Valeur et ses Applications [The Theory of Value Constraints and Applications]. Le Service des Masses [Mass Services]*. Paris: Dunod.
Kolm, S.-Ch. (1970). L'inégalité des valeurs des vies humaines, ed. by R. Roy. *Cahiers du Séminaire d'Econométrie*, 18: 80–107. English summary: (1976). Public safety. *American Economic Review*, 66: 382–7.
Kolm, S.-Ch. (1974). Rendement qualitatif et financement optimal des politiques d'environnement. *Econometrica*, 43: 93–115. English translation: Qualitative returns to scale and the optimum financing of environment policies. In J. Rothenberg and I. Heggie (Eds), *The Management of Water Quality and the Environment*. London: Macmillan, pp. 151–72.
Kolm, S.-Ch. (1985). *Le Contrat Social Libéral*. Paris: Presses Universitaires de France.
Kolm, S.-Ch. (1987). Public economics. In J. Eatwell *et al.* (Eds), *New Palgrave Dictionary in Economics*. London: Macmillan, pp. 1047–55.
Kolm, S.-Ch. (1996). *Modern Theories of Justice*. Cambridge, MA: MIT Press.
Kolm, S.-Ch. (2004). *Macrojustice, The Political Economy of Fairness*. New York: Cambridge University Press.
Marshall, A. (1920 [1890]). *Principles of Economics*. London: Macmillan.
Morrison, C. (2008). Was Jules Dupuit a market socialist: A retrospective note on marginal cost pricing. *Atlantic Economic Journal*, 36 (1): 31–9.
Mosca, M. (1998). Jules Dupuit, the French 'Ingénieurs Economistes' and the Société d'Economie Politique. In G. Faccarello (Ed.), *Studies in the History of French Political Economy*. London: Routledge, pp. 254–83.
Ramsey, F. (1927). A contribution to the theory of taxation. *Economic Journal*, 37 (145): 47–61.
Rosen, F. (2003). *Classical Utilitarianism from Hume to Mill*. London and New York:

Routledge.
Roy, R. (1933). La demande dans ses rapports avec la répartition des revenus. *Econometrica*, 1 (3): 265–73.
Roy, R. (1943). La hiérarchie des besoins et la notion de groupes dans l'économie de choix. *Econometrica*, 11 (1): 13–24.
Roy, R. (1947). La distribution du revenu entre les divers biens. *Econometrica*, 15: 205–25.
Schumpeter, J. (1954). *History of Economic Analysis*. Oxford: Oxford University Press.
Scitovsky, T. (1941). A note on welfare propositions in economics. *Review of Economic Studies*, 9: 77–88.
Stigler, G.J. (1971). The theory of economic regulation. *Bell Journal of Economics and Management Science*, 2: 3–21.
Thomson, W. (1999). Economies with public goods: an elementary geometric exposition. *Journal of Public Economic Theory*, 1: 139–76.
Walras, L. (1965). *Correspondence of Léon Walras and Related Papers*, 3 vols, ed. W. Jaffé. Amsterdam: North-Holland.

## 大胆的想法——法国自由主义经济学家与国家：从萨伊到博利厄

Augello, Massimo (1979). *Charles Dunoyer. L'assolutizzazione dell'economia politica liberale*. Rome: Edizioni dell'Ateneo & Bizzarri.
Bastiat, Frédéric (1848). L'État. *Journal des Débats*, September 25: as in (1870). *Œuvres complètes de Frédéric Bastiat*. Vol. IV. Paris: Guillaumin, pp. 327–41.
Béraud, Alain, Gislain, Jean-Jacques, and Steiner, Philippe (2004). L'économie politique néo-smithienne en France (1803–1848). *Économies et sociétés (Cahiers de l'ISMEA)*, February: 325–420.
Broglie, Achille-Charles-Léonce-Victor de (1849). Les impôts et les emprunts. In Victor de Broglie (1879). *Le libre-échange et l'impôt. Études d'économie politique*. Paris: Calmann Lévy, pp. 3–128.
Cherbuliez, Antoine-Élisée. (1848). Essai sur la théorie de l'impôt. *Journal des Économistes*, 83 (1 July): 381–90, and 84 (15 July): 419–27.
Clément, Ambroise (1850). Des attributions rationnelles de l'autorité publique. *Journal des Économistes*, February: 228–50.
Condorcet, Marie-Jean-Antoine-Nicolas Caritat de (1779). Dissertation philosophique et politique, ou réflexions sur cette question: s'il est utile aux hommes d'être trompés? In Condorcet, Marie-Jean-Antoine-Nicolas Caritat de (1847–49). *Œuvres, publiées par Arthur Condorcet-O'Connor et François Arago*. Vol. V. Paris: Firmin Didot, pp. 343–89.
Coquelin, Charles (1852). État. In Coquelin, Charles and Gilbert-Urbain Guillaumin (Eds.) (1852/53), *Dictionnaire de l'économie politique*. Vol. I. Paris: Guillaumin, pp. 733–6.
Destutt de Tracy, Antoine Louis Claude (1811). *A Commentary and Review of Montesquieu's Spirit of the Laws*. American translation by Thomas Jefferson. Philadelphia: William Duane.
Destutt de Tracy, Antoine Louis Claude (1815). *Éléments d'idéologie. IVe et Ve parties: Traité de la volonté et de ses effets*. Paris: Courcier. American translation revised by Thomas Jefferson (1817). *A Treatise on Political Economy*. Georgetown: Joseph Milligan.
Dunoyer, Barthélémy Charles (1818). Review of J.-B. Say, *Petit volume contenant quelques aperçus des hommes et de la société*. 2nd ed. *Le Censeur Européen*, VII: 80–126.
Dunoyer, Barthélémy Charles (1825). *L'industrie et la morale considérées dans leurs rapports avec la liberté*. Paris: Sautelet.

Dunoyer, Barthélémy Charles (1827). Review of J.-B. Say, *Traité d'économie politique*. 5th ed. *Revue Encyclopédique*, April: 63–90.
Dunoyer, Barthélémy Charles (1830). *Nouveau traité d'économie sociale*. Paris: Sautelet et Mesnier.
Dunoyer, Barthélémy Charles (1845). *De la liberté du travail ou simple exposé des conditions dans lesquelles les forces humaines s'exercent avec le plus de puissance*. Paris: Guillaumin.
Dunoyer, Barthélémy Charles. (1852a). Les limites de l'économie politique et des fonctions du gouvernement. *Journal des Économistes*, December: 217–31.
Dunoyer, Barthélémy Charles (1852b). Gouvernement. In Coquelin, Charles and Guillaumin, Gilbert-Urbain (Eds.) (1852/53). *Dictionnaire de l'économie politique*. Vol. I. Paris: Guillaumin, pp. 835–41.
Dunoyer, Barthélémy Charles. (1853a). Les limites de l'économie politique et la nature des richesses. *Journal des Économistes*, February: 223–37.
Dunoyer, Barthélémy Charles (1853b). Production. In Coquelin, Charles and Guillaumin, Gilbert-Urbain (Eds.) (1852/53). *Dictionnaire de l'économie politique*. Vol. II. Paris: Guillaumin, pp. 439–50.
Duverne, J.-M. (1851). *Une sur les 52 de M. Émile de Girardin*. Paris: Chez tous les libraires.
Faccarello, Gilbert (1989). L'évolution de la pensée économique pendant la Révolution: Alexandre Vandermonde ou la croisée des chemins. In Varii Auctores, *Politische Ökonomie und Französische Revolution*. Trier: Schriften aus dem Karl-Marx-Haus, pp. 75–121.
Faccarello, Gilbert (2006). An 'exception culturelle'? French Sensationist political economy and the shaping of public economics. *The European Journal of the History of Economic Thought*, 13(1): 1–38.
Faccarello, Gilbert (2009). The enigmatic Mr Graslin. A Rousseauist bedrock for Classical economics? *The European Journal of the History of Economic Thought*, 16(1): 1–40.
Faccarello, Gilbert and Steiner, Philippe (2002). The diffusion of the work of Adam Smith in the French language: An outline history. In Keith Tribe (Ed.), *A Critical Bibliography of Adam Smith*. London: Pickering and Chatto, pp. 61–119.
Faccarello, Gilbert and Steiner, Philippe (2008). Political economy and religion in early 19th century France. In Braley W. Bateman and H. Spencer Banzhaf (Eds.), *Keeping Faith: Religious Belief and Political Economy*. Durham: Duke University Press (Annual Supplement to vol. 40 of *History of Political Economy*), pp. 26–61.
Fauveau, Gustave (1864). *Considérations mathématiques sur la théorie de l'impôt*. Paris: Gauthier-Villars.
Gandillot, René (1840). *Essai sur la science des finances*. Paris: Joubert.
Gandillot, René (1875). *Principes de la science des finances*. Paris: Guillaumin.
Ganilh, Charles (1825). *De la science des finances et du ministère de M. le comte de Villèle*. Paris: Trouvé.
Girardin Émile de (1849). *Le socialisme et l'impôt*. Paris: Michel Lévy. 6th ed. (1852), *L'impôt*. Paris: Librairie nouvelle.
Graslin, Jean-Joseph-Louis (1768). *Dissertation sur la Question proposée par la Société économique de St. Pétersbourg*. New ed, introduction and notes by G. Faccarello. In Ph. Le Pichon and A. Orain (Eds.) (2008). *Jean-Joseph-Louis Graslin (1727–1790). Nantes au temps des Lumières*. Rennes: Presses Universitaires de Rennes, pp. 293–317, where the original pagination is indicated.
Jacob, Ludwig Heinrich von (1837). *Staatsfinanzwissenschaft*. 2nd ed. French translation: (1841). *Science des finances, exposée théoriquement et pratiquement*. Leipzig and Paris: Brockhaus and Avenarius.
Leroy-Beaulieu, Paul (1876). *Traité de la science des finances*. 3rd ed. (1883). Paris: Guillaumin.
Leroy-Beaulieu, Paul (1889). *L'État moderne et ses fonctions*. 3rd ed. (1900). Paris:

Guillaumin.
Leroy-Beaulieu, Paul (1890). État. In Léon Say and Joseph Chailley (Eds.), *Nouveau dictionnaire d'économie politique*. 2nd ed. (1900), Vol. I. Paris: Guillaumin, pp. 943–53.
Leroy-Beaulieu, Paul (1896). *Traité théorique et pratique d'économie politique*. 4th ed. (1905). Paris: Guillaumin.
Ménier, Émile-Justin (1871). *Des indemnités aux victimes de la guerre (invasion et émeute) avec l'impôt simplifié considéré comme prime d'assurance. Suppression des emprunts et de la dette publique*. Paris: Guillaumin.
Ménier, Émile-Justin (1872). *L'impôt sur le capital. Son application, ses avantages, ses conséquences. Lettres extraites de la Revue Universelle (1871–1872)*. Paris: Guillaumin.
Ménier, Émile-Justin (1873). *La réforme fiscale*. Paris: Plon et Guillaumin.
Ménier, Émile-Justin (1874a). *Conférence sur la réforme fiscale, faite à Paris-Passy le lundi 2 mars 1874*. Paris: Plon et Guillaumin.
Ménier, Émile-Justin (1874b). *Théorie et application de l'impôt sur le capital*. Paris: Plon et Guillaumin.
Molinari, Gustave de (1849a). De la production de sécurité. *Journal des Économistes*, February: 277–90.
Molinari, Gustave de (1849b). *Les soirées de la rue Saint-Lazare. Entretiens sur les lois économiques et défense de la propriété*. Paris: Guillaumin.
Molinari, Gustave de (1854). *Cours d'économie politique*. Rev. ed. (1863). Bruxelles: Lacroix and Verbeockhoven, Paris: Guillaumin.
Molinari, Gustave de (1884). *L'évolution politique et la révolution*. Paris: Reinwald.
Molinari, Gustave de (1887). *Les lois naturelles de l'économie politique*. Paris: Guillaumin.
Molinari, Gustave de (1899). *Esquisse de l'organisation politique et économique de la société future*. Paris: Guillaumin.
Musgrave, Richard A. and Peacock, Alan (1958). *Classics in the theory of public finance*. London: Macmillan.
Potier, Jean-Pierre (2006). Les traductions du *Traité d'économie politique*, 1804–1857. In J.-B. Say (2006). *Œuvres complètes*. Vol. I. Paris: Economica, pp. liii–lxxxi.
Rossi, Pellegrino (1836–38). *Cours d'économie politique*. 4th ed. Paris: Guillaumin.
Say, Jean-Baptiste (1803). *Traité d'économie politique*. 1st ed. Paris: Deterville.
Say, Jean-Baptiste (1819). *Cours à l'Athénée*. In J.-B. Say (2003). *Œuvres complètes, Vol. 4: Leçons d'économie politique*. Paris: Economica, pp. 51–262.
Say, Jean-Baptiste (1821). *Catéchisme d'économie politique*. 2nd ed. Paris: Bossange. As in J.-B. Say (1996). *Cours d'économie politique et autres essais*. Paris: Flammarion, pp. 307–448.
Say, Jean-Baptiste (1828/29). *Cours complet d'économie politique pratique; ouvrage destiné à mettre sous les yeux des hommes d'État, des propriétaires fonciers et des capitalistes, des savants, des agriculteurs, des manufacturiers, des négociants, et en général de tous les citoyens, l'économie des sociétés*. Rev. ed. (1852). Paris: Guillaumin.
Say, Jean-Baptiste (1831/32). Cours au Collège de France. In J.-B. Say (2003). *Œuvres complètes, Vol. 4: Leçons d'économie politique*. Paris: Economica, pp. 337–484.
Say, Jean-Baptiste (1841a). *Traité d'économie politique, ou simple exposition de la manière dont se forment, se distribuent et se consomment les richesses*. 6th ed. Paris: Guillaumin. Variorum edition of the six editions: J.-B. Say (2006). *Œuvres complètes*. Vol. I. Paris: Economica.
Say, Jean-Baptiste (1841b). *Épitomé des principes fondamentaux de l'économie politique*. 5th ed. In J.-B. Say (1841a), pp. 1093–165.
Say, Jean-Baptiste (n.d.). *Politique pratique*. In J.-B. Say (2003). *Œuvres complètes, Vol. 5: Œuvres morales et politiques*. Paris: Economica, pp. 287–822.
Silvant, Claire (2010). Gustave Fauveau's contribution to fiscal theory. *The European Journal of the History of Economic Thought*, 17(4): 813–35.
Steiner, Philippe. (1989). Intérêts, intérêts sinistres et intérêts éclairés: problèmes du libéralisme chez J.-B. Say. *Cahiers d'économie politique*, 16–17: 21–41.

Steiner, Philippe (1997). Politique et économie politique chez Jean-Baptiste Say. *Revue française d'histoire des idées politiques*, 5: 23–58.

Steiner, Philippe (2006). Les Traité d'économie politique. In J.-B. Say (2006). *Œuvres complètes*. Vol. I. Paris: Economica, pp. ix–lii.

Thierry, Augustin (1818). Review of A. L. C. Destutt de Tracy, *Commentaire de l'Esprit des Lois de Montesquieu* (unauthorized edition of 1817). *Le Censeur Européen*, VII: 191–260.

Thiers, Adolphe (1848). *De la propriété*. Paris: Paulin, Lheureux & Cie.

Walras, Auguste (1821–66). *Correspondance*. In *Œuvres économiques complètes de Auguste et Léon Walras*, vol. IV (2005). Paris: Économica.

Walras, Auguste (1849a). De l'impôt sur le revenu. In *Œuvres économiques complètes de Auguste et Léon Walras, Vol. II: La vérité sociale* (1997). Paris: Économica, pp. 447–98.

Walras, Auguste (1849b). Un chapitre de M. Guizot annoté par un travailleur. In *Œuvres économiques complètes de Auguste et Léon Walras, Vol. II: La vérité sociale* (1997). Paris: Économica, pp. 535–57.

Walras, Auguste (1850). De l'impôt sur le capital. Lettres à M. Émile de Girardin, représentant du peuple. In *Œuvres économiques complètes de Auguste et Léon Walras, Vol. II: La vérité sociale* (1997). Paris: Économica, pp. 563–604.

Walras, Marie-Esprit Léon (1896). Le problème fiscal. *Revue Socialiste*, 15 October and 15 November. *Œuvres économiques complètes de Auguste et Léon Walras, Vol. IX: Études d'économie sociale* (1990). Paris: Économica, pp. 391–424.

Whatmore, Richard (2000). *Republicanism and the French Revolution an intellectual history of Jean-Baptiste Say's political economy*. Oxford: Oxford University Press.

## 功利与正义：法国19世纪的自由主义经济学家

Arena, R. (1991a). Adolphe-Jérôme Blanqui 1798–1854. Un historien de l'économie aux préoccupations sociales. In Y. Breton and M. Lutfalla (Eds), *L'économie politique en France au XIXe siècle*. Paris: Economica, pp. 163–83.

Arena, R. (1991b). Joseph Garnier 1813–1881. Libéral orthodoxe et théoricien éclectique. In Y. Breton and M. Lutfalla (Eds), *L'économie politique en France au XIXe siècle*. Paris: Economica, pp. 111–39.

Arena, R. (2001). French views on the existence of an 'English' classical school: An interpretation. Paper presented at the meeting on British and Continental Traditions in Classical Political Economy, Nice-Sophia-Antipolis, December.

Bastiat, F. (1848a). Propriété et loi. *Journal des Economistes*, $1^{ère}$ série, $7^{ème}$ année, 20 (80): 177–91.

Bastiat, F. (1848b). Justice et fraternité. *Journal des Economistes*, $1^{ère}$ série, $7^{ème}$ année, 20 (82): 310–27.

Batbie, A. (1861). *Turgot, philosophe, économiste et administrateur*. Paris: Cotillon.

Batbie, A. (1862). *Traité théorique et pratique du droit public et administratif*, tome II. Paris: Cotillon.

Baudrillart, H. (1857a). *Manuel d'économie politique*. Paris: Guillaumin.

Baudrillart, H. (1857b). De l'héritage et des lois de succession. *Journal des économistes*, $2^{ème}$ série, $4^{ème}$ année, 13 (37): 8–27.

Baudrillart, H. (1860). *Des rapports de la morale et de l'économie politique*. Paris: Guillaumin.

Baudrillart, H. (1862). Observations sur le spiritualisme en économie politique en réponse à M. Dameth et à M. de Fontenay. *Journal des économistes*, $2^{ème}$ série, $9^{ème}$ année, 36: 40–54.

Baudrillart, H. (1864). Ou en est l'économie politique? *Journal des Economistes*, $2^{ème}$ série, $11^{ème}$ année, 41 (121): 27–50.

Baudrillart, H. (1866). Des la méthode en économie politique. *Journal des Economistes*, $3^{ème}$

série, *1ère année*, 1 (1): 11–31.
Baudrillart, H. (1869). *Economie politique populaire*. Paris: Librairie de L. Hachette.
Baudrillart, H. (1872). *Manuel d'économie politique*, 3rd ed. Paris: Guillaumin.
Baudrillart, H. (1880–81). *Histoire du luxe privé et public depuis l'Antiquité jusqu'à nos jours*, 4 vols, 2nd Ed. Paris: Guillaumin.
Baudrillart, H. (1888). Introduction. In J.B. Say *Economie politique*. Paris: Guillaumin, pp. i–liv.
Beauregard, P. (1888). Introduction and [Observations sur la théorie de la rente]. In *Ricardo, rente, salaires et profits*. Paris: Guillaumin, pp. i–xxviii and 85–92.
Benoist, C. (1900). Système de Bentham. In L. Say and J. Chailley (Eds), *Nouveau Dictionnaire d'économie politique*, tome 1, 2nd ed. Paris: Guillaumin, pp. 183–5.
Blanqui, A.J. (1837). *Histoire de l'économie politique en Europe depuis les anciens jusqu'à nos jours, suivie d'une bibliographie raisonnée des principaux ouvrages de l'économie politique*, tome II, 3rd ed. Paris: Guillaumin, 1845.
Block, M. (1890). *Les progrès de la science économique depuis Adam Smith. Révision des doctrines*, tome 1. Paris: Guillaumin.
Bonnet, V. (1877). La question des impôts. I. L'impôt progressif. *Revue des deux mondes, 3ème période*, 24: 437–53.
Breton, Y. (1985). Les économistes, le pouvoir politique et l'ordre social en France en 1830 et 1851. *Histoire, Economie et Société*, 4 (2): 232–52.
Breton, Y. (1992). L'économie politique et les mathématiques en France, 1800–1940. *Histoire et mesure*, 7 (1–2): 25–52.
Breton, Y. (1998). French Economists and marginalism (1870–1918). In G. Faccarello (Ed.), *Studies in the History of French Political Economy. From Bodin to Walras*. London: Routledge, pp. 404–55.
Breton, Y. and Klotz, G. (2006). Jules Dupuit, *Société d'économie politique* de Paris and the issue of population in France (1850–66). *European Journal of the History of Economic Thought*, 13 (3): 337–63.
Breton, Y. and Lutfalla, M. (1991). Conclusion générale. In Y. Breton and M. Lutfalla (Eds), *L'économie politique en France au XIXe siècle*. Paris: Economica, pp. 589–603.
Buchez, P.J.B. (1842). *Introduction à la science de l'histoire*, tome 1, 2nd ed. Paris: Guillaumin.
Buret, E. (1840). *De la misère des classes laborieuses en Angleterre et en France*, tome II. Paris: Chez Paulin.
Chailley-Bert, J. (1884). *L'impôt sur le revenu: législation comparée et économie politique*. Paris: Guillaumin.
Charbit, Y. (1981). Du malthusianisme au populationnisme. Les 'Economistes' français et la population (1840–1870). *Population, 36ème année*, 2: 287–93.
Cherbuliez A.-E. (1852). Bienfaisance publique. In Ch. Coquelin and Ch. Guillaumin (Eds), *Dictionnaire de l'économie politique*, tome I. 4ème tirage 1873. Paris: Guillaumin, pp. 163–77.
Chevalier M. (1850a). *Cours d'économie politique fait au collège de France*, vol. 3. Paris: Capelle.
Chevalier, M. (1850b). Accord de l'économie politique et de la morale. *Journal des économistes, 1ère série, 9ème année*, 25 (107): 209–27.
Chevalier, M. (1862). [Compte-rendu] Leçons d'économie politique par M. F. Passy. *Journal des économistes, 2ème série, 9ème année*, 33 (25): 366–72.
Chevalier, M. (1868). La richesse considérée au point de vue moral et politique. *Journal des Economistes, 3ème série, 3ème année*, 9 (25): 6–28.
Clavet, J. (1868). Les moralistes et les utilitaires. *Journal des Economistes, 3ème série, 3ème année*, 9 (26): 227–50.
Clément, A. (1853). Introduction. In Ch. Coquelin and Ch. Guillaumin (Eds), *Dictionnaire*

de l'économie politique, tome I. 4$^{ème}$ tirage 1873 Paris: Guillaumin, pp. ix–xxvii.
Comte Ch. (1852). Hérédité. In Ch. Coquelin and Ch. Guillaumin (Eds), *Dictionnaire de l'économie politique*, tome I. 4$^{ème}$ tirage 1873 Paris: Guillaumin, pp. 859–60.
Coquelin Ch. (1852). Economie politique. In Ch. Coquelin and Ch. Guillaumin (Eds), *Dictionnaire de l'économie politique*, tome I, 4$^{ème}$ tirage 1873. Paris: Guillaumin, pp. 643–70.
Courcelle-Seneuil J.-G. (1842). Propriété. In E. Duclerc and L. Pagnerre (Eds), *Dictionnaire politique*, 6th ed. 1860. Paris: Pagnerre.
Courcelle-Seneuil, J.-G. (1854). [Compte-rendu] Du revenu foncier par M.R. de Fontenay. Opuscules sur la rente par M. Matthieu Wolkoff. *Journal des économistes*, 1$^{ère}$ série, 13$^{ème}$ année, 4 (12): 413–22.
Courcelle-Seneuil, J.-G. (1866). Des principes du droit. *Journal des économistes*, 3$^{ème}$ série, 1$^{ère}$ année, 3 (8): 161–80.
Courcelle-Seneuil, J.-G. (1900). Droit de propriété. In L. Say and J. Chailley (Eds), *Nouveau Dictionnaire d'économie politique*, tome II, 2nd ed. Paris: Guillaumin, pp. 641–55.
Dameth, H. (1859). *Le juste et l'utile ou rapport de l'économie politique avec la morale*. Paris: Guillaumin and Genève: Joël Cherbuliez.
Dameth, H. (1872). *Les bases naturelles de l'économie sociale*. Genève: F. Richard and Paris: Guillaumin.
Delatour, A. (1894). Impôt. In L. Say, L. Foyot and A. Lanjalley (Eds), *Dictionnaire des finances*. Paris et Nancy: Berger-Levrault, t. 11, pp. 361–74.
De Marchi, N. (1974). The success of Mill's Principles. *History of Political Economy*, 6 (2): 119–57.
Droz, J. (1846). *Economie politique ou principe de la science des richesses*, 2nd ed. Paris: Jules Renouard.
Dunoyer, Ch. (1843). Examen de quelques reproches adressés aux tendances industrielles de notre époque. *Journal des Economistes*, 1$^{ère}$ série, 50: 233–59.
Dunoyer Ch. (1845). *De la liberté du travail*, tome 1. Paris: Guillaumin.
Dupuit, J. (1861a). Du principe de propriété – Le juste et L'utile. *Journal des économistes*, 2$^{e}$ série, 8$^{ème}$ année, 30 (1): 321–47.
Dupuit, J. (1861b). Du principe de propriété – Le juste L'utile – (suite et fin). *Journal des économistes*, 2$^{e}$ série, 8$^{ème}$ année, 30 (4): 28–55.
Dupuit, J. (1863). [Compte-rendu] Questions d'économie politique et de droit public, par M.G. Molinari. *Journal des Economistes*, 2$^{ème}$ série, 10$^{ème}$ année, 37 (35): 114–19.
Dupuit, J. (1865). De la liberté de tester. *Journal des économistes*, 2$^{ème}$ série, 12$^{ème}$ année, 47: 194–202.
du Puynode, M.G.P. (1853). *De la monnaie, du crédit et de l'impôt*, tome 2. Paris: Guillaumin.
du Puynode, M.G.P. (1860). *Des lois du travail et de la production*. Paris: Guillaumin.
du Puynode, M.G.P. (1866). Etudes sur les divers systèmes d'économie politique et sur les principaux économistes. Ricardo. *Journal des Economistes*, 3$^{ème}$ série, 1$^{ère}$ année, 3 (7): 12–33.
Esquirou de Parieu, F. (1852). Succession. In Ch. Coquelin and Ch. Guillaumin (Eds), *Dictionnaire de l'économie politique*, tome II. 4$^{ème}$ tirage 1873. Paris: Guillaumin, pp. 670–8.
Esquirou de Parieu, F. (1857). Examen des avantages et des inconvénients des impôts généraux sur la propriété ou le revenu. *Journal des économistes*, 2$^{ème}$ série, 4$^{ème}$ année, 14 (42): 321–39.
Faucher, L. (1848). *Du droit au travail*. Paris: Guillaumin.
Faucher, L. (1852). Propriété. In Ch. Coquelin and Ch. Guillaumin (Eds), *Dictionnaire de l'économie politique*, tome II. 4$^{ème}$ tirage 1873. Paris: Guillaumin, pp. 460–73.
Faucher, L. (1856). *Mélanges d'économie politique et de finances*, tome 2. Paris: Guillaumin.
Fauveau, G. (1864). *Considérations mathématiques sur la théorie de l'impôt*. Paris: Gauthier-Villars.
Fix, Th. (1844). *Situation des classes ouvrières*. Paris: Guillaumin.
Fix, Th. (1864). Observation sur l'état des classes ouvrières. *Journal des économistes*, 2$^{ème}$

série, $11^{ème}$ année, 41 (48): 289–318.

Fontaine, Ch. (1889–94). Expropriation pour cause d'utilité publique. In L. Foyot, A. Lanjalley and L. Say (Eds), *Dictionnaire des Finances*. Tome II. Paris and Nancy: Berger-Levrault, pp. 203–7.

Fontenay, R. de (1854). *Du revenu foncier.* Paris: Guillaumin.

Fontenay, R. de (1863). Sur la théorie de Malthus. *Journal des économistes*, $2^{ème}$ série, $10^{ème}$ année, 37 (37): 449–63.

Fonteyraud, A. (1847). Notice sur la vie et les écrits de David Ricardo. In *Œuvres complètes de David Ricardo traduites en français par MM. Constancio et Alc. Fonteyard*. Tome 13. Paris: Guillaumin, pp. v–xlviii.

Fonteyraud, A. (1853). *Mélange d'économie politique.* Paris: Guillaumin.

Foville, A. de (1890). The economic movement in France. *The Quartely Journal of Economics*, vol. 4 (2): 222–32.

Garnier, A. (1850). *Morale sociale.* Paris: Librairie de L. Hachette.

Garnier, J. (1846). Correspondance [réponse à une lettre de M. Dupont-White sur la doctrine et le caractère de Malthus]. *Journal des économistes, $1^{ère}$ série, $5^{ème}$ année*, 15 (59): 309–13.

Garnier, J. (1862). *Traité de finances.* Paris: Garnier Frères et Guillaumin.

Garnier, J. (1873). *Traité d'économie politique sociale ou industrielle,* 7th ed. Paris: Garnier et Guillaumin.

Garnier, J. (1878). Autre programme d'un cours élémentaire d'économie politique. *Journal des économistes, $4^{ème}$ série, $1^{ère}$ année*, 2 (5): 272–6.

Girardin, E. de (1852). *L'impôt,* 6th ed. Paris: Librairie Nouvelle.

Gouraud, Ch (1852). Tendances de l'économie politique en Angleterre et en France. *Revue des deux mondes, Nouvelle période*, XIV: 256–86.

Guyot, Y. (1895). *La propriété. Origine et évolution. Thèse communiste par Paul Lafargue Réfutation par Yves Guyot.* Paris: Ch. Delagrave.

Halévy, E. (1901–04). *La formation du radicalisme philosophique*, vol. 1 (La jeunesse de Bentham, 1776–1789). Paris: PUF, 1995.

Legoyt, A. (1864). Du morcellement de la propriété en France et dans les principaux Etats de l'Europe. In *La France et l'étranger: études de statistiques comparées*. Paris: Veuve Berger-Levrault & Guillaumin, pp. 430–82.

Le Hardy de Beaulieu, Ch. (1861). *Traité élémentaire d'économie politique.* Bruxelles: A. Lacroix, Van Meenen.

Leroy-Beaulieu, P. (1879). *Traité de la science des finances,* tome I. Paris: Guillaumin.

Leroy-Beaulieu, P. (1881). *Essai sur la répartition des richesses et sur la tendance à une moindre inégalité des conditions.* Paris: Guillaumin.

Leroy-Beaulieu, P. (1890). *L'Etat moderne et ses fonctions.* Paris: Guillaumin.

Leroy-Beaulieu, P. (1896). *Traité d'économie politique,* Paris: Guillaumin.

Leroy-Beaulieu, P. (1900). Salaire. In L. Say and J. Chailley (Eds), *Nouveau Dictionnaire d'économie politique*, tome II, 2nd ed. Paris: Guillaumin, pp. 776–82.

Le Van Lemesle, L. (2004). *Le Juste ou le Riche. L'enseignement de l'économie politique 1815–1950.* Paris: Comité pour l'Histoire Economique et Financière de la France.

Levasseur, E. (1867). De la condition morale de la classe ouvrière depuis quinze ans. *Journal des Economistes, $2^{ème}$ série*, 5: 226–37.

Liesse, A. (1892). *Leçons d'économie politique professées à l'Ecole spéciale d'architecture.* Paris: A Giard & E. Brières.

Molinari, G. de (1863). *Cours d'économie politique*, vol. I, 2nd ed. Bruxelles: Bruxelles et Leipzig and Paris: Guillaumin.

Molinari, G. de (1884a). Malthus. *Journal des économistes, $4^{ème}$ série, $7^{ème}$ année*, 28 (10): 5–21.

Molinari, G. de (1884b). Des lois naturelles de l'économie politique. *Journal des économistes, $4^{ème}$ série, $7^{ème}$ année*, 28 (12): 353–71.

Molinari, G. de (1889). Notations fondamentales. *Journal des économistes, $4^{ème}$ année, $12^{ème}$ année*, 46 (6): 334–52.

Monjean, M. (1846). Introduction. In Th. Malthus (Ed.) *Principes d'économie politique*. Paris: Guillaumin, pp. ix–xxxvi.
Passy, F. (1857). *Mélanges économiques*. Paris: Guillaumin.
Passy, F. (1895). L'impôt progressif et l'impôt sur le revenu. In F. Passy (Ed.) (1901), *Pages et discours*. Paris: Guillaumin, pp. 45–54.
Passy, H. (1845a). Rapport sur le concours pour le prix quinquennal de 5.000 francs, fondé par M. Félix Beaujour. *Journal des Economistes, 1ère série, 4ème année*, 12 (45): 34–54.
Passy, H. (1845b). [Compte-rendu] *Tratado elemental des economia politica eclectica* de don Manuel Colmeiro. *Journal des économistes, 1ère série, 4ème année*, 12 (45): 81–3.
Passy, H. (1846). *Des systèmes de culture et de leur influence sur l'économie sociale*. Paris: Guillaumin.
Passy, H. (1848). De la liberté en matière de travail et de propriété. *Journal des économistes, 1ère série, 7ème année*, 20 (62): 297–309.
Passy, H. (1852). L'impôt. *Journal des économistes, 1ère série, 11ème année*, 32 (135): 255–82.
Passy, H. (1863). Introduction. In M. Minghetti (Ed.) *Des rapports de l'économie publique avec la morale et le droit*. Paris: Guillaumin, pp. v–xxxii.
Passy, H. (1866). [Compte-rendu] *La liberté de tester et la divisibilité de la propriété foncière* par M. Edmond Bonnal. *Journal des économistes, 3ème série, 1ère année*, 3 (9): 452–6.
Paulet, J. (1866). Conférences d'économie industrielle faites à l'école Turgot, par les membres de la Société d'économie politique, sous les auspices de l'Association Polytechnique. *Journal des Economistes, 3ème série, 1ère année*, 3 (7): 79–92.
Proudhon, P.-J. (1840). *Qu'est-ce que la propriété?*, [What is property?]. Cambridge: Cambridge University Press, 1994.
Rapet, J.J. (1850). Des conditions du bien-être pour les classes laborieuses et de l'influence qu'il exerce sur la moralité. *Journal des économistes, 1ère série, 9ème année*, 27 (116): 324–39.
Renouard, Ch. (1862). Considérations sur l'influence du taux de salaire. *Journal des Economistes, 2ème série, 9ème année*, 34 (28): 329–38.
Reybaud, L. (1849). *Etudes sur les réformateurs ou socialistes modernes*, tome 2, 6th ed. Paris: Guillaumin.
Reybaud, L. (1859). *Etudes sur le régime des manufactures*. Paris: Michel Lévy Frères.
Rondelet, A. (1860). *Du spiritualisme en économie politique*, 2nd ed. Paris: Didier.
Rossi, P. (1836–37). *Cours d'économie politique*. Bruxelles: Société typographique Belge, 1840.
Royer, C.A. (1862a). [Compte-rendu] *Traité des finances* par M. Joseph Garnier. *Journal des économistes, 2ème série, 9ème année*, 34 (27): 258–71.
Royer, C.-A. (1862b). *Théorie de l'impôt ou la dime sociale*, tome 1. Paris: Guillaumin.
Say, L. and Chailley, J. (Eds) (1900). *Nouveau Dictionnaire d'économie politique*, 2 tomes, 2nd ed. Paris: Guillaumin.
Silvant, C. (2007). L'analyse économique de l'impôt dans la pensée libérale française du XIXe siècle. Paper presented at the 10th Summer School in History of Economic Thought and Epistemology, Dunkerque, 3–7 September.
Société d'économie politique (1852). Deuxième discussion sur la question de la rente du sol. *Journal des économistes, 1ère série, 11ème année*, 31 (129): 98–108.
Société d'Economie Politique (1854). S'il y a réellement en économie politique une école anglaise et une école française? *Journal des économistes, 2ème série, 13ème année*, 4 (12): 436–41.
Société d'Economie Politique (1855). Des fondements du droit de propriété. *Journal des Economistes, 2ème série, 14ème année*, 5 (11): 141–54.
Société d'Economie Politique (1859a). Limites de la consommation au point de vue moral. *Journal des Economistes, 2ème série, 6ème année*, 22 (4): 301–9.
Société d'Economie Politique (1859b). Justice de l'impôt du tabac. *Journal des économistes, 2ème série, 6ème année*, 22 (6): 469–74.

Société d'Economie Politique (1862). De la justice au point de vue économique et relativement à la propriété. *Journal des économistes*, $2^{ème}$ série, $9^{ème}$ année, 36 (32): 146–54.

Société d'Economie Politique (1863). Question de la population. *Journal des économistes*, $2^{ème}$ série, $10^{ème}$ année, 36 (36): 330–58.

Société d'économie politique (1866a). Y a-t-il du socialisme dans le fénianisme? *Journal des économistes*, $3^{ème}$ série, $1^{ère}$ année, 3 (7): 121–36.

Société d'économie Politique (1866b). Nature et caractères de la rente foncière. *Journal des Economistes*, $3^{ème}$ série, $1^{ère}$ année, 2 (6): 447–67.

Société d'économie politique (1884). La science financière a-t-elle pour objet de modifier la distribution naturelle des richesses au moyen de l'impôt? *Journal des économistes*, $4^{ème}$ série, $7^{ème}$ année, 27 (7): 108–27.

Société d'Economie Politique (1886). Statuts approuvés le 6 décembre 1886, In Alph. Courtois (1889). *Annales de la Société d'Economie Politique*, tome I, pp. 21–3.

Société d'Economie Politique (1891). L'impôt doit-il être essentiellement un moyen de répartir la richesse entre les citoyens? In Alph. Courtois, *Bulletin de la Société d'Economie politique*, no. 1, Paris: Guillaumin, pp. 25–38.

Spengler J.J. (1936). French population theory since 1800:I. *Journal of Political Economy*, 44 (5): 577–611.

Steiner P. (2008). L'héritage au XIXe siècle en France. Loi, intérêt de sentiment et intérêts économiques. *Revue économique*, 59 (1): 75–97.

Stourm, R. (1893). *Systèmes généraux d'impôts*. Paris: Guillaumin.

Thiers, A. (1848). *De la propriété*. Paris: Paulin & Lheureux.

Villeneuve-Bargemont, A. de (1834). *Economie politique chrétienne ou Recherche sur la nature et les causes du paupérisme, en France et en Europe, et sur les moyens de le soulager et de le prévenir*, tome I. Paris: Paulin.

White, M. (1996). No matter of regret: The Cambridge critique(s) of Jevons's hedonics. In P. Groenewegen (Ed.), *Economics and ethics*. London: Routledge, pp. 103–20.

Wolowski, M. (1848). *Etudes d'économie politique et de statistique*. Paris: Guillaumin.

Wolowski, M. (1866). Discours de M. Wolowski, président [de l'Académie des Sciences morales et politiques] dans la séance publique. *Journal des économistes*, $3^{ème}$ série, $1^{ère}$ année, 3 (8): 281–4.

Wolowski, M. and Levasseur, P.E. (1884). Propriété. In Maurice Block (Ed.), *Dictionnaire général de la politique*, 2nd ed. Paris: Emile Perrin, pp. 710–20.

## 朱尔斯·杜普伊思想中的正义基础

Allais, M. (1989). *La théorie générale des surplus*, 2nd ed. Grenoble: Presses Universitaires de Grenoble.

Bastiat, F. (1847/2002). *Discours au cercle de la librairie*, 16 septembre 1847. Guillaumin reprint in D. Sagot-Duvauroux (2002). *Les majorats littéraires: la propriété intellectuelle c'est le vol!* Dijon: Les Presses du Réel, pp. 37–49.

Bastiat, F. (1848/1854–1855). Propriété et loi. *Journal des économistes*, mai: 177–91. Reprint in *Œuvres complètes*, Tome 4. Paris: Guillaumin et C$^{ie}$, pp. 275–97.

Baudrillart, H. (1857). *Manuel d'économie politique*. Paris: Guillaumin.

Baudrillart, H. (1867). *La propriété*. Paris: L. Hachette.

Béraud, A. (2005). Richesse et Valeur: la contribution des économistes français du début du 19éme siècle. *Economies et Sociétés, Cahiers de l'ISMEA, PE, OEconomia*, 36: 1009–32.

Dupuit, J. (1844/1995). De la mesure de l'utilité des travaux publics. *Annales des ponts et chaussées*, II (VIII): 332–75. Reproduced in Siroën, J.-M. (1995). *Revue française d'économie*, June: 55–93.

Dupuit, J. (1849/1933). De l'influence des péages sur l'utilité des voies de communication. *Annales des ponts et chaussées*, II (XVII): 170–248. Reproduced in Mario de Bernardi (1933), *De l'utilité et de sa mesure*. Torino: La riforma sociale, & Paris: Marcel Giard, pp. 99–162.

Dupuit, J. (1853). De l'utilité et de sa mesure. De l'utilité publique. *Journal des Economistes*, July: 1–27.

Dupuit, J. (1854a). Péage. In C. Coquelin and Guillaumin (Eds.), *Dictionnaire de l'économie politique*, Tome 2, Paris: Guillaumin, pp. 339–44.

Dupuit, J. (1854b). Ponts et Chaussées. In C. Coquelin and Guillaumin (Eds.), *Dictionnaire de l'économie politique*, Tome 2, Paris: Guillaumin, pp. 379–82.

Dupuit, J. (1854c). Routes et Chemins. In C. Coquelin & Guillaumin (Eds.), *Dictionnaire de l'économie politique*, Tome 2, Paris: Guillaumin, pp. 555–60.

Dupuit, J. (1854d). Voies de communication. In C. Coquelin and Guillaumin (Eds.), *Dictionnaire de l'économie politique*, Tome 2, Paris: Guillaumin, pp. 846–54.

Dupuit, J. (1861a). Du principe de propriété – Le juste et L'utile. *Journal des économistes*, January: 321–47.

Dupuit, J. (1861b). Du principe de propriété – Le juste et L'utile – (suite et fin). *Journal des économistes*, April: 28–55.

Dupuit, J. (1861c). *La liberté commerciale – son principe et ses conséquences*. Paris: Guillaumin.

Dupuit, J. (1863). Compte rendu des 'Questions d'Économie Politique et de Droit Public' par M. G. De Molinari. *Journal des économistes*, January: 114–19.

Dupuit, J. (1865). Des causes qui influent sur la longueur de la vie moyenne des populations. *Journal des Economistes*, July: 5–36.

Ekelund, R.-B. and Hébert, R.-F. (1999). *Secret Origins of Modern Microeconomics. Dupuit and the Engineers*. Chicago, IL: University of Chicago Press.

Etner, F. (1987). *Histoire du calcul économique en France*. Paris: Economica.

Faccarello, G. (2006). An 'Exception culturelle'? French Sensationist political economy and the shaping of public economics. *The European Journal of the History of Economic Thought*, 13 (1): 1–38.

Faucher, L. (1852). Propriété. In C. Coquelin and Guillaumin (Eds.), *Dictionnaire de l'économie politique*, Tome 2, Paris: Guillaumin, pp. 460–73.

Garnier, J. (1846). *Éléments de l'économie politique; Exposé des notions fondamentales de cette science*. Paris: Guillaumin.

Garnier, J. (1864). *Premières notions d'économie politique ou sociale, ou industrielle*, 2nd ed. Paris: Garnier Frères & Guillaumin.

Garnier, J. (1873). *Traité d'économie politique sociale ou industrielle: exposé didactique des principes et des applications de cette science et de l'organisation économique de la société*, 7th ed. Paris: Garnier Frères.

Garnier, J. (1875). *Premières notions d'économie politique ou sociale, ou industrielle*, 4th ed. Paris: Garnier Frères & Guillaumin.

Grall, B. (2004). *Economie des forces et production d'utilité. La pensée gestionnaire des ingénieurs des ponts (1831–1891)*. Rennes: Presses Universitaire de Rennes.

Leter, M. (2006). Éléments pour une étude de l'école de Paris (1803–1852). In N. Philippe and P. Jean (Eds.), *Histoire du libéralisme en Europe*. Paris: Presses Universitaire de France, pp. 429–509.

Molinari, G. de (1861). *Questions d'économie politique et de droit public*, Tome 1. Paris: Guillaumin.

Mosca, M. (1998). Jules Dupuit, the French 'ingénieurs économistes' and the Société d'Economie Politique. In G. Faccarello (Ed.), *Studies in the History of French Political Economy*. London: Routledge, pp. 254–83.

Poinsot, P. (2007). De l'Intérêt Général à l'Utilité Collective, étude comparative des précurseurs de deux traditions: Jules Dupuit (1804–1866) et Alfred Marshall (1842–1924). Master Dissertation, University Paris 1 Panthéon-Sorbonne.

Sagot-Duvauroux, D. (2002a). Préface. *Les majorats littéraires: la propriété intellectuelle c'est le vol!* Dijon: Les Presses du Réel, pp. 9–27.

Sagot-Duvauroux, D. (2002b). Controverse sur le 'monautopole': Jules Dupuit face au droit d'auteur. In J.P. Simonin and F. Vatin (Eds.), *L'œuvre multiple de Jules Dupuit (1804–1866) – Calcul d'ingénieur, analyse économique et pensée sociale*. Angers: Presses Universitaires d'Angers, pp. 117–26.

Sigot, N. (2010). Utility and justice: French liberal economists in the 19th century. *The European Journal of the History of Economic Thought*, 17 (4): 759–792.

Société d'économie politique (1855). Des fondements du droit de propriété. *Journal des économistes*, January: 141–54.

Société d'économie politique (1859). Justice de l'impôt du tabac. *Journal des économistes*, June: 469–74.

Société d'économie politique (1860). Du paiement des dettes publiques et de l'amortissement; – des emprunts, dépense publique, et des fonctions de l'État. *Journal des économistes*, June: 480–507.

Société d'économie politique (1862). De la justice au point de vue économique et relativement à la propriété. *Journal des économistes*, October: 146–54.

Société d'économie politique (1863a). Question de la population. *Journal des économistes*, February: 330–58.

Société d'économie politique (1863b). Sur la légitimité donnée aux propriétaires d'esclaves et de serfs. *Journal des économistes*, June: 462–76.

Société d'économie politique (1865). De la suppression des droits de navigation sur les canaux et de l'amélioration des voies navigables. *Journal des économistes*, February: 131–8.

Smith, C.O. (1990). The longest run: Public engineers and planning in France. *The American Historical Review*, 95 (3): 657–92.

Vatin, F. (2002). La morale utilitaire de Jules Dupuit. In J.P. Simonin and F. Vatin (Eds.), *L'œuvre multiple de Jules Dupuit (1804–1866) – Calcul d'ingénieur, analyse économique et pensée sociale*. Angers: Presses Universitaires d'Angers, pp. 91–116.

## 论古斯塔夫·佛沃对财政理论的贡献

Baudrillart, H. (1871). Du radicalisme en matière d'impôt. *Revue des Deux Mondes*, 2nd serie, 96: 347–78.

Béraud, A. and Etner, F. (2009). Aux origines de l'analyse microéconomique. Russian translation. Serie VII, Economics. Moscow: Vestnik Moskovskogo Universiteta.

Bernoulli, D. (1738). Specimen Theoriae Novae de Mensura Sortis. *Comentarii Academiae Scientiarum Imperialis Petropolitanae*. V. English translation (1954): Exposition of a new theory on the measurement of risk. *Econometrica*, 22 (1): 23–36.

Bouvier, J. (1971). Le système fiscal français. Étude critique d'un immobilisme. In J. Bouvier and J. Wolff (Eds.) (1973), *Deux siècles de fiscalité française XIX$^e$–XX$^e$ siècle*. Paris and La Haye: Mouton Éditeur, pp. 226–62.

Breton, Y. (1986). Les économistes libéraux français et l'emploi des mathématiques en économie politique: 1800–1914. *Oeconomia*, 5: 25–63.

Breton, Y. (1992). L'économie politique et les mathématiques en France 1800–1940. *Histoire et Mesure*, VII (1–2): 25–52.

Breton, Y. and Lutfalla, M. (Eds.) (1991). *L'économie politique en France au XIXe siècle*. Paris: Economica.

Condorcet, J.-A.-N. Caritat de (1793). Sur l'impôt progressif. *Journal d'Instruction Sociale*, 1: 11–24. In J.-A.-N. Caritat de Condorcet (1847–1849). *Oeuvres*. Edited by A. Condorcet-O'Connor and M.-F. Arago. Vols 1–12. Paris: Firmin Didot, XII, pp. 625–36.

Cournot, A.-A. (1838), *Recherches sur les principes mathématiques de la théorie des richesses*.

Paris: L. Hachette.
Danré de Coyolles, C. (1846). *Problème de l'impôt résolu mathématiquement par un économiste*. Paris: A. Appert.
Delatour, A. (1894). Impôt. In Léon Say (1889–94). *Dictionnaire des finance s*, Vol. II. Paris and Nancy: Berger-Levrault et Cie, pp. 361–75.
Dupuit, J.-É.-J. (1844). De la mesure de l'utilité des travaux publics. In J.-É.-J. Dupuit (1933), *De l'utilité et de sa mesure*. Edited by M. de Bernardi. Torino: Éditions de la Réforme Sociale, pp. 31–65.
Dupuit, J.-É.-J. (1849). De l'influence des péages sur l'utilité des voies de communication. In J.-É.-J. Dupuit (1933), *De l'utilité et de sa mesure*. Edited by M. de Bernardi. Torino: Éditions de la Réforme Sociale, pp. 97–162.
Ekelund, R.B. and Hébert, R.F. (1990). Cournot and his contemporaries: Is an obituary the only bad review? *Southern Economic Journal*, 57 (1): 139–49.
Etner, F. (1987). *Histoire du calcul économique en France*. Paris: Economica.
Etner, F. (1989). Partisans et adversaires de l'économie mathématique en France. *Revue Économique*, 40 (3): 541–8.
Faccarello, G. (2006). An 'Exception culturelle'? French Sensationist political economy and the shaping of public economics. *European Journal of the History of Economic Thought*, 13 (1): 1–38.
Fauveau, G. (1864). *Considérations mathématiques sur la théorie de l'impôt*. Paris: Gauthier-Villars.
Fauveau, G. (1867). Considérations mathématiques sur la théorie de la valeur. *Journal des Économistes*, 3rd serie, V (13): 31–40.
Fauveau, G. (1869a). Étude sur la théorie de l'impôt. *Journal des Économistes*, 3rd serie, XIII (39): 391–403.
Fauveau, G. (1869b). Correspondance – L'impôt sur le revenu du travail et sur le revenu du capital. *Journal des Économistes*, 3rd serie, XVI (48): 466–8.
Fauveau, G. (1871). Rendement maximum de l'impôt indirect. *Journal des Économistes*, 3rd serie, XXIII (72): 445–8.
Fauveau, G. (1873). Conclusions du calcul algébrique au sujet des droits protecteurs. *Journal des Économistes*, 3rd serie, XXI (92): 283–6.
Fauveau, G. (1878). Des monopoles naturels. *Journal des Économistes*, 4th serie, I (1): 67–70.
Fauveau, G. (1886). De la limite des attributions de l'État dans l'ordre économique. In *Études sur les premiers principes de la science économique*. Paris: Gauthier-Villars and Guillaumin, pp. 55–7.
Garnier, J. (1846). *Traité d'économie politique, sociale ou industrielle*. Paris: Guillaumin.
Girardin, É. de (1852). *L'impôt*. Paris: Librairie Nouvelle.
Girardin, É. de (1864). Introduction. In A. Charguéraud, *L'économie politique et l'impôt*. Paris: Guillaumin, pp. I–XLVIII.
Lehr, J. (1877). Kritische Bemerkungen zu den wichtigsten für und wider den progressiven Steuerfuss vorgebrachten Gründen. *Jahrbücher für Nationalökonomie und Statistik*, 29: 1–93 and 190–229.
Mill, J.S. (1848). *Principles of Political Economy*. Vols 1–2. Reprint Düsseldorf: Klassiker der Nationalökonomie, 1988.
Molinari, G. de (1849). *De la production de la sécurité*. Paris: Guillaumin.
Musgrave, R. A. (1959). *The Theory of Public Finance. A Study in Public Economy*. New York: McGraw Hill.
Musgrave, R. A. (1985). A brief history of fiscal doctrine. In A.J. Auerbach and M. Feldstein (Eds.), *Handbook of Public Economics*, Vol. I, Handbooks in Economics. Amsterdam: Elsevier, pp. 1–59.
Musgrave, R. A. (1996). The role of the state in fiscal theory. *International Tax and Public Finance*, 3: 247–58.
Parieu, M.-L.-P. Félix Esquirou de. (1857). Examen des avantages et des inconvénients des impôts généraux sur la propriété ou le revenu. *Journal des Économistes*, 2nd serie,

XIV (42): 321–39.
Passy, H. (1852). Impôt. In C. Coquelin and H. Guillaumin (Eds.) (1852–53), *Dictionnaire de l'économie politique*. Vols I–II. Paris: Guillaumin, I, pp. 898–910.
Royer, C.-A. (1862). *Théorie de l'impôt ou la dîme sociale*. Vols 1–2. Paris: Guillaumin.
Schnerb, R. (1947). Les hommes de 1848 et l'impôt. In J. Bouvier and J. Wolff (Eds.) (1973), *Deux siècles de fiscalité française XIX$^e$–XX$^e$ siècle*. Paris and La Haye: Mouton Éditeur, pp 105–57.
Seligman, E.R.A. (1894). Progressive taxation in theory and practice. *Publications of the American Economic Association*, 9 (1–2): 7–222.
Société d'Économie Politique (1873). Réunion du 5 juin 1873. Discussion: Les assurances par la commune, – par l'État, – par les compagnies. *Journal des Économistes*, 3rd serie, XXX (90): 429–43.
Theocharis, R.D. (1993). *The Development of Mathematical Economics: The Years of Transition from Cournot to Jevons*. London: MacMillan.
Thiers, A. (1848). *De la propriété*. Paris: Paulin, Lheureux et Cie.
Vignes, J.B.M. (1909). *Histoire des doctrines sur l'impôt en France*. Paris: Giard and Brière. Re-edited by E. Morselli. Padova: Cedam, 1961.
Zylberberg, A. (1990). *L'économie mathématique en France. 1870–1914*. Paris: Economica.

## 发展中的非福利主义：阿尔弗雷德·富耶的正义政治经济学

Alstott, Anne L. (2000). Good for women? In J. Cohen and J. Rogers (Eds.), *What's Wrong with a Free Lunch?* Boston: Beacon Press.
Arrow, Kenneth ([1951] 1963). *Social choice and Individual Values*, 2nd ed. New York: Wiley.
Audier, Serge (2007). *Léon Bourgeois, fonder la solidarité*. Paris: Michalon.
Bellah, Robert N. (1973). *Emile Durkheim: On Morality and Society, Selected Writings*. Chicago: The University of Chicago Press.
Birner, Jack (2002). Moral functionalism. In *F.A. Hayek as a Political Economist: Economic Analysis and Values*. London: Routledge.
Birner, Jack and Ege, Ragip (1999). Two views on social stability: An unsettled question. *American Journal of Economics and Sociology*, 58 (4): 749–80.
Blais, Marie-Claude (2007). *La solidarité: Histoire d'une idée*. Paris: Gallimard.
Blaug, Mark (2000). Henry George: Rebel without a cause. *European Journal of the History of Economic Thought*, 7 (2): 270–88.
Brunckhorst, Hauke. (2005). trans. J. Flynn. *Solidarity: From Friendship to a Global Legal Community*. Cambridge, Mass.: MIT Press.
Chaubet, François. (1999). *L'Union pour l'action morale et le spiritualisme républicain*. *Mille Neuf Cent*, 17: 67–89.
Cirillo, Renato (1984). Léon Walras and social justice. *American Journal of Economics and Sociology*, 43 (1): 53–60.
Cladis, Mark (1992). *A Communitarian Defense of Liberalism: Emile Durkheim and Contemporary Sociology*. Stanford: Stanford University Press.
Contini, Annamaria (2007). L'intelligence créatrice. Puissance et volonté de conscience dans la philosophie d'Alfred Fouillée. *Corpus*, 53: 33–64.
Cunliffe, John, Eeeeygers, Guido and Van Trier, Walter (2003). Basic income: Pedigree and problems. In *Real Libertarianism Assessed*. London: Palgrave.
Dworkin, Ronald (2000). *Sovereign Virtue: The Theory and Practice of Equality*. Cambridge, Mass.: Harvard University Press.
Durkheim, Emile (1885). Alfred Fouillée, La Propriété sociale et la démocratie. *Revue Philosophique*, XIX: 446–53.
Fouillée, Alfred (1869). *La philosophie de Platon*. Paris: Hachette.
Fouillée, Alfred (1872). *La liberté et le déterminisme*. Paris: Ladrange.

Fouillée, Alfred (1880a). La fraternité et la justice réparative selon la science sociale contemporaine. *La revue des deux mondes*, 37: 291–311.
Fouillée, Alfred (1880b). *La science sociale contemporaine*. Paris: Hachette.
Fouillée, Alfred (1884). *La propriété sociale et la démocratie*. Paris: Hachette.
Fouillée, Alfred (1893a). *La psychologie des idées forces*. Vol. 1. Paris: Alcan.
Fouillée, Alfred (1893b). *La psychologie des idées forces*. Vol. 2. Paris: Alcan.
Fouillée, Alfred (1905). *Les éléments sociologiques de la morale*. Paris: Alcan.
Fouillée, Alfred (1907). *La morale des idées-forces*. Paris: Alcan.
Fouillée, Alfred (1930 [1909]). *Le socialisme et la sociologie réformiste*, 4th ed. Paris: Alcan.
Fouillée, Alfred (1910). *La démocratie politique et sociale en France*. Paris: Alcan.
Fouillée, Alfred (1911 [1883]). *Critique des systèmes de moral contemporains*. Paris: Alcan.
Galston, William A. (2000). What about reciprocity? In J. Cohen and J. Rogers (Eds.), *What's Wrong with a Free Lunch?* Boston: Beacon Press.
Gibbard, Allan (2000 [1976]). Natural property rights. In P. Vallentyne and H. Steiner (Eds.), *Left-Libertarianism and its Critics*. London: Palgrave.
Girard, René (1987). *Things Hidden since the Foundation of the World*. London: Athlone.
Grunebaum, James (2000 [1987]). Autonomous ownership. In P. Vallentyne and H. Steiner (Eds.), *Left-Libertarianism and its Critics*. London: Palgrave.
Guyau, Augustin (1913). *La philosophie et la sociologie d'Alfred Fouillée*. Paris: Alcan.
Hayek, Friedrich A. (1988). In W.W. Bartley (Ed.), *The Fatal Conceit*. London: Routledge.
Hayward, J.E.S. (1963a). 'Solidarity' and the reformist sociology of Alfred Fouillée, I. *American Journal of Economics and Sociology*, 22: 205–22.
Hayward, J.E.S (1963b). 'Solidarity' and the reformist sociology of Alfred Fouillée, II. *American Journal of Economics and Sociology*, 22: 303–12.
Keller, Simon (2009). Welfarism. *Philosophy Compass*, 4 (1): 82–95.
Kolm, Serge-Christophe (1986). L'Allocation des ressources naturelles et le libéralisme. *Revue économique*, 2: 207–40.
Kolm, Serge-Christophe (2005). *Macrojustice*. Cambridge: Cambridge University Press.
Kolm, Serge-Christophe (2006). Economic macrojustice: Fair optimum income distribution, taxation and transfers. Available at http://www.ehess.fr/kolm/ (accessed 6 September 2008).
Lawruszneko, Jean (2007). Une critique paradoxale de la sociologie durkeimienne. *Corpus*, 53: 87–116.
Mises, Ludwig von (1981 [1922]). *Socialism: An Economic and Sociological Analysis*. Indianapolis, Ind.: Liberty Fund.
Ng, Yew-Kwang (2003). From preference to happiness: Towards a more complete welfare economics. *Social Choice and Welfare*, 20: 307–50.
Peillon, François (2008). *La révolution française n'est pas terminée*. Paris: Seuil.
Pettit, Philip (1997). *Republicanism; A Theory of Freedom and Government*. Oxford: Clarendon Press.
Pettit, Philip (2007). A Republican right to basic income? *Basic Income Studies* 2 (2): 1–8.
Pullen, John (2005). Henry George's land reform: The distinction between private ownership and private possessions. In J. Laurent (Ed.), *Henry George's Legacy in Economic Thought*. Cheltenham: Edward Elgar.
Raventós, Daniel (2007). *Basic Income: The Material Conditions of Freedom*. London: Pluto Press.
Rawls, John (1999 [1971]). *A Theory of Justice*, rev. ed. Cambridge, Mass.: Harvard University Press.
Spitz, Jean-Fabien (2005). *Le moment républicain*. Paris: Gallimard.
Spitz, Jean-Fabien (2007). Fouillée contre Nozick. *Corpus: Revue de philosophie*, 53: 189–206.
Vallentyne, Peter. 2000. Introduction: Left-libertarianism – a primer. In P. Vallentyne and H. Steiner (Eds.), *Left-Libertarianism and its Critics*. London: Palgrave.

Vallentyne, Peter and Steiner, H. (Eds.) (2000). *Left-Libertarianism and its Critics*. London: Palgrave.

Van Parijs, Philippe (1995) *Real Freedom for All: What (if Anything) Can Justify Capitalism?* Oxford: Clarendon Press.

## 自然法——阿道夫·瓦格纳公共干预理论的灵感来源

Ahrens, H. (1866 [1850]). *Organische Staatslehre*. Wien: Gerold (trad.it. *Dottrina Generale dello Stato*. Naples, Classici Italiani).

Ahrens, H. (2006 [1853]). *Cours de Droit Naturel ou de Philosophie du Droit*. Boston: Adamant Media Elibron Classics (facsimile of Meline. Cans et Cie: Bruxelles).

Backhaus, J. G. and Wagner, R. E. (2005). The continental tradition in the theory of public finance: An exercise in mapping and recovery. *Journal of Public Finance and Public Choice* 23: 43–67. Available at http://mason.gmu.edu/~rwagner/Backhaus-Wagner_ContinentalTradition200404.pdf

Barkin, K. (1969). Adolf Wagner and German industrial development. *The Journal of Modern History* 41 (2): 144–59.

Bianchini, M. (1989). La tassazione nella seconda scolastica e negli scritti politici dell'Italia cinque-seicentesca. In H. Kellenbenz and P. Prodi (Eds.), *Fisco Religione Stato nell'Età Confessionale*. Bologna: Il Mulino, pp. 43–61.

Clark, C.M.A. (1992). *Economic Theory and Natural Philosophy*. Brookfield: Edward Elgar.

Clark, E.A. (1940). Adolf Wagner: From national economist to national socialist. *Political Science Quarterly* 55 (3): 378–411.

Delorme, R. (1997). Evolution et complexité: l'apport de la complexité de second ordre à l'économie évolutionnaire. *Economie Appliquée* 50 (3): 95–120.

Dianin, G. (2000). *Luigi Taparelli D'Azeglio (1793–1862)*. Rome: Glossa.

Dierksmeier, C. (1999). Karl Christian Friedrich Krause und das 'gute Recht'. *Archiv für Rechts und Sozialphilosophie* 85 (1): 75–94.

Dluhosch, B. and Zimmermann, K.W. (2008). *Adolph Wagner und sein 'Gesetz': einige späte Anmerkungen*. Working Paper No. 85. Helmut Schmidt Universität Hamburg.

Gierke, O. (1954 [1868, 1873, 1881, 1913]). *Das Deutsche Genossenschaftsrecht*. Vols 1–4. Graz: Akademische Druck (orig. Berlin: Weidmann).

Gierke, O. (1874). Die Grundbegriffe des Staatsrechts und die neuesten Staatsrechtstheorien. *Zeitschrift für die gesamte Staatswissenschaft* 30 (1): 154–98.

Gilby, T. (1953). *Between Community and Society: A Philosophy and Theology of the State*. London: Longmans, Green & Co.

Haller, K.L. Von (1816–34). *Restauration der Staatswissenschaft*. Aaler: Scientia.

Hansen, R. (1997). The pure historical theory of taxation. In J.G. Backhaus (Ed.), *Essays on Social Security and Taxation, Gustav von Schmoller and Adolph Wagner Reconsidered*. Marburg: Metropolis, pp. 289–317.

Hutter, M. (1982). Early contributions to law and economics: Adolph Wagner's Grundlegung. *Journal of Economic Issues* XVI (1): 131–47.

Jhering, von R. (1877–1905) *Der Zweck im Recht*. Leipzig: Breitkopf and Härtel.

Kraus, K.C.K. (1803). *Grundlage des Naturrechts*. Jena: Gabler.

Kraus, K.C.K. (1828). *Abriss des Systems der Rechtsphilosophie*, Ebd., in Commission.

Mardellat, P. (2009). Économie éthique et justice chez Gustav Schmoller sur une certaine tonalité éthique en économie. In A. Alcouffe and C. Diebolt (Eds.), *La Pensée Èconomique Allemande*. Available at http://afhe.ehess.fr/document.php?id=1332 (accessed 21 January 2010).

Mohl, R. von (1851). Gesellschafts-Wissenschaften uns Staats-Wissenschaften. *Zeitschrift für die gesamte Staatswissenschaft* 7 (1): 2–71.

参考文献

Müller, A. (1931 [1808]). *Vom Geiste der Gemeinschaft – Elemente des Staatskunst; Theorie des Geldes*. Leipzig: Alfred Kröner Verlag.

Parisi, D. (2000). German economic literature as a source for analysing 'capitalism'. The views of economists at the Catholic University of Milan, in the first decades of the 20th century. In V. Gioia and H. Kurz (Eds.), *Science, Institutions and Economic Development – The Contribution of 'German' Economists and the Reception in Italy (1860–1930)*. Milan: Giuffré, pp. 249–68.

Philippovich, E. von (1912). The infusion of socio-political ideas into the literature of German economics. *The American Journal of Sociology* 18 (2): 145–99.

Priddat, B. (1991). *Der ethische Ton der Allokation. Elemente der Aristotelischen Ethik und Politik in der deutschen Nationalökonomie des 19. Jahrhunderts*. Baden-Baden: Nomos.

Priddat, B. (1997). National-economic extension of the philosophy of law: Adolph Wagner's legal theory of distribution. In J.G. Backhaus (Ed.), *Essays on Social Security and Taxation, Gustav von Schmoller and Adolph Wagner Reconsidered*. Marburg: Metropolis, pp. 341–59.

Prisching, M. (1997). The preserving and reforming state. Schmoller's and Wagner's model of the state. In J.G. Backhaus (Ed.), *Essays on Social Security and Taxation, Gustav von Schmoller and Adolph Wagner Reconsidered*. Marburg: Metropolis, pp. 173–201.

Riess, R. (1997). Worker security and Prussian bureaucracy: A meeting in the Prussian Ministry of Commerce. In J.G. Backhaus (Ed.), *Essays on Social Security and Taxation, Gustav von Schmoller and Adolph Wagner Reconsidered*. Marburg: Metropolis, pp. 143–70.

Röder, K. A. (1843). *Grundzüge des Naturrechts oder der Rechtsphilosophie*. Heidelberg: C. F. Winter.

Röder, K. A. (1877). Über das richtige Verhältniss der Sittlichkeit zum Recht und zur Aufgabe des Staats. *Zeitschrift für die gesamte Staatswissenschaft* 33 (3): 524–40.

Rosner, P. (2004). State, society and the economy in German economics from Mercantilism to the Historical School. Paper presented at the ESHET Conference, Treviso, 26 February 2004.

Schäffle, A. (1878). *Bau und Leben des socialen Körpers*. Tübingen: Laupp.

Scheel, H. F. W. von (1875). Die progressive Besteurung. *Zeitschrift für die gesamte Staatswissenschaft* 31 (2/3): 273–303.

Solari, S. (2007). The contribution of Neo-Thomistic thought to 'Roman-Catholic' social economy. *American Review of Political Economy* 5 (2): 39–58.

Solari, S. (2010). The corporative third way in social catholicism (1830–1918). *European Journal of the History of Economic Thought* 17 (1): 87–113.

Viola F. (1974). *Interpretazione e Applicabilità del Diritto tra Scienza e Politica*. Palermo: CELUP.

Wagner, A. (1939 [1871]). Speech on the social question. In Donald O. Wagner (Ed.), *Social Reformers. Adam Smith to John Dewey*. New York: Macmillan, pp. 489–506.

Wagner, A. (1876). *Les Fondements de l'Économie Politique*. Vols 1–5. Paris: Girard & Brière.

Wagner, A. (1881). Der Staat und das Versicherungswesen. *Zeitschrift für die gesamte Staatwissenschaft* 37: 102–72.

Wagner, A. (1886a). Systematische Nationalökonomie. *Jahrbücher für Nationalökonomie und Statistik* N.F.12 (3): 197–252.

Wagner, A. (1886b). Wagner on the present state of political economy. *The Quarterly Journal of Economics* 1 (1): 113–33.

Wagner, A. (1887). Finanzwissenschaft und Staatssozialismus. *Zeitschrift für die gesamte Staatswissenschaft* part I, 43 (1): 37–122; part II, 43 (4): 675–746.

Wagner, A. (1891). Marshall's principles of economics. *The Quarterly Journal of Economics* 5 (3): 319–38.

Wagner, A. (1892). *Grundlegung der politischen Oekonomie. Grundlagen der Volkswirtschaft.* 3rd ed. Leipzig: C. F. Winter.

Wagner, A. (1894). *Grundlegung der politischen Oekonomie. Volkswirtschaft und Recht, besonders Vermögensrecht.* 3rd ed. Leipzig: C. F. Winter.

## 意大利财政传统中的国家思想

Arena, Celestino (1940). *Corso di Scienza delle Finanze e diritto Finanziario,* Napoli, Jovine.

Barone, Enrico (1912a). *Scienza delle Finanze.* Quotations from the 1937 reprint in *Le opere economiche: Vol. III. Principi di economia finanziaria,* Zanichelli, Bologna.

Barone, Enrico (1912b). Studi di economia finanziaria. In *Giornale degli economisti,* 309–53. Quotations from the English translation of the preface: 'On public needs'. In R. Musgrave and A.T. Peacock (Eds.) (1958). *Classics in the Theory of Public Finance.* London: Macmillan, pp. 165–7.

Boggeri, Maria Luisa, and Sundelson, J. Wilner (1938). Italian theories of fiscal science. *Political Science Quarterly,* 53 (2): 249–67.

Borgatta, Gino (1920). Lo studio scientifico dei fenomeni finanziari. In *Giornale degli economisti,* January 1–24 and March 81–116.

Buchanan, James (1960). 'La scienza delle finanze': The Italian tradition in fiscal theory. In J. Buchanan (Ed.), *Fiscal Theory and Political Economy. Selected Essays.* Chapel Hill, NC: The University of North Carolina Press, pp. 24–74.

Conigliani, Carlo (1894). L'indirizzo teorico nella scienza finanziaria. *Giornale degli Economisti,* 105–29. Quotations from the 1993 English translation: Luigi Pasinetti (Ed.), *Italian Economic Papers: Vol. II. Theoretical Approaches in Public Finance.* Il Mulino: Oxford University Press, pp. 27–43.

Cosciani, Cesare (1936). Il problema dello stato e della soddisfazione massima nelle opere di M.Pantaleoni. *Rivista internazionale di Scienze sociali,* XLIV (1): 25–52.

Cosciani, Cesare (1944). Premesse teoriche allo studio dell'economia finanziaria. *Studi senesi,* XXXIII (1): 1–131.

Croce, Benetto (1907). *Riduzione della Filosofia del diritto alla filosofia dell'economia.* Bari: Memoria letta all'Accademia Pontaniana Graberza. Reprint in (1909) *Filosofia della pratica: economica ed etica.* Bari: Laterza.

De Viti de Marco, Antonio (1888). *Il carattere teorico dell'Economia Finanziaria.* Roma: Loreto Pasqualucci editore.

De Viti de Marco, Antonio (1914). *Scienza delle Finanze, lezioni compilate dal dottor C. Dama.* Roma: Attilio Sampaolesi.

De Viti de Marco, Antonio (1939). *Principî di Economia Finanziaria, edizione riveduta definitiva.* Torino: Giulio Einaudi editore. English translation of the 1934 first edition: A. De Viti de Marco. *First Principles of Public Finances.* London: Jonathan Cape-Harcourt Brace. Quotations from the 3rd Italian ed. (1953). *Principî di Economia Finanziaria. Prefazione di Luigi Einaudi,* Torino: Edizioni Scientifiche Einaudi.

Einaudi, Luigi (1919). *Osservazioni critiche intorno alla teoria dell'ammortamento dell'imposta.* Reprinted in Einaudi, L. (1941). *Saggi sul risparmio e l'imposta.* Torino: Einaudi.

Einaudi, Luigi (1934). Preface. In A. De Viti De Marco, *Principî di Economia Finanziaria.* Reprinted in De Viti de Marco.

Einaudi, Luigi (1942). Di alcuni connotati dello Stato elencati dai trattatisti finanziari. *Rivista di diritto finanziario e scienza delle finanze,* dicembre: 191–200.

Einaudi, Luigi (1942a). Del concetto dello Stato fattore di produzione e delle sue relazioni can il teorema della esclusione del risparmio dall'imposta. *Giornale degli economisti,* July–August: 301–31.

Einaudi, Luigi (1942b). Postilla critica. *Giornale degli economisti*, 491–511.
Einaudi, Luigi (1943a). *Ipotesi astratte ed ipotesi storiche e dei giudizi di valore nelle scienze economiche*. Torino: R. Accademia delle Scienze.
Einaudi, Luigi (1943b). Discutendo con Fasiani e Griziotti di connotati dello Stato e di catasto e imposta fondiaria. *Rivista di diritto finanziario e Scienza delle Finanze*, January: 178–90; with *Postilla* by M. Fasiani, 190–1.
Evensky, J. (1993). Ethics and the invisibile hand. *Journal of Economic Perspectives*, 7 (2): 197–205. Reprinted in Wilber, C.K. (Ed.) (1998) *Economics, Ethics, and Public Policy*. London: Rowman, pp. 7–16.
Fasiani, Mauro (1932). Der gegenwärtige Stand der reinen Theorie der Finanzwissenschaft in Italien. *Zeitschrift für Nationalökonomie*, Band III (Heft 5): 651–91; Band IV (Heft 1): 79–107; band IV (Heft 3): 357–88. Quotation from the 1980 Italian reprint (with variants): La teoria della Finanza pubblica in *Italia*. In M. Finoia (1980), *Il pensiero economico italiano 1850–1950*. Torino: Cappelli editore.
Fasiani, Mauro (1941). *Principii di Scienza delle Finanze*, Vols I and II. Torino, Giappichelli. Quotations from 1951 2nd ed.
Fasiani, Mauro (1942). Della teoria della produttività dell'imposta, del concetto di 'stato fattore della produzione', e del teorema della doppia tassazione del risparmio. *Giornale degli economisti*, November–December 491–511; with *Postilla critica* by L. Einaudi, 512–17.
Fasiani, Mauro (1943a). Di alcuni connotati del gruppo pubblico e di una definizione dei bisogni pubblici. *Rivista di diritto finanziario e Scienza delle Finanze*, June: 62–83.
Fasiani, Mauro (1943b). Postilla. *Rivista di diritto finanziario e Scienza delle Finanze*, January: 190–1.
Fasiani, Mauro (1949). Contributi di Pareto alla Scienza delle Finanze. *Giornale degli Economisti e Annali di Economia*, 3–4: 129–73. English translation: M. McLure (2007). *The Paretian School and Italian Fiscal Sociology*, Houndmills: Palgrave Macmillan, pp. 266–305.
Finoia, Massimo (1980). *Il pensiero economico italiano 1850–1950*. Torino: Cappelli editore.
Flora, Federico (1893). *Manuale della Scienza delle Finanze*. Livorno: Giusti. Quotation from 1909 3rd ed.
Fossati, Amedeo (2003). Public goods in the Italian tradition. *Il pensiero economico italiano*, 1: 99–122.
Fossati, Amedeo (2004). Morals and public economics: The case for justice and equality. *Studi economici*, 2: 5–21.
Fossati, Amedeo (2006). Needs, the principle of minimum means, and public goods in De Viti De Marco. *Journal of the History of Economics Thought*, 4: 427–43.
Gangemi, Lello (1940). *Elementi di Scienza delle Finanze*. Napoli: Jovene.
Graziani, Augusto (1897). *Istituzioni di Scienza delle Finanze*. Torino: Utet. Quotations from 1929 3rd ed.
Griziotti, Benvenuto (1929). *Principi di politica, diritto e scienza delle finanze*. Padova: Cedam.
Magnani, Italo (1997). Marginalism and the role of state in the economy. In M. Baldassarri (Ed.), *Maffeo Pantaleoni. At theorigin of the Italian School of Economics and Finance*. Houndmills: Macmillan, pp. 47–96.
Mazzola, Ugo (1890). *I dati scientifici della Finanza pubblica*. Roma: Loescher.
McLure, Michael (2007). *The Paretian School and Italian Fiscal Sociology*. Houndmills: Palgrave Macmillan.
Montemartini, Giovanni (1900). Le basi fondamentali di una scienza finanziaria pura. *Giornale degli economisti*, December: 555–76. English 1958 reprint: In R. Musgrave and A.T. Peacock (Eds.), *Classics in the Theory of Public Finance*. London: Macmillan.
Montemartini, Giovanni (1902). *Municipalizzazione dei pubblici servizi/*. Milano: Società editrice libraria, Quotations from 1917 2nd ed. [incorporating Montemartini 1900)].
Murray, Roberto (1914). *Principi fondamentale di Scienza pura delle Finanze*. Firenze: Carnesecchi.

Pantaleoni, Maffeo (1883). Contributo alla teoria della distribuzione della spesa pubblica. *La rassegna italiana*, ott: 25–70. English 1958 reprint: Contribution to the theory of the distribution of public expenditure. In R. Musgrave and A.T. Peacock (Eds.), *Classics in the Theory of Public Finance*. London- Macmillan.

Pantaleoni, Maffeo (1898). An attempt to analyse the concept of 'strong and weak' in their economic connections. *The Economic Journal*, June: 183–205. Italian 1925 translation: Tentativo di analisi del concetto di 'forte e debole' in economia. In M. Pantaleoni, *Erotemi di economia*. Bari: Laterza.

Pantaleoni, Maffeo, and Bertolini, Angelo (1892). Cenni sul concetto di massimi edonistici individuali e collettivi. *Giornale degli economisti*, aprile: 285–323.

Pasinetti, Luigi (Ed.) (1993). *Italian Economic Papers*, Vol. II. Il Mulino: Oxford University Press.

Pickhardt, Michael (2005). Some remarks on self-interest, the historical schools and the evolution of the theory of public goods. *Journal of Economic Studies*, 32 (3): 275–93.

Ricca Salerno, Giuseppe (1881). *Storia delle dottrine finanziarie in Italia*. In Atti della R. Accademia dei Lincei, Serie III, Vol. IX, pp. 3–286. Memorie della R. Accademia dei Lincei.

Ricca Salerno, Giuseppe (1887). Nuove dottrine sistematiche nella Scienza delle Finanze. *Giornale degli Economisti*, 4: 375–402.

Ricci, Umberto (1942). A proposito del primo volume di una raccolta. *Giornale degli economisti*, (9–10): 421–38.

Roncali Angelo (1887). *Corso elementare di Scienza finanziaria*. Parma: Luigi Battei.

Sax, Emil (1887). *Grundlegung der theoretischen Staatwirtschaft*. Wien: A. Hölder. Quotations from 1905 Italian translation: *Principî teoretici di Economia di Stato*. Biblioteca dell'Economista, 5th series, Vol. 15. Torino: Utet.

Seligman, Edwin R.A. (1927). Theorie sociale de la Science des Finances. In *Revue de Science e Législation financières*. Paris: Marcel Giard. Originally published (1926). The social theory of public finance. *Political Science Quarterly*.

Zorli, Alberto (1890). Teoria psicologica della Finanza pubblica. *Giornale degli economisti*, (3): 251–93.

## 意大利财政理论中的公共支出

Amacher, R.C., Tollison, R.D. and Willett, T.D. (1975). A budget size in a democracy. A review of the arguments. *Public Finance Quarterly*, 3: 99–121.

Benham, F. (1934). Principii di economia finanziaria: A. De Viti De Marco. Giulio Einaudi, Torino, 1934. *Economica*, 3: 364.

Bird, R.M. (1971). Wagner's 'law' of expanding state activity. *Public Finance*, XXVI: 1–26.

Bird, R.M. (1972). The 'displacement effect': A critical note. *Finanzarchiv*, 30: 454–63.

Black, D. (1939). *The Incidence of Income Taxes*. London: Macmillan.

Borcherding, T.E. (Ed.) (1977). *Budgets and Bureaucrats. The Sources of Government Growth*. Durham, N.C.: Duke University Press.

Borgatta, G. (1935). *Appunti di scienza delle finanze e diritto finanziario*. Milano: Giuffrè.

Buchanan, J.M. (1960). La 'Scienza delle finanze': The Italian tradition in fiscal theory. In J.M. Buchanan, (Ed.), *Fiscal Theory and Political Economy. Selected Essays*. Chapel Hill: University of North-Carolina Press, 24–74.

Buehler, A.G. (1938). Public expenditure and the incidence of taxes. Some theoretical considerations. *American Economic Review*, XXVIII: 674–83.

Conigliani, C. (1903). *Saggi di economia politica e scienza delle finanze*. Torino: Bocca.

Cosciani, C. (1936). Il problema dello Stato e della soddisfazione massima dei bisogni nelle opere di M. Pantaleoni. *Rivista Internazionale di Scienze Sociali*, XLIV: 25–52.

Da Empoli, A. (1941). *Lineamenti teorici dell'economia corporativa finanziaria*. Milano: Giuffrè.

De Viti De Marco, A. (1936). *First Principles of Public Finance*. London: Jonathan Cape.

Diamond, J. (1977). Econometric testing of the 'Displacement effect': A reconsideration. *Finanzarchiv*, 35: 387–404.

Diamond, J. and Tait, A. (1988). *The Growth of Government Expenditure: a Review of Quantitative Analysis*, Working Paper, no. 88/17. Washington, D.C.: International Monetary Fund.

Einaudi, L. (1912). Intorno al concetto di reddito imponibile e di un sistema di imposte sul reddito consumato. Saggio di una teoria dell'imposta dedotta esclusivamente dal postulato dell'uguaglianza. *R. Accademia delle Scienze di Torino – Memorie*, 63, Reprint quoted: Einaudi, L. (1965). *Saggi sul risparmio e l'imposta*, 2nd ed. Torino: Giulio Einaudi Editore. Partial English translation: Einaudi, L. (1998). On the concept of taxable income and a system of taxation on consumption. An essay on a theory of taxation taken from a postulate of equality. In L. Pasinetti (Ed.). *Italian Economic Papers*, Vol. 3. Bologna: Il Mulino – Oxford University Press, 25–78.

Einaudi, L. (1919). Osservazioni critiche intorno alla teoria dell'ammortamento dell'imposta e teoria delle variazioni nei redditi e nei valori capitali susseguenti all'imposta. *R. Accademia delle Scienze di Torini – Atti*, 54. Reprint quoted: Einaudi, L. (1965). *Saggi sul risparmio e l'imposta*, 2nd ed. Torino: Giulio Einaudi Editore, 161–240.

Einaudi, L. (1930). Se esiste, storicamente, la pretesa ripugnanza degli economisti verso il concetto dello Stato produttore. *Nuovi Studi di Diritto, Economia e Politica*, 3: 302–14.

Einaudi, L. (1942). Del concetto dello Stato fattore di produzione, e delle sue relazioni col teorema della esclusione del risparmio dall'imposta. *Giornale degli Economisti e Annali di Economia*, IV: 301–31.

Einaudi, L. (1952). *Principî di scienza della finanza*, 4th ed. Torino: Edizioni Scientifiche Einaudi.

Einaudi, L. (1967). *Miti e paradossi della giustizia tributaria*, 2nd ed. Torino: Giulio Einaudi Editore.

Fasiani, A. (1940). A proposito di un recente volume sull'incidenza delle imposte. *Giornale degli Economisti e Annali di Economia*, II: 1–23.

Fasiani, M. (1941a). *Principii di scienza delle finanze*, Vol. I. Torino: Giappichelli.

Fasiani, M. (1941b). *Principii di scienza delle finanze*, Vol. II. Torino: Giappichelli.

Fasiani, M. (1942). Della teoria della produttività dell'imposta, del concetto di 'Stato fattore della produzione' e del teorema della doppia tassazione del risparmio. *Giornale degli Economisti e Annali di Economia*, IV: 491–511.

Fasiani, A. (1943). Sulla legittimità dell'ipotesi di un'imposta-grandine nello studio della ripercussione dei tributi. In L. Amoroso, et al. *Studi in memoria di Guglielmo Masci*, Vol. I. Milano: Giuffrè.

Fausto, D. (2004). The economic role of the State as a factor of production. In R. Arena and N. Salvadori (Eds.), *Money, Credit and the Role of the State. Essays in Honour of Augusto Graziani*, Aldershot: Ashgate, 431–46.

Fossati, A. (1981). La spesa pubblica in Italia dal 1951 al 1980. *Rivista di Diritto Finanziario e Scienza delle Finanze*, XL: 322–75.

Franco, D. (1993). *L'espansione della spesa pubblica in Italia*. Bologna: Il Mulino.

Gandhi, U.P. (1971). Wagner's law of public expenditure. Do recent cross-section studies confirm it? *Public Finance*, XXVI: 44–56.

Giannone, A. (1983). Spesa e sviluppo economico in Italia nel periodo 1960–1981. *Note Economiche*, 12: 5–41.

Graziani, A. (1887). *Intorno all'aumento progressivo delle spese pubbliche*. Modena. Reprint quoted: Graziani, A. (1956). *Saggi di storia del pensiero economico*. Napoli: Morano.

Groves, H.M. (1958). *Financing Government*, 5th ed. New York: Henry Holt.

Holden, G. (1940). Incidence of taxation as an analytical concept. *American Economic Review*, XXX: 774–86.

Kendrick, M.S. (1930). Public expenditure: A neglected consideration in tax incidence theory. *American Economic Review*, XX: 226–30.

Kendrick, M.S. (1937). The incidence and effects of taxation: Some theoretical aspects. *American Economic Review*, XXVII: 725–34.

Keynes, J.M. (1926). *The End of Laissez Faire*. London: Hogarth Press.
Keynes, J.M. (1936). *The General Theory of Employment, Interest and Money*. London: Macmillan.
Lindholm, R.W. (1950). *Public Finance and Fiscal Policy*. New York: Pitman.
Marshall, A. (1890). *Principles of Economics*. London: Macmillan.
Mastromatteo, G. (2003). The growth of public expenditure in the Italian theory of public finance. *Il Pensiero Economico Italiano*, XI: 221–42.
Mazzola, U. (1890a). *I dati scientifici della finanza pubblica*. Roma: Loescher.
Mazzola, U. (1890b). *I dati scientifici della finanza pubblica*. Roma: Loescher. Partial English translation quoted: Mazzola, U. (1967). The formation of the prices of public goods. In R.A. Musgrave and A.T. Peacock (Eds.), *Classics in the Theory of Public Finance*. London: Macmillan, 37–47.
Michas, N.A. (1975). Wagner's law of public expenditures. What is the appropriate measurement for a valid test? *Public Finance*, XXX: 77–83.
Morgenstern, O. (1972). Antonio De Viti De Marco. In E. D'Albergo (Ed.), *Studies 'In Memoriam' of Antonio De Viti De Marco*, Vol. II. Bari: Cacucci, 17–9.
Musgrave, R.A. (1959). *The Theory of Public Finance*. New York: McGraw-Hill.
Musgrave, R.A. and Peacock, A.T. (Eds.) (1967). *Classics in the Theory of Public Finance*. London: Macmillan.
Nitti, F.S. (1922). *Principi di scienza delle finanze*, 5th ed. Napoli: Pierro.
Pantaleoni, M. (1882). *Teoria della traslazione dei tributi*. Roma: Tipografia di Adolio Paolini. Reprint quoted: (1958). Milano: Giuffrè.
Pantaleoni, M. (1887). *Teoria della pressione tributaria*. Roma: Loreto Pasqualucci. Reprint quoted: Pantaleoni, M. (1938). *Studi di finanza e di statistica*. Bologna: Zanichelli.
Pantaleoni, M. (1906). *Economia politica*, Biamonti and Grispigni (Eds.). Roma: Stabilimento Tipografico Ferri.
Pantaleoni, M. (1909). Di alcuni fenomeni di dinamica economica. *Giornale degli Economisti*, XX: 211–54. Reprint: Pantaleoni, M. (1925). *Erotemi di economia*, Vol. II. Bari: Laterza. English translation quoted: Pantaleoni, M. (1955). Some phenomena of economic dynamics. In A.T. Peacock, W.F. Stolper, R. Turvey and E. Henderson (Eds.), *International Economic Papers*, No. 5, London: Macmillan, 26–57.
Peacock, A.T. (1992). *Public Choice Analysis in Historical Perspective*. Cambridge: Cambridge University Press.
Peacock, A.T. and Wiseman, J. (1961). *The Growth of Public Expenditure in the United Kingdom*. Princeton, N.J.: Princeton University Press.
Peacock, A.T. and Wiseman, J. (1979). Approaches to the analysis of government expenditure growth. *Public Finance Quarterly*, 7: 3–23.
Pigou, A.C. (1928). *A Study in Public Finance*. London: Macmillan.
Puviani, A. (1903). *La teoria della illusione finanziaria*. Palermo: Sandron. Reprint quoted: Volpi, F. (Ed.) (1973). Milano: Isedi.
Ricca Salerno, G. (1921). *Scienza delle finanze*, 3rd ed. Firenze: Barbera.
Rolph, E.R. (1956). *The Theory of Fiscal Economy*. Berkeley: University of California Press.
Scotto, A. (1947). A proposito della considerazione della spesa statale nella teoria degli effetti dei tributi. *Studi Economici e Aziendali*, II: 207–25.
Scotto, A. (1951). A proposito della spesa pubblica e di interesse del contribuente nella teoria degli effetti dei tributi. *Economia Internazionale*, IV: 915–31.
Shirras, G.F. (1936). *Science of Public Finance*, Vol. I, 3rd ed. London: Macmillan.
Sitta, P. (1893). *L&aposaumento progressivo delle spese pubbliche*. Ferrara: Taddei.
Smith, A. (1776). *The Wealth of Nations*. Reprint. Vol. I–II. (1970). London: Dent.
Stigler, G.J. (1965). The economist and the State. *American Economic Review*, LV: 1–18.
Tanzi, V. and Schuknecht, L. (2001). The growth of government and the reform of the State in industrial countries. In A. Solimano (Ed.), *Social Inequality. Values, Growth and the State*. Ann Arbor: University of Michigan Press.

Timm, H. (1961). Das Gesetz der Wachsenden Staatsansgaben. *Finanzarchiv*, 21: 201–47.
Tivaroni, J. (1934). Vecchie e nuove teorie relative alla spesa pubblica. *Giornale degli economisti e Rivista di Statistica*, XLIX: 394–407.
Wagner, A. (1883). Three extracts on public finance. In R.A. Musgrave and A.T. Peacock (Eds.) (1967), *Classics in the Theory of Public Finance*. London: Macmillan, 1–15. Excerpt from: *Finanzwissenschaft*, (1883), part I, 3rd ed. Leipzig: Winter.

## 公共福利与私营企业精神：1880-1930年意大利的市有化经验

Augello, M.M. and Pavanelli, G., (Eds.) (2005). *Tra economia, politica e impegno civile: Gerolamo Boccardo e il suo tempo (1829–1904)*. Genoa: Brigati.
Augello, M.M. and Guidi, M.E.L., (Eds.) (2007). *L'economia divulgata: stili e percorsi italiani (1840–1922)*. 3 vols. Milan: F. Angeli.
Boccardo. (1876). Introduzione generale. *Biblioteca dell'Economista*, series III, I: 204.
Faucci, R. (1972). Teoria e politica amministrativa nell'Italia liberale: problemi aperti. *Studi Storici*, XIII: 447–65.
Bachi, R. (1897). Le nuove forme della funzione municipale in Inghilterra. *La Riforma Sociale*, 15 May: 485.
Barone, E. (1909). *Principi di economia politica*. vol. 2. Pescara: Stabilimento tipografico abruzzese.
Barone, E. (1937). *Le opere economiche. Vol. 3. Principi di economia finanziaria*. Bologna: Zingarelli.
Berselli, A., Della Peruta, F. and Varni, A. (Eds.) (1988). *La municipalizzazione nell'area padana. Storia ed esperienze a confronto*. Milan: F. Angeli.
Bini, P. (1989). Alberto de' Stefani economista al governo. *Rassegna Economica*, 4: 701–36.
Blaug, M. (1986). Marginal Cost Pricing: no empty box. In D. Greenaway and G.K. Shaw(Eds), *Public choice, public finance and public policy: essays in honour of Alan Peacock*. Oxford: Basil Blackwell, pp. 5–18.
Boccardo, G. (1876). Introduzione generale. Biblioteca dell' Economista, series III, I: 3–43.
Bonomi, I. (1903). *La finanza locale e i suoi problemi*. Milan-Palermo-Naples: Remo Sandrom.
Cabiati, A. (1910). Sulle municipalizzazioni. *Giornale degli economisti e rivista di statistica*, January: 41–56.
Consitutional Ministry. (1947). *Rapporto della Commissione Economica presentata dall'Assemblea Costituente – Industria – Relazione*. vol. 1. Rome: Istituto Poligrafico dello Stato, pp. 374–82.
da Empoli, D. (1984). Giovanni Montemartini (1867–1913). In G. Mortara (Ed.), *I protagonisti dell'intervento pubblico in Italia*. Milan: Ciriec, Franco Angeli editore, pp. 121–45.
Di Majo, A. (2005). Giovanni Montemartini nella teoria e nella pratica dell'economia pubblica. *Rivista di Diritto Finanziario e Scienza delle Finanze*, 1: 30–54.
Einaudi, L. (1905). Il pane municipale di Catania. *Il Corriere della sera*, 5 February, p. 1.
Einaudi, L. (1911). *Lezioni di Scienza delle finanze*. collect. Giulio Fenoglio. Turin: Lit. tip. Visconti, s.d.
Einaudi, L. (1959). Cronache economiche e politiche di un trentennio (1893–1925), II (1903–1909). Turin: Giulio Einaudi.
Faucci, R. (1982). Stato, mercato, movimento operaio nel giovane Einaudi. *Rivista Storica Italiana*, XCIV: 1.
Faucci, R. (2000). *L'economia politica in Italia. Dal Cinquecento ai nostri giorni*. Utet: Torino.
Flora, F. (1917). *Manuale di Scienza delle Finanze*. Livorno: Raffaello Giusti Editore.
Flora, F. (1921). *Manuale di scienza delle finanze*. Livorno: Giusti Editore.
Flora, F. (1923). Lo Stato azionista. In Flora, F. *La politica economica e finanziaria del fascismo (ottobre 1922–giugno 1923)*. Milan: Imperia.

Fondazione Luigi Micheletti (Ed.). (1990). L'esperienza delle aziende municipalizzate tra economia e societa. Brescia: Sintesi ed.
Gherardi, R. (1984). *Le autonomie locali nel liberismo italiano (1861–1900)*. Milan: Giuffré Ed.
Gioia, V. (1982). Enrico Leone fra marxismo e edonismo. In R. Faucci (Ed.), *Gli italiani e Bentham*. Milan: F. Angeli, vol. II. pp. 43–64.
Gioia, V. (1983). Marxismo e scienza economica in Enrico Leone e Arturo Labriola. Quaderni di storia dell' economia politica, I: 111–47.
Hadley, A. (1885). *Railroad Transportation, its History and its Law*. New York: Putnam.
Id. (1959). *Cronache economiche e politiche di un trentennio (1893–1925), II (1903–1909)*. Turin: Giulio Einaudi.
Id. (1964). *Erotemi di Economia*. vol. 2. Bari: Laterza. [Originally 1925.]
Id. (1983). Marxismo e scienza economica in Enrico Leone e Arturo Labriola. *Quaderni di storia dell'economia politica*, I: 111–47.
Launhardt, W. (1905). *Die Betriebskosten Eisenbahnen . . . , 1877*, Trans. A. Cabiati. In Biblioteca dell'economista', vol. 3, 4th set. Turin: Utet, pp. 269–356.
L'esperienza (1990). *L'esperienza delle aziende municipalizzate tra economia e società*, Sintesi ed. Brescia.
Lucarini, F. (2003). *Scienze comunali e pratiche di governo in Italia (1890–1915)*. Milan: Giuffré.
Loria, A. (1890). Uno scritto postumo di Carlo Marx. *Critica Sociale*, I: 34–36.
Loria, A. (1903). La scienza economica e i problemi sociali del nostro tempo. *Giornale degli Economisti*, series 2, XIV (2): 53.
Magnani, I. (2003). *Dibattito tra economisti italiani di fine Ottocento*. Milan: F. Angeli.
Magnani, I. (2008). Nota a margine di una recente opera sull'indirizzo sociologico della scienza delle finanze italiana. *Rivista di diritto finanziario e scienze delle finanze*, LXVIII (2): 165–199.
Magnani, I. and Marchese, C. (1985). Giovanni Montemartini e l'origine della municipalizzazione. *Rivista di Diritto Finanziario e Scienza delle Finanze*, XLIV (Part I): 169–84.
Marshall, A. (1907). The social possibilities of economic chivalry. *The Economic Journal*, March: 21–2.
Massa Piergiovanni, P., (Ed.) (2003). *Economisti liguri dell'Ottocento. La dottrina economica nell'Ateneo genovese e in Liguria*. Genova. Genoa: Accademia Ligure di Scienze e Lettere.
Montemartini, G. (1902). *Municipalizzazione dei publici servigi*. Milan: Società Editrice Libraria.
Mozzarelli, C. and Nespor, S. (1981). *Giuristi e scienze sociali nell'Italia liberale*. Padua: Marsilio.
Nitti, F.S. (1905). *Principi di scienza delle finanze*. Naples: Luigi Pierro.
Offe, C. (2003). The European model of 'social' capitalism: Can it survive European integration? *The Journal of Political Philosophy*, 4: 437–69.
Pantaleoni, M. (1922). *Bolcevismo italiano*. Bari: Laterza.
Pantaleoni, M. (1964). Erotemi de Economia, vol. 2. Bari: Laterza.
Pareto, V. (1961). *Corso di economia politica*. vol. 2. Turin: Boringhieri, pp. 209–10. (First edition 1896–67.]
Parisi, D. (1978). Congresso di economisti a Milano nel 1875 in Milano. *Rivista internazionale di scienze sociali*, 1: 308–59.
Parisi, D. (1985). Le trasformazioni della pubblica amministrazione e il pensiero degli economisti: le riviste. In ISAP-Archivio-Nuova Serie 3, *L'amministrazione nella storia moderna*. Milan: Giuffrè.
Ricci, U. (1921). *Il fallimento della politica annonaria*. Florence: La Voce.
Rotondi, C. (2002). Gestione dei servizi pubblici urbani e decentramento nel dibattito sulle municipalizzazioni (1897–1903). In M.M. Augello and M. Guidi (Eds.), *La scienza economica in Parlamento 1861–1922. Una storia dell'economia politica dell'Italia liberale – I*. Milan: Franco Angeli, pp. 73–103.

## 论外部性的剩余特点

Arrow K. (1969). The organization of economic activity: Issues pertinent to the choice of market versus nonmarket allocation. In *The Analysis and Evaluation of Public Expenditures: The PPB System*. Washington, DC: US Government Printing Office, pp. 47–64.

Ayres R.U. and Kneese A.V. (1969). Production, consumption, and externalities. *American Economic Review*, 59: 282–97.

Bator, F. (1958). The anatomy of market failure. *Quarterly Journal of Economics*, 72: 351–79.

Coase, R.H. (1960). The problem of social cost. *Journal of Law and Economics*, 3: 1–44.

Dahlman, C.J. (1979) The problem of externality. *Journal of Law and Economics*, 22: 141–62.

Demsetz, H. (1964). The exchange and enforcement of property rights. *Journal of Law and Economics*, 7: 11–26.

Demsetz, H. (1967). Toward a theory of property rights. *American Economic Review. Papers and Proceedings*, 57: 347–59; discussion by P.L. Kleinsorge, 375–377.

Ellis H.S. and Fellner, W. (1943). External economies and diseconomies. *American Economic Review*, 33: 493–511. Quotes from reprint: Stigler G. and Boulding, K. (1952). *Readings in Price Theory*, Vol VI. American Economic Association Readings. Chicago: Irwin, pp. 242–63.

Knight, F.H. (1924). Some fallacies in the interpretation of social cost. *The Quarterly Journal of Economics*, 38: 582–606. Quotes from reprint: Stigler G. and Boulding, K. (1952). *Readings in Price Theory*, Vol VI. American Economic Association Readings. Chicago: Irwin, pp. 160–79.

Laffont, J.J. (1977). Effets Externes et Théorie économique. *Monographies du Séminaire d'économétrie*, section XIII, publiées sous la direction de René Roy and Edmond Malinvaud. Paris: éditions du Centre National de la Recherche Scientifique.

Lagueux, M. (1998). Learning from the debate on externalities. In Roger Backhouse, Daniel Hausman, Uskali Mäki and Andrea Salanti (Eds.), *Economics and Methodology: Crossing Boundaries*. London: Macmillan, pp. 120–47.

Marshall A. (1949 [1890]). *Principles of Economics*. London: MacMillan.

Meade, J.E. (1952). External economies and diseconomies in a competitive situation. *The Economic Journal*, 62: 54–67.

Medema, S. (2006). Harnessing self interest: Mill, Sidgwick, and the evolution of the theory of market failure. Available at: http://papers.ssrn.com/sol3/papers.cfm?abstract_id=560921 (last accessed 19 February 2010).

Mishan, E.J. (1965). Reflections on recent developments in the concept of external effects. *Canadian Journal of Economics and Political Science*, 31: 1–34.

Mishan, E.J. (1967) *The Costs of Economic Growth*. Harmondsworth: Staples Press, Penguin Books.

Mishan, E.J. (1971a). The postwar literature on externalities: An interpretative essay. *Journal of Economic Literature*, 9: 1–28.

Mishan, E.J. (1971b). Pangloss on pollution. *Swedish Journal of Economics*, 73: 113–20.

O'Donnell, Margaret G. (1979). Pigou: An extension of Sidgwickian thought. *History of Political Economy*, 11: 588–605.

Pigou, A.C. (1962) *Economics of Welfare*, 4th ed. London: Macmillan.

Scitovsky, T. (1954). Two concepts of external economies. *Journal of Political Economies*, 62: 143–51.

Viner, J. (1931). Cost curves and supply curves. *Zeitschrift für Nationalökonomie*, III: 23–46. Reprinted in Stigler G. and Boulding, K. (1952). *Readings in Price Theory*, Vol VI. American Economic Association Readings. Chicago: Irwin, pp. 198–232.

## 试论科斯定理在科斯著述中的三个作用

Arrow, K.J. (1979). The property rights doctrine and demand revelation under incomplete information. In M.J. Boskin (Ed.), *Economics and human welfare: Essays in honour of Tibor Scitovsky*. New York: Academic Press, pp. 23–39.

Aslanbeigui, N. and Medema, S.G. (1998). Beyond the dark clouds: Pigou and Coase on social cost. *History of Political Economy*, 30 (4): 601–25.

Baumol, W.J. (1972). On taxation and the control of externalities. *American Economic Review*, 62 (3): 307–22.

Bertrand, E. (2006a). The Coasean analysis of lighthouse financing: Myths and realities. *Cambridge Journal of Economics*, 30 (3): 389–402.

Bertrand, E. (2006b). La thèse d'efficience du 'théorème de Coase': Quelle critique de la microéconomie? *Revue Economique*, 57 (5): 983–1007.

Calabresi, G. and Melamed, D.A. (1972). Property rules, liability rules, and inalienability: One view of the cathedral. *Harvard Law Review*, 85 (6): 1089–128.

Campbell, D. and Klaes, M. (2005). The principle of institutional direction: Coase's regulatory critique of intervention. *Cambridge Journal of Economics*, 29: 263–88.

Canterbery, E.R. and Marvasti, A. (1992). The Coase theorem as a negative externality. *Journal of Economic Issues*, 26 (4): 1179–89.

Coase, R.H. (1937). The nature of the firm. *Economica*, 4: 386–405.

Coase, R.H. (1946). The marginal cost controversy. *Economica*, 13: 169–82.

Coase, R.H. (1959). The Federal Communications Commission. *Journal of Law and Economics*, 2: 1–40.

Coase, R.H. (1960). The problem of social cost. *Journal of Law and Economics*, 3: 1–44.

Coase, R.H. (1966). The economics of broadcasting and government policy. *American Economic Review*, 56 (2): 440–7.

Coase, R.H. (1974). The lighthouse in economics. *Journal of Law and Economics*, 17 (2): 357–76.

Coase, R.H. (1975). Economists and public policy. In J. Fred Weston (Ed.), *Large corporations in a changing society*. New York: New York University Press, pp. 169–87. [Reprinted in Coase, R.H. (1994). *Essays on economics and economists*. Chicago: The University of Chicago Press, pp. 47–63.]

Coase, R.H. (1977). Advertising and free speech. *The Journal of Legal Studies*, 6 (1): 1–34.

Coase, R.H. (1981). The Coase theorem and the empty core: A comment. *Journal of Law and Economics*, 24 (1): 183–7.

Coase, R.H. (1982). *How should economists choose*. G. Warren Nutter lecture in political economy. Washington, DC: The American Enterprise Institute for Public Policy Research. [Reprinted in Coase, R.H. (1994). *Essays on economics and economists*. Chicago: The University of Chicago Press, pp. 15–33.]

Coase, R.H. (1988a). *The firm, the market and the law*. Chicago: The University of Chicago Press.

Coase, R.H. (1988b). Blackmail. *Virginia Law Review*, 74: 655–76.

Coase, R.H. (1992). The institutional structure of production: 1991 Alfred Nobel memorial prize lecture in economic sciences. *American Economic Review*, 82 (4): 713–9.

Coase, R.H. (1993). Law and economics at Chicago. *Journal of Law and Economics*, 36 (1): 239–54.

Coase, R.H. (1996). Law and economics and A.W. Brian Simpson. *Journal of Legal Studies*, 25 (1): 103–19.

Coase, R.H. (1997, January). Looking for results (Interview with Thomas W. Hazlett). *Reason*. 40–6. Available at: http://www.reason.com/news/show/30115.html (accessed 15 March 2009).

Coase, R.H. (2002). *The intellectual portrait series: A conversation with Ronald H. Coase* (62-minute videotaped interview conducted by R.A. Epstein). Indianapolis: Liberty Fund.

Available at: http://oll.libertyfund.org/title/979 (accessed 15 March 2009).
Cooter, R.D. (1982). The cost of Coase. *Journal of Legal Studies*, 11 (1): 1–33.
Demsetz, H. (1996). The core disagreement between Pigou, the profession, and Coase in the analyses of the externality question. *European Journal of Political Economy*, 12 (4): 565–79.
De Serpa, A.C. (1993). Pigou and Coase in retrospect. *Cambridge Journal of Economics*, 17 (1): 27–50.
Farber, D.A. (1997). Parody lost/pragmatism regained: The ironic history of the Coase theorem. *Virginia Law Review*, 83 (2): 397–428.
Goldberg, V.P. (1981). Pigou on complex contracts and welfare economics. *Research in Law and Economics*, 3: 39–51.
Hausman, D.M. and Mc Pherson, M.S. (1996). *Economic analysis and moral philosophy*. Cambridge: Cambridge University Press.
Hovenkamp, H.J. (2009). *The Coase theorem and Arthur Cecil Pigou*. Working paper. Available at: http://works.bepress.com/herbert_hovenkamp/6 (accessed 15 September 2009).
Kitch, E.W., ed. (1983). The fire of truth: A remembrance of law and economics at Chicago, 1932–1970. *Journal of Law and Economics*, 26 (1): 163–234.
Knight, F.H. (1924). Some fallacies in the interpretation of social cost. *Quaterly Journal of Economics*, 38: 582–606.
Lazonick, W. (1991). *Business organization and the myth of the market economy*. New York: Cambridge University Press.
Mäki, U. (1998a). Coase, R. H. In J.B. Davis, D.W. Hands and U. Mäki (Eds), *The handbook of economic methodology*. Cheltenham: Edward Elgar, pp. 64–7.
Mäki, U. (1998b). Is Coase a realist?, *Philosophy of the Social Sciences*, 28: 5–31.
Mäki, U. (1998c). The problem of social Coase: Regulation versus free market in economic methodology. In S.G. Medema (Ed.), *Coasean economics: Law and economics and the new institutional economics*. Boston: Kluwer, pp. 249–69.
McCloskey, D.N. (1993). The lawyerly rhetoric of Coase's 'The nature of the firm'. *Journal of Corporation Law*, 18: 425–40.
McCloskey, D.N. (1998). The good old Coase theorem and the good old Chicago school: A comment on Zerbe and Medema. In S.G. Medema (Ed.), *Coasean economics: Law and economics and the new institutional economics*. Boston: Kluwer, pp. 239–48.
Medema, S.G. (1994a). *Ronald H. Coase*. London: Mac Millan.
Medema, S.G. (1994b). The myth of two Coases: What Coase is really saying. *Journal of Economic Issues*, 28 (1): 208–17.
Medema, S.G. (1998). Wandering the road from pluralism to Posner: The transformation of law and economics in the twentieth century. In M.S. Morgan and M. Rutherford (Eds). *From interwar to postwar neoclassicism. History of Political Economy*. Suppl. 30: 202–24.
Medema, S.G. (1999). Legal fiction: The place of the Coase theorem in law and economics. *Economics and Philosophy*, 15 (2): 209–33.
Medema, S.G. and Samuels, W.J. (1997). Ronald Coase and Coasean economics: Some questions, conjectures and implications. In S.G. Medema and W.J. Samuels (Eds), *The economy as a process of valuation*. Cheltenham: Edward Elgar, pp. 72–128.
Medema, S.G. and Samuels, W.J. (1998). Ronald Coase on economic policy analysis: Framework and implications. In S.G. Medema (Ed.), *Coasean economics: Law and economics and the new institutional economics*. Boston: Kluwer, pp. 163–83.
Medema, S.G. and Zerbe, R.O., Jr (1998). Ronald Coase, the British tradition, and the future of economic method. In S.G. Medema (Ed.), *Coasean economics: Law and economics and the new institutional economics*. Boston: Kluwer, pp. 209–38.
Medema, S.G. and Zerbe, R.O., Jr. (2000). The Coase theorem. In B. Bouckaert & In G. De Geest (Eds), *The encyclopedia of law and economics, vol. I: The history and methodology of law and economics*. Cheltenham: Edward Elgar, pp. 836–92.
Myint, H. (1948). *Theories of welfare economics*. New York: Sentry Press, 1965.
Pigou, A.C. (1932). *The economics of welfare* 4th ed. London: Macmillan, 1948.
Posner, R.A. (1986). *Economic analysis of law* 3rd ed. Boston: Little, Brown.

Pratten, S. (2001). Coase on broadcasting, advertising and policy. *Cambridge Journal of Economics*, 25: 617–38.

Samuelson P.A. (1967). The monopolistic competition revolution. In R.E. Kuenne (Ed.), *Monopolistic competition theory: Studies in impact; Essays in honour of Edward Chamberlin*. New York: Wiley. [Reprinted in Merton, R.C., ed. (1972). *The collected scientific papers of Paul A. Samuelson*. Cambridge, MA: MIT Press, pp. 18–51.]

Schwab, S.J. (1993). Coase's twin towers: The relation between *The nature of the firm* and *The problem of social cost*. *Journal of Corporation Law*, 18: 359–70.

Simpson, A.W.B. (1996a). Coase v. Pigou reexamined. *The Journal of Legal Studies*, 25 (1): 53–97.

Simpson, A.W.B. (1996b). An addendum. *The Journal of Legal Studies*, 25 (1): 99–101.

Stigler, G.J. (1966). *The theory of price* 3rd ed. New York: Macmillan.

Veljanovski, C.G. (1977). The Coase theorem – The Say's law of welfare economics? *Economic Record*, 53 (144): 535–41.

Wang, N. (2003). Coase on the nature of economics. *Cambridge Journal of Economics*, 27: 807–29.

Williamson, O. (1994). Evaluating Coase. *Journal of Economic Perspectives*, 8 (1): 201–4.

## 约翰·罗尔斯的正义论及其与有益品概念的关系

Arrow, K.J. (1973). Some ordinalist-utilitarian notes on Rawls' theory of justice. *The Journal of Philosophy*, 70: 245–63.

Atkinson, A.B. and Stiglitz, J.E. (1980). *Lectures on Public Economics*. New York: McGraw-Hill.

Audard, C. (1988). Principes de justice et principes du libéralisme: la 'neutralité' de la théorie de Rawls. In C. Audard. J.-P. Dupuy and R. Sève (Eds.), *Individu et justice sociale: autour de John Rawls*. Paris: Editions du Seuil, pp. 158–89.

Audard, C. (2003). Rawls a-t-il une conception de la citoyenneté? *Revue de Philosophie Economique*, 7: 61–80.

Auerbach, A.J. and Feldstein, M. (1987). *Handbook of Public Economics*, Vol. 2. Amsterdam: North Holland.

Bedau, H.A. (1999 [1978]). Social justice and social institutions. In H.S. Richardson and P.J. Weithman (Eds.), *The Philosophy of Rawls. A Collection of Essays*, Vol. 5. New York: Garland, pp. 91–197.

Brennan, G. and Lomasky, L. (1983). Institutional aspects of merit goods analysis. *Finanz Archiv New Series*, 41: 183–206.

Buchanan, J.M. (1968). *The Demand and Supply of Public Goods*. Chicago: Rand McNally.

Canivet, M. (1984). Justice et bonheur chez Rawls et chez Marx. In J. Ladrière and P. van Parijs (Eds.), *Fondements d'une théorie de la justice*. Louvain-la-Neuve: Editions de l'Institut Supérieur de Philosophie, pp. 153–82.

Colm, G. (1965). National goals analysis and marginal utility economics. *Finanz Archiv New Series*, 24: 209–24.

Daniels, N. (1989 [1975]). Equal liberty and unequal worth of liberty. In N. Daniels (Ed.), *Reading Rawls – Critical studies on Rawls' A Theory of Justice*, Stanford, Calif.: Stanford University Press. 1989, pp. 253–81.

D'Aspremont, C. (1984). Rawls et les économistes. In J. Ladrière and P. van Parijs (Eds.), *Fondements d'une théorie de la justice*. Louvain-la-Neuve: Editions de l'Institut Supérieur de Philosophie, pp. 83–103.

Duhamel, D. (2006). Les nouvelles théories du contrat social et la théorie du choix rationnelle. PhD dissertation, University of Paris I.

Dworkin, R. (1988). L'impact de la théorie de Rawls sur la pratique et la philosophie du droit. In C. Audard. J.-P. Dupuy and R. Sève (Eds.), *Individu et justice sociale: autour de

*John Rawls*. Paris: Editions du Seuil, pp. 54–72.
Edgren, J.A. (1995). On the relevance of John Rawls's theory of justice to welfare economics. *Review of Social Economy*, 53: 332–49.
Ege, R. and Igersheim, H. (2008). Rawls with Hegel: The concept of 'liberalism of freedom'. *European Journal of the History of Economic Thought*, 15: 23–44.
Habermas, J. (1999). Politischer Liberalismus – Eine Auseinandersetzung mit John Rawls. In *Die Einbeziehung des Anderen*. Frankfurt: Suhrkamp, pp. 65–127.
Harsanyi, J.C. (1975). Can the maximin principle serve as a basis for morality? A critique of John Rawls's theory. *American Political Science Review*, 69: 594–606.
Harsanyi, J.C. (1982 [1977]). Morality and the theory of rational behaviour. In A.K. Sen and B. Williams (Eds.), *Utilitarianism and beyond*. Cambridge: Cambridge University Press, pp. 39–62.
Head, J.C. (1966). On merit goods. *Finanz Archiv New Series*, 25: 1–29.
Höffe, O. (1988). Dans quelle mesure la théorie de John Rawls est-elle kantienne? In C. Audard. J.-P. Dupuy and R. Sève (Eds.), *Individu et justice sociale: autour de John Rawls*. Paris: Editions du Seuil, pp. 54–72.
Kant, I. (1797). *The Metaphysics of Morals*. Cambridge: Cambridge University Press. 1996.
Kersting, W. (2000). *Theorien der sozialen Gerechtigkeit*. Stuttgart – Weimar: Verlag J.B. Metzler.
Munoz-Dardé, V. (2003). Le partage des raisons. *Revue de Philosophie Economique*, 7: 81–110.
Musgrave, R.A. (1959). *The Theory of Public Finance*. New York: McGraw-Hill.
Musgrave, R.A. (1974). Maximin, uncertainty, and the leisure trade-off. *Quarterly Journal of Economics*, 88: 625–32.
Musgrave, R.A. (1987). Merit goods. In J. Eatwell. M. Milgate and P. Newmann (Eds.), *The New Palgrave. A Dictionary of Economics*, Vol. 3. London: Macmillan, pp. 452–3.
Pogge, T. (2007). *John Rawls. His life and Theory of Justice*. Oxford: Oxford University Press.
Rawls, J. (1971). *A Theory of Justice*. Oxford: Oxford University Press, 1999.
Rawls, J. (1975). Fairness to goodness. *Philosophical Review*, 84: 536–54.
Rawls, J. (1980). Kantian constructivism in moral theory. *The Journal of Philosophy*, 77: 515–72.
Rawls, J. (1982). The basic liberties and their priority. In S.M. McMurrin (Ed.), *Liberty. Equality and Law*. Cambridge: Cambridge University Press, 1987.
Rawls, J. (1985). Justice as fairness: Political, not metaphysical. *Philosophy and Public Affairs*, 14: 223–51.
Rawls, J. (1993). *Political Liberalism*. New York: Columbia University Press.
Rawls, J. (2001). *Justice as Fairness. A Restatement*, ed. E. Kelly. Cambridge, Mass.: Harvard University Press.
Samuelson, P.A. (1954). The pure theory of public expenditure. *Review of Economics and Statistics*, 36: 387–9.
Samuelson, P.A. (1955). Diagrammatic exposition of a theory of public expenditure. *Review of Economics and Statistics*, 37: 350–6.
Sandmo, A. (1987). Public goods. In J. Eatwell, M. Milgate and P. Newmann (Eds.), *The New Palgrave. A Dictionary of Economics*, Vol. 3. London: Macmillan, pp. 1061–6.
Sen, A.K. (1980). Equality of what? In S.M. McMurrin (Ed.), *Tanner Lectures on Human Values*, Vol. 1. Salt Lake City: University of Utah Press, pp. 195–220.
Sen, A.K. (1992). *Inequality Reexamined*. Oxford: Clarendon Press.

## 依靠朋友的帮助来应对：经济学理论中的慈善组织近代史

Akerlof, G.A. and Yellen, J.L. (1986). *Efficiency Wage Models of the Labor Market*. Cambridge: Cambridge University Press.
Alchian, A.A. (1973). *The Economics of Charity Essays on the Comparative Economics and Ethics*

*of Giving and Selling, with Applications to Blood.* London: Institute of Economic Affairs.

Andreoni, J. (1990). Impure altruism and donations to public-goods – A theory of warm-glow giving. *Economic Journal*, 100: 464–77.

Becker, G.S. (1974). Theory of social interactions. *Journal of Political Economy*, 82: 1063–93.

Besley, T. and Ghatak, M. (2005). Competition and incentives with motivated agents. *The American Economic Review*, 95(3): 616–36.

Bilodeau, M. and Slivinski, A. (1998). Rational nonprofit entrepreneurship. *Journal of Economics & Management Strategy*, 7: 190–2.

Frank, R.G. and Salkever, D.S. (1991). The supply of charity services by non profit hospitals: motives and market structure. *The RAND Journal of Economics*, 22(3): 430–45.

Frey, B.S. (1997). *Not just for the money*. Cheltenham: Edward Elgar.

Frohlich, N., Oppenheimer, J. and Moore, J.B. (2001). Some doubts about measuring self-interest using dictator experiments: the costs of anonymity. *Journal of Economic Behavior & Organization*, 46: 271–90.

Hansmann, H.B. (1980). The role of nonprofit enterprise. *Yale Law Journal*, 89: 835–901.

Harbaugh, W.T. (1998). The prestige motive for making charitable transfers. *American Economic Review*, 88: 277–82.

Hochman, H.M. and Rodgers, J.D. (1969). Pareto optimal redistribution. *American Economic Review*, 59: 542–57.

Lindsay, C.M. (1969). Medical care and economics of sharing. *Economica*, 36: 351–62.

Lucas, R.E.B. and Stark, O. (1985). Motivations to remit – Evidence from Botswana. *Journal of Political Economy*, 93: 901–18.

Phelps, E.S. (1975). *Altruism, Morality, and Economic Theory*. New York: Russell Sage Foundation.

Rabin, M. (2002). A perspective on psychology and economics. *European Economic Review*, 46: 657–85.

Roberts, R.D. (1984). A positive model of private charity and public transfers. *Journal of Political Economy*, 92: 136–48.

Rose-Ackerman, S. (1987). Ideals versus dollars – Donors, charity managers, and government grants. *Journal of Political Economy*, 95: 810–23.

Rose-Ackerman, S. (1996). Altruism, nonprofits, and economic theory. *Journal of Economic Literature*, 34: 701–28.

Rowley, C.K. and Peacock, A.T. (1975). *Welfare Economics a Liberal Restatement*. London: M. Robertson.

Sugden, R. (1982). On the economics of philanthropy. *Economic Journal*, 92: 341–50.

Titmuss, R.M. (1970). *The Gift Relationship from Human Blood to Social Policy*. London: Allen & Unwin.

Weisbrod, B.A. (1988). *The Nonprofit Economy*. Cambridge, Mass: Harvard University Press.

Weisbrod, B.A. (1997). The future of the nonprofit sector: Its entwining with private enterprise and government. *Journal of Policy Analysis and Management*, 16: 541–55.

Young, D.R. (1983). *If Not for Profit, for What? A Behavioral Theory of the Nonprofit Sector based on Entrepreneurship*. Lexington, Mass: Lexington Books.

Young, D.R. (2001). Government failure theory. In J.S. Ott (Ed.), *The Nature of the Nonprofit Sector*. (Westview Press, Boulder, CA).

## 政府与公共产品供应：从一般均衡模型到机制设计

Arrow, K.J. (1951). An extension of the basic theorems of the classical welfare economics. In *Proceedings of the Second Berkeley Symposium on Mathematical Statistics and Probability*. Berkeley, CA: University of California Press, pp. 507–32.

Arrow, K.J. and Debreu, G. (1954). Existence of an equilibrium for a competitive economy. *Econometrica*, 22: 265–90.

Bergstrom, T.C. (1970). A 'Scandinavian consensus solution' for efficient income distribution among non-malevolent consumers. *Journal of Economic Theory*, 2: 383–98.

Bergstrom, T., Blume, L. and Varian, H. (1986). On the private provision of public goods. *Journal of Public Economics*, 29: 25–49.

Boiteux, M. (1956). Sur la gestion des monopoles publics astreints à l'équilibre budgétaire. *Econometrica*, 24: 22–44. English translation: On the management of public monopolies subject to budgetary constraints. *Journal of Economic Theory*, 3 (1971): 219–40.

Bonnisseau, J.-M. (1991). Existence of Lindahl equilibria in economies with non-convex production sets. *Journal of Economic Theory*, 54: 409–16.

Clarke, E.H. (1971). Multipart pricing of public goods. *Public Choice*, 8: 19–33.

Coase, R.H. (1946). The marginal cost controversy. *Economica*, 13: 169–189.

Cornet, B. (Ed.) (1988). General equilibrium theory and increasing returns. *Journal of Mathematical Economics*, 17 (Special Issue): 103–315.

d'Aspremont, C. and Gérard-Varet, L-A. (1979). Incentives and incomplete information. *Journal of Public Economics*, 11: 22–45.

Danziger, L. and Schnytzer, A. (1991). Implementing the Lindahl voluntary-exchange mechanism. *European Journal of Political Economy*, 7: 55–64.

Debreu, G. (1954). Valuation equilibrium and Pareto optimum. *Proceedings of National Academy of Sciences of the USA*, 40: 588–92.

Debreu, G. and Scarf, H. (1963). A limit theorem on the core of an economy. *International Economics Review*, 4, 235–46.

Drèze, J.H. and de la Vallée Poussin, D. (1971). A tâtonnement process for public goods. *The Review of Economic Studies*, 38: 133–150.

Fabre-Sender, D. (1969). *Biens collectifs et biens à qualité variable*. CEPREMAP Working papers. Paris: CEPREMAP.

Florenzano, M. (2009). *Walras–Lindahl–Wicksell: What Equilibrium Concept for Public Goods Provision? I– The Convex Case*. CES Working Papers. Paris: CES.

Foley, D.K. (1967). Resource allocation and the public sector. *Yale Economic Essays*, 7: 45–98.

Foley, D.K. (1970). Lindahl's solution and the core of an economy with public goods. *Econometrica*, 38: 66–72.

Fourgeaud, C. (1969). Contribution à l'étude du rôle des administrations dans la théorie mathématique de l'équilibre et de l'optimum. *Econometrica*, 37: 307–23.

Galbraith, J.K. (1967). *The New Industrial State*. London: Hamish Hamilton.

Gourdel, P. (1995). Existence of intransitive equilibria in non-convex economies. *Set-valued Analysis*, 3: 307–37.

Green, J. and Laffont, J.J. (1977). Characterization of satisfactory mechanisms for the revelation of preferences for public goods. *Econometrica*, 45: 427–38.

Green, J. and Laffont, J.J. (1979). *Incentives in Public Decision Making*. Amsterdam: North-Holland.

Groves, T. (1973). Incentives in teams. *Econometrica*, 41: 617–31.

Groves, T. and Ledyard, J. (1977). Optimal allocation of public goods: A solution to the 'free rider problem'. *Econometrica*, 45,: 783–809.

Groves, T. and Ledyard, J. (1980). The existence of efficient and incentive compatible equilibria with public goods. *Econometrica*, 48: 1487–506.

Groves, T. and Loeb, M. (1975). Incentives and public inputs. *Journal of Public Economics*, 4: 211–26.

Guesnerie, R. (1975). Pareto optimality in non-convex economies. *Econometrica*, 43: 1–29.

Hotelling, H. (1938). The general welfare in relation to problems of taxation and of railway and utility rates. *Econometrica*, 6: 242–69.

Hurwicz, L. (1960). Optimality and informational efficiency in resources allocation processes. In K.J. Arrow, S. Karlin, and P. Suppe (Eds.), *Mathematical Methods in the Social Sciences*. Stanford, CA: Stanford University Press, pp. 27–46.

Hurwicz, L. (1972). On informationally decentralized systems. In R. Radner and B. McGuire (Eds.), *Decision and Organization*. Amsterdam: North Holland Press, pp. 297–332.

Hurwicz, L. (1979). Outcome functions yielding Walrasian and Lindahl allocations at Nash equilibrium points. *The Review of Economic Studies*, 46: 217–25.

Hurwicz, L. (2008). But who will guard the guardians? *American Economic Review*, 98 (3): 577–85.

Hurwicz, L. and Walker, M. (1990). On the generic nonoptimality of dominant-strategy allocation mechanisms: A general theorem that includes pure exchange economies. *Econometrica*, 58: 683–704.

Ingrao, B. and Israel, G. (1990). *The Invisible Hand: Economic Equilibrium in the History of Science*. Cambridge: The MIT Press.

Jackson, M.O. (2003). Mechanism theory. Optimization and operations. In U. Derigs (Ed.), *Encyclopedia of Life Support Systems*. Oxford: EOLSS Publishers. A more complete draft is available on the webpage of Mattew O. Jackson.

James, E. (1971). Joint products, Collective goods, and external effects: Comment. *Journal of Political economy*, 79: 1129–135.

Johansen, L. (1963). Some notes on the Lindahl theory of determination of public expenditures. *International Economic Review*, 4: 346–58.

Khan, M.A. and Vohra, R. (1987). An extension of the second welfare theorem to economies with nonconvexities and public goods. *The Quarterly Journal of Economics*, 102: 223–41.

Lee, K.S. (2006). Mechanism design theory embodying an algorithm-centered vision of markets/organizations/institutions. *History of Political Economy*, 38 (Annual Suppl.): 283–304.

Lerner, A.P. (1944). *The Economics of Control*. New York: Macmillan.

Lindahl, E. (1919). Just taxation–A positive solution. Translated from German: Positive Lösung. In *Die Gerechtigkeit der Besteuerung* (Lund). Published in R.A. Musgrave and A.T. Peacock (eds), (1958), *Classics in the Theory of Public Finance*. New York: Macmillan and Co., pp. 168–76.

Lindahl, E. (1928). Some controversial questions in the theory of taxation. Translated from German: Einige strittige Fragen der Steuertheorie. In *Die WirtschaftstheorievderbGegenwart* (Vienna). Published in R.A. Musgrave and A.T. Peacock (eds), (1958). *Classics in the Theory of Public Finance*. New York: Macmillan and Co., pp. 214–32.

Mailath, G. and Postlewaite, A. (1990). Asymmetric bargaining problems with many agents. *Review of Economic Studies*, 57: 351–67.

Malinvaud, E. (1972). Prices for individual consumption, quantity indicator for collective consumption. *The Review of Economic Studies*, 39: 385–405.

Mantel, R.R. (1975). General equilibrium and optimal taxes. *Journal of Mathematical Economics*, 2: 187–200.

Margolis, J. (1955). A comment on the pure theory of public expenditure. *The Review of Economics and Statistics*, 37: 347–49.

Mas-Colell, A. (1980). Efficiency and decentralization in the pure theory of public goods. *The Quarterly Journal of Economics*, 94: 625–41.

Meyer, R.A. (1971). Private costs of using public goods. *Southern Economic Journal*, 37: 479–88.

Milleron, J-C. (1972). Theory of value with public goods. *Journal of Economic Theory*, 5: 419–77.

Mookherjee, D. (2008). The 2007 Nobel Memorial Prize in Mechanism Design Theory. *Scandinavian Journal of Economics*, 110(2): 237–60.

Musgrave, R.A. (1959). *The Theory of Public Finance A Study in Public Economy*. New York: Mcgraw-Hill, Book Company.

Murty, S. (2006). Externalities and fundamental nonconvexities: A reconciliation of approaches to general equilibrium externality modelling and implications for decentralization. *Warwick Economic Research Papers*, 756. The University of Warwick, Coventry, UK.

von Neumann, J. (1937). A model of general economic equilibrium. In K. Menger (Ed.) *Ergebnisse eines mathematischen Kolloquiums*, 1935-36. Translated and reprinted in (1945). *The Review of Economic Studies*, 12 (2): 1-9.

Peacock, A.T. and Wiseman, J. (2010). Two unpublished papers from the 1950s. *The European Journal History of History of Economic Thought*, 17 (4): 559-578.

Ramsey, F.P. (1927). A contribution to the theory of taxation. *The Economic Journal*, 37: 47-61.

The Royal Swedish Academy of Sciences (2007). *Mechanism Design Theory*. Compiled by the Prize Committee of the Royal Swedish Academy of Sciences, Stockholm, Sweden.

Samuelson, P.A. (1954). The pure theory of public expenditure. *The Review of Economics and Statistics*, 36: 387-9.

Samuelson, P.A. (1955). Diagrammatic exposition of a theory of public expenditure. *The Review of Economics and Statistics*, 37: 350-6.

Samuelson, P.A. (1969). Pure theory of public expenditure and taxation. In J. Margolis, and H. Guitton (Eds.), Public Economics Proceedings of a Conference held by the International Economic Association, London: Macmillan: pp. 98-123.

Sandmo, A. (1973). Public goods and the technology of consumption. *The Review of Economic Studies*, 40: 517-528.

Shafer, W. and Sonnenschein, H. (1976). Equilibrium with externalities, commodity taxation, and lump-sum transfers. *International Economic Review*, 17: 601-11.

Shoven, J.B. (1974). General equilibrium with taxes. *Journal of Economic Theory*, 8: 1-25.

Silvestre, J. (1984). Voluntariness and efficiency in the provision of public goods. *Journal of Public Economics*, 25: 249-56.

Silvestre, J. (2003). Wicksell, Lindahl and the theory of public goods. *Scandinavian Journal of Economics*, 105 (4): 527-53.

Sontheimer, K.C. (1971). An existence theorem for the second best. *Journal of Economic Theory*, 3: 1-22.

Vasil'ev, V. and Wiesmeth, H. (2008). Equilibrium in a mixed economy of Arrow–Debreu type. *Journal of Mathematical Economics*, 44: 132-47.

Villanacci, A. and Zenginobuz, E.Ü. (2005). Existence and regularity of equilibria in a general equilibrium model with private provision of a public good. *Journal of Mathematical Economics*, 41: 617-36.

Wald, A. (1936). Uber einige Gleichungssysteme der mathematischen Ökonomie. *Zeitschrift für National ökonomie*, 7: 637-79. Translated as: 'On some systems of equations of Mathematical Economics'. *Econometrica*, 19 (1951): 368-403.

Walker, M. (1980). On the non-existence of a dominant-strategy mechanism for making optimal public decisions. *Econometrica*, 48: 1521-40.

Weymark, J.A. (2004). Shared consumption: A technological analysis. *Annales d'Economie et de Statistiques*, 75/76: 175-95. Substantially revised version of the first chapter of author's PhD dissertation defended in 1976, Department of Economics, University of Pennsylvania.

Wicksell, K. (1896). A new principle of just taxation. Extracts translated from: Ein nues prinzip der gerechten besteuerung, in *Finanztheoristizche Unterschungen*, iv-vi, 76-87 and 101-59. Published in R.A. Musgrave and A.T. Peacock (Eds.), (1958). *Classics in the Theory of Public Finance*. New York: Macmillan and Co., pp. 72-118.

## 新自由主义之后的公共经济学：一种理论—历史视角

Adaman, F. and Devine, P. (1996). The economic calculation debate: Lessons for socialists. *Cambridge Journal of Economics*, 20 (5): 523-37.

Adaman, F. and Devine, P. (2002). On the theory of entrepreneurship. *Review of Political Economy*, 14 (3): 329–55.

Adaman, F. and Madra, Y.M. (2002). Theorizing the 'third sphere': A critique of the persistence of the 'economistic fallacy'. *Journal of Economic Issues*, 36 (4): 1045–79.

Adaman, F., Özkaynak, B. and Devine, P. (2007). (Re)embedding the economy in society and nature. In M. Harvey, R. Ramlogan, and S. Randles (eds), *Karl Polanyi: New Perspectives on the Place of the Economy in Society*. Manchester: Manchester University Press, pp. 78–93.

Alchian, A.A. (1950). Uncertainty, evolution, and economic theory. *Journal of Political Economy*, 58 (3): 211–21.

Arrow, K. J. (1963a). Uncertainty and the welfare economics of medical care. *American Economic Review*, 53(3): 941–73.

Arrow, K.J. (1963b). *Social Choice and Individual Values*, 2nd ed. New Haven, Conn. and London: Yale University Press.

Arrow, K.J. (1991). Cowles in the history of economic thought. In *Cowles' Fiftieth Anniversary*. New Haven, Conn.: Cowles Foundation, pp. 1–24.

Backhouse, R. (2002). *Ordinary Business of Life: A history of economics*. Princeton, N.J.: Princeton University Press.

Bausor, R. (1983). The rational-expectations hypothesis and the epistemics of time. *Cambridge Journal of Economics*, 7(1): 1–10.

Becker, G.S. (1962). Irrational behavior and economic theory. *Journal of Political Economy*, 70(1): 1–13.

Becker, G. S. (1976). *The Economic Approach to Human Behavior*. Chicago and London: University of Chicago Press.

Bloch, F. and Zenginobuz, Ü. (2006). Tiebout equilibria in local public good economies with spillovers. *Journal of Public Economics*, 90(8–9): 1745–63.

Bowles, S. and Gintis, H. (1993). The Revenge of *Homo Economicus*: Contested exchange and the revival of political economy. *Journal of Economic Perspectives*, 7 (1): 83–102.

Breit, W. and Spencer, R.W. (eds.) (1995). *Lives of the Laureates: Thirteen Nobel economists*, 3rd ed. Cambridge, Mass. and London: The MIT Press.

Brown, W. (2003). Neoliberalism and the end of liberal democracy [electronic version]. *Theory and Event*, 7 (1): 1–19.

Buchanan, J.M. (1965). An economic theory of clubs. *Econometrica*, 32 (125): 1–14.

Buchanan, J.M. and Tullock, G. (1962). *The Calculus of Consent*. Ann Arbor: University of Michigan Press.

Caldwell, B. (1997). Hayek and socialism. *Journal of Economic Literature*, 35: 1856–90.

Caldwell, B. (2004). *Hayek's Challenge: An Intellectual Biography of F.A. Hayek*. Chicago: University of Chicago Press.

Callon, M. (Ed.) (1998). *The Laws of the Markets*. Oxford: Blackwell.

Callon, M. (2007). What does it mean to say that economics is performative? In D. MacKenzie, F. Muniesa and L. Siu (eds), *Do Economists Make Markets? On the performativity of economics*. Princeton, N.J. and Oxford: Princeton University Press, pp. 311–57.

Coase, R.H. (1960). The problem of social cost. *Journal of Law and Economics*, 3 (4): 1–44.

Cooter, R. and Rappoport, P. (1984). Were the ordinalists wrong about welfare economics? *Journal of Economic Literature*, 22 (2): 507–30.

Devine, P. (1988). *Democracy and Economic Planning*. Cambridge: Polity Press.

Drèze, J.H. (1995). Forty years of public economics: A personal perspective. *Journal of Economic Perspectives*, 9 (2): 111–30.

Duménil, G. and Lévy, D. (2004). *Capital Resurgent: Roots of the Neoliberal revolution*. Cambridge, Mass.: Harvard University Press.

Fama, E.F. (1998). Market efficiency, long-term returns, and behavioral finance. *Journal*

*of Financial Economics*, 49 (3): 283–306.
Feldstein, M. (2009). Rethinking the role of fiscal policy. *American Economic Review*, 99 (2): 556–59.
Fine, B. (1999). From Becker to Bourdieu: Economics confronts the social sciences. *International Papers in Political Economy*, 5 (3): 1–43.
Fischel, W.A. (Ed.) (2006). *The Tiebout Model at Fifty: Essays in Public Economics in Honor of Wallace Oates*. Cambridge, Mass.: Lincoln Institute of Land Policy.
Florenzano, M. (2009). From equilibrium models to mechanism design: On the place and the role of government in the public goods provision analysis in the second part of the twentieth century. Unpublished mimeo, CNRS-Université Paris.
Friedman, M. (1953). The methodology of positive economics. In *Essays in Positive Economics*. Chicago and London: The University of Chicago Press, pp. 3–43.
Foucault, M. (1991 [1978]). Governmentality. In G. Burchell, C. Gordon and P. Miller (eds), *The Foucault Effect: Studies in Governmentality*, trans. R. Braidotti and C. Gordon. Chicago: The University of Chicago Press, pp. 87–104.
Foucault, M. (2008 [1978/79]). *The Birth of Biopolitics: Lectures at the Collège de France 1978-1979*, ed. M. Senellart, trans. G. Burchell. New York: Palgrave Macmillan.
Gibbard, A. (1973). Manipulation of voting schemes: A general result. *Econometrica*, 41 (4): 587–601.
Gibson-Graham, J.K. (2006). *A Postcapitalist Politics*. Minneapolis: University of Minnesota Press.
Gordon, C. (1991). Governmental rationality: An introduction. In G. Burchell, C. Gordon and P. Miller (eds), *The Foucault Effect: Studies in governmentality*. Chicago: The University of Chicago Press, pp. 1–51.
Hahn, F. (1984). *Equilibrium and Macroeconomics*. Cambridge, Mass.: The MIT Press.
Haid, A. (2001). The Chicago School of regulatory theory In A. Midttun and E. Svindland (eds), *Approaches and Dilemmas in Economic Regulation: Politics, economics and dynamics*. New York: Palgrave MacMillan, pp. 74–88.
Harvey, D. (2005). *A Brief History of Neoliberalism*. Oxford and New York: Oxford University Press.
Harvey, M., Ramlogan, R. and Randles, S. (Eds.) (2007). *Karl Polanyi: New Perspectives on the Place of the Economy in Society*. Manchester: Manchester University Press.
Hayek, F.A. (Ed.) (1935). *Collectivist Economic Planning*. London: Routledge.
Hayek, F.A. (1944). *The Road to Serfdom*. Chicago: University of Chicago Press.
Hayek, F.A. (1948). *Individualism and Economic Order*. Chicago: University of Chicago Press.
Hayek, F.A. (1988). *The Fatal Conceit: The errors of socialism*, ed. W.W. Bartley III. Chicago: University of Chicago Press.
Heinzerling, L. and Ackerman, F. (2007). Law and economics for a warming world. *Harvard Law and Policy Review*, 1 (2): 331–62.
Hurwicz, L. (2008). But who will guard the guardians? *American Economic Review*, 98 (3): 577–85.
Jacobs, M. (1997). Environmental valuation, deliberative democracy and public decision-making institutions. In J. Foster (ed.), *Valuing Nature? Economics, Ethics and Environment*. London: Routledge, pp. 211–31.
Katzner, D. (2006). *An Introduction to the Economic Theory of Market Behavior*. Northampton, Mass.: Edward Elgar.
Kirman, A.P. (1992). Whom or what does the representative individual represent? *Journal of Economic Perspectives*, 6 (2): 117–36.
Kirzner, I.M. (1962). Rational action and economic theory. *Journal of Political Economy*, 70 (4): 380–5.
Kirzner, I.M. (1973). *Competition and Entrepreneurship*. Chicago: University of Chicago Press.
Kirzner, I.M. (1997). Entrepreneurial discovery and the competitive market process: An

Austrian approach. *Journal of Economic Literature*, 35 (1): 60–85.
Klein, N. (2008). *The Shock Doctrine: The Rise of Disaster Capitalism*. Toronto: Vintage.
Kolm, S.-C. (1987). Public economics. In P. Newman, J. Eatwell and M. Milgate (eds), *The New Palgrave Dictionary of Economics*. London: Palgrave Macmillan, pp. 1047–55.
Lemke, T. (2001). 'The birth of bio-politics': Michel Foucault's lecture at the Collège de France on Neo-Liberal governmentality. *Economy and Society*, 30 (2): 190–207.
Lewin, S.B. (1996). Economics and psychology: Lessons for our own day from the early twentieth century. *Journal of Economic Literature*, 34 (3): 1293–323.
Loasby, B. (1999). *Knowledge, Institutions and Evolution in Economics*. London and New York: Routledge.
Lohmann, L. (2010a). Uncertainty markets and carbon markets: Variations on Polanyian themes. *New Political Economy*. forthcoming.
Lohmann, L. (2010b). Neoliberalism and the calculable world: The rise of carbon trading. In K. Birch, V. Mykhnenko and K. Trebeck (Eds.) *The Rise and Fall of Neoliberalism: The collapse of an economic order?* London: Zed Books, pp. 77–93.
Lucas, Jr, R.E. and Sargent, T. (Eds.) (1981). *Rational Expectations and Econometric Practice*. Minneapolis: University of Minnesota Press.
MacKenzie, D. (2007). Finding the ratchet: The political economy of carbon trading [electronic version]. *Post-autistic Economics Review*, 42: 8–17.
MacKenzie, D. (2009). Making things the same: Gases, emission rights and the politics of carbon markets. *Accounting, Organizations and Society*, 34 (3–4): 440–55.
Madra, Y.M. (2007). Late Neoclassical Economics: Restoration of theoretical humanism in contemporary mainstream economics. PhD diss., University of Massachusetts at Amherst.
Mandler, M. (1999). *Dilemmas in Economic Theory: Persisting Foundational Problems of Microeconomics*. Oxford: Oxford University Press.
Mirowski, P. (2002). *Machine Dreams: Economics becomes a Cyborg Science*. Cambridge: Cambridge University Press.
Mitchell, T. (2009). Carbon democracy. *Economy and Society*, 38 (3): 399–432.
Munda, G. (2008). *Social Multi-criteria Evaluation for a Sustainable Economy*. Berlin: Springer Verlag.
Musgrave, R.A. (1986). *Public Finance in a Democratic Society, Volume I: Social Goods, Taxation and Fiscal Policy*. New York: New York University Press.
Musgrave, R.A. (1987). Public finance. In P. Newman, J. Eatwell and M. Milgate (Eds.) *The New Palgrave Dictionary of Economics*. London: Palgrave Macmillan, pp. 1055–61.
Muth, J.F. (1961). Rational expectations and the theory of price movements. *Econometrica*, 29 (6): 315–35.
Myerson, R.B. (2009). Fundamental theory of institutions: A lecture in honor of Leo Hurwicz. *Review of Economic Design*, 13 (1–2): 59–75.
Nozick, R. (1974). *Anarchy, State and Utopia*. New York: Basic Books.
Orchard, L. and Stretton, H. (1997). Public choice. *Cambridge Journal of Economics*, 21 (3): 409–30.
Ostrom, E. (1990). *Governing the Commons: The evolution of institutions for collective action*. Cambridge: Cambridge University Press.
Pettit, P. and Kukkathas, C. (1990). *Rawls: A Theory of Justice and its Critics*. Stanford, Calif.: Stanford University Press.
Polanyi, K. (2001 [1944]). Foreword by J. Stiglitz, Introduction by F. Block. *The Great Transformation: The Political and Economic Origins of our Time*. Boston: Beacon Press.
Rawls, J. (1971). *A Theory of Justice*. Oxford: Oxford University Press.
Rawls, J. (1996). *Political Liberalism*. New York: Columbia University Press.
Reny, J.P. (2001). Arrow's theorem and the Gibbard-Satterthwaite theorem: A unified approach. *Economic Letters*, 70 (1): 99–105.
Rizvi, S.A.T. (1994). The microfoundations project in general equilibrium theory.

*Cambridge Journal of Economics*, 18 (4): 357–77.
Saari, D.G. (2001). *Decisions and Elections: Explaining the Unexpected*. Cambridge: Cambridge University Press.
Sagoff, M. (1998). *The Economy of the Earth: Philosophy, Law, and the Environment*. Cambridge: Cambridge University Press.
Samuelson, L. (2002). Evolution and game theory. *Journal of Economic Perspectives*, 16 (2): 47–66.
Satterthwaite, M.A. (1975). Strategy-proofness and Arrow's conditions: Existence and correspondence theorems for voting procedures and social welfare functions. *Journal of Economic Theory*, 10 (2): 187–217.
Schellnhuber, H.J. (Ed.) (2006). *Avoiding Dangerous Climate Change*. Cambridge: Cambridge University Press.
Sen, A. K. (1970). *Collective Choice and Social Welfare*. San Francisco: Holden Day.
Sen, A. K. (2002). *Rationality and Freedom*. Cambridge, Mass. and London: The Belknap Press of Harvard University Press.
Shapiro, C. and Stiglitz, J.E. (1984). Equilibrium unemployment as a worker discipline device. *American Economic Review*, 74 (3): 433–44.
Simon, H.A. (1959). Theories of decision-making in economics and behavioral sciences. *American Economic Review*, 49 (1): 253–83.
Sklair, L. (1998). The transnational capitalist class. In J.G. Carrier and D. Miller (eds), *Virtualism: A new political economy*. Oxford: Berg, pp. 135–60.
Skousen, M. (2005). *Vienna and Chicago: Friends or foes*. Washington, D.C.: Capital Press.
Stigler, G. (Ed.) (1988). *Chicago Studies in Political Economy*. Chicago: University of Chicago Press.
Stiglitz, J.E. (1993). Post Walrasian and post Marxian economics. *Journal of Economic Perspectives*, 7 (1): 109–14.
Stiglitz, J.E. (1994). *Whither Socialism?* Cambridge, Mass. and London: The MIT Press.
Sugden, R. (1989). Spontaneous order. *Journal of Economic Perspectives*, 3 (4): 85–97.
Tabb, W.K. (1999). *Reconstructing Political Economy: The Great Divide in Economic Thought*. London and New York: Routledge.
Tiebout, C. (1956). A pure theory of local expenditures. *The Journal of Political Economy*, 64 (5): 416–26.
Tietenberg, T., and Johnstone, N. (Eds.) (2004). *Tradable Permits: Policy Evaluation, Design and Reform*. Paris: OECD.
Tsakalatos, E. (2005). *Homo Economicus* and the reconstruction of political economy: Six theses on the role of values in economics. *Cambridge Journal of Economics*, 29 (6): 893–908.
van Horn, R., and Mirowski, P. (2009). The road to a world made safe for corporations: The rise of the Chicago School of Economics. In P. Mirowski and D. Plehwe (eds), *The Road from Mont Péterin: Making of the Neoliberal Thought Collective*, Cambridge, MA: Harvard University Press, pp. 139–178.
Veblen, T. (1998 [1898]). Why is economics not an evolutionary science? Reprinted in *Cambridge Journal of Economics*, 22 (4): 403–14.
Vromen, J.J. (1995). *Economic Evolution: An Enquiry into the Foundation of New Institutional Economics*. London: Routledge.
Weintraub, E.R. (2002). *How Economics Became a Mathematical Science*. Durham, N.C. and London: Duke University Press.
Wolff, R.D. (2009). *Capitalism Hits the Fan: The Global Economic Meltdown and What to Do About It*. Northampton, Mass.: Olive Branch Press.
Zenginobuz, Ü. (1995). Origins of theories of regulation in economic analysis and some observations on possible development of regulatory institutions in Turkey. *Boğaziçi Journal: Review of Social, Economic, and Administrative Studies*, 9 (2): 25–43.

# 译丛主编后记

财政活动兼有经济和政治二重属性,因而从现代财政学诞生起,"财政学是介于经济学与政治学之间的学科"这样的说法就不绝于耳。正因如此,财政研究至少有两种范式:一种是经济学研究范式,在这种范式下财政学向公共经济学发展;另一种是政治学研究范式,从政治学视角探讨国家与社会间的财政行为。这两种研究范式各有侧重,互为补充。但是检索国内相关文献可以发现,我国财政学者遵循政治学范式的研究并不多见,绝大多数财政研究仍自觉地或不自觉地将自己界定在经济学学科内,而政治学者大多也不把研究财政现象视为分内行为。究其原因,可能主要源于在当前行政主导下的学科分界中,财政学被分到了应用经济学之下。本丛书的两位主编,之所以不揣浅陋地提出"财政政治学"这一名称并将其作为译丛名,是想尝试着对当前学科体系进行纠偏,将财政学的经济学研究范式和政治学研究范式结合起来,从而以"财政政治学"为名,倡导研究财政活动的政治属性。编者认为,这样做有以下几个方面的积极意义。

1. 寻求当前财政研究的理论基础。在我国的学科体系中,财政学被归入应用经济学之下,学术上就自然产生了要以经济理论为财政研究基础的要求。不过,由于当前经济学越来越把自己固化为形式特征明显的数学,以经济理论为基础就导致财政学忽视了那些难以数学化的政治视角研究,这样就让目前大量的财政研究失去了理论基础。在现实中已经出现并将更多出现的现象是,探讨财政行为的理论、制度与历史的论著,不断被人质疑是否属于经济学,一篇研究预算制度及其现实运行的博士论文,经常被答辩委员怀疑是否可授予经济学学位。因此,要解释当前的财政现象、推动财政研究,就不能不去寻找财政的政治理论基础。

2. 培养治国者。财政因国家治理需要而不断变革,国家因财政治理而得以成长。中共十八届三中全会指出:"财政是国家治理的基础和重要支柱,科学的财税体制是优化资源配置、维护市场统一、促进社会公平、实现国家长治久安的制度保障。"财政在国家治理中的作用,被提到空前的高度。因此,财政专业培养的学生,不仅要学会财政领域中的经济知识,而且应该学到相应的政治知识。财政活动是一项极其重要的国务活动,涉及治国方略;从事财政活动的人至关重要,应该得到综合的培养。这一理由,也是当前众多财经类大学财政专业不能被合并到经济学院的原因之所在。

3. 促进政治发展。在18—19世纪,在普鲁士国家兴起及德国统一过程中,活跃的财政学派与良好的财政当局曾经发挥了巨大的历史作用。而在当今中国,在大的制度构架稳定的前提下,通过财政改革推动政治发展,也一再为学者们所重视。财政专业的学者,自然也应该参与到这样的理论研究和实践活动中去。事实上也已有不少学者参与到诸如提高财政透明、促进财税法制改革等活动中去,并成为推动中国政治发展进程的力量。

因此,"财政政治学"作为学科提出,可以纠正当前财政研究局限于经济学路径造成的偏颇。包含"财政政治学"在内的财政学,将不仅是一门运用经济学方法理解现实财政活动的学科,而且是一门经邦济世的政策科学,更是推动财政学发展、为财政活动提供指引,并推动中国政治发展的重要学科。

"财政政治学"虽然尚不是我国学术界的正式名称,但在西方国家教学和研究中却有广泛相似的内容。在这些国家中,有不少政治学者研究财政问题,同样有许多财政学者从政治视角分析财政现象,进而形成了内容非常丰富的文献。当然,由于这些国家并没有像中国这样行政主导下的严格学科分界,因而不需要有相对独立的"财政政治学"的提法。相关的研究,略显随意地分布在以"税收政治学""预算政治学""财政社会学"为名称的教材或论著中,本译丛提倡的"财政政治学"(fiscal politics)的说法也不少见。

中国近现代学术进步历程表明,译介图书是广开风气、发展学术的不二良方。因此,要在中国构建财政政治学学科,就要在坚持以"我"为主研究中国财政政治问题的同时,大量地翻译国外学者在此领域的相关论著,以便为国内学者从政治维度研究财政问题提供借鉴。本译丛主编选择了这一领域内的多部英文著作,计划分多辑陆续予以翻译和出版。在文本的选择上,大致分为理论基础、现实制度与历史研究等几个方面。首先推出的有《财政理论史上的经典文献》《税收公正与民间正义》《战争、收入和国家构建》《发展中国家的税收与国家构建》《为自由国家而纳税:19世纪欧洲公共财政的兴起》《信任利维坦:不列颠的税收政治学(1799—1914)》《欧洲财政国家的兴起》等著作。

  本译丛的译者,主要为上海财经大学公共经济与管理学院的教师以及已毕业并在高校从事教学的财政学博士,另外还邀请了部分教师参与。在翻译稿酬低廉、译作科研分值低下的今天,我们这样一批人只是凭借着对学术的热爱和纠偏财政研究取向的希望,投身到这一译丛中来。希望我们的微薄努力,能够成为促进财政学和政治学学科发展、推动中国政治进步的涓涓细流。

        刘守刚 上海财经大学公共经济与管理学院
        魏  陆 上海交通大学国际与公共事务学院
        2015年5月

# "财政政治学译丛"书目

1. 《财政理论史上的经典文献》
   理查德·A.马斯格雷夫,艾伦·T.皮考克 编　刘守刚,王晓丹 译
2. 《君主专制政体下的财政极限——17世纪上半叶法国的直接税制》
   詹姆斯·B.柯林斯 著　沈国华 译
3. 《欧洲财政国家的兴起 1200—1815》
   理查德·邦尼 编　沈国华 译
4. 《税收公正与民间正义》
   史蒂文·M.谢福林 著　杨海燕 译
5. 《国家的财政危机》
   詹姆斯·奥康纳 著　沈国华 译
6. 《发展中国家的税收与国家构建》
   黛博拉·布罗蒂加姆,奥德黑格尔·菲耶尔斯塔德,米克·摩尔 编　卢军坪,毛道根 译
7. 《税收哲人——英美税收思想史二百年》(附录:税收国家的危机 熊彼特 著)
   哈罗德·格罗夫斯 著　唐纳德·柯伦 编　刘守刚,刘雪梅 译
8. 《经济系统与国家财政——现代欧洲财政国家的起源:13—18世纪》
   理查德·邦尼 编　沈国华 译
9. 《为自由国家而纳税:19世纪欧洲公共财政的兴起》
   何塞·路易斯·卡多佐,佩德罗·莱恩 编　徐静,黄文鑫,曹璐 译　王瑞民 校译
10. 《预算国家的危机》
    大岛通义 著　徐一睿 译
11. 《信任利维坦:英国的税收政治学(1799—1914)》
    马丁·唐顿 著　魏陆 译
12. 《英国百年财政挤压政治——财政紧缩·施政纲领·官僚政治》
    克里斯托夫·胡德,罗扎那·西玛兹 著　沈国华 译
13. 《财政学的本质》
    山田太门 著　宋健敏 译
14. 《危机、革命与自维持型增长——1130—1830年的欧洲财政史》
    W.M.奥姆罗德,玛格丽特·邦尼,理查德·邦尼 编　沈国华 译
15. 《战争、收入与国家构建——为美国国家发展筹资》
    谢尔登·D.波拉克 著　李婉 译
16. 《控制公共资金——发展中国家的财政机制》
    A.普列姆昌德 著　王晓丹 译
17. 《市场与制度的政治经济学》
    金子胜 著　徐一睿 译
18. 《政治转型与公共财政——欧洲1650—1913年》
    马克·丁塞科 著　汪志杰,倪霓 译
19. 《赤字、债务与民主》
    理查德·E.瓦格纳 著　刘志广 译
20. 《比较历史分析方法的进展》
    詹姆斯·马汉尼,凯瑟琳·瑟伦 编　秦传安 译
21. 《政治对市场》
    戈斯塔·埃斯平-安德森 著　沈国华 译
22. 《荷兰财政金融史》
    马基林·哈特,乔斯特·琼克,扬·卢滕·范赞登 编　郑海洋 译　王文剑 校译
23. 《税收的全球争论》
    霍尔格·内林,佛罗莱恩·舒伊 编　赵海益,任晓辉 译
24. 《福利国家的兴衰》
    阿斯乔恩·瓦尔 著　唐瑶 译　童光辉 校译
25. 《战争、葡萄酒与关税:1689—1900年间英法贸易的政治经济学》
    约翰 V.C.奈 著　邱琳 译

26.《汉密尔顿悖论》
   乔纳森·A. 罗登 著　何华武 译
27.《公共经济学历史研究》
   吉尔伯特·法卡雷罗,理查德·斯特恩 编　沈国华 译
28.《新财政社会学——比较与历史视野下的税收》
   艾萨克·威廉·马丁 阿杰·K. 梅罗特拉 莫妮卡·普拉萨德 编,刘长喜 等译,刘守刚 校
29.《公债的世界》
   尼古拉·贝瑞尔,尼古拉·德拉朗德 编　沈国华 译
30.《西方世界的税收与支出史》
   卡洛琳·韦伯,阿伦·威尔达夫斯基 著　朱积慧,苟燕楠,任晓辉 译
31.《西方社会中的公共财政(第三卷)——政治经济学的新思维》
   理查德·A. 马斯格雷夫 编　王晓丹,王瑞民,刘雪梅译　刘守刚 统校
32.《财政学手册》
   于尔根·G. 巴克豪斯,理查德·E. 瓦格纳 编　何华武,刘志广译
33.《来自地狱的债主——菲利普二世的债务、税收和财政赤字》
   莫里西奥·德里奇曼,汉斯乔亚吉姆·沃斯 著　施诚 译
34.《金钱、政党与竞选财务改革》
   雷蒙德·J. 拉贾 著　李艳鹤 译
35.《牛津福利国家手册》
   弗兰西斯·G. 卡斯尔斯,斯蒂芬·莱伯弗里德,简·刘易斯,赫伯特·奥宾格,克里斯多弗·皮尔森 编　杨翠迎 译
36.《经由税收的代议制》
   史科特·格尔巴赫 著　杨海燕 译
37.《政治、税收和法治》
   唐纳德·P. 雷切特,理查德·E. 瓦格纳 著　王逸帅 译
38.《18 世纪西班牙建立财政军事国家》
   拉斐尔·托雷斯·桑切斯 著　施诚 译
39.《美国现代财政国家的形成和发展——法律、政治和累进税的兴起,1877—1929》
   阿贾耶·梅罗特 著　倪霓,童光辉译
40.《另类公共经济学手册》
   弗朗西斯科·福特,拉姆·穆达姆比,彼得洛·玛丽亚·纳瓦拉 编　解洪涛 译
41.《财政理论发展的民族要素》
   奥汉·卡亚普 著　杨晓慧译
42.《联邦税史》
   埃利奥特·布朗利 著　彭骥鸣,彭浪川 译
43.《旧制度法国绝对主义的限制》
   理查德·邦尼 著　熊芳芳 译
44.《债务与赤字:历史视角》
   约翰·马洛尼 编　郭长林 译
45.《布坎南与自由主义政治经济学:理性重构》
   理查德·E. 瓦格纳 著　马珺 译
46.《财政政治学》
   维特·加斯帕,桑吉·古普塔,卡洛斯·穆拉斯格拉纳多斯 编　程红梅,王雪蕊,叶行昆 译
47.《英国财政革命——公共信用发展研究,1688—1756》
   P. G. M. 迪克森 著　张珉璐 译
48.《财产税与税收抗争》
   亚瑟·奥沙利文,特里 A. 塞克斯顿,史蒂文·M. 谢福林 著　杨海燕 译
49.《社会科学的比较历史分析》
   詹姆斯·马奥尼,迪特里希·鲁施迈耶 编　秦传安 译
50.《税收逃逸的伦理学——理论与实践观点》
   罗伯特·W. 麦基 编　陈国文 译
51.《税收幻觉——税收、民主与嵌入政治理论》
   菲利普·汉森 著　倪霓,金赣婷 译